Takács Erika
MAGYAR–ANGOL KÉZISZÓTÁR

Könyvmíves Könyvkiadó

Takács Erika

MAGYAR–ANGOL

KÉZISZÓTÁR

Könyvmíves Könyvkiadó
Budapest

© Könyvmíves Könyvkiadó
Szerkesztette: Takács Erika

Ez a könyv a Könyvmíves Könyvkiadónál
2000-ben megjelent kiadvány
bővített, javított kiadása.
A kézirat lezárva 2002. március 28-án.

Műszaki vezető:
Hüse Anikó

Szedte:
Csa-Csom Bt.

Minden jog fenntartva!
A Kiadó hozzájárulása nélkül sem részben,
sem egészében nem másolható.
Változatlan utánnyomás.

ISBN 963 9262 75 7

Felelős kiadó:
a Könyvmíves Könyvkiadó Kft.
ügyvezető igazgatója
1137 Budapest, Szent István krt. 18.
Tel: 320-9403

RÖVIDÍTÉSEK

áll	állat	*mikr*	mikroszkóp
ált	általános értelemben	*mn*	melléknév
átv	átvitt értelemben	*műsz*	műszaki kifejezés, szó
AUS	az ausztrál angolban használt kifejezés	*műv*	művészet
		névm	névmás
csill	csillagászat, csillagkép	*nyelvt*	nyelvtani szakkifejezés
dipl	diplomáciában használt szó	*növ*	növény
elölj	elöljáró, előtag	*orv*	orvosi kifejezés
fiz	fizika	*pejor*	pejoratív értelmű
fn	főnév	*pol*	a politikai életben használt szó
fogl	foglalkozás		
foly	folyamat	*rég*	régies, elavult
gyak	a gyakorlatban, gyakorlati	*ritk*	ritkán használt szó
GB	a brit angolban használt kifejezés	*röv*	rövidítés
hangut.szó	hangutánzószó	*sp*	sport-szakkifejezés
hat	határozószó	*számn*	számnév
hiv	hivatalos nyelvezetben használt szó	*szerk*	szerkezet
		szl	szleng
i	ige	*szính*	színházi szakkifejezés
ind.szó	indulatszó	*term*	természet, természeti
irod	irodalmi kifejezés	*tex*	textil
isk	iskolai életben használt szó	*tréf*	tréfás értelmű
jog	jogi szakszó	*tört*	a történelemben használt szó
kat	katonai szakkifejezés		
kém	kémia	*tud*	tudományos kifejezés
ker	kereskedelemben használt szó	*tul*	tulajdonság
		vall	vallási értelmű szó
konkr	konkrét értelemben	*US*	az amerikai angolban használatos kifejezés
ld	lásd		
mat	matematikában használt szó	*vhol*	valahol
		vki/vmi	valaki/valami
mért	mértan	*vkit/vmit*	valakit/valamit

a, az *névelő,* the ‖ *a macska:* the cat
abba *névm,* into that, there ‖ *~ a dobozba:* into that box
abbahagy *i, munkát, tevékenységet* stop doing sg, cease, leave off ‖ *~ná a beszélgetést?:* will you stop talking please? ‖ *szokást* give sg up, quit (doing sg) ‖ *~tam dohányzást: leszoktam róla* I have quit smoking, *szl* chuck sg in, cut sg out
abbahagyás *fn,* stopping, ceasing, termination, lep-up, surrender, interruption
abbamarad *i,* stop, cease
abban *névm,* in that, therein ‖ *~ az esetben:* in that case ‖ *~ az esetben, ha eljönnek:* in case they come ‖ *~ a helyzetben van, hogy...:* he is in a position to do sg ‖ *~ az időben:* at the time, at that time, then, (in) those days
abbeli *mn,* concerning, regarding, relating to ‖ *~ meggyőződésem az, hogy* my conviction on that point is, that... ‖ *~ szándékának adott kifejezést, hogy* signifying his/her intention to
abból *névm,* from/of that, out of that ‖ *~,*

amit láttam: from what I saw ‖ *~ a házból:* from that house
ABC-áruház *ffn,* supermarket
ábécé *fn,* (the) alphabet, (the) ABC
ábécérend *fn,* alphabetical order / arrangement ‖ *~be tesz:* put / arrange sg in alphabetical order
ábécéskönyv *fn,* spelling book
ablak *fn,* window, *hajóablak* porthole, *szellőzőablak* air-hole, *tető-, padlásablak* skylight
ablakfülke *fn,* window-niche, window-recess‖ *kiugró ~* bay of window
ablakkeret *fn,* window-frame
ablaklehúzó *fn, autóban GB* window winder, *US* window roller
ablakpárkány *fn,* window-sill
ablakredőny *fn,* Venetian blind(s), shutter(s)
ablaktábla *fn,* window-panel, panel, folding shutters
ablaktekerő *n, autóban* = **ablaklehúzó**
ablaktörlő *fn, autóban* windscreen-wiper
ablaküveg *fn,* windowglass, *keretben* windowpane
abnormális *mn,* abnormal, unnatural; *növ*

difformed ‖ ~ *állapot* abnormal condition
abortusz *fn,* ‖ *művi* ~*:* abortion ‖ *spontán* ~*/vetélés:* miscarriage ‖ ~*a van:* have an abortion / miscarriage
abrak *fn, lóé* fodder, *ált* feed, food
abrakol *i,* **1.** *állatot* feed, fodder, give fodder to, bait **2.** *átv* feed, take provender
ábra *fn,* illustration, picture, *vázlatos* diagram, outline, *mértani* figure
ábránd *fn,* **1.** *ált* fancy, reverie, daydream, fantasy **2.** *csalóka* illusion
ábrázat *fn,* face, features ‖ *a saját* ~*ára:* in one's own image
ábrázol *i,* depict, *arcot* potray, *leír* describe, *menny, mért* plot
abroncs *fn, keréken gumi* tyre, tire; *fém* rim, *hordón* hoop
abrosz *fn,* table-cloth
abszolút *mn/fn, ált* absolute; *korlátlan* unrestricted ‖ ~ *nulla fok:* absolute zero ‖ ~ *előny:* absolute advantage ‖ ~ *földjáradék:* absolute rent ‖ ~ *és konkrét:* abstract and concrete
abszolutizmus *fn,* absolutism ‖ *monarchikus* ~ monarchic absolutism
absztrahál *i,* abstract
absztrakt *mn,* abstract ‖ ~ *módon/értelemben:* in the abstract
absztrakt művészet *fn,* abstract art
abszurd *mn,* absurd, nonsensical, *nevetséges* ridiculous
abszurdum *fn,* absurdity, *képtelenség* nonsense, *felháborító* shame
acél *fn,* steel ‖ *edzett* ~*:* hardened steel
acélfinomító *fn,* steel-refinary ‖ *mn,* steel-refining

acéllemez *fn,* steel-plate
acélmű gyár *fn,* steelworks, steel plant
acélos *mn,* steely, steel ‖ ~ *izmok:* muscles of steel
acéloz *i,* steel; *átv* harden, steel
aceton *fn,* acetone
ács *fn,* carpenter
ácsol *i,* carpenter, timber, *állványt* scaffold
ácsolt *mn,* scaffolded, block-
ácsorog *i,* stand about, *tétlenül* loll about, linger
ácsozat *fn,* **1.** *munka ált* carpentry, timberwork, framework, lining of a shaft, tubbing, frame propping **2.** *váz* skeleton, carcass
ad *i, vmit vkinek* give sy sg, hand sy sg, *GB ált biz* bung sy sg, *US ált biz* hit sy with sg, ‖ *átv bérbe* ~*:* let out ‖ *hálát* ~*:* give thanks ‖ *választ* ~*:* give an answer, asnwer sy
adag *fn, orvosság* dose, dosage, *élelmiszer* portion, ration, *étkezésnél* helping ‖ *átv jó* ~ *igazság:* a great deal of truth
adagol *i,* divide up, portion out, *gyógyszert* dose, distribute
adagolás *fn,* **1.** *ált* portioning **2.** *étel* serving out, rationing **3.** *gyógyszer* dosing, rationing **4.** *műsz* charging, burden, feeding **5.** *üveg* melting **6.** *gőz* supply
adakozás *fn, adomány* donation, contribution ‖ ~*ból él:* live on charity
adakozik *i,* contribute to charity, give a donation
adakozó *mn,* generous, charitable
adakozó *fn,* donator, giver, benefactor
adalék *fn,* addition to, contribution to, *adat* data, *koh* addition agent

Ádám *fn*, Adam ‖ *~nál, Évánál kezdi* one goes back beyond the Flood
ádámcsutka *fn*, Adam's apple
ádámkosztüm *fn*, birthday-suit, nature's garb ‖ *~ben* stark naked, stripped to the buff, naked
adapter *fn*, *fényképezőgépen* reducing adapter
adás *fn*, *folyamat* giving, handing to sy, *rádió, TV* broadcast(ing), transmission, *adomány* gift, grant, donation
adásszünet *fn*, *programok közti* interval, *üzemzavar* break-down, break in/of transmission
adásvétel *fn*, trade, trading, buying and selling, sale and purchase
adásvételi szerződés *fn*. sales contract
adat *fn*, datum (*tsz* data), fact(s), *tétel* item, *feljegyzés* entry ‖ *részletes ~ok:* details, detailed information ‖ *személyi ~ok:* personal data
adatik *i*, to be given to (sy) ‖ *tudtára ~ mindenkinek!* due notice is given to everybody
adatlap *fn*, form, questionnaire, data sheet
adattár *fn*, files, database, reference-book; *könyvtári* documentation department
adattároló kazetta *fn*, data storing
adattároló lemez *fn*, floppy
ádáz *mn*, ferocious, fierce, furious, savage
addig *névm*, *hely* as far as..., *idő* up to ..., until then ‖ *~, amíg távol van:* while he is away ‖ *~ a falig:* up to that wall
addigi *mn*, till then ‖ *~ véleménye* her/his opoinion till then
addigra *névm*, by that time, by then
adminisztráció *fn*, administration, management

adminisztrál *i*, administer, manage, conduct
adminisztrátor *fn*, *irodai alkalmazott* office clerk, *magasabb beosztásban* executive, administrator
adó *fn*, tax, contribution ‖ *jövedelem~:* income tax ‖ *örökösödési ~:* estate duty ‖ *behajt ~t:* raise / collect / levy taxes ‖ *~t kivet vmire:* impose tax on sg ‖ *~t fizet:* pay taxes
adó *fn*, giver, *vért* donor
adó *mn*, giving
adóalap *fn*, tax base
adóállomás *fn*, transmitter, broadcasting station
adóbehajtás *fn*, collection of taxes, levy of taxes
adóbevallás *fn*, tax returns ‖ *~t kitölt:* fill in one's tax returns
adócsalás *fn*, tax-fraud, tax evasion
adódik *i*, happen, come about, *vmiből* follow / arise (from sg)
adófizető *fn*, taxpayer
adogat *i*, *sp* serve, *kézbe* hand on to sy
adogatás *fn*, *sp* service, serving, passing
adóhivatal *fn*, tax / revenue office
adóköteles *mn*, taxable, subject to taxation
adókulcs *fn*, tax rate
adoma *fn*, anecdote
adomány *fn*, *ajándék* gift, donation, present; *föld, pénz* grant, *tehetség* talent, gift ‖ *könyör~:* charity
adományoz *i*, give sg to sy, present, grant, donate, *kitüntetést* award
adómentes *mn*, tax-free duty-free, free of tax
adómultiplikátor *fn*, tax multiplicator

adoptál *i, örökbe fogad* adopt
adós *mn,* be in debt, be indebted, *tartozni vkinek* owe sy sg
adós *fn, || ~ok börtöne:* debtor's prison
adósság *fn, összeg* debt, liability; *jelzálogos* debt on mortgage, *állapot* indebtedness || *elenged ~ot:* remit sy's debt
adótartozás *fn,* unpaid tax, outstanding payments of tax, deliquent taxes
adóteher *fn,* 1. burden of taxes, levy 2. *kötelező* liability of taxes
adott *mn,* given, concrete || *~ szó:* given word || *~ jelre:* at a given signal
adottság *fn, emberé* faculty for sg, capability for doing sg, *helyzeti* potentiality
adózik *i, adót fizet vkinek vmi után* pay taxes to sy on sg || *átv **tisztelettel ~ vkinek:*** pay respect to sy
adóztat *i,* tax sy/sg, impose tax on sy/sg
Adria *fn,* Adria || *~i-tenger* Adriatic-sea
adu *fn, kártya* trump(s)
A-dúr *mn,* A-major
advent *fn,* Advent
adventi *mn,* of Advent || *~ időszak* Advent season
ÁFA *fn, röv* = általános forgalmi adó VAT = value-added tax
afelé *névm,* in that direction, in the direction of...
afelől *ném, || érdeklődik ~, hogy:* he enquired about...
affektál *i,* pose, simper || *~va beszél:* mince one's words
affektáltan *hat,* affectedly, primly, with affectation, primly, mincingly
afféle *mn,* ... of that sort / kind
affinitás *fn,* affinity, sense || *nincs rá ~a* he has no sense of it

afgán *mn/fn,* Afghan
Afganisztán *fn,* Afghanistan
áfonya *fn,* cranberry || *fekete ~:* blackberry
Afrika *fn,* Africa
afrikai *mn/fn,* African, of Africa
afta *fn,* 1. *orv* aphta, frog 2. *csecsemő* thrust
aftershave *fn,* after-shave
ág *fn, fáé* branch, bough, *gally* twig, *tudományé* branch
agancs *fn,* antlers *tsz*
agár *fn,* greyhound, harehound
agárverseny *fn,* greyhound-racing, greycing, dog-racing, szl the dogs
ágas-bogas *mn, konkrét* branchy; *átv* intricate
ágaskodik *i, állat* rear, prance, *ember* stand on tiptoe
ágazat *fn, fáé* branches of a tree, boughs, *átv* section, department, branch
ágazik *i,* branch out
agg *mn,* aged, old
agg *fn,|| az ~ok:* old people, the aged, the old
aggály *fn,* misgiving, anxiety, anguish || *~ai vannak vmi miatt:* have misgivings / scruples about doing sg
aggastyán *fn,* greybeard
aggaszt *i,* worry sy, be worried about sg/sy, trouble sy
aggasztó *mn,* alarming, distressing
agglegény *fn,* bachelor || *megrögzött ~:* confirmed bachelor
aggodalmaskodik *i,* be alarmed, be worrying, have constant scruples
aggodalom *fn,* anxiety, concern, anguish, misgiving, worry, distress

aggódik *i*, be anxious about sg for sy, worry about sy/sg
aggódó *mn*, be worried / troubled / alarmed
aggregálás *fn*, aggregating
aggregált kereslet *fn*, aggregate demand
aggregált kínálat *fn*, aggregate supply
agilis *mn*, brisk, lively, agile, energetic
agitáció *fn*, canvass(ing), campaign(ing)
agitál *i*, canvass, campaign
agitátor *fn*, canvasser, agitator
agnoszkál *i*, identify ‖ *~ja a halottat* establish the identity of sy
agnosztikus *mn*, agnostic, know-nothing
Ágost(on) *fn*, Augustus, Augustine
agrár *mn*, agrarian, agricultural
agrárolló *fn*, agricultural gap
agrártudomány *fn*, agronomics
agresszió *fn*, aggression, attack, unprovoked assault ‖ *katonai ~:* military aggression
agresszív *mn*, aggressive, provocative, provoking
agresszor *fn*, aggressor, attacker, assaulter
agronómus *fn*, agronomist, agriculturist
agy *fn*, brains *tsz, tud* cerebrum, encephalon; *fegyveré* butt-end
ágy *fn*, bed, *gyermeké* cot ‖ *emeletes ~:* bunk-bed ‖ *francia ~:* double bed ‖ *~ban marad:* stay in bed ‖ *virág~:* flowerbed ‖ *folyóé* river-bed
agyabugyál *i*, drub, thrash, give a sound drubbing, beat soundly, *US* beat up
agyafúrt *mn*, crafty, shrewd, cunning
agyag *mn/fn*, clay ‖ *palás ~:* shale
agyagedény *fn*, earthenware, crockery, pottery ware
agyagműves *fn*, potter, ceramist

agyalágyult *mn*, idiotic, soft-headed
agyar *fn, elefánté* tusk, *erős szemfog* fang
ágyás *fn, kerti* bed
ágyaz *i*, make one's bed, make the bed(s)
ágyazat *fn*, bedding, embedment, framework, *műsz* ballast
agydaganat *fn*, cerebral tumor, brain tumor
ágyék *fn*, groin, loin
ágyelő *fn, szőnyeg* bedmat, bedside rug-carpet, side-carpet
agyhártya *fn*, pericranium, meninx
agyhártya-gyulladás *fn*, meningitis, brain-fever
ágyhuzat *fn*, bed-linen
agyi *mn*, 1. *orv* cerebral, enchepahlic 2. *átv* mental
ágykabát *fn*, bed-jacket
agykéreg *fn*, cerebral cortex, *szürkeállomány* grey matter
ágynemű *fn*, bed-clothes *tsz*
agyoncsépelt *mn*, hackneyed
agyondicsér *i*, praise sy to the skies, overpraise sy
agyondolgozza magát *i*, overwork oneself, overstrain oneself with working, keep one's nose to the grindstone
agyonhajszol *i, munkával* work sy to death, make sy work like a slave, *lovat* override a horse, *ált* overstrain sy
agyonhallgat *i*, hush up sg
agyonkínoz *i*, torture sy to death
agyonlő *i*, shoot sy dead, shoot sy down
agyonnyom *i*, crush sy to death
agyonterhel *i*, burden/weary to death, overburden, overstrain, overtire, overtask; *ruhát* wear out compeltely ‖ *~ja magát* overdo oneself

agyonüt *i.* beat sy to death, strike sy dead
agyonver *i.* = **agyonüt**
agyrázkódás *fn,* cerebral concussion, *lat* commotio celebri
agysejt *fn,* brain cell
agyszélhűdés *fn,* cerebral haemorrhage / palsy
ágytakaró *fn,* bedspread, bedcover
ágyú *fn,* gun, cannon
ágyúdörgés *fn,* roar / boom / thunder of a cannon / gun
ágyúlövés *fn,* cannon-shot, gun-shot
ágyúszó *fn,* boom / sound of cannons / guns
ágyútűz *fn,* gunfire; shell-fire
ágyúz *i.* cannon, bombard, shell
agyvelő *fn,* brain, *tud* cerebrum, *tud* encephalon
agyvérzés *fn,* cerebral haemorrhage, apoplexy, paralytic stroke
aha! *ind.szó,* I see!, *US* oh, yeah!
ahány *névm,* as many / much as...
ahányszor *névm,* as often as..., as many times as...
ahányszor csak *hat,* whenever, every time
ahelyett *névm,* instead (of)
ahhoz *névm,* 1. to that, for that ‖ ~ *több idő kell:* more time is needed for that 2. that ‖ *ne nyúlj ~ a könyvhöz!:* don't touch that book
áhít *i,* long / yearn / crave for sg
áhítat *fn,* devotion, piety; *ima* prayer
áhítatos *mn,* pious, devout
áhítozik *i,* desire sg, crave / long / yearn for sg
ahogy(an) *hat,* as ‖ ~ *tetszik:* as you like it ‖ ~/*amennyire lehet:* as far as possible ‖ ~/*amint teheted:* as soon as you can
ahol *névm,* where ‖ ~ *csak:* wherever
ahonnan *névm,* from where, where .... from
ahova *névm,* where, to where, the place to which, the place where
ajaj! *ind.szó,* oh, dear/my!, *US* that's too bad!
ajak *fn,* lip(s)
ajakrúzs *fn,* lipstick, rouge
ajándék *fn,* gift, present ‖ ~*ba kap:* receive sg as a present ‖ *születésnapi* ~: birthday present
ajándékbolt *fn,* gift-shop, souvenir shop
ajándékcsomag *fn,* gift-parcel
ajándékoz *i,* give sg to sy, present ‖ *el*~: give away
ajándékutalvány *fn,* gift voucher, free-gift coupon
ajánl *i,* recommend-suggest sg to sy ‖ *fel*~: offer sg to sy
ajánlás *fn,* recommendation, offer, offering, *szakmai* references, *könyvé* dedication, inscription
ajánlat *fn,* offer, suggestion ‖ *ár*~: bid, tender ‖ *házassági* ~: proposal
ajánlatkérés *fn,* (letter of) inquiry, call for offers, solicitation for offers
ajánlatos *mn,* recommendable, advisable
ajánlkozik *i,* offer / volunteer to do sg
ajánlólevél *fn,* recommendatory letter, reference
ajánlott levél *fn,* registered letter
ajnároz *i,* 1. fondle, pet, caress 2. *elkényeztet* spoil
ájtatos *mn,* devout, pious ‖ ~ *manó: rovar* European mantis

ájtatos *mn,* reverential, devous, pious ‖ ~ **arcot vág** looks as if butter wouldn't melt in his mouth ‖ ~ **manó** European mantis

ájtatoskodik *i,* be at one's devotions, say one's prayers, commune with God

ajtó *fn,* door ‖ **kétszárnyú ~:** Dutch door ‖ **~ig kísér vkit:** see sy to the door ‖ **kopogtat az ~n:** knock at/on the door ‖ **kinyitja az ~t kopogtatásra:** answer the door ‖ **bevágja az ~t:** bang / shut / slam the door

ajtófélfa *fn,* door-post

ajtókeret *fn,* door-case, door-frame

ajtószám *fn,* door-number, *szobáé* room-number

ajtószárny *fn,* doorleaf, wing

ájul *i,* faint, swoon, lose one's consciousness

ájulás *fn,* swoon, faint, *eszméletlenség* collapse

ájult *mn,* in a faint, *eszméletlen* unconscious, *átv* numb(ed)

akác *fn,* ‖ **fehér ~:** robinia, locust tree, false acacia, acacia robinia

akácméz *fn,* acacia-honey

akad *i,* ‖ **meg~ vmi vmiben:** get stuck / caught in sg; *előfordul* occur, turn up, crop up

ráakad vmire *i,* come across sg

akadály *fn,* **1.** obstacle to, hindrance, *átv* difficulty **2.** *hátrány* handicap, setback, drawback, pullback

akadályoz *i,* hinder, hold up, keep from, handicap ‖ **útját ~za:** block, prevent sy from doing sg

akadálytalan *mn,* **1.** unhindered, unimpeded, unchecked, unobstructed, unarrested, checkless **2.** *út* clear

akadályverseny *fn,* steeplechase, hurdle race

akadékoskodás *fn,* fault-finding, fussing, niggling, nit-picking

akadékoskodik *i,* find fault with sy, fuss, niggle sy, pick holes in sg, split hairs

akadémia *fn,* **1.** *tud* academy **2.** *isk* college, school, university

akadémiai *mn,* **1.** *tud* academic **2.** *isk* of a college / school / academy

akadémikus *fn,* academician, member of the Academy ‖ *mn,* **1.** academic **2.** *elméleti/nem igazi* theoretical ‖ **~ vita** academic discussion

akar *i,* **1.** *kíván* want, wish (to do sg) ‖ **ahogy ~ja** as you like ‖ **vmit meg ~ tenni** have sg in one's mind ‖ **mit ~sz?** what do you want? ‖ **tudja, mit ~** he/she knows what he/she wants ‖ **~va-~atlanul** willy-nilly ‖ **2.** *birtokolni* want to have sg ‖ **mennyit ~sz?** how much do you want? ‖ **3.** *szándék* intend to, mean to sg ‖ **nem ~tam** I didn't mean to do it ‖ **mit ~tál mondani?** what were you about to say? ‖ **mit ~sz csinálni?** what do you mean to do? ‖ **össze ~t omlani** ti was on the verge of collapse ‖ **4.** *képes* will ‖ **nem ~ elindulni a motor** engine will not start ‖

akár *kötőszó* just like ‖ **hat,** any, ever ‖ **~hol** anywhere ‖ **~mikor** anytime ‖ **~meddig** however far, *idő* indefinitely ‖ **~honnét** from any place ‖ **~hogyan** any way

akarat *fn,* **1.** want, will **2.** *fil* volition, conation ‖ **~ nélküli** enervate, inert ‖ **~erő** will-power ‖ **~gyenge** weak-willed ‖ **~tal** advisedly, willingly, deliberately

akaratos

|| *a legjobb ~tal sem* not even with the best of intensions || *szabad ~ából* of one's free will || *~a ellenére* against one's wish
akaratos *mn*, 1. wilful, stubborn, selfwilled, obstinat 2. *gyerek* defractory, head-strong
akaratoskodik *i*, be obstinate, be determined to have one's way, be pigheaded
akaratszabadság *fn*, freedom of will
akárki *névszó*, 1. anyone, anybody, no matter who || *~ jó lesz* anyone will do || *~fia* anybody || *~más* anybody else || *~ a mondhatója* anyone can tell 2. whosoever || *~ kérdi is, nem vagyok itt* whosoever may ask I am not here || *~től is kérdeztem* ask whom I would
akármi *névszó* 1. anything || *~ történjék is* come what may || *~t mondanak is* whatever they say || *~ lesz is ebből* whatever should come of it || 2. whatever || *~ közbejöhet* anything may intervene || *~ más* anything else || *~ben nem mehetsz el oda* you can't go there dressed just anyhow || *~ legyek, ha most nem sikerül* I'll do it come what may
akármilyen *névszó* any, any kind of, however || *~ áron* at all costs || *~ okból* for whatever reason || *~ gazdagok is* for all their wealth || *~ kicsi is* be it ever so little || *~ emberre nem bízható a dolog* you shouldn't entrust it to just anybody
akarózik *i*, not feel like doing sg, to be reluctant || *nem ~ felkelni* I don't feel like getting up || *nem ~ neki dolgozni* he is work-shy

akarva-akaratlanul *hat*, willy-nilly, whill he/she nill he/she
akaszt *fn*, 1. *tárgyat* hang up || *szegre ~ hang sg* on a nail; *átv* give up, shelve || *csillárt ~ a plafonra* swing a lamp from the ceiling || 2. *embert* hang || *holnap fel~ják* he will be hanged tomorrow 3. *abbahagyat* stop, jam || *pert ~ a nyakába* sue for sg || *kellemetlenséget ~ a nyakába* saddle sy with sg || *tengelyt ~ vkivel* fall out with sy
akasztófa *fn*, gallows, gibbet || *~humor* gallows humour || *~ára való* gallowsbird || *~án fogja végezni* he will end up in the gibbet
akcentus *fn*, 1. accent 2. *átv* stress, emphasis
akció *fn*, 1. action || *katonai ~* military action || *társadalmi ~* social drive 2. *sajtó* campaign || *~ba lép* go into ation 3. *vásár* sale, discounting
akciós *mn*, on sale, discounted; *gép* impulse
aki *névm*, who || *~é:* whose || *~ért:* for whom || *~nek:* for/to whom || *~től:* from whom || *~vel:* with whom || *az a fiú, ~vel beszéltem, a főnököm fia:* the boy whom I talked to / to whom I talked is the son of my boss
akképpen *hat*, that way, in such a way, so, to such degree
akkor *hat*, then, at that time, at that moment
akkora *mn*, so big, so great, so large, such, such a... || *~, hogy...:* so large that..., such that..., such as to || *~ volt a robbanás ereje, hogy kivitte az összes ablakot:* the force of the explosion was

such that it blew out all the windows / was such as to blow out all the windows

akkord *fn, zene* chord ‖ *lejátszik egy ~ot:* strike a chord

akkori *mn,* then, of that time

akkoriban *hat,* at that time, in those days, in one's days

akkorra *hat,* by that time, by the time, by then

akkreditál *i,* 1. accredit 2. *bank* open a credit letter ‖ *~ vmely szervezetbe* accredit to an organization

akku(mulátor) *fn,* battery, electric cell, accumulator ‖ *~t tölt:* recharge the battery ‖ *lemerült ~:* discharged battery

akna *fn, bány* (mine-)shaft ‖ *lift~:* well, lift-shaft ‖ *szellőző~:* ventilator shaft

aknamező *fn,* minefield

aknamunka *fn, átv* intrigues, manipulations *tsz*

aknarakó *fn,* minelayer

aknaszedő *fn, hajó* minesweeper

aknavető *fn, hajó* torpedo-boat, *lövedék* trench mortar

aknáz *i,* mine

aknazár *fn, kat* mine barrage, mine blockade

aknazár *fn,* mine-blockade, mine barrage

akkreditív *fn, okmányos meghitelezés* letter of credit, L/C

akol *fn,* fold, sheep-pen

akrobata *fn,* acrobat

akrobatamutatvány *fn,* acrobatics, acrobatic feats *tsz,* stunt

Akropolisz *fn,* the Acropolis

akt *mn/fn,* nude ‖ *~ot rajzol:* draw nude (figures)

akta *fn,* file, document, dossier ‖ *a Tóth-ügy ~ja:* the file on Tóth

aktakukac *fn,* paper-pusher

aktatáska *fn,* briefcase

aktív *mn,* active ‖ *~ résztvevője az eseményeknek:* she takes an active part in the events ‖ *~ szókincs:* active vocabulary ‖ *nyelvt ~ szerkezet: cselekvő* active voice ‖ *~ választójog:* suffrage

atíva *fn, ker* assets *tsz, ember* activist, party activist

aktív bankműveletek *fn,* active banking transactions

aktivizál *i,* activate

aktív népesség *fn,* active population

aktívum *fn,* assets

aktuális *mn,* current, present, timely ‖ *~ gazdasági helyzet:* current economic situation ‖ *~ politikai események:* current affairs *tsz*

akusztika *fn,* acoustics *tsz* ‖ *jó a terem ~ja:* the acoustics of the hall are good

akusztikus *mn,* acoustic ‖ *~gitár:* acoustic guitar

akut *mn,* acute ‖ *~ állapot* acuteness

akvarell *fn,* water-colour (*US* -color)

akvárium *fn,* aquarium (*tsz* -iums/ -ia)

al- *mn,* sub-, vice, under

ál- *mn,* false, pseudo-

alá *hat,* down, under, underneath, below ‖ *az infláció 6% ~ süllyedt:* the rate of inflation has fallen below 6% ‖ *fel s ~:* up and down

aláás *i,* 1. *konkr* dig in 2. subvert, undermine, sap, honeycomb, subvert ‖ *az alkohol ~ta egészségét* alcohol has played the devil wiht his health ‖ *~sa a*

tekintélyét undermine the authority of sy
alább *hat,* low, lower, below ‖ *~ említett:* mentioned below, undermentioned
alábbhagy *i, fájdalom* lessen, *szél, hideg* abate, *lelkesedés, remény, erő* diminish, *szigor* relax ‖ *hétvégeken ~ a szigor:* discipline is relaxed at weekends
alábbi *mn,* following, undermentioned ‖ *az ~ pontok:* the points mentioned below ‖ *az ~akban:* as follows
alábukik *i, elsüllyed vmiben* sink, submerge, *vízbe fejest ugrik* dive, submerge, *nap* set, go down
alacsony *mn, ember* short, small, *ált hum* dumpy, *pejor* shortie / shorty, (be) knee-high (to a grasshopper), *ár* low
alacsonyodik *i,* lower, debase oneself to do sg ‖ *addig ~, hogy* lower oneself to do sg
aládúcol *i,* wedge up, underpin, shore up ‖ *hajót ~* leg the ship
aláfest *i,* 1. *képet* ground-coat, prime 2. *zene* compose background music 3. *átv* emphasize
aláfestés *fn,* 1. *festményen* first coat of paint 2. *zenei ~:* background music
alagcső *fn,* drain-pipe
alagsor *fn,* basement
alagút *fn,* tunnel, subway
aláhúz *i, írást* underline, *hangsúlyoz* emphasize, put emphasis on, stress
aláír *i,* sign sg, *szl* put one's John Hancock swhere, *szl* put one's mark / mon(n)i(c)ker swhere ‖ *~ná kérem?:* will you sign it please? *szl* put your mark here, *szl* put your moniker down here, *szl* put your John Hancock here

aláírás *fn, névé* signature
alak *fn,* 1. shape, form, *emberé* figure, body, build, *férfi* physique ‖ *jó ~ja van:* she has a good body / figure 2. *személy* fellow, *biz* chap, guy, *szl* (odd) bod, 3. *nyelvt* form ‖ *ige~:* verb form ‖ *szenvedő ~:* passive voice ‖ *cselekvő ~:* active voice
alaki *mn,* formal ‖ *~ hasonlóság:* formal resemblance
alakít *i,* 1. *ált* shape, form, *intézményt, hivatalt* establish, found, form 2. *szerepet* act, play, perform
alakoskodik *i,* pretend (to), simulate, feign sg, sham sg, *biz pejor* playact, *biz pejor* put it on
alaktalan *mn,* shapeless, formless, *eltorzult* deformed
alakú *mn,* -shaped, in the shape of sg, shaped like, -formed, -like ‖ *csillag~:* star-shaped ‖ *jó ~ nő:* woman with a good body / figure
alakul *i,* 1. *alakot formál* be shaped, take shape, *fejlődik, halad* develop, improve, *ált biz* shape up 2. *vmivé* become, turn into, change into, develop into 3. *intézmény* be established, be formed, be founded
alakulás *fn,* 1. *folyamat* formation 2. *intézményé* foundation, establishment
alakulat *fn, geol, kat* formation
alakzat *fn,* figure, form(ation), *nyelvt,* trope, figure of speech
alámerül *i,* submerge, *hajó* sink, *vízben ember* dive
alamizsna *fn,* donation, charity
alamuszi *mn,* sly, shifty, sneaking, cunning

alant *hat,* below, under ‖ ~ *megnevezett* undernamed ‖ ~ *említett* under mentioned

alantas *mn,* **1.** személy subordinate, inferior, junior, menial **2.** *aljas* vulgar, mean ‖ *fn,* subordinate, inferior, minor official, henchman ‖ ~ *ösztönök* mean instincts ‖ ~ *származású* low/base-born ‖ ~ *dolgokat művel* grovel in the dust ‖ ~ *munkát kell végeznie* do menial tasks

alanyeset *fn,* nominative (case)

alanyi *mn,* subjective, nominative

alap *fn,* **1.** base, basis (*tsz* bases) ‖ ~*ul vesz:* take sg as a base ‖ ~*jában véve:* on the whole, after all, basically ‖ *vmi* ~*jául szolgál:* form the basis of sg ‖ *vmi* ~*ján:* on the basis of sg ‖ *a film igaz történet* ~*ján készült:* the film was based on a true story **2.** *házé* foundation ‖ *lefekteti a ház* ~*jait:* lay the foundations of the house **3.** *pénz fund* ‖ *a templom felújítására szánt* ~: church restoration fund **4.** *háttér* background ‖ ~*szín:* prime colour

alapállás *fn,* normal position

alapanyag *fn,* (raw) material (for sg)

alapár *fn,* cost price

alapbér *fn,* basic wage/rent

alapdíj *fn,* minimum charge, base fee

alapelv *fn,* principle, fundamental

alapozó *fn,* **1.** *alapképzés* basic training **2.** *krém GB* makeup, *US* liquid makeup

alapfeltétel *fn,* primary condition

alapfogalom *fn,* basic concept / idea

alaphang *fn,* keynote, final note, pitch/ground-note; *zenei* tonic, prime, final note ‖ *átv megadja a* ~*ot* keynote the line

alapigazság *fn,* axiom, fundamental truth, home truth

alapirányzat *fn,* trend, tendency

alapismeretek *fn,* fundamentals, elements, rudiments (of sg) *tsz*

alapít *i,* establish, found, *családot* start a family

alapítás *fn,* foundation, establishment

alapító *n,* founder, establisher

alapítói profit *fn,* foundation profit

alapítvány *fn,* fund(ing), foundation, endowment, subsidy

alapkő *fn,* foundation stone

alaplap *fn,* **1.** mat base **2.** motherboard

alaplemez *fn,* basic disc

alapművelet *fn, mat* ‖ *a négy* ~: the four fundamental operations

alapok *fn,* **1.** = alapismeretek **2.** = alap 2.

alapos *mn, ember* thorough, *lelkiismeretes* conscientious, *pedáns* meticulous; ‖ ~ *tudás:* deep / profound knowledge, deep insight into sg ‖ ~ *ok:* base / good reason ‖ ~ *munka:* detailed / exhaustive work

alaposan *hat,* thoroughly, conscientiously, meticulously, exhaustivly

alapoz *i,* **1.** *házat* lay the foundations of **2.** *feltevést vmire* base on sg **3.** *arcot* powder

alapozás *fn,* **1.** *házé* foundations *tsz* **2.** *átv* groundwork **3.** *arcé* powdering

alaprajz *fn,* ground plan

alapszabály *fn,* fundamental rule

alapszerv *fn,* basic organization (-sation)

alaptalan *mn,* groundless, baseless, unfounded, without good reason ‖ *a félelmünk* ~*nak bizonyult:* our fears proved groundless ‖ ~ *vád:* false charge

alaptermészet *fn,* true nature, basic quality, underlying quality of sg
alaptétel *fn,* principle, fundamental
alaptőke *fn,* capital, fund
alapul *hat,* be based on / upon sg || *a film X regényén ~:* the film is based on X's novel
alapvető *mn,* basic, fundamental, form principal, *form* essential || *~ szükséglet:* basic requirements || *~ fontosságú:* of vital / the utmost importance
alapzat *fn, házé* foundation, *szoboré* pedestal, *oszlopé* base
álarc *fn,* mask *harisnya betörőé* stocking mask || *gáz~:* gas mask || *~ot ölt:* mask (one's face with sg), *átv is* mask oneself
álarcos *mn,* masked
álarcosbál *fn,* masked ball, fancy dress ball
alárendel *i, vkit/ vmit vkinek/ vminek* subordinate (to), subject (to) || *a vágyait ~i a csoport érdekeinek:* he subordinates his wishes to the general good of the group || *~i magát vkinek/ vminek:* yield to, submit (oneself) to
alátámaszt *i,* 1. support, hold up, prop up 2. *átv* support || *ez a bizonyíték ~ja a feltevésemet:* this evidence supports my argument || *az elméletemet ~ják a tények:* my theory is supported by the facts
alátét *fn, pohár~:* coaster || *tányér~:* place-mat || *szőnyeg~* underlay || *~gyűrű csavarhoz* washer,
alatt *névutó,* 1. *hely* under, below, underneath || *a 35-ös szám ~:* at number 35, 2. *mérték fagypont ~:* below freezing(-point) || *18 év ~:* under (the age of) 18, 3. *idő* (with)in, during || *egy óra ~* (with)in one hour || *az előadás ~:* during the performance || *IV. Béla uralkodása ~:* under Béla IV 4. *állapot javítás ~:* under repair / construction
alattomos *mn, ember* sly, sneaking, cunning, treacherous, *betegség* treacherous
alattomosság *fn,* treachery, slyness, shiftiness
alattvaló *fn,* subject, dependant(s)
alávaló *mn,* mean, vile, rascally || *~ gazember:* creep, rat, (dirty) rascal
alávet *i,* 1. *hatalma alá* subject (to), *magát* submit (to) 2. *vmely műveletnek* subject (to) || *~i magát a műtétnek:* undergo operation
alázat *fn,* humility, modesty || *~tal:* humbly, modestly
alázatos *mn,* humble, meek, *túlzottan pejor* servile, *US ált pejor* brown-nosing, *gb ált pejor* smarmy
alázatoskodik *i,* cringe, humble oneself, fawn, kowtow, truckle
alázatosság *fn,* humbleness, meekness, *túlzott ált pejor* servility, *ált biz pejor* bootlicking, *US* oiling
albán *mn/fn,* Albanian
Albánia *fn,* Albania
albérlet *fn,* sublease, *szoba* lodgings || *~ben lakik:* live in lodgings
albérlő *fn,* tenant, lodger, *US* roomer
albizottság *fn,* subcommittee
album *fn,* 1. album || *fénykép~:* photo album || *bélyeg~:* stamp album / collection 2. *zene* album, record
álca *fn,* 1. *kat* camouflage, *szl* front || *~ázás céljából:* for camouflage, as a

cover / smokescreen ‖ *~ként szolgál/ falaz vki számára:* act as a figurehead, front for sy 2. *áll* larva (*tsz* larvae), grub
álcáz *i,* 1. *érzelmet, szándékot* hide, conceal, disguise, 2. *kat* camouflage
alcím *fn,* subtitle
áld *i,* bless ‖ *az Isten ~jon meg!:* God bless you! ‖ *Isten ~jon!:* good-bye!, farewell!
áldás *fn,* 1. *vall* blessing, *asztali ~:* grace 2. *átv* boon 3. *jóváhagy ~át adja:* give one's blessing to sg
áldásos *mn,* blessed, blissful
áldatlan *mn,* unfortunate
áldomás *fn,* toast ‖ *~t iszik:* drink a toast
áldott *mn,* 1. blessed 2. *~ állapot* pregnant ‖ *~ állapotban van* be pregnant, be going to have a baby, 3. *egész/ minden jelző nyomósítására* ‖ *minden ~ nap:* each day
áldoz *i,* 1. *istennek* sacrifice 2. *lemond vmiről* devote oneself/sg to sy/sg, sacrifice oneself / sg to sy/ sg, 3. *időt, pénzt* spend on
áldozat *fn,* 1. *áldozás* sacrifice 2. *akit/amit feláldoznak* offering 3. *vmi rossz éri* victim ‖ *gyilkosság ~ai:* victims of murder, murder victims ‖ *~ul esik:* fall victim to *átv is, átv* be prey to 4. *lemondás* self-denial ‖ *~sal jár:* involve self-denial
áldozatkész *mn,* self-sacrificing, generous, *magatartás* altruist
áldozatkészség *fn,* generosity
áldozik 1. *i, vall* receive the sacrament 2. *i, ritk* = **áldoz**
áldozó *fn, vall* communicant ‖ *első ~:*first communicant ‖ *~csütörtök:* Ascension Day
alelnök *fn,* vice-president
alél *i,* faint, swoon, become unconscious
alélt *mn,* 1. *ájult* faint, unconscious, senseless 2. *lankadt* languid
alépítmény *fn, ép* substructure, base(ment), foundation
alezredes *fn,* lieutenant-colonel ‖ *tengerész ~:* lieutenant-commander ‖ *repülő ~:* wing commander
alfaj *fn,* subtype; *áll, növ* subspecies
alföld *fn,* plain, lowland
algebra *fn,* algebra
alhadnagy *fn, GB* warrant officer, *US* master sergeant
álhír *fn,* rumour
alibi *fn,* alibi ‖ *jó ~je van:* have a good alibi ‖ *~t igazol:* produce an alibi
alig *hat,* 1. *kis mértékben* hardly, scarcely ‖ *~ értem, amit mond:* I can hardly understand what he's saying 2. *ritkán* hardly ever ‖ *~ látlak:* I hardly ever see you
aligazgató *fn,* sub-director, joint manager, vice-manager; *isk* deputy-headmaster
aligha *hat,* hardly, scarcely ‖ *~ hiszem:* I can hardly believe it ‖ *~ emlékszik rá:* he is not likely to remember it
alighanem *hat,* probably, very likely
alighogy *hat,* no sooner (than), hardly (when) ‖ *~ megérkezett, megint el kellett mennie:* no sooner had he arrived than he had to leave again / Hardly had he arrived when...
alj *fn,* 1. bottom, foot, lower part ‖ *csésze~:* saucer ‖ *a hegy ~a:* the foot of the hill ‖ *a lap ~ja:* the bottom of the

aljas

page, **2.** *üledék a kávé ~ja:* coffee grounds **3.** *silány része* rubbish, refuse, waste **4.** *szoknya* skirt
aljas *mn,* mean, vile
aljasodik *i, ld.* **alacsonyodik**
aljasság *fn,* meanness, vileness
aljzat *fn,* **1.** *műsz* socket, power-point **2.** *növ* undergrowth **3.** = **alapzat**
alkalmas *mn,* **1.** *megfelelő* suitable for/to, appropriate for/to, right for, fit for || *~ helyen:* at the right place, *átv* be able to do sg, be apt (at doing sg), *szl* be cut out for sg, be cut out to be sg || *vezetésre ~:* be apt at driving || *ő erre nem ~:* he is not the right / appropriate man for this **2.** *illő* right, appropriate, convenient || *~ időben:* at a convenient time
alkalmatlan *mn,* **1.** *nem megfelelő/ képes* unsuitable for, unfit for sg/to do sg || *emberi fogyasztásra ~:* unfit for human consumption || *a mostani állapotában ~ a vezetésre:* he is unfit to drive in his present state **2.** *kellemetlen* inconvenient
alkalmatlankodik *i,* trouble sy, molest sy, bother sy, disturb sy, be a trouble / nuisance to sy, *formális* intrude upon sy, intrude oneself into sg || *nem akarok ~ni, de beszélhetnék Önnel egy pillanatra?:* I don't wish to intrude upon you, but could I talk to you for a moment? || *szl* get at sy, hassle sy
alkalmaz *i,* **1.** *vmit* use for, apply to || *a gyakorlatban ~:* put into practice **2.** *vkit* employ **3.** *alkalmassá tesz* adapt to/for, suit to, fit for || *rádióra ~:* adapt for radio || *filmre ~:* adapt to the screen || *színpadra ~:* adapt to the stage

alkalmazás *fn,* **1.** *vmié* use, application **2.** *vkié* employment || *~ban van:* be employed **3.** *vmihez* adaptation to
alkalmazkodik *i,* adapt oneself to, conform to
alkalmazkodó *mn,* adaptable, *pejor* compliant
alkalmazkodóképesség *fn,* capacity for self-adaptation / self-accommodation
alkalmazott *mn,* applied, adapted || *~ nyelvészet:* applied linguistics || *filmre ~ott regény:* film adapted to the screen
alkalmazott *fn,* employee || *az ~ak:* personnel, staff, employees
alkalmi *mn,* **1.** *alkalomhoz illő ~ ruha:* evening dress, party dress, *tréf* one's Sunday best **2.** *alkalomszerű* || *~ záporok: meterológia* occasional showers || *~ látogatások:* occasional visits || *~ vétel:* bargain || *~ munkából él:* earn one's living by casual labour || *~ munkás:* casual labourer || *~ partner:* casual partner
alkalom *fn,* **1.** occasion || *egy ~mal:* once, *formális* on one occasion || *alkalmanként:* occasionally || *minden ~mal:* every time, each time || *~ából: formális* on the occasion of sg **2.** *lehetőség* chance, opportunity || *~at ad:* give sy a chance (to do sg) || *él az ~mal:* take the opportunity to do sg / of doing sg
alkalomadtán *hat,* sometimes, occasionally, *formális* on occasion
alkar *fn,* forearm
alkat *fn,* structure, construction || *test~:* physique, figure, build, constitution || *lelki ~:* turn of mind
alkatrész *fn,* component (part), part,

piece, element, constituent (part) ‖ *pót~:* spare part
alkohol *fn,* alcohol, spirits, *szl* booze, *US szl* juice, *GB szl* tipple ‖ *tiszta ~:* pure alcohol
alkoholista *fn,* drunkard, alcoholic, heavy / terrible / hardened / serious drinker, *szl* boozer, *kül US szl* juicer, juicehead, rummy
alkoholizál *i,* 1. *konk* alcoholize, fortify 2. *nagyivó* drink heavily, soak
alkoholmentes *mn,* non-alcoholic ‖ *~ ital:* soft drink ‖ *~ spray:* alcohol-free deodorant
alkoholmérgezés *fn,* intoxication
alkoholtartalmú *mn,* alcoholic, containing alcohol, of alcoholic content ‖ *~ ital:* alcoholic drink
alkony(at) *fn,* 1. dusk, twilight, nightfall 2. *átv élete ~án:* in one's twilight / declining years, in the twilight of one's life
alkonyodik *i,* 1. it's growing dusk, night is coming 2. *átv* decay, decline
alkot *i,* 1. create, make, form, construct 2. *művet* write, compose 3. *vmi részét ~ja:* be a part of sg
alkotás *fn,* 1. *tevékenység* creation, creating, construction, formation, production, *szellemi* composing, writing, composition 2. *mű* work, product, creation, *szellemi* composition ‖ *művészeti ~:* work of art
alkotmány *fn,* 1. *államé* constitution ‖ *~jog:* constitutional law ‖ *~levél:* constitutional charter ‖ *~reform:* constitutional reform 2. *építmény* construction
alkotmányellenes *mn,* anti-constitutional, not constitutional

alkotmányjog *fn,* constitutional law, organic law
alkotmánymódosítás *fn,* amendment of the constitution ‖ *a törvényhozás 1967-ben történt ~a* amendment to the constitution passed by the legislation in 1967
alkotmányos *mn,* constitutional
alkotó *mn,* creative ‖ *~kedv:* urge to create ‖ *~erő:* creative power ‖ *~képesség:* creativity
alkotó *fn, irodalmi* author, writer, *zenei* composer, *műalkotásé* creator, *szerkezeté* constructor, *formáé* designer
alkotóelem *fn,* constiuent (part), component (part), part, element
alku *fn,* 1. *folyamat* bargaining, negotiation ‖ *~ba bocsátkozik vkivel:* enter into / open negotiations with sy 2. *eredmény* bargain ‖ *áll az ~!:* it's a bargain!
alkudozik *i,* bargain with sy about/ over sg, *tárgyal* barter with sy for sg, *formális* negotiate
álkulcs *fn,* skeleton key, *US* lock pick
alkuszik *i,* 1. = alkudozik 2. *megalkuszik* compromise on sg
áll *i,* ‖ *sorba ~:* felsorakozik queue up ‖ *sorban ~:* stand in a row ‖ *~ a közlekedés:* traffic is at a standstill
áll *fn, állcsúcs* chin ‖ *felkopik az ~a:* éhen marad go hungry, *szűkölködik* be in need, be in want of sg, be short of sg, *nem teljesül a vágya* hope in vain ‖ *~ig felfegyverkezve:* (be) armed to the teeth
állam *fn,* state
államadósság *fn,* public debt, state/national debt

államcsíny *fn,* coup d'état *(tsz* coups d'état), putsch, plot
államérdek *fn,* reason of state
államférfiú *fn,* statesman *(tsz* statesmen) ‖ **~i:** statesmanlike ‖ **~i bölcsesség:** statesmanship
államforma *fn,* form of government *(tsz* forms of government)
államfő *fn,* head of government *(tsz* heads of government)
államháztartás *fn,* state finances, budget
állami *mn,* public, state ‖ **~ intézmény:** state institution ‖ **~ iskola:** public school, state school ‖ **~i költségen:** at (the) public expense ‖ **~ hivatal:** state office ‖ **~ tisztviselő:** state official, civil servant ‖ **~ tulajdon:** state property, national property ‖ **~ tulajdonba kerül:** be nationalized (-ised) ‖ **~ ügy:** public affairs
állami értékpapírok *fn,* government securities
államkincstár *fn,* the Treasury, *GB* the Exchequer
államkölcsön *fn,* government loan
államköltség *fn,* public expense ‖ **~en:** at (the) public expense
állami költségvetés *fn,* government budget
államközi *mn,* international
államosít *i,* nationalize (-ise), *egyházi tulajdont* secularize (-ise)
állami pénzügyek *fn,* public finance
állami szektor *fn,* public sector
állampolgár *fn,* citizen, *monarchiában, királyságban* subject ‖ **brit ~:** British subject
állampolgárság *fn,* citizenship ‖ **megkapja a magyar ~ot:** be granted Hungarian citizenship ‖ **kérvényezi a magyar ~ot:** apply for Hungarian citizenship ‖ **felveszi a magyar ~ot:** assume Hungarian citizenship
államrendőrség *fn,* state police
államszervezet *fn,* state organism, state organization
államtitok *fn,* state secret
államügyész *fn,* public prosecutor, *US* district attorney
államvasút *fn,* state railways, *US* state railroads ‖ **Magyar ~ak** Hungarian State Railways
államvédelem *fn,* state security, security of the state
államvizsga *fn,* state exam
állandó *mn, tartós* permanent, steady, stable, constant, *örök* eternal, *változatlan* settled ‖ **~ alkalmazás:** permanent employment ‖ **~ alkalmazott:** steady worker ‖ **~ lakcím:** permanent address ‖ **~ fizetés:** salary ‖ **~ lakos:** resident
állandó *fn, mat* constant
állandó skálahozadék *fn,* constant return to scales
állandóság *fn,* permanence, constancy, steadiness, stability
állandósul *i,* steady, settle ‖ **~nak az árak:** prices are steadying
állapot *fn,* state, status, condition ‖ **családi ~:** marital status, *erőnlét* condition, *GB* **ált** nick, **ált biz** shape ‖ **a korához képest jó ~ban van:** he is in good nick for his age, he is in good condition ‖ **rossz ~ban van:** he is completely out of shape
állapotos *mn/fn,* pregnant ‖ *fn,* expectant mother

állás *fn,* **1.** *nem ülés* standing, *álló testhelyzet* standing posture **2.** *szünetelés* standstill **3.** *helyzet* situation, position, state, *társadalmi* status, post ‖ *a dolgok ~a:* the state of things ‖ *a meccs/játék ~a:* the score ‖ *~t foglal vmiben:* take a/one's stand on sg, *vitában* take sides, *vki mellett* with sy, *vki ellen* against sy ‖ **munkába ~:** take a/the job **4.** *munka* job, position, post, status ‖ *jó ~:* good / easy / soft / cushy / plum job, *szl* cushy number ‖ **elveszíti az ~át:** be dismissed (from) ‖ **kirúg vkit az ~ából:** *biz* give sy one's marching / walking orders, sack sy ‖ **kirúgták az ~ából:** *szl* got kicked out, *szl* he got the sack / slinger ‖ **nincs ~a:** be unemployed, be out of work ‖ **van ~a:** be in work **5.** *fedezék* trench **6.** *sp* position, stand
állásfoglalás *fn,* point of view, standpoint, attitude
állásközvetítés *fn,* placement
állásközvetítő iroda *fn,* employment bureau, jobcentre, *GB* labour exchange
álláspont *fn,* point of view, standpoint, view(point), point ‖ *alátámasztja az ~ját:* prove one's point ‖ *elfogadja az ~ját:* take sy's point
állástalan *mn,* unemployed, out of work
állásváltoztatás *fn,* change of position
állat *fn,* **1.** animal ‖ *vad~:* wild animal, beast ‖ *házi~:* domestic animal **2.** *átv* beast, brute, creep, *durv* bastard
állatállomány *fn, házi* (live)stock, *vad* stock of the game
állateledel *fn,* fodder
állatfaj *fn,* breed, species of animals
állati *mn,* **1.** *állathoz tartozó* animal ‖ ~ *ösztönök:* animal desires ‖ *~ termék:* animal product **2.** *elvadult* brutish, brutal, beastly
állati *hat, rendkívül* ‖ *~ jó:* cool, *GB* ace, *US* hot, *US* funky, super ‖ *~ nagy:* *GB* whacking great, dirty great, whopping big, *US* all fired great, *durv* fucking big
állatkert *fn,* **1.** zoo, *formális* zoological gardens **2.** = állat **2.**
állatorvos *fn,* veterinary doctor / surgeon, *biz* vet, *pejor* horse doctor
állatszelídítő *fn,* animal tamer
állattan *fn,* zoology
állattenyésztés *fn,* animal husbandry
állattenyésztő *fn,* stock-breeder
állatvilág *fn,* fauna, animal life
álldogál *i,* loiter (about/around), stand about
állhatatlan *mn,* unfaithful, faithless, inconstant, fickle
állhatatos *mn,* stable, standfast, steady, faithful
állít *i,* **1.** *vmit vhová* put, set, place ‖ *a fal mellé ~:* put sg beside the wall, *vmilyen helyzetbe sorba ~* set / place in a row ‖ *egyenesre ~ja a képet:* put the picture straight **2.** *megbíz őrt ~:* post a sentry ‖ *bíróság elé ~ vmi miatt:* put sy on trial for sg ‖ *nehéz feladat elé ~:* set sy a hard task **3.** *szerez tanút ~:* produce a witness **4.** *építményt szobrot ~:* erect / set up a statue ‖ *iskolát ~:* found / establish a school **5.** *példaképül ~:* set sy an example (to sy) **6.** *kijelent* state, declare, assert, claim
állítás *fn,* **1.** *vhová* placing, posting, setting **2.** *kijelentés* statement, assertion
állítmány *fn,* predicate ‖ *~i:* predicative

állítólag *hat,* supposedly ‖ *ez a kép ~ egymillió forintot ér:* this picture is supposedly worth one million forints ‖ *~ elköltözött:* he is said to have moved ‖ *~ kedves:* she is said to be nice
állítólagos *mn, pejor* so-called, supposed
állkapocs *fn,* jaw ‖ *alsó ~:* lower jaw, *orv* mandible ‖ *felső ~:* upper jaw, *orv* maxilla (*tsz* maxillae)
álló *mn/hat,* 1. standing ‖ *az ajtóban ~ férfi az apám:* the man standing at the door is my father 2. *nem mozgó* fixed, stationary ‖ *~ jármű:* stationary vehicle 3. *függőleges* vertical 4. *részekből* consisting of 5. *teljes egy ~ hétig:* for a whole week, a whole week (long)
állócsillag *fn,* fixed star
állóhely *fn,* standing place
állóképesség *fn,* stamina, endurance
állólámpa *fn,* standard lamp, *US* floor lamp
állomány *fn,* 1. *készlet* stock, store 2. *orv az agyvelő ~a:* tissues of the brain 3. *kat* effective strength (of the army)
állomás *fn,* 1. station, *megálló* stop, halt ‖ *vég~:* terminal, terminus (*tsz* termini) ‖ *taxi~:* taxi rank / stand, *US* cabstand 2. *rádió~:* radio station ‖ *TV-~:* TV station ‖ *radar~:* radar station ‖ *kutató~:* research station 3. *kat* military base, garrison 4. *átv életének ~ai:* periods / stages of one's life
állománymutató *fn,* stock concept
állomásépület *fn,* (building of the) station
állomásfőnök *fn,* station-master
állomásozik *i,* 1. *kat* be garrisoned, be stationed 2. *autó* stand, park
állott *mn,* 1. *nem friss* stale 2. *unalmas* flat, monotonous, uninteresting, vapid

állóvíz *fn, tó* lake, *kisebb* pond, *folyó árterében* backwater
állvány *fn, építkezésnél* scaffold(ing), *könyv* shelf, *festő* easel
alma *fn,* apple ‖ *~bor:* cider ‖ *~lé:* apple juice, *US* sweet cider ‖ *~kompót:* tsz stewed apples ‖ *~szósz:* apple sauce ‖ *~torta:* apple tart *nem esik messze az ~ a fájától:* be a chip off the old block, like father, like son
almabor *fn,* cider
almafa *fn,* apple tree
almacsutka *fn,* apple-core
almás *mn,* ‖ *~kert:* apple garden ‖ *~ pite:* apple pie ‖ *~ rétes:* apple turnover
álmatlan *mn, ember* wakeful, *időszak* sleepless, restless, wakeful
álmatlanság *fn,* insomnia, wakefulness, restlessness, sleeplessness
álmélkodik *i,* be surprised at sg, marvel, wonder at sg
álmodik *i,* dream of/about / doing sg, have a dream ‖ *azt ~tam, hogy repülök:* I dreamt about flying ‖ *~ni se mertem volna:* it's beyond my wildest dreams ‖ *~ozik:* daydream
álmodozik *i,* daydream, dream of sg, indulge in daydreams, be in cloud-land, be in land of dreams, be wool-gathering, dream away one's time
álmos *mn,* 1. *fáradt* sleepy, drowsy 2. *~könyv:* dream-book
álmosító *mn, ált, idő* drowsy, *beszéd, ital, gyógyszer:* sopoforic
almoz *i,* bed down, litter down
álnév *fn,* pseudonym, nom de plume ‖ *írói ~:* pen-name, pseudonym ‖ *~en:* under a pseudonym

álnok *mn,* treacherous, deceitful, false ‖ ~ **barát:** false friend

alól *névutó,* **1.** from below/beneath/under **2.** *átv* **eltesz láb ~:** bump sy off, cancel sy's ticket, wipe sy out ‖ ***mentesít vmi ~:*** exempt sy from sg

alom *fn,* **1.** *fekhely* bedding **2.** *állatkölykök* litter (of puppies)

álom *fn,* **1.** dream ‖ ***szép álmokat!:*** sweet dreams! ‖ ***~ot lát:*** have a dream, dream ‖ ***rossz ~:*** nightmare ‖ ***~ai valóra váltak:*** his dreams came true **2.** *álmosság* sleep ‖ ***elnyomja az ~:*** be overcome by sleep ‖ ***~ba sírja magát:*** cry / sob oneself to sleep ‖ ***~ba ringat:*** rock / sing sy to sleep ‖ ***~ba merül:*** fall asleep ‖ ***az igazak ~át alussza:*** sleep the sleep of the just ‖ ***~ittas:*** drowsy ‖ ***~kór:*** *orv* encephalitis

álomittas *mn,* drowsy, sleepy, heavy with sleep

álomkép *fn,* **1.** dream **2.** *átv* vision

álomkóros *mn,* **1.** *konkr* suffering from sleeping-sickness **2.** *átv* lethargic, lethargical

álomszuszék *mn/fn,* drowsy

alorvos *fn,* junior doctor / surgeon

alosztály *fn, ált áll* subclass

alperes *fn, jog* defendant, *válásnál* respondent

alpesi *mn,* alpine

alpinista *fn,* mountaineer, alpinist

alpinizmus *fn,* mountaineering, alpinism

Alpok *fn,* the Alps

álruha *fn,* disguise ‖ ***~t ölt:*** put on a disguise, disguise oneself ‖ ***~ban:*** in disguise

alsó *mn,* **1.** low(er), bottom, under, *alsó része vminek* bottom of sg ‖ ***a létra ~ foka:*** the bottom rung of the ladder ‖ ***~ruha:*** underclothes, underwear ‖ ***~fokú:*** lower-grade **2.** *rang* ***~bb népség:*** *pejor* common people ‖ ***~ papság:*** lower clergy **3.** *zene* **~ hang:** low-pitched voice **4.** *sp* **~ fogás:** *birkózásban* undergrip, *nyújtón* reverse grasp **alsó** *fn,* **1.** = **alsónemű 2.** *kártyában* knave, jack

alsóbbrendű *mn,* inferior to, subordinate to

alsóbbrendűség *fn,* inferiority ‖ ***~i érzés:*** inferiority complex

alsóház *fn, GB* House of Commons, *US* House of Representatives

alsónadrág *fn, GB* underpants, *US* pants

alsónemű *fn,* underwear (*tsz* underclothes), *formális* underclothing, *női biz* undies

alsóruha *fn,* **1.** *ált* underwear/clothes, under-garment, nether garments, body linen, underclothing **2.** *női* undies, dainties

alsós *mn,* **1.** *ált isk* student in the lower school, junior **2.** *egyetemen* first-year student **3.** *átv US* freshman, underclassman

alsószoknya *fn,* slip, petticoat

álszakáll *fn,* false beard

álszemérem *fn,* prudery, prudishness

álszemérmes *fn,* prude

álszemérmesség *fn,* = **álszemérem**

álszent *mn,* hypocritical ‖ *fn,* hypocrite

álszerény *mn,* falsely modest, demure, mock modest

alszik *i,* sleep, be asleep, slumber ‖ ***mélyen ~:*** be fast asleep ‖ ***~, mint a tej/***

bunda: sleep like a log, *szl* plough the deep || ~ *egy keveset: biz* take some zizz, have / take a snooze / nap || *kialussza a másnaposságot:* sleep off a hangover || ~ *rá egyet:* sleep on it

alt *fn,* **1.** *althang* contralto, *férfi* alto **2.** *alt szólamú* contralto, *férfi* alto

által *névutó,* by, through, via, per, by way of sg || *Péter ~ előadott dal:* song performed by Peter

általában *hat,* usually, mostly, generally, in general, commonly || *~ véve a terved elfogadható:* on the whole your plan is acceptable

általános *mn,* general, usual, *mindenkire vonatkozó* common, universal, overall, *mindennapos* everyday || *~ iskola:* primary school || *~ műveltség:* general knowledge || *~ nyelvészet:* general linguistics || *~ szabály:* general rule || *~ használat(ban):* (in) common use

általánosan *hat,* generally commonly, universally

általános árindex *fn,* general price level index

általános árszínvonal *fn,* general price level

általános forgalmi adó (ÁFA) *fn, röv* VAT, value-added tax

általánosít *i,* generalize (-ise), *vmilyen témakörben* (about) sg, *vmi alapján* from sg || *egy eset alapján nem ~hatsz:* you cannot generalize from one case

általánosítás *fn,* generalization (-isation)

általánosság *fn,* generality || *~okat mond: pejor* make a sweeping generalization || *~okban beszél:* speak in generalities

Általános Vámtarifa és Kereskedelmi Egyezmény *fn,* General Agreement on Tariffs and Trade, *röv* GATT

altat *i,* make sy sleep, *ringatással* rock sy to sleep, *olvasással* read sy to sleep, *dúdolással* lull sy to sleep, *orvos* anaesthetize (-ise)

áltat *i,* mislead sy (into doing sg / about sg), deceive sy (into doing sg), delude sy (with sg / into doing sg), *US szl* feed sy the line (about sg), *US szl* fast-talk sy, *GB szl* give sy (the) old song (about sg), *GB szl* chat sy up || *ne áltasd magad azzal, hogy átmész a vizsgán:* don't deceive / delude yourself into believing (that) you can pass the exam

altatás *fn, orvosi* narcosis, anaesthesia

áltatás *fn,* delusion, deception

altató *mn, hatású* soporific

altató *fn,* **1.** *szer* sleeping pill, *erős* narcotic, opiate **2.** *dal* lullaby

alternatív *mn,* alternative

alternatív költség *fn,* opportunity costs

alternatív közgazdaságtan *fn,* alternative economics

altest *fn,* abdomen || *~i:* abdominal || *~i fájdalmak:* abdominal pains, pains in the abdominal region || *~i műtét:* abdominal operation

althang = alt 1.

altiszt *fn, kat* non-commissioned officer, *bírósági* usher

áltört *fn, mat* improper fraction

áltudomány *fn,* pseudo-science, sham learning

aludttej *fn,* sour milk

alufólia *fn,* aluminium foil

alul *hat,* **1.** down, below, underneath, *épületben* downstairs || *a szoknyának* *térden ~ kell érnie:* skirts must be below the knee **2.** *átv értékén ~:* below its value ‖ *átlagon ~ teljesít:* the standard of his work is below the average ‖ *~fizetett:* low-paid ‖ *~táplált:* underfed

alulírott *mn,* undersigned

aluljáró *fn, vasúti, közúti, gyalogos* underpass

alulmarad *i,* **1.** *ált* go/get one worse, succumb, be overmatched/worsted **2.** *sp* lose, be beaten

alumínium *fn,* aluminium, *US* aluminum

alvad *i,* congeal, *vér* clot, *tej* curdle

alvadt *mn,* ‖ *~ vér:* clotted blood

alvajáró *mn/fn,* sleep-walker, *formális* somnambulist

alvás *fn,* sleep, *rövid biz* nap, *biz* zizz, *biz* snooze

alvászavar *fn,* sleeping trouble

alvatlanság *fn,* sleeplessness, restlessness, wakefulness

alváz *fn,* frame, *autóé* chassis (*tsz* chassis)

alvilág *fn,* **1.** *mitol+ tréf* the nether regions / world, (the) underworld **2.** *bűnözőké* underworld, gangland ‖ *a londoni ~:* the London underworld

alvilági *mn,* **1.** *mitol* infernal ‖ *~ istenek:* infernal gods **2.** *bűnöző* of the underworld

alvó *fn,* sleeper ‖ *jó ~:* good / heavy sleeper ‖ *rossz ~:* bad / light sleeper ‖ *zavarja az ~kat:* disturb the sleepers

alvó *mn,* sleeping, slumbering ‖ *~baba:* sleeping doll ‖ *~hely:* sleeping place ‖ *~szoba:* bedroom

ám *kötőszó,* **1.** *nyomatékosítás én is ott voltam ~!:* I was also there, really! ‖ *igen ~, de:* that's (all) right / well, but ‖ *Hideg van! Az ~!:* It's cold! Definitely! ‖ *az ~!: jut eszembe* by the way! **2.** *csakhogy* but, yet, though

amatőr *mn/fn,* amateur ‖ *~ fénykép:* snap(shot) ‖ *~ fényképész:* amateur photographer ‖ *~ bokszoló:* amateur boxer

ama *hat,* that one, yonder, that ‖ *~ helyen* that place

amaz *névm,* that (one) ‖ *ezt meg ~t:* this and that

ámbár *kötőszó,* (al)though ‖ *~ mindent megtettünk, mégis elvesztettük a játszmát:* (al)though we tried our best, we lost the game

ámde *kötőszó,* however, yet, nevertheless

ameddig *hat,* **1.** *hely* as far as, to ‖ *~ a szem ellát:* as far as the eye can see **2.** *idő: egyidejűség* as long as, while ‖ *~ nem: előidejűség* until, till

amellett *hat,* **1.** next to, beside **2.** besides, in addition to **3.** *~, hogy:* apart from (the fact that) ‖ *~, hogy megsebesült a karján, még a lába is eltört:* apart from the injuries to his hands, he broke his leg

(a)mely *névm,* which, that ‖ *a film, ~ sok díjat nyert:* the film, which won several rewards ‖ *a könyv, ~ről beszéltem:* the book (that) I talked about ‖ *a fénykép, ~et nézel:* the photograph (that) you are looking at ‖ *~ek közül a legjobb:* the best of which ‖ *~nek a közepén:* in the middle of which

amelyik *névszó,* which, that ‖ *~et akarod* whichever you prefer ‖ *a katalógus, ~ben megvan az adat* the catalogue wherein you find the data ‖ *hadd vegye*

~et akarja let him/heer take which he/she will
ámen *fn,* amen || **kimondja rá az ~t 1.** *konkr* say amen to it **2.** *átv* give assent to it
amennyi *névm,* as many () as, as much () as || **annyit ehetsz, ~t akarsz:** you can eat as much as you want
amennyiben *kötőszó, formális* **1.** *ha* if, should || **~ bárki telefonálna:** if anyone phones, should anyone phone **2.** *amely mértékben* in so far as
amennyire *hat,* **1.** *mértékben* as far as || **~ én tudom** as much as I know || **~ meg tudom ítélni** so far as I can judge it **2.** *távolságban* as much as, as far as || **~ hord a pisztoly** as far as a gun carries || **~ lehetséges** as much as possible
Amerika *fn,* America
amerikai *mn/fn,* American, *ember* American, *biz* Yank, Yankee || **~ angol:** American (English) || **~ indián:** American Indian, Amerindian
Amerikai Egyesült Államok *fn,* the United States of America, the USA, the US, *biz* the states, *US tréf* U.S. of A.
amerikai futball *fn,* American football
amerikai mogyoró *fn,* peanut, *GB* groundnut
amerikáner *fn, műsz* hand drill
amerikázik *i,* go slow, be workshy
amerre *hat,* **1.** *amely irányba* to which directon, where **2.** *ahol* where **3.** *akárhová, akárhol* wherever || **~ csak járok:** wherever I roam
amerről *hat,* from where, from which direction
ami *névm,* that, which || **~ engem illet:** as far as I am concerned

amiatt *hat,* because of that, for that reason, on account of that, on that account || **~ sírt, hogy:** she cried because || **~ telefonált, hogy:** she phoned to (do sg) / because
amíg *hat,* **1.** *egyidejűség* as long as, while **2. ~ nem:** *előidejűség* until, till || **várj, ~ nem áll el az eső:** wait until the rain stops
amikor *hat,* when || **~ csak:** whenever
amilyen *hat,* as, such as || **~ hamar csak lehet:** as soon as possible
amint *hat,* as || **~ mondják:** as they say, as it is said
amint *kötőszó,* as soon as, when || **~ meghallotta a hírt, elment:** he left as soon as he heard the news
amióta *hat,* since || **~ elmentél:** since you left
ámít *i,* deceive sy (into doing sg), delude sy (with sg/into doing sg), *US szl* fast-talk sy, *GB szl* give sy (the) old song (about sg), *GB szl* chat sy up
ámítás *fn,* delusion, deception
amnesztia *fn,* amnesty, general pardon || **~át hirdet:** declare amnesty
amnézia *fn,* loss of memory, amnesy || **~ban szenved** suffer from loss of memory
amoda *hat,* over there, yonder, that way/place || **~ helyezze, ne ide** put it there, not here
a-moll *fn,* A-minor
amortizáció *fn,* depreciation
amper *fn, vill* ampere, amp, *röv* A
ampulla *fn,* ampoule, *US* ampule
amputál *i,* amputate, cut off (a limb)
amúgy *névm,-* **1.** *nem így* in that way /

manner 2. *egyébként* otherwise ‖ *a lakbér magas, de ~ a ház szép:* the rent is high, otherwise the house is nice
ámul *i,* be surprised at sg, be amazed, marvel, wonder at sg
ámulat *fn,* amazement ‖ *~ba ejt:* amaze
analfabéta *fn,* 1. *írástudatlan* illiterate, unlettered 2. *pancser pejor* amateur, *biz* bonehead, *US ált* dope, turkey, twit
analizál *i,* analyse, *US* analyze
analízis *fn,* analysis (*tsz* analyses)
ananász *fn,* pineapple
anarchia *fn,* anarchy
anarchista *fn,* anarchist
anatómia *fn,* anatomy
andalító *mn,* soothing, lulling ‖ *~ zene:* soothing music ‖ *~ hang:* soothing voice
andalog *i,* go about dreamily
Andrea *fn,* Andy
András *fn,* Andrew
anélkül *névm,* without ‖ *~, hogy:* without doing sg ‖ *bejött a szobába, ~, hogy kopogott volna:* he entered the room without knocking
Anglia *fn,* England
anglikán *mn/fn,* Anglican, *US* Episcopalian ‖ *~ egyház:* the Church of England, the Anglican Church, *US* the Episcopal Church
angol *mn,* English ‖ *~ anyanyelvű/ajkú:* English-speaking ‖ *~ óra:* English lesson ‖ *~tanár:* teacher of English, English teacher ‖ *~ nyelv:* English (language) ‖ *~szalonna* bacon
angol *fn* 1. *ember* Englishman, *nő* Englishwoman ‖ *az ~ok* the English 2. *nyelv* English (language) ‖ *~ra fordít* translate into English ‖ *~ról fordít* translate from English
angolkór *fn,* rickets, *orv* rachitis
angolna *fn,* eel
angolpark *fn,* funfair, amusement park
angolspárga *fn, GB* side split, *US tsz* side splits, *US tsz* normal splits
angolszász *mn,* 1. *tört* Anglo-Saxon 2. *angol anyanyelvű* English (-speaking) ‖ *~ irodalom:* English literature ‖ *~ világ:* English-speaking world
angolul *hat,* 1. *ált* in English 2. *rég* anglice ‖ *~ beszél* speak English ‖ *~ beszélő népek* English-speaking nations ‖ *jól beszél ~* he/she is good at English, have a good command of English ‖ *hogy mondják ~?* what is the English for?
angyal *fn,* 1. *vall* angel, cherub 2. *jó ember* angel, *US* doll ‖ *ez a gyerek egy ~:* this child is an angel ‖ *úgy énekel, mint egy ~:* he sings like an angel ‖ *~om:* honey, sweetie, sweetheart, babe, sugar
angyali *mn,* angelic, seraphic ‖ *~ gyerek:* angelic child ‖ *~ természet (-e van):* (he has a) seraphic nature
ánizs *fn,* anise
ankét *fn,* conference
annak *hat,* 1. *birtokoshatározó ~ a lánynak a táskája:* that girl's bag, the bag of that girl ‖ *~idején:* in those days, at that time ‖ *~okáért:* for that reason, because of that, therefore ‖ *~előtte:* previously, formerly, before that ‖ *~utána:* after that, thereafter 2. *részeshatározó ~ köszönhető:* due to that, as a consequence, in consequence of that

annál *hat,* **1.** *hely* at that ‖ *~ az épületnél:* at that building **2.** *középfokú hasonlításnál minél nagyobb, ~ jobb:* the bigger the better ‖ *minél többet gondolt rá, ~ szomorúbb lett:* the more she thought about it the more depressed she became
anód *fn,* anode
anorák *fn,* wind-cheater, *US* wind-breaker
Antal *fn,* Anthony, Antony
antenna *fn,* aerial, *US* antenna ‖ *~huzal:* aerial / antenna wire ‖ *~rúd:* aerial / antenna mast ‖ *~ torony:* aerial / antenna tower
antialkoholista *fn,* teetotaller, *US* teetotaler, *GB biz* be going dry, *GB* be off the hard stuff, *GB* be on the cart, *US biz* be on the dry, *US* be off the sauce
antialkoholista *mn,* teetotal
antifasiszta *mn/fn,* antifascist
antik *mn,* **1.** ancient, antique ‖ *az ~ világ* the ancient world ‖ *~ művészet* ancient art **2.** *bútor* period, antique ‖ *~ óra* old clock ‖ *~ bútor* period furniture
antikvár *mn,* second-hand ‖ *~ könyvek* second-hand books
antikvárium *fn,* second-hand bookshop
antilop *fn,* antelope
antipatikus *mn,* repugnant; igével have an aversion to ‖ *nekem ez a fickó ~* this is an unpleasant guy for me
antiszociális *mn,* **1.** *társadalomellenes* antisocial **2.** *emberkerülő* antisocial, unsociable, unsocial
antitröszt-politika *fn,* antitrust policy
anya *fn,* **1.** *ember* mother, *biz* Ma, *biz* Mom, *biz* mommy, *biz* mum, *biz* mummy, *biz* mumma, *szl* one's old lady, *szl* the old lady, *szl* the old woman ‖ *~ám lehetne:* she is old enough to be my mother ‖ *A~ák Napja:* Mother's Day, Mothering Sunday **2.** *állat* dam
anyacsavar *fn,* nut
anyaföld *fn,* **1.** *föld* earth, soil **2.** *szülőföld* native soil, native country, fatherland ‖ *magyar ~n született* he was born on Hungarian soil
anyag *fn,* **1.** *ált* material, substance, *biz* stuff, *textil* material, textile, cloth ‖ *ásványi ~ok:* minerals ‖ *szerves ~:* organic substance **2.** *gyűjtemény a múzeum ~a:* the collection of the museum **3.** *írásé* subject-matter, theme, topic, **4.** *szl kábítószer* dope, junk, stuff
anyagbeszerzés *fn,* procurement, obtaining ‖ *~folyamata:* metabolic process
anyagbeszerző *fn,* buyer of materials, purchasing agent, supply-man
anyagcsere *fn, biol* metabolism ‖ *~folyamat:* metabolic process
anyaggyűjtés *fn,* search for materials, collection of materials
anyagi *mn,* **1.** material **2.** *pénzügyi* financial, pecuniary ‖ *~ gondok:* financial difficulties ‖ *~ helyzet:* finances ‖ *~ támogatás:* pecuniary aid ‖ *~ jólét:* welfare ‖ *~ juttatás:* pecuniary reward
anyagiak *fn,tsz* financial resources, *tsz* funds ‖ *előteremti az ~at:* raise funds
anyagias *mn,* materialistic, *pénzéhes* money-grubbing, *zsugori* mean, stingy, tight-fisted, closefisted ‖ *~ gondolkodás:* materialistic way of thinking
anyagmegtakarítás *fn,* saving of materials
anyai *mn,* **1.** *rá jellemző* mother's, mater-

nal, motherly ‖ ~ *szív:* mother's heart ‖ ~ *kötelesség:* maternal duty ‖ ~ *érzelmek:* maternal feelings ‖ ~ *szeretet:* motherly love ‖ ~ *csók:* motherly kiss 2. *rokonság ~ nagypapa:* maternal grandfather

anyajegy *fn,* birthmark

anyakönyv *fn,* parish register

anyakönyvi *mn, születési ~ kivonat:* birth certificate ‖ *házassági ~ kivonat:* marriage certificate ‖ *halálozási ~ kivonat:* death certificate ‖ *~ hivatal:* registry office, register office

anyakönyvvezető *fn,* registrar

anyaméh *fn,* 1. *szerv* womb, uterus (*tsz* uteri) 2. *méhkirálynő* queen bee

anyanyelv *fn,* mother tongue, native language

anyaország *fn,* mother country, native country, homeland

anyaság *fn,* motherhood, maternity

anyáskodik *i, vki felett* mother sy

anyaszült *mn, ~ meztelen:* stark naked, bare naked, as naked as the day he was born, stripped to the skin, *biz* be in one's birthday suit, *GB* be (in the) starkers, *szl* be in the stuff

anyatej *fn,* mother's milk ‖ *~jel szívott magába vmit:* imbibe sg/knowledge from one's infancy

annyi *névm,* 1. so many / much ‖ *~t nem adok érte:* I won't give so much (money) for that ‖ *~ éven át:* for so many years ‖ *kétszer ~:* twice as many / much, 2. *~, mint:* so / as many / much as ‖ *~ könyvem van, mint neked:* I have as / so many books as you ‖ *3 meg 6 az ~, mint 9:* 3 and 6 make 9

annyian *hat,* so many, in such great number ‖ *~ voltak!:* there were so many people there!

annyiban *hat,* so far as ‖ *~ hagy:* leave at that ‖ *~ marad:* be left at that

annyiféle *hat,* so many kinds of sg ‖ *~t főzött, hogy nem bírtuk megenni:* she cooked so many things that we could not eat them

annyira *hat,* 1. *távolság* as / so far as 2. *fok* so, so much, that much ‖ *~ nem veszélyes:* it isn't all that dangerous ‖ *már nem fáj ~:* it doesn't hurt so much now ‖ *~ azért nem szeretem:* I don't like her that much ‖ *~-amennyire:* more or less

annyiszor *hat,* so many times

annyit *hat,* so many, so much ‖ *~ vehetsz, amennyit akarsz:* you can take as much as you want ‖ *csak ~ mondott...:* all she said was...

annyival *hat,* ‖ *~ inkább:* all the more, so much the more

anyó *fn,* granny, old woman *biz megszólítás* mother

anyós *fn,* mother-in-law (*tsz* mothers-in-law)

anyu *fn,* mother, *biz* Ma, *biz* Mom, *biz* mommy, *biz* mum, *biz* mummy, *biz* mumma, *szl* one's old lady, *szl* the old lady, *szl* the old woman

apa *fn,* father, *biz* dada, *biz* daddy, *biz* pa, *biz* papa, *biz* pop, *biz* poppa, *szl* one's old man, *szl* the old man, *szl* the gov(ernor) ‖ *~m lehetne:* he is old enough to be my father

apáca *fn,* nun ‖ *~főnöknő:* abbess ‖ *~rend:* sisterhood ‖ *~zárda:* nunnery, convent

apad *i*, **1.** *víz* ebb, recede, subside, *hold* wane **2.** *készlet* dwindle **3.** *érdeklődés* decrease, diminish

apai *mn*, **1.** *rá jellemző* father's, paternal, fatherly ‖ ~ *örökség:* patrimony ‖ ~*t- anyait belead:* do sg at full blast **2.** *rokonság* ~ *nagyanya:* paternal grandmother

apály *fn*, ebb

apaság *fn*, paternity, fatherhood

apaszt *i*, decrease, lessen, diminish, reduce

apát *n*, abbet

apátlan-anyátlan *mn*, parentless ‖ ~ *árva:* total orphan, parentless child

apátság *fn*, abbey, monastery

apellál *i*, **1.** *segítségre* call upon sy's help, invoke sy's aid **2.** *vkire* appeal to sy **3.** vmire refer to sg ‖ ~ *az ítélet ellen* give notice of appeal ‖ *a józan eszéhez* ~*ok!* I appeal to your reason! ‖ *az örökségre* ~ reckon upon the heritage

aperitif *fn*, aperitif, appetizer (-iser)

apó *fn*, grandad, old man, *biz megszólítás* dad, daddio, *US* pops / Pops

ápol *i*, **1.** *beteget, állatot* nurse **2.** *kapcsolatot* keep up, *pejor* cultivate **3.** *kertet, házat* keep up **4.** *gondoz* take care of, look after **5.** *testet* smarten up one's body, **6.** *kultúrát* cultivate

ápolás *fn*, **1.** *gondozás* nursing ‖ ~*ra szorul:* need care / nursing **2.** *átv* cultivation

ápolatlan *mn*, **1.** *gondozatlan* uncared-for, neglected, unkempt ‖ ~ *kert:* uncared-for garden **2.** *külső* neglected, ill-groomed, unkempt ‖ ~ *haj:* unkempt hair

ápoló *mn*, **1.** *beteget* nursing ‖ ~*személyzet:* nursing staff **2.** *kultúrát* cultivate

ápoló *fn*, male nurse

ápolónő *fn*, nurse

ápolt *mn*, *külső* neat, perfectly groomed, well-groomed, trim

ápolt *fn*, *beteg* patient, in-patient

áporodott *mn*, *étel* stale, musty, *levegő* stuffy

após *fn*, father-in-law (*tsz* fathers-in-law)

apostol *fn*, apostle

aposztrofál *i*, address, apostrophize (-ise)

aposztróf *fn*, apostrophe

apparátus *fn*, apparatus (*tsz* apparates) ‖ *állami* ~: state apparatus ‖ *kormányzó* ~: apparatus of the government

apraja-nagyja *fn*, young and old (alike)

apránként *hat*, gradually, little by little

április *fn*, April ‖ ~*ban:* in April ‖ ~ *elsején:* on the first of April, on April the first ‖ *múlt* ~: last April ‖ ~ *elseje:* April's Fool's Day ‖ ~ *bolondja:* April Fool

aprít *i*, cut sg up, *késsel, baltával* chop, *géppel, nagyon apró darabokra* mince

aprított *mn*, minced, chopped

apró *mn*, **1.** *alacsony* small, short, *GB biz* titchy, *GB tréf* dumpy, *biz* stubby, *biz* tubby **2.** *kicsi* little, tiny, *US* dinky, *GB biz* tiddly

apró *fn*, **1.** ~*kat lép* take short steps **2.** = **aprópénz**

apród *fn*, page, page-boy, *US* bellboy

aprófa *fn*, firewood, chopped wood

apróhirdetés *fn*, classified advertisements, classified ads, *US* want ads ‖ ~*t ad fel:* insert an advertisement in a newspaper

aprólék *fn*, *szárnyas*~: giblets *tsz*

aprólékos *mn, ember* meticulous, scrupulous, *részlet* minute ‖ *~an kidolgoz:* work out in details

aprópénz *fn,* small change ‖ *~re vált:* give small change for a note ‖ *~re váltja a tehetségét:* misuse one's talent

apróság *fn,* 1. *dolog* bagatelle, trifle 2. *gyerek* tiny tot

apu(ka) *fn,* father, *biz* dada, *biz* daddy, *biz* pa, *biz* papa, *biz* pop, *biz* poppa, *szl* one's old man, *szl* the old man, *szl* the gov(ernor)

ár *fn, érték* 1. *árué* price, cost ‖ *emelkednek az ~ak:* prices are rising / going up / shooting up ‖ *jó ~on:* at/for good price ‖ *milyen ~on?:* at what price?, for how much? ‖ *100 forint az ~a:* it costs 100 forints ‖ *irány~:* starting price ‖ *nincs ~a: megfizethetetlen* beyond/above/without price 2. *átv nagy ~at fizet vmiért:* pay a high price for sg ‖ *a népszerűség ~a:* the price for being famous ‖ *bármi ~on:* at any price ‖ *semmi ~on:* not at any price

ár *fn, áradás* 1. flood, tide 2. *átv könnyek ~ja:* flood of tears ‖ *~ ellen úszik:* go / swim against the stream / tide ‖ *úszik az ~ral:* go / swim with the stream / tide ‖ *~-apály:* ebb and flow

ár *fn, cipészé* awl

arab *mn,* Arabian, Arabic, Arab ‖ *~ számok:* arabic numerals, arabic figures ‖ *~-tenger:* Arabian Sea ‖ *az ~ országok:* the Arab countries ‖ *~ nyelv:* Arabic language ‖ *~s ló:* Arab (horse)

arab *fn, ember* Arab, *nyelv* Arabic

Arábia *fn,* Arabia

árad *i,* 1. *folyó* rise, swell 2. *ömlik folyadék* flow, stream, spout 3. *könny ~ a szeméből:* her tears are flowing freely ‖ *~ belőle a szó: pejor* spout, clack, gabble, *US szl* mouth off (about sg), *GB szl* rabbit (on sg)

áradás *fn,* 1. *vízé* flood, deluge 2. *ált* rise, growth

áradat *fn,* flood, flow, stream ‖ *düh~:* flood of anger ‖ *információ~:* flow of information ‖ *levél~:* flood of letters ‖ *panasz~:* stream of complaints ‖ *tömeg~:* stream(s) of people

áradozik *i, vkiről, vmiről* praise sg/sy, go into raptures about/over sg/sy

áram *fn,* electricity, current, power, *US szl* juice

áramforrás *fn,* source of current

áramkör *fn,* circuit

áramlat *fn,* 1. *folyadék, gáz* current ‖ *az úszót elsodorta az ~:* the swimmer was swept away by the current ‖ *meleg lég~ok:* currents of warm air

áramlik *i,* flow, stream ‖ *a folyók a tengerbe áramlanak:* rivers flow into the sea ‖ *a tömeg ki~ott az állomásról:* people were streaming out of the station

áramszedő *fn,* 1. *villamosé* current collector, running contact 2. *csúszó alkatrész* brush

áramszolgáltatás *fn,* current supply

áramszünet *fn,* power cut

áramvonal *fn,* streamline

áramvonalas *mn,* streamlined

áramzavar *fn,* current disturbance, current trouble

arany *fn,* gold, *aranypénz* gold, gold coin,

arany

coin made of gold ‖ *18 karátos ~:* 18-carat gold ‖ *nem mind ~, ami fénylik:* all that glitters is not gold ‖ *ki korán kel, ~at lel:* early bird catches the worm ‖ *~at ér vki/vmi:* be worth one's/ its weight in gold ‖ *~láz:* gold rush

arany *mn,* gold, golden ‖ *~ karkötő:* gold bracelet ‖ *~haj:* golden hair, hair of shining gold ‖ *~hajú:* golden haired ‖ *hallgatni ~:* silence is golden ‖ *~szívű:* have a heart of gold

arány *fn,* proportion, ratio ‖ *a férfiak ~a a nőkhöz:* the proportion of men to women ‖ *vmi ~ában:* in the ratio of ‖ *3:1 ~ban:* in the ratio of three to one ‖ *százalékos ~:* percentage ‖ *egyenes ~ban: mat* in direct ratio to sg ‖ *fordított ~ban: mat* in inverse ratio to sg

aranybánya *fn,* gold-mine ‖ *ez a bolt valóságos ~!:átv* this shop is a regular gold-mine

aranyér *fn,* 1. *betegség orv tsz* haemorrhoids (*US* hemorrhoids), *tsz* piles 2. *földben* vein of gold

aranyérem *fn,* gold medal ‖ *~mel kitüntet: sp* reward gold medal for sg ‖ *~t nyer úszásban: sp* win a/the gold (medal) for swimming ‖ *~es:* gold medalist ‖ *olimpiai ~:* Olympic gold medal

aranyeső *fn,* laburnum
aranygyűrű *fn,* gold ring
aranyhal *fn,* goldfish
aranyifjú *fn,* jet-set, playboy, spark, gallant, young man about town, swell, drone

aranyigazság *fn,* eternal truth golden rule ‖ *~okat könnyű mondani* it is easy to speak words of gold

aranyköpés *fn,* witticism, witty remark, *ált biz* (wise) crack

aránylag *hat,* relatively, comparatively ‖ *~ kicsi:* relatively small

aranylakodalom *fn,* golden jubilee, golden wedding

aranylánc *fn,* gold chain

aránylik *i,* relate to sg, be in proportion / ration to sg

aranymetszés *fn,* 1. *mat, műv* golden section, extreme and mean ratio 2. *könyv* gilt edge, gilding

aranyműves *fn,* goldsmith
aranyóra *fn,* gold watch

aranyos *mn,* 1. *arannyal kapcsolatos* golden, gilded, gilt 2. *átv* sweet, dear, nice

arányos *mn,* proportionate (to sg), proportional (to sg), well-proportioned ‖ *~an:* in proportion

aranyoz *i,* gild, *fémet* plate

aranyozott *mn,* gilt, gilded, gold-plated ‖ *~ ékszer:* gold-plated jewel, jewel plated with gold

aránypár *fn,* proportion

aranypénz *fn,* gold coin, *angol font* sovereign

arany standard *fn,* gold-exchange standard
arányszám *fn,* proportion, *statisztika* rate
aranyszőke *mn,* (gold-)blond

aránytalan *mn,* ill-proportioned ‖ *~ul nagy:* out of (all) proportion to sg

aranytartalom *fn,* gold content ‖ *~mú: kőzet* auriferous

aranyvaluta *fn,* gold currency

aranyvasárnap *fn*, Sunday before Christmas
árapály *fn*, tide, ebb and flow
arasz *fn*, span
araszol *i*, span
áraszt *i*, **1.** *vizet* flood, *fényt* shed light (on sy/sg), emit, *hőt* shed warmth (on sy/sg), spread, emit, send out, give out, *illatot* emit, *gázt, gőzt* exhale **2.** *átv* shed ‖ *jókedvet* ~: shed happiness
arat *i*, **1.** *terményt* harvest, reap **2.** *győzelmet* ~: gain / win / score a victory ‖ *sikert* ~: have a success, make a success of sg, achieve success, *biz* make it, *biz* make a hit
aratás *fn*, harvest
arató *mn*, harvesting, reaping ‖ *~gép:* reaper, harvester ‖ *~sztrájk:* harvesters' strike ‖ *~ünnep: GB* harvest home
arató *fn*, harvester, reaper
arató-cséplő gép *fn*, combine harvester
arbitrázs *fn*, arbitrage
árboc *fn*, mast ‖ *~rúd:* mastpole
árbocdaru *fn*, derrick
arc *fn*, face, *GB szl* clock, *GB szl* dial, *szl* map ‖ *~ába nevet:* laugh in sy's face ‖ *jó ~ot vág vmihez:* put a good face on sg ‖ *~ába vág vmit:* cast / fling / throw sg in sy's teeth ‖ *~ul csapásként ér vkit: biz* be a kick in the teeth for sy ‖ *~cal vmi felé:* facing sg *átv* is
arcátlan *mn*, impudent, rude, disrespectful, shameless, audacious, impertinent, *biz pejor* have the brass, *ált biz gyak pejor* have a/the cheek to do sg, *ált gyak pejor* have a/the nerve doing sg
arcátlanság *fn*, impudence, impertinence, rudeness
arccsont *fn*, cheek bones *tsz*

arcél *fn*, profile
arcfesték *fn*, make-up, rouge, fard, face-paing ‖ *színházi* ~ grease-paint
archeológia *fn*, archaeology
archeológus *fn*, archaeologist
arcjáték *fn*, play of features
arckép *fn*, portrait (of sy) ‖ *megfesti vkinek az ~ét:* paint sy's portrait ‖ *~festő:* portraitist, portrait painter
arcképes *mn*, ‖ ~ *igazolvány:* identity card, ID card, ID
arckifejezés *fn*, facial expression, countenance, look
arckrém *fn*, face cream
arclemosó *fn*, cleansing cream, cold cream
arcpirosító *fn*, blusher, rouge
arcszesz *fn*, ‖ *borotválkozás utáni* ~: aftershave (lotion)
arctisztító krém *fn*, cleansing cream, cold cream
arcvonal *fn*, **1.** *kat* front line ‖ *~beli:* front-line **2.** *a kutatás ~a: átv* the front line of research
arcvonás *fn*, lineaments *tsz*, features *tsz*
árcsökken(t)és *fn*, price reduction, cut / decline / drop in prices
árdrágítás *fn*, rise / *US* raise in prices, *pejor* profiteering
árdrágító *mn*, profiteering
árdrágító *fn*, profiteer, swindler, *biz pejor* shark, *biz* crook, chiseller, *US* chiseler, *US* hustler, *US* grafter
áremelés *fn*, = **árdrágítás**
árengedmény *fn*, discount, rebate, bargain, price reduction, allowance in price ‖ *~t ad* make a reduction on sg ‖ *viszonteladói* ~ trade discount

árfolyam *fn, tőzsdén* quotations, *részvényé* current prices, *valutáé* exchange rate, rate of exchange

argentin *mn/fn*, Argentine, Argentinean ‖ *az ~ok:* the Argentines

Argentína *fn*, Argentina, *biz* the Argentine

ária *fn*, aria

arisztokrácia *fn*, aristocracy, *GB* peerage ‖ *szellemi ~:* aristocracy of talent

arisztokrata *mn*, aristocratic ‖ *~ család:* aristocratic family

arisztokrata *fn*, aristocrat

arisztokratikus *mn*, aristocratic

árjegyzék *fn*, price-list, cataogue

árkád *fn*, arcade, arch(way) ‖ *~ok alatt:* through the arch ‖ *~sor:* arcades

árkedvezmény *fn*, discount, reduction, rebate ‖ *10%-os ~:* 10% discount

árleszállítás *fn,* = **árcsökken(t)és**

ármány *fn*, intrigue, conspiracy, machination

árny *fn*, 1. *árnyék* shade 2. *szellem* ghost, shade ‖ *~kép:* silhouette

árnyal *i*, 1. *vonalkáz* shade, hatch, *színez* tint, tinge 2. *átv* tint, tinge

árnyalat *fn*, *szín* shade, tint ‖ *a kék ~ai:* shades of blue, *hangé* tone, timbre ‖ *egy ~nyi szomorúság volt a hangjában:* there was a tinge of sadness in her voice ‖ *jelentés~: nyelvt* shade of meaning ‖ *egy ~tal jobb:* a shade better

árnyas *mn*, shady, shadowy

árnyék *fn*, 1. *árnyékos oldal* shade ‖ *35 °C ~ban:* a temperature of 35 °C in the shade 2. *vkil vmi árnyéka* shadow ‖ *~ot vet vmire:* cast a shadow on sg ‖ *önmaga ~a lett:* be a shadow of one's/its former self ‖ *a saját ~ától is fél:* be afraid of one's own shadow ‖ *~király:* nominal ruler

árnyékos *mn*, 1. shady, shadowy 2. *az élet ~ oldala:* the dark side of life

árnyjáték *fn*, 1. shadow-play 2. *előadás* shadow theatre/show, silhouette playing

árnyoldal *fn*, dark side of sg

árok *fn*, 1. ditch, pit, *katonai* trench, *folyóé* river-bed, dike / dyke, *vízelvezető* drain 2. *zenekari* (orchestra) pit 3. *szem alatt* shadow(s)

árpa *fn*, 1. *növ* barley ‖ *~cukor:* barley sugar ‖ *~dara:* barley grist ‖ *~gyöngy:* pearl barley ‖ *~kenyér:* barley bread ‖ *~szem:* barleycorn 2. *szemen* sty(e)

arra *hat*, 1. *abba az irányba:* that way, in that direction 2. *annak következtében* ‖ *megbírálták, ~ fel megsértődött:* she was criticized thereupon she got hurt 3. *~ kért, hogy:* he asked me to (do sg) ‖ *ez ~ szolgál/való, hogy:* this is for (the purpose of) doing sg

arrafelé *hat*, 1. *abban az irányban* that way, in that direction 2. *azon a helyen* thereabouts, *US* thereabout, there ‖ *valahol ~ van a gyár:* the factory is somewhere thereabouts

arról *hat*, 1. *abból az irányból* from that direction, from there 2. *onnan le ~ a létráról esett le:* he fell from that ladder 3. *átv* about, (there)of ‖ *~ beszél:* he speaks about that ‖ *~ van szó, hogy:* the matter / problem is (that)

árt *i*, harm sy, do harm to sy, cause damage to sy, hurt sy/sg, *szl* rough sy up, *szl* screw sg/sy ‖ *a légynek sem*

~ana: she wouldn't hurt a fly ‖ *többet ~, mint használ:* do more harm than good ‖ *nem ~, ha megkérdezzük tőle:* there's no harm in asking him ‖ *nem ~ana, ha bocsánatot kérnél: pejor* it wouldn't hurt (you) to say sorry
ártalmas *mn,* harmful to sy/sg, injurious to sy/sg, *egészségre* unhealthy ‖ *a dohányzás ~ az egészségre:* smoking is harmful to health
ártalmatlan *mn,* harmless, inoffensive, innocuous ‖ *~ tréfa:* harmless fun ‖ *~ kígyó:* harmless / innocuous snake
ártatlan *mn,* 1. *nem bűnös vmiben* innocent of sg, *szl* clean ‖ *~nak vallja magát:* plead not guilty 2. *gyanútlan* naive, unsuspecting 3. *szűz* virgin, chaste
ártatlanság *fn,* 1. *büntelenség* innocence 2. *szűzesség* virginity, maidenhood
ártér *fn,* flood area, *hiv* inundation area
artéria *fn,* artery ‖ *~iás (keringési) rendszer:* arterial system
articsóka *fn,* (globe) artichoke
artista *fn,* acrobat, artiste ‖ *~mutatvány:* acrobatic feats *tsz,* acrobatics *tsz*
áru *fn,* 1. goods *tsz,* merchandise, article, wares *tsz,* 2. *szl jó ~:* a nice piece of goods
árú *mn,* -priced ‖ *magas ~:* high-priced ‖ *alacsony ~:* low-priced
árubehozatal *fn,* import(s), importation of goods, importing of goods
árubőség *fn,* goods in abundance / profusion, abundance / profusion of goods
árucikk *fn,* article, ware, goods *tsz*
árucsere *fn,* exchange of goods, barter
árucsere-forgalom *fn,* exchange of goods

áruház *fn,* department store, stores *tsz*
áruházi szarka *fn,* shoplifter
áruházi tolvajlás *fn,* shoplifting ‖ *letartóztatták ~ért:* he was arrested for shoplifting
áruhiány *fn,* lack of goods, shortage of goods
árukészlet *fn,* stock ‖ *van még az ~ben:* it is in stock ‖ *kifogyott az ~ből:* it is out of stock ‖ *fogy az ~:* the stock is running low
árukivitel *fn,* export(s), exportation/exporting of goods
árul *i,* 1. *terméket* sell, make a sale, offer for sale, *utcán* vend 2. *árulja magát* solicit, be on the streets, walk the streets, *GB szl* be on the job, *GB szl* do business, *US szl* hook, *US szl* hustle
árulás *fn,* 1. *árusítás* sale, selling 2. *elárulás* betrayal, treachery, *politikai* treason
árulkodik *i,* 1. inform on sy, sneak on sy, tell on sy, *isk* tell tales, *AUS szl* dob (sy in), *US* fink (on sy), *US* rat on sy, *GB* peach (on sy) 2. *vall, mutat* denote, proclaim, suggest ‖ *ez irigységről ~:* this denotes envy
áruló *mn,* treacherous, treasonable, *jel, stb.* tell-tale ‖ *~ jel:* giveaway ‖ *~ nyom:* clue
áruló *fn,* informer, betrayer, *US isk szl* fink, *isk* sneak, *US isk* snitch(er)
áruminta *fn,* sample
áruraktár *fn,* warehouse, storehouse, *fegyver* magazine
árus *fn,* seller, *utcai* vendor, *piaci* stallkeeper
árusít *i,* sell, *utcán* vend

árusítás *fn*, sale, selling
árusítóhely *fn*, stall, stand || *könyv~:* bookstall || *piaci ~:* market stand
áruszállítás *fn*, transport (of goods), *hiv* conveyance, shipment *bármilyen járművön!*
áruszállító kocsi *fn*, transporter
árva *mn*, || *~ gyerek:* orphan || *egy ~ szót se szólt:* he didn't utter a word, not a word passed her lips, *szl* he didn't say a dicky-bird || *nincs egy ~ fillérje sem:* GB be skint, GB *szl* be stony, be cleaned out, be light
árva *fn*, orphan
árvácska *fn*, pansy (*tsz* pansies)
árvaház *fn*, orphanage
árvaszék *fn*, orphan's court
árverés *fn*, auction (sale) || *~re kerül:* be sold by/at auction, be up for auction, come / go under the hammer || *100 000 forintért elkel az ~en:* fetch 100 000 forints at auction, be sold for 100 000 forints at auction
árverez *i*, sell at/by auction, put up for auction
árvíz *fn*, flood || *~kár:* damage caused by flood || *~sújtotta területek:* fields under water
árvízvédelem *fn*, flood-prevention, flood-control
ás *i*, dig || *meg~sa a saját sírját:* dig one's own grave
ásat *i*, **1.** *régész* organize an excavation **2.** *ált* excavate, have sg dug || *~tak egy gödröt* a hole is dug
ásatás *fn*, **1.** digging **2.** *régészeti* excavation
ásít *i*, **1.** *fáradtságtól* yawn **2.** *tátong* gape,
yawn, be(come) open wide || *~ az ürességtől:* be wellnigh empty
ásítás *fn*, yawn
áskálódás *fn*, intrigue, scheming, machinations
áskálódik *i*, *vki ellen* try to undermine sy's position / credit, intrigue against sy, plot against sy, *biz* stab sy in the back, US *biz* try to knife sy, *biz* try to do sy out of sg
ásó *fn*, **1.** *szerszám* spade || *kerti ~:* garden spade **2.** *ember* digger
aspiráns *fn*, *hiv* aspirant to/after/for sg, candidate for sg, applicant for sg
aspirantúra *fn*, candidature, GB candidacy
ásvány *fn*, mineral
ásványtan *fn*, mineralogy
ásványvíz *fn*, mineral water || *szénsavas ~:* carbonated water || *szénsavmentes ~:* still water
ász *fn*, **1.** *kártya* ace || *piros ~:* ace of hearts || *kijátssza az ~t:* play one's ace **2.** *szl szakember* be ace (at sg), know one's stuff, be really into it, US pro, (bit of a) whiz **3.** *döntő érv* || *biz ~a van:* have / keep an ace up one's sleeve **4.** *zene* A flat
aszal *i*, dehydrate, dry
aszalt *mn*, dehydrated, dried || *~ gyümölcs:* dried fruit || *~ szilva:* prune, dried plum
aszály *fn*, drought, US drout
aszerint *hat*, accordingly || *~, hogy...:* according to
aszfalt *fn*, **1.** asphalt **2.** *átv* || *az ~on nő fel:* grow up on the street(s)
aszkéta *fn*, ascetic, ascetical

aszketikus *mn,* ascetic(al)
aszott *fn,* **1.** *növény* withered, *föld* parched, arid **2.** *végtagok* parched, wasted, *mell* flabby, shrunken
asszisztál *i,* assist in/with/at sg/sy in doing sg, help sy with sg ‖ *műtétnél ~:* assist at an operation
asszisztens *fn,* assistant
asszony *fn,* woman ‖ *férjes ~:* married woman ‖ *elvált ~:* divorced ‖ *~lánya van:* she has a married daughter ‖ *a ház ~a:* the lady of the house ‖ *~nép:* womankind
asszonyi *mn,* female, feminine, womanly
asszonyom *fn,* Madame
asztag *fn,* rick, stack (of sg)
asztal *fn,* table ‖ *biliárd~:* billiard-table ‖ *dohányzó~:* coffee-table ‖ *étkező~:* dining-table ‖ *lehajtható ~:* gateleg table ‖ *megteríti az ~t:* lay/set the table ‖ *~alá iszik vkit:* drink sy under the table ‖ *~táncoltatás:* table-turning ‖ *~társaság:* table ‖ *az egész ~ot szórakoztatta:* she kept the whole table amused **2.** *kárty* dummy, dead man
asztalfiók *fn,* table-drawer
asztalitenisz *fn,* table tennis, ping-pong
asztalnemű *fn, terítők* table-linen, *edények* tableware, dinner service, dinner set
asztalos *fn,* carpenter, joiner ‖ *~mesterség:* joinery, carpentry ‖ *műbútor~:* cabinet-maker
asztalosműhely *fn,* joiner's shop
asztalterítő *fn, étkezésnél* table-cloth, *napközben* table-cover
Aszteroidák öve *fn, GB* the Belt of Asteroids, *US* the Asteroid Belt

asztma *fn,* asthma ‖ *~ája van:* be suffering from asthma
asztmás *mn,* asthmatic, suffering from asthma ‖ *~ köhögés:* asthmatic cough ‖ *~ vagyok:* I am suffering from asthma
aszú *fn,* (sweet wine made of raisins) ‖ *tokaji ~* old Tokay wine
át *hat,* **1.** *hely, vmi felszínén* across, *útvonalnál* via ‖ *Cegléden ~:* via Cegléd **2.** *vmi tárgy közbe van iktatva* through ‖ *az üvegen ~:* through the window ‖ *tűzön-vízen~:* through thick and thin, *vmi felett* over **3.** *idő* during, throughout ‖ *hónapokon ~:* for months **4.** *közvetítésével* through, by
átad *i,* hand over sg to sy ‖ *~ja magát vminek:* abandon oneself to sg, yield oneself to sg ‖ *~ja a rendőrségnek:* yield sy (up) to the police, hand sy over to the police ‖ *~ja a szót: hiv* call on/upon sy to speak ‖ *add át üdvözletemet:* send my regards to, *hiv* present my greetings to, *biz* give / send one's love to sy
átadás *fn,* handing over, passing, *sp* pass ‖ *hosszú~:* (a) long pass, *megadás* surrender, capitulation
átalakít *i,* convert sg, change sg, transform sg (*vmiből* from sg, *vmivé* into sg), *épületet* reconstruct, rebuild, *kormányt* reshuffle, *ruhát* remake, alter, do up
átalakul *i,* turn into sg, change, alter, pass from sg into sg
átalakulás *fn,* change, changing, transformation, alteration
átalány *fn,* lump sum ‖ *~ban fizet:* pay in a lump

átall *i,* be loath to do sg, shrink from doing sg || **nem ~ ilyet tenni** he/she has the face/cheek to do it || **nem ~ott a szemembe hazudni** he didn't blush to lie to my face

átáll *i,* **1.** *másik oldalra* change sides, change over from sg to sg **2.** *módszerre* change over (from sg) to sg, switch / go over to sg, make a switch from sg to sg

átállás *fn,* **1.** *másik oldalra* changing sides **2.** *módszerre* changing over, switch(ing) over, switch-over, shift (*vmire* to sg)

átállít *i,* **1.** *más helyre* shift sg/sy to / put sg/sy in sg (/another place) **2.** *átv* switch over to sg

átalszik *i,* sleep through || **átalussza a mennydörgést:** sleep through the thunderstorm || **~sza az éjszakát:** sleep the whole night, sleep through the night

átázik *i,* get drenched, drench, get wet (through), get soaked

átbújik *i,* creep through, sneak through

átcsal *i,* **1.** *más helyre* lure over **2.** *átv* win over

átcsap *i,* **1.** *vmin* sweep across **2.** *más irányba* || **~ jobbra:** (suddenly) turn right **3.** *vmibe* transform into sg, turn into sg

átcsoportosít *i,* regroup, rearrange, *más feladatra, pozícióra* redeploy

átdob *i,* **1.** *konkr* throw over/across **2.** *keresztül vmin* throw/hurl through sg **3.** *vhová* throw/hurl across to sg **4.** *határon* drop behind **5.** *kat* transfer to **6.** *átv becsap* do sy in, lead sy up the garden path, *US* trade sy down the river

átdolgoz *i,* **1.** *írásművet* rewrite, recast, *szereposztást* recast, *zeneművet* recompose || **regényt filmre ~:** adapt a novel for the scene

átég *i,* burn through

ateista *mn,* atheist(ic)

ateizmus *fn,* atheism

átél *i,* **1.** undergo, experience **2.** *újra* relive over || **gondolatban ~:** relive sg over in one's mind **3.** *színész a szerepét* live one's role, enter into the spirit of one's role

átellenben *hat,* opposite sg/ (to) sy, facing sg

átélt *mn,* **1.** experienced || **az ~ szenvedések megtörték** he was broken by the sufferings endured **2.** *alakítás* passionate

átemel *i,* lift across, lift over

átenged *i,* **1.** *vmit vkinek/vminek* || **~i a teret:** make way for sy, *átv* give place to sy/sg, give way to sy/sg || **~i magát a kétségbeesésnek:** abandon oneself to despair, yield oneself to despair **2.** *vizsgán* pass, let sy through || **nem enged át:** fail sy, *szl* flunk sy **3.** *anyag fényt* transmit, *vizet, gázt* leak

átenged *i,* **1.** *vmit vkinek* give over/up, surrender, make over sg, yield, relinquish, resign, convey || **~i a helyét** yield one's place to sy || **~ a terepet vkinek** yield ground to sy || **~i magát az érzelmeinek** give way to one's feelings || **~i a szót vkinek** let sy speak **2.** *fényt* transmit **3.** *vizet* leak, let water through **4.** *vizsgán* let sy through

átépít *i,* **1.** rebuild, reconstruct **2.** *átv* reorganize, remodel

átépítés *fn,* **1.** rebuilding, reconstruction **2.** *átv* reorganization, remodelling

átér *i,* **1.** *vhová* reach across ‖ ~ *a túlsó partra:* reach the other bank **2.** *körbe* go round, encircle, span ‖ *az öv ~i a derekát:* the belt goes round her waist ‖ ~ *egy oktávot:* zongorán span an octave on the piano
átértékel *i,* revalue, reassess, revaluate, *pénzt fel* revalue, *pénzt le* devalue
átesik *i,* **1.** *vmi fölött* fall over, *vmin át* fall through **2.** *betegségen ~: átv* get over an illness ‖ ~ *a vizsgán:* pass the exam ‖ ~ *a ló másik oldalára:* go to the opposite extreme
átfárad *i,* take the trouble to go / come over/round
átfázik *i,* freeze, be frozen, be chilled ‖ *csontig ~:* be chilled to the bone / marrow
átfed *i,* overlap, overfold, bridge over
átfér *i, ember* can get through, *tárgy* will go through
átfest *i, újra* repaint, *más színűre* paint over, *hajat, kelmét* redye, dye (over)
átfésül *i,* **1.** *hajat* comb one's hair **2.** *írásművet* correct, recast **3.** *területet* comb, rake (a district for sg)
átfog *i,* **1.** *karjával* embrace, clasp **2.** *átv* take in, span, *hiv* comprehend **3.** *tekintetével* take in
átfogó *mn,* compehensive, overall ‖ ~ *elme:* keen wit ‖ *átv* ~ *kép:* overall / general view, general idea ‖ ~ *képet ad vmiről:* give a general view of sg ‖ ~ *tanulmány:* comprehensive study
átfúr *i,* pierce, perforate, hole ‖ *~ja magát vmin: átv* elbow / thread / make one's way through sg
átfurakodik *i,* elbow / thread / make one's way through sg

átfut *i,* **1.** *vhová* run through to sy/sg, *vmin* run through, pass through **2.** ~ *rajta a hideg:* have the creeps **3.** *olvasmányt* skim through/over
átfutás *fn,* scanning, skimming, running through, transit
átfűt *i,* heat up
átgondol *i,* think sg over, consider ‖ *mindent alaposan ~va:* all things considered
átgondolt *mn,* well-considered
átgördít *i,* roll sg over
átgördül *i,* roll over
átgyúr *i,* **1.** *ált* remould, remodel **2.** *írást* rewrite **3.** *agyagot* knead thoroughly **4.** *embert* make sy alter one's viewsand behaviour, brainwash and remodel sy, re-educate sy
áthág *i,* **1.** *nehéz terepen, stb* step over **2.** *szabályt* violate, transgress, infringe
áthághatatlan *mn, nehézség* insuperable, unsurmountable, impenetrable, *szabály*
áthajt *i,* **1.** *lapot* turn over (the page) **2.** *városon* drive through (the town), *átterel* drive over to
áthall *i,* hear (sg) through (sg)
áthallatszik *i,* can be heard through, be audible
áthangol *i,* **1.** *hangszert* tune to another pitch **2.** *rádiót* tune in to (a programme) **3.** *kedélyt, véleményt* bring sy round to sg
áthárít *i, felelősséget* charge sy with sg, transfer (sg) to sy, pass sg to sy, *kellemetlen dolgot* lay / put the blame (for sg) on sy, denigrate sy, *US biz* dish the dirt (about sg), *GB* do the dirt / dirty on sy

áthárul *i*, be transferred to sy, be passed to sy, devolve on/upon sy
áthat *i*, **1.** *érzés, eszme* pervade / percolate / permeate (through sg) ‖ *a vereség hangulata ~otta az egész csapatot:* the mood of defeat permeated the whole team **2.** *illat* pervade, permeate **3.** *vmi vkire* influence
átható *mn*, **1.** *hang* penetrating, piercing **2.** *szag, gáz* pervasive **3.** *érzés* pervasive, pervading **4.** *rég* ‖ *~ ige:* transitive verb
áthatol *i*, **1.** penetrate, pervade **2.** *erőszakkal* break through sg, permeate (through) sg, plug / force one's way through sg
áthatolhatatlan *mn*, impenetrable, *víz számára* impermeable ‖ *~ membrán:* impermeable membrane
áthelyez *i*, **1.** *vmit* replace, remove from sg to sg, put sg in another place **2.** *vkit* move sy to (a position), *biz fölfelé buktat* kick sy upstairs **3.** *időpontot* put sg off, postpone, delay
áthelyezés *fn*, **1.** *vmié* removal, replacement **2.** *vkié* transfer ‖ *~ét kéri:* ask for a transfer (to sg)
áthevül *i*, **1.** heat (up), get / become hot / warm **2.** *átv* get heated
áthidal *i*, **1.** *műsz* bridge, form / build a bridge over sg, span **2.** *ellentétet, nehézséget* bridge a/the gap between
áthív *i*, call over
áthoz *i*, **1.** bring along, *elmegy érte és hozza* fetch **2.** *könyvelésben, pénzt* bring forward, carry forward
áthúz *i*, **1.** *vmit vhová* draw over **2.** *vmin* draw across, pull across ‖ *nehézségen ~:* help sy out, *ált biz* get sy off the hook, *ált biz* get sy out of a scrape, *biz* help a lame dog over a stile **3.** *ágyat* put on fresh bed-linen, *párnát* recover a cushion, *bútort* recover, furniture **4.** *írást* cross off/out, strike sg out/through, *fekete tintával* black sg out
áthűl *i*, chill, cool down
áthűt *i*, chill through, cool it
átigazít *fn*, readjust/set; *ruhát* re-tailor, re-do
átír *i*, **1.** *fogalmazványt* rewrite, *máshová* transcribe, *másféle írással* transliterate sg into sg, *hogy érthetőbb legyen* paraphrase **2.** *irodalmi művet* rewrite, reshape, *más műfajra* adapt for sg **3.** *vkire vmit, jog* assign sg to sy, transfer sg to sy **4.** *hivatal másik hivatalhoz* write to, send a note to
átirat *fn*, *hatósági* **1.** official communication **2.** *szövegé* transcription, transcript, *zenei* transcription
átitat *i*, **1.** *folyadékkal* soak sg in sg **2.** *átv* inspire sy with sg, fill sy with sg, imbue sy with sg
átizzad *i*, **1.** *ember* be in a sweat, drip with sweat, *szl* be all of a sweat, *mozgástól* work up a sweat by doing sg, *ruha* become wet from sweat **2.** sweat through
átjár *i*, **1.** *vhová* frequent, frequently go over to **2.** *vmin* pass through, walk through **3.** *érzés* be imbued with sg, be filled with sg, be inspired with sg **4.** *illat* pervade, permeate (through sg)
átjárás *fn*, **1.** *cselekvés* passage, going through, walking through, passing through **2.** *út* thoroughfare ‖ *tilos az ~:* no thoroughfare

átjáró *mn,* going through, passing through, walking through
átjáró *fn, út* passage(way), crosswalk, lane, *vasúti* corridor
átkapcsol *i,* 1. *TV-t, rádiót* switch the TV/radio over, *sebességet* change speed / gears, *telefonon vhová* put sy through to sy 2. *más témára* switch the conversation to a different topic, pass on to sg
átkapcsolás *fn,* 1. switch/change-over, shifting to, switching over 2. *seb* changing gears 3. *rádiót* switching over 4. *telefont* connection, connecting
átkarol *i,* 1. *karjával* embrace, clasp 2. *kat bekerít* encircle, surround
átkel *i,* go across sg, pass sg, cross sg, get across sg
átkelés *fn,* passage, crossing
átkelőhely *fn, ált* crossing place ‖ **gyalogos ~:** *úttesten* pedestrian crossing, zebra crossing, pelican crossing, *US* crosswalk, *folyón* ford
átképez *i,* train sy for a new trade
átkeresztel *i,* 1. *val* rechristen 2. *nem val* rename sy, change sy's name
átkísér *i,* escort sy, accompany sy
átkoz *i,* curse, damn
átkozódik *i,* swear, curse, utter curses
átkozott *mn,* damn(ed), *tabu* fucking, *US tabu* goddam(n), *durva* rotten, *csak személyről, szép* effing, *GB szép* bleeding, *szép* damed, *US tabu* motherfucking
átköt *i,* 1. *vmivel* tie sg up, bind sg up (with sg), tie sg (band / string etc.), *vmi köré* round sg 2. *könyvet* rebind, put a new binding (on a book) 3. *pulóvert* reknit

átkutat *i,* go through, survey, explore, scrutinize (-ise), *zsebeket* reconnoitre, *US* reconnoiter (the pockets), *szl* recce
átküld *i,* send sy over, *vmiért* send sy to fetch sg
átlag *fn,* average, ordinary, common ‖ **~on felül:** above average ‖ **~on alul:** below average ‖ **~ot számít:** average
átlag(osan) *hat,* on (the) average ‖ *évente* **~ 3 diák bukik meg:** 3 students fail per year on average
átlagember *fn,* average person, common man, average people *tsz, férfi* honest Joe, *US* John Doe; every Tom, Dick and Harry, *US* Joe / joe, *nő* Jane
átlagos *mn,* average, ordinary, common ‖ **~ képességű:** of average intelligence
átlagteljesítmény *fn,* average capacity, average output, average power
Atlanti-óceán *fn,* Atlantic Ocean
átlapoz *i,* 1. *könyvet* skim (a book), run through (a book) 2. *másik oldalra* turn the page
atlasz *fn,* atlas, book of maps
átlát *i,* 1. *vhová* see over, see across 2. *vmin* see through sg *átv is* ‖ **~ a szitán:** see through sy's game / tricks / word 3. penetrate, fathom, comprehend, realise
átlátszó *mn,* 1. transparent 2. **~ kifogás:** *átv* lame excuse
átlendít *i,* swing over
átlényegül *i,* transform itself into
átlép *i,* 1. *vmin* step across sg, step over sg 2. *vhová* go (over) to sg 3. *vmit* **~i a határt:** cross the frontier 4. **~te a hatvanat:** *átv* he's over sixty ‖ **~i a megengedett sebességhatárt:** break the speed limit

atléta *fn,* athlete ‖ ~ ***termetű:*** athletic, robust ‖ ***~trikó:*** vest, undershirt, singlet
atlétika *fn,* athletics
atletikus *mn,* athletic
átló *fn,* diagonal, diagonal line
átlós *mn,* diagonal, transverse ‖ ***~an:*** diagonally
átlő *i,* **1.** *vmit* shoot through sg **2.** *vhová* shoot over sg, shoot across sg
átlök *i,* hurl over, push over, push through, throw over, throw through
átmásol *i, kopíroz* trace, copy, *szabad kézzel* copy
átmegy *i,* **1.** *vhol* go / walk / pass through sg ‖ ***~ az úton:*** cross the road ‖ ***közl ~ a piros lámpán/piroson:*** jump the lights **2. ~ *a vizsgán:*** pass the exam ‖ ***nehéz időszakon ment át:*** she went through a bad patch **3.** *átterjed* ‖ ***~ a köztudatba:*** become widespread **4.** *jelenség* ‖ ***a kék ~ lilába:*** blue turns into purple
átmelegedik *i,* warm, heat up
átmeneti *mn,* **1.** *ideiglenes* temporary, provisional, interim ‖ ***~ megoldás:*** makeshift, stopgap **2.** *közbülső* ‖ ***~ kabát:*** spring and autumn coat ‖ ***~leg:*** temporarily, for the time being ‖ ***~ szállás: menekülteknek, katonáknak*** transit camp
átmenő *mn,* transit ‖ ***~ forgalom:*** transit traffic ‖ ***~ kereskedelem:*** transit trade
átment *i,* **1.** *veszélyeztetett helyről máshová* salvage, save sg from sg **2.** *későbbi időkre* preserve sg for sg ‖ ***~ az utókornak:*** preserve sg for posterity
átmentett *mn,* preserved, salvaged
átmér *i,* draw sg (*vmiből* from sg, *vmibe* to sg)

átmérő *fn,* diameter
atmoszféra *fn,* **1.** atmosphere **2.** *fiz, meteor* ‖ ***~nyomás:*** atmospheric pressure **3.** *biz* ‖ ***van benne egy kis ~:*** becsípett US get a heat / buzz on, GB get sozzled, get tipsy
átnedvesedik *i,* get / become wet / damp / moist
átnevel *i,* re-educate, *erőszakkal* brainwash sy (into doing sg)
átnéz *i,* **1.** *vmin* look through sg, peep through sg **2.** *vkin* look through sy **3.** *vhová* drop into sg, *vkihez* drop in on sy, look in (on sy) **4.** *futólag* run through sg, glance at / down / over / through sg, *ellenőriz* check, verify, *javít* correct, revise, *írást* look through sg, go through sg
átnyergel *i,* **1.** *konkrét* change the saddle, resaddle **2.** *átv* shift gears, swith over to sg, change one's opinions
átnyilall *i,* shoot, twinge ‖ ***~ a fájdalom rajta*** he was convulsed with pain
átnyújt *i,* hand sg to sy, hand sy sg, *hiv* tender ‖ ***ünnepélyesen ~:*** present sy with sg, present sg to sy
átok *fn,* **1.** *rossz kívánság* curse, malediction ‖ ***átkot szór vkire:*** put a curse on sy, invoke curses on sy, *hiv* call curses down on sy **2.** *csapás* anathema, curse, *biz* plague ‖ ***~ ez a gyerek!:*** what a plague that boy is! **3.** *egyházi* excommunication, anathema
átolvas *i,* **1.** *szöveget* read through sg, *futólag* skim sg, run through sg
atom *fn,* atom ‖ ***~jaira szaggat:*** blow to atoms
atom *mn,* atomic

atombomba *fn,* atomic bomb, atombomb
atomelmélet *fn,* nuclear theory, atomic theory
atomenergia *fn,* nuclear power, nuclear energy, atomic energy
atomerőmű *fn,* nuclear power-station, *US* nuclear power plant
atomfegyver *fn,* nuclear weapon, atomic weapon, nuclear missile
atomfizika *fn,* nuclear physics, atomic physics ‖ *atomfizikus:* nuclear physicist
atomhatalom *fn,* nuclear power
atomhulladék *fn,* nuclear refuse
atomkutató *fn,* atomic scientist
atommáglya *fn,* (nuclear) reactor, (atomic) pile
atomreaktor *fn,* = **atommáglya**
átölel *i,* **1.** *karjával* embrace, clasp in one's arms, hold sy tight **2.** *átv körülvesz* surround, enclose, encircle
átöltözik *i,* change (one's clothes)
átönt *i,* **1.** *folyadékot* pour sg over (into sg) **2.** *műsz fémet* cast again, found again
átörökít *i,* hand down, transmit by heredity
átöröklődés *fn,* inheritance, heredity
átöröklődik *i,* **1.** *genetikailag* be transmitted **2.** *átadódik* be hereditary (to sy), pass to sy ‖ *a cím ~tt a legidősebb fiára:* the title passed to his eldest son
átpártol *i,* go over to sg, change sides, *vita során* shift one's ground
átpártolás *fn,* changeover, switch-over, changing sides
átpasszíroz *i,* rub through, pass through a sieve ‖ *krumplit ~* mash potatoes
átrág *i,* **1.** gnaw through **2.** *átv problémát* chew over a problem ‖ *~ja magát a könyvön:* wade through a/the book
átrak *i,* **1.** *vmit vhová* place / put / arrange in another place, *biz vmit/ vkit* transfer sy/sg to sg ‖ *~ták Párizsba:* she's been transferred to Paris **2.** *cserépkályhát* rebuild
átrendez *i,* **1.** rearrange, regroup **2.** *kat* ‖ *~i a csapatokat:* redeploy the troops
átrepül *i,* **1.** *vmi fölött* fly over, *vmin át* fly across **2.** *vmit* fly through sg, fly over sg
átruház *i,* **1.** *értéket* convey sg to sy, grant sg to sy, transfer sg to sy **2.** *hatalmat* relegate sg, assign sg to sy
átruházás *fn,* **1.** *értéké* conveyance, transfer **2.** *hatalomé* assignment
átruházható *mn,* transferable, assignable
átsegít *i,* tide sy over, help sy through, help sy out, *biz* help a lame dog over a stile ‖ *~ a vizsgán:* pass sy, let sy through
átsiklik *i,* **1.** *át/végighalad vmin* glide through sg, glide across sg ‖ *a síelők ~anak a havon:* the skiers are gliding through the snow **2.** *átv hibán* ignore sg, disregard sg, avoid sg, pass over sg, take no notice of sg, *más témára* pass on to sg, switch the conversation to sg
átszakít *i,* break, burst ‖ *~ja a gátat:* break through the dam
átszáll *i,* **1.** *átrepül vmi fölött* fly over, *vmin át* fly across, fly through **2.** *közlekedési eszközről* change (from sg to sg), transfer (from sg to sg) **3.** *jog* devolve sg on/upon sy, pass sg to sy, transfer sg to sy
átszállás *fn,* **1.** *közlekedési eszközről* change, transfer **2.** *vagyoné* devolution

átszállóhely *fn*, change-stop
átszállójegy *fn*, transfer ticket, *US* transfer
átszámít *i*, convert sg into sg ‖ *forintot ~ fontba:* convert forints into pounds
átszármazik *i*, descend to, come down to, pass from, devolve on sy ‖ *~ott Amerikába* he immigrated from here to America
átszármaztat *i*, **1.** *ált* transmit, hand over to, devise to **2.** *átv v. örökségként* bequeath to
átszel *i*, **1.** *repülő, hajó* plough through ‖ *~i a vizet:* plough through the waves **2.** *átvág* cut through, *ösvény, folyó* intersect
átszellemül *i*, dematerialize, become spiritualized ‖ *arca ~t a boldogságtól* his/her face transfigured with joy
átszellemült *mn*, transfigured ‖ *boldogságtól ~ arc:* face transfigured by happiness
átszervez *i*, reorganize (-ise), reform
átszivárog *i*, ooze out of/from sg, seep through (sg)/ out of sg
átsző *i*, **1.** *szálat* weave through **2.** *átv* interweave, combine, mix ‖ *népzenével ~tt könnyűzene:* pop music mixed with folk music
átszökik *i*, flee to, escape to
átszúr *i*, pierce sg, stab sg ‖ *~atja a fülét:* have one's ears pierced
átszűr *i*, filter sg, strain sg
attasé *fn*, attaché ‖ *katonai ~:* military attaché
áttekint *i*, **1.** *vhová* look over to sg **2.** look sg over, examine sg, study sg, take sg in
áttekintés *fn*, **1.** *cselekvés* view, survey **2.** *összefoglalás* summary, *eseményé* review
áttekinthetetlen *mn*, mixed up, confusing, puzzling
áttelel *i*, **1.** *állat* hibernate **2.** *ember* live through the winter
áttelepít *i*, **1.** *embert* resettle **2.** *növényt* transplant
áttér *i*, **1.** *más témára* pass on to sg, switch the conversation to sg **2.** *más eljárásra* go / switch over to sg **3.** *más vallásra* be converted (from sg) to sg
átterjed *i*, spread (out) over sg
áttesz *i*, **1.** *vmit máshová* place / put / move in another place, shift sg (from sg) to sg, *vkit biz* move sy **2.** *vmit vmin* put sg across sg **3.** *székhelyét* transfer (the head office / one's residence / one's seat) from sg to sg **4.** *más időpontra* postpone sg, put sg off, put off doing sg, delay sg, defer sg, *vmikorra* to sg **5.** *gyorsírást* extend shorthand **6.** *nyelvt* ‖ *~i a mondatot múlt időbe:* put the sentence in the past
áttétel *fn*, **1.** *áthelyezés* transfer, removal **2.** *autóban* transmission **3.** *orv* metastasis (*tsz* metastases)
áttetsző *mn*, translucent
attól *hat*, from that ‖ *~ függ:* it depends (on sg) ‖ *~ kezdve:* from that time ‖ *~ tartok:* I'm afraid (that)
áttölt *i*, pour into sg
áttör *i*, **1.** break through ‖ *a nap ~ a felhőkön:* the sun bursts / breaks through (the clouds) ‖ *~ a rendőrkordonon:* break through the police cordon ‖ *~ a tömegen:* make one's way

through the crowd, squeeze through the crowd 2. *gátat* burst 3. *ételt* mash
áttörés *fn,* breakthrough
áttüzesedik *i,* become red-hot
átugrik *i,* 1. *vmin* jump over, leap over, spring over 2. *átmegy vkihez* drop in on sy, look in on sy 3. *más tárgyra* jump from sg to sg, skip from sg to sg 4. *kihagy* skip sg, leave out sg
átutal *i,* 1. *pénzt* remit 2. *máshová rendel* transfer
átutalás *fn,* remittance
átutazik *i,* 1. *vmin* pass through sg, travel through sg 2. *vhová* travel to sg
átutazás *fn,* transit, *hajóval/ repülővel passage* ‖ *~i/ átutazó vízum:* transit visa
átutazóban *fn,* on one's way through sg, passing through sg, travelling through sg
átül *i,* take another seat, reseat oneself
átültet *i,* 1. *vkit* reseat sy 2. *növényt* transplant 3. *orv szervet* transplant, graft, 4. *lefordít* translate into sg, render into sg
átüt *i,* 1. *vmit vhová* hit over sg, strike over sg, *átlyukaszt* prick sg, make a hole in sg 2. *vmin* penetrate into / through sg, permeate through sg
átütő *mn, döntő* resounding ‖ *~ győzelem:* resounding victory ‖ *~ sikert arat:* win / score a resounding success
átvág *i,* 1. *vmit* cut sg through 2. *műsz hanglemezfelvételt egy másik lemezre* cut on sg 3. *~ja magát akadályon:* cut one's way through sg 4. *átv becsap* cheat sy, swindle sy, fool sy, take sy for a ride, *szl* rip sy off, *szl* rook sy 5. *vmin keresztül* cut across / along / through sg ‖ *~ a parkon:* cut across / through the park

átváltozás *fn,* conversion (*vmiből* from sg, *vmivé* to sg), metamorphosis (*tsz* metamorphoses)
átváltozik *i,* = átalakul
átváltozóművész *fn,* transmogrifier
átváltoztat *i,* transmute sg, transform sg (*vmiből* from sg, *vmivé* into sg), *büntetést* commute sg to sg ‖ *halálbüntetést ~ életfogytiglanra:* commute death sentence to life imprisonment
átvesz *i,* 1. *kezébe, levelet* receive 2. *hivatalt* take sg over (from sy) ‖ *~i a cég irányítását:* take the firm over, *örökséget* enter into one's inheritance 3. *szokást* adopt a habit, *szót más nyelvből* borrow 4. *isk tananyagot* go through sg 5. *~i a vezetést:* sp take (over) the lead (from sy)
átvészel *i, nehézséget* sustain sg successfully, go through sg, suffer sg, *szl* ride sg out, *US biz* tough it out, *betegséget* pull round/through
átvétel *fn,* 1. *árué, levélé, pénzé* receipt ‖ *~t elismer:* acknowledge receipt of sg 2. *hatalomé* takeover, *államhatalomé* military takeover 3. *szóé* borrowing
átvevő *mn,* ‖ *~ állomás:* rádió receiving station ‖ *~ nyelv:* adopting language
átvevő *fn,* recepient, receiver
átvilágít *i,* shine through
átvirraszt *i,* 1. pass a sleepless night 2. *szándékosan be/* stay up all night, sit up (*vkivel* with sy, *csinálni vmit* doing sg)
átvisz *i,* 1. *vmit vhová* take sg to sg, carry sg to sg, *híd* lead to sg 2. *könyvelésben tételt* bring forward, carry forward 3. *vmit más időpontra* postpone sg, carry sg over 4. *fertőzést* transmit (sg to sy)

átvitel

5. *szóhasználatot* extend 6. *sp biz* ‖ *~i a lécet:* clear the bar

átvitel *fn,* 1. *szállítás* transport, transfer 2. *erőé* transmission 3. *könyvelésben* balance forward 4. *nyelvi jelentésé* extension 5. *gondolaté* telepathy

átvitt *mn,* figurative ‖ *~ értelem:* figurative sense ‖ *~ értelemben:* figuratively, metaphorically

átvizsgál *i,* examine, go over, look over, check, *szöveget* revise

átvonul *i,* pass through sg, *kat* march through sg

átvonulás *fn,* passing through

atya *fn,* father ‖ *~áink:* our forefathers

atyafi *fn,* kinsman, relative ‖ *~ság:* kinsfolk, kinship ‖ *~ban van vele:* they are relatives

atyai *mn,* fatherly, paternal

augusztus *fn,* August ‖ *~ban:* in August ‖ *~ 10-én:* on 10th August, on August 10th

ausztrál *mn,* Australian

Ausztrália *fn,* Australia

Ausztria *fn,* Austria

ausztriai *mn,* Austrian

autó *fn,* car, automobile, *szl* bus, *szl* boat ‖ *bogárhátú ~:* hatchback ‖ *kombi ~:* estate car, *US* wagon, station wagon ‖ *ócska ~:* banger, bone-shaker, wreck ‖ *sport~:* sports car ‖ *felturbózott ~:* souped-up car, *US* hot rod ‖ *háromkerekű ~:* three-wheeler, *szl* bubble-car ‖ *~val:* by car ‖ *~baleset:* car accident

autóbusz *fn,* bus, *hiv* omnibus ‖ *~szal:* by bus ‖ *35-ös ~:* the/a bus number 35 ‖ *~vonal:* bus line

autogram *fn,* autograph ‖ *~ot ad:* autograph, give an autograph to sy

autókereskedő *fn,* car dealer

autókölcsönzés *fn, US* renting a car, hiring a car

autókölcsönző *fn,* car rental (firm), car hire firm

automata *mn,* automatic ‖ *~ mosógép:* automatic washing mashine ‖ *~ sebességváltó:* automatic gears ‖ *~ fegyver:* automatic rifle

automata *fn, pénzbedobós* slot machine ‖ *játék~: GB* fruit machine, *US* one-armed bandit ‖ *kávé~:* coffee machine

automatikus *mn,* automatic

automatikus stabilizátor *fn,* automatic stabilizer

autómentő *mn/fn, kocsi* tow truck, recovery vehicle, *US* wrecker

autómosó *fn,* carwash

autonóm *mn,* autonomous, self-governing

autonóm adó *fn,* autonomous tax

autonóm fogyasztás *n,* autonomous consumption

autonóm import *fn,* autonomous import

autonóm kereslet *fn,* autonomous demand

autonómia *fn,* autonomy, self-government

autópálya *fn,* motorway, *US* expressway

autópályadíj *fn,* toll

autós *mn,* ‖ *~ baleset:* car accident ‖ *~ csárda:* road-house motorist

autóstop *fn,* ‖ *~ polni vhová:* bum a lift/ride (to sg), thumb a lift/ride (to sg) ‖ *-ppal megy vhová:* get a ride (to sg), hitchhike

autószállító kocsi *fn,* transporter

autószerelő *fn,* (car) mechanic

autószervíz *fn,* garage (mechanic), *US* service station

autótérkép *fn,* road map
autóút *fn,* 1. *műút* motorway, *US* highway 2. *megtett út* drive
autóverseny *fn,* car race
autóversenyző *fn,* car racer
autózás *fn,* car ride, *kedvtelésből, furikázás* joyride, spin
autózik *i,* have a ride (in sy's/one's car), *szl* go for a spin
avagy *kötőszó,* or (else)
avar *mn/fn,* Avar
avas *mn,* rancid, rank ‖ *meg~odik:* go / turn rancid
avat *i,* 1. *vkit vmibe* initiate sy into sg 2. *vmivé doktorrá ~:* confer doctorate on sy 3. *épületet* inaugurate, open 4. *szövetet* shrink
avatás *fn,* 1. *vmibe* initiation 2. *doktorrá* graduation 3. *épületé* opening, inauguration 4. *szöveté* shrinking
avatkozik *i,* interfere in sg, meddle in sg, *biz* shove one's nose / oar in sg, *biz* stick one's nose into sg
avval = **azzal**
az = **a**
az *névm,* that (*tsz* those) ‖ *~, aki:* who ‖ *~, ami:* that, which, what ‖ *ez ~!:* that's it! ‖ *ki ~?:* who is that? ‖ *te vagy ~?:* is that / it you? ‖ *mi ~?: mi történt?* what's up?, what has happened? ‖ *~ igaz:* that's right, definitely ‖ *~ igen!: biz* attaboy!, *biz* great! / super, *szl* nice/ good job ‖ *okos vagy, és én is ~ vagyok:* you're clever and so am I ‖ *már nem vagyok ~, aki régen voltam:* I am not the man I used to be ‖ *éhes vagy? ~ vagyok:* are you hungry? yes, I am ‖ *ők ~ok!:* it's them! ‖ *~t mondja,*

hogy: she says that ‖ *~t mondják, hogy:* it is said that, they say that ‖ *~t hiszem, hogy:* I think that ‖ *~ a férfi:* that man ‖ *~ alatt az idő alatt:* during that/ the time ‖ *abban ~ esetben:* in that case
azalatt *hat,* meanwhile, in the meantime, meantime ‖ *~ bevásárolok, amíg te elmosogatsz:* I'll do the shopping while you wash up / do the washing-up
azáltal *hat,* thereby, by that means ‖ *~, hogy:* by doing sg
azaz *kötőszó,* namely, that is to say, *hiv* to wit ‖ *a tanfolyam végén, ~ júl. 30-án elmegy:* he'll leave at the end of the term, namely on 30th July
azbesztkesztyű *fn,* asbestos glove(s)
azelőtt *hat,* previously, earlier, formerly ‖ *~ a tévénél dolgozott:* she had formerly worked in television ‖ *~ szerettem a tejet:* I used to like milk ‖ *elment ~, hogy megérkeztem volna:* she had left before I arrived
azelőtti *mn,* former, previous
azért *névm,* 1. *azon okból* that is why, therefore 2. *azzal a céllal* in order to ‖ *~ jött korábban, hogy beszéljen veled:* she came earlier in order to talk to you 3. *amiatt* for that ‖ *~ a kazettáért jött:* he has come for that tape
azért *kötőszó* ‖ *de ~ mégis:* still, nevertheless ‖ *csúnyán bánt veled, de ~ mégis a bátyád:* he has treated you badly, still he is your brother ‖ *~ se(m) segítek neked:* I just won't help you
ázik *i,* 1. *folyadékban* soak, steep (*vmiben* in sg) 2. *esőben* get wet ‖ *bőrig ~:* get wet / soaked / drenched to the skin
aznap *hat,* that day, the same day ‖ *~*

beteg voltam: that day I was ill ‖ ~ **este:** that evening
aznapi *mn,* that day's, the day's ‖ ~ **program:** the day's programme
azon *névm, vmin* on that ‖ ~ *a polcon:* on that shelf ‖ ~ *az áron:* at that price ‖ ~ *vagyok/leszek:* I'll do my best to
azonban *kötőszó,* but, however ‖ *később* ~ *meggondolta magát:* later, however, she changed her mind
azonfelül *hat,* furthermore, moreover, besides
azonkívül *hat,* besides, as well ‖ *tehetséges zenész, újságíró,* ~ *színész:* he is a talented musician, journalist and actor as well
azonnal *hat,* at once, immediately, right away, in no time, *szl* a mo, *szl* a sec, *szl* in a jiffy / mo / sec / shake / tick, *ált biz* pronto ‖ *most* ~: right / straight away / off, right now
azonnali ügylet *fn,* spot market, prompt market
azonos *mn, vkivel/ vmivel* identical with sy/sg, the same as sy/sg ‖ ~ *mértékben:* to the same extent 2. *változatlan* constant
azonosít *i,* identify with sy/sg ‖ *a személyét ~ják a popzenekarral:* he is identified with the pop group ‖ *~ja az aláírásokat:* check the signatures ‖ *~ja magát vmivel:* agree with sg
azonosítókártya *fn,* identity card, ID card, ID
azonosság *fn,* identity, sameness
azóta *hat,* since then, ever since, since that time ‖ *nem hallottunk felőle* ~, *hogy elment:* we haven't heard from him since he left ‖ ~ *ott dolgozik:* he's been working there ever since
ázott *mn,* soaked, drenched
aztán = azután

aztán *kötőszó* ‖ *na és* ~?!: *biz* so what?, US ált iron big deal!, ‖ *ez* ~ *a tehetség!:* that's what I call talent
áztat *i,* soak, bathe
azután *hat,* then, later, later on, after that, afterwards, next ‖ *pár nappal* ~: a few / couple of days later ‖ *mit tegyünk* ~?: what shall we do next? ‖ *rövidesen/ kevéssel* ~: soon after
azzal *névm,* with that, therewith ‖ ~, *hogy:* by doing sg, that way ‖ ~ *vádolják, hogy kirabolta a bankot:* he is accused of having robbed the bank ‖ ~ *a férfival látták:* she was seen with that man ‖ ~ *a feltétellel:* on the condition, with the provisio ‖ *így szólt,* ~ *elment:* having said this he left
árdiszkrimináció *fn,* price discrimination
árelfogadó *fn,* price taker
árfolyam-(tőke-)nyereség *fn,* capital gains *tsz*
árindex *fn,* price index
árolló *fn,* price gap
árplafon *fn,* ceiling price
árrés *fn, haszonkulcs* mark-up, margin
árstabilitás *fn,* price stability
árupiac *fn,* commodity market
árutőzsde *n,* commodity exchange
árvezetés *fn,* price marker
átlagbevétel *fn,* average revenue
átlagköltség *fn,* average cost
átlagos fix költség *fn,* average fixed cost, *röv* AFC
átlagos változó költség *fn,* average variable cost, *röv* AVC
átváltható kötvény *fn,* convertible bond
Ázsia *fn,* Asia
Ázsia-kutató *fn,* Asiatic explorer
ázsiai *fn/mn,* Asian, Asiatic, of Asia

B

-ba, -be, bele *rag,* in, to, into ‖ *bele-harap:* bite into, put one's teeth into
bab *fn,* bean, *növény* beans *tsz* ‖ *~leves:* bean soup ‖ *kakaó~:* cacao, cacao beans, cacao bean
báb *fn,* doll, cocoon, dummy ‖ *kesztyű ~:* (glove) puppet ‖ *~kormány:* puppet government
baba *fn, játék* doll, *csecsemő* baby ‖ *karonülő ~:* child in arms
bába *fn,* midwife ‖ *sok ~ közt elvész a gyermek* too many cooks spoil the broth
baba- *mn,* ‖ *~ arc:* baby face ‖ *~ kocsi:* pram, pushchair, *US* stroller, baby carriage / *US* buggy ‖ *~ ház:* doll's house
babaarcú *mn,* babyfaced
babakelengye *fn,* layette, baby's outfit
babakocsi *fn,* **1.** *ált* pram, baby carriage, perambulator **2.** *játék* doll stroller, doll's pram
babakrém *fn,* baby cream
babás *mn,* dolly, babish
babázik *i,* play with doll
babér *fn,* **1.** laurel, bay **2.** glory ‖ *~ levél:* bay leaf

babérfa *fn,* bay-tree
babérkoszorús *mn,* laureate
bábfilm *fn,* puppet film
Babilon *fn,* Babylon
bableves *fn,* bean soup
babrál *i,* fiddle with, twiddle, finger, tinker with, tamper with sg, trifle with sg
babusgat *i,* caress, fondle, cherish, mollycoddle, dandle
bacillus *fn,* germ, bacillus (*tsz* –cilli)
bácsi *fn,* uncle
badar *mn,* foolish, silly, nonsensical ‖ *~ beszéd* nonsense, drivel, rubbish
badarság *fn,* nonsense, rubbish, flammery, rubbish, rot, applesauce, boloney ‖ *~okat beszél* talk rot
bádog *mn,* tin, sheet iron ‖ *~gal borít* tin-plate ‖ *horganyozott ~* galvanized iron
bagatellizál *i,* belittle, play down, make light of ‖ *ne ~d!* don't make it light!
bagó *fn,* fag, peanuts, quid, plug
bagoly *fn,* owl
bagzik *i,* rut, buck
bágyad *i,* flag, grow tired/faint, become weak

bágyadt *mn,* weary, languid, weak, faint
bágyadtság *fn,* weariness, languor, lassitude
bágyaszt *i,* weaken, tire, weary, fatigue, enervate
bágyasztó *mn,* wearying, exhausting, fatigueing, tiring ‖ *~ hőség* heavy weather
baj *fn,* trouble, malady, misery, grief, ills, evil, distress, misfortune *betegség* trouble ‖ *~ba jut:* get into a spin / muddle, run into trouble ‖ *~t okoz:* cause trouble, harm ‖ *~ba kerül:* come to grief, get into trouble ‖ *~ban van:* be in a mess, have trouble, be in trouble
báj *fn,* gracefulness, grace, charm ‖ *igazi ~a van:* has real charm ‖ *~ital:* philtre, elixir
bájcsevely *fn,* small talk
bajmegelőző *mn,* preventing of accidents/problems, preventive, prophylactic
bajnok *fn,* champion, *hős* hero ‖ *atlétikai ~:* athletic champion, champion in athletics
bajnok- *mn,* be all aces, champion-
bajnokság *fn,* championship ‖ *világ ~:* World Championship ‖ *Európa ~:* Europe Championship
bájol *i,* spell, charm, enchant, ravish
bajonettfoglalat *fn,* bayonet-joint base
bájos *mn,* charming, attractive, delightful, comely
bajtárs *fn,* comrade, mate, chum
bajtársi *mn,* fraternal ‖ *~ szellem* fraternity, companionship
bajusz *fn,* moustache
bajuszos *mn,* moustached, whiskered

bajvívás *fn,* duel, tilt, tournament
bak *fn,* **1.** dicky, trestle, dickey-seat **2.** *(állat)* male, buck
baka *fn,* foot-soldier, Tommy, GI
bakafántos *mn,* quarrelsome, bully, fussy
bakancs *fn,* boots *tsz,* brogue
bakelit *fn,* bakelite
bakkecske *fn,* he-goat
baklövés *fn,* blunder, flub up, gaffe, slip-up, trip, howler ‖ *~t követ el:* flub up, make a blunder
baksis *fn,* baksheesh, tip, graduity
baktat *i,* trudge, lumber to somewhere
bakter *fn,* **1.** *vasúti* track-watchman **2.** *éjjeli* night-watchman
bakteriológia *fn,* bakteriology
bakteriológus *fn,* bacteriologist
baktérítő *fn,* Tropic of Capricorn
baktérium *fn,* bacterium *(tsz* –ria), germ, wog
bakugrás *fn,* leapfrog
bal *mn,* left ‖ *~kezes:* left-handed ‖ *két~kezes* sy's is all thumbs, clumsy
baldachin *fn,* canopy, awning, cover
balek *fn,* mug, gull, fool
baleset *fn,* accident, casualty, mishap, misadventure, injury ‖ *~ folytán:* due to an accident ‖ *~ körülményei:* circumstances of an accident ‖ *rossz kimenetelű ~:* fatal accident ‖ *~et szenved:* have / meet with an accident ‖ *mindenkit érhet ~:* accidents will happen, nobody is proof against accidents ‖ *autó~ben megsérül:* get injured in a car accident
balett *fn,* ballet ‖ *~cipő:* ballet shoes *tsz* *~táncos:* ballet-dancer
balfogás *fn,* blunder, error, mistake

baljós *mn,* ominous, portentous, sinister
Balkán *fn,* the Balkans *tsz* ‖ *a ~-félsziget:* the Balkan Peninsula
balkezes *mn,* 1. *konkr* left-handed 2. *átv* backhanded, bungling
balkon *fn,* balcony, *US* gallery
balközép *fn,* left centre
ballada *fn,* ballad(e), lay
ballag *i,* 1. walk slowly, wander, jog along 2. *iskolában* hold a valediction parade
ballagás *fn,* 1. slow walk, amble, jogging 2. *isk* valediction
ballaszt *fn,* ballast; dead weight
ballépés *fn,* false step, misstep, *(átv)* blunder
ballisztika *fn,* ballistics
ballisztikai *mn,* ballistic ‖ *~ rakéta:* ballistic missile
ballon *fn,* balloon, carboy
balmenetes *mn,* left-handed, anti-clockwise
balmenetesen *hat,* left wingedly, anti-clockwise
bálna *fn,* whale ‖ *~vadászat* whaling ‖ *~zsír* whale/blubber-oil
baloldal *fn, pol* the Left; *konkrét* left-hand side
baloldali *mn, pol* a left (-wing), leftist, progressive, red
baloldalon *hat,* on the left side
balos *mn,* lefty, left-wing, leftist
bálozik *i,* attend balls/dances
balsejtelem *fn,* foreboding, premonition, apprehension, prsentiment ‖ *~mem nem csalt meg* my foreboing didn't deceive me
balsiker *fn,* mishap, failure, ill-success ‖ *a*

könyv ~ lett the book became a flop ‖ *~rel végződött* it resulted in failure
balsors *fn,* misfortune, bad / ill luck / fortune, calamity, doom, fatality, mishap(pening)
bálterem *fn,* ballroom
Balti *mn,* Baltic ‖ *~ tenger:* the Baltic Sea
bálvány *fn,* fetish, idol
bálványoz *i,* deify, idiolize, immortalize, reverence, worship
bálványozás *fn,* idolatry, idolization
balvégzetű *mn,* ill-fated, ill-starred
balzsam *fn,* balm, balsam, ointment ‖ *bedörzsöli a ~ ot:* rub in the balsam
balzsamos *mn,* balmy, balsamic
bambusz *fn,* bamboo, cane ‖ *~bot:* whangee cane, Indian cane
bámészkodó *fn,* gaper, *turista* rubberneck
bámul *i,* 1. *konkrét* stare, gaze 2. *átv* be astounded at, wonder at, gawk at, admire, marvel ‖ *~ vkire* gaze at, stare at sy
bámulat *fn,* 1. amazement, wonder, gaze 2. *poz* admiration ‖ *~ra méltó* amazing ‖ *~ba ejt* astonish, amaze sy
bámuló *mn,* amazed, wondering, large-eyed, staring
bán *fn,* ban
bán *i,* regret, be sorry for
-ban, -ben *rag* in ‖ *benne van:* be in sg ‖ *ágy~ marad:* stay / remain in bed ‖ *börtön~ van:* be in prison / jail ‖ *benne van a könyv~:* it is in the book
banális *mn,* banal, trite, everyday, trivial, average ‖ *~ dolgokat mond* say trivialities
banán *fn,* banana
bánásmód *fn,* treatment, usage ‖ *jó ~*

good treatment || *kíméletes* ~ careful reatment || *durva* ~ ill-usage

bánat *fn,* sadness, sorrow, grief, anguish, unhappiness || *~ot áraszt:* radiate sorrow

bánatos *mn,* sad, sorrowful, disheartened, downcast, gloomy

bánatpénz *fn,* forfeit(money) || *~t fizet* pay earnest money || *ötszáz forint ~t tesz le* deposit 500 HUF

banda *fn,* clique, band, gang || *rabló ~:* gang of thieves / robbers || *utcai ~:* street gang

bandita *fn,* bandit, gangster, gambler, jailbird

bandzsa *mn,* cross-eyed, swivel-eyed, swivel-eyed

bank *fn,* bank || *~számla:* bank(ing) account || *~kártya:* bank card || *~fiú:* young bank-clerc || *~hitel:* bank credit || *~betét:* bank deposit || *~intézvény:* bank draft || *~i átváltás:* bank currency || *~kölcsön:* (bank) loan || *tartja a ~ ot:* hold the bank

bankár *fn,* banker, financier

bankjegy *fn,* bank-note, token-money, note, soft-money || *ropogós ~* crisp

bánkódik *i,* grieve, sorrow, anguish

bankszámla *fn,* bank(ing) account

bánt *i,* 1. hurt, harm, trouble 2. *idegesít* annoy, outrage, offend, displease, distress, wex, grieve || *~ja vmi:* be sick at sg

bántalmaz *i,* insult, misuse, assault, knock about, manhandle || *durván ~ vkit* commit an outrage on sy

bántalom *fn,* 1. *betegség* disease, ailment 2. *sértés* insult, offence, ill-treatment 3. *lelki* indignity

bántó *mn,* 1. offensive, insulting 2. *zavaró* annoying, unpleasant || *~ viselkedés* insolent manner || *~ megjegyzés* sharp remark

bánya *fn,* mine || *~mérnök* mining engineer || *~vállalat* mining company

bányász *fn,* miner, collier

bár *fn,* nightclub, bar || *~pult:* counter, bar

bár *kötőszó* (al)tough, while || *~ki:* anyone, any, anybody, whoever, no matter who || *~mikor:* no matter when, at any time, whenever one whishes / likes, whensoever, any day

barack *fn, sárga* apricot, *őszi* peach

baracklekvár *fn,* apricot jam

barackpálinka *fn,* apricot brandy

barangol *i,* wander, ramble, roam, stroll, be on the loaf, extravagate, range

bárány *fn,* lamb || *~láb:* leg of lamb || *~szelet:* steak of lamb

báránybőr *fn,* lambskin, sheepskin

bárányfelhő *fn,* fleecy cloud, fleece || *~s az ég* rain seed

bárányhimlő *fn,* chicken-pox

barát *fn,* friend, fellow, soul mate, *szerzetes* monk || *~om:* my friend, a friend of mine || *az egyik ~om:* one of my friends || *kebel~:* confidant, intimate, bosom friend || *befolyásos ~:* influential friend

baráti *mn,* friendly, amicable || *~ üdvözlettel* yours sincerely/cordially || *~ kezet nyújt* make a gesture of friendship || *~ beszélgetés* ching wag || *~ egyesület* friendly society; egyetemen fraternity || *~ viszonyban él vkivel* be chums with sy || *~ szívesség* a friendly turn || *~ alapon* in a brotherly

barátkozik *i*, make friends, chum, fraternize ‖ *össze~ vkivel:* become friends, make friends with sy, chum / pal up with sy
barátnő *fn*, girl-friend, lady-friend
barátság *fn*, friendship, amity, fellowship, friendly relations *tsz* ‖ *~ot köt vkivel:* run around with sy, affiliate ‖ *~ban van vkivel:* make friend with sy, pal up with sy
barátságos *mn*, friendly, cordial, companionable, affable, matey, sociable, amicable ‖ *~ vkivel:* be friendly / amicable / sociable with ‖ *~ feltételek között:* among friendly conditions / terms
barátságosság *fn*, friendliness, cordiality, cosiness, kindliness, sociabilty
barázda *fn*, 1. *arc* wrinkle 2. *föld* furrow
barázdált *mn*, *ld. arc* lined, wrinkled 2. *tárgy* grooved, corrugated 3. *izom* striated
barbár *fn*, barbarian, brute, savage, primitive
barbár *mn*, barbarous, barbaric, barbarian, inhuman, savage, vandal, brutish, primitive, uncivilized, wild
barbiturát *fn*, barbiturate
bárca *fn*, label, tag, check
bárcsak *hat*, I wish
bárd *fn*, 1. hatchet 2. *dalnok* bard
bárdol *i*, rough-hew, trim, hew into shape, cut
bárdolatlan *mn*, 1. *farönk* rough, raw 2. *átv* boorish, rustic, rude
bárgyú *mn*, idiotic, imbecile, dumb
bárhol *hat*, anywhere, wherever, wheresoever ‖ *sehol:* nowhere
barikád *fn*, barricade

bariton *fn*, *hang* baritone, *hangszer* barytone
barka *fn*, *fűzfáé* pussy willow
bárka *fn*, boat, ark, barge, bark ‖ *Noé ~ája:* Noah's Ark
barkácsol *i*, do woodwork, do a bit of carpentry / carpentering, tinker
barkó *fn*, sidewhiskers, *US* side board
barlang *fn*, 1. cave, cavern, grotto (*tsz* grottoes) 2. *áll* den, lair
barlangkutató *fn*, potholeer, spelaeologist
bármeddig *hat ld.* **akár**
bármelyik *kötőszó* any, whichever, no matter which ‖ *~ oldal:* no matter which side, any side ‖ *~ esetben:* in any case ‖ *~ük:* no matter who / whom
bármennyire *hat*, no matter how, however much
bármi *névm* anything, whatever, whatsoever ‖ *~, kivéve:* anything except, anything but ‖ *~ más:* everything / anything else
bármiféle *hat, ld.* **akár**
bármikor *hat ld.* **akár**
barna *fn/mn*, brown
barnahajú *fn/mn*, brunette, brown haired
barnít *i*, 1. *nap* make brown, bronze, tan 2. *átv le~* give sy an earful 3. *húst* do brown
báró *fn*, baron
barokk *mn*, Baroque
barom *fn*, 1. *állat* cattle 2. *ember* beast, brute, as, dolt
barométer *fn*, barometer
baromfi *fn*, poultry *tsz*
baromfiudvar *fn*, poultry / chicken / fowl-run, chicken yard

baromi *mn*, bestial, brutal, beastly ‖ ~ *erős* he is strong as a horse
baronet *fn*, baronet
bárónő *fn*, baroness
bársony *fn*, velvet ‖ ~*szalag* velvet ribbon ‖ ~*szék* Treasury Bench
bársonyos *mn*, 1. *ált* velvety, velveted, (like) velvet 2. *arc* creamy ‖ ~ *bőr* soft skin ‖ ~ *léptekkel* with velvet tread ‖ ~ *hangon* in silky voice
bástya *fn*, 1. bastion, tower, battlements *tsz* 2. *sakkban* rook, castle
basszus *fn*, bass (voice)
basszuskulcs *fn*, F-clef, bass clef
batár *fn*, 1. *hintó* glass coach 2. *oldie* old rattletrap
batiszt *fn/mn*, batiste, lawn, cambric
bátor *mn*, brave, courageous, fearless, valiant
bátorít *i*, encourage, hearten, embolden
bátorkodik *i*, take the liberty of ing, make free to, venture to ‖ ~*nék megjegyezni* let me add taht ‖ ~*megtenni* take the liberty of doing sg
bátorodik *i*; *fel*~ take heart, pluck/muster up courage, gain confidence, incite, egg on
bátorság *fn*, courage, bravery, audaciousness, audacity, valiance
bátortalan *mn*, timid, faint-heartedpusillanimous, timorous, low/poor-spirited
batyu *fn*, pack, bundle
bauxit *fn*, bauxite
bazalt *fn*, basalt
bazár *fn*, bazaar, (cheap) fancy goods shop, fancy-fair
bazilika *fn*, cathedral, basilica
bázis *fn*, 1. *ált* basis, base, groundwork 2. *mat/kat/kém* base ‖ **anyagi** ~ financial foundation ‖ *biztos* ~ firm base ‖ *operációs* ~ base of operations ‖ ~*ként szolgál* seve as basis
bazsalikom *fn*, basil ‖ *kerti* ~ sacred herb
bazsarózsa *fn*, peony
B-dúr *mn*, B-major
bead *i*, 1. *ált* give in, 2. *átv vkinek* make sy believe sg ‖ ~*ja a válópert* start divorce proceedings ‖ ~*ja a lemondását* resign, tender one's resignation ‖ ~*ja az iskolába* put him/her to school ‖ *ezt nekem nem adja be!* you won't cram that down my throat ‖ ~*ja a derekát* give/cave in, knock under, own up, say „uncle" ‖ ~*ja a kulcsot* throw up the sponge, surrender, go west ‖ ~ *egy kérvényt* present a request ‖ *orvosságot* ~ introduce medicine to sy
beadási *mn*, to be handed in ‖ ~ *határidő* to be handed before, deadline
beadvány *fn*, petition, request, memorial ‖ ~*nyal fordul vhová* address a petition to swhere
beágyaz *i*, *vmit vmibe* embed / bed (sg in sg), encase (in); *ágyat* make one's / the bed, bed, bed in, make up a bed
beakad *i*, 1. *fiók* jam 2. *ált* get caught in sg 3. *horog* foul ‖ *a ruhája ~t egy szögbe* a nail caught her dress
beakaszt *i*, 1. *pl. szekrénybe* hang up in sg 2. *ajtót* hang door on hinges 3. *bezár* hook in 4. *átv* pinch sy's nose for him/her
bealkonyul *i*, 1. *konkr* sun is setting, night is falling 2. *átv vkinek* sy's glory is waning, sy is on the decline, sy's star is under a cloud

beáll *i*, **1.** *vhová* enter swhere **2.** *kocsival* get one's car into a place **3.** *bekövetkezik* sg has turned **4.** *forgalom* there is a traffic jam **5.** *hadseregbe sth.* join (the army/navy), join up

beállít *i*, **1.** *tárgyat* put sg into **2.** *igazít* set, adjust **3.** *munkába* employ, put sy to work **4.** *eljön* drop in, turn up **5.** *részeg* get drunk ‖ *~ja a rádiót* tune in the radio-set ‖ *~ja az órát reggel hatra* set the alarm clock for six ‖ *úgy állítja be a dolgot, hogy* present an affair in such a way as

beáramlás *fn*, inflow, infiltration, influx

beárul *i*, accuse, tell on sg, inform on / against sy, denounce sy, snitch on sy

beavat *i*, **1.** *vkit* initiate sy into sg **2.** *szövetet* preshrink ‖ *titokba ~* let sy into a secret ‖ *~ja a teendőkbe* initiate sy into his new functions

beavatkozás *fn*, interference, intervention, encroachment, intrusion

beavatkozás *fn*, **1.** *ált* interference, intervention, interposition **2.** *kíváncsi* nosyparkerism, prying **3.** *erőszakos* trespassing, entrenchment ‖ *belügyekbe való ~* intrusion into internal affairs ‖ *állami ~* state intervention ‖ *be nem avatkozás* non-interventoion ‖ *fegyveres ~* military intervention ‖ *sebészi ~* operative intervention ‖ *gyors orvosi ~* prompt medical aid

beavatott *mn*, **1.** initiated **2.** *szövet* preshrunk ‖ *fn*, sone initiated/in the know

beáztat *i*, **1.** *ált* soak, steep, bathe, wet through, douse **2.** *szennyest* soak through **3.** *kendert* ret, rate

bebalzsamoz *i*, embalm, mummify

bebeszél *i*, talk sy into believing sg ‖ *~i magának* take one's head to ‖ *ezt nem fogja nekem ~ni* you won't cram that down my throat

bebizonyít *i*, prove, demonstrate, make out, make it plain, establish **2.** *papírokkal* documentate, authenticate ‖ *világosan ~ja* make sg perfectly clear ‖ *bizonyítsd be! hiszem, ha látom!* US you've got to show me, I am from Missouri! ‖ *~ott tény* authentic fact ‖ *~ja vmi valótlanságát* refute the allegation

bebiztosít *i*, insure ‖ *~ja magát* shelter oneself, make oneself secured

beborít *i*, cover, engulf

bebörtönöz *i*, imprison, confine, gaol, shut up, take prisoner, put sy in prison ‖ *~ vkit két évre:* imprison sy for two years, put sy in(to) prison for two years

bebörtönzés *fn*, imprisonment, duress

bebújik *i*, slip in, creep in, wriggle increp in, wriggle in, steal in ‖ *a róka ~ a lyukba* fox kennels into the foxhole

beburkol *i*, cover, envelope, wrap, sheathe, enfold, swathe, pack up in

bebútoroz *i*, furnish, equip

becenév *fn*, pet name, nick name

becéz *i*, **1.** *névvel* call sy nickname, nickname sy **2.** *kényeztet* fondle, caress, cosset, blandish, pet sy, (molly)coddle

becipel *i*, drag/haul in, carry in, heave in

becukroz *i*, sugar, sweeten, dust/sprinkle with sugar

becs *fn*, value, worth, esteem ‖ *nagy ~ben tart* esteem, cherish, value highly, set store by

becsap *i*, **1.** swindle, take in, cheat, trick

becsapás

sy, fool, mislead, have sy on **2.** *vmit vhova* throw in, toss in
becsapás *fn,* **1.** *csalás* swindle, fraud, dupery, victimization, take in, hoax **2.** *ajtóé* slamming, banging
becsapható *mn,* gullible, credulous, naive
becsapós *mn,* tricky, cheaty, fraudy
becses *mn,* **1.** precious, valuable **2.** *átv* esteemed, excellent, outstanding || **XY** *és ~ neje* XY and his esteemed wife
becsíp *i,* **1.** pinch in sg **2.** *italtól* get a bit tight, get tipsy || *~i az ujját* her finger got pinched in
becsípett *mn,* tight, squiffy, tipsy
becslés *fn,* appraisal, guess, guessing, rating, estimation || *durva ~:* rough estimate || *kár~:* loss adjustment / assessment, assessment of damage || *érték~:* valuation
becsmérel *i,* disparage, decry, impeach, run down, abuse, vilify, detract, dispraise, slate, traduce
becsmérlő *mn,* abusive, abuser, detractor, disparager, disparaging || *~ értelemben:* in disparaging meaning / sense
becsomagol *i,* pack, wrap up, pack one's bags, bundle up, do up, fold in, package, pack in / up, parcel (up)
becsukódik *i,* shut / close (of itself), shut down, shut to
becsül *i,* **1.** respect, appreciate, value, honour, esteem **2.** *mennyiséget* estimate
becsülés *fn,* respect, appreciation, prisal, estimation, valuation || *nagyra~:* think well / highly of sy, reverence
becsület *fn,* honour (*US* –or), faith, credit || *~beli adósság:* debt of honour || *betyár~:* honour among thieves || *a ~ kötelez:* honour obliges || *a ~ kedvéért:* for the sake of honour
becsületbíró *fn,* sheriff, judge of honour, arbiter
becsületes *mn,* honest, upright, fair, trusty, straight, square, righteous, decent, respectable || *~ döntés:* just decision || *~en végzi a munkáját:* make a creditable job, do an honest job of working || *ez nem ~:* this is not fair || *~ úton:* honestly come by || *~ dolog:* decent thing / matter
becsületesen *hat,* on the level, justly, on the square, fairly, squarely
becsületesség *fn,* honesty, righteousness, honour, fairness
becsületsértés *fn,* slander, defamation, libel, disparage
becsületsértő *fn,* libeller
becsületsértő *mn,* slanderous, dafamatory, libellous
becsüs *fn,* **1.** *biztosítási* insurance assessor, loss adjuster **2.** *árverési* valuer
becsvágy *fn,* ambition || *~a arra ösztönzi, hogy:* ambition urges him / her to
becsvágyó *mn,* ambitious, aspiring, arduous
bedagad *i,* swell up || *~t a szeme az ütéstől* his eyes bunged up || *az ajtó ~* the door jams
bedob *i,* **1.** throw in **2.** *levelet* drop (into the pillar box) **3.** *pénzt* insert a coin in the slot || *~ja a köztudatba* make public || *~ egy reklámszöveget* throw in a slogan
bedobómasina *fn,* tinmachine
bedolgozik *i,* work at home, be an outworker

bedolgozó *fn,* home/outworker
bedörzsöl *i,* rub in, anoint, smear with
bedug *i,* **1.** put/thrust/shove in **2.** *vmit vmibe* block, plug, fill up **3.** *zsebbe* stuff/cram into **4.** *pénzt* insert **5.** *kardot* sheathe ‖ *~ja a fülét* stop one's ears
bedugul *i,* get choked up, jam, get plugged up
beejt *i,* drop in
beékel *i,* **1.** wedge in, insert **2.** *magát* wedge oneself in swhere
beépít *i,* **1.** *területet* build up **2.** *bútort* build in **3.** *vkit vhová* plant sy in **4.** *beszerel* mount in, fit up/in
beépítés *fn,* **1.** *terület* building up **2.** *bútor* building in **3.** *vkit vhová* planting, infiltration
beépített *mn, terület* built-up area, built-in ‖ *~ szekrény:* built-in wardrobe, fitted cupboard, closet
beépül *i,* **1.** be built up **2.** *szervezetbe* infiltrate, work one's way into swhere
beérés *fn,* **1.** *gyümölcs* ripening; *ember* maturity **2.** *vhová* arrival, reaching sg, **4.** *vkit/vmit* overtaking, coming up to
beereszt *i,* **1.** admit, let in, give sy access **2.** *betold* set in, tail/fit in **3.** *festékkel* ground **4.** *padlót* beeswax, wax-polish
beérik *i,* ripen, grow ripe ‖ *~ a szilva* plums have grow ripe
beérkezik *i,* **1.** arrive, put/come in **2.** *átv* become one's name
beesett *mn, arc* haggard, hollow, sunken, cavernous cheeks ‖ *~ szemű* hollow-eyed ‖ *~ arcú* haggard
beesik *i,* **1.** *ált* fall in, drop in, come through ‖ *~ az ajtón* tumble in through

the door ‖ *~ a vízbe* fall into the water **2.** *arc* grow gaunt, fall in
beeső *mn,* falling/dropping in ‖ *~ fény* incident light
befagy *i,* freeze in / over, be iced over / up, congeal
befagyaszt *i,* **1.** freeze **2.** *követelést* block, freeze, immobilize
befagyott *mn,* frozen over, ice bound
befárad *i, fáradjon be!* please, step/walk in!
befecskendez *i, orv* inject into ‖ *vmit vhová ~:* squirt sg somewhere
befed *i,* cover (over), roof over / in, wrap ‖ *~ vmit vmivel:* cover sg with sg
befejez *i,* finish, accomplish, terminate, end, bring to a close / an end, make an end of sg, put an end / a stop to sg ‖ *~ vmit:* finish sg ‖ *~i a munkát:* finish the job ‖ *~i az építkezést:* finish the construction ‖ *~i a mondatot:* finish the sentence
befejezés *fn,* finishing, conclusion, completion, windup ‖ *a nap ~e:* the end of the day ‖ *közeli ~:* close ending
befejezésül *hat,* finishing, as conclusion, to conclude, finally, lastly ‖ *~ hozzátenném* I'd like to add by way of conclusion
befejezetlen *mn,* incomplete, uncompleted, unfinished
befejezetlenség *fn,* incompletion, imperfection, incompleteness
befejezett *mn,* finished, completed, accomplished, terminated
befejező *mn,* final, concluding, terminator, finishing
befeketít *i, vmit* blacken sg, paint sg black, *vkit* blacken sy

befékez *i,* brake, put on the brakes, jam on the brake
befektet *i,* lay in / out, sink, put / place into ‖ ~ *vmit vmibe:* lay sg in sg, put / place sg into sg
befektető *fn,* investor, capitalist, magnate
befelé *hat,* inward(s), intro-, towards the inside / interior ‖ ~ *nyílik:* opens inwards
befellegzik *i,* ‖ *vminek ~ett:* the game is up, it's all up with it
befér *i,* **1.** *tárgy* there is room enough for it, find room in sg, can/be able to get in **2.** *személy* can get in ‖ **nem fér be az ajtón** can't be got through the door ‖ **nem fér be már** senki there is no more room
beférkőzik *i,* work / worm one's way in, worm oneself into somewhere
befészkel *i,* make a nest, nestle ‖ *~i magát:* ensconce oneself somewhere, entrench oneself in sg, nestle, snug oneself
befizet *i,* **1.** *ált* pay in **2.** *tagdíjat* pay up **3.** *bankba* deposit ‖ **bankba ~** cash in
befizetett *mn,* paid-in ‖ ~ *tőke* paid-up capital
befog *i,* **1.** *szemet/száját* cover, stop, hold **2.** *satuba* grip, clamp **3.** *munkára* make sy work
befogad *i,* **1.** *vkit vhová* receive into **2.** *terem* admit, accommodate ‖ ~ *otthonába vkit* make a home for sy ‖ ~ *vmit elméjébe* her/his mind is able to receive it
befolyás *fn,* influence, inflow, impact, leverage ‖ *~t gyakorol vkire:* influence sy/sg, exert / exercise influence on / over sy/sg ‖ *rossz ~ sal volt rám:* has bad influence on me ‖ *felhasználja a ~át:* use his/her influence ‖ *alkohol ~a alatt:* be under the influence of alcohol
befolyásol *i,* influence ‖ ~ *vkit/vmit:* influence sy/sg, ‖ *~ja vki döntését:* influence sy's decision
befolyásolható *mn,* suggestible, impressionable, susceptible to influence ‖ ~ *személy:* suggestible / pliant person
befolyásoló *mn,* influential, manipulator, powerful, forceful
befolyásos *mn,* influential, of power, potent, powerful ‖ ~ *személyiség* man of importance ‖ ~ *i,* carry weight, have the ears of another
befőtt *mn,* conserved, preserved ‖ *gyümölcs ~:* canned fruit, *üvegben* buttled fruit
befőz *i,* bottle, preserve, can, conserve ‖ ~ *vmit:* bottle / preserve sg
befőzés *fn,* bottling, preservation, canning
befurakodik *i,* **1.** make one's way in, work one's way in, work/worm/wriggle oneself into sg, horn in, intrude, gatecrash **2.** *szervezetbe* infiltrate, sneak into the rakns, wangle ineself into ‖ *állásba ~* edge into a job ‖ *~ a társaságba* foist oneself on the company
befűt *i,* **1.** make fire, stoke up a stove **2.** *átv* give sy hell ‖ **majd ~ök neki!** I'll make things warm for him
begerjed *i,* **1.** warm up, heat, run hot **2.** *átv* get hot under the collar, go off the handle
béget *i,* baa, bleat, blat
bégetés *fn,* bleating, baaing, bleat, baa

begipszel *i,* put in plaster, plaster (up) ‖ *~i a kezét:* put one's hand in bandage
begombol *i,* button up, fasten, do up the buttons
begombolkozik *i,* button up; *átv* be buttoned up
begördít *i,* roll in
begördül *i,* roll in
begyepesedett *mn,* grass-grown, overgrown with grass, buffer
begyullad *i,* 1. be inflamed, 2. *megijed* get scared, take fright, get cold feet, get the wind up 3. *motor* ignite, start
begyulladt *mn, átv* scared, fearful, scary
behajóz *i,* embark, ship, navigate
behajózás *fn,* embarkation, shipment, set sail
behálóz *i, átv* ensnare, enmesh, mesh, nett, net
behálózott *mn,* ensnared, enmeshed, entagled
behangol *i,* tune in, syntonize
beharangoz *i,* 1. ring in 2. *átv* announce sg in advance
beható *mn,* exhaustive, intensive, profound
behatóan *hat,* thoroughly, intensively, profoundly, narrowly
behatol *i,* enter, penetrate into, make one's way into sg, push in, burgle
behatol *i,* 1. *erővel* penetrate, push in, enter by force 2. *betör* burgle, break into 3. *alattomban* creep in 4. *ellenség* invade 5. *víz* penetrate 6. *golyó* penetrate, pierce sg, enter
behavaz *i,* snow up/in, flake
beheged *i,* 1. heal up, skin over, scar/scab over, crust 2. *orv* cicatrice 3. *lelki* heal

behegeszt *i,* 1. *sebet* heal, incatrize 2. *fémet* weld, braze
behelyez *i,* insert / put / place into, put in, step ‖ ~ *vmit vhová:* insert / put / place sg into sg ‖ *~i az érmét a lyukba:* insert the coin into the slot ‖ *~i a kulcsot a kulcslyukba:* put the key into the keyhole
behint *i,* 1. *porral* dust / powder with, strew 2. *vízzel* sprinkle with (water)
behív *i,* 1. call in, invite in 2. *katonát* call up for service, *US* draft
behívat *i,* ask/call sy in
behívó *fn, kat* call up papers' *tsz, US* call-up, draft, draft call
behoz *i,* bring / carry / fetch in ‖ ~ *vmit külföldről:* import sg
behozatal *fn,* import, importation ‖ *~i vizsgálat:* imports check ‖ *~i vám:* customs / import duty, customs inwards
behozott *mn,* brought / carried in, imported ‖ ~ *termékek:* imported goods, imports
behuny *i,* close, shut (one's eyes) ‖ *~i szemmel is meg tudom csinálni* I can do it with my eyes shut
behúz *i,* 1. pull/draw in, drag in 2. *üt* give sy a clip, slog, plant a blow on sy's ear 3. *befed* upholster 4. *ruhát* shirr 5. *papírral* paper, cover with paper 6. *szilárd anyaggal* encase 7. *fémmel* plate with 8. *vkit vmibe* fool sy into doing sg, rope sy in on doing sg, slip it over sy ‖ *~za a farkát* with tail between legs; *átv* draw in one's horns ‖ *~za az ablakot* close the window ‖ *~za a nyakát* hump up the shoulders ‖ *~za a fejét* poke one's head ‖ *~za a karmait*

behúzódik 62

draw one's claws ‖ *~za a hasát* draw in the stomach
behúzódik *i,* **1.** withdraw to **2.** *vmi elől* shelter from
beigazít *i,* put sg right, correct, adjust to, set right, fegyvert, aim at ‖ *órát ~* set the watch
beigazol *i,* prove, verify, bear out, demonstrate, justify, give proof on sg ‖ *~ja a véleményüket* vindicate their opinion
beiktat *i,* enroll, put in, *állásba* install / invest sy in an office, *elnököt* inaugurate, enter, record ‖ *vmit vhová ~:* enter / record sg somewhere ‖ *~ vkit vhová:* install sy somewhere ‖ *~ egy programot a gépbe:* install a programme into the computer
beiktatás *fn,* **1.** installation; *tisztségbe* inauguraion **2.** *irat* filing, entering, registering
beilleszkedik *i,* fit in, suit, adapt oneself to ‖ *~ a társadalomba:* adapt oneself to society
beindít *i,* **1.** *motort* start up **2.** *munkát* launch, get sg afloat
beismer *i,* admit, confess, acknowledge, recognize, avow, ‖ *~i bűnösségét* admit one's guilt ‖ *~em tévedésem* I own I was wrong ‖ *mindent ~* make a full confession
beismerés *fn,* confession, admission, pleading guilty ‖ *nyílt ~* open admission ‖ *saját ~e szerint* on his own confession
bejárás *fn,* going in, ingress, admittance, way in ‖ *~a van vhová:* have free admittance / access to ‖ *~t nyer vhová:* gain admittance to somewhere ‖ *tilos a ~!:* no entry

bejárat *fn,* entrance, entry, way in ‖ *~ vhová:* entrance / entry to somewhere ‖ *nem ~:* no entrance
bejárónő *fn,* cleaning woman, chairwoman, daily help, *biz* chair
bejelent *i,* anounce, report, usher, return ‖ *~ették, hogy:* it was announced that
bejelentés *fn,* announcement, notification, statement
bejelentkezés *fn,* registry, registration, check in ‖ *mikor van a ~?:* when is check-in time?
bejelentkezik *i,* **1.** *szállodában* check in **2.** *rendőrségen* register with, report one's arrival to
bejelentő *fn,* registration (form)
béka *fn,* frog, Dutch nightingale
békaember *fn,* frog-man
bekapcsol *i,* **1.** *csatot* clasp **2.** *készüléket* switch / turn on gear **3.** *ruhát* fasten, clap, do up ‖ *~ja a biztonsági övet:* fasten the safety belt / seat belt ‖ *~ja a táskáját:* close one's bag ‖ *~ vmit:* switch / turn on sg
béke *fn,* peace, *nyugalom* calmness, quietude, quiet, tranquillity ‖ *~t köt:* make / conclude / sign a peace ‖ *~ és csend:* peace and silence ‖ *~ben marad:* keep the peace, hold one's peace, be quiet ‖ *lelki ~:* mental peace
békeharc *fn,* struggle for peace
békeharcos *fn,* peace-fighter, peace activist
békeidő *fn,* peacetime, time of peace
békéltető *fn,* conciliatory, peacemaker, makepeace, pacifier
beken *i,* **1.** spread sg over, smear **2.** *piszokkal* daub, smudge, *ruhát* soil, dirty **3.** *zsírral gépet* grease, lubricate

beképzelt *mn,* conceited, self-important, swollen-headed, think too much of oneself, big-headed, full of oneself, opinioned, self-satisfied / sufficient, self-opinionated
bekerít *i,* enclose, encircle, fence in, surround, encompass, close in
bekerül *i,* **1.** *vki valahová* get in to swhere **2.** *áru* cost, come to
békés *mn,* peaceful, pacific, civil, amicable, quiet, calm, tranquil, still
békeszeretet *fn,* love of peace, peaceableness
békeszerető *fn/mn,* peace-loving, peaceable
békeszerződés *fn,* peace-treaty
béketeremtés *fn,* peace making
béketűrés *fn,* forbearance, patience
bekísér *i,* see sy in, go in with sy
béklyó *fn,* hobble, shackle, fetter ‖ *~ban:* in the fetters
béklyóz *i,* hobble, fetter, shackle
beköltözés *fn,* moving into (a house / flat)
beköp *i,* **1.** *konkr* spit in **2.** *átv* grass/squeal on sy, blow/split on sy
beköt *i,* **1.** swathe, bind / tide / tie / do up **2.** *sebet* dress (a wound), bandage up
bekövetkezik *i,* result, occur, eventuate, come true
bél *fn,* **1.** *emberé* intestines *tsz,* bowels *tsz,* guts *tsz,* pith **2.** *ceruzáé* lead **3.** *golyóstollé* refill
beládáz *i,* encase
belakkoz *i,* laquer, varnish, dope
belát *i,* **1.** *konkr* see in swhere ‖ *~ az ablakon* see in through the window ‖ *~ni a szobájába* one can look right into his/her room **2.** *átv* have an insight into ‖ *~ vki terveibe* fathom one's intentions **3.** *megért* see, realize, admit ‖ *~ja, hogy rossz úton járt* he has seen the errors of his ways ‖ *~ja tévedését* acknowledge one's mistake
belátás *fn,* discrimination, discretion, wit, consideration, understanding
belebonyolódik *i,* get entangled, tangled up, involved, embroiled ‖ *~ vmibe:* get entangled / tangled up
belebújik *i,* **1.** *helyre* creep/steal/slink into **2.** *ruhába* get/slip into one's clothes ‖ *~ a kisördög* she has the devil in her
beleegyezik *i,* consent, agree, assent, approve of, give one's consent / aggrement / approval **beleértve** *hat,* including, inclusive of, included ‖ *~ az ÁFÁ-t:* including VAT
belégzés *fn,* inhalation, breathing in
belekever *i,* implicate, admix, entangle, involve ‖ *~ vkit vmibe:* involve sy in sg, mix sy up in sg ‖ *alaposan ~edett:* got thoroughly involved ‖ *adósságba keveredett:* run / get into debt ‖ *veszteségbe keveredett:* run / get into loss
belekeveredés *fn,* implication, involvement, commitment
belekeveredik *i,* get/be mixed into sg, get involved into sg, get embroiled in sg ‖ *~ett egy összeesküvésbe* he was ensnarled in a plot
belélegzik *i,* inhale, breath in
belenyugszik *i,* aquiesce, resign, reconcile ‖ *~ vmibe:* aquiesce in, resign / reconcile oneself to, be resigned to ‖ *~ az ítéletbe:* reconcile oneself to the decision
belenyugvás *fn,* aquiescence, resignation

belenyugvó *mn,* resigning, reconciling, aquiescing
belenyúl *i,* dip the hand into, reach into ‖ **~ vkinek a zsebébe:** dip into one's pocket / purse
belép *i,* go / come in, enter (on), join, step in/into, pass in/into, make one's entry / entrance ‖ **~ a szobába:** enter the room ‖ **munkába ~:** enter work / service ‖ **~ a tengerészethez:** join the navy ‖ **megegyezésre ~:** join by mutual / common assent
belépés *fn,* entry, entrance, admission, footing, access ‖ **~i díj:** entrance fee ‖ **~t nyer vhová:** gain entrance into somewhere ‖ **~i vízum:** entrance visa ‖ **a ~ tilos!:** no entry / admittance / entrance ‖ **szabad a ~:** free entrance
belepusztul *i,* perish from, die of
beleragad *i,* get stuck in, stick in/to ‖ **~t a cipőm a sárba** my shoes got bogged in the mud
bélés *fn,* lining
belesző *i,* work in, weave into
beleszövődik *i,* be interwoven with
beletölt *i,* pour into, infuse
beleüt *i,* stub against / on, knock / run / bump against ‖ **~i az orrát:** poke one's nose into sg, put in one's oar
belevág *i,* **1:** cut into sg ‖ **~tam az ujjamba** I cut my finger ‖ **2.** *átv* munkába take on, undertake, venture upon ‖ **vágjunk bele!** let's go ahead! **3.** szavába interrupt **4.** megfelelő fit into **5.** vízbe throw into **6.** húst a levesbe cut up meat into the soup
belevegyít *i,* add to, mix with / into, intersperse, incorporate

belevon *i,* draw into, invite/ask to join, lead into sg
belevonás *fn,* implication, involvement, connection
belez *i,* draw, gut,
belga *mn,* Belgian
Belgium *fn,* Belgium
Belgrád *fn,* Belgrade, Beograd
belgyógyász *fn,* physician, *GB* internal, *GB* special in internal medicine
bélhurut *fn,* enteritis
belsejében *hat,* inside, internally, inboard ‖ **a ~ van:** it is inside sg
belső *fn, kerékgumié* inner tube, *futballé* bladder ‖ **vminek a belseje:** the interior / inside / core / heart of sg
belső *mn,* inside, internal, inner, interior ‖ **~építész:** interior decorator / designer ‖ **~ terv:** internal plan ‖ **~ gondolatok:** inner thoughts ‖ **a miniszterelnök ~ körei:** the prime minister's inner circles ‖ **a könyv ~ oldalai:** the interior pages if the book ‖ **~ információ:** inner information
belsőrész *fn,* inner part
beltag *fn, cégben* full partner
belterjes *mn,* intensive ‖ **~ gazdálkodás** intensive farming
belterületi *mn,* in / from the inner city, centrally located, downtown
belül *hat,* within, inside, internally, in, intro-
belváros *fn,* town/city centre, inner town, business section; *US* downtown ‖ **London ~a** the City
belvárosi *mn,* central; *US* downtown
bélyeg *fn,* **1.** *postai* stamp **2.** *jel* mark; égetett brand **3.** *átv* mark, seal, stamp ‖

~gyűjtemény collection of stamps ‖
~gyűjtő stamp-collector
bélyegnedvesítő *fn,* damper
bélyeggyűjtés *fn,* philately, stamp-collecting
bélyeggyűjtő *fn,* philatelist, stamp-collector
bemagol *i,* memorize, learn by heart, mug/swot up, cram
bemázol *i,* daub, bedaub, smudge
bemegy *i,* **1.** go/step/walk in, enter **2.** *fedett helyre* go indoors **3.** *jármű* drive in **4.** *víz* penetrate **5.** *fér* will go in ‖ *tüske ment be az ujjamba* a thorn went into my finger ‖ *~nt a víz a cipőmbe* my shoes are letting in water
bemelegít *i,* **1.** *helyet* warm up, heat up **2.** *motor* warm up **3.** *testét* warm up, limber up
bemesél *i,* pitch sy a yarn, cram sg down sy's throat, stuff sy up, tell sy the tale ‖ *nehogymár ~d nekem!* tell it to the horse marines! ‖ *csak nem azt akarod ~ni, hogy..?* you don't mean to say that..?
bemenet *fn,* entrance, entry, access, input, admittance
bemocskol *i,* make sg dirty / filthy, stain, soil, taint
bemond *i,* **1.** *rádió/tv* announce **2.** *kártya* bid, call, declare ‖ *~ja az unalmast US* pass sg up
bemondás *fn,* announcement, call, declaration, gag
bemutat *i,* present, introduce, show, demonstrate, display, exhibit ‖ *~ vkit vkinek:* present / introduce sy to sy ‖ *~kozik:* introduce / present oneself

bemutatás *fn,* **1.** *vkinek* introduction **2.** showing **3.** *áru-* production, display, demonstration, exhibition, show, presentation
bemutatkozik *i,* introduce oneself ‖ *vkinek ~:* introduce / present oneself to
bemutató *fn,* exhibitor
bemutató *mn,* **1.** *árué, képé* display, exhibition, exhibitory **2.** *színházé* first night, premiére, opening night **3.** *filmé* first run
béna *mn,* **1.** paralysed, cripple, crippled, lame, maimed **2.** *átv* silly
bendő *fn,* **1.** *tehén* rumen **2.** *emberé* belly, paunch
Benelux államok *fn,* the Benelux States *tsz*
benemavatkozás *fn,* nonintervention
benépesít *i,* **1.** fill with people, people, populate **2.** *állatokkal* stock, plant
benevez *i,* **1.** *verseny* enter for sg **2.** *vkit vmire* enter sy in/for sg ‖ *~tem a versenyre* I am in for the competition
benéz *i,* *vkihez* look in on sy, drop in on sy ‖ *~ett hozzám egy percre* he just looked in for a minute ‖ *nézzen be holnap is!* call around here tomorrow again
bénít *i,* **1.** *konkr* paralyse, cripple **2.** *átv* weaken
benne *hat,* in it, inside, within it/him/her ‖ *~ vagyok!* agreed! ‖ *bízik ~, hogy* he trusts that .. ‖ *~ van a pakliban átv* it is included ‖ *~ van a csávában* be in hot water ‖ *nem tudok megbízni ~* I can't trust him
bennfentes *mn,* intimate, familiar ‖ *fn, ~ek* those in the know

bennlakó *fn,* resident, boarder, inmate, innate, savage
bennszülött *fn/mn,* native, aborigine, aboriginal
benső *mn,* inner, internal, inward
bent *hat,* inside, within ‖ **~ csinál vmit:** he/she is doing sg inside
benti *mn,* inside ‖ **~ cipő:** indoor shoes ‖ **~ úszómedence:** indoor (swimming-) pool
bénultság *fn,* paralysed state, lameness
benzin *mn,* petrol, *US* gas(oline) ‖ **~kút:** patrol / filling station, *US* gas station
benzinkút *fn,* patrol / filling station, *US* gas station
benzol- *mn,* benzol, benzene
benyálaz *i,* **1.** beslaver, slobber over, moisten with spit **2.** *bélyeget* lick
benyíló-fülke *fn,* sideroom cabin
benyomás *fn,* impression, sensation, dent ‖ *jó* **~t kelt vkiben:** make a good impression on sy ‖ *erős* **~sal volt vkire:** make a big impression on sy ‖ *az első* **~:** the first impression ‖ *az a* **~om, hogy:** my impression is that
benyúl *i,* reach in sg, dip into sg ‖ **~ a zsebébe** she reaches her pocket
benyúlik *i,* reach/stretch/extend as far as, protrude into ‖ **~ az éjszakába** it ran on into the night ‖ *a félsziget mélyen* **~ a tengerbe** the peninsula juts out far into the sea
beolt *i,* inoculate, engraft, vaccinate ‖ **~ vkit vmi ellen:** inoculate, vaccinate sy against sg
beolvasztás *fn,* melting (down), merger, amalgation, assimilation, affiliation
beolvaszt *i,* **1.** *konkrét* melt (down),

merge sg with sg, absorb, smelt down **2.** *ker* incorporate sg into sg **3.** *embert vhová* absorb, assimilate, affiliate
beosztás *fn,* apportioning, arrangement, assignment ‖ **~a szerint:** according to one's timetable ‖ **idő~t készít vkinek:** make a time table
beosztásos *mn,* arranged, apportioned
bepalizott *mn,* deluded
beperel *i,* sue, take to court, take legal action, proceed against sy ‖ **~ vkit:** sue sy, take to court sy
bepiszkít *i,* make sg dirty / filthy, stain, soil, taint
bér *fn,* pay, wage(s), payment, rental, hire
berak *i,* put / place in/into, load in/onto, inlay ‖ **vmit vmivel ~:** put / place sg with sg
berak *i,* **1.** place into, put into **2.** *szállítmányt* load in, on to; *hajóra* ship **3.** *ruhát* pleat **4.** *hajat* set one's hair, water-wave **5.** *gépbe* feed **6.** *formát* impose **7.** *szoknyát* pleat, kilt
berakás *fn,* putting / placing in, loading, inlay
berakásos *mn,* inlaid
beránt *i,* **1.** *ált* jerk in, drag into ‖ **~ vmi ostobaságba** rope sy in on sg ‖ **hagyta magát ~ani** let oneself t in for sg **2.** *levest* thicken with fried flour
bérbeadó *fn,* lessor
berekeszt *i,* wind up, close, adjourn ‖ **~i a gyűlést:** close the meeting, leave the chair ‖ **két hétre ~ették:** they have closed for two weeks
bérel *i,* hire, *US* rent, take in / on lease
bérelt *mn,* hired, *US* rented
berendez *i,* **1.** *lakást* furnish **2.** *gyárat*

equip 3. *életet* arrange, order one's life

berendezés *fn*, 1. *bútor* furniture 2. *gép* equipment, fittings, apparatus, set 3. *folyamat* furnishing, equipping 4. *ált* structure ‖ ~ *marad!* don't brak up a happy home! ‖ *biztonsági* ~ safety appliance ‖ *társadalmi* ~ social structure

bérfizetés *fn*, wage-payment

bérkocsi *fn*, cab, hackney carriage / coach, hack, hired car

bérlet *fn*, 1. lease, tenement, rental, let 2. *közl* season-ticket, monthly ticket, subscription ticket ‖ *busz* ~: travelcard, season(-ticket), pass

bérleti *mn*, rental, lease/tenancy, tenemental, tenementary ‖ ~ *viszony* tenancy ‖ ~ *tulajdon* leasehold ‖ ~ *szerződés* lease-contract ‖ ~ *díj* rent, hire, rental

bérlista *fn*, payroll, pay-sheet, wage-sheet

bérlő *fn*, tenant, lessee, renter, lodger, occupant

bérmunka *fn*, paid work, wage labour (*US* -or) ‖ ~ *ügylet:* paid work service ‖ ~ *díj:* paid work pay / wages

beront *i*, 1. *vhová* rush/dash/burst in/into 2. *hadsereg* make an inroad into, invade the country ‖ *ajtóstól* ~ *a házba* shoot in

berozsdásodik *i*, 1. *ált* rust in, get rusty 2. *átv* get rust

berreg *i*, buzz, throb, purr, hum, whirr, stutter, clatter, chatter

berregő *fn*, buzzer

bérrepülőjárat *fn*, charter flight

besorol *i*, include, put on a list, classify, class, label, list

besoroz *i*, enlist, *US* induct, enroll, *US* draft, list

besorozás *fn*, conscription, draft, enrolment, *US* induction

beszámít *i*, include, take into account, make allowance for ‖ ~ *vmit vkinek:* take into account sg for sy, include sg for sy

bészból *fn*, baseball

beszéd *fn*, speech, speaking, talking, parlance, discourse ‖ *hétköznapi* ~: everyday speech

beszél *i*, 1. speak, talk 2. *beszédet mond* speak 3. *elárul ld.* **beköp** 4. ~*get* talk, converse 5. *vmiről* speak/tell about/of sg, talk about sg ‖ *vkihez* ~ speak to sy ‖ *lelkére* ~ appeal to sy's better self ‖ ~*ek a fejével* I'll give him a good talking to ‖ *lehet vele* ~*ni* it may be arranged with him ‖ *nem lehet* ~*ni vele* she wouldn't see reason ‖ *azt* ~*ik* it is rumoured that ‖ *angolul* ~ speak English ‖ *mindenütt róla* ~*nek* his nem is in everybody's mouth ‖ *ennek ugyan* ~*hetsz!* you are only wasting words on him ‖ *zöldeket* ~ talk nonsense ‖ *lyukat* ~ *vki hasába* she would talk a horse's hind leg off ‖ *tört angolsággal* ~ speak broken English

beszélget *i*, talk, converse, chat, have a chat with sy, hold a conversation with sy ‖ *sokáig* ~*tünk* we had a long chat

beszélgetés *fn*, conversation, talk, converse, chat ‖ ~*t folytat vmiről:* have a conversation about sg

beszerez *i*, 1. get, obtain, procure, secure, collect 2. *készletet* lay up/in a supply of ‖ ~*i a papírokat* take out one's papers ‖ ~*i az értesüléseket* pick up news

beszervez *i,* **1.** recruit into sg, organize, make sy join an organization **2.** *pártba stb.* form sy into sg
beszív *i,* inhale, draw in, suck in, absorb, imbibe, occlude, sniff
beszivárog *i,* **1.** *konkr* seep, filter, ooze into sg ‖ *~ a por* dust is seeping in ‖ **2.** *átv* filter into, penetrate ‖ *a tanok Franciaországból szivárogtak be* the ideas found their way from France
beszól *i,* **1.** *konkr* call from outside **2.** *látogat* call on sy, look in on sy ‖ *~ vkiért* call for sy
beszólás *fn,* calling from outside, phoning in
beszüntet *i,* stop, cease, suspend, leave off, interrupt ‖ *bírósági eljárást ~* nonsuit ‖ *céget ~* close down a factory ‖ *fizetést ~* default payment ‖ *munkát ~* walk out, stop work
beszüntetés *fn,* stopping, ceasing, liquidation, suspension
betájol *i,* orientate, orient
betakar *i,* cover up/over, wrap up, blanket, muffle
betapasztott *mn,* stopped / blocked up, plastered
betáplál *i,* feed into
beteg *fn,* patient, invalid, sick person
beteg *mn,* ill, *US* down with a disease, *US* sick, diseased, unhealthy ‖ *~ vki:* sy is ill ‖ *~nek látszik:* looks ill ‖ *könnyen meg ~ szik:* gets easily ill
betegség *fn,* illness, sickness, disease, malady, ailment ‖ *~ben szenved:* suffer from a disease
betegszoba *fn,* sick-room, infirmary, sickbay

betét *fn,* deposit, lining, insertion piece
betétkönyv *fn,* bank-book, passbook, depositor's book
betevő *fn,* depositor ‖ *mindennapi ~:* everyday scrap-to-eat
betilt *i,* ban, suppress, prohibit, forbid ‖ *~ egy újságot* suppress a newspaper ‖ *~ja a darabot* ban the play
betolakodás *fn,* intrusion, obtrusion
betolakodó *fn,* intruder, interloper, meedler, encroacher
beton *fn,* concrete, cement
beton- *mn,* concrete- ‖ *~ út:* concrete road
betöm *i,* fill (in), stop up, plug (up), wad
betör *i,* break in, smash, beat in, invade, bulglarize, burgle
betörés *fn,* breaking in / open, smashing, burgle, burglary, incursion ‖ *~megelőző rendszer:* burglary preventing system
betörő *fn,* burglar, housebreaker, cracksman, robber
betű *fn,* letter, character, type
betűrend *fn,* alphabetical order, alphabet, abc
betűrendben *hat,* in alphabetical order, in alphabet
betűrendi *mn,* alphabetical ‖ *~ sorrendben:* in alphabetical order
betűrím *fn,* stave-rhyme, alliteration
betűszámtan *fn,* algebra, literal calculus
betűszámtani *mn,* algebraical
betűszó *fn,* acronym
betyár *fn,* highwayman, outlaw, rogue, rascal
beugrat *i,* deceive, take in, entrap, gag, con
beutal *i,* reefer, send, assign
beültet *i,* seat in, plan / set in, pot, *orv* implant

beüvegez *i,* glass in, glaze in
bevall *i,* confess, admit, declare, avow, make up a confession, acknowledge ‖ **~om, hogy:** I admit that ‖ **~ vmit vkinek:** confess sg to sy
bevallott *mn,* confessed, admitted, professed
bevált *i,* exchange, honour ‖ **csekket ~ a bankban:** cash a cheque in the bank
bevándorlás *fn,* immigration, migration ‖ **~i hatóságok:** immigration authority ‖ **~i vizsgálat:** immigration investigation ‖ **~i tiszt:** immigration officer
bevándorol *i,* immigrate (into)
bevásárlószatyor *fn,* shopping bag, carrier (-bag)
bevégez *i,* bring (sg) to an end, finish, accomplish, complete, end (up), end up with
bevés *i,* engrave in / on, imprint, cut in, engrain, etch, grave, incise, ingrain
bevezet *i,* introduce into, usher, bring in, take in, enter, induct, inaugurate
bevezetés *fn,* introduction, inauguration, induction, preamble, leading / showing in
bevezető *fn,* introduction, prefatory, opening, introductory
bezsebel *i,* pocket, bag
bézsszínű *mn,* beige-coloured
bíbic *fn,* lapwing, peewit
bibircsók *fn,* wart, mamilla
Biblia *fn,* Bible, the Scriptures *tsz*
bibliográfia *fn,* bibliography, references *tsz*
bíbor *fn,* purple, scarlet ‖ **~ban született** to be high-born
bíboros *fn,* cardinal

biccent *i,* nod ‖ **~ vkinek** *szl* move to sy
biccentés *fn,* nod, inclination in head, wag, wagging
biceg *i,* hobble, hop, limp,
bicegés *fn,* hobbling, limping, wabble, wobble
bicikli *fn,* 1. bycicle, bike, cycle, wheel 2. *háromkerekű* tricicle
bicska *fn,* pocket / jack / pen knife
biflázás *fn,* swotting, cramming
bigyó *fn,* gadget, gimmick
bika *fn,* bull
bikini *fn,* bikini
biliárd *fn,* biliards *tsz* ‖ **~ozik:** play biliards
bilincs *fn,* shackles *tsz,* irons *tsz,* handcuffs *tsz,* manacles *tsz,* wristlet
billeg *i,* 1. *ált* seesaw, rock, be loose, teeter 2. *csónak* roll, rock 3. *asztal* wobble
billeget *i,* wag, waggle, shake
billenőkapcsoló *fn,* tumbler / rocker switch
billentyű *fn,* key, valve ‖ **~zet:** key-board, manual, bank
bimbó *fn,* 1. *virág* bud 2. *mell* teat, nipple
biológia *fn,* biology
biológiai *mn,* biologycal
biológus *fn,* biologist
bírálat *fn,* judgement, review, censure, critique, criticism, sentence
bíráló *mn,* critical, judging, faultfinding, analytical, reviewer
bíráskodik *i,* judge, umpire, *jog* jurisdiction ‖ **ön~:** takes the law into his/her hands, acts as his/her own judge ‖ **döntő ~:** arbitrate, umpire, referee
bíró *fn,* judge, justice, magistrate, adjudi-

cator, referee, umpire || *verseny~:* umpire, referee || *futball ~:* referee
birodalmi *mn,* imperial
birodalom *fn,* empire, realm, kingdom
bírói *mn,* judicial, judiciary, juridical || *~ ténykedés:* functions of a judicial nature || *~ mérlegelés:* judicial consideration || *~ mentesség:* judicial discharge || *~ függetlenség:* integrity / independence of the judiciary, independence of the judge || *~ jogkör:* jurisdiction
bírósági *mn,* judicial, judiciary || *~ ügy:* court case || *~ körzet:* judicial circuit || *~ vizsgálat:* judicial enquiry
birs *fn,* quince
birtok *fn, föld* estate, land, landed property, territory
birtok *fn, tulajdon* possession, holding, domain, land, property, estate || *~ában:* in possession, possess / hold sg || *vki ~ában:* in sy's possession
birtokbavétel *fn,* occupation, taking possession of
birtokol *i,* hold possession of, occupy, hold, possess || *~ vmit:* possess sg
birtokos *fn/mn,* possessor, owner, occupant, proprietary
bivaly *fn,* buffalo || *erős, mint egy ~* as strong as an ox
bizalmas *mn,* confidential, trusted, familiar, hush-hush, intimate || *~ viszonyban vannak:* they are on intimate / familiar terms || *~ vkihez:* be familiar with sy || *~an:* confidentially
bizalmasság *fn,* intimacy, familiarity, confidentiality, privacy, secrecy
bizalom *fn,* reliance, confidence, trustfulness, trust, faith || *bizalma van vkiben:* trusts / has confidence in sy, place (every) confidence in sy
Bizánc *fn,* Byzantinum
bízik *i,* trust, have confidence, credit, have faith in, rely on || *vkiben meg~:* place confidence in sy, put faith in sy, confide in sy
bizonyít *i,* prove, document, certify, demonstrate || *~ja magát:* certify oneself || *be~ja, hogy:* prove that
bizonyítás *fn,* proof, certifying, demonstration || *~nak vet alá:* order evidence to be taken
bizonyíték *fn,* proof, evidence || *nincs rá ~a:* there is not evidence for sg
bizonyított *mn,* prooven, demonstrated
bizonyítvány *fn,* certificate, testimonial, grade card, school report, warrant || *születési / házassági /halotti ~:* birth / marriage / death certificate
bizonyos *mn,* 1. certain, particular 2. *biztos* sure, undeniable, definite, undoubted || *~ országokban:* in certain countries || *egy ~ Mr. Smith:* a certain Mr. Smith || *~ra tud vmit:* know sg for sure || *~ vagyok, hogy:* I'm sure that || *~odj meg róla, hogy:* make sure / certain that
bizonyosság *fn,* certainty, sureness, certitude || *teljes ~gal tud vmit:* know sg for sure
bizonytalan *mn,* uncertain, unstable, shaky, unsure, irresolute, indecisive, wobbly
bizonytalanul *hat,* uncertainly, unsteadily, vaguely, shakily, indecisively, irresolutely, doubtfully || *vki ~ marad:* sy remains uncertain

bizottság *fn,* committee, cabinet, board ‖ *hatfős ~:* committe of six ‖ *végrehajtó ~:* executive committee ‖ *~i ülés:* committee meeting / sitting ‖ *a ~ tagja:* member of the committee, sit on a committee

bizottság *fn,* ‖ *szakértői ~:* expert committe

biztos *mn,* sure, certain, safe, secure ‖ *~ a dolgában:* be sure of himself/herself ‖ *~ benne:* he/she is sure / positive ‖ *az ~, hogy:* it is sure / certain that

biztosan *hat,* surely, certainly ‖ *~ eltörik!:* it'll break for sure ‖ *~ nem!:* for sure not

biztosít *i,* make certain / sure, assure, warrant, secure, insure, guarrantee, ensure ‖ *~ vkit vmiről:* certify sy of sg ‖ *~hatlak, hogy:* I can assure you that ‖ *~ja, hogy:* assure / guarrantee / ensure that ‖ *~ vmit vmi ellen:* indemnify from/against sg ‖ *~ja magát:* insure oneself / one's life, take out life insurance

biztosítás *fn,* insurance, assurance ‖ *élet~:* life insurance / assurance ‖ *~i cég:* insurance company ‖ *~ vmi ellen:* insurance against sg ‖ *~t köt:* take out insurance

bliccel *i,* dodge paying the fare, bilk the fare

blúz *fn,* blouse, shirt, shirtwaist, tunic

bocsánat *i,* pardon, forgiveness ‖ *~, de nem értettem!:* I'm sorry / excuse me / I beg your pardon but I didn't catch what you have said

bocsánatkérő *mn,* apologizer, apologising

bocsátkozik *i,* enter into / engage ‖ *beszélgetésbe ~:* enter into conversation, parley

bódé *fn,* stall, stand, *GB* kiosk, booth

bodorít *i,* curl, crimp, frizzle, frizz, crisp, fluff

bodros *mn,* curly, frizzy, frilly

bódulat *fn,* stupor, stupefaction, daze

bodzabogyó *fn,* elder-berry ‖ *~ tea* elder-blossom tea

bogár *fn,* insect, *US* bug, beetle

bognár *fn,* cartwright, wheelwright, wheeler, coach-builder

bogyó *fn,* berry

bohóc *fn,* clown, zany, *átv* buffoon, fool

bohókás *mn,* facetious, droll

bohózat *fn,* farce, slapstick, comedy

bója *fn,* buoy

boka *fn,* ankle ‖ *~zokni:* ankle socks, anklet, *US* bobby socks *tsz*

bokor *fn,* bush, shrub

bokszbajnok *fn,* **1.** *sp* boxing champion **2.** *profi* champion prize fighter

bokszol *i,* box, fight, spar

-ból, -ből *rag* from ‖ *üveg~:* from the bottle ‖ *a tömeg~:* from the crowd ‖ *csöbör~ vödörbe:* out of the frying-pan into the fire

boldog *mn,* happy, blissful, glad, joyous ‖ *~, hogy megteheti:* be happy to do sg ‖ *~an teszi:* she/he does it happily / gladly ‖ *~ vmiért:* be happy for sg

boldogan *hat,* happily, gladly, gaily

boldogság *fn,* happiness, gladness, joy, bliss, felicity

boldogtalan *mn,* unhappy, miserable, wretched

bolha *fn,* flea ‖ *~át tesz a fülébe:* put

thoughts in sy's head, awaken sy's suspicions
bolhapiac *fn,* flea market
bólint *i,* nod, beckon, bow ‖ *belegyezésül ~:* nod / bow sy's assent, give one's nod of assent ‖ *rá~:* nod approval / assent
bolond *fn,* madman, fool, crazy, nut ‖ *~ul vmiért:* be crazy about sy/sg ‖ *adja a ~ot:* pretend to be a fool ‖ *~ot csinál:* play the fool, act stupedily, make a fool ‖ *minél ~abb vagy:* the more crazy you are ‖ *senki ~ja:* nobody's foul
bolond *mn,* mad, lunatic, insane, crazy, *US* screwball, nuts
bolondos *mn,* clownish, zany, mad, foolish, crazy
bolondozik *i,* play the fool, clown, fool about / around, lark (about)
bolondul *i,* ‖ *~ vmiért:* be crazy about sy/sg ‖ *meg~:* get crazy, go mad / crazy ‖ *bele~ vkibe:* fall head over heels in love with sy, be taken up with sy
boltív *fn,* vault, archway, bolting
boltoz *i,* arch, grom ‖ *be~:* arch, cope, vault
boltozat-folyosó *fn,* arcade
bolygó *fn,* planet
bolygó- *mn,* planetary
bolyhos *mn,* fuzzy, napped, fluffy
bomba *fn,* bomb ‖ *~riadó:* bomb alert ‖ *~támadás:* bomb attack ‖ *időzített ~:* delayed-action bomb, time-bomb
bombáz *i,* bomb, bombard, drop bombs on a place ‖ *le~:* bomb out, destroy a place with bombs ‖ *kérdésekkel ~:* bomb sy with questions
bombázó *fn,* bomber

boncnok *fn,* anatomist, dissector
bonctan *fn,* anatomy
bonctani *mn,* anatomical
bontó *fn,* disintegrator, breaker
bonyodalom *fn,* complication, intrigue, tangle, snarl
bonyolít *i,* complicate, transact ‖ *~ja vki életét:* complicate sy's life
bonyolult *mn,* complicated, sophisticated, tricky, intricate
bor *fn,* wine ‖ *édes ~* sweet wine ‖ *száraz ~* dry wine ‖ *forralt ~* hot wine ‖ *tokaji ~* Tokay wine ‖ *~t fejt a hordóból* draw wine from the barrel ‖ *palackozott ~* bottled wine ‖ *a ~ a fejébe szállt* wine has gone into his/her head
borbély *fn,* barber, hairdresser
boríték *fn,* envelope
borítékol *i,* (put in an) envelope
borító *fn,* (dust) jacket, dust cover
borjú *fn,* calf (*tsz* calves)
borona *fn,* harrow
borosta *fn,* stubble
borostás *mn,* bristly, stubbly, unshaven
borostyán *fn, növény* ivy, *kő* amber ‖ *~szín:* lime
borosüveg *fn,* wine-bottle
borotválkozás *fn,* shave, shaving ‖ *~ utáni arcvíz:* after-shave lotion
borotvált *mn,* shaven
borpárlat *fn,* cognac, brandy
bors *fn,* pepper ‖ *fekete ~:* (black) pepper ‖ *fehér ~:* white pepper ‖ *édes ~:* sweet pepper ‖ *csípős ~:* hot pepper
borsmenta *fn,* peppermint
borsó *fn,* pea, peas
borsoz *i,* pepper
borúlátás *fn,* gloom, pessimism

borúlátó *fn*, pessimist, killjoy
borúlátó *mn*, pessimistic, killjoy, pessimist
borús *mn*, 1. cloudy 2. *átv* dull, loury, gloomy, dismal
borz *fn*, badger
borzas *mn*, unkempt, tousled, dishevelled
borzasztó *mn*, horrible, horrendous, gruesome, terrible, terrifying, awful, dreadful || **~ sok:** terribly much
borzongás *fn*, shudder, shiver, tremble
boszorkány *fn*, witch, hag, sorceress
boszorkányság *fn*, witchcraft, sorcery
bosszankodik *i*, 1. *vmi miatt* be annoyed/angry, fume 2. *vki miatt* be angry/furious with sy, have a grudge against sy 3. *ált* fume fret, be put out || **nem érdemes ~ni miatta!** it is not worthy to get worked up over it!
bosszant *i*, annoy, irritate, harass, anger, peeve, vex || **~ja vmi:** be annoyed at
bosszantó *mn*, annoying, irritating, irksome, bothersome, vexing || **a dologban az a ~, hogy:** the annoying / vexing thing in this matter is that
bosszús *mn*, annoyed, irritated, angry, vexed, harassed, fretful || **~ lesz vkire:** become angry with sy
bosszúság *fn*, annoyance, vexation, anger, bother, irritation
bot *fn*, 1. stick, stuff 2. *séta* cane 3. *horgász* (fishing)-rod 4. *GB iskolában verésre* cane 5. *pásztor* crook; *püspöki* crozier || **furkós ~** club || **~tal ütheti a nyomát** one can whistle for it || **füle ~ját sem mozgatja** won't take the slightest notice
botanika *fn*, botany

botkormány *fn*, rod control, control stick, *biz* joystick
botlik *i*, 1. stumble on, slip 2. *átv* blunder, stumble || **vkibe ~** stumble upon sy || **a lónak is négy lába van, mégis meg~** it is a good horse that never stumbles || **meg~ a nyelve** make a slip of the tongue
botorkál *i*, totter, stagger / stumble along || **el~:** stumble away
bóvli *fn*, 1. junk, shoddy, trash 2. *giccs* kitch
bozdafa *fn*, elder(tree)
bő *mn*, loose, full, wide, rich, ample
böfög *i*, belch, burp
bögre *fn*, mug, jug
bőkezű *mn*, generous, charitable, unstinting, giving, liberal
bőkezűség *fn*, generosity, charity, liberality
bölcselet *fn*, philosophy
bölcseleti *mn*, philosophical
bölcselkedik *i*, philosophize; *pej* play the philosopher
bölcselő *fn*, philosopher
bölcsészettan *fn*, (the) arts
bölcső *fn*, *átv is* cradle
bölcsöde *fn*, *GB* créche, *US* day nursery
bölény *fn*, bison, aurochs, buffalo
bömböl *i*, howl, bellow, roar
bőr *fn*, 1. *élő* skin; *állati* hide, coat; *fiatalé* kip 2. *cserzett* leather 3. *prémes* pelt, pell 4. *gyümölcs* peel, skin; *tejen/sajton* rind, skin, film 5. *labda* pigskin || **jó ~!** hot stuff, a bit of all right, that's a real jam! || **csont és ~** a bag of bones || **nem fér a ~ébe** she/he can't contain her/himself || **rossz ~ben van** look out

bőr 74

of sorts || *~ig ázott* drenched to the skin || *menti a ~ét* save one's carcase || *ne igyál előre a medve ~ére!* don't count your chickens before they are hatched || *vastag a ~ a pofáján* have no sense of shame || *a ~ünkre megy a játék* it may cost us our skin || *saját ~én tapasztal vmit* have the bitter experience of sg || *otthagyja a ~ét* leave one's boot there || *vásárra viszi a ~ét* risk one's neck || *ép ~rel megmenekül* to have a close shave || *nem lennék a ~ében* I shouldn't like to be in his/her skin/shoes || *~e alatt is pénz van* she is rolling in money

bőr- *mn,* leather-
bőrgyógyász *fn,* dermatologist
bőrgyógyászat *fn,* dermatology
bőrgyulladás *fn,* dermatitis
bőrkötésű *mn,* leather-bound
bőrönd *fn,* suitcase, bag, trunk, portmanteau || *utazó ~:* travelling bag / case, valise
börtön *fn,* prison, jail; gaol, *biz* jug, US penitentiary || *~re ítél:* sentence to prison || *~ben ül:* do time, be in prison
börtönőr *fn,* gaoler, jailer, warder, US prison-guard
börtönszökevény *fn,* prison-breaker
börtöntöltelék *fn,* gaol-bird, jail-bird
bőség *fn,* plentiful, abundance, affluence, copiousness, glut, luxury || *~e vminek:* superflux || *~ben:* in abundany / wealth || *~ben él:* luxuriate, live in abundance
bőséges *mn,* rich, plentiful, abundant, affluent
bősz *mn,* exasperated, grim

bővebben *hat,* more, in more details || *később ~ is írok* I'll write some more about it later
bővelkedik *i,* have plenty / a lot of, abound in, have no lack || *vmiben ~:* have plenty / a lot of sg, abound in sg, have no lack of sg
bővelkedő *mn,* rich in, abounding in || *a társadalom ~ rétege:* the abounding stratum of society
bőven *hat,* plentifully, abundantly, ample, exuberantly
bővít *i,* enlarge, widen, make larger || *házat ~:* enlarge a house
bővítés *fn,* enlarging, enlargement, amplification, making larger
bővített *mn,* enlarged, expanded
brekeg *i,* croak
brigád *fn,* brigade, team, team, party, crew, gang || *~vezető* chargeman, gang-boss
brit *mn,* British || *fn,* Britisher, Briton
bronz *fn/mn,* bronze
brummog *i,* growl, hum
brutális *mn,* savage, brutal, brutish
bubi *fn,* knave, jack
buborék *fn,* bubble, blister, air-hole
búcsú *fn,* farewell, parting
búcsú *fn,* saying goodbye, farewell, parting || *~t mond:* say goodbye. || *~buli: ~beszéd:* farewell party, good-bye party farewell speesh, valediction
bugris *fn,* churl, lout
bugyborékol *i,* bubble, seethe
bugyborékoló *mn,* bubbling
buggyant *i,* bubble out
bugyi *fn,* pants *tsz,* panties *tsz,* briefs *tsz,* minikini, knickers *tsz*

bugyog *i,* bubble out, come welling up /out, well
buja *mn,* lustful, lecherous, voluptuous, rampant, lascivious, wanton
bújó *fn,* hiding
bújócska *fn,* hind-and-seek, hide-and-go-seek
bújtat *i,* **1.** hide, conceal **2.** *övet* put/slip sg into sg
bujtogat *i,* incite/instigate/stir sy to do sg ‖ *bűntettre* ~ instigate to crime
bukás *fn,* fall, spill, downfall, tumble, defeat, failure
bukik *i,* fall, tumble, dive, plunge ‖ *~rá:* pick up on sg ‖ *meg~:* fail (to pass) an / the exam(ination)
bukfenc *fn,* somersault, tumble ‖ *~et vet:* somersault, turn a somersault
bukósisak *fn,* crash helmet, safety helmet
buli *fn,* party, dash
bulvársajtó *fn,* yellow press
bumeráng *fn,* boomerang
bunkó *fn,* knob, bumpkin
burgonya *fn,* potato ‖ *~pehely* potato flakes ‖ *~leves* potato soup ‖ *~püré* mashed potato
burkol *i,* **1.** over, wrap sg into sg **2.** *utat* pave, surface **3.** *falat* tile **4.** *átv eszik* casing
burkolat *fn,* cover, wrapper, casing ‖ *tégla~:* brick cover
burkolt *mn,* **1.** *konkr* wrapped, covered **2.** *átv* hidden, disguised
burkoltan *hat,* disguisedly ‖ *~ céloz vmire* hint obliquely at sg ‖ *~ kifejezést ad vminek* hint at sg ‖ *~ beszél* speak veiledly
bús *mn,* dejected, gloomy, sad, sorrowful, woeful, heart-sore

busafejű *mn,* big-headed
búsul *i,* sorrow, grieve, mope ‖ *nagy a feje, ~jon a ló!* let him care who will!
busz *fn,* bus, coach ‖ *~megálló:* bus-stop, bus shelter, coach-stop ‖ *~járat:* bus service
buta *mn,* stupid, silly, dull, foolish, dumb
butik *fn,* boutique, shop, store
bútor *fn,* furniture ‖ *~darab:* a piece of furniture
bútorozott *mn,* furnished, equipped
búvóhely *fn,* hiding-place, lair, *US* hideaway
búza *fn,* wheat ‖ *~át vet* sow wheat ‖ *~-* wheaten
buzdít *i,* encourage, animate, stimulate, urge ‖ *harcra* ~ incite to fight
buzdítás *fn,* encouragement, stimulation, exhortation
buzdító *mn,* encouraging, exhortative
buzgó *mn,* zealous, ardent, keen, eager
buzi *mn,/fn,* fag, gay, queer
büfé *fn,* snack-bar, buffet, canteen, refreshment (car)
bükkfa *fn,* beech (tree)
bűn *fn,* crime, offence, sin ‖ *~t követ el:* commit a crime ‖ *ez ~:* this is sin ‖ *~ügyi történet:* criminal story
bűnbánó *mn,* penitent, repentant, contrite, remorseful
bűnös *fn,* criminal, sinful, offender, felon, sinner, culpable, wicked, trespasser
bűnös *mn,* **1.** *konkrét* guilty, sinful **2.** *átv* wicked, vicious, evil ‖ *~nek találtatott:* be found guilty of, be convicted of
bűnözés *fn,* crime, delinquency ‖ *fiatalkorú ~:* juvenile delinquent
bűnöző *fn,* offender, criminal, delinquent

bűnpártolás *fn,* complicity, abetment
bűnrészes *fn,* accomplice, accessory, abetter, conspirator
bűnsegéd *fn,* accomplice, acessory before the fact, abetter
bűntelen *mn,* innocent, guiltless, sinnless, blameless, inculpable
bűntény *fn,* crime, felony, criminal act, violation offence
büntetés *fn,* **1.** *ált* punishment, retribution, penalty **2.** *pénz* fee, penalty ‖ *~képp:* as a punishment ‖ *sokszor kap ~t:* he/she is punished several times ‖ *~t fizet:* pay the punishment ‖ *~i övezet:* area of sentence
büntetlenség *fn,* unpunishment, impunity
büntető *mn,* penal, penitentiary, punitive ‖ *~ törvénykönyv:* penal / criminal code ‖ *~jog:* criminal / penal law ‖ *~rúgás:* penalty kick ‖ *~pont:* penalty point ‖ *~övezet:* penal zone

büntetőintézet *fn,* GB community home, borstal
bürokrácia *fn,* bureaucracy, red-tape
büszkeség *fn,* pride, self-respect, pridefulness, haughtiness ‖ *vki ~e:* someone's pride ‖ *a hely ~e:* the pride of the place / spot ‖ *zsebreteszi a ~ét:* put one's pride in one's pocket
büszke *mn,* proud, prideful
büszkélkedik *i,* flaunt, swagger
bütykös *mn,* knotty, gnarled
bütyök *fn,* knot, gnarl, cam, node
bűverő *fn,* magic power / force
bűvész *fn,* conjurer, magician, illusionist
bűvészkedik *i,* conjure, perform conjuring tricks, juggle
bűz *fn,* stink, stench, reek, foul smell,
bűzös *mn,* stinky, putrid, smelly, fetid ‖ *~ borz:* polecat, skunk

C

cafat *fn,* **1.** *ruhaanyag* rag, shred, tatter, old clothey **2.** *pej* = **cafka** ‖ *~okra tép:* tear sg up, tear sg to pieces / shreds / rags / tatters ‖ *~okra tépve:* torn to pieces / shreds ‖ *~okban lóg:* be hanging in shreds
cafatos *mn,* ragged, shabby, in rags, tattered
cafka *fn, nőre pej,* easy lay, pickup
cáfol *i,* **1.** *érvet* refute, rebut, veto, confute **2.** *tagad* deny, disavow, repudiate; *ellentmond* contradict **3.** *nyilvánosan* disclaim
cáfolat *fn,* **1.** denial, refutation, contradiction, rebuttal **2.** *sajtóban* disclaimer
cáfolhatatlan *mn,* irrefutable, undeniable, indisputable
cáfolhatatlanul *hat,* irrefutably, undeniably, indisputably
cáfolható *mn,* refutable, confutable, deniable, disputable
cafrang *fn, rojt* frill, fringe, tassel
cafrangos *mn,* fringed, tassel(l)ed
cakk *fn,* **1.** zag **2.** *bélyegen, fogazat* perforation **3.** *szabályos, pl. ollóval vágott* scallop

cakkos *mn,* **1.** zagged **2.** *szabályos, pl. ollóval vágott* notched, jagged
cakkoz *i, ollóval* notch
cakpakk, cakompakk *hat,* **1.** *teljesen* lock, stock and barrel **2.** the whole (kit and) caboodle, bag and baggage
cammog *fn,* trudge along, plod along, trail
cápa *fn, átv is* shark ‖ *emberevő ~:* man-eating shark, man-eater
cár *fn,* tsar, tzar, czar
cári *mn,* tsarist, tzarist, czarist, of the tsars / tzars / czars ‖ *a ~ Oroszország:* the Russia of the Tsars
cárizmus *fn,* tsarism, czarism, tzarism
cárné; cárnő *fn,* tsarina, tzarina, czarina
Carter-kötvények *fn, US* Carter Bonds, Carter notes *tsz*
CD-lejátszó *fn,* CD-player, compact disc / disk player
CD-lemez *fn,* CD, compact disk / disc
C-dúr *fn/mn,* C major
C-dúr skála *fn,* C major scale ‖ *a ~ törzshangjai:* C major scale naturals
cecelégy *fn,* tsetse, tsetse fly
cech *fn, számla* tab, bill (*biz US* check) ‖

állja a ~et: pick up the tab || *mennyi a ~?:* What's the damage?
cécó *fn,* 1. *mulatozás* carousel, merry-making, revelry, *biz* shinding 2. *felhajtás* fuss, ado, a big deal || *~t csap/csinál vmiből/vminek:* make a big deal out of sg, make a fuss out of sg || *nem kell nagy ~t csapni vminek:* there is no need to make a fuss out of it
céda *fn,* whore, wanton; *ir* loose, fast
cedálás *fn, jogok átruházása* assignment || *~ kedvezményezettje:* assignee
cedáló *fn,* *átruházó* assignor
cedált *mn,* || *~ hitel:* assignment credit
cédrus *fn,* 1. *fa* cedar(tree) 2. *faanyag* cedar(wood)
cédrus *mn/fn, anyag* cedarwood
cédula *fn,* 1. *írás* slip, note 2. *biléta* label, ticket, tag 3. *cetli, fecni* a slip / scrap of paper 4. *katalógusé* (index) card || *ár~:* price tag
céduláz *i,* make card / notes / card-index / excerpts
cefetül *hat,* badly, lousily || *~ néz ki:* look crummy, look badly || *~ van/érzi magát:* be / *GB* feel badly, be / feel crummy
cefre *fn,* 1. mash, crushed grapes *tsz* 2. *rossz bor* bilge, plonk
cefréz *i,* mash
cég *fn,* firm, company, business, enterprise
cégbejegyzés *fn,* 1. *folyamat* registration, *US* incorporation 2. *okmány* commercial registration
cégbíróság *fn,* Registry Court, Court of Registration, registrar of companies / firms
cégér *fn,* sign, signboard, trade-sign, (painted) sign || *jó bornak nem kell ~:* good wine needs no bush
cégéres *mn,* notorious, infamous || *~ gazember* utter scoundrel
cégjegyzék *fn,* trade register, trade directory, business directory, register of firms
cégjegyzéki kivonat *fn,* certificate of incorporation, extract from the Register of Firms
cégjegyzés *fn,* procuration, signature of the firm || *~re jogosult:* be authorized to sign (for a / the firm), have / having the procuration / power to sign (for a / the firm)
cégjelzés *fn, papíron* letter-head
cégnév *fn,* firm name, business name
cégszerű aláírás *fn,* proper / authorized signature
cégszöveg *fn,* firm name, style of firm
cégtábla *fn,* sign(-board), tradesign, shop-sign, name-board
cégtárs *fn,* partner (in business, in the firm), member
cégtulajdonos *fn,* owner, proprietor, principal
cégvezetés *fn,* management, administration, business policy
cégvezető *fn,* manager, boss, director, foreman
céh *fn,* guild, craft, corporation
céhmester *fn,* guild master
cékla *fn, US* beet, red beet, *GB* beetroot
cél *fn,* 1. *ált,* target 2. *szándék* aim, purpose, goal, object, objective 3. *úticél* destination 4. *gyorsasági versenyen* goal, finishing line || *mi ~ból?:* why? what...for? what purpose...? || *eléri a*

~ját: achieve one's goal ‖ **~ba vesz vmit/vkit vmivel:** aim sg at sg/sy ‖ **~ba lő:** shoot at a target / range ‖ **~ba talál:** *átv* strike home
célbaugrás *fn,* accuracy jump
célbíró *fn,* placing judge, judge (at the finish)
célcsoport *fn,* target group
célcsoportos beruházás *fn,* target-sum investment, lump-sum investment
célhitel *fn,* programme loan
célkereszt *fn,* target cross, cross-hairs
cella *fn,* 1. cell, prison cell 2. *szl* birdcage, choky, chokey 3. *őrülteké* padded cell
céllövészet *fn,* target / rifle practice, target shooting, *sportág* shooting
céllövölde *fn,* shooting gallery, butts
celluloid *fn,* celluloid
cellux *fn,* cellophane tape, *GB* cello tape, sellotape, *US* Scotch tape
celofán *fn,* cellophane
céloz *i,* 1. *vmivel vkire/vmire* aim sg at sg/sy 2. *szóban* hint at sg/sy, refer to sg/sy, allude to sg/sy ‖ *mire célzol?:* what do you mean (by that)? what are you driving / aiming / hinting at?
célpont *fn,* 1. target, mark 2. *átv is* target, aim, goal 3. *ember* marked man
Celsius *fn,* Celsius, Centigrade ‖ **20 ~-fok:** 20 degrees centigrade
célszerű *mn,* practical, suitable, serviceable, useful, functional, beneficial
célszerűtlen *mn,* impractical, ineffective, inefficient
céltábla *fn,* 1. *játék* dartboard 2. *sp* target 3. *lőtéren* the butts ‖ **a ~ közepébe talál:** hit the bull's eye ‖ **bírálat ~ja:** *átv* the target of criticism

céltalan *mn,* aimless, purposeless, pointless, objectless
céltalanul *hat,* aimlessly, purposelessly, pintlessly
céltudatos *mn,* purposeful, resolute, know what sy is after, be conscious of one's purpose, conscious
célvagyon kezelője *fn,* trustee, guardian, patron, custodian
célvonal *fn,* finishing line
célzás *fn,* 1. *fegyver* aiming (at), taking aim, targeting(at) 2. *beszéd* hint, remark, allusion, reference 3. *sértő* insinuation, innuendo ‖ **~t tesz vkire/vmire:** hint at sy/sg, make an allusion to sy/sg ‖ **érti a ~t:** take the hint
célzat *fn,* tendency, object, purpose, intention ‖ **azzal a ~tal, hogy...:** with the intention of doing sg
célzatos *mn,* 1. *szándékos* intentional, tendentious 2. *elfogult* biassed, prejudiced
célzóvíz *fn, tréf, ital* booze, poison, lubrication, neck oil
cement *fn,* cement, concrete
cement-/cementezett *mn,* cemented
cementez *i,* cement, concrete
cementgyár *fn,* cement works *tsz,* cement plant, cement factory
cementipar *fn,* cement industry
centenárium *fn,* centenary, *US* centennial, hundreth anniversary
center *fn, középcsatár* centre / center forward
centerhalf *fn, középfedezet* centre /center halfback
centi *fn,* 1. *szabó* tape measure / line, measuring tape 2. *hüvelykbeosztású* inchtape ‖ *centinként* inch by inch

centiméter *fn*, *GB* centimetre, *US* centimeter

centralizált *mn*, *GB* centralised, *US* centralized

centralizált koordináció *fn*, **1.** central planning **2.** *parancsuralmi* command economy

centrál-, centrális *mn*, central, medial, focal

centrifuga *fn*, **1.** spin-dryer / drier, tumble-dryer / *GB* drier, *US* dryer **2.** *orvosi laborban* centrifuge

centrifugális erő *fn*, centrifugal force

centrifugáz *i*, **1.** spin-dry sg, tumble-dry sg **2.** *orvosi laborban* centrifuge sg

centripetális *mn*, centripetal

centrum *fn*, **1.** *középpont* centre **2.** *városközpont* city centre, *US* downtown

Centrum, Centrum-országok *fn*, the Center

cenzor *fn*, censor

cenzúra *fn*, censorship

cenzúráz *i*, censor, blue-pencil

ceremónia *fn*, **1.** *szertartás* ceremony **2.** *hivataloskodás* formality ‖ *esküvői ~:* wedding ceremony ‖ *külön ~ nélkül/~mentesen:* without (further) ceremony, informally

ceremóniáskodó *mn*, ceremonious, formal, official

cerkófmajom *fn*, guenon, vervet monkey, long-tailed monkey

cérna *fn*, *szál* thread, string, (cotton)yarn, twisted yarn ‖ *~át befűz egy tűbe:* thread a needle

cérnagombolyag *fn*, a reel of thread / cotton

cérnametélt *fn*, vermicelli

cérnaszál *fn*, thread ‖ *vékony, mint a ~* thin as a lath

cérnavékony *mn*, thin piping‖ *~ hang* reedy voice

ceruza *fn*, pencil ‖ *~val ír vmit:* write sg with a pencil ‖ *~val rajzol:* draw sg with a pencil

ceruzabél *fn*, (pencil) lead

ceruzahegy *fn*, pencil point, refill

ceruzahegyező *fn*, pencil sharpener

ceruzarajz *fn*, *vmiről* pencil-sketch / pencil-drawing (of sg)

ceruzatartó *fn*, pencil holder

c'est la vie! *kifejezés (a.m. ilyen az élet) GB* hard lines!, too bad, *GB* hard cheese, tough luck!

cetfélék *fn*, whales, cetacea

cethal *fn*, whale

cethalász *fn*, whaler

cethalászat *fn*, whaling

Ceylon *fn*, Ceylon

ceyloni *mn*, Ceylonese

charta *fn*, charter

Chile *fn*, Chile

chilei *fn/mn*, Chilean

cián *fn*, cyanide

ciánkáli *fn*, potassium cyanide

ciánmérgezés *fn*, cyanide poisoning

ciánoz *i*, cyanize, cyanide

cibál *i*, pull at/about, drag, shake ‖ *vkit vminél fogva ~:* drag sy by sg

cica *fn*, *kismacska* kitten, pussy-cat, puss, pussy, kit

cickafark *fn*, yarrow

cickány *fn*, shrew, shrew mouse

cicoma *fn*, frippery, (useless)finery, gaud, (superfluous) adornment, prink

cicomázkodik *i*, smarten oneself, dress

oneself up, dress up, (over) adorn oneself, prink (oneself), trick oneself out
cifra *mn,* **1.** *díszes* ornamented, showy, fancy, adorned, tawdry **2.** *bizsu* gaudy, flashy
cigány *mn/fn,* **1.** gipsy, *US* gypsy, bohemian **2.** *roma* dusky **3.** *pej* gyppo
cigányélet *fn,* vagabond life
cigánykerék *fn,* cartwheel ‖ *~et hány:* turn / do cartwheels, turn pin-wheels
cigányos *mn,* gipsy-like, gipsy-looking
cigányút *fn,* ‖ *~ra ment: félrenyelt vmit* it went down the wrong way
cigányzenekar *fn,* gipsy band / orchestra
cigaretta *fn,* **1.** cigarette **2.** *szl* butt, weed ‖ *olcsó/silány ~:* gasper, coffin nail ‖ *marihuánás ~:* burn, duby, joint, lid, toke ‖ *heroinos ~:* hit ‖ *~át sodor magának:* roll oneself a cigarette ‖ *~ára gyújt:* light a cigarette, *szl* light up ‖ *elnyomja a ~át:* put out a cigarette ‖ *egy doboz ~:* a pack(et) of cigarettes
cigarettaárus *fn,* **1.** cigarette seller **2.** *mozgóárus* itinerant trader, hawker
cigaretta-automata *fn,* cigarette machine
cigarettacsikk *fn,* **1.** stub, butt, stump **2.** *szl* butt, *GB* fag-end **3.** *marihuánásé US* roach
cigarettatárca *fn,* cigarette case
cigarettázik *i,* **1.** smoke (a cigarette / cigarettes) **2.** *szl* have a drag, take a drag (at sg)
ciha *fn, párnahuzat* pillow-case, pillow-slip
cikázik *i, villám* flash, dart ‖ *el~ vmi mellett:* flash past sg
cikcakk *fn, vonal* zigzag
cikcakkos *mn,* zigzagging, zigzagged

ciki *fn,* **1.** *helyzet* awkward / embarrassing situation ‖ *~ben van:* be in a jam / hole / mess
cikk *fn,* **1.** *újságcikk, árucikk* article, contribution **2.** *ker* commodity, article, goods *tsz,* wares *tsz* **3.** *törvény* clause **4.** *szótárban* entry ‖ *luxus~ek:* luxury articles ‖ *háztartási ~ek:* household articles / goods
cikkely *fn,* **1.** *bekezdés* paragraph **2.** *törvényben* article, clause (of a law)
cikkez *i,* write an article about /on sg/sy
cikkezik *i,* write articles, contribute to newspapers, be columnist ‖ *~ vmiről* have a column on sg
ciklámen *fn,* cyclamen
ciklikus *mn,* cyclic(al), periodic(al)
ciklikusan *hat,* cyclically, periodically, occasionally ‖ *~ helyesbítve:* cyclically adjusted
ciklikus konjunkturális munkanélküliség *fn,* cyclical unemployment
ciklikus visszaesés *fn,* cyclical downswing, downturn
ciklon *fn,* cyclone
ciklus *fn,* **1.** cycle, period, circle **2.** *menstruációs* period **3.** *parlamenti* session **4.** *előadás* series
cikória *fn,* chicory, *US* endive
cikornyás *mn,* **1.** *finomkodó, pl. stílus* affected **2.** *túldíszített* ornamented, heavy ornate, full of flourishes, arabesque
cilinder *fn,* **1.** top / silk hat, stovepipe hat **2.** *műszaki* cylinder **3.** *lámpáé* lamp / glass chimney
cím *fn,* **1.** *lakásé, levélen* address **2.** *rang* title, rank **3.** *könyv, állás* title **4.** *jogcím,*

kifogás excuse, pretext **5.** *újság* heading, headline ‖ *vmilyen ~et adományoz vkinek:* confer a title on sy
cimbalom *fn,* cymbal, dulcimer
cimbalmos *fn,* cymbalist, cymbalom player
cimbalmozik *i,* play (on) the cymbal
cimbora *fn, barát* mate, fellow, buddy, pal, chum, companion, comrade, sidekick ‖ *az ördög ~ja:* the devil's disciple
cimborál *i,* **1.** *pej vkivel* associate / affiliate with sy, consort with sy **2.** *közömbös* hang around with sy, keep sy company, hang out with sy, fraternize ‖ *az ördöggel ~:* have a pact with the devil
cimboraság *fn,* fellowship, comradeship, friendship, brotherhood, camaraderie, fraternity
címer *fn,* **1.** coat-of-arms *(tsz* coats-of-arms), family crest **2.** *növényé* tassel
címertan *fn, heraldika* heraldry, blazonry
címertani *mn,* heraldic
címez *i,* **1.** *vmit, vkihez* address / direct sg/sy **2.** *vmilyen címet/nevet ad vminek/vkinek* entitle, name **3.** *váltót* address
címfej *fn,* **1.** *ált* headline **2.** *újság* masthead, flag **3.** *könyvé* heading
címjegyzék *fn,* directory, mailing list
címke *fn,* label, tag, tab, tally, ticket, *árun* docket ‖ *öntapadós ~: GB* stick-on label, adhesive label
címkéz *i,* **1.** label sg, attach a label to sg, put / tie a label on sg, tag **2.** *átv is* label sg/sy
címlap *fn,* title page, front-page
címlet *fn,* denomination ‖ *kis ~ekben:* in small denominations

címpéldány *fn,* specimen (of signature)
címszerep *fn,* title role / part, name-part
címszereplő *fn,* title hero / role
címszó *fn, szótárban* (vocabulary) entry, headword
című *mn, könyv* (a book) titled ...
címzés *fn,* address
címzett *fn,* **1.** addressee **2.** *váltóé* drawee **3.** *postai küldeményé* remittee
cin *fn,* tin
cincér *fn,* longicorn / capricorn beetle
cincog *i,* **1.** *egér* squeak **2.** *hangszeren* scrape on sg, strum ‖ *Nincs otthon a macska, ~nak az egerek.:* While/When the cat is away, the mice will play.
cincogás *fn,* **1.** *egér* squeak, squeaking **2.** *hangszeren* scraping, rasping
cinege *fn,* tit, titmouse, blue tit, chikadee, *GB* tomtit
cingár *mn,* lean, skinny, thin, bony, scrawny, weedy
cinikus *fn,* cynic, sardonic
cinikus *mn,* cynical, scornful ‖ *~ vmivel/vkivel kapcsolatban:* be cynical about sg/sy
cinizmus *fn,* cynicism, cynism
cink *mn/fn,* zinc
cinke *fn,* titmouse, tit ‖ *kék~:* bluetit
cinkez *i,* zinc
cinkos *fn,* accomplice, accessory, pander
cinkosság *fn,* complicity
cinóber *mn, szín* cinnabar, vermilion
cintányér *fn, zene* cymbal(s)
cionista *fn/mn,* Zionist
cipel *i,* **1.** *húz* drag sg along, trail, draw along **2.** *kézben* carry sg (with difficulty) **3.** *szl* cart sg/sy along / off (to a place), tote sg

cipész *fn*, shoemaker, cobbler, bootmaker
cipészműhely *fn*, shoemaker's workshop, bootmaker's workshop
cipó *fn*, **1.** *vekni* loaf, loaflet, a loaf of bread **2.** *szl* **használd a ~dat!:** *gondolkodj* use your loaf
cipő *fn*, **1.** shoes *tsz*, *magas* boots *tsz* **2.** *szl GB* clogs **3.** *nagy, tréfásan* boats, clod-hoppers ‖ **egy pár ~:** a pair of shoes ‖ **felveszi a ~t:** put on one's shoes / boots ‖ **leveszi a ~jét:** take off one's shoes / boots ‖ **megjavíttatja a ~jét:** get / have one's shoes / boots repaired / mended ‖ **~t talpal:** sole (shoes) ‖ **torna~, edző~:** gym shoes, sneakers, trainers ‖ **tűsarkú ~:** stilettos / stilettoes *tsz*
cipőbolt *fn*, shoe / boot shop, *US* shoestore
cipőfűző *fn*, boot / shoelace(s), *US* boot / shoestring ‖ **megköti a ~t:** tie a shoelace
cipőhúzó/-kanál *fn*, shoe-horn
cipőkészítő *fn*, shoemaker, cobbler, bootmaker
cipőkrém *fn*, shoe / boot polish / cream
cipőszög *fn*, boot-peg
cipőtalp *fn*, sole, tread
cipőtalpalás *fn*, soling, shoe-soling
Ciprus *fn*, Cyprus
ciprusfa *fn*, cypress
ciprusi *mn/fn*, Cypriot
cipzár *fn*, **1.** *GB* zip, zip fastener, *US* zipper **2.** *nadrágon, slicc* flies *tsz* ‖ **felhúzza a ~at:** do up a zip ‖ **lehúzza a ~at:** undo a zip ‖ **nyitott/nyitva felejtett ~:** undone zip
cirill *mn*, Cyrillic

cirkál *i*, **1.** *járőrözik* patrol **2.** *hajó* cruise
cirkálás *fn*, **1.** *járőrözés* patrolling **2.** *hajó* cruise
cirkáló *fn*, *hajó* cruiser, cruise liner, battle cruiser
cirkulál *i*, circulate
cirkulálás *fn*, circulation
cirkusz *fn*, circus, big top, *átv* big fuss / scene
cirkuszi szám *fn*, *mutatvány* circus act / trick, acrobatics *tsz*
cirkuszporond *fn*, circus ring
cirmos *fn*, *macska* tabby(-cat)
cirógat *i*, stroke, caress, give sy a stroke, pet, fondle
cirógatás *fn*, stroke, caress(ing), fondling
cirokseprő *fn*, broom
cirpel *i*, chirp
cirpelés *fn*, chirp(ing)
cisz *fn*, *zene* C sharp
ciszta *fn*, *orv* cyst ‖ **petefészek~:** ovarian cyst
cisztás *fn*, *orv* cystic
ciszterćita *mn/fn*, Cistercian
ciszterna *fn*, cistern, basin, tank
citadella *fn*, citadel, fortress, bastion, fort
citál *fn*, **1.** *idéz vmit/vkit, vmiből* cite sg/sy, quote sg/sy **2.** *bíróságra* cite sy for doing sg
citera *fn*, zither
citerázik *i*, **1.** play the zither **2.** *remeg* tremble (with fear)
citológia *fn*, cytology
citológus *fn*, cytologist
citrancs *fn*, grapefruit, pomelo
citrom *fn*, **1.** lemon, lime **2.** *nagyobb* citron ‖ **~karika/-szelet:** a slice of lemon ‖ **~mag:** *GB* lemon pip, *US*

citromcsavaró

lemon pit ‖ *~ot kifacsar:* squeeze a lemon
citromcsavaró *fn,* GB lemon squeezer, US juicer
citromfa *fn,* lemon-tree, lime
citromhéj *fn,* lemon peel
citromízű *mn,* lemon flavoured
citromlé *fn,* lemon juice, lemon-squash / squeeze, a squeeze of lemon
citromsárga *fn,* lemon (yellow), citrine
citromszörp *fn,* lemonade, lime, limeade, lime juice
civakodás *fn,* quarrel, quarrelling, row, wrangling, bickering, argument, squabbling
civakodik *i, vkivel vmi miatt* quarrel with sy over sg; have a row with sy, wrangle, bicker, argue, squabble
civil *mn,* civilian, civies ‖ *~ben: nem egyenruhában* in plain clothes
civil *fn,* civilian
civilizáció *fn,* civilization, civilisation
civilizál *i,* civilize, civilise
civilizálódik *i,* become civilized, become civilised
civilizált *mn,* civilized, civilised, refined
civilruhás *mn,* plain-clothes, in plain clothes
cizellál *i, fémet* chase
cizellált *mn,* chased ‖ *~ ezüst:* chased silver
C-moll *fn,* C minor
coboly *fn, prém is* sable
cókmók *fn,* (someone's personal) belongings, things *tsz* ‖ *~ostul:* bag and baggage ‖ *összepakolta a ~ját és odébbállt:* she packed her bags and went ‖ *kihajította a házból az összes ~jával:* she threw him out of the house bag and baggage
colstok *fn,* **1.** GB folding / zigzag rule, US folding ruler **2.** *hüvelykbeosztású* inch-rule, inch-tape
comb *fn,* **1.** thigh **2.** *állaté* leg **3.** *étel sertés* ham, haunch
combcsont *fn,* thigh bone, femur
copf *fn,* **1.** GB pigtail, cue, tail of hair, US braid **2.** *két copf* pigtails, GB plaits, US braids ‖ *~ban hordja a haját:* she wears her hair in pigtails / plaits / braids ‖ *~ba fonja a haját:* plait one's hair
cowboy *fn,* US cowboy, horseherd, rangeman, wrangler, ranchman
cowboy csizma *fn,* western boots, cowboy boots
cowboyfilm *fn,* western
cowboykalap *fn,* stetson, stetson hat, sombrero
cölibátus *fn,* celibacy
cölöp *fn,* **1.** pile, stilt, spile, stake, post **2.** *kikötőben* bollard
cölöpépítmény *fn,* lake-dwelling, pile-dwelling, lacustrine dwelling
cölöpöz *i,* stake, drive in piles, ram down
cölöpverő *fn,* pile driver, rammer
cölöpzet *fn,* piling
cövek *fn,* GB peg, US stake, plug, pin
cövekel *i,* peg / pin sg, fasten sg with pegs
cucc *fn,* one's stuff/things
cucli *fn,* dummy, US nipple, (üvegen) teat, *ld még:* **cumi**
cuclizik *i,* suck (on) (a feeding bottle), suck (on) a dummy
cudar *mn,* vicious, vile, villaineous, ras-

cally, wicked ‖ ~ul bánik vkivel: treat sy badly, ill-treat sy
cudarság *fn*, villainy, viciousness
cúg *fn*, *huzat* draught
cúgos *mn*, *huzatos*, *pl. helyiség* draughty
cuki *mn*, cute, cutie, adorable, lovable, sweet, appealing
cukor *fn*, sugar ‖ *nyers, barna ~:* brown / unrefined sugar ‖ *kocka~:* lump (of sugar) ‖ *por~:* castor / caster sugar ‖ *vatta~:* GB candy floss, US cotton candy ‖ *Ideadná a ~t?:* Could / Can / Will / Would you pass me the sugar, please?, Pass me the sugar, will you? ‖ *~ral bevon vmit:* sugar-coat sg, coat sg with sugar
cukorbaj *fn*, diabetes
cukorbajos/-beteg *mn/fn*, diabetic
cukorbevonat *fn*, icing, sugar-coating, frosting
cukorfinomító *fn*, sugar refinery
cukorfogó *fn*, sugar tongs *tsz*
cukorka *fn*, sweet, sweets *tsz*, US candy, sweetmeat
cukormáz *fn*, icing ‖ *~zal bevont:* iced, sugar-coated
cukormentes *mn*, sugar free
cukornád *fn*, sugar-cane ‖ *~-ültetvény:* sugar-plantation
cukorrépa *fn*, sugar-beet
cukorsüveg *fn*, sugar loaf
cukortartalom *fn*, sugar content

cukortartó *fn*, sugar bowl / basin, sugar caster / GB castor
cukrász *fn*, confectioner, pastry cook
cukrászda *fn*, confectionery, confectioner's (shop), sweet shop, pastry shop, candy store / US shop
cukrászinas *fn*, trainee pastry cook
cukrászsütemény *fn*, confectionery, pastries *tsz*, pastry, (fancy) cakes *tsz*
cukros *mn*, **1.** *édes, cukrozott* sweet, sugary, sweetened, sugared **2.** *beteg* diabetic
cukrosbácsi *fn*, *pej* sugar daddy
cukroz *i*, **1.** sugar sg **2.** *édesít vmit vmivel* sweeten sg with sg
cumi *fn*, **1.** *nyugtató cumi* GB dummy US pacifier **2.** *etetőcumi* GB teat, US nipple
cumisüveg *fn*, feeding bottle, baby's bottle, nursing bottle
cunami, cúnami *fn*, *szökőár* tsunami
cuppan *fn*, smack
cuppanós *mn*, ‖ *~ puszi, csók:* lip smacking / loud kiss, smack ‖ *~ csókot nyom vkinek az arcára:* give sy a smack on the cheek
cuppant *i*, make a smacking sound, smack, squelch‖ *csókot ~ az arcára* give a smacking kiss to her face
curriculum vitae *fn*, CV, curriculum vitae, autobiography
cvikker *fn*, pince-nez, nippers, eye-glass
C-vitamin *fn*, vitamin C, ascorbic acid ‖ *~hiány:* lack of vitamin C

Cs

csábít *i,* **1.** lure, allure, charm, entice, tempt sy to do sg **2.** *szexuálisan* seduce **3.** *rosszra* entice sy to do sg, decoy *rossz útra ~:* lead sy astray
csábítás *fn,* lure, debauchement, attraction, *kísértés* temptation, enticement, *elcsábítás* seduction, seducement, enticement, allurement *ellenáll a ~nak:* resist the temptation
csábítgat *i,* lure, allure
csábító *fn,* **1.** tempter, seducer, lurer, allurer **2.** *nő* temptress, vamp
csábító *mn,* tempting, seducing, enticing, alluring, attracting
csábítóan *hat,* alluringly, seductively, temptingly, luringly
csábos *mn,* seductive, sexy, alluring
csacsi *fn,* donkey, dickey; *ember* silly, simpleton, foolish, *átv* little ass / fool
csacsiság *fn,* folly, foolishness, nonsense, stupidity, silliness
csacsiskodik *i,* ‖ *ne csacsiskodj!:* don't be (so) silly! don't be childish!
csacska *mn, beszéd* chattering, prattling, babbling, *ember* tattler, chatterbox, chatterer

csacsog *i,* chatter, prate, prattle, jabber, *kisbaba* babble
csacsogás *fn,* chatter(ing), babble, babbling, prattle, jabber(ing), chitchat
csacsogó *mn,* talkative, chatty
csacsogó *fn,* **1.** *ember* chatterbox, prattler **2.** *kisbaba* babbling, babbler
Csád *fn,* Chad
csádi *mn/fn,* Chadian
csahol *i,* bark, bay, yelp
csaholás *fn,* bark(ing), yelp(ing), bay(ing)
csahos *mn,* barking
csaj *fn, US* babe, *US* baby
csajka *fn,* dixie; *katonai* mess-tin, canteen
csajozik *i, nőzik* womanize, chase girls
csak *kötőszó,* only, but, merely, simply, purely, alone, just *semmi más, ~ ...:* nothing...., but...
csákány *fn,* pick, picker, pike, pickaxe, mattock
csákányoz *i,* pickaxe, mattock, hew
csakhamar *hat,* shortly, soon, in a short time, in a little while, before long
csakhogy *kötőszó,* **1.** yet, however, but (then), at last, at long last **2.** *~!:* thank Heaven!

csakliz *i,* *ellop vmit* lift sg, pinch sg, sneak sg

csáklya *fn,* hook, grapnel, grappling-iron, grappling-hook, *hajón* boat-hook, punt pole, pole-axe, barge-pole, *tűzoltóké* fire-hook, pickaxe

csaknem *hat, szinte* almost, nearly, just

csákó *fn,* shako, *prémes* busby

csákós *mn,* shakoed, wearing a shako

csakugyan *hat, valóban, tényleg, igazán* really, indeed, is that so?

csal *i.* cheat, deceive, *szl* pull a fast one, *vkivel összejátszva, szl* be in cahoots with sy; *sportban, bundázik* fix it, fix a match, sell out to sy, *iskolában GB* cog, *US* pony

család *fn,* family, *uralkodócsalád/-ház* dynasty *királyi ~:* royal family *~ot alapít:* settle down, found a family *eltartja a ~ot:* keep / support / sustain a family

családalapítás *fn,* founding / starting a family, settling down

családanya *fn,* mother of a/the family, matron *háromgyermekes ~:* a mother of three (children)

családapa *fn,* father of a/the family, family man, pater familias

családfő *fn,* father of a/the family, head of a/the family, breadwinner, head

családi *mn,* familiar, domestic *~ gondok:* family / domestic troubles / affairs

családi állapot *fn,* marital status

családias *mn,* familiar, homely, *meghitt* intimate

családi ház *fn,* detached house, family house, self-contained house

családnév *fn,* family name, surname

családos *mn,* with a family, having a family ‖ *~ ember* family man, a settled man

családregény *fn,* saga

csalafinta *mn,* crafty, witty, cunning, foxy, sly

csalamádé *fn, állati eledel* green maize, *savanyúság* mixed pickles *tsz*

csalán *fn,* (stinging-) nettle

csalánkiütés *fn,* nettle-rash, urticaria

csalárd *mn,* false, deceitful, fraudulent

csalás *fn,* cheating, deceiving, deceit, trickery

csálé *mn,* askew, awry ‖ *~n áll* be askew

csalfa *mn,* false, false-hearted, deceitful

csali *fn,* **1.** *halnak* bait **2.** *átv is* decoy *bekapja a ~t:* swallow the bait

csalit *fn,* underwood, shrubbery, brushwood

csaló *fn, szélhámos* lawbreaker, cheat, cheater, abuser, impostor, swindler, deceiver

csaló *mn,* **1.** *kétszínű* double-dealing **2.** *érzékelés* illusiory, deceptive **3.** *erkölcsi* deceitful, fraudulent

csalódás *fn,* disappointment, disillusion, delusion, deception

csalódik *i,* be / get disappointed in sg, be mistaken in sg, be deluded with/by sg

csalódott *mn,* disappointed, disillusioned, frustrated

csalogány *fn,* nightingale

csalogat *i,* entice, lure, allure, temt, attract

csalogatás *fn,* enticing, tempting

csalóka *mn,* deceptive, illusory, delusive, misleading, deceitful, illusive

csámpás *mn,* **1.** club-footed, bandy-legged, knock-kneed **2.** *átv* clumsy, ham-fisted / handed

csap *fn,* **1.** tap, faucet, *vízelzáró* cock, spigot **2.** *hordón, gázkészüléken* switch

csap *i, üt* strike, hit, slap; *dob, vág* throw sg (at sy), fling, hurl, cast
csapadék *fn,* moisture, rainfall, *vegy* precipitation, precipitate
csapágy *fn,* bearing
csapás *fn,* 1. stroke, hit, blow 2. *állaté* track, trail; *ösvény* track, trail, path *természeti ~:* natural disaster / catastrophe, calamity
csapat *fn,* team
csapda *fn,* trap, snare; *átv* pitfall, pit, catch
csapnivaló *mn,* atrocious, execrable, rotten
csapó *fn,* clapper boy
csapóajtó *fn,* drop door, *lengő* swing door
csapodár *mn,* fickle, flighty, volatile, inconstant, unstable
csapol *i,* tap, draw off
csapolt *mn,* ‖ *~ sör* draught beer, beer on the tap, beer on draught
csapong *i,* 1. wanton 2. *röpköd* flit, flutter about 3. *beszédben* ramble, wander, digress 4. *kószál* rove
csapos *fn,* bartender, barman
csapott *mn, ~ kanállal* a level spoonful ‖ *~ vállá* round-shouldered
csappan *i,* 1. decrease, fall off, 2. *érdeklődés* flag, droop
csapszék *fn,* tavern, inn, bodega, pothouse, pub
csapzott *mn,* drenched, matted
csárda *fn,* country tavern, roadside / wayside inn
csarnok *fn,* hall; *vásár-* market hall
császár *fn,* 1. emperor, kaiser 2. *átv* mogul, tycoon
császári *mn,* imperial ‖ *~ család* dynasty ‖ *~ módon* imerially ‖ *~ udvar* imperial court ‖ *a ~ak* the Imperials

császárság *fn,* empire; *uralom* imperial rule / power
csat *fn,* clip, *övön* buckle, clasp, fastener
csata *fn,* battle, fight, skirmish *~ában esett el:* he died in the/a battle
csatahajó *fn,* battle ship
csatamező *fn,* battle field
csatangol *i,* ramble, amble, wander, stroll, loaf about/around
csatár *fn, sportban* forward, striker
csatázik *i,* fight, battle, wage war with sy
csatlakozás *fn,* joining, terminal, connection, *közlekedésben* connection
csatlakozik *i, vkihez/vmihez* join sy/sg, *társasághoz* join in
csatlós *fn,* 1. henchman, shield-bearer 2. *átv* follower, satellite
csatol *i,* 1. *erősít* strap, fasten sg to sg, fix sg to sg, clasp sg 2. *mellékel* attach (sg to sg), enclose, affix, annex, append
csatorna *fn,* 1. channel, canal, ditch, watercourse 2. *elvezető* drain, *szennyvíze* gutter, sewer, 3. *média* channel
csattan *i,* 1. clap, clack, go snap 2. *ostor* crack, smack, *lövés* pop, *ajtó* bang
csattanás *fn,* clap, crack, smack, bang, clash, clashing, click, crash, snap
csattanó *fn,* point (of a joke), clashing, nub, *mondat* punchline, payoff line
csau *fn, kutya* chow-chow
csáva *fn, cserzéshez* tan pickle, tanner's ooze, vat *~ába kerül:* get into a mess *kimászik a ~ából:* get out of sg, clean oneself up *kihúz vkit a ~ából:* get sy out of the fix / problem
csavar *fn,* 1. screw, bolt 2. *hajócsavar* screw, propeller, clam
csavar *i,* screw (sg) in, drive (a screw)

into sg, twist, wind around *gyümölcsöt ki~:* squeeze
csavarás *fn,* screwing, twist, twisting
csavargás *fn,* tramping, loafing, loitering, hoboism, vagabondage
csavargó *fn,* loafer, tramp, vagabond, loiterer, rambler, hobo *világ~:* globe-trotter, rover
csavarhúzó *fn,* screw-driver, screwdriver
csavarint *i,* twist, twirl, give sg a turn / twist
csavarmenet *fn,* thread, screw thread, screw-cut
csavarodik *i,* turn, bend, wind itself, curl, screw, twist round sg *őszbe ~ a haja:* his hair is turning / going grey / white / silver
csavarog *i, kószál* stroll (about), tramp, ramble, wander, hang about, loaf about/around
cseber *fn,* bucket, pail *~ből vederbe:* out of the frying pan into the fire
csecs *fn,* breast, tit, nipple, teat
csecse *mn,* pretty, lovely, cute, cutie, darling
csecsebecse *fn,* bijou, trinket
csecsemő *fn,* baby, babe, infant, suckling / sucking infant, newborn, sucker
csecsemőgondozás *fn,* child care, infant welfare / care
csecsemőhalandóság *fn,* infant / neonatal mortality
csecsemőkelengye *fn,* baby's outfit / wear
csecsemőkor *fn,* infancy, babyhood, early age
csecsemőmirigy *fn,* thymus (gland)
csecsemőotthon *fn,* créche, day nursery, children's home

cseh *mn,* Czech *Cseh Köztársaság* the Czech Republic
Csehország *fn,* the Czech Republic, *tört* Bohemia
Csehszlovákia *fn, tört* Czechoslovakia
csehül *hat,* in Czech *~ áll vmi:* be in a mess, in a bad way
csekély *mn,* 1. small, trifling, slight, petty, tiny 2. *lényegtelen* unimportant, insignificant, nonessential, irrelevant
csekélység *fn,* smallness, trifle, triviality, a little something *~em:* my humble person / self
csekk *fn,* cheque, check *~el fizet:* pay by cheque *~et bevált:* draw a cheque, cash a cheque *~et kiállít:* write out a cheque
csekkfüzet, -könyv *fn,* cheque-book, US check-book
csekkszámla *fn,* checking / bank / current account
csekktulajdonos *fn,* bearer of a cheque
csel *fn,* trick, *futballban* dribble, *bokszban* feint, *terv* stratagem *~lel él/cselt vet:* use tricks, play a trick on sy *~t sző vki ellen:* intrigue against sy with sy, plot against sy
cseléd *fn, cselédlány* maid, servant, domestic (servant), *bejárónő* maid; *szl* GB char, *GB* skivvy; *uradalmi* agricultural labourer (*US* -or-) / worker, mop fair
cselédség *fn,* servants *tsz,* domestics *tsz*
cselédszoba *fn,* servant's room / quarters
cseles *mn,* tricky, crafty
cselez *i, sportban* dribble, dodge, feint
cselló *fn,* (violin)cello
csellista *fn,* cellist, cello player
cselgáncs *fn,* judo
cselgáncsozó *fn,* judoist

cselleng *i*, loaf / loiter around / about, hang around
cselszövés *fn*, intrigue, plot, scheme, machinations *tsz*
cselszövő *fn*, plotter, intriguer, trickster, *irod* villain
csemege *fn*, delicacy, dainty, tidbit, *US* titbit, confection
csemege- *mn*, sweet, dessert
csemete *fn, fa* sapling, seedling, *gyermek* offspring, spear
csempe *fn*, tile, glazed tile
csempész *fn*, smuggler, contrabandist
csempészáru *fn*, smuggled goods *tsz*, contraband (goods), *szl US* hot goods
csempészet/csempészés *fn*, smuggling, running (of sg)
csempészik *i*, smuggle sg; run sg **ki~ vmit az országból:** smuggle sg out of a country
csempéz *i*, tile sg, cover sg with tiles, lay tile
csen *i*, lift, sneak, pilfer
csencsel *i*, swap, swap sg for sg
csend *fn*, silence, stillness, quietude **~ben marad:** keep / be quiet / silent, keep still, hold one's tongue
csendes *mn*, quiet, silent, calm, still, peaceful
csendesen *hat*, silently, quietly, peacefully, *hang* softly
Csendes-óceán *fn*, the Pacific, Pacific Ocean
csendestárs *fn*, sleeping / silent / partner, moneylender
csendháborítás *fn*, breach of the peace, riot
csendül *i*, resound, ring, tinkle

csenevész *mn*, puny, puny-looking, thin, scraggy, *bokor* stunted, scrog, *állat* scrag
cseng *i*, ring, tinkle, jingle, clang **~ a telefon:** the phone is ringing
csenget *i*, ring **be~ vhová:** ring the (door-)bell, clang
csengetés *fn*, ring(ing), jingle, tinkel
csengő *fn*, bell, tinkler, ringer, *kézi* handbell
csengő *mn*, ringing, tinkling, jingling, clanging
csepeg *i*, **1.** drip, drop **2.** *szivárog* leak, ooze
csepegtető *fn*, dropper, *adagoló* drip-nozzle
csepp *fn*, drop, drip
csepp *mn*, drop, *kicsi* tiny, little, a (little) bit of sg,
cseppenként *hat*, in drops, drop by drop
cseppfolyós *mn*, fluid, liquid
cseppkő *fn*, drip-stone, *csüngő* stalactite, *álló* stalagmite
cseppkőbarlang *fn*, dripstone / stalactite / stalagmite cave
csepül *i*, **1.** *ver* thrash, drub **2.** *szóban* run sy down, abuse
csepűrágó *fn*, clown, buffoon, barnstormer
cserbenhagy *i*, desert, turn one's back on sy; *elgázol* hit-and-run accident
cserbenhagyásos gázolás *fn*, hit-and-run accident
cserdít *i*, stort them out ‖ **vkik közé ~** make an end of one's quarrel
csere *fn*, exchange, change, swap, *sp* substitution **~ébe vmiért:** in exchange for sg, in return for sg

cserebere *fn*, swap, swapping
cserebogár *fn*, maybeetle, maybug, bugbeetle, cockchafer
cserejátékos *fn*, substitute
cserekereskedelem *fn*, barter(ing)
cserél *i, vmit vmire* exchange sg for sg, interchange, swap sg for sg, trade sg for sg, *felvált vkit* replace sy, swap, switch *biz*
cserélhető *mn*, replaceable, changeable, exchangeable, interchangeable
cserép *fn*, 1. *tetőn* tile, roof tile 2. *virág* flower pot 3. *törött* crock, shard, potsherd
cserépáru *fn*, crockery, earthenware, pottery
cserépkályha *fn*, tiled stove
cserepes növény *fn*, pot flower, pot plant
cseresznye *fn*, cherry
cserje *fn*, shrub, bush
cserkész *fn*, (boy) scout, (girl) scout
cserkészik *i, vadat* track, hunt down, stalk
csésze *fn*, cup, boat *egy ~ kávé:* a cup of coffee
csészealj *fn*, saucer **repülő** *~alj:* flying saucer
csészényi *mn*, cupful
csetepaté *fn*, scuffle, wrangle, *átv is* skirmish, *US* knockabout; *verekedés* scuffle, scrimmage, brawl; *zaj, lárma, ricsaj* broil, row, *kavarodás* uproar
csetlik-botlik *i*, hang about, hang around, stumble about, totter
csettint *i*, click *~ az ujjával:* snap one's fingers *~ a nyelvével:* click one's tongue, chirrup
cseveg *i*, chat, chatter to sy, chat with/to sy (about sg), have a chat with sy, converse

csevegés *fn*, chat, small talk, chit-chat, chatter
csevegő *mn*, talkative, chatty, talker
csevej *fn*, chatter, chat, small talk, chit-chat, *műsorban* chat show, talk show
csibe *fn*, baby chick, baby bird, chick(en)
csibész *fn*, rascal, scamp, urchin, prankster, rogue, scoundrel
csibésznyelv *fn*, slang, argot, jargon, lingo
csicsereg *i*, twitter, chirp, warble
csicsergő *mn*, twittery
csiga *fn*, 1. snail 2. *fiz* pulley, hoist 3. *haj* curl 4. *építészet* volute 5. *játék* top *meztelen ~:* slug *éti ~:* edible snail
csigaház *fn*, snail shell
csigalépcső *fn*, spiral staircase / stairs
csigaposta *fn, számtech* snail-mail
csigatempó *fn*, snail's pace *~ban:* at a snail's pace
csigavonal *fn*, spiral (line)
csigolya *fn*, vertebra (*tsz* vertebrae) spondyle
csík *fn*, stripe, line, strip, stripping
csikar *i*, 1. pinch, twist 2. *átv kicsikar* extort, force
csikarás *fn, hasé* gripes *tsz*, colic, griping pain
csikk *fn*, (cigarette)stub, *GB* fag-end, butt, *US marihuánásé* roach
csiklandós *mn*, ticklish, *ügy* delicate matter
csiklandoz *i*, tickle, titillate
csiklandozás *fn*, tickling, titillation
csikló *fn, orv* clitoris, *szl US* button, clit, pearl
csikó *fn*, foal, coalt, *kancacsikó* filly **sárga** *~:* yellow boy
csikóhal *fn*, sea-horse

csikorgat *i,* grate, grit, creak *a fogait ~ja:* gnash one's teeth, grit the teeth
csikorgó *mn,* creaking, grating, jarring *~ hidegben:* in severe / biting / bitterly cold, in bitter cold
csikorog *i,* creak, grit, gnash, *rozsdás* grate
csikós *fn,* rangeman, wrangler, ranchman, *US* cowboy, horseherd
csíkos *mn,* striped, stripy, streaked
csíkoz *i,* streak, stripe
csilingel *i,* jingle, tinkle, ring
csilingelő *mn,* jingling, tinkling
csillag *fn, égen* star, *írásjel* asterisk *~ alakú:* starlike, star-shaped *álló~:* fixed star *film~:* filmstar *esti ~:* evening star *hulló ~:* shooting star, falling star
csillagász *fn,* astronomer
csillagászat *fn,* astronomy
csillagfény *fn,* starlight, starlit
csillaghullás *fn,* star shower, meteoric / meteor shower
csillagjós *fn,* astrologist, astrologer
csillagjóslás *fn,* astrology
csillagkép *fn,* constellation
csillagos *mn,* starry, starred, starlit, stellar
csillagrendszer *fn,* planetary system
csillagszóró *fn,* sparkler, spark-thrower
csillagvizsgáló *fn,* observatory
csillagzat *fn,* constellation, star *szerencsés ~ alatt született:* be born under a lucky star
csillámkő *fn,* specular stone, mica
csillámlás *fn,* glitter, shimmer, scintillation, sparkle
csillámlik *i,* glitter, scintillate, sparkle, shine, twinkle, himmer
csillámpala *fn,* mica schist / slate
csillan *i,* flash, gleam, twinkle, sparkle, blink

csillapít *i,* **1.** ease, relieve, *lecsendesít* calm, quiet, silence **2.** *haragot* mitigate, pacify, allay **3.** *szomjat* quench, appease, *éhséget* appease, satisfy, still **4.** *fájdalmat* kill (pain), ease, alleviate, soothe
csillapítás *fn,* alleviation, easing, quenching, quieting, pacification, assuagement, amelioration
csillapodik *fn,* **1.** become quiet / calm, calm down, subside **2.** *vihar, zaj* abate, die down, ease
csillapodás *fn,* abatement, easement, subsidence
csillár *fn,* chandelier, luster, lustre
csille *fn,* tub, mine car / truck, trolley
csillog *i,* shine, glitter; sparkle, gleam, scintillate, twinkle
csillogás *fn,* glitter(ing), sparkle, sparkling, shine, scintillation, twinkle
csillogtat *i,* make sg shine / glitter, *tudást* show sg off, display, exhibit
csimbók *fn,* knot, *hajban* top-knot
csimbókos *mn,* knotty, knotted, *haj* top-knotted
csimpánz *fn,* chimpanzee, chimp
csimpaszkodik *i, vmibe/vkibe* cling to sg/sy, stick to sy/sg, clutch at sg/sy
csín *fn, megjelenés* neatness, elegance, treamness
csinál *i,* do, *készít* make, *gyárt* produce *hibát ~:* make a mistake
csinált *mn, mesterkélt* artificial, false, unnatural
csináltat *i, vmit vkivel* have sg made / done (by sy), get sg done (by sy), have sy do sg, get sy to do sg
csináltatott *mn,* **1.** *mérték után* bespoke,

made-to-measure 2. *szabó által* tailor-made, *rendelésre* made-to-order
csinibaba *fn,* dolly, cutie, *US* hot babe
csínja *fn, ismeri a ~át-bínját vminek:* be familiar with the ins and outs of sg, know the ins and outs of sg
csinos *mn,* attractive, pretty, smart, good-looking, handsome, lovely, pretty, *szl* hot
csinosít *i,* trim up, prettify, make prettier, smarten up *~ja magát:* smarten up oneself, make oneself presentable
csinosodik *i,* become prettier / better-looking, grow / turn prettier
csinosság *fn,* 1. prettiness, smartness, neatness, loveliness, good-looks *tsz* 2. *férfi* handsomeness, *nő* prettiness
csintalan *mn,* naughty, mischievous, disobedient, insubordinate
csintalankodik *i,* be naughty / mischevious
csintalankodás *fn,* naughtiness, mischeviousness
csíny *fn,* trick, joke, mischief, rascality, misdoing, prank *~t elkövet vki ellen:* play a joke / trick on sy
csínytevő *fn,* prankster
csíp *i,* 1. *ált* pinch, nip, tweak 2. *madár* peck; *méh, darázs* sting; *bolha, szúnyog* bite
csipa *fn,* gum, rheum
csipás *mn,* gummy, blear-eyed
csip-csup *mn,* petty, trifle, unimportant, trivial
csípdes *i,* pinch, twitch
csipeget *i,* peck at sg, pick at sg
csípés *fn,* pinch, bite, sting, nip(ping), dig, peck

csipesz *fn,* tweezers *tsz,* tongs *tsz,* forceps *tsz,* grapples *tsz*
csipet *fn,* a pinch of sg, a grain of, a dash of *egy ~/~nyi só:* a pinch of salt
csipke *fn,* lace *~ét ver:* make / weave lace *~díszítés:* lace trimming
csipkebogyó *fn,* hip, rose-hips *tsz*
csipkebokor *fn,* dogrose bush
csipked *i,* pick, pinch, nip, peck
csipkefüggöny *fn,* lace / net curtain
csipkelődés *fn,* teasing, mockery, banter
csipkelődik *i,* tease sy, banter with sy, mock sy
csipkerózsa *fn,* dogrose, briar rose
Csipkerózsika *fn,* the Sleeping Beauty
csipkés *mn,* laced, adorned with lace, lacy
csipkeverő *fn,* lace-maker
csipkéz *mn,* trim sg with lace, lace, *ollóval* notch, serrate
csipkézet *fn,* lacing, lace trimming, *épületen* dent, indentation
csipkézett *mn, épület* indented, jagged, *növény* crenated, lacerated, *szélű* jagged, notched
csipog *i,* chirp, tweet, chirrup, *szerkezet* bleep
csipogó *fn, személyi hívó* bleeper / pager, tweeter
csípő *fn,* hip, nipping, hips *tsz, állaté* haunch
csípős *mn,* acrimonious, tart, poignant, *hideg* biting, severe, parky, *szél* biting, chilly; *íz* hot, pungent; *megjegyzés* sharp, snappy, cutting
csíptető *fn,* nippers *tsz,* tweezers *tsz,* forceps *tsz, orron* pince-nez
csíra *fn,* 1. germ, *biol* ovule, ovum 2. *átv* bud, nucleus

csírázik *i*, germinate, bud
csíráztat *i*, germinate, *árpát* malt
csiricsáré *mn*, tawdry, showy, gaudy, flashy
csiripel *i*, chirp, twitter, cheep, tweet
csiriz *fn*, starch gum, flour-paste, adhesive paste
csirke *fn*, chicken
csirkefarm *fn*, poultry farm
csirkefogó *fn*, rascal, layabout
csirkepaprikás *fn*, paprika chicken
csiszol *i*, *átv is* polish, refine, chisel
csiszolás *fn*, polishing, chiselling
csiszolatlan *mn*, unpolished, uncut, unrefined
csiszolt *mn*, polished, refined, cut, *átv* cultivated
csitít *i*, silence, hush, calm, pacify, soothe, quiet
csitri *fn*, teen, teener, adolescent, juvenile, minor, teenager
csitt! *felkiáltószó*, hush! sh! shush! mum!
csizma *fn*, (top-) boots *tsz*, *lovagló* riding-boots *tsz*, high-boots *tsz* **gumi~:** wellington boots, wellies, rubber boots
csizmadia *fn*, bootmaker
csobban *i*, plash, splash, plop
csobog *i*, plash, gurgle, babble, bicker
csoda *fn*, wonder, marvel, miracle, prodigy
csodabogár *fn*, queer fish / specimen, oddball
csodagyerek *fn*, child / infant prodigy
csodál *i*, admire sy, look up to sy
csodálat *fn*, admiration, amazement, wonder, marvel
csodálatos *mn*, wonderful, marvellous, admirable, fantastic, miraculous, splendid, remarkable, amazing

csodálkozás *fn*, astonishment, amazement, wondering, marvel, wonder,
csodálkozik *i*, wonder at sg, be astonished at sg, be surprised at sg, marvel at sg
csodáló *fn*, admirer, fan
csodaszámba megy *i*, pass for a miracle, work wonders
csodaszer *fn*, cure-all, elixir, panacea, wonder substance, nostrum
csodatévő *mn*, miraculous
csók *fn*, **1.** kiss, smooch **2.** *futó csók* hen peck **3.** *cuppanós* smacker, smacking kiss **4.** *nyelvvel* French kiss
csóka *fn*, jackdaw
csókálló *mn*, kiss proof
csoki *fn*, chocolate, *GB* chocs *tsz*
csokifaló *mn*, chocoholic
csókol *i*, kiss sy, give sy a kiss / smooch, give sy a French kiss
csokoládé *fn*, chocolate *egy tábla ~:* a bar of chocolate
csókolódzás *fn*, kissing, smooching
csókolódzik *i*, kiss, kiss sy, give sy a kiss, *szl* smooch
csókolózás *fn*, kissing, smooching
csokor *fn*, bouquet, bunch, *nagy* nose-gay *egy ~ virág:* a bunch of flowers *~ba szedi a virágokat:* bind up flowers (in a bouquet)
csokornyakkendő *fn*, bow-tie, butterfly bow
csomag *fn*, **1.** packet **2.** *nagyobb* parcel, pack, package **3.** *poggyász* luggage, baggage **4.** *ajándék* gift-parcel
csomagol *i*, pack, package, wrap, pack up *be~ vmit vmibe:* wrap sg up (in sg) *ki~ vmit:* unwrap sg, unpack sg
csomagolás *fn*, packing, packing up,

csomagoló

packaging, wrapping, wrapper *dísz~:* gift wrapping

csomagoló *fn,* packer ‖ *mn,* packing ‖ *~gép* packer ‖ *~papír* kraft-paper, wrapper

csomagolópapír *fn,* wrapping / brown paper, packing / wrapping (paper)

csomagposta *fn,* parcel post

csomagszállítás *fn,* parcel delivery

csomagtartó *fn,* 1. rack 2. *autó része* boot, US trunk 3. *vonaton* luggage rack 4. *tetőn* roof rack *feltesz vmit a ~ra:* put sg on the rack

csomó *fn,* knot, kink, pack, nodule, bunch, bundle, wad, clump *testrészen* lump, node

csomó *fn, egy ~ vmiből:* a number of..., lot of ..., lots of ...

csomós *mn,* knotty, knotted, tangled, lumpy, kinky

csomóz *i,* knot sg, tie / make a knot (in sg)

csónak *fn,* boat, *evezős* rowing boat, US rowboat

csónakázik *i,* go in a boat, boat, go for a row, go boating

csónakos *fn,* boatman, oarsman, boater

csonk *fn,* stump, stub

csonka *mn,* 1. stumpy, maimed 2. *befejezetlen* incomplete

csonkít *i,* mutilate, amputate, truncate

csonkol *i,* amputate, stump

csont *fn,* bone *~ és bőr:* skin and bone

csonthéjas *mn,* drupulet *~ gyümölcs:* stone-fruit, tud drupe

csontos *mn,* bony, osseous, boned

csontozat *fn,* bony frame, skeleton

csontváz *fn,* skeleton, bony system, anatomy

csoport *fn,* group

csoportkép *fn,* tableau, group photography

csoportosít *i,* 1. group, sort, make / divide sg into groups, classify, arrange sg into groups 2. *érveket* marshal

csoportosítás *fn,* grouping, classification, arrangement, alignment

csoportosul *i,* form a group, bunch / flock together, gather, band together

csór *i,* steal sg, lift sg, filch, pilfer, purloin, embezzle

csorba *mn,* broken, chipped, defective

csorbít *i,* 1. *kést* nick 2. *poharat* chip 3. impair, damage ‖ *jogot ~* violate sy's rights ‖ *~ja vki tekintélyét* diminish sy's authority

csorda *fn,* herd, drove, horde *tehén~:* a herd of cows *marha~:* a drove of cattle *emberekről* herd, droves *tsz* ‖ *~ában jönnek/tódulnak:* they are coming in droves

csordaszellem *fn,* the herd instinct

csordás *fn,* herdsman (*tsz* herdsmen), herd, stockman, wrangler, drover, US cowboy

csordogál *i,* trickle

csordul *i, vmi túl/kicsordul* overflow with sg, brim over with sg, *vmi túlcsordul vmin* overflow sg

csordultig *hat,* to the brim, to overflowing *~ tele van vmivel:* it is full to the brim with sg, as full as an egg, full to overflowing *~ van ambícióval: átv* he is brimful of ambition

csorgat *i,* dribble sg, pour sg (out) slowly, make sg trickle

csóró *fn,* cod, bloke, chap

csorog *i*, flow, trickle, run *~tak a könnyek az arcán:* the tears trickled down her cheeks

csoszog *i*, shuffle (along), drag one's feet *~va megy az utcán:* shuffle along the street

csoszogás *fn*, shuffle, shuffling, *járás* shambling gait

csótány *fn*, cockroach, *US* roach, black-beetle

csóvál *i*, wag, waggle *fejét ~ja:* shake one's head *farkát ~ja:* wag its tail

csóválás *fn*, wag, *fejé* shake of the head

cső *fn*, tube, pipe, conduit, passage *~vet fektet:* lay pipes

cső alakú *mn*, tubular

csőbútor *fn*, *fémvázas bútor* tubular metal furniture

csőcselék *fn*, mob, rabble

csőd *fn*, **1.** bankruptcy, insolvency, *bukás* failure **2.** *erkölcsi csőd* morally bankrupt, moral bankruptcy ‖ *teljes ~:* complete fiasco, total / complete failure *~be jut:* go bankrupt, go broke *~be juttat/visz vkit/vmit:* bankrupt sy/sg, make sy/sg go bankrupt *üzleti ~:* business failure **3.** *kudarc* failure, fiasco, breakdown *~öt mond: átv* fail, end in failure, result in failure

csődeljárás *fn*, bankruptcy proceedings *tsz*

csődít *i*, *vkit vhová* draw / attract sy to sg, make sy throng sg

csődör *fn*, stallion

csődül *i*, *vhová* flock to sg, crowd, throng sg, herd *a stadionba ~nek az emberek:* people throng the stadium

csökken *i*, decrease, abate, lower, lessen, diminish, slacken, reduce, *láz* fall, *sebesség* slow down

csökkenés *fn*, decrease, reduction, diminution, letdown, abatement, shrinkage *az évi születések számának ~e:* a decrease in the annual rate of birth *érték~:* diminution in value, value diminuation

csökkenő *mn*, decreasing, falling, abating, declining, descending

csökkenő határhaszon törvénye *fn*, law of diminishing marginal utility

csökkenő hozadék törvénye *fn*, law of diminishing returns

csökkenő skálahozadék *fn*, decreasing returns to scale

csökkent *i*, **1.** reduce, decrease, abate, lessen, diminish, make a reduction, scale down **2.** *béreket* cut down on sg, slack, slacken, alleviate **3.** *fájdalmat* ease, shrink, sink **4.** *színvonalat, fordulatszámot* abate, gear down **5.** *terhet* lighten *~i a katonai kiadásokat:* decrease military spending *felére ~ vmit:* reduce sg by half

csökkentés *fn*, reduction, decrease, cutback, curtailment, diminution, abatement *zaj~:* noise reduction *ár~:* price reduction

csökkentett *mn*, reduced, diminished, decreased

csökönyös *mn*, stubborn, obstinate, mulish, pigheaded, bullheaded, headstrong *~, mint a szamár:* as stubborn as a mule

csökönyösen *hat*, stubbornly, obstinately, mulishly

csökönyösség *fn*, stubbornness, obstinacy, mulishness

csömör *fn,* **1.** disgust at sg, nausea at sg **2.** *elege van vmiből* be / get fed up with sg/sy (to the back teeth), have had enough of sg/sy *~e van vmitől:* be nauseated with/at sg
csőr *fn,* beak
csörgő *fn,* rattle
csörgő *mn,* rattling, jingling
csörgőkígyó *fn,* rattlesnake, rattler
csörlő *fn,* winch, capstan
csörög *i,* clang, clatter, rattle
csörömpöl *i,* rattle, clatter
csőrös *mn,* beaked
csörte *fn,* (fencing-)bout
csőszerelő *fn,* pipe fitter
csöves *mn,* tubular, piped, pipy, lowlife
csúcs *fn,* top, peak, summit, apex, pinnacle, *sportban* record *felállít egy ~ot:* set up a record *megdönti a ~ot:* break the record
csúcsos *mn,* pointed, peaky, peaked
csúcspont *fn, hegy* peak, summit, *átv* summit, apex; *menny* culmination, climax, top, peak, zenith
csúcstalálkozó *fn,* summit talks *tsz,* summit meeting / conference
csúcssebesség *fn,* top speed, maximum speed
csúcstartó *fn,* record holder
csúfít *i,* deface, mare, disfigure
csúfol *i,* mock sy, ridicule sy, make fun of sy, scorn, scoff
csúfos *mn,* shameful, disgraceful, scandalous, ignominious
csuha *fn,* cowl, frock, *reverenda* clerical robes, soutane
csuhás *mn,* cowled, wearing a monk's gown

csuk *i,* close, shut, lock
csuka *fn,* pike, *cipő* creepers *tsz*
csukamáj *fn,* codliver
csukamájolaj *fn,* codliver oil
csuklás *fn,* hiccup, hiccough
csuklik *fn,* have the hiccups, hiccup
csukló *fn,* wrist
csuklós *mn, jármű* articled
csuklya *fn,* hood, *papi* cowl, hood
csuklyás *mn,* hooded, wearing a hood, cowled
csukódik *i,* shut, close
csukott *mn,* closed, shut
csuma *mn,* stalk
csúnya *mn,* ugly, bad-looking, unhandsome, unsightly, *időjárás* foul, nasty, dirty, rotten, *szl emberi külsőről* be no oil painting, be as ugly as sin
csúnyán *hat,* nastily, in an ugly way, badly
csúnyul *i,* grow ugly, lose one's good looks
csupa *mn,* mere, pure, all, bare *~ fül/szem vagyok:* I am all ears / eyes
csupán *hat,* merely, simply, plainly, purely
csupasz *mn,* **1.** bare, naked, nude, unclothed, undressed **2.** *madár* unfeathered, fledgeless
csupor *fn,* mug, pot, bowl
csurog *i,* **1.** *víz* run, *lassan* flow, trickle **2.** *lyukas tárgy* leak
csuromvizes *mn,* soaking wet, dripping wet, drenched to the skin, wringing wet
csuszamlás *fn, földtömegé* landslide
csúszás *fn,* slide, sliding, slip(ping), lapse, skip
csúszik *i,* slip, slide, skid

csúszkál *i*, **1.** slide, *kerék* skid **2.** *simán siklik* glide, slither
csúszómászó *fn*, *hüllő* reptile, serpent, creeping, crawling; *alázatoskodó* flatterer, cringer, sneaking, toady
csúszós *mn*, slippery, smooth, skiddy, greasy, oily ~ *út:* slippery road
csúsztat *i*, slide along, push along / down
csutak *fn*, wisp, wad
csutakol *i*, *lovat* rub, wisp
csutka *fn*, **1.** core, stump, stalk **2.** *kukorica* cob, ear **3.** *szivar* stump, butt
csutora *fn*, *pipa* stem; mouthpiece
csúz *fn*, joint gout, rheumatism
csúzli *fn*, slingshot
csúzos *mn*, rheumatic
csücsök *fn*, point, tip, corner; *zug, sarok* corner
csücsörít *i*, pout, purse one's lips
csügg *i*, *szeretettel* ~ *vkin:* be greatly / much attached to sy
csügged *i*, lose heart, flinch, despair *ne ~j!:* cheer up! Keep up your courage!
csüggedés *fn*, despair, dismay, despondency, dejection
csüggedt *mn*, discouraged, dispirited, down-hearted, dejected, distressed
csüggeteg *mn*, despairing, despondent
csüggeszt *i*, dispirit, dismay, discourage
csülök *fn*, **1.** hoof (*tsz* hooves) **2.** *ennivaló* knuckle of ham, hand of pork
csüng *i*, hang, hang down, *átv* cling to, be attached to
csűr *fn*, barn, shed
csűr-csavar *i*, distort, twist about, shift, beat about / around the bush
csürhe *fn*, herd, mob, lot, *átv* rabble
csütörtök *fn*, Thursday *~öt mond:* **1.** *puska* miss fire **2.** *terv* fail, prove a failure, miscarry

D

dac *fn*, spite, defiance, dare, *duzzogás* sulk, *jog* contumacy **pusztán ~ból:** out of spite, out of pure / sheer spite *vminek ~ára:* despite / in spite of sg, notwithstanding
dacára *hat*, despite, in spite of ‖ **~, hogy** although ‖ **mindezek ~** for all that
Dácia *fn*, Dacia
dáciai *mn*, Dacian, of / from Dacia
dacol *i*, sulk, defy sy/sg, spite sy, be in a sulk, *szembeszegül vmivel/vkivel* face, challenge, face sy
dacos *mn*, **1.** *sértett* sulky, sullen, huffy **2.** *akaratos* obstinate, headstrong
dacszövetség *fn*, ‖ **véd- és ~:** defensive and offensive alliance
dada *fn*, nanny, nurse, nursemaid
dádá *fn*, spanking, slapping, smacking *el~z vkit:* give sy a spanking
dadaizmus *fn*, Dadaism
dadaizmus *fn*, dadaism
dadog *i*, stammer, splutter, stutter *erősen ~:* he has a bad stammer
dadogás *fn*, stammer(ing), stutter(ing), spluttering, dysphemia
dadogó *mn/fn*, stammering, stuttering
dadogós *fn*, *ember* stammerer, stutterer
dadogva *hat*, stammeringly, stutteringly
dadus *fn*, nanny, nurse, nursey
dagad *i*, **1.** swell, bulge out, grow larger, increase, surge **2.** *felfelé terjed* rise, heave **3.** *tsz vitorla* be /get filled with (wind), beelly (out) *a büszkeségtől ~ a keble:* his heart swells with pride
dagadó *fn*, *hasalja* ventral part of the belly, thin flank of pork
dagadó *mn*, swelling, rising, bulging
dagadt *mn*, **1.** *ált* chuff, embossed, *sérülés* swollen, puffed up, puffy, *gyulladt* inflamed **2.** *átv ember* obese, overweight, plump, fat, fatty, heavy **3.** *puffadt* bloated
dagály *fn*, flood, high-tide, flow *apály és ~:* ebb and tide, low tide and high tide
dagályos *mn*, *stílus* inflated, pompous, high-flown, elevated
dagályosság *fn*, pompousness, pomposity, elevation
daganat *fn*, swelling, growth, tumour (*US* -or), inflamation, node, bump, lump, knob
dagaszt *i*, *kenyeret, tésztát* knead, mould, mold

dagasztás *fn,* kneading, moulding
dagerrotípia *fn,* daguerrotypy
dagonya *fn,* wallow, wallowing place
dagonyázik *i, vmiben* wallow (in sg)
dajka *fn,* nurse, amah **száraz~:** dry nurse **szoptatós ~:** wet nurse
dajkál *i,* nurse
dajkamese *fn,* nursery rhyme, fairy / nursery tale, *kitaláció, mese habbal* yarn
dákó *fn,* billiard cue / stick
dakszli *fn,* dachshund, terrier, *biz* sausage dog
daktiloszkópia *fn,* dactyloscopy, fingerprint identification
daktilus *fn,* dactyl
dal *fn,* song, vocal music, melody **nemzeti ~:** national hymn / anthem **nép~:** folk song
Dalai Láma *fn,* Dalai Lama
dalárda *fn,* choir, singing circle / club, glee club
dalegylet/dalkör *fn,* choir, choral society / club
dalénekes *fn,* singer, one who sings, vocalist
dalest *fn,* musical evening, song recital
dalgyűjtemény *fn,* collection / book of songs, song-book
dália *fn,* dahlia
dalia *fn,* hero, valiant knight
daliás *mn,* **1.** *ált* stately, heroic **2.** *termet* athletic, handsome, well-built, vigorous
daljáték *fn,* opera, musical, musical comedy
dalköltészet *fn,* lyrical poetry
dalköltő *fn,* **1.** *zenei* composer of songs, song-writer **2.** *irodalmi* lyrical poet

dallam *fn,* tune, melody, song
dallamos *mn,* melodious, melodic, tuneful, musical
dallamtalan *mn, egyhangú* unmelodious, untuneful, tuneless, flat
Dalmácia *fn,* Dalmatia
dalmáciai *mn,* Dalmatian
dalmát *fn/mn,* Dalmatian
dalmata *fn, kutya* Dalmatian
dalnok *fn,* **1.** singer, songster **2.** *lovagkorban* bard, minstrel, minnesinger, troubadour **3.** *költő* poet, author of a poem
dalocska *fn,* ditty, sing-song, chant
dalol *i,* **1.** sing, carol, lilt, chant **2.** *madár* warble, sing
dalolás *fn,* singing
daloló *mn,* singing, chanting
dalos *fn,* **1.** = *dalnok* **2.** *karban* chorister
dalszínház *fn,* opera house
dalszöveg *fn,* words, lyrics ‖ **~író** lyrics/words by
dáma *fn,* **1.** lady, dame, gentlewoman **2.** *játék* draughts *tsz, US* checkers *tsz* **3.** *kártya, sakk* queen
Damaszkusz *fn,* Damascus
damaszkuszi mazsola *fn,* sultana(s)
damaszt *fn, abrosz* damask cloth
dámszarvas, dámvad *fn,* fallow deer
dán *mn/fn,* Danish, a Dane
dán *mn,* Danish
dandár *fn,* brigade
dandárparancsnok *fn,* brigadier (general)
dán dog *fn,* Great Dane
Dánia *fn,* Denmark
Dánia *fn,* Denmark
Dániel *fn,* Daniel, Dan, Danny
dankasirály *fn,* black-headed gull, mire crow

dara *fn,* semolina, grits *tsz,* groats *tsz, eső* sleet, soft hail
darab *fn,* **1.** piece, bit, stretch, play **2.** *töredék* fragment **3.** *szelet* slice, *fecni* slip, *kocka* lump, cube, *tétel, listán* item *dirib-~:* bits and pieces *zene~:* a piece of music *bútor~:* a piece / item of furniture *szín~:* play, drama *pénz~:* coin *egy ~ig:* for a while, for a short space of time
darab *fn,* piece, bit, stretch, play, *töredék* fragment
darabáru *fn,* piece-goods *tsz,* part loads *tsz,* US package freight
darabbér *fn,* piece-wages *tsz,* piece rates *tsz*
darabka *fn,* bit, *rongy* shred, scrap, mite, snippet
darabol *i,* cut/chop/parcel up; *húst* carve
darabonként *hat,* piece by piece, bit by bit, in pieces, a piece
darabont *fn,* guardsman, halberdier
darabos *hat,* **1.** *egyenetlen* rough, uneven, coarse, lumpy **2.** *modor* unrefined, not purified, rough, unmannerly, lumpish
darál *i,* **1.** mill, *kávét* grind, *húst* mince **2.** *hadar* rattle, dribble, reel
darálás *fn,* **1.** grinding, mincing, mastication, milling **2.** *beszéd* rattle, dribble, rattling off
daráló *fn,* grinder, mill *kávé~:* coffee grinder / mill *hús~:* mincing machine
daráló *mn,* grinding, milling, mincing
darált *mn,* **1.** minced, ground, *étel* grout **2.** *mag* cracked grain
darálthús *fn,* minced meat
darázs *fn,* wasp
darázscsípés *fn,* wasp-bite, wasp's sting

darázsderék *fn,* wasp / slender / hourglass waist, *fűzött* corneted waist
darázsderekú *mn,* wasp-waisted, sylphlike
darázsfészek *fn,* wasp's nest, hornet's nest, vespiary
dárda *fn,* dart, spear, pike, *dzsida* lance
dárdás *fn,* spearman, *dzsidás* lancer
dáridó *fn,* carousal, feast, rollick, spree, binge, junketings *tsz ~t csap:* have a feast, be on the spree
dáridózik *i,* carouse, have a feast, feast, revel, have a spree, rollick
daróc *fn,* frieze, rough cloth, sack cloth
daru *fn,* crane, hoist *fedélzeti ~:* deck crane
darucsapat *fn,* a flock of cranes
darukezelő *fn,* crane-man, crane-driver, craner, crane operator
datál *i, vmit vmitől* date sg from sg ‖ *vissza ~:* date back to ‖ *..tól ~:* date from
dativus *fn,* dative, the dative case
datolya *fn,* date
datolyapálma *fn,* date palm
dátum *fn,* date
dátumbélyegző *fn,* date stamp, date marker, dater
dátumoz *i,* date
dauer *fn,* perm(anent wave)
dauerol *i,* perm
dauerolt *mn,* permed
Dávid *fn,* David, Dave
de *kötőszó,* **1.** but **2.** *mégis* yet, still **3.** *azonban* however, nevertheless *~ igen / bizony:* of course, certainly, without doubt, surely, presumably, yes indeed! *~ mennyire!:* and how! rather!

deák *fn/mn,* Latin *író~;* scribe
deákul *hat,* in Latin
dealer *fn,* dealer, distributor, merchant, trafficker, salesman
debreceni *fn,* Debrecen, of Debrecen
december *fn,* December
decens *mn,* decent, respectable, modest, moderate, honorouble
decentralizál *i,* decentralize
decibel *fn,* decibel
deciliter *fn,* decilitre, *US* deciliter
decimál *i,* decimal
deciméter *fn,* decimetre (*US* -meter)
deck *fn,* deck
déd- *mn,* great-
dédanya *fn,* great-grandmother
dédapa *fn,* great-grandfather
dédelget *i,* fondle, caress, pamper, pet, cajole, cherish
dedikáció *fn,* 1. dedication, devotion, commitment, loyalty 2. *könyvben* inscription
dedikál *i,* dedicate, devote, inscibe (sg to sy)
dedikálás *fn,* dedication
dedikált *mn,* dedicated, inscribed, autographed
dédszülők *fn,* great-grandparents
dedukál *i,* deduce, gather from premises, infer, conclude
dedukció *fn,* deduction, inference, conclusion
dédunoka *fn,* great-grandchild (*tsz* great-grand-children)
defekt *fn,* 1. *gumi* puncture, flat tyre / *US* tire 2. *ált. hiba* breakdown
defenzív *mn,* defensive, protective, sheltering

defenzíva *fn,* defensive
deficit *fn,* deficit, deficiency, loss, shortage, shortfall
definiál *i,* define, explain exactly, describe
definíció *fn,* definition, explanation
defláció *fn,* deflation
deflációs *mn* deflational
deflorál *i,* 1. deflower, rape, ravish, violate, deprive of virginity 2. *szl GB vulg* pick sy's cherry, *US vulg* pop sy's / the cherry
deformál *i,* deform, distort, cripple, mishape
degenerál *i,* degenerate, mean, corrupt, deteriorate
degesz *fn,* ‖ *~re zabálja magát* stuff oneself, eat one's fill
degradál *i,* degrade, reduce to a lower rank, dishonour, discredit, disrepute
dehogy *hat,* of course not, certainly not, not at all, by no means, tut!
deka *fn,* decagramme
dekadens *mn,* decadent, depraved, declining, deteriorating
dekagramm *fn,* decagram(me)
dékán *fn,* dean
dekázik *i,* 1. measure accurately 2. *átv* fuss, waste one's time
deklaráció *fn,* declaration, solemn affirmation, proclamation, announcement
deklarál *i,* declare, proclaim, announce
deklasszálódott *mn,* declassed
deklináció *fn, nyelvt* declension, declining, *csill* declination
dekóder *fn,* decoder
dekódol *i,* decode, decipher, break a code
dekódolás *fn,* decoding, deciphering, code-breaking

dekódolt *mn*, decoded, deciphered
dekoltált *mn*, décolleté, cut **mélyen** ~: low-cut, low-necked
dekoltázs *fn*, décolletage, neckline, cut **mély** ~: low neckline
dekoráció *fn*, decoration, ornamentation, adornment, embellishment
dekorál *i*, decorate, ornament, embellish, adorn, trim, garnish
dekoratőr *fn*, decorator, trimmer, garnisher, ornamentist, embellisher
dekrétum *fn*, decree, edict, ordination, proclamation
dél *fn*, időpont noon, midday, *égtáj* South ~**en:** in the south ~ **felé:** to the south, southward *vmitől* ~**re:** south of sg, to the south of sg
délceg *mn*, 1. stately, proud, dashing 2. *jóképű* handsome, good-looking, nice, nice-looking, trim 3. *szl* hot
délcegen *hat*, stately, proudly
délcegség *fn*, stateliness, pride, handsomeness
delegáció *fn*, delegation, delegacy, deputation
delegál *i*, delegate, depute
delegált *mn*, delegated, deputed
delegátus *fn*, delegate, representative, deputy
delej *fn*, magnet, magnetism
delejes *mn*, magnetic, *igéző* hypnotic, mesmerizing
delejesség *fn*, magnetism, mesmerism
delejez *i*, 1. magnatise, magnatize 2. *igéz* hypnotize, mesmerize
delejtű *fn*, magnetic needle / compass
delel *i*, 1. *nap* culminate 2. *pihen* rest at midday, take / have a midday rest / nap / break

delelés *fn*, 1. *napé* culmination, culminating 2. *szieszta* siesta, midday rest, cessation of action, sleep
delelőpont *fn*, culmination (point), zenith
délelőtt *fn/hat*, (in the) morning, forenoon ~**önként:** in the mornings *kora* ~: early in he morning *ma* ~: this morning *tegnap* ~: yesterday morning
delfin *fn*, dolphin, porpoise
delfinúszás *fn*, dolphin / butterfly stroke
deli *mn*, 1. *külső* well-built, strapping 2. *hős* heroic, chivalrous
déli *mn*, *délbeni* midday, noon ~ **harangszó:** noonday bell / chimes, Angelus ~ **pihenő:** siesta, midday rest / nap, cessation of action, sleep
délibáb *fn*, mirage, Fata Morgana
délibábos *mn*, miragy, mirage-haunted, *valóságtól elrugaszkodott* illusory, unreal, fallacious, *csalóka* deceptive, illusive, misleading, delusive, false
délidő *fn*, midday, noontime
déligyümölcsök *fn*, southern fruits *tsz,,* tropical / subtropical / mediterranean fruits *tsz*
delikvens *fn*, delinquent, culprit, offender
delírium *fn*, delirium, violent excitement, frenzy, ecstasy
delírium tremens *fn*, delirium tremens, jitters *tsz*, shakes *tsz*
delíriumos *mn*, delirious, disordered / deranged in mind / intellect, senseless, frentic
Déli-sark *fn*, the South Pole, the Antarctic Pole
délkelet *fn*, south-east
délkeleti *mn*, south-eastern, south-easterly
délkör *fn*, meridian

délnyugat *fn,* south-west
délnyugati *mn,* south-western, south-westerly
délsarki *mn,* Antarctic
délszaki *mn,* tropical, southern
delta *fn,* delta
deltaág *fn,* distributary (channel), river branch, river arm
deltaizom *fn,* deltoid muscle, triceps, triceps muscle
déltájban, déltájt *hat,* at / about noon, at midday, round about noon, round midday
deltoid *fn,* deltoid (kite)
délután *fn,* (in the) afternoon, p.m. (*post meridiam*), *röv.* afternoon AUS *szl* arvo || **ma ~:** this afternoon || **holnap ~:** tomorrow afternoon || **~ kimenője van:** have a day off
délutános/délutáni *adj,* afternoon shift worker / afternoon **~ műszakban dolgozik:** be on the afternoon shift / swing shift
délvidék *fn,* the South
délvidéki *fn, ember* Southerner
demagóg *fn,* demagogue, US demagog, factious orator, agitator
demagóg *mn,* demagogic(al)
demagógia *fn,* demagogy, demagoguery
demarkációs vonal *fn,* demarcation line, dividing line
Demeter *fn,* Demetrius
demizson *fn,* demijohn, wicker(ed) bottle
demográfia *fn,* demography
demográfiai *mn,* demographic(al)
demokrácia *fn,* democracy
demokrata *fn,* democrat
demokratikus *mn,* democratic

démon *fn,* **1.** *ált* demon, evil spirit, devil, fiend-like men **2.** *nő* vamp, vampire
démoni *mn,* demonical
demonstráció *fn,* **1.** demonstration, illustration, exposion, presentation, protest, parade **2.** *bizonyítás* proof, evidence **3.** *szemléltetés* display, demonstration
demonstrál *i,* demonstrate, illustrate, show, display, exhibit, protest
demonstrátor *fn, egyetemen* assistant
demoralizál *i,* demoralize, corrupt, deprave
demoralizálás *fn,* demoralization, corruption
dénár *fn,* denarius
denaturál *i,* denaturalize, deprive of naturalization, render unnatural
denaturált szesz *fn,* methylated / industrial spirits *tsz* / alcohol
dendi *fn,* dandy, fop, beau, coxcomb
Dénes *fn,* Dennis
denevér *fn,* bat, rearmouse
denevérszárny *fn,* bat's wing
denevérszerű *mn,* bat-like
denevérujj *fn,* batwing sleeve
dentin *fn,* dentin(e)
denunciál *i,* denunciate, denounce
denunciálás *fn,* denunciation, act of denouncing, public menace
denunciáns *fn,* denunciator
depó *fn,* depot, repository, storehouse, place of deposit, *autóversenyen* pit
deportál *i,* deport, transport
depresszió *fn,* depression, low state, dejection, state of dulness
depressziós *mn,* depressed, dejected, dispirited, down in the dumps
dér *fn,* rime, frost, hoar frost

derce *fn,* grits, groats, groots, *zab* porridge
dércsípte *mn,* frostbitten, frosty
dereglye *fn,* barge, dumb barge
dereguláció *fn,* deregulation
derék *fn,* 1. *testrész* waist, back 2. *fáé* trunk, bole 3. *ruháé* bodice, waist 4. *időszak* middle **~on kap vkit:** catch / seize sy by the waist ‖ *a nyár ~án:* in high summer, in the middle of the summer
derék *mn,* 1. *átv* fine, honest, straight, sincere, just 2. *jó kiállású* tall, well-built, well-formed
derékalj *fn,* mattress, feather-bed
derekasan *hat,* bravely, courageously, manfully
derekasság *fn,* braveness, honesty, straightness
derékfájás *fn,* lumbago, backache
derékhad *fn,* main body (of the army), the main (army)
derékig *hat,* to the waist, down to the waist, waist-high
derékszíj *fn,* (waist) belt, waistband
derékszögű *mn,* rectangular, right-angled, square
derékszög *fn,* right angle
dereng *i,* dawn, loom, emerge **már kezd ~eni:** it begins to dawn on me
derengés *fn,* dawn, semi-darkness
derengő *mn,* dim, dawning, looming
deres *fn,* 1. whipping post, hoar 2. *ló* grey horse, dun *~re húzat vkit:* whip sy, tie sy to the whipping post
deres *mn,* hoary, *haj* grey, greyish, silvery
deresedik *i,* turn grey, grey
derít *i,* 1. *jókedvre* cheer sy up, brighten sy up, throw light on sg 2. *fényt vmire* reveal sg, disclose sg, clear up 3. *bort* clarify, clear, divulge
derítő *fn,* purifier, clarifier ‖ *mn,* 1. funny, merry 2. *tech* clarifying
dermed *i,* 1. grow / become stiff / numb, stiffen, harden 2. *ijedtségtől, hidegtől* be benumbed (with fright/cold), congeal 3. *zavartól* get flustered
dermedt *mn,* stiff, numbed, numb, stupefied, stunned ‖ *~en nézi:* look petrified ‖ *hidegtől ~:* benumbed (with cold)
dermeszt *i,* 1. benumb, stiffen, numb 2. *félelemmel* paralyse with fear
dermesztő *mn,* benumbing, stiffening, hardening, *hideg* bitterly / piercingly cold, chilling, numbing
derű *fn,* 1. *tiszta idő* bright weather, clear sky 2. *átv* serenity, brightness, peace, *napfény* sunshine 3. *jókedv* humour, cheerfulness, gayness
derült *mn, égbolt, idő* fair, clear (blue), cloudless, fine, serene
derültség *fn, jókedv* happiness, cheerfulness, gaiety, amusement, entertainment, exhilaration, serenity, joviality, merriment, hilarity
derűs *mn, kedv* happy, cheerful, jolly, merry, gay
dervis *fn,* dervish, poor Mohammedan priest or monk
deszka *fn,* 1. plank, board, *sportban* board 2. *nőről* she is like a lamp post, skinny *ugró ~:* springboard
deszkaburkolat *fn,* wooden lining / panelling, boarding
deszkafal *fn,* partition, boarding, separator
deszkakerítés *fn,* fence, palisade, planking

deszkázat *fn,* boarding, planking
desszert *fn, étkezés végén* dessert, pudding, afters *mi a ~?:* what's for dessert?
desztillál *i,* distil
desztillálás *fn,* distillation
detektív *fn,* detective, *US* investigator, *szl* ace ‖ *magán~:* private detective
detektor *fn,* detector, scanner
detonátor *fn,* detonator
Detre *fn,* Theodoric, Derrick
dettó *hat,* ditto, do ‖ *ő ~:* is ditto
deviza *fn,* foreign currency / bill
devizapénztár *fn,* foreign exchange counter / cash
dézsa *fn,* vat, bucket, tub, butt
dézsma *fn,* tithe, tenth
dézsmál *i, vmit megdézsmál* tithe, pinch, pilfer
Dezső *fn,* Desiderius
dia *fn,* slide, transparency
diadal *fn,* victory, triumph, success *~t arat vki fölött:* triumph over sy
diadalemlék *fn,* trophy, triumphal monument
diadalének *fn,* triumphal song, song of victory
diadalhír *fn,* news of victory
diadalittas *mn,* elated, exhilarated, jubilant, enthralled, euphoric
diadalív *fn,* triumphal arch
diadalmas *mn,* 1. triumphant, victorious 2. *csata* successful, winning
diadalmaskodik *i,* triumph over sy, win through
diadalmenet *fn,* triumphal procession, triumph
diadalmi *mn,* triumphal, victorious

diadalünnep *fn,* triumphal feast
diadém *fn,* crown, diadem
diafilm *fn,* film strip, slidefilm
diagnosztika *fn,* diagnostics
diagnosztikál *i,* diagnose
diagnózis *fn,* diagnosis
diagram *fn,* diagram, chart, graph
diák *fn,* student, pupil, schoolboy
diák *fn,* student, pupil, schoolboy, schoolgirl
diakép, diapozitív *fn,* slide
diáklány *fn,* schoolgirl, *US* high school girl
diakónusnő *fn,* deaconiss
diákos *mn,* student-like, schoolboyish/girlish ‖ *~ csíny* practical joke, students' trick
diakritikus jelek *fn,* diacritical marks, accents
diákság *fn,* the students *tsz,* the pupils *tsz*
diákszövetség *fn,* student's union, fraternity
dialektus *fn,* dialect ‖ *~ban beszél* speak in dialect
dialízis *fn,* dialysis
diapozitív *fn,* slide, transparency
diavetítő *fn,* slide projector
dicsekszik *i,* brag (of/about sg), boast (of/about sg), pride oneself, *fitogtat* show sg off, parade, swagger, swank, *szl* vaun ‖ *el ~ vmivel:* boast about sg
dicsekvés *fn,* bragging, boast(ing), *szl US tabu* bullshitting
dicsekvő *fn,* braggart, boaster, *szl* bigmouth, loud mouth
dicsekvő *mn,* bragging, boasting, proud, boustful, vainglorious
dicsér *i,* 1. praise sy, glorify, compliment,

laud **2.** *érdemeit* worship, applaud, flatter

dicséret *fn,* praise, compliment, applause, laudation

dicséretes *mn, dicséretre méltó* praiseworthy, commendable, laudable, meritorious, admirable, estimable

dicsérő *mn,* praising, laudative, laudatory, flattering, glorifying

dicsérőleg *hat,* in praise, in a praising manner

dicsfény *fn,* halo, glory *~nyel övez vmit/vkit:* glorify sy/sg ‖ *~ben fürdik:* bath in glory

dicshimnusz *fn,* hymn of praise, eulogy, ecomium (*tsz* ecomia)

dicső *mn,* glorious, sublime, superb, *híres* illustrious

dicsőít *i,* glorify, praise, laud, worship, eulogize

dicsőítés *fn,* glorification, praise, apotheosis, laud, laudation

dicsőített *mn,* glorified, praised

dicsőséges *mn,* glorious

dicsőülés *fn,* glorification, veneration, apotheosys

dicsőség *fn,* glory, honour ‖ *~et arat* win/gather laurels ‖ *~ére válik* do sy honour ‖ *fejébe szállt a ~* success has turned his head

dicsszomj *fn,* ambition, lust for fame

dicstelen *mn,* inglorious, shameful, ignominious

dicsvágy *fn,* ambition, lust for fame

dicsvágyó *mn,* ambitious, aspiring

didereg *i,* shiver (with cold), shudder, shake, tremble

diéta *fn,* diet

diétás étel *fn,* diet meal

diétázik *i,* diet, go / be on a diet, keep a diet

differencia *fn,* difference, dissimilarity

differenciálmű *fn,* differential (gear)

diftéria *fn,* diphtheria

digitális kijelző *fn,* digital readout

digitális *mn* digital

digó *fn,* Talliano

díj *fn,* **1.** award, premium, trophy **2.** *jutalom* prize **3.** *fizetség, költség* fee, charges, costs, expenses **4.** *büntetés* fine

díjaz *i,* **1.** *fizet* pay **2.** *jutalmaz* reward, award a prize (to) **3.** *díjat odaítél* award

díjazás *fn,* payment, reward

díjazott *mn,* paid, salaried, feed

díjemelés *fn,* raising of charges

díjkiosztás *fn,* prize-giving, prize distribution

díjlovaglás *fn,* dressage test

díjlovaglópálya *fn,* dressage arena

díjmentes *mn,* free, gratis, free of charge, complimentary

díjmentesít *i,* frank, prepay

díjmentesség *fn,* exemption from charges

díjnyertes *fn,* prize-winner, laureate

díjszabás *fn,* **1.** tariff, rate, scale of charges **2.** *fuvardíj* fare

díjszámláló *fn, tel.* subscriber's / customer's private meter

díjtalan *mn,* free of charge, gratis

díjtétel *fn,* rate

díjugratás *fn,* show jumping, jumping competition

diktafon *fn,* dictating machine, dictaphone

diktál *i,* **1.** *ált* dictate (to sy) **2.** *előír* dictate, ordain, impose sg upon sy,

prescribe 3. *irányít* call the tune / signals, command, instruct, *leszögez* lay down
diktálás *fn,* dictation, governing, imposing, ordering, prescribing
diktátor *fn,* dictator, despot, tyrant
diktatorikus *mn,* dictatorial, tyrannical, dictatorial, despotic
diktatúra *fn,* dictatorship, autocracy, despotism, tyranny
dilemma *fn,* dilemma, quandary ‖ *~ban van:* be in a dilemma, quandary
dilettáns *fn/mn,* dilettant(e)
dilis *mn,* cracked, has no brain, mad as a March hare
dinamika *fn,* dynamics *tsz*
dinamikus *mn,* dynamical, energetic, vibrant, vigorous, lusty
dinamikus viszonyszám *fn,* dynamical ratio
dinamit *fn,* dynamite, bomb
dinamó *fn,* dynamo, dinamo, electromagnetic generator
dinár *fn,* dinar
dinasztia *fn,* dynasty, house
dinasztikus *mn,* dynastic
dingi *fn,* dinghi
dínomdánom *fn,* merry-making, revelry, carousing, frolicking, jollity, partying
dinnye *fn,* melon *görög~:* watermelon *sárga~:* musk-melon, cantaloupe, honeydew melon
dinnyehéj *fn,* melon skin
dió *fn,* walnut, nut
diófa *fn,* walnut tree
dióhéj *fn,* nutshell *átv. is ~ban:* in a nutshell
dioptria *fn,* dioptre (*US* -er)
diótörő *fn,* nut cracker(s)

diploma *fn,* degree, diploma, certificate, thesis *~át szerez vmiből:* have / get / take one's degree in sg
diplomamunka *fn,* diploma piece/work, work for diploma
diplomás *fn,* degree holder, graduate, professional
diplomata *fn,* diplomat, diplomatist
diplomatikus *mn,* diplomatic
dirigál *i, zenét* conduct, *irányít* direct, *utasítgat* command, give orders / instructions, control govern, rule, supervise, dictate, *főnökösködik* be bossy
dirigens *fn, zene* conductor
disputa *fn,* dispute, argument
disputál *i,* dispute, argue
dísz *fn,* ornament, adornment, parade, embellishment, decoration, *ruhán* trimmings **teljes ~ben:** in full dress **~be öltözik:** dress fully, dress for a solemn occasion
dísz- *mn,* decorative, ornamental
díszcserje *fn,* ornamental shrub
díszeleg *i,* parade, make a fine show, *biz* show off
díszelnök *fn,* honorary president
díszelőadás *fn,* gala performance / night
díszes *mn,* ornamented, decorated, pompous, elegant, arabesque, ornate
díszfa *fn,* ornamental tree
díszfelvonulás *fn,* parade, procession
díszhangverseny *fn,* gala concert
díszít *i,* **1.** *ált* decorate, adorn, ornament, embellish **2.** *külsőt* dress up, beautify, embellish, prettify, smarten, trim, *US szl* put on the ritz, blazon, do up ‖ **fel ~ vmivel:** ornament sg with sg ‖ **fel~i magát:** trick oneself out/up in sg

díszítés *fn,* decoration, ornament, adornment
díszített *mn,* ornamental, decorated, adorned with sg
díszítmény *fn,* decoration, ornament, adornment
díszítő *fn,* decorator, ornamental
díszítő *mn,* decorative, honorific, ornamental
díszkiadás *fn,* special edition
díszkíséret *fn,* escort, cortege
diszkó *fn,* discotheque, disco
diszkont *mn,* discounted ‖ *fn,* discount
diszkosz *fn,* discus
diszkoszvetés *fn,* throwing the discus, discus throw, discus-throwing
díszkötés *fn,* special binding
diszkréció *fn,* discretion, prudence, secrecy
diszkrecionális eszközök *fn,* discretionary policy
diszkrét *mn,* discrete, for sy's private ear, secret
diszkrimináció *fn,* discrimination
diszkvalifikál *i,* disqualify, eliminate
díszlépés *fn,* march / parade / goose step
díszlet *fn,* **1.** scenery, (film/movie) set **2.** *háttér* side flats, background, backdrop
díszletezőmunkás *fn,* stagehand, scene shifter
díszlettervező *fn,* set / stage designer, art director
díszlik *i,* flourish, luxuriate, *virág* bloom
díszlövés *fn,* salute
díszmenet *fn,* parade, *lovas* cavalcade
díszmű *fn,* fancy-goods, Paris-goods
díszműáru *fn,* fancy goods
disznó *fn,* **1.** pig, swine, hog, *hízó* porker, *koca* sow, swine, mucker **2.** *emberről* dirty, pig, *disznó vicc* dirty. *vad~:* wild boar
disznó *mn,* dirty swine, mucker
disznócomb *fn,* a leg of pork
disznócsorda *fn,* herd of swine
disznóhízlalás *fn,* pig breeding, fattening (of pigs)
disznóhízlalda *fn,* pigfarm, piggery
disznóhízlaló *fn,* pig breeder
disznóhús *fn,* pork
disznókaraj *fn,* cutlet of pork, pork-chop
disznólkodás *fn,* indecency, filth, lewdness, obscenity, piggery
disznólkodik *i, trágárkodik* be indecent, use filthy language
disznóól *fn,* pigsty, sty, *US* hoggery, piggery
disznópásztor *fn,* swineherd
disznóság *fn,* **1.** shame **2.** *esemény* scandal **3.** *tett* dirty / lousy trick, *beszéd* dirty / filthy talk
disznósajt *fn,* collared pork, *US* headcheese, brawn, pork / pig cheese
disznósörte *fn,* bristle
disznósült *fn,* roast pork
disznótenyésztés *fn,* pig breeding
disznótor *fn,* pork supper, dinner on pig-killing day
disznóvásár *fn,* pig market
disznózsír *fn,* lard
dísznövény *fn,* foliage, ornamental plant
díszőrség *fn,* guard of honour
díszpáholy *fn,* box of honour
díszpárna *fn,* scatter cushion
díszpolgár *fn,* honorary citizen, freeman (of a town/city)
díszruha *fn,* **1.** gala dress, formal / dress clothes, trappings *tsz,* full / ceremonial dress **2.** *egyházi* canonicals

díszszemle *fn,* dress parade, march past
disszertáció *fn,* thesis, *doktori* Ph.D. thesis *megvédi a ~ját:* defend one's thesis
disszertál *i,* write one's thesis
disszidál *i,* leave one's country, flee the country, *szl* defect
disszidens *fn,* defector, dissenter, dissident
dísztelen *mn,* unadorned, simple, plain, ungarnished
díszterem *fn,* assembly hall, state room, salon, saloon, ceremonial / banqueting hall
dísztribün *fn,* grandstand
dísztű *fn,* stickpin, fibula
ditirambus *fn,* dithyramb
dívány *fn,* divan, couch
divat *fn,* fashion, vogue, trend, craze, mode, rage, style, *szl* all the go, all the rage, *szokás: népé* custom, *szokás: emberé* habit, fashion *~ban van:* be in fashion / vogue *~ba jön:* come into fashion, come in *kiment a ~ból:* be / go out of fashion, become unfashionable *a legújabb ~:* the latest style / fashion, all the vogue
divatárukereskedés/üzlet *fn,* clothes shop, fashion shop / house
divatbemutató *fn,* fashion show, dress-show / parade
divatbolond *fn/mn,* fashion victim, *US* fashion plate, dandified young man
divatdiktátor *fn,* trend setter, dictator of fashion
divatház *fn,* fashion house
divatjamúlt *mn,* out of fashion, old-fashioned, outmoded, out of date
divatkatalógus *fn,* fashion catalogue
divatkövető *fn,* follower of fashion, fashion follower

divatkövető *mn,* be fashion conscious
divatlap *fn,* fashion magazine / journal / book
divatnyelv *fn,* catch-language, stylish language
divatos *mn,* fashionable, in fashion / vogue, modern, *szl* trendy, stylish, *szl* cool, all the rage, up-to-date
divatszalon *fn,* millinery
divatszínek *fn,* fashionable / trendy colours
divatszó *fn, felkapott* vogue word
diverzáns *fn,* saboteur, subversive
diverziós *mn,* subversive
dízelmotor *fn,* diesel engine
dízelmozdony *fn,* diesel locomotive / engine
dízelolaj *fn,* diesel oil / fuel
dob *fn,* drum, trommel
dob *fn,* drum, trommel *üst~:* kettle / drum *~ra verni vmit:* put sg up for auction
dob *i,* 1. throw, cast, fling, hurl, toss, pitch, 2. *vmit, vkit* get rid of sg/sy
dobás *fn,* 1. *ált* throw, toss, fling, pitch 2. *sp* throw, cast, put ‖ *van egy ~a:* has one dice
dobás *fn,* 1. throw, pitch 2. *sp* throw, cast, put *nincs több ~od:* no more dice
dobban *i, szív* throb, beat, palpitate, pulsate
dobbanás *fn, szívé* throb(bing), beat(ing), palpitation
dobbant *i, lábával* scuffle, stamp (with one's foot/feet), *ugró* take / jump off
dobbantás *fn,* stamp(ing)
dobbantó *fn, sport* springboard, Reuther board
doberman *fn,* Dobermann terrier

dobfelszerelés *fn,* drum kit
dobhártya *fn,* tympanic membrane, tympanum
dobogás *fn,* beat, throbbing, palpitation
dobogó *fn,* platform, stage, podium, rostrum
dobogókő *fn,* rocking stone, logan
dobójátékos *fn, baseball* pitcher, *krikett* fielder, bowler
dobol *i,* drum, play a/the drum, beat a/the drum, patter ~ *az ujjaival:* drum one's fingers, thrum
dobolás *fn,* drumming, drum
dobos *fn,* drummer *nagy~:* drum major
dobószám *fn, cirkuszi* throwing act, *sp* throwing event(s)
doboz *fn,* pack, case, *karton* cardcoard, box, carton, *bádog* tin, canister, *US* can ‖ *~os tej:* carton of milk ‖ *egy ~ cigaretta:* a packet of cigarettes ‖ *~ kártya:* a packet of cards *egy ~ gyufa:* a box of matches
dobozol *i,* box, pack in boxes, pack, package
dobozos *mn, sör, gyümölcslé* can, canned, boxed
dobpergés *fn,* drumroll, drumbeat, the beat of a drum
dobszíj *fn,* drumline, drum strap
dobszó *fn,* drumbeat
dobverő *fn,* drumstick
docens *fn,* (university/college) lecturer, senior lecturer, *US* associate professor
docentúra *fn,* lecturership, assistant professorship
dodzsem *fn,* dodgem car, bumper car
dodzsem *fn,* dodgem
dogma *fn,* dogma, doctrine, tenet

dogmatikus *mn,* dogmatic, pragmatic, pragmatical
doh *fn,* must, mustiness, musty / mouldy smell
dohány *fn,* **1.** *növény* tobacco (plant), *sodrott* pigtail, twist of tobacco **2.** *szl* baccy, *szl: pénz* weed
dohányáru *fn,* tobacco, smokes *tsz*
dohányárus *fn,* tobacconist, *kioszk, trafik* tobacconist's (shop), tobacco kiosk
dohányárusítás *fn,* selling of tobacco, sale of tobacco
dohánygyár *fn,* tobacco factory / plant
dohányjövedék *fn,* tobacco revenue
dohánylevél *fn, feldolgozva* tobacco leaf, tobacco
dohánymonopólium *fn,* tobacco monopoly
dohányos *fn,* smoker *erős ~:* chain-smoker, heavy smoker
dohányszelence *fn,* tobacco-case /-box/-jar
dohánytermesztés *fn,* tobacco-growing
dohányzacskó *fn,* tobacco pouch
dohányzás *fn,* smoking *tilos a ~!:* no smoking, no smoking allowed, smoking is forbidden, smoking (is) prohibited
dohányzik *i,* smoke, smoking *nem dohányzom:* I don't smoke
dohányzó *fn,* **1.** *helyiség* lounge, smoking room **2.** *ember* smoker *szakasz pl. vonaton nem~:* non-smoker
dohányzó *mn,* smoking *nem~:* non-smoking
dohányzóasztal *fn,* coffee table
dohog *i,* grumble, growl, mutter, mumble
dohos *mn,* fusty, musty, *szoba* damp, mouldy, *levegő* suffy, stale

dohosodik *i*, become / go fusty / musty / damp / mouldy
doki *fn*, doc, medic
dokk *fn*, dock, dockyard, wharf *száraz~:* dry dock, graving dock
dokkdaru *fn*, dock crane
dokkmunkás *fn*, docker, dock worker, longshoreman
dokkol *i*, dock, wharf
doktor *fn*, 1. doctor 2. *orv* physician, general practitioner *bölcsész~:* doctor of philosophy *jogi ~:* doctor of laws *röv* GB LLD *~rá avat vkit:* confer a doctorate (up)on sy
doktorál *i*, take one's (doctor's) degree / doctorate / GB Master degree
doktori *mn*, doctor's, doctoral *~ fokozat:* doctor's degree *~ disszertáció:* doctoral dissertation / thesis
doktornő *fn*, lady-doctor, woman doctor, doctoress
doktrina *fn*, doctrine, tenet
dokumentáció *fn*, documentation, confirmation, evidence
dokumentál *i*, document, certify, attest
dokumentum *fn*, document, record, manuscript
dolgavégezetlen *hat*, empty-handed, having achieved nothing
dolgos *mn*, 1. *szorgos* hard-working, diligent, laborious 2. *elfoglalt* busy, active
dolgozat *fn*, 1. *iskolai* paper (in sg), test (in sg) 2. *értekezés* thesis, essay, dissertation 3. *fogalmazás* composition, essay on/about sg 4. *vizsgán* exam paper
dolgozik *i*, work, labour ‖ *~ vhol:* work for/with sg, be employed at ‖ *~ vmiként, vmilyen minőségben:* work as a/an... ‖ *robotol* keep one's nose to the grindstone ‖ *keményen ~:* work hard, work like a slave
dolgozó *fn*, worker, employee *fizikai ~:* blue-collar worker, labourer, US jobholder, handworker
dolgozó *mn*, working, labouring
dolgozószoba *fn*, study, *biz* workroom
dolgoztat *i*, 1. *vkit* make sy work, keep sy busy 2. *alkalmaz* employ sy
dolina *fn*, dolina, sink(hole), swallowhole
dollár *fn*, 1. dollar, *szl* buck 2. *bankjegy* greenback, buck(eroo)
dolmány *fn*, dolman
dolmen *fn*, dolmen, megalithic tomb, giant's tomb
dolog *fn*, thing, object, stuff, *szl* affair, guy, *munka* work, labour, job, task, *ügy* affair, matter, *üzlet* business *ez nem a te dolgod:* it is none of your business *sok a dolga:* he is very busy, he has a lot to do *törődj a saját dolgoddal:* mind your own business *hogy megy dolgod?:* how are you getting on? how are you doing?
dologház *fn*, workhouse
dologi *mn*, *anyagi* material, *törv* real
dologkerülés *fn*, loafing, idleness, laziness, inactivity
dologkerülő *fn*, loafer, idler, shirker, inactive
dologkerülő *mn*, idle, lazy, lazybones
dologtalan *mn*, 1. idle, lazy, vacuous 2. *munkanélküli* unemployed, be out of work
dologtalanság *fn*, 1. idleness, laziness, indolence 2. *munkanélküliség* unemployment

dolomit *fn,* dolomite
dolomit *fn,* dolomite ‖ *a D ~ok:* the Dolomites
dóm *fn,* cathedral, dome
domb *fn,* hill, mound, knoll *~ra fel:* uphill *~ról le:* downhill *trágya~:* dunghill
dombocska *fn,* mound, hillock, hump
domboldal *fn,* hillside, hill-slope
domborít *i,* crease, dome, *formál* emboss, raise, *kidomborít, kiemel, átv.* emphasize sg, stress sg
dombormű *fn,* 1. relief 2. *fém* embossed work, embossment, embossing
domborodik *i,* 1. swell out, bulge 2. *zseb vmitől* bulge (with sg) 3. *meglátszik* show, be clear, appear, be apparent / obvious
domború *mn,* convex, convexo-concave, domed, curved
domború tükör *fn,* convex mirror
dombos *mn,* hilly, humpy
domesztikál *i,* domesticate, domesticity
dominál *i,* dominate, domineer, prevail over sg
domináns *mn/fn,* dominating, dominant
Dominika *fn,* Dominican Republic
dominikánus *mn,* 1. Dominican 2. *szerzetes* Black Friar
dominium *fn,* 1. *országrész* dominion 2. *birtok* domain
dominó *fn,* domino, domino tile
Domokos, Domonkos *fn,* Dominic
Domokos-rend *fn,* Dominican Order
Domokos-rendi *mn,* Dominican
Don Juan *fn,* Don Juan, lady-killer, womanizer
Don Quijote *fn,* Don Quixote

dong *i,* hum, buzz
donga *fn,* stave *vékony ~ájú (ember):* thin, lean
dongaláb *fn,* club-foot / feet
dongás *fn,* buzzing, humming
dongó *fn, légy* blowfly, bluebottle, *méh* bumble-bee
dopping *fn,* dope, drug
doppingol *i,* stimulate (by drug), *szl* dope *~ás miatt kizár vkit:* disqualify sy for doping
dór *mn,* Doric *~ oszlopfő:* Doric column / pillar
Dóra, Dorottya *fn,* Dorothy, Dora, *becézve* Dolly, Doll
dorbézol *i,* carouse, revel, have a debauch
dorbézolás *fn,* carousal, revelry
dorgál *i,* scold, rebuke, reprove, reprimand
doromb *fn,* Jew's harp, trump
dorombol *i,* 1. trump 2. *macska* purr
dorong *fn,* stick, club, log *vas~:* iron bar
dorongol *i, doronggal leüt* club down, *véleményt* run down, disparage, rebuff, reject sy's opinion
dosszié *fn, irattartó* file, folder, dossier
dotáció *fn,* dotation, endowment, funds *tsz,* subsidy
dotál *i,* endow, subsidize, remunerate
dózis *fn,* dose, portion, ration
dózismérő *fn,* dosimeter, dosemeter
dózse *fn,* doge
dőzsölés *fn,* revelry, carousel, feasting, festivity, spree
döbben *i,* 1. realize, alarm, startle, shock 2. *vkit ~t:* stagger sy, shock sy
döbbenet *fn,* shock, bewilderment, appal, bafflement, stupefaction

döbbenetes *mn,* horrifying, stupefying, startling, shocking, bewildering
döbbent *i,* **1.** be startled, be taken aback, stunned, astonished, bewildered, be flabbergasted, be shocked
döcög *i,* jolt, jog, waddle
döcögés *fn,* jolt(ing), slow advance
döcögős *mn,* **1.** jolting, rugged **2.** *út* bumpy, uneven, jerky
döf *i,* **1.** stab, thrust, poke, prod **2.** *állat* butt, bunt **kést ~ vkibe:** run a knife into sy/sg
döfés *fn,* thrust, stab, poke, prod, *állat, szarvval* butt, bunt **kegyelem ~:** death blow
dög *fn,* **1.** *áll* carrion, carcass, carcase **2.** *átv állat* beast, *ember* bitch, beast, louse, wretch
dögcédula *fn,* dog-tag, cold meat ticket
dögevő *mn,* carrion-eating, feeding on carrion, scavenger
döghús *fn,* carrion
dögkeselyű *fn,* Egyptian vulture, carrion vulture
döglégy *fn,* green botfly, greenbottle
dögletes, döglesztő *mn,* **1.** killing, destroying, pestilent **2.** *fertőzött* infected
döglik *i,* **1.** *áll* die, perish, come to nothing, be destroyed **2.** *henyél* laze about
döglődik *i,* **1.** be dying, be perishing, die a slow death **2.** *szl* be pretty dicky, feel fit to drop
döglött *mn,* **1.** dead, without life **2.** *átv* done up, dog tired
dögönyöz *i,* pounch, pound, whack
dögunalmas *mn,* yawny, draggy, dull, boring
dögvész *fn,* plague, pest, pestilence, *középkorban* Black Death

dől *i,* **1.** fall, lean, slant **2.** *romba* be destroyed, be ruined, fall to ruin / pieces, tumble down **3.** *ömlik* pour, gush
dőlés *fn,* leaning, inclination, slant, obliquity, *irány* dip, angle of dip, true dip
dőlésszög *fn,* angle of inclination
dőlt *mn* slanting, oblique || **~ betű:** italics || **~ betűs:** *kurzív* italic type(d), (in) italics *tsz,* italicised
dölyf *fn,* arrogance, superciliousness, haughtiness, pride, pridefulness
dölyfös *mn,* haughty, insolent, prideful, supercilious, imperious
dömping *fn,* dumping
dömpingár *fn,* dumping price, knock-out price
dömpingvám *fn,* anti-dumping duties
dönget *i,* **1.** rattle, rap, bang **2.** *ajtót* bang, hammer (on/at the door)
döngicsél *i,* buzz, hum, drone, bumble
dönt *i,* **1.** *elhatároz vmit* adjudge, decide, make up one's mind **2.** *fel* upset, overturn, knock over **3.** *romba* ruin, destroy, plunge sy/sg into danger **rekordot meg~:** break a record || **romba ~:** ruin, destroy || **elhatároz, el~ vmit:** decide, make / take a decision, make up one's mind || **~ vmit:** decide sg
döntés *fn,* **1.** *feldöntés* upsetting, overthrow **2.** *határozat* decision, resolution, judgement, *ítélet* verdict, sentence **3.** *eldöntés* settlement, determination || **~t hoz:** decide, make a decision, pass / make a judgement || **~re jut:** come to a decision
döntetlen *mn/fn,* **1.** *ált* undecided, unsettled **2.** *sp* dead heat, drawn game, neck

to neck ~*re áll a mérkőzés:* the match is level

döntnök *fn,* umpire, judge, arbitrator, adjudicator

döntő *fn, sportban* final

döntő *mn,* **1.** deciding, decisive, determinant **2.** *válságos* crucial, critical, *meggyőző* conclusive, definitive **3.** *végső* final, determinate, determinative ‖ ~ *pillanat:* critical / crucial moment ‖ ~ *szavazat:* deciding vote

döntőbíró *fn,* **1.** arbitrator, arbiter, judge **2.** *sp* referee, umpire

döntőbíróság *fn,* (court of) arbitration

döntően *hat,* decisively

döntöget *i,* **1.** keep upsetting / overturning **2.** *folyadékot* pour, empty sg into sg

döntvény *fn,* decision, *jog* verdict

döntvénytár *fn,* collection of verdicts, law reports, case-book

dördít *i, fegyvert* discharge

dördül *i,* **1.** clunk, report, *ég* rumble, thunder, **2.** *fegyver* boom, detonate

dördülés *fn,* boom(ing), detonation, thunder(ing), clunk, report

dőre *mn,* absurd, meaningless, pointless, senseless; cracked, crackbrained

dörej *fn,* boom(ing), detonation, thunder(ing), peal

dőreség *fn,* folly, foolishness, absurdity, futility, nonsense

dörgés *fn,* **1.** rolling, rumble, rumbling **2.** *menny* thunder **ismeri a ~t:** know the ropes, know what's what

dörgöl *i,* rub, scrub, chafe

dörgölődzik *i,* **1.** *vminek* rub against sg, rub shoulders with others **2.** *hízeleg* flatter sy

dörmög *i,* mutter, grumble, growl, grunt

dörög *i,* **1.** grumble, peal, *ég* thunder, rumble **2.** *ágyú* roar, boom, thunder, detonate ~ *az ég:* it is thundering

dörömböl *i,* bang at sg, *ajtón* knock at the door

dörömbölés *fn,* hammering, knock(ing)

dörzsöl *i,* **1.** chafe, fret, fray, rub **2.** *súrol* scrub, scrape

dörzsölés *fn,* scraping, rub(bing), chafing, fretting, *súrlódás* friction

dörzsölt *fn/mn,* **1.** scraped, fretted **2.** *átv* a sly old fox, cunning, a smart guy

dörzspapír *fn,* emery paper, sandpaper, glass-paper

dőzsöl *i,* feast, carouse, revel, debauch, rollick

drachma *fn,* drachma (*tsz* drachmas, drachmae)

drága *fn, megszólítás* dear, darling, sweetheart, dearest, honey, love

drága *mn,* **1.** costly, high-priced, overpriced, expensive **2.** *megszólítás* dear **3.** *értékes* valuable, *vki számára* precious

drágagyöngy *fn,* genuine pearl

drágakincs *fn,* treasure, jewel

drágakő *fn,* precious stone, jewel, gem

drágáll *i,* find / consider sg too expensive / dear

drágán *hat,* at a high price, expensively, dear(ly) ~ **vesz vmit:** buy sg at a high price, buy sg for a lot (of money) *átv.* is ~ **megfizet vmiért:** pay dearly for sg

drágaság *fn,* dearness, expensiveness, costliness, exorbitance, high prices / costs *tsz*

drágít *i,* make sg dearer, raise the price of sg, raise prices, put up the prise of sg

drágul *i*, become / grow dearer, get / become more expensive, go up
drákói *mn*, Draconian ~ *szigor:* undue severity, severe regulations
dráma *fn*, drama, play
drámai *mn*, dramatic, thespian
drámaírás *fn*, play-writing, dramaturgy, dramatic art, dramatics
drámaíró *fn*, playwright, dramatist
drámairodalom *fn*, dramatic literature, the drama
drapéria *fn*, drapery, hangings *tsz*
drapp *mn*, beige, drape coloured
drasztikus *mn*, drastic
Dráva *fn*, Drave, Drava
dresszíroz *i*, train, drill
drill *fn*, drill
drog *fn*, drug, narcotic
drogéria *fn*, drug-store, druggist's, chemists's
drogfüggő *fn*, drug-addict
drogista *fn*, druggist, chemist
drogos *fn*, drug addict
dromedár *fn*, dromedary
drót *fn*, wire ~ *nélküli:* wireless **leadja a** *~ot:* pass the dope, give office
dróthálő *fn*, wire frame / screen, wire netting
drótkefe *fn*, wire brush
drótkerítés *fn*, wire fence
drótkötél *fn*, tightrope, cable rope, wire rope
drótkötélkabin *fn*, cable car
drótkötélpálya *fn*, (aerial) ropeway, cableway, *síeléshez* drag lift, chair lift, cable chair
drótos *fn*, tinker
drótoz *i*, wire

drótszőrű *mn*, wire-haired, rough-coated
drukk *fn*, funk, cold, sweet ‖ *~ol vkinek:* keep one's fingers crossed (for sg)
drukker *fn*, fan, supporter
drukkol *i*, **1.** be excited, have cold feet **2.** *csapatnak* support a team, cheer a team **3.** *vkinek* keep one's fingers crossed for sy
duális *fn*, dual, couple, double, paired
dualista *mn/fn*, dualist(ic)
dualizmus *fn*, dualism
dublőr *fn*, (someone's) double, stand-in, stunt double, stuntman
dúc *fn*, **1.** stilt **2.** *galamb* pigeon house / hole **3.** *építkezésen* strutter, standard, post **4.** *hajón* support, prop **5.** *ideg* ganglion, nerve-centre
duda *fn*, *hangszer* pipe, *skót duda* bagpipe, *autón hangkürt* horn, hooter
dudál *i*, **1.** poop, *hangszeren játszik* pipe, blow the pipe **2.** *autón* sound the/one's horn, honk **megtanít vkit kesztyűbe** *~ni:* teach sy manners, put the fear of God into sy
dudálás *fn*, honking, hooting, sounding the horn
dudás *fn*, piper, pipe-player, bagpiper
dudaszó *fn*, bagpipe music, pipe
dúdol *i*, hum, sing to oneself, croon, warble **álomba** *~ vkit:* lull sy to sleep
dúdolás *fn*, sing-song, hum
dudor *fn*, knob / bump / lump (on sg), swelling, gnarl, hunch
dudorodás *fn*, protuberation, bump, nub
dudorodik *i*, bulge, protrude, swell, protuberate
dudva *fn*, weed
dudvál *i*, weed, root out, dig the weeds

dudvás *mn*, weedy, overgrown with weeds
duett *fn*, duet, *szính* double-act
dug *i*, hide, tuck, insert, *vmit vmibe* put sg into sg, stick sg into sg **2.** *elrejt vmit vki elől* hide sg (from sy), put sg away/out of sight, conceal **3.** *konnektorba* plug in **4.** *hagymát* plant **zsebre ~ vmit:** pocket sg **homokba ~ja a fejét:** hide one's head in the sand
dugába *hat*, **~ dől:** fail, miscarry, go wrong
dugaszol *i*, cork sg, stop up, bung (up)
dugaszolás *fn*, corking, plugging
dugaszolóaljzat *fn*, wall socket
dugattyú *fn*, ram, piston, sucker
dugdos *i*, **1.** *vhová* stick / put sg into sg **2.** *vmit vki elől* hide / conceal sg/sy from sy
dughagyma *fn*, seed onion
dugiban *hat*, secretly, clandestinely, incognito, under cover
dugipénz *fn*, nest-egg, put-away money, pin-money
dugó *fn*, **1.** cork, stopper, *hordón* bung, tap **2.** *műsz* plug **3.** *kádban, mosdóban* drain-plug *fül~:* earplug
dugóhúzó *fn*, **1.** cork screw, *emelős* corkscrew with levers **2.** *sp* spin, spinning dive
dugul *i*, *eldugul vmi* get choked up, *beszárad* get clogged
dugulás *fn*, **1.** pluggage, plugging, stoppage, clogging **2.** *orv* constipation, stoppage of the bowels
dugva *hat*, furtively, secretly, surreptitiously, on the sly
dugvány *fn*, cutting, shoot, layer, scion

dugványoz *i*, propagate sg (by cuttings)
duhaj *mn*, wild, riotous, rumbustious
duhajkodás *fn*, orgy, debauchery, revelry
duhajkodik *i*, revel, make a noise, go on a spree
dukál *i*, have a right to sg, be entitled to sg
dúl *i*, **1.** rage, devastate, desolate, despoil, ravage **2.** *kat* sack, pillage
dulakodás *fn*, fight, battle, scuffle, scrimmage, brawl
dulakodik *i*, fight, scuffle, wrestle (with sy), be at grips (with sy)
dúlás *fn*, ravaging, pillaging, devastation, *háborús pusztítás, megszállás* invasion, havoc
dúl-fúl *i*, fume with rage, fret and fume, be in a huff
duma *fn*, **1.** *beszéd* baloney, hot air, chatter **2.** *orosz parlament* the Duma **|| nagy ~ás:** bilge artist, yakky
dumál *i*, chat, chatter, natter
Duna *fn*, the Danube
dunai *mn*, Danubian
Duna-kanyar *fn*, Danube-bend
Dunántúl *fn*, Transdanubia
dunántúli *mn*, Transdanubian
Duna-völgy *fn*, Danube valley
dundi *mn*, plump, chubby
dunsztol *i*, preserve, can, bottle
dunsztolt *mn*, *gyümölcs* steamed, preserved, bottled, home-canned
dunyha *fn*, duvet, eiderdown, wadded quilt, continetal quilt
dupla *mn*, double, twofold, duplex **~ vagy semmi:** *US* double or nothing, neck or nothing **~ whisky:** a double whisky **~csövű:** double-barrelled

duplán *hat,* doubly, double, twice, twofold
dupláz *i,* double, redouble, make sg a double
duplázódik *i,* double, increase twofold, duplicate
dúr *fn, zene* major
durcás *mn,* sulky, peevish, sullen, morose
durcáskodás *fn,* sullenness, sulkiness
durcáskodik *i,* sulk, turn sulky, be in the sulks
durmol *i,* roost, sleep, doze (off), take a nap, snooze
durran *i,* 1. pop, crack, bang, crash 2. *robban* explode, detonate, *puska* crack, bang
durranás *fn,* explosion, detonation, crack, bang
durranó *mn,* exploding, cracking, detonating
durrog *i,* explode / crack / bang / repeatedly
durrogtat *i,* crack, cause sg to explode / crack / bang
dúr-skála *fn, zene* major scale
duruzsol *i,* murmur, mutter, *gőzölgés közben* simmer, hum, *kályha* crackle
durva *mn,* 1. rough, rude, coarse, harsh, nasty, brutal, coarse-minded 2. *kegyetlen* cruel, brutal, savage 3. *bunkó* unpolished, ungentle, gross 4. *sértő* indelicate, *trágár* obscene, vulgar, *anyag* crude, uneven ‖ ~ *anyag:* coarse / rough material ‖ ~ *tréfa:* practical joke ‖ ~ *szokások:* rough habits ‖ ~ *megjegyzést tesz:* drop a rude remark
durván *hat,* roughly, rudely, harshly ~ *bánik vkivel:* treat sy badly / roughly,
ill-treat sy, be rough with sy, manhandle
durvaság *fn,* roughness, rudeness, coarseness, brutality
durváskodik *i,* 1. be rough / rude (with sy), behave rudely / roughly 2. *sp* play rough
durvít *i, eldurvít* make sg rough / coarse, coarsen sg, roughen sg
durvul *i,* coarsen, roughen, get / become rough / coarse
dús *mn,* 1. *vmiben* be rich in sg, plentiful, exuberant, be (super)abundant in sg 2. *sűrű* thick, dense 3. *buja* luxuriant, rich, abundant
dúsgazdag *mn,* (be) well off, rolling in money, opulent
dúsít *i,* enrich, dress, fine (down)
dúsítás *fn,* benefication, enrichment
dúskál *i, vmiben* roll in sg, have plenty of sg, abound in sg
dutyi *fn,* 1. prison, jail, gaol, lock-up 2. *tréf* clink, cage 3. *szl US* box, cooler, jailhouse
duzzad *i,* swell, bulk, bulge out, belly (out)
duzzadás *fn,* swelling
duzzadó *mn,* swelling (with sg), bulging
duzzadt *mn,* swollen, puffy, puffed-up
duzzaszt *i,* 1. swell, inflate, puff out, bulge 2. *vizet* dam, bank, swell
duzzasztómű *fn,* weir, dam weir, barrage
duzzasztózsilip *fn,* dam, retaining sluice
duzzog *i,* sulk, be in / have the sulks, turn sulky, be in a huff
dübörgés *fn,* rumble, din, thud, *járműé* rattle, *fegyveré* boom, clatter
dübörgő *mn,* rumbling, thumping, rattling, clattering
dübörög *i,* rumble, rattle, clatter

düftin *fn*, moleskin, duffel, duvetine
düh *fn*, anger, fury, rage, rave, wrath **~be gurul:** inflame, get angry / furious, see red, become enraged, go mad, grow savage, lose one's temper **~be hoz vkit:** enrage sy, infuriate sy, madden sy *tajtékzik a ~től:* foam with rage, boil over with rage *szétrobban a ~től:* be bursting with rage, be bursting of anger *visszafojtja a ~ét:* bottle up one's anger *kitölti vkin a ~ét:* vent one's rage on sy, take sy's anger out on sy
dühbegurul *i*, get angry/furious, see red, become enraged, go mad, grow savage, lose one's temper
dühít *i*, make sy angry, annoy sy, enrage sy, infuriate sy, madden sy
dühítő *mn*, enraging, infuriating, outraging, maddening, exasperating, *bosszantó* annoying
dühkitörés *fn*, burst of fury, blaze of anger, passion
dühöng *i*, **1.** be angry (with sy), be furious (with/at/about sg), rave, rage (against sy) **2.** *járvány* rage, *tenger* rave **3.** *szl* climb the walls
dühöngő *fn*, infuriated, enraged (by sg), *szl* out of one's mind, pissed off
dühös *mn*, **1.** angry / furious (with sy), (with sy), irate, ireful, wrathful, enraged (by sg) **2.** *szl* steamed up, mad ‖ **~ vmi miatt:** be angry about sg, feel indignant at sg ‖ **~ lesz:** become angry ‖ **~en néz:** look angry ‖ **feldühít:** make sy angry
dühösen *hat*, furiously, angrily, in a fury, wrathfully **~ néz vkire:** shoot an angry look at sy, give sy a black look

dühroham *fn*, (out)burst of anger **~ot kap:** get into a fury, get furious
düledezés *fn*, dilapidation, deterioration
düledezik *i*, crumble, be falling (in)to pieces, dilapidate
düledező *mn*, tumbling, crumbling, dilapidated
düllledt *mn*, protruding, standing out, jutting out, *szemek* bulging, bulgy, protruding **~ szemekkel:** with bulging / goggle eyes **~ szemű:** bulgy-eyed, bug-eyed, goggle-eyed, pop-eyed
dülleszkedik *i*, *vminek* lean against/on sg
dülleszt *i*, *ki~i a szemét:* bulge one's eyes, goggle (at sy), stare at sy/sg, gaze at sy/sg *ki~i a mellkasát:* thrust one's chest out
dülmirigy *fn*, prostate (gland)
dülöng, dülöngél *i*, stagger, totter
dülöngélés *fn*, reeling, staggering, tottering
dűlőre visz *i*, **1.** *dűlőre jut vkivel* come to an understanding / agreement with sy **2.** *vmit* bring sg to a head, bring sg to an issue, decide sg, make a decision about sg
dűlőút *fn*, by-way, by-path
dűne *fn*, dune **homok~:** dune of sand **vándor~:** wandering / migratory / travelling dune **sarlós ~:** barchan(e), crescentic dune
dünnyög *i*, mumble, mutter, grumble (sg, about sg, at sg)
dünnyögés *fn*, mumble, mumbling, mutter, mutering, grumble, grumbling
dünnyögő *mn*, mumbling, muttering, grumbling
dürgő *mn*, *madár* rutting, ruttish, displaying
dürrög *i*, *madár* rut, be ruttish
dürrögő *mn*, *madár* rutting, ruttish

E, É

eb *fn*, doggy, dog ‖ *~csont beforr* ill weeds grow apace ‖ *egyik kutya, másik ~* six of one half a dozen ot the other ‖ *köti az ~et a karóhoz* swear by all the gods ‖ *~ek harmincadjára kerül* go to pot

ebadta *mn*, confounded, rascal ‖ *~ kölyke* little scamp

ebbe *hat*, into it, in it ‖ *~ a házba ment be!* she entered this house ‖ *~ nem megy bele* he won't agree to this ‖ *~ most nem mennék bele* I wouldn't lend myself to this

ebbéli *mn*, of that sort, referring to this ‖ *~ szándéka* his intention relating to this matter ‖ *~ minőségében* as such

ebben *hat*, in this, herein ‖ *~ tévedsz* there you are msitaken ‖ *~ maradunk* it is all settled ‖ *~ igazad lehet* you may be right in that ‖ *~ a tekintetben* in this respect

ebből *hat*, from this, of this, out of this ‖ *~ nem lesz semmi* nothing comes of it ‖ *~ következik, hogy* it follows from this that ‖ *~ a gyerekből színész lesz!* this boy will make an actor

ebéd *fn*, lunch, luncheon, midday meal, dinner

ebédel *i*, lunch, take / have / eat a lunch, dine

ebédidő *fn*, lunch time

ebédjegy *fn*, luncheon voucher

ebédlő *fn*, dining-room

ebédszünet *fn*, lunch break, dinner hour, meal interval

ébenfa *fn*, ebony

ébenfekete *mn*, black as ebony

éber *mn*, attentive, alert, watchful, sleepless, wakeful

éberség *fn*, vigilance, wakefulness

ebihal *fn*, tadpole

ébred *i*, 1. awake, wake up 2. *ágyból* get up ‖ *rá~ a valóságra:* awake to reality, realize

ébren *hat*, awake, waking ‖ *~ tart* keep alive ‖ *teljesen ~ van* be wild awake

ébreszt *i*, 1. wake (up), arouse, raise, awaken 2. *érzést* arouse, rouse, kindle ‖ *gyűlöletet ~:* raise hatred ‖ *fel ~i vki kíváncsiságát:* raise sy's curiosity

ébresztés *fn*, 1. waking, awakening 2. *szolgálat* (early-morning) call service 3. *átv* arousing, kindling

ébresztő *fn,* ǁ ~t fúj
ébresztőóra *fn,* alarm clock
ecet *fn,* vinegar ǁ *savanyú, mint az* ~ sour as vinegar ǁ *~tel tartósít* pickle
ecetes *mn,* vinegary, vinegarish
ecset *fn,* brush, paintbrush
ecsetel *i,* 1. *leír* describe 2. *orv* paint with sg
eddig *hat,* 1. *hely* up to this point, as far as here 2. *idő* till now, so far, hitherto
eddigi *mn,* (up) till now ǁ *az ~ek* the foregoing
édenkert *fn,* Garden of Eden
edény *fn,* vessel, pot, bowl
edényáru *fn, fém* steelware; *agyag* earthenware; *porcelán* chinaware
edényszárító *fn,* drainer; *rács* dish-rack
édes *mn,* 1. sweet 2. *vki* beloved, dear, honey ǁ *~em:* my dear / darling / sweet ǁ *~ség:* sweetness
édesipar *fn,* confectionary industry
édesít *i,* 1. sugar, sweeten 2. *átv* dulcify
édeskevés *mn,* next to nothing ǁ *ennyi* ~ this is precious little for it
édesség *fn,* 1. *tul* sweetness 2. sweet(s), *US* candy, confectionery
édességbolt *fn,* sweetshop; *US* candystore
édessütemények *fn;* cookies, confectionery
édesszájú *mn,* having a sweet tooth, sweet-toothed
édestestvér *fn,* full borhter/sister
édesvíz *fn,* fresh water
edz *i,* 1. coach, train 2. *átv* harden, steel 3. *vasat* temper, harden
edzés *fn,* training, *US* work-out, practice
edzett *mn, átv* fit, tough, steeled

edzettség *fn,* 1. *vas* temper 2. *átv* toughness, hardiness
edző *fn,* 1. *sp* trainer, coach 2. *kohász* quencher, hardener ǁ *futball* ~: football trainer
edző fn/mn, ǁ ~ *terem:* training room ǁ *fitness ~ terem:* fitness room
edződik *i,* 1. harden, steel, inure oneself to sg 2. *fém* get hard
efelé *hat,* in this direction, towards this
efelől *hat,* on this account, about that
efféle *hat,* such, this sort of, of this kind
ég *i,* burn, flame, be in flames/on fire, ignite ǁ ~ *a tűz:* be on fire, burn, be burning ǁ ~ *a vágytól:* be flamed with desire, be anxious / eager to do sg
ég *fn,* sky, heaven
égbekiáltó *mn,* atrocious, egregious, exorbitant
égbolt *fn,* firnament, welkin, vault of heaven
egér *fn, (számítógép is)* mouse ǁ *~lyuk* mouse-hole ǁ *~utat nyer* slip away ǁ *~pad* mouse-pad
éger *fn,* alder(tree)
egérfogó *fn,* mousetrap
égés *fn,* burning, flame, combustion, ingition
egész *hat,* whole, entire ǁ ~ *éjjel:* the whole night, throughout the night
egész *fn,* the whole
egészen *hat,* entirely, utterly, full, totally, completely ǁ ~ *sok:* quite a lot ǁ ~ *más dolog:* totally different thing
egészség *fn,* health
egészséges *mn,* healthy, fit, in good shape
egészségügyi *mn,* sanitary, health
éget *i,* burn, fire, ignite, get into flame ǁ *el~ vmit:* burn sg, incinerate sg

égetés *fn,* burning, ignition
égető *mn,* **1.** burning **2.** *átv* vital, burning, urgent ‖ *~kemence* combustion furnace
éghajlat *fn,* climate, clime ‖ *meleg ~ú vidék:* hot (climate) zone
éghajlati *mn,* climatic
éghetetlen *mn,* non-flammable, incombustile
éghető *mn,* inflammable
égiháború *fn,* thunderstorm
égimeszelő *fn,* corns-talk, daddy-long-legs, hop-pole
égitest *fn,* planet, heavenly body
EGK = Európai Gazdasági Közösség European Economical Community
égnek álló *mn,* upstanding, erecting
égő *fn,* light bulb ‖ *i,* afire, burning, flaming
égöv *fn,* zone
egres *fn,* gooseberry
égszínkék *mn,* azure, sky-blue
égtáj *fn,* ‖ *a négy ~* the four cardinal points
egzaltált *mn,* highly-strung, self-important
egzisztencia *fn,* **1.** living, existence **2.** *átv kétes ~* shady character
egzisztenciális *mn, ld.* megélhetési
egy *határozatlan névelő* a, an
egyáltalán *hat,* at all
egyazon *mn,* the very same, selfsame
egybe *képző* together
egybeesés *fn,* coincidence, concurrence
egybeesik *i,* **1.** coincide, concur **2.** *fedi egymást* overlap **3.** *vélemény* agree
egybefon *i,* intertwine, interweave
egybeforr *i,* fuse, unite, merge
egybegyűjt *i,* collect, gather together, assemble

egybegyűlik *i,* **1.** assemble, collect, gather **2.** *pénz* accumulate
egybehangol *i,* **1.** coordinate, harmonize **2.** *hangszert* attune **3.** *véleményt* reconcile
egybehangzik *i,* harmonize **2.** *vallomások* agree/tally with
egybehangzó *mn,* consonant, harmonious, accordant
egybehív *i,* summon to meet, convoke, convene, congregate
egybekel *i,* wed, marry, be married
egybeköt *i,* **1.** bind in on one **2.** *átv* interlink, unite, join
egybeolvad *i,* unite, merge, fuse
egybeolvaszt *i,* blend, fuse, amalgamate
egybesereglik *i,* flock/gather together, assemble
egybeszab *i,* cut in one piece
egybeszabott *mn,* one-piece
egybevág *i,* **1.** *vmivel* coincide, tally, agree **2.** *amivel* quadrate with
egybevágó *mn,* concordant, agreeing
egyébként *hat,* otherwise, by the way, anyway
egyedárusítás *fn,* exclusive sale, sole agency
egyedárusító *fn,* sole agent, monopolist
egyedi *mn,* individual; *tárgyra* unique, special
egyeduralmi *mn,* monarchical ‖ *~ rendszer* autocracy, monarchism
egyeduralom *fn,* monocracy, monarchy, despotism
egyedül *mn/hat,* (all) alone/by oneself, on one's own, solely, lonely‖ *~ intézi:* do it alone, do sg (all) by oneself ‖ *~ Isten tudja:* only God knows ‖ *~ marad a*

dolgával: remains alone with his / her job
egyedülálló *mn,* **1.** single, unmarried, lonely, lonesome **2.** *páratlan* unique, unparalleled, unmatched, singular
egyedüllét *fn,* loneliness, aloneness, privacy
egyel *i,* rarefy, single
egyelőre *hat,* for the time being, meanwhile, for the moment
egyén *fn,* **1.** indivuidual, person, entity **2.** *pej* character
egyenáram *fn,* direct current
egyenáramú *mn,* direct current
egyenérték *fn,* equivalent, adequation
egyenértékű *fn,* equivalent, synonymous, equal, par to
egyenértékűség *fn,* equivalence, parity, similarity
egyenes *mn,* **1.** *konkrét* straight **2.** *vízszintes* even **3.** *tul* straightforward, honest, open, plain, frank, outspoken, out/upright **4.** *beszéd* downright
egyéni *mn,* personal, individual, subjective ‖ *megvan az ~ módszere:* has his / her own method
egyénien *hat,* individually, personally, independently
egyéniség *fn,* individuality, character, personality ‖ *vki egy ~:* sy is a personality
egyenjogúság *fn,* equality of rights, emancipation ‖ *nők és férfiak közötti ~* equal rights of men and women
egyenjogúsít *i,* emancipate
egyenleg *fn,* balance, remainder ‖ *~et átvisz* carry forward a balance ‖ *~et mutat* show a balance
egyenlet *fn,* equation ‖ *elsőfokú ~* simple equation ‖ *másodfokú ~* quadratic equation ‖ *~ gyökei* roots of an equation ‖ *~et rendez* reduce an equation ‖ *~et felállít* establish an equation
egyenletes *mn,* even, equal, flat, smooth, steady
egyenlít *i,* equalize, make sg even ‖ *góllal ~* make the score even
egyenlítő *fn,* equator ‖ *az E ~:* the Equator
egyenlő *hat,* equally, even
egyenlő *fn/mn,* equal (to), the same as ‖ *~ vkivel:* equal to sg ‖ *nullával ~:* it is equal to zero ‖ *~ részekre oszt:* divide to equal parts ‖ *~ partnere vkinek:* be sy's equal partner ‖ *nem ~:* unequal
egyenlően *hat,* equally, alike, on the square ‖ *~ eloszt:* divide equally
egyenlőség *fn,* equality, parity
egyenlőségjel *fn,* sign of equality
egyenlőtlenség *fn,* inequality, discrepancy, disproportion ‖ *~ vkik között:* inequality between sy and sy
egyenrangú *mn,* of the same rank, equal
egyenruha *fn,* uniform
egyesítés *fn,* **1.** union, uniting **2.** *vállalati* incorporation, consolidation, interfuse **3.** *szövetség* confederate
egyensúly *fn,* balance, even / just poise ‖ *~ban van:* keep one's balance ‖ *erő~:* be counter-balanced ‖ *~ban tart:* counterweight ‖ *elveszti az ~át:* lose the balance
egyensúlyoz *i,* poise, balance
egyesít *i,* unite, join (together), combine, merge
egyesül *i,* unite, join (with), become one, merge

egyesülés *fn,* union, merger, assosiation
egyesület *fn,* society, association, union; *sp* club
egyesült *mn,* united, combined, linked; *váll* joint, incorporated
egyetem *fn,* university ‖ *világ~:* Universe
egyetemben *hat,* together, along
egyetemleges *mn,* conjoint, joint and several, universal
egyetemlegesen *hat,* conjointly, universally
egyetért *i,* agree with sy, concur with sy, see eye to eye with sy
egyetlen *mn,* single, sole, only, unique
egyévi *mn,* annual
egyezik *i,* agree, be in agreement, accord ‖ *~ vmivel:* agree / correspond with, be in agreement with, check up with sg, range with sg ‖ *meg~ vmiről:* agree about ‖ *egyezzünk meg annyiban:* let's agree in (that) ‖ *meg~ vkivel vmiről:* agree / correspond with sy about sg ‖ *abban egyeztünk meg, hogy:* let us agree to ‖ *megegyeztünk, hogy:* we agreed to ‖ *megegyezés szerint:* by arrangement / convention
egyezkedik *i,* negotiate, hold a parley, bargain
egyezmény *fn,* agreement, pact, bargain
egyezményes *mn,* agreed, conventional, job-; *bölcs* eclectic
egyeztet *i,* compare, harmonize, tally, verify
egyeztetés *fn,* 1. reconciliation 2. *üzl* agreement 3. *nyelvi* agreement 4. *csekk* verification
egyeztető *mn,* conciliatory ‖ *fn,* arbitrator ‖ *~ tárgyalás* conciliaroty meeting

egyezség *fn,* 1. agreement, accord 2. *kiegyezés* compromise, conciliation
egyfajta *mn,* 1. *azonos* of the smae kind/type 2. *vmiféle* of a certain kind, a sort of
egyfelé *hat,* in the same direction
egyféle *mn,* 1. of the same kind 2. *egyetlen* one kind only of, only one sort of
egyféleképpen *hat,* uniformly, in the same way
egyfelől *hat,* 1. from the same direction 2. *átv* on the one hand (*másfelől* on the other hand)
egyfelvonásos *fn,* one act play, one-acter ‖ *mn,* one-act
egyfolytában *hat,* continuously, straight through, without a break
egyforintos *fn,* one forint coin
egyforma *mn,* of the same form, alike, identical, the same
egyformán *hat,* alike, equally
egyformaság *fn,* uniformity, identity; *pej* monotony
egyhamar *hat,* ~ *nem* none too soon
egyhangú *mn,* 1. monotone, unvaried, humdrum 2. *szavazat* undivided, unanimous ‖ *~lag* as one man, unanimously ‖ *~ság* monotony ‖ *~ vélemény szerint* by common consent
egyharmad *szn,* a/one third
egyhavi *fn,* of one month ‖ *~ szabadság* a mont's holiday ‖ *~ fizetés* a month's wage
egyház *fn,* the Church
egyházellenes *mn,* anticlerical
egyházfő *fn,* ecclesiarch, Head of the Church

egyházi *mn,* ecclesiastical, religious, church, spiritual
egyházjog *fn,* ecclesiastical law
egyházközség *fn,* church district, diocese
egyhetes *mn,* one week's, of one week
egyidejű *mn,* **1.** *nyt* simultaneous **2.** *vmivel* contemporary, contemporaneous
egyidejűleg *hat,* at the same time, simultaneously, concurrently
egyidős *mn,* of the same age, even-aged
egyik *hat,* one (of), either (of them) ‖ *~ sem:* none of them, neither ‖ *~ esetben sem:* in neither case
Egyiptom *fn, földr* Egypt
egyiptomi *mn,* Egyptian
egyirányú *mn,* one-way, unidirectional ‖ *~ utca:* one-way street ‖ *~ jegy:* one-way ticket
egyistenhit *fn,* monotheism
egykedvű *mn,* indifferent, apathetic, impassive
egykor *hat,* at one time, formerly ‖ *~ szokásban volt* it was a custom formerly ‖ *~ élt Párizsban* in Paris once lived
egykori *mn,* former, sometime, ex- ‖ *az ~ férjem:* my former / ex husband, my ex
egykorú *mn, ld.* **egyidős**
egykönnyen *hat, nem ~* not so easily
egykutya *fn,* not a pin to choose between, all the same
egylet *fn,* society, association, circle
egymaga *hat/névmás* in itself, alone, on one's own
egymás *névmás* one another, each other ‖ *~ mellett* side by side ‖ *~ után* one after the other ‖ *~ért* for one another ‖ *~ra* on one another ‖ *~t* each other ‖ *~sal* with each other

egymillió *szn,* one/a million
egynéhány *mn,* a good few, quite a few
egynemű *mn,* **1.** homogeneoous, of the same sort **2.** *biol* of the same sex
egynyári *mn,* a/one summer (long)
egyoldalú *mn,* one-sided / -track, unilateral
egyöntetű *mn,* uniform, similar, indentical
egypár *mn,* a good few ‖ *~szor* a few times
egyrészt *hat,* in one respect/hand
egység *fn,* **1.** unit **2.** *állapot* unity, concord
egységár *fn,* flat price, unit price ‖ *~on* at a flat price
egységes *mn,* uniform, homogeneous ‖ *~ vélemény* common sense ‖ *~ képet kap vmiről* obtain a coherent view of sg ‖ *~ egész* integral whole ‖ *~ díjszabás* uniform scales of charges
egységesít *i,* **1.** unify, consolidate **2.** *minőséget* standardize
egységesülés *fn,* uniforming, homogenizing
egysejtű *mn,* one-celled, unicellular ‖ *fn,* monoplastid, monad
egyszer *hat,* once; one day ‖ *~ s mindenkorra:* once and for all, for good ‖ *~ volt, hol nem volt:* once upon a time ‖ *még ~:* once more ‖ *~-kétszer:* once or twice, occasionaly, now and again / then
egyszeregy *fn,* multiplication table
egyszeri *mn,* **1.** one-time **2.** *~ ember* the man in the tale
egyszerre *hat,* **1.** *hirtelen* all at once, suddenly **2.** *egy időben* at the same time, at once **3.** *egy alkalomra* for one occasion, at one go

egyszerű *mn,* simple, plain, uncomplicated ‖ *~, mint az egyszeregy:* as simple as shelling peas, as plain as day, as simple as ABC ‖ *~ nyelven:* in a simple language ‖ *~ ember:* simple / common person

egyszerűen *hat,* simply, plainly, purely

egyszerűség *fn,* simplicity, modesty, artlessness

egyszerűsít *i,* 1. simplify, streamline 2. *mat* reduce; *egyenlet* cancel ‖ *törtet ~* reduce a fraction

egyszerűsítés *fn,* simplification, reduction

egyszínű *mn,* 1. of one colour, unicoloured 2. *azonos* of he same colour

egyszóval *hat,* in brief, in a word, when all is said and done, to put it plainly, to be brief

egytálétel *fn,* one course meal

egyúttal *hat,* at the same time, in addition ‖ *tápláló és finom is ~* at once it is nutricious and delicious

együgyű *mn,* simple-minded, silly, naive

együtt *mn/hat,* together, along; co-

együtt él *i,* live together with, live together as partners

együttélés *fn,* 1. coexistence; biol symbiosis 2. *páré* cohabitation, concubinage

együttérzés *fn,* sympathy, compassion ‖ *fogadja ~emet* you have my sympathy

együttes *fn,* ensemble, orchestra

együttjár *i,* 1. *konkrét* go together / with, go hand in hand with, keep company with sy 2. imply, go with ‖ *~ vmivel:* go together with sy, go hand in hand with sg

együttjáró *mn,* accompanying, implying

együttlét *fn,* coexistence, being together; *biz* téte-á-téte ‖ *kellemes volt az ~* we had a wonderful time together

együttműködik *i,* cooperate, collaborate, work together ‖ *vkivel ~:* cooperate with sy, collaborate with sy

együttvéve *hat,* taken all together, all in all ‖ *mindez ~ egy jó vacsora* all in all it is a good lunch

egyveleg *fn,* 1. mixture, jumble, medley, pell-mell, helter-skelter 2. *zenei* medley, potpourri, selection

eh! *ind.szó* pooh!

éhbér *fn,* beggary-wage, pittance, sweating wages

ehelyett *hat,* instead of this

éhen hal *fn,* die of starvation/famine, starve to death ‖ *majd ~* only just keep the wolf from the door

éhes *fn,* hungry, starved, famished, ravenish

éhesen *hat,* hungrily, starvingly

ehetetlen *mn,* inedible, uneatable; *szl* pig's wash

ehetetlen *mn,* uneatable, inedible

ehető *mn,* eatable, edible, comestible, good to eat

ehető *mn,* eatable, edible, comestible

éhezik *i,* starve, hunger, famish

éhező *fn,* starving, hungry

éheztet *i,* starve, famish

ehhez *hat,* 1. to this ‖ *~ sok bátorság kell* it needs great ourage ‖ *~ kell még öt forint* add five forints to this ‖ *~ képest* in accordance with this 2. for this ‖ *~ nincs kedvem* I am not in the mood ‖ *mut. nm* this, that ‖ *~ az emberhez kell fordulnod* you must turn to this man ‖ *ne nyúlj ~ a könyvhöz!* don't touh this book!

E, É

éhínség *fn,* starvation, famishment
éhség *fn,* hunger, famine
éhségsztrájk *fn,* hunger-strike
éjfél *fn,* midnight ‖ *~ felé jár* it is getting on for midnight ‖ *elüti az ~t* the clock strikes midnight ‖ *~ előtti alvás* beauty sleep
éjjel *fn,* night ‖ *az ~ folyamán:* during the night, overnight, in the night ‖ *rossz ~e volt:* had a bad night ‖ *~i: mn,* night, nocturnal, overnight ‖ *egész ~:* all night long, the whole night
éjjelenként *hat,* nightly, night after night, at night, every night
éjszakai *mn,* overnight, night, nightly
éjszakás *mn,* ‖ *~ nővér* the night nurse ‖ *~ műszak* night shift
éjszakázik *i,* 1. *nem alszik* be up all night 2. *dolgozik* work allnight 3. *valahol tölti* spend/pass the night
ejt *i,* drop ‖ *le~ vmit:* drop sg, let fall sg ‖ *át~:* have sy on, let down ‖ *el~ néhány szót:* let drop some words
ejtőernyő *fn,* parachute, chute
ejtőernyős *fn,* parachutist, paratrooper
ék *fn,* 1. wedge, adornment, spike, quoin, chock 2. *átv* estrange, stem
eke *fn,* plough, *US* plow ‖ *megfogja az ~ szarvát:* put one's hand to the plough
ékel *i,* wedge in, coin, split with a wedge
ékes *mn,* 1. ornate, adorned, bedeckt 2. *nyelv* elegant, choise ‖ *~ bizonyíték* eloquent testimony
ékeskedik *i,* parade, flaunt
ékesség *fn,* ornament, decoration, adornment, embellishment
ékesszólás *fn,* eloquence, rhetoric

ékesszóló *mn,* eloquent, rhetorical
ekevas *fn,* ploughshare, plough-iron
ékírás *fn,* cuneiform writing, sphenography
ekként *mutató ért. hat.szó,* thus, so, this way
ekkor *mutató ért. hat.szó,* then, at this time ‖ *~ra már* by this time ‖ *~ történt* it was then that
ekkora *mn. mutató nm,* as large as, this size ‖ *~ pofátlanság!* what a cheek! ‖ *hogy követhetett el ~ ostobaságot?* how could he commit such a folly?
ekkorra *mutató ért. hat.szó,* by this time
ékkő *fn,* precious stone, gem, jewel
eklektikus *mn,* eclectic
eklézsia *fn,* congregation
eközben *mutató ért. hat.szó,* meanwhile, in the meantime
ékszer *fn,* jewel, rock, (piece of) jewellery (*US* -l-) ‖ *~bolt:* jeweller's (*US* -l-) ‖ *~ész:* jeweller (*US* -l-) ‖ *~doboz:* jewellry (*US* -l- box)
ékszerész *fn,* jeweller (*US* -l-), goldsmith
ékszíj *fn,* V-shaped belt ‖ *~tárcsa* V-belt pulley
éktelen *mn,* 1. *zajos* infernal, hideous 2. *csúnya* ugly, misshapen
éktelenkedik *i,* be an eyesore
el- *igekötő,* away, off, aside, from ‖ *~megy:* go away, take off, leave (for), take one's departure ‖ *~ innen!:* be off ! get out / away ! begone! ‖ *~esik:* fall (down), tumble down ‖ *~vesz vmit:* take sg away / off, nick sg ‖ *~veszti az étvágyát:* lose one's appetite
él *fn,* edge, crease, blade ‖ *elveszi az ~ét:* lose its sharpness ‖ *ki~ez:* increase the tension, sharpen, intensify

él *i*, live, be alive, exist
elad *i*, sell, merchandize; *átv* give sy away
eladhatatlan *mn*, unsaleable, unmarketable
eladható *mn*, saleable, marketable, vendible
eladó *mn*, 1. *tárgy* for/on sale, to be sold, for disposal 2. ~ *lány* marriageable girl ‖ *fn*, seller, vendor; *üzletben* shop-assistant, sales clerk, *nő* sales-woman, shop-girl
eladósodik *i*, get into debt, run up bills
elágazás *fn*, ramification, branch, fork
elágazás *fn*, 1. embranchment; *kétágú* bifurcation, forking; *folyó* parting 2. *egy ág* arm, branch 3. *vasúti* junction
elágazik *i*, ramify, bifurcate; *vélemény/vonal* diverge
elaggott *mn*, aged, grown (very) old, decrepit
elajándékoz *i*, give away, sign away
elájul *i*, faint, swoon, *US* pass out
elakad *i*, 1. stop, falter 2. *út* jam, get jammed 3. *tárgyalásban* stall, break down
elakadásjelző *mn*, ‖ ~ *háromszög* warning triangle
eláll *i*, 1. stand out 2. *étel* keep out 3. *abbahagy* cease, stop, give over ‖ ~ *vmitől*: give up, desist (from)
elállít *i*, 1. put aside 2. *gépet* stop
elaltat *i*, put to sleep, lull, *orv* anaesthetize (*US* anes-)
eláraszt *i*, flood, innundate, infest, overflow, overwhelm ‖ ~ *vkit munkával:* shower work upon sy ‖ ~ *vmit/vkit vmivel:* swamp / overwhelm / shower sg upon sy
elárul *i*, betray, uncover, reveal

elárverez *i*, auction, sell at auction
elátkozott *mn*, coursed, damned, blasphemed, haunted
elavuló *mn*, obsolescent
elavult *mn*, outmoded, out of date, antiquated, obsolete, old-fashioned
elbájol *i*, charm, enrapture, captivate, fascinate, enchant ‖ **mindenkit ~:** charm everybody
elbeszélő *fn/mn*, narrator, storyteller, narrative
elboronál *i*, *átv* smooth over
elborít *i*, cover, overrun, suffuse, enshroud, engulf
elbúcsúzik *i*, bid farewell, say goodbye, *US* bow out
elbúcsúztat *i*, bid farewell, *utast* say bon-voyage
elbujdosik *i*, go into exile, take cover
elbutít *i*, stupefy, dull, hebetate
elbutul *i*, grow stupid/silly
elbűvöl *i*, charm, bewitch, ravish, enchant ‖ ~ *vkit* cast a glamour over sy ‖ ~*t a gondolat* I was taken by the idea
élc *fn*, joke, witticism
élcelődik *i*, jest, joke, banter, chaff
elcipel *i*, 1. carry off, drag away 2. *átv* drag sy along
elcsábít *i*, 1. *nőt* seduce, debauch; *erőszakkal* defile 2. *vhová* entice/wean away to, win over
elcsábul *i*, yield to temptation
elcsal *i*, 1. *vhonnét* allure, entice away, decoy 2. *vmit* trick/squeeze/get sg out of sy
elcsavar *i*, 1. screw away, turn away, twist ‖ ~*ja a fejét* turn sy's head 2. *csapot* turn off/down

elcsen *i,* filch, sneak, pilfer, swipe, scrounge, pinch
elcsodálkozás *fn,* astonishment, amazement, marvel, wonder
elcsodálkozik *i,* be astonished/amazed at sg, gaze in wonder
eldönt *i,* **1.** *konkr* upset, knock over/down **2.** *átv pl.* kérdést decide, settel, resolve ‖ *~i a vitát* settle a dispute ‖ *nem tudja ~i, mit tegyen* be in two minds about doing sg ‖ *még nincs ~ve* it still hangs the fire ‖ *előre ~ött dolog* a foregone conclusion
eldöntendő kérdés *fn,* yes or no (yes / no)/decidable question, question under consideration
eldördül *i,* go off, pop off
eldugott *mn,* hidden, concealed
eldugul *i,* **1.** *ált* get stopped/plugged **2.** *cső* foul, lead **3.** *pipa* choke **4.** *vezeték* gum up **6.** *emésztés* be constipated ‖ *~t orr* stuffed nose
eleddig *i,* so far, up till now, hitherto
elefánt *fn,* elephant ‖ *~ bika:* bull elephant
elefántcsont *fn/mn,* ivory
elég *kötőszó,* fairly, quite ‖ *több, mint ~:* more than enough ‖ *~ bolond hozzá:* be quite stupid for (doing) sg ‖ *~e van:* be fed up, have one's fill ‖ *bőven ~:* plenty, more than enough ‖ *~ furcsán:* quite strangely ‖ *~ biztos:* pretty sure / certain ‖ *vmire ~:* it is enough for sg
elegancia *fn,* elegance, chic
elegáns *mn,* elegant, smart, chic, *szl* posh
elegánsan *hat,* elegantly, gracefully, handsomely, stylishly
elégedett *mn,* satisfied, content, contented, pleased, gratified ‖ *~ vkivel:* satisfied with sy
elégedetlen *mn,* disgruntled, discontented, dissatisfied, displeased, disaffected, discontent
elégedetlenkedik *i,* be dissatisfied, repine at, grumble, grouse at sg, grizzle about sg
eléggé *hat,* sufficiently, adequately, fairly, pretty, rather ‖ *~ jól vezet:* he / she drives fairly well ‖ *~ hideg nap van:* it is quite a cold day
elégia *fn,* elegy
elégséges *mn,* sufficient, enough, adequate ‖ *fn,* pass mark ‖ *~t kapott* he got a satisfactory mark
elégtelen *mn,* insufficient, unsatisfactory, incomplete, inefficient
elégtelenség *fn,* insufficientcy, deficiency, inefficiency, shortage
elégtétel *fn,* satisfaction, gratification, amends ‖ *nyilvános ~* amende honorable ‖ *~t kér vmiért* demand satisfaction from sy for sg ‖ *~t szerez magának* revenge oneself ‖ *teljes ~t ad vkinek* make a full apology to sy
elegy *fn,* mixture, medley, compound
elegyedik *i,* mix, mingle with, blend with, immingle
elegyít *i,* **1.** mix, interblend, mingle **2.** *tech* compound, alloy
eleinte *hat,* at first, at first go, in the beginning
elejt *i,* **1.** drop, let drop **2.** *állatot* kill, bag, run down
elektród *fn,* electrode
elektromos *mn,* electrical ‖ *~ mérnök:* electrical engineer ‖ *~ termékek:* electrical products

elektronikus *mn,* electronic
elél *i,* **1.** live for a time, survive, remain, last **2.** *megél* manage on sg, subsist, rub along
élelmiszer *fn,* food, rations *tsz,* foodstuff, provisions *tsz* ‖ *visz némi ~t az útra* take some provisions *tsz*
élelmiszerbolt *fn,* grocer's, grocery (*US store*), food-shop (*US store*)
elem *fn,* battery, *átv* element ‖ *~ében van:* know the ropes, be in royal spirits ‖ *nincs ~ében:* not feel up to the knocker
elembertelenít *i,* dehumanize
elemez *i,* analyse, dissect
elemzés *fn,* analysis, examination ‖ *végső ~:* final dissection
elemző *fn,* analyst, parser ‖ *katonai ~:* military analyst
elemző *mn,* analytical ‖ *~ módszer:* analytical method ‖ *~ kémia:* analytical chemistry
elenged *i,* **1.** let go, lose one's grip **2.** *tartozást* remit, cancel
élénk *mn,* lively, snappy, vivid, animated, spirited ‖ *~en!:* make it snappy
élénkít *i,* stimulate, invigorate, vivify
elér *i,* reach, achieve, attain, catch up ‖ *~ célját:* win home, succeed in one's object ‖ *nagy méltóságot ér el:* rise to eminence
elérés *fn,* reaching, achievement, obtainment ‖ *a trón ~e:* the obtainment of the throne
elereszt *i, ld.* **elenged**
elérhetetlen *mn,* out of reach, unobtainable, inaccessible, unattainable, beyond one's reach
elérhető *mn,* **1.** *kézzel* reachable, within reach, accessible **2.** *átv* attainable,

handy ‖ *egy ideig nem leszek ~* I won't be within call for a while
elernyed *i,* **1.** *kar* relax, slacken **2.** *ellazít* relax, unbend
éles *mn,* **1.** *hang* shrill, harsh, **2.** *látás, ész* perspicacious, keen, sharp **3.** *megjegyzés* cutting, poignant ‖ *~ fotó:* clear-cut, be in focus, be sharp ‖ *~ szavak:* high words ‖ *~elméjű:* quick-witted, sharp-sighted, perspicacious, acute-minded ‖ *~ szél:* a fine edge ‖ *~ fájdalom:* mordant / shrewd pain ‖ *~ a nyelve:* has an evil tongue
éleselméjűség *fn,* acuteness, shrewdness, discerment, insight
élesen *hat,* sharp, keenly, shrewdly
élesít *i,* **1.** sharpen, make sharp, grind, edge **2.** *észt* sharpen wits
éléskamra *fn,* larder, butlery, pantry
élesség *fn,* sharpness, keeness, poignancy
élet *fn,* life
életfogytiglani *mn,* perpetual
életnagyságú *mn,* life/full-sized
életrajz *fn,* biography, memoir
életrajzi *mn,* biographical
életre keltés *fn,* revival, resuscitate, reawakening; restore life
életrevaló *mn,* practical, shiftful, go-ahead
élettartam *fn,* lifetime, lifespan
élettörténet *fn,* biography
életveszély *fn,* life-danger, great peril ‖ *~ esetén* in case of life-danger ‖ *~ben van* be in jeopardy
életvidám *mn,* brimming with life, lively
eleven *mn,* lively, vivid, snappy
elevenébe vágó *mn,* poignant, stinging
elévül *i,* become forfeited/out of date, become prescribed

élezés *fn,* sharpening, edging
elfajul *i,* **1.** *helyzet* degenerate, deteriorate **2.** *biol* retrograde
elfajulás *fn,* degeneration, degradation, degeneracy
elfásul *i,* become indifferent, become wooden
elfehéredik *i,* go/turn pale/white, whiten, pale
elfekvő *mn,* ~ *készlet* frozen stocks ‖ *fn,* ~ *osztály* chronic ward
elfeledtet *i,* make sg forgoten, cause sg to be forgotten
elfog *i,* catch, seize, catch up ‖ *~ják:* get caught ‖ *~ja vki tekintetét:* catch one's look ‖ ~ *vkit:* catch sy
elfogad *i,* accept, agree, honour, incline ‖ *váltót ~:* accept / honour (*US* -or) a bill / draft ‖ *fogadja legmélyebb hódolatom:* accept my highest reverence
elfogadhatatlan *mn,* unacceptable, inadmissible
elfogadható *mn,* **1.** *ajánlat* acceptable **2.** *ár* reasonable
elfogadhatóság *fn,* acceptability
elfogadott *mn,* accepted ‖ *elfogadják, ~á lesz:* it is accepted, become accepted
elfogás *fn,* apprehension, capture, catch, interception ‖ *bűnöző ~a:* the capture of the criminal
elfoglal *i,* take possession of, seize, occupy ‖ ~ *vmit:* occupy sg ‖ *~ja magát:* occupy oneself ‖ ~ *egy helyet:* take / occupy a seat ‖ *hivatalt ~:* enter on one's duties
elfoglalt *mn,* occupied, engaged, busy, engrossed ‖ *vki nagyon ~:* sy is extremely occupied / busy

elfogulatlan *mn,* unprejudiced, liberal, free, candid
elfogyaszt *i,* use up, consume
elfojt *i,* extinguish, stifle, repress
elfojtott *mn,* suppressed, repressed, bottled up ‖ ~ *hangon* in a muffled voice ‖ ~ *düh* suppressed anger ‖ ~ *nevetés* sniggering
elfordul *i,* turn away
elforr *i,* boil away, evaporate
elfúj *i,* **1.** *szél* blow/carry away **2.** *gyertyát* bol off/out **3.** *leckét* rattle off
elfut *i,* run away, escape from, make one's escape ‖ ~ *az idő* time flies ‖ *~ja a düh* lose one's temper
elgázol *i,* run down/over, knock sy over ‖ *~ta egy autó* he was knocked down by a car ‖ ~ *egy macskát* drive over a cat
elgémberedik *i, ld.* **meggémberedik**
elgondolás *fn,* **1.** idea, conception **2.** *terv* plan, design
elgörbít *i,* bend, crook, wrench
elgurít *i,* roll away/off
elgurul *i,* roll away/off
elgyengít *i,* weaken, enfeeble, invalid, bring low
elgyengül *i,* weaken, lose one's strength, flag, sag
elgyötört *mn,* distressed, harrowed, haggard
elhagy *i,* leave, abandon, desert ‖ *~ja a remény:* hope abandons / leaves him / her ‖ *~ja magát:* lose heart, give up, neglect oneself, let oneself go
elhagyás *fn,* leaving (off), betrayal, abandonment, desertion
elhagyatott *mn,* deserted, abandoned, desolated, solitary

elhagyatva *hat,* forsaken (by), lonely, abandoned
elhagyott *mn,* abandoned, deserted, desolate
elhajlás *fn,* bend, curve, deviation
elhajlik *i,* deviate, bend, curve
elhal *i,* 1. die, decease; *tömeg* die off 2. *testrész* netrocize, mortify; be dead frozen 3. *zaj stb.* die down/away, fade away, swoon, decrease ‖ *~t a szó az ajkán* words failed him
elhalás *fn,* death, decease, mortification
elhalaszt *i,* postpone, delay ‖ *~ . vmit, amíg:* delay sg until
elhallgat *i,* 1. *ált* stop speaking, fall silent, *hirtelen* stop short 2. *vmit* listen 3. *titokban tart* keep sg back, suppress sg, conceal sg ‖ *~ vki elől* keep it from sone ‖ *~nám órákig* I could listen to it for hours
elhallgattat *i,* silence, make sy silent
elhaló *mn,* decaying, dying
elhalványít *i,* fade out, pale
elhanyagol *i,* neglect, take no care of, let slide; *tényt* disregard
elhanyagolható *mn;* negligible, unimportant
elhányja *i,* 1. *~ magát* vomit 2. *~ a cuccait* mislay/misplace one's things 3. *földet* shovel away 4. *eldobál* throw away
elhárít *i,* clear away
elhasznál *i,* use up, get through sg; *ételt* consume, deplete
elhasználás *fn,* using up
elhatárol *i,* delimit, mark off, border, circumscribe
elhatároz *i,* decide, resolve, determine, make up one's mind ‖ *~ta, hogy inkább* choose rather ‖ *~za magát* make up one's mind
elhelyez *i,* place, put, settle
elhelyezkedés *fn,* 1. position, posture 2. *tárgyé/helyé* location 3. *munkában* finding a job
elhelyezkedik *i,* 1. *áll* take one's stand 2. *ülve* take one's seat 3. *munkába* find a job , get a situation
elhervad *i,* fade away
elhervaszt *i,* fade, wither up, etiolate
elhidegülés *fn,* estrangement, disaffection
elhíresztel *i,* 1. spread the news of sg, noise sg abroad 2. *pletykál* defame sy, run sy down
elhivatottság *fn,* a sense of vocation ‖ *igazi ~:* with a true (sense of) vocation
elhízik *fn,* grow fat / corpulent, get fat
elhízott *mn,* fat, obese, overwheight
elhízottság *fn,* obesity
elhomályosít *i,* shade, outshine, eclipse, surpass, efface
elhomályosul *i,* 1. *dolog* become dim, darken, blur 2. *üveg* tarnish 3. *jelentőség* get insignificant beside sg
elhull *i,* 1. fall off/down, drop 2. *állat* die, die off, perish
elhuny *i,* die, decease
elhunyt *fn/mn,* dead, deceased, departed ‖ *az ~:* the deceased
elidegenít *i,* alienate
elidegenítés *fn,* alienation, estrangement
elidegenített *mn,* alienated, estranged
elígérkezik *i,* promise to visit sy ‖ *~ vkihez vacsorára* engage oneself for dinner
elijeszt *i,* frighten away, scare sy/sg away, put off

elillan *i*, **1.** *gáz/folyadék* escape **2.** *gőz* evaporate **3.** *vki* slip/steal/samper away, melt into thin air; *menekül* clear out, beat it

elinal *i*, escape

elindít *i*, **1.** *ált* start, set sg off, set going **2.** *vonatot* wave the green flag **3.** *küldeményt* dispatch, send off, forward **4.** *ügyet* set sg in action/in train/on action ‖ *~ja fiát az életbe* start his son in life ‖ *vállalkozást ~* launch an enterprise

elindul *i*, **1.** start, depart, set off/out **2.** *átv* set on foot

elintéz *i*, settle, arrange, do, get through ‖ *~ vmit:* arrange sg ‖ *~ vkit:* sort sy out

elismer *i*, admit, confess, acknowledge, approve of ‖ *~i vmi átvételét:* acknowledges the receipt of sg

elismerés *fn*, acknowledgement, recognition ‖ *~képpen:* in acknowledgement / recognition of ‖ *átvétel ~e:* acknowledgement of receipt ‖ *nyilvános ~:* public acknowledgement

elismervény *fn*, receipt, check, voucher ‖ *átvételi ~:* acknowledgement (of receipt)

elítél *i*, condemn, sentence, disapprove of sg, convict ‖ *~ vkit vmiért:* condemn sy for sg ‖ *halálra ítél:* sentence to death

eljár *i*, go regularly to, attend ‖ *~ vkihez:* go regularly to sy ‖ *~ vhová:* go regularly somewhere ‖ *leckékre/iskolába ~:* frequent classes / school

eljárás *fn*, procedure; manners, deal; *műsz* operation

eljegesedés *fn*, freezing over, glaciation, refreezement

eljegyez *i*, engage

eljegyzés *fn*, engagement ‖ *~i ünnepséget tart:* hold an engagement ceremony ‖ *felbontja az ~ t:* break off one's engagement (to sy) ‖ *~i gyűrű:* engagement ring, wedding bend

éljenez *i*, cheer, hurrah ‖ *csapatnak ~:* give cheers for a team

éljenzés *fn*, cheers *tsz*, cheering, hurrah

eljön *i*, **1.** *vhonnét* come away from, leave sg **2.** *vkiért* come for, come to **3.** *ált* arrive **4.** *idő* to have come ‖ *~ holnap ebédre?* will you come to dinner tomorrow? ‖ *reggel majd ~* she will be round in the morning

eljövetel *fn*, arrival, advent ‖ *Krisztus ~e:* Advent of Christ

elkábít *i*, stun, stupefy, daze, numb

elkalandozik *i*, wander, ramble, stray; *beszédben* digress, meander

elkalapál *i*, give (sy) a hammering, hammer sy

elkápráztat *i*, dazzle, fascinate, captivate, enthrall

elkárhozás *fn*, damnation

elkedvetlenít *i*, depress, discourage

elkedvetlenítő *mn*, discouraging, damping sy's spirits

elken *i*, **1.** *ált* smear, spread smudge **2.** *átv* minimize, bypass, play down; *zűrt* cover up

elképed *i*, be doumbfounded, stupefied ‖ *~ vmin:* be abashed at sg ‖ *~ve hallom, hogy:* I was stunned / amazed to hear, I was flabbergasted to hear

elképedés *fn*, abashment, astonishment, amazement, stupefaction, stupor

elképeszt *i*, stupefy, amaze, astonish ‖ *~i:* stupefy sy

elképesztő *mn*, stupefying, amazing, astonishing
elkér *i*, borrow sg from sy, ask sy for sg
elkerül *i*, bypass, avoid, shun, evade
elkerülés *fn*, bypassing, avoiding, avoidance
elkerülhetetlen *mn*, inevitable, inescapable, unavoidable, unescapable
elkerülhetetlenül *hat*, inevitably, unavoidably
elkerülhető *mn*, avoidable, evitable, escapable
elkeseredett *mn*, embittered, desperate, efforted
elkeserít *i*, embitter, exasperate, exacerbate
elkésik *i*, be late for sg, come too late ‖ ~ *a vonatról* miss the train ‖ *tíz percet ~ett* she was ten minutes late
elkóborol *i*, roam/wander/meander about, stray
elkomolyodik *i*, turn serious/grave, assume a serious air
elkoptat *i*, wear out, outwear, scuff, erode; *átv* hackney
elkorcsosít *i*, degenerate, deteriorate
elkorhad *i*, 1. moulder, decay 2. *fa* putrefy
elköszön *i*, say goodbye, wish all the best, bow out, bid adieu
elkötelezett *mn*, committed
elkötelezi magát *i*, pledge/bind oneself, commit oneself to do sg
elkövet *i*, commit, perpetrate, accomplish ‖ *gyilkosságot/öngyilkosságot/bűnt ~:* commit murder / suicide / sin
elkövetés *fn*, perpetration, commission, accomplishment

elkövető *fn*, perpetrator, principal, offender, culprit
elkülönítés *fn*, separation, seclusion, segregation
elkülönített *mn*, parted, separated, detached, split
ellát *i*, cater, supply, provide, equip ‖ ~ *vkit vmivel:* supply / equip sy with sg
ellátás *fn*, supply, provision, catering, equipment
ellátogat *i*, go to visit sy, pay a visit to, visit swhere ‖ *látogasson el hozzánk* come to see us!
ellen *igekötő*, counter-, anti- ‖ ~ *forradalom:* counter-revolution
ellenáll *i*, resist, stand/bear up against sg, recalcitrate ‖ ~ *a viharnak* she bides storm ‖ *makacsul* ~ offer a stiff resistance
ellenállás *fn*, resistance, opposition ‖ *~sal találkozik:* meet opposition
ellenállhatatlan *mn*, irresitible, resistless
ellenálló *mn*, resisting, resistant, resister
ellenanyag *fn*, antibody, antimatter
ellencsapás *fn*, counter-hit
ellenére *hat*, regardless of, despite, in spite of
ellenez *i*, object, be opposed to, raise objection against sg, be against, ‖ ~ *vmit:* be against sg, stand against, be opposed to sg, object sg
ellenez *i*, oppose/negate sg, be opposed/hostile to sg
ellenfél *fn*, adversary, opponent, enemy, foe, rival
ellenkező *fn/mn*, opposite, contrary ‖ *az ~je:* the opposite / contrary of sg ‖ *~leg:* on the contrary, to the contrary ‖ *épp ~:* (quite) on the contrary

ellenkező *mn*, 1. contrary, opposing, opposite 2. *konkr* oppositive, inverse, reverse, recalcitment || ~ *esetben* otherwise || *az óramutató járásával ~ irányban* anti/counterclockwise
ellenkezőleg *hat*, contrarily, on the contrary
ellenőr *fn*, controller, surveyor, inspector, superintendent || *jegy ~ szl* spotter
ellenőriz *i*, check (up), supervise, inspect, monitor, verify || ~ *vkit/vmit:* check / verify sg/sy || *ellenőrzi az útleveleket:* examine the passports
ellenőrzés *fn*, check (up), supervision, control || *~e van vmi fölött:* has control over sg || *~e alatt tart:* keep it under one's control, supervise, be in control of sg || *~én túl:* over one's control || *kicsúszik az ~ alól:* lose control over sg || *reptéri ~:* airport control || *útlevél ~:* passport examination / control || *~t tart vhol:* keep a check somewhere || *~e alatt tart:* keep under control
ellenőrző *mn*, control-, monitoring, supervising || *~ vizsgálat:* check assay
ellenség *i*, adversary, foe, enemy || *a legnagyobb ~e:* one's greatest enemy
ellenséges *mn*, inimical, hostile, enemy
ellenségeskedés *fn*, hostility, animadversion, enmity
ellenségesség *fn*, malignancy, malignity, hostility
ellensúlyoz *i*, compensate, counteract, offset
ellensúlyozás *fn*, compensation, correction
ellenszél *fn*, headwind, deadwind
ellenszenv *fn*, antipathy, repugnance, distaste, dislike || *~et érez vkivel szemben* have a pique against

ellenszenves *mn*, 1. antipathetic, distasteful, repugnant 2. *viselkedés* obnoxious
ellenszer *fn*, remedy, cure, antidote
ellentámadás *fn*, counter-attack, counterblast
ellentét *fn*, opposite, reverse, contrary
ellentétel *fn*, antithesis
ellentételezés *fn*, offset
ellentétes *mn*, adverse, contrary, contradictory, converse, opposite || *~ körülmények:* counter circumstances
ellentétesség *fn*, discrepancy
ellentmond *i*, contradict, oppose; *vmivel* clash, contradict || ~ *vkinek:* contradict sy
ellentmondás *fn*, contradiction, opposition, paradox
ellentmondásos *mn*, contradictory, opposing
ellentmondó *mn*, contradictory, conflicting, paradoxical
ellentmondóan *hat*, contradictiously, paradoxically
ellenvélemény *fn*, contrary opinion
ellenzés *fn*, disapproval, objection, opposition
ellik *fn*, bear, farrow, yean, kitten, puppy, fawn, calve
ellipszis *fn*, ellipse
elliptikus *mn*, elliptical
ellóg *i*, slip away, scram
ellop *i*, steal, filch, nick, lift, mooch, snoop, swipe || *~ott:* stolen
ellök *i*, thrust away/off, shove away sy
elmarad *i*, 1. *nem történik* not happen/occur, fail to come about, 2. *lépéstől* lag/fall behind, hang back/behind 3. *sokáig vhol* not come till late 4. *átv* be behind, leg/fall behind

elmaradt *mn, fejlődésben* undeveloped, be behind the times, underdeveloped
elmarasztal *i,* convict, sentence, condemn sy
elme *fn,* mind, intellect ‖ *~bajos* insane ‖ *~állapot* state of mind ‖ *~kórtan* psychiatry
elmebeteg *mn,* insane, deranged, nuts, lunatic
elmebetegség *fn,* mental illness, insanity
elmegy *i,* go away / off, depart
elmegyógyintézet *fn,* mental hospital, lunatic asylum, bedlam
elméletileg *hat,* in theory, theoretically
elmérgesedik *i,* 1. become septic, fester, gangrenous 2. *vita* grow acrimonious, worsen, get worse, become heated
elmérgesít *i,* 1. aggravate, embitter 2. *vitát* enflame, envenom
elmerül *i,* be submerged ‖ *vmiben ~:* to be absorbed / lost in sg, lose oneself in sg ‖ *vmibe teljesen ~(bele):* be totally absorbed / lost in sg
elmerült *mn,* sunk(en), submerged, rapt, absorbed
elmesél *i,* narrate, relate, tell a tale
elmeszesít *i,* calcify
elmond *i,* 1. tell, narrate, give vent, deliver, report 2. *mindennek ~* call him/her names
elmondat *i,* make sy tell sg, have a story told
elmos *i,* 1. *edényt* wash up 2. *körvonalat* dim, blur
elmosódik *i,* 1. grow blurred/dim, faint, fade 2. fade away, grow dim
elmosódott *mn,* blurred, slurred, dim, hazy, woolly, faint

elmosogat *i,* wash the dishes, do the washing up
elmosolyodik *i,* smile
elmozdít *i,* 1. *helyről* remove, displace, delocalize 2. *állásból* remove, discharge
elmúlik *i,* elapse, go by, cease, pass away / off
elmúlt *hat,* past, gone
elnapol *i,* adjourn, postpone
elnehezedik *i,* get heavy, grow heavy
elnémul *i,* be struck dumb, shut/ry up
elnéptelenít *i,* depopulate
elnevet *i, ~i magát* burst out laughing
elnevez *i,* call name, denominate, give a name to sg, labe sg
elnéz *i,* 1. shut / close one's eyes (to), forgive, excuse 2. overlook, miss ‖ *nem nézi el vki tettét:* do not turn a blind eye to sg
elnézés *fn,* oversight, lenience, tolerance ‖ *~ést kér:* apologize
elnéző *mn,* indulgent, lenient, tolerant, liberal
elnök *fn,* president, chairman
elnök- *mn,* presidential, presidial ‖ *~választás:* presidential election
elnöknő *fn,* lady president, chairwoman
elnököl *i,* preside, head the committe, take the chair, head ‖ *~ vmi fölött:* preside over / at sg
elnökség *fn,* 1. *helyzet* presidency, presidentship 2. *hely* office of chairman 3. *vállalati* management
elnökválasztás *fn,* presidential election
elnyel *i,* swallow up, engulf, gulp down, devour
elnyel *i,* 1. swallow up, devour, wolf down 2. *betűt* drop
elnyelés *fn,* swallowing, gupling, devouring

elnyerés *fn,* winnig, pulling off
elnyom *i,* **1.** *nemzetiséget* oppress, keep down, tyrannize **2.** *érzelmeket* suppress, stifle, repress **3.** *nagyobb a kisebbet* dwarf ‖ *~ja érzelmeit* bottle up one's feelings ‖ *~ja a zokogást* choke up sobbing ‖ *~ja a szegényeket* grind the poor ‖ *cigarettát ~* stub out a cigarette ‖ *~ja a buzgóság* she is dozed off
elnyomás *fn,* oppression, repression, suppression, enslavement
elnyomó *mn,* oppressive, despotic, suppressive ‖ *fn,* tyrant, oppressor
elnyomorodik *i,* **1.** *ember* become disabled/crippled **2.** *növény* decay, wilt, be dwarfed
elnyomott *mn,* oppressed, repressed, suppressed
elnyújt *i,* **1.** stretch/pull out **2.** *átv* extend, prolongate, spin out **3.** *tésztát* roll out
elnyúlik *i,* **1.** stretch oneself out, lie prostrate **2.** *terület* stretch, extend, go as far as
elnyű *i,* wear out/away, wear into holes, fray
elold *i,* untie, unfasten, unbind, set free, let loose
elolvad *i,* **1.** dissolve, melt; dissolve, fuse **2.** *hó* thaw
elolvas *i,* **1.** read thorugh/over, peruse **2.** *nehezen* make out, *megfejt* decode
eloszlás *fn, emberi* dispersion, breaking up; *vagyoné* distribution
eloszlik *i,* **1.** *vmi részekre de* distributed, be shared out among **2.** *kétség* be cleared/resolved/disspelled **3.** *nehézség* disappear, vanish **4.** *felhő* dissipate ‖ *~ a tömeg* crowd disperses ‖ *a nehézségek eloszlottak* the difficulties disappeared ‖ *egyenletesen ~* be spread evenly

eloszt *i,* **1.** divide into, partition, parcel out **2.** *vkik között* divide among/between, section/portion out **3.** *dolgokat* distribute
elosztás *fn,* division, distribution, departing
elő- *mn,* fore(part)
élő *mn,* living, alive, animate
elő, előtt *mn/hat,* fore, before, on ‖ *határidő ~:* before the deadline ‖ *csak ~re!:* just go on!
előad *i,* **1.** *megmutat* produce, show, exhibit; *át* give up, hand over **2.** *egyetemen* lecture, give lectures **3.** *dalt* sing, *verset* recite, *darabot* perform, act, stage, *zenét* play, interpret, rendeer
előadás *fn,* performance, show, discourse, spectacle
előadó *fn,* speaker, lecturer, performer; artist
előáll *i,* **1.** step forward, appear **2.** *létrejön* come about/into being, arise, ccur
előállít *i,* **1.** produce, make, turn out **2.** *bűnözőt* arrest, *tanút* present
előbb *hat,* earlier, previously, sooner,
előcsarnok *fn,* (entrance) hall, foyer, lounge, vestibule, (hotel) lobby ‖ *az ~ában:* in it's foyer
előd *fn,* predecessor, ancestor, forefather
elődöntő *fn,* semi-finals; quarter-finals
előélet *fn,* past, antecedents *tsz,* record
előfeltétel *fn,* condition
előfordul *i,* happen, occur
élőhalott *fn,* living corpse
előhív *i,* **1.** *valakit* call out/forth, summon to appear **2.** *fényképet* develop a negative
előhozakodik *i,* plead, bring up trout out
előhúz *i,* draw forth, produce, drag forward
előidéz *i,* cause, bring about/on, give rise to sg, occasion, rouse, excite

előír *i*, **1.** prescribe, direct, ordain, *adót* assess taxes, *minőséget* specify, stipulate **2.** *vkinek* order/command sy to do sg **3.** *zene* change the key-signature

előírás *fn*, prescription, ordinance, regulation, orders ‖ *~ vmire:* prescription for sg

előítélet *fn*, prejudice, preconception, bias ‖ *~ei vannak vmivel/vkivel szemben:* have a prejudice / bias against sy/sg, be prejudiced against sy/sg

előjegyez *i*, **1.** place on record/file, register sg provisionally **2.** *szobát* book a room **3.** *zene* prefix sharps/flats

előjegyzés *i*, **1.** note, earmark, registration **2.** *zenei* key-signature **3.** *jegy* advance booking

előjel *fn*, sign, omen, indication

előjog *fn*, privilege, prerogative, liberties *tsz* ‖ *~ot élvez:* enjoy privileges ‖ *mindez vki ~joga:* all this is sy's privilege

előjön *i*, **1.** come forth, appear, emerge, turn up **2.** *ld. előfordul*

előkap *i*, produce out, *pisztolyt* whip out

előke *fn*, bib

előkelő *mn*, aristocratic, high-born, distinguished, noble

előkelőség *fn*, aristocracy, notability; person of rank

előkeltez *i*, antedate, backdate

előképző *fn*, preparatory, *nyelvtan* prefix

előkerít *i*, **1.** bring forth, produce from, hunt up **2.** *vkit* find sy, bring sy round/over

előkerül *i*, **1.** come up, turn up, be found **2.** *téma* be touched upon/mentioned, crop up

előkészít *i*, **1.** make ready, prepare, arrange **2.** *feladatra* groom/brief sy for sg; *vizsgára* coach, cram, train **3.** *anyagot* process, dress

előkészítő (iskola) *fn*, preparatory school

előkészület *fn*, preparations *tsz*, arrangements *tsz* ‖ *~et tesz:* make arrangements / preparations ‖ *~képp:* as a preparation / arrangement

elöl *hat*, ahead, in advance, in front

előleg *fn*, advance, money advanced, down payment, deposit, earnest money

élőlény *fn*, living being/creature, creature

előlép *i*, **1.** *konk* step forward/forth **2.** *rangban* be promoted, rise, get promotions

előléptet *i*, promote, advance, raise sy ‖ *~ vkit vmivé:* promote sy to sg

előléptet *i*, promote sy, advance/raise sy, forward sy in rank

előléptetés *fn*, promotion ‖ *munkahelyi ~:* workplace promotion

előléptetés *fn*, promotion, advancement, preferment

elöljáró *fn*, superior, chief, principal, boss, *nyelvtan* preposition

elöljárós *mn*, prepositional, prepositive ‖ *~ ige:* prepositional verb

elöljárószó *fn*, preposition

elönt *i*, inundate, flow, deluge, overflow ‖ *vmi ~i:* sg inundates / overflows it

elöntött *mn*, inundated, overflowed ‖ *~ terület:* inundated area

előny *fn*, advantage, benefit ‖ *nagy ~t jelent:* it means a great advantage ‖ *~ben van:* has an advantage ‖ *kihasználja az ~t:* make use of the advantage, push an advantage ‖ *teljes ~t élvez:* enjoy benefit from ‖ *vki ~ére:* to sy's advantage ‖ *~t szerez:* steal a march (on sy), get the better of sg ‖ *~szerző:* advantage gainer ‖ *~adó:* give sy a start ‖ *~ül:* as an advantage ‖ *~t nyújt vkinek:* give sy a start

előnyös *mn*, advantageous
előrajzol *i*, skatch, outline, trace
előre *igekötő*, forward, in advance || *~visz:* bring forward
előre *hat*, forward(s), onward(s), ahead || *csak így tovább ~!:* keep it up! keep at it!
elöregedik *i*, grow old/senescent, age
előregyártott *mn*, prefabricated
előrehalad *i*, advance, progress, go ahead
előrehaladó *mn*, advancing, progressing
előrejelzés *fn*, forecast, prediction
előrelát *i*, foresee, envisage, forecast || *~ja az időjárást:* foresee the weather forecast
előretör *i*, forge ahead, force one's way forward
előrevisz *i*, carry ahead/forth/forward
élősdi *fn*, parasite; *átv* sponger, idler
élősdi *mn*, parasitical
elősegít *i*, help, aid, support
előszállít *i*, pre-deliver
előszó *fn*, preamble, foreword, prolog, preface || *~t ír vmihez:* (write a) preface to sg
előszó *fn*, preface, foreword, introduction
előszoba *fn*, vestibule, anteroom || *~fal:* hat-and-coat-rack / stand
előszoba *fn*, vestibule, hallway, entrance-hall; *hivatalé* anteroom, waiting-room
először *hat*, firstly, (for) the first time, at first || *~ is:* first of all, to begin with, first thing, start with
előtér *fn*, foreground, entrance-hall || *a festmény ~ben van:* the painting is in the limelight
előteremt *i*, procure, produce
előterjeszt *i*, submit, subject sg to sy, present, report
előtt *hat*, before, in front of || *a ház ~:* in front of the house || *az orrom ~:* before my nose

előtte *hat*, **1.** *sorban* before him/her **2.** *vki előtt* before him/her
előtti *igek*, ante-, pre-, fore-
elővarázsol *i*, conjure up, juggle out of sg
elővétel *fn*, advance booking, pre-emtion
élővilág *fn*, biology, flora and fauna
előz *i*, overtake, *US* pass || *meg~zi a korát:* is ahead of his time
előzetes *mn*, previous, preliminary
előzmény *fn*, antecedents *tsz*, preliminaries *tsz*
előző *mn*, former, previous
előzőleg *hat*, before, previously
elpáhol *i*, spank, thrash, wallop, leather
elpanaszol *i*, tell one's troubles, complain, grouse
elpárolog *i*, **1.** evaporate, vapour, vaporize, volatilize **2.** *átv* vanish into thin air, make oneself scarce
elpárologtat *i*, evaporate, vaporize, exhale
elpatkol *i*, turn out one's toes, kick the bucket, cross the river of death
elpattan *i*, *húr* snap, break, *üveg* crack, *ér* burst
elpazarol *i*, waste, dissipate, run through, fool away
elpirul *i*, blush, redden, turn red/scarlet || *fülig ~* blush to the roots of one's hair
elpocsékol *i*, *ld.* elpazarol
elpuhul *i*, weaken, soften, became effeminate
elpusztít *i*, **1.** *tárgyat* destroy, demolish, ruin, havoc **2.** *országot* annihilate, liquidate **3.** *embert/állatot* kill, kill off, massacre
elpusztul *i*, **1.** be destroyed, decay, be laid waste **2.** *élőlény* perish, die of, succumb, *harcban* lose one's life
elrabol *i*, rob, abduct, kidnap || *gyermeket ~:* abduct a child

elragadó *mn,* fascinating, delightful, enchanting, captivating, charming
elragadtatott *mn,* ecstatic, delighted, rapturous
elrak *i,* **1.** put away, stow/tuck away **2.** *befőttet* store up/away, bottle, can, preserve
elrejt *i,* hide, occult, conceal, secrete
elrejtőzik *i,* hide away, lie low, shun sy's eyes ‖ *~ a bokorban:* hide in the bush
elrendel *i,* order, command, ordain, direct
elrendel *i,* direct, order, command, ordain
elrendez *i,* **1.** ált arrange, put in order **2.** *ügyeket* settle, adjust, compose **3.** *rendet rak* set right, put right, tidy
elrettentés *fn,* deterrence, determent
elriaszt *i,* scare / warn / frighten away
elrohad *i,* rot off, decompose
elromlik *i,* **1.** go wrong, spoil **2.** *idő* break up **3.** *készülék* be out, break down
elront *i,* spoil, damage, ruin
elrozsdásodik *i,* rust
elsáncol *i,* entrench, barricade **elsáncolt** *mn,* entrenched, barricaded
elsiet *i,* hurry off/along, tear away, hasten away, run away ‖ *ne siesd el!* take your time!
elsikkaszt *i,* embezzle, misappropriate, peculate
elsirat *i,* mourn for sy, weep over sy, lament
elsorvad *i,* waste/pine away, *növény* wither, droop
elsóz *i,* **1.** be heavy-handed with salt **2.** *árut* fob/palm off sg
első *sorsz fn,* first, primary ‖ *~ vki vmiben:* be first in sg ‖ *~ látásra:* on sight, at first sight ‖ *~ helyen:* on the first place ‖ *~ kiadás:* first edition ‖ *~ként jön* arrive first, be the first to arrive ‖ *~ emelet:* first floor, *US* second floor ‖ *~ osztály:* first class
elsőbálozó *fn,* debutante, coming-out
elsőbbség *i,* **1.** *idő* priority, precedence **2.** *közl* precedence **3.** *rang* precedence, superiority
elsőéves *fn,* first-year (student)
elsőként *hat,* first, the first to (do sg), as number one
elsőosztály *fn,* first class ‖ *~on utazik:* travel first class
elsőosztályú *mn,* first-class ‖ *~ zenész:* first-class musician
elsöprő *mn,* sweeping, overwhelming, devastating ‖ *~ többség:* overwhelming majority
elsőrangú *mn,* first-rate/class, high-class
elsőrendű *mn,* first-class, first rate ‖ *~ hajtómű:* first-class driving gear
elsősegély *fn,* first aid ‖ *~t ad vkinek:* give sy first aid
elsőszülött *fn,* firstborn
elsötétít *i,* make dark, darken, shade, dull
elsötétül *i,* **1.** get dark, become dark, darken **2.** *átv* become obscure/dim
élsportoló *fn,* leading sportsman/woman, crack palyer
elsuhan *i,* glide, *gyorsan* shoot/flash past
elsül *i,* **1.** go off, fire, discharge **2.** *összejön* succeed
elsüt *i,* fire / let off, trigger sg off, discharge ‖ *~ egy viccet:* make / crack a joke ‖ *~ egy pisztolyt:* fire off / discharge a gun
elszaggat *i,* tear to pieces, tear up
elszakad *i,* **1.** *ruha* tear, wear out, *kötél* rip, break, snap **2.** *vkitől* detach oneself from
elszalad *i,* **1.** run away, take to one's heels, hook it **2.** *idő* fly, slip away, fleet

elszáll *i*, **1.** fly away/off, **2.** *füst* rise **3.** *gáz* escape **4.** *idő* fly away

elszállásol *i*, accommodate, put sy up, lodge, shelter ‖ *a szálló 1000 embert képes ~ni:* the hotel can accommodate 1000 people

elszállít *i*, **1.** transport, convey, carry, drive **2.** *vhonnét* carry away/off

elszámol *i*, **1.** account for **2.** *ker* settle account, settle up, balance accounts

elszánja magát *i*, make up one's mind

elszánt *mn*, desperate, determined, ‖ *~ követő:* desperate perpetrator ‖ *~an csinál vmit:* do sg desperately

elszántság *fn*, determination, resolution, desperation

elszárad *i*, dry, parch, whither

elszed *i*, take away, seize, confiscate

elszédít *i*, make dizzy, daze, giddify; *átv* dazzle sy, turn sy'head

elszegényedett *mn*, became poor, became impoverished, sunk into poverty

elszegényedik *i*, grow poor, sink into poverty

elszegődik *i*, go into service, enter service, sign on

elszégyell *i*, fell/be ashamed of sg

elszigetel *i*, isolate, isle, localize

elszigetelt *mn*, isolated, recluse, localized ‖ *~ eset:* isolated phenomenon *tbsz –mena*

elszigeteltség *fn*, isolation ‖ *~ben él:* live in isolation

elszívó *mn*, extractor ‖ *hang~ vatta:* sound absorbent cotton / wadding

elszomorít *i*, grieve, make sad, sadden, depress

elszórás *fn*, scattering, spreading, dispersion ‖ *az ablakon szórja el a pénzét:* throw money out of the window

eltakar *i*, cover, veil, mantle, shroud

eltalál *i*, hit ‖ *~ vmit:* hit sg

eltart *i*, **1.** keep support, maintain **2.** *félre* keep away from, keep at a distance **3.** *ideig* last, keep, continue

eltartás *fn*, **1.** support, maintenance **2.** *tartósítás* preservation, conservation

eltávolít *i*, remove, send/clear awayget rid of, send down ‖ *~ vkit vhonnan:* remove / send away sy from somewhere

eltávolodik *i*, **1.** move away/off, remove **2.** *átv* retire, withdraw, deviat, *lélekben* become alienated

eltávozás *fn*, going away, leaving, departure ‖ *~t kap:* get a (short) leave

eltekint *i*, disregard, take no notice of, pass over

eltelik *i*, fill up, get full, be filled, pass

eltemet *i*, bury, entomb, inhume; *átv* hide

elterel *i*, **1.** *figyelmet* distract **2.** *forgalmat* divert, detour

eltér *i*, **1.** *iránytól* deviate from, turn aside **2.** *elvtől* swerve, deviate from, depart from **3.** *vélemény* differ, diverge, vary **4.** *témától* digress, wander, ramble

eltérés *fn*, difference, deviation, departure

eltérés *fn*, divergence, deflection ‖ *árnyalatnyi ~:* a slight difference

eltérít *i*, **1.** divert, deflect **2.** *átv* divert, avert

elterjed *i*, **1.** spread **2.** *élőlény* diffuse **3.** *vélemény* pullulate

elterjedt *mn*, wide-spread

elterjeszt *i*, spread, scatter, set about/going, put about

elterül *i*, extend, lie, spread over

eltervez *i*, plan, plan in detail

eltesz *i*, **1.** put in its place, lay aside **2.** *befőttet* preserve, can, conserve

eltéved *i,* lose oneself, lose one's way, get lost, stray

eltévelyedés *fn,* error, slip, fault

eltévelyedett *mn,* abberant, perverse, perverted

eltéveszt *i,* miss the/one's aim/shot, strike wide of the mark

eltikkad *i,* swelter; *hőségtől* grow faint with heat; *növény* droop

eltilt *i,* forbid, prohibit, proscribe, interdict; *ügyvédet* disbar; *orvos* strike off the register

eltitkol *i,* keep secret, conceal, keep to oneself

eltol *i,* 1. move/shove away, remove, shift 2. displace, dislocate 3. *időben* shift, postpone 4. *elront* bungle, make a bungle of sg, boss ‖ **munkát** ~ make a mess of a job

eltolódik *i,* shift, be moved away, be displaced; *időben* be postponed, be put off, be moved to

eltompít *i,* 1. blunt, turn the edge of sg 2. *átv* dull, deaden, blunt, disedge

eltompul *i,* 1. become blunt, lose the edge/point 2. *átv* become dull/torpid/blunted, sink into apathy

eltorlaszol *i,* block, obstruct, baricade ‖ ~ *vmit:* block / barricade sg ‖ *~ja az utat:* barricade / block the road

eltorzít *i,* distort, deform, dishape

eltökélt *mn,* determined, resolved, resolute

eltökélten *hat,* undauntedly, resolutely

eltölt *i,* 1. *konk* fill up, satiate 2. *időt* pass /while away, spend, kill one's time 3. *átv* fill, inspire with courage, *szánalom* touch, *gyűlölettel* imbue

eltöm *i,* stop / fill up, block (up), obstruct

eltömődés *fn,* blocking, obstruction

eltömődik *i,* become / get plugged filled, be blocked up, silt up ‖ *vmi ~ vkivel:* become / get plugged / filled with sg, be blocked up with sg

eltör *i,* break up to pieces, snap

eltöröl *i,* 1. *tányért* dry 2. *nyomot* efface 3. *törvényt* repeal, abolish, abrogate

eltulajdonít *i,* (mis)appropriate, abstract, purloin, abstract

eltulajdonítás *fn,* misappropriation, expropriation, abstraction

eltúloz *i,* exaggerate, overdraw/do ‖ ~ *vmit:* exaggerate sg

eltűnik *i,* disappear, vanish, fade away

eltűnt *mn,* vanished, missing ‖ *~nek nyilvánítva* legally dead ‖ *~ személy* missing person ‖ **megsebesült, elesett vagy** ~ killed, wounded or missing

eltüntet *i,* make disappear, spirit/charm sg away; *elrejt* hide, conceal, screen; *foltot* remove

eltűr *i,* stand, suffer, bear, tolerate, endure, take, brook, swallow, support, countenance

elun *i,* get/become bored/weary with, to be enough of sg ‖ *~ja magát* fell/be bored/dull ‖ *~ja a várakozást* he grew weary of waiting

elúszik *i,* 1. *személy* swim off/away 2. *tárgy* be carried away 3. *pénz* go down the drain, get frittered away 4. *munkával* not get through with in time, fall down on schedule

elutasít *i,* 1. *vmit* refuse, reject, decline 2. *vádat* deny, *ajánlatot* reject, turn down 3. *kérést* refuse, decline 4. *vkit* turn away, show sy the door, put sy off 5. *közeledést* repulse sy's advance

elutazik *i,* depart, be off, leave by sg, get/set out, hit the road
elüldöz *i,* expel, force to go, hound out
elülső *mn,* front-, fore- ‖ *~ ajtó:* front door
elültet *i,* plant, bed ‖ *~ vmit vhová:* plant / bed sg somewhere
elütő *mn,* different, dissimilar, contrasting
elv *fn,* principle, precept, policy ‖ *~ileg:* in principle, theoretically ‖ *~ből tesz vmit:* do sg on principle ‖ *ragaszkodik az ~eihez:* cling / stick to one's principles
elv *fn,* **1.** principle **2.** *pol* policy **3.** *vallási* tenet **4.** *erk* maxim **5.** *mat* theorem
elvakít *i,* **1.** blind **2.** *átv* turn sy's head
elvakult *mn,* blinded by sg, dazzled by ‖ *~an vallásos* blinded religious ‖ *hibáival szemben ~* she is blind to his faults ‖ *~ politika* purblind policy
elválaszt *i,* separate, part, detach, tear apart
elválik *i,* separate, part, come apart, get divorced ‖ *~ vkitől:* part from sy, divorce sy
elvámol *i,* levy duty on sg ‖ *árut ~* clear goods, release from bond ‖ *van valami ~nivalója?* have you got anything to declare?
elvan *i,* **1.** *vhol* to be away **2.** *vhogy* coast along, manage to rub along **3.** *vmi nélkül* do without sg, manage without ‖ *~nak egymással* they get on well ‖ *~ a városban* she went to town
élve *hat,* alive, living ‖ *kerestetik ~ vagy halva* wanted dead or alive ‖ *megúszta ~* he managed to survive
elvégez *i,* complete, finish,accomplish ‖ *egyetemet ~:* (s)he has a university degree, (s)he is a university graduate ‖ *főiskolát ~:* (s)he has a college degree, (s)he is a college graduate

elvégre *hat,* after all, in the end
elvegyül *i,* mingle with ‖ *~ a tömegben* mingle with the crowd ‖ *~ a folyadékban* mingle in the liquid
elver *i,* **1.** *vkit* thrash, thwack, whack, lick, drub **2.** *vhonnét* whip off, drive away **3.** *pénzt* waste, squander, fling away ‖ *~i az éhségét* take the edge of one's appetite ‖ *a jég ~i a vetést* the hail destroys the corn
elvergődik *i,* **1.** *helyre* reach with much effort **2.** *átv* scrape/rub along
elvérzik *i,* **1.** bleed to death **2.** *átv* fail, lose, go to the left
elvesz *i,* **1.** take away/off, deprive of sg, *erősen* seize, lay hold of tear from, lay hand on **2.** *feleségül* marry, wed, take to wife, take in marriage ‖ *~i a kedvét* spoil sy's humour ‖ *~i az étvágyát* put sy off his/her appetite ‖ *~i a fazekat a tűzről* remove the pot from the fire ‖ *ne vedd el!* don't take it away!
elveszett *mn,* lost, be gone, be missing
elvész *i,* **1.** *tárgy* be lost, get lost, go astray **2.** *eltűnik* slip from one's grasp/hand **3.** *átv* perish ‖ *sok bába közt ~ a gyermek* too many cooks spoil the broth ‖ *hangja ~ a zajban* his voice is drowned by the noise ‖ *~ a jóhíre* sy loses his/her character
elveszít *i,* lose ‖ *~i a jóhírét:* lose one's character / name ‖ *nincs ~nivalója:* (s)he does not have anything to lose ‖ *~i az eszméletét:* lose consciousness ‖ *utat ~:* get lost, lose one's way ‖ *pénzt ~:* lose money
elvesztés *fn,* loss, forfeiture
elvesztett *mn,* lost, forfeited
elvetél *i,* (have a) miscarry, abort, loose a child

elvetél *i*, miscarry, abort; *állat* slink/lose prematurely its young
elvétve *hat*, occasionally, now and then, here and there
élvez *i*, enjoy, find / take pleasure/delight ‖ ~ *vmit:* enjoy sg, find / take pleasure in sg ‖ *~i az életet:* enjoy life
elvezet *i*, **1.** *vhonnét* lead/walk away/off, march off **2.** *vhová* lead, conduct/guide to **3.** *járművet* drive, steer, navigate **4.** *áramot* branch, shunt **5.** *folyót* divert, drain off ‖ *az út a házunk előtt vezet el* the road goes by past he house
élvezet *fn*, enjoyment, pleasure, amusement, joy, delight ‖ *nem lel ~et benne:* do not find pleasure in (doing) sg ‖ *nekem ez ~:* this is pleasure for me ‖ *nagy ~et talál vmiben:* love doing sg, find pleasure in doing sg ‖ *sok ~et nyújt vmi:* offer a lot of pleasure
élvezetes *mn*, pleasurable, enjoyable, delightful
élvezhető *mn*, enjoyable, delightful
élvhajhász *mn*, pleasure – seeker, man of pleasure
elvi *mn*, principled, conceptual, of principle ‖ *ez ~ kérdés* it is a matter of doctrine that ‖ *~ kérdést csinál belőle* make a point of ing ‖ *~ megegyezés* agreement in principle ‖
elvisel *i*, bear, endure, put up with sg / sy
elviselhető *mn*, endurable, bearable, tolerable
élvisz *i*, **1.** carry/take away, carry off, *szállít* transport, convey **2.** *magával* take along, lead away, drive sy to a place
elvitat *i*, contest, dispute, reason away, deny ‖ *nem lehet ~ni* it can't be denied

elvonatkoztatott *mn*, treated / considered sg in isolation, abstracted
elvont *mn*, abstract, recondite ‖ *~ gondolat:* abstract thought ‖ *~ művészet:* abstract art
elvtárs *fn*, comrade
elvtárs *fn*, comrade
elvtelen *mn*, unprincipled, without principles, lacking principles
elzálogosít *i*, pawn, put in pawn, pledge, put up the spout; *ingatlant* mortgage, bond
elzár *i*, lock / shut up / in, block, blockade, lock away, shut off, seclude, depart
elzarándokol *i*, go on pilgrimage, make a pilgrimage
elzáródás *fn*, locking
ember *fn*, man, human being
emberbarát *fn*, humanitarian, philantropist
emberbaráti *mn*, humanitarian, philantropist
emberevés *fn*, cannibalism
emberevő *fn*, cannibal
emberfeletti *mn*, superhuman
emberfeletti *mn*, superhuman, preterhuman ‖ *~ erőfeszítés* great effort
emberi *mn*, human, of man
emberies *fn*, humane, benevolent,
emberiség *fn*, mankind, humanity, the human race, man ‖ *~ elleni bűntett* crime against humanity ‖ *~ javára* fo the benefit of all mankind
emberölés *fn*, murder, homicide, manslaughter
emberrablás *fn*, kidnapping
emberséges *mn*, humane, honest, decent, fair, civil ‖ *~ bánásmód* humane treating ‖ *~ ember* decent chap
emberszabású *fn/mn*, anthropoid
embertan *fn*, anthropology

embertani *mn*, anthropologycal
embertárs *fn*, fellow creature / man / being
embertelen *mn*, inhuman, barbarous ‖ *ez ~ dolog:* this is an inhuman thing ‖ *~ bánásmód:* inhuman treatment
embléma *fn*, emblem, token, device, badge, symbol, sign ‖ *kiadói ~* publisher's emblem
embrió *fn*, embryo
emel *i*, lift, hoist, raise, rear ‖ *fel~:* lift up, raise, take / pick up ‖ *ki~:* take / lift sg out, pick out
emelet *fn*, **1.** storey, floor, flight **2.** *átv* stage, layer
emeletes ágy *fn*, two-decker bed, bunk bed
emelkedett *mn*, lofty, sublime, high-flown, elevated
emelkedő *mn*, rising, ascending, ascendant, upward ‖ *~ben:* be on the rise, be in the ascendant ‖ *csillaga ~ben van:* his sun is rising
emellett *mut. ért. hat.szó*, **1.** *konk* besides this **2.** *átv* besides, in addition to, moreover ‖ *~ van* it is in favour of it
emelő *fn*, lever, jack, hoist, erector, gin
emelő *fn*, lever, lifter, jack ‖ *mn*, raising, elevating, lifting ‖ *hidraulikus ~* hydraulic jack ‖ *~kar* lever arm ‖ *~rúd* heaver, lever-bar
emelőerő *fn*, leverage, raising force
emelőrúd *fn*, crow-bar, lever
emelvény *fn*, podium, platform, stand, scaffold, stage ‖ *~re helyez:* place / put it on the platform / stand
émelyeg *i*, nauseate, feel giddy
emészt *i*, *ételt* digest ‖ *~i a bánat* grief is gnawing at his/her heart ‖ *~i a gond* be devoured by anxiety ‖ *~i magát* worry about

emésztés *fn*, digestion, metabolism
emészthető *mn*, digestible ‖ *könnyen ~ étel* food easy of digestion ‖ *nehezen ~ étel* stodgy/heavy food
emigrál *i*, **1.** *kivándorol* emigrate **2.** *száműzetés* go into exile, flee the country
emigráns *fn*, **1.** *pol* refugee, exile **2.** *nem pol* emigrant ‖ *francia ~ kormány* French emigré government
emirátus *fn*, emirate
emleget *i*, speak often of sg/sy, mention repeatedly
emlék *fn*, souvenir, relic, rememberance
emlék *fn*, memory, rememberance ‖ *hódol az ~ének:* render homage to sy's memory
emlékezet-kiesés *fn*, amnesia, black-out
emlékezik *i*, remember, recollect, call to mind, recall, recollect ‖ *nem ~* he doesn't remember ‖ *ha jól emlékezem* as fas as I can remember ‖ *nem emlékszem Önre* I can't place you ‖ *emlékezzél arra, amit mondjam* just beear it in mind what I said ‖ *emlékszem rá* I can't remember
emlékezőtehetség *fn*, memory ‖ *jó ~* long memory ‖ *gyenge ~* short memory
emlékirat *fn*, memoirs, memories; *hivatalos* memorial, memorandum
említ *i*, mention, make mention of sg; *céloz* hint at sg, make an allusion to ‖ *nem is ~ve* not to speak of ‖ *nem lehet őket egy napon ~eni* they can't be mentioned in the same breath ‖ *nem is ~ve* not to mention
emlő *fn*, **1.** woman's breath, mamma **2.** *állati* udder, dug, teat **3.** *dudán* bellows
emlős *mn*, mammiferous, mammate, mammalian ‖ *fn*, mammal ‖ *kacsacsőrű ~* duck-bill ‖ *~állatok* mammalia

én *fn,* I, me ‖ *Laca és ~ itt jártunk:* Laca and me have been here

ének *fn,* 1. song 2. *egyh* hymn, chant 3. *folyamat* singing, ditty, air 4. *eposzé* canto, book, fit

énekes *fn,* 1. singer vocalist, crooner 2. *kórista* chorister, chour-boy, chorus-girl ‖ *mn,* singing ‖ *~ darab* musical comedy ‖ *ebből se lesz ~ halott* that will come to nothing

enciklopédia *fn,* encyclop(a)edia

energetikus *mn,* energetics expert

energia *fn,* 1. energy, power, force 2. *tetterő* dirve, vigour, stamina, go 3. *szl* grit, zip, vim ‖ *tele van ~ával* have plenty of drive

energikus *mn,* energetic, forceful, vigorous, lively ‖ *~ fellépés* display energy ‖ *~ ember* man of energy/action

enged *i,* allow, permit, let ‖ *meg~i magának:* allow oneself to, indulge in sg ‖ *10%-ot ~:* reduce with 10% ‖ *kérem, ~je meg hogy:* allow me to, let me ‖ *nem meg~ett(tilos):* it is not allowed, it is prohibited ‖ *~ a dohányzás:* no smoking, smoking is prohibited ‖ *meg~heti magának:* can allow oneself to

engedékeny *mn,* compliant, indulgent, permissive

engedelmes *fn,* obedient, conformable, tame, subservient ‖ *~ vkihez:* obedient to sy

engedelmeskedik *i,* obey, be obedient, comply ‖ *~ vkinek:* obey sy, be obedient to sy

engedelmesség *fn,* obedience, subservience, subserviency

engedély *fn,* permission, admission ‖ *írott ~e van vmihez:* has a permit for sg ‖ *~t ad vmire:* permit sg, give grant / permission to do sg ‖ *horgász~:* angling licence ‖ *vadász~:* hunting licence ‖ *munka~:* permission to work, labour permit

engedélyes *fn,* permissive

engedélyez *i,* permit, allow, approve, authorize ‖ *~ vmit vkinek:* give / grant sy permission to do sg

engedélyezett *mn,* licensed, permitted, allowed

engedélyeztet *i,* permit, allow

engedetlenkedik *i,* be disobedient, disobey, not to do as told

engedményez *i,* assign, transfer ‖ *~ vkinek vmit:* transfer sg to sy

engem *sznm,* me ‖ *~ keresnek* they are looking for me ‖ *ez ~ illet* this is for me ‖ *ami ~ illet* in my mind

engesztel *i,* appease, placate, conciliate, propitiate ‖ *ajándékkel akarta ki~ni* he wanted to appease her with a present

engesztelhetetlen *mn,* unforgiving, relentless, imcapable

énkultusz *fn,* egoism, egotism

ennek *birt. nm,* of this ‖ *~ te vagy az oka!* This is due to you! ‖ *~ már két éve* two years have passed since then ‖ *~ hiányában* failing this ‖ *~ ismeretében* knowing this ‖ *birt mn,* of this ‖ *~ a háznak nincs teteje* this house has no roof ‖ *mut. ért hat.szó,* to/for this ‖ *~ köszönhető* it is due to this, this is why ‖ *mn mut. nm, ~ a lánynak adok virágot* I give a flower to that girl

ennivaló *fn,* food, eatables, vituals *tbsz*

enzim *fn,* enzyme

enyeleg *i,* flirt, dally, toy, trifle

enyém *bnm* mine

enyészet *fn,* death, decay, annihilation

enyhe *mn,* 1. *időjárás* mild, light, 2. *puha anyag* soft 3. *gyengéd, elnéző ember* gentle, lenient

enyhít *i, fájdalmat, bánatot* ease, assuage, mitigate, alleviate, soothe, lessen, abate, allay

enyhül *i,* 1. *fájdalom* subside, abate, lessen, be moderated 2. *feszültség* ease, slacken, wear away, let up 3. *időjárás* grow milder, thaw, soften, give, relax 4. *szigorúság* relax 5. *tünet* relent, lessen

ennyi *mn. mut.nm,* so much/many ‖ *épp ~ this much* ‖ *~ ember* what a crowd! ‖ *~ ideig* for so long ‖ *fn. mut.nm, nem hagyja ~ben* he won't leave it at that ‖ *~ az egész* that is all ‖ *erről ~t* so much for that ‖ *~ben maradunk* that's settled

enyv *fn,* 1. glue, lime 2. *ipari* size, adhesive

enyveskezű *mn,* light-fingered, stealy, have a sticky fingers

ép *mn,* 1. *teljes* whole, intact, unbroken, unimpaired, unhurt 2. *állapot* healthy, sound, hale, unwounded ‖ *~ és egészséges* hale and hearty ‖ *~ bőrrel megmenekült* escape unharmed ‖ *~ testben ~ lélek* a sound mind in a sound body

epe *fn,* bile ‖ *keserű, mint az ~:* as bitter as gall ‖ *~ láz:* gall sickness, bilious fever

epedezik *i,* languish, yearn, crave

epekedik *i,* languish, long, yearn, sigh for

epekedő *mn,* languorous, languishing, longing, yearning

epekő *fn,* gallstone

eper *fn,* 1. *földi* strawberry 2. *fán* mulberry ‖ *~fa* mulberry tree ‖ *~dzsem* strawberry jam ‖ *~fagyi* strawberry icecream

epés *mn,* 1. irascible, cantankerous, testy, bitter 2. *megjegyzés* malicious, acrimonious, venomious, biting, spiteful, sarcastic

epicentrum *fn,* epicentre *US –ter*

epidurális *fn,* epidural

epikus *mn,* epical ‖ *~ költemény* epic poem, epos ‖ *~ költő* epic poet

epilepszia *fn,* epilepsy

epilepsziás *mn,* epileptic

episztola *fn,* epistle

épít *i,* build, construct

építész *fn,* builder, building constructor, architect

építészet *fn,* architecture

építészeti *mn,* architectural

építő *fn,* builder, erector

építő *mn,* constructive ‖ *~vállalat:* construction / building company ‖ *~ipar:* building industry / trade, the construction industry

épp *mn/hat,* just, exactly, precisely ‖ *~ olyan:* exactly the same, the same as ‖ *~ most:* just now, right now *US* ‖ *~ csak:* only just

épület *fn,* building

ér *i,* 1. *vhová* get to, arrive at, attain, reach, come to, hit ‖ *a túlsó partra ~* gain the further beach ‖ *mennyi idő alatt lehet oda~ni?* how long does it take to get there? 2. *vmeddig* reach to, extend as far as ‖ *térdig ~ a víz* water is knee-deep ‖ *vállig ~ a haja* her hair comes down to her shoulders 3. *hozzá~* touch sg 4. *értékű* be worth ‖ *mennyit ~?* what is it worth? ‖ *nem ~ egy hajítófát sem* it is no good, it cuts no ice ‖ *nem ~!* no good! doesn't count ‖ *nem ~ a nevem!* fains! 5. *esemény* hit, befall, overtake, happen to ‖ **szomorú véget ~** come to a sad and ‖ **nem ~sz célt vele** you will get nowhere with it **6.** *vkit* catch, take, find, surprise ‖ **hazugságon ~ valakit** catch sy telling lie ‖ **tetten ~ vkit** catch sy redhanded ‖ **kényelmetlen helyzetben ~ vkit** catch sy with trousers down

ér *fn,* **1.** *testi* blood-vessel, vein, artery **2.** *érc* vein, lode **3.** *kábel* heart, core **4.** *falevél* rib, vein, nervure **5.** *víz* brook, brooklet, rill, streamlet, runlet

érc *fn,* ore, mental

érdek *fn,* interest, concern, behalf, share ‖ **~ében:** on his / her behalf, in his / her interest ‖ **vki ~e:** sy's welfare ‖ **nem ~e:** it is not in his / her interset ‖ **~emben áll, hogy megtegyem:** I have interests / an interest in doing it ‖ **6%-os ~eltsége van benne:** he / she has a 6% share in it

érdekcsoport *fn,* lobby

érdekel *i,* interest, concern, affect, touch ‖ **kit ~?:** who is interested? ‖ **nagyonis ~ vkit:** take great interest in sg, be greatly / very interested in sg ‖ **vkit ~:** interest sy

érdekelt *mn,* interested, concerned ‖ **vmiben ~:** have a share / stake / interest in sg

érdekeltség *fn,* interest, concern, involvme

érdekes *mn,* interesting, quaint, remarkable, curious

érdekközösség *fn,* joint interest, community of interest ‖ **~ben** in association

érdeklődés *fn,* interest, inquiry ‖ **~t mutat vmi iránt:** show (an) interest in sg ‖ **köz~ tárgya:** subject of general / public interest ‖ **tele van ~sel:** be keenly interested in sg

érdeklődik *i,* show / take interest, inquire, be interested in ‖ **vmi/vki iránt ~:** show / take interest is sg, be interested in sg ‖ **~ vki egészsége iránt:** make inquiries about one's health

érdeklődő *mn,* inquiring, enquirer

érdektelen *mn,* **1.** *nem érdekelt* disinterested, unconcerned **2.** *nem érdekes* boresome, dull, devoid of interest ‖ **nem ~** be of some interest

érdem *fn,* merit, desert, merit, worth

érdemel *i,* deserve, merit, be worthy of sg ‖ **nem ~ kíméletet** it deserves no mercy ‖ **büntetést ~** it deserves to be punished ‖ **többet ~t volna** she/he was cut out for sg better ‖ **meg nem ~t** immerited

érdemes *mn,* worthy, deserving, worth while

érdemrend *fn,* order, honour, decoration

érdemtelen *mn,* **1.** undeserving, unworthy, meritless **2.** *meg nem érdemelt* immerited, undeserved

érdes *mn,* rough, harsh, coarse

erdészet *fn,* forestry, sylviculture, silviculture

erdő *fn,* forest, wood

erdőkivágás *fn,* cutting out of forest, deforestization

erdős *mn,* woody, wooded, forest-cad ‖ **~ táj** woodland scenery ‖ **~ vidék** woodland

erdőség *fn,* forests *tbsz,* woodland

erdősít *i,* afforest, plant with trees

erdősítés *fn,* (af)forestation

érdugulás *fn,* embolish

ered *i,* rise, spring, *átv* derive, be derived, originate, arise ‖ **~ vhonnét:** rise in, spring from, *átv* derive / be derived / originate / arise from

eredet *fn,* origin, genesis

eredeti *fn,* original || *~ben olvasta:* read in the original
eredeti *mn,* original, genuine || *~ Picasso:* a genuine Picasso
eredetileg *hat,* originally, primarily
eredetiség *fn,* originality, genuineness
eredmény *fn,* result, outcome, consequence || *vminek az ~e:* the result/consequence/outcome of sg
eredményes *mn,* successful, resultful, efficient
eredményesség *fn,* successfulness, efficiency
eredménytelen *mn,* vain, fruitless, unsuccessful, futile, ineffectual, of no effect, bootless, resultless, inefficient || *~ igyekezet* fruitless effort || *fáradozása nem volt ~* her pains weren't in vain
erély *fn,* energy, vigour, force, determination, go, strength || *~lyel lép fel* be resilient
erélyes *mn,* forceful, energetic, strong-minded, vigorous
érem *fn,* 1. medal, *nagy* medalion, coin 2. *verseny* medal, plate 3. *kitüntetés* medal, decoration || *az ~ másik oldala* the other side of the shield || *~mel tüntet ki* award a medal to
éremtan *fn,* numismatics *tbsz*
eresz *fn,* eaves *egyessz*
ereszalja *fn,* penthouse
ereszkedik *i,* 1. descend, *rep* losing height 2. *lejtő* slope, slant, incline, go downhill *hirtelen* fall 3. *beszédbe* engage in conversation 4. *pl. kötés* get/come loose
ereszt *i,* 1. *vkit vhová* let go/pass, 2. *nedvet* run, pour out 3. *szl szellent* break wind || *búnak ~i a fejét* abandon oneself to grief || *gyökeret ~* throw out roots || *vért ~* let blood || *szélnek ~* let sy go where he/she pleases || *sárkányt ~ fly* a kite || *be~* let sy in || *hosszú lére ~i* a mondanivalóját spin a long yarn about sg

éretlen *mn,* 1. (ember) inmature, callow 2. *étel, gyümölcs* unripe, green, raw, crude
eretnek *mn,* heretical, heterodox
eretnekség *fn,* heresy
érez *i,* feel || *jól ~i magát:* feel quite well, feel all right || *otthon ~i magát:* feel at home || *szégyent ~ vmi miatt:* feel ashamed because of sg || *betegnek ~ magát:* feel ill || *vminek ~i magát:* feel oneself to be || *hideget/meleget ~:* feel cold / hot
érezhető *mn,* perceptible, palpable, tangible, sensible, manifest || *~ volt a feszültség* tension made itslef felt
érint *i,* touch, concern || *ellentétesen ~:* concern / affect contrarily / reversely || *ez téged nem ~:* it does not affects / concerns you || *közelről ~ minket:* it affects / concerns us closely || *vmi meg~ette:* sg touched him / her
érintetlen *mn,* 1. untouched 2. *leány* virgin
érintetlenség *fn, leányé* virginity
érintett *mn,* touched, concerned, affected || *~ vmiben:* affected / concerned in sg || *amennyire engem ~:* as far as I was concerned
érintkezik *i,* communicate, be in contact || *~ vkivel:* communicate with sy, be in contact with sy
erjedés *fn,* fermentation, working; *átv is* yeast
erkély *fn,* balcony, first tier, gallery
érkezés *fn,* arrival, coming || *~ekor:* on

sy's arrival ‖ **nincs ~e:** he / she does not have time (for it)

érkezik *i,* arrive at / in, come / get to, reach ‖ **meg~ a reptérre:** he / she arrives at the airport

erkölcs *fn,* morals (tbsz), morality, ethic

erkölcsös *mn,* 1. moral, virtuous, ethical 2. *szexuálisan* chaste ‖ **~ életvitel** chaste life

erkölcstelen *mn,* immoral

erkölcstelen *mn, nő* lewd, loose

érlel *i,* 1. ripen, make ripe 2. *tervet* let plan mature, nurse 3. *bort* mellow, season

érme *fn,* coin ‖ **visszajáró ~:** change ‖ **~bedobó nyílás:** slot

ernyő *fn,* 1. *eső* umbrella 2. *lámpa* shade 3. *nap* parasol 4. *kocsi* hood 5. *ablak* blind 6. *ejtőernyő* parachute 7. *kép* screen, picture 8. *virág* umbel ‖ **fenn az ~ nincsen kas** nothing but outside show ‖ **~t kinyit** put up the umbrella

erobik *fn,* aerobics *egyessz*

erotikus *mn,* erotic, voluptuous, sexy

erő *fn,* power, force, strength ‖ **~mű:** power station / plant ‖ **~t kifejt:** do one's outmost ‖ **minden ~mel:** with all my strength ‖ **tele van ~ával:** he / she is bursting with energy, he / she has a lot of energy ‖ **nincs ~ája, hogy megtegye:** he / she does not have strength to do sg ‖ **nukleáris ~:** nuclear power

erőd *fn,* fortress, stronghold, stockade ‖ **tartja az ~öt:** keep the fortress

erőfeszítés *fn,* effort, exertion ‖ **komoly ~be kerül:** it takes a lot of effort ‖ **némi ~sel:** with some effort ‖ **~eket tesz:** make efforts, use effort

erőleves *fn,* clear soup

erőltet *i,* insist on, force

erőltetett *mn,* forced

erős *mn,* strong, powerful; *testű* stout, lusty, robust

erősít *i,* strengthen, make stronger ‖ **fel~:** fix / fasten / attach sg to sg

erősítő *fn,* strengthening

erősködik *i,* 1. promise to, insist on 2. *múltban* maintain, uphold 3. *hogy nem* deny doggedly ‖ **~ hogy ártatlan** protect his/her innocence

erősség *fn,* strength, force, power

erőszak *fn,* force, violence, violation, vigor

erőszakos *mn,* violent, bully, forcible, aggressive

erőszakoskodik *i,* use violence, bully

erőteljes *mn,* forceful, powerful

erőtlen *mn,* weak, feeble, powerless

érsek *fn,* archbishop

erszény *fn,* purse, pouch

ért *i,gek.* for ‖ **minden~:** for everything ‖ **egy dolog~:** for one thing

ért *i,* understand, comprehend ‖ **nem ~ek egyet:** I do not agree ‖ **e pontban nem ~hetünk egyet:** we do not agree on that point ‖ **ebben egyet~ünk:** we agree with that

érték *fn,* 1. value, worth 2. *vagyon* assets, valuables 3. *pénz* currency 4. *erkölcsi* worth, *emberi* asset 5. *mat* value ‖ **csökken az ~e** be at a discount ‖ **nő az ~e** rise in value

értékcsökkenés *fn,* depreciation, fall in value

értékel *i,* appreciate, value, appraise, seize up, estimate

értékes *mn,* precious, valuable ‖ **~ kő:** precious stone ‖ **~ fém:** precious metal

értékesít *i,* sell, market, dispose of
értekezlet *fn,* meeting, conference ‖ *sajtó ~:* press / news conference
értékpapír *fn,* securities *tbsz,* stock
értéktelen *mn,* unworthy, worthless, valueless ‖ *~ segítség:* help of no use
értelem *fn,* reason, intelligence, intellect
értelmes *mn,* reasonable, intelligent, clever, sensible
értelmesen *hat,* lucidly, intelligently, cleverly
értelmetlen *mn,* mindless, unintelligible, senseless, meaningless, beyond reason, pointless
értelmez *i,* interpret, explain, make out, define, construe ‖ *hibásan ~* misinterpret ‖ *sokféleképp ~hető* there are many different representations of it
értelmiség *fn,* the intellectuals *tbsz*
értelmiségi *fn,* intellectual
értesít *i,* inform, let sy know ‖ *~ vkit vmiről:* inform sy about sg, let sy know, tell sy of / about sg
értesítés *fn,* information, notice, notification ‖ *további ~ig:* until further notice
érthetetlen *mn,* unintelligible, baffling, incomprehensible
érthető *mn,* intelligible, understandable, comprehensible
érv *fn,* argument ‖ *komoly ~ek szólnak mellette:* there are strong argument for it
érvel *i,* argue, reason ‖ *jól ~:* argue well
érvényes *mn,* valid, effective, prevalent ‖ *i,* be valid, hold good, apply to ‖ *~ törvény* established law ‖ *a jegy nem ~* ticket isn't valid ‖ *10 napig ~ ár* price holding good for 10 days ‖ *visszavonásig ~* valid until recalled

érvénytelen *mn,* invalid ‖ *~ és semmis:* invalid and fake ‖ *~ útlevél:* not valid passport
érvényteleníthető *mn,* enforceable
érverés *fn,* pulse ‖ *megtapogatja az ~ét:* feel the pulse
érzékel *i,* perceive, register, discern, feel, experience ‖ *pontosan ~* appreciate
érzékelhető *mn,* perceptible, sensible, tangible
érzékelő *fn,* perceptor, perceptive, sensor
érzékeny *mn,* sensitive, susceptible, sensible
érzékenység *fn,* sensitiveness, sensitivity
érzéketlen *mn,* insensible, numb ‖ *fájdalomra ~:* insensible to pain ‖ *mások gondjai iránt ~:* unfeeling / indifferent to other people' problems
érzéketlenség *fn,* insensibility
érzéki *mn,* sensuous, sensory
érzelem *i,* sentiment, emotion
érzelgősség *fn,* sentimentalism, sentimentality
érzelmes *mn,* sentimental, emotional
érzelmi *mn,* sentimental, emotional ‖ *~i problémái vannak:* he / she has sentimental problems
érzés *fn,* feeling, sentiment ‖ *az az ~e, hogy:* he /she has the feeling that ‖ *jó/rossz ~* good / bad feeling ‖ *megsérti vki ~eit:* hurt sy's feelings ‖ *uralkodik az ~ein:* hold back one's feelings, control / restrain one's feelings
érzéstelenít *i,* anaesthetize *US anes-*
és *kötőszó,* and ‖ *~-vagy:* and – or ‖ *~így tovább:* and so on / forth
és *kötőszó* and ‖ *~ a többi* et cetera ‖ *na ~?* so what?
esedékes *mn,* 1. due, mature 2. *tartozás*

payable ‖ *~sé válik* fall due ‖ *~ összeg amount due* ‖ *~ számla* due invoice

esély *fn,* chance ‖ *~e sincs rá:* has no chance ‖ *jó ~i vannak:* has good chances ‖ *megragadja az ~t* take / seize the opportunity ‖ *az ~ei -ek:* the odds are

esemény *fn,* event, occurence ‖ *~ek sora:* series of events ‖ *bármely ~:* any event ‖ *sokat tanul az ~ ből:* learns a lot from the event

eseményteli *mn,* full of events

esendő *mn,* fallible

esernyő *fn,* umbrella, *nagy* gamp, gingham, Tom Thumb/dumpy umbrella

esés *fn,* falling ‖ *szabad ~:* free fall ‖ *bűnbe ~:* the Fall (bibliai) ‖ *ár ~* drop / fall / decline in prices

eset *fn,* case, instance, cause, fall ‖ *ez~ben:* in this case ‖ *~ében:* in his / her case ‖ *csalás ~:* case of fraud ‖ *idevágó ~* relevant case ‖ *bármely ~ben:* in any case ‖ *ételmérgezési ~:* case of food poisoning ‖ *gyilkossági ~:* case of murder ‖ *nem az ~em:* it is not my cup of tea, (személyről) he / she is not the sort of person I care much, is not my type

esetlen *mn,* awkward, clumsy, gawky, gauche, gangling, bearish

eshetőség *fn,* possibility, eventuality, opportunity

esik *i,* fall ‖ *neki~:* fall / bump against sy / sg ‖ *~ az eső:* it rains ‖ *rá~:* fall / tumble down on sy / sg ‖ *meg~:* happen, occur, take place ‖ *szét~:* disintegrate, fall to pieces ‖ *alá~* fall under sg ‖ *áldozatul ~:* fall victim / pray to ‖ *bele~:* fall / tumble into, have a crush on sy ‖ *a talpára ~* light on one's feet ‖ *darabokra ~:* fall into pieces ‖ *le~:* fall down / off ‖ *hibába ~:* fall into mistake ‖ *rosszul~:* it hurts

eskü *fn,* oath ‖ *~vel erősít meg:* confirm by oath ‖ *~t tesz:* swear an oath ‖ *~ alatt:* under oath ‖ *hamis ~:* perjury, false oath

esküdt *fn,* juryman, juror ‖ *mn, ~ ellenség* sworn/mortal enemy

esküdtszék *fn,* (common) jury ‖ *az ~ padja:* jury-box ‖ *~ listája:* list / panel of jury

esküszegés *fn,* oath-breaking

esküszegő *fn/mn,* oath-breaker

eskütétel *fn,* taking of the oath

esküvő *fn,* wedding, marriage, nuptials, bridal ‖ *~t tart* celebrate marriage

eső *fn,* 1. rain 2. *szitál* drizzle 3. ‖ *esik az ~* it is raining

esőköpeny *fn,* raincoat, mackintosh

est *fn,* 1. evening, eve, nightfall 2. *műv* evening, szóló recital ‖ *~et ad* gives recital

este *fn,* evening ‖ *Karácsony ~:* Christmas Eve‖ *Újév ~je:* New Year's Eve‖ *tegnap ~:* yesterday evening

estélyiruha *fn,* evening dress

esti *mn,* evening ‖ *~ iskolába megy:* study at / in *US* night / evening school

észak *fn,* north, (the) North ‖ *É~i- Sark:* the North Pole

északi *mn,* northern, of the north

eszelős *fn,* idiot, crack-brain

eszik *i,* eat ‖ *meg~:* eat up ‖ *fel~:* eat up ‖ *bele~ magát:* eat into ‖ *megeszem a kalapom:* I'll eat my hat ‖ *házon kívül ~:* eat out, eat out of the house ‖ *a tenyeréből ~:* eat / feed from sy's hand

eszkimó *fn/mn,* Eskimo

eszköz *fn*, instrument, device, equipment, tool ‖ *orvosi ~:* surgical instrument
észlel *i*, observe, notice
észlelés *fn*, observation, noticing
észlelhető *mn*, noticeable, obsearvable, perceptible
észlelő *mn*, observer, noticer
eszme *fn*, idea, thought ‖ *rög~:* fixed idea, obsession
eszmélet *fn*, consciousness ‖ *elveszti az ~ét:* lose consciousness
eszmény *fn*, ideal ‖ *fennkölt politikai ~ei vannak:* lofty political ideals
eszményien *hat*, ideally
eszményít *i*, idealize
észrevehető *mn*, noticeable, observeable, perceptible
észrevesz *i*, notice, observe, perceive
észrevétel *fn*, observation, noticing, perception
esszé *fn*, essay ‖ *~t ír vmiről:* write an essay about
észt *fn/mn*, Estonian
esztergapad *fn*, lathe
esztétika *fn*, aesthetics US *–es egyessz*
Észtország *fn*, Estonia
étel *fn*, food
éter *fn*, ether
éteri *mn*, etherial
etető *mn*, feeder ‖ *~tálka:* feeding bowl ‖ *~ vályú:* feeding place
etikus *mn*, ethical
étkezési *mn*, food-
étvágy *fn*, appetite
étvágygerjesztő *fn*, appetizer, whet
étvágytalan *mn*, without any appetite, off one's food
étvágytalanság *fn*, lack / loss of appetite

eukaliptusz *fn*, eukalyptus
Európa *fn*, Europa
európai *mn*, European
év *fn*, year ‖ *folyó ~:* this / current year
evangélikus *mn*, Lutheran
evangélista *fn*, Evangelist
éves *mn*, year old ‖ *~ ráta:* annual rate ‖ *~ jelentés:* annual report ‖ *~ elszámolás:* annual accounts (tbsz)
evez *i*, row ‖ *a vízben ~:* row in the water ‖ *saját csónakján ~:* row in his / her own boat
evezés *fn*, rowing, pull
evező *fn*, paddle, oar
evezős *fn*, oarsman, rower
evezővilla *fn*, rowlock, oarlock US
évforduló *fn*, anniversary ‖ *a 100. ~ja:* its centenary
évi *mn*, yearly, annually, year's ‖ *~ rendes gyűlés:* annual ordinary meeting ‖ *~ mérleg:* annual balance (sheet) ‖ *~gyűrű:* annual ring ‖ *~ fizetés:* annual salary ‖ *egy~ bevétel:* a one-year income
evilági *mn*, of this world, this world's
évkönyv *fn*, alamanac, yearbook
evő *mn*, eating
evőeszközök *fn*, cutlery, silverware
evőpálcika *fn*, chopstick
évtized *fn*, decade
export *mn*, exportation, export ‖ *~ vállalatnál dolgozik:* he / she works at an export firm
exportál *i*, export ‖ *külföldre ~:* export abroad
ezentúl *hat*, from now on, henceforward, henceforth
ezermester *fn*, man-of-all-works, handyman
ezoterikus *mn*, esoteric
ezredes *fn*, colonel

F

fa *fn, növény* tree, *anyag* wood
fa- *mn,* wood-, wooden, of wood ‖ **~faragás:** wood-stack, wooden graving ‖ **~berakás:** inlay, inlaid work
faarcú *mn,* poker/wooden-faced
fabatka *fn,* goat, pence, pin, straw
fácán *fn,* pheasant ‖ **~kakas** cock-pheasant ‖ **~tyúk** hen-pheasant ‖ **~toll** pheasant feather
facér *mn,* 1. *ember* unemployed, out of work 2. *tárgy* spare 3. *színész* be resting
fafúvós *fn,* 1. *hangszer* woodwind instruments 2. *zenészek* the woodwind
faggat *i,* cross-examine, cross question, badger sy with questions
fagott *fn,* bassoon
fagy *fn,* frost, chill, freeze
fagyal *fn,* privet
fagyálló *fn,* antifreeze, frost-proof liquid
fagyás *fn,* freezing, frostbite, chill
fagyaszt *i,* freeze, deep-freeze, refrigerate, chill, cool ‖ *vmit* **~:** chill / refrigerate / deep-freeze sg ‖ **be~:** freeze ‖ **be~ja az árakat/béreket:** freeze the prices / wages
fagyasztás *fn,* freezing, refrigeration, chilling
fagyasztó *fn,* freezer ‖ *mély~:* deep-freezer
fagyasztóláda *fn,* chest freezer
fagyasztott *mn,* frozen, refrigerated ‖ *~hús:* frozen meat ‖ *be~ követelések:* frozen assets
faggyú *fn* tallow ‖ *~gyertya:* suet candle ‖ *olvasztott ~:* suet
fagyos *mn,* frosty, chilly, wintry, glacial
fagyott *mn,* frozen, chilled, refrigerated
fagypont *fn,* freezing-point
fahéj *fn,* cinnamon ‖ *~as sütemény* cookie with cinnamon
faj *fn,* 1. *ember* race 2. species (*tsz* species)
fáj *i,* hurt, nip, ache ‖ *mindenem ~!:* I ache all over ‖ *~, hogy így kell tennem:* it hurts to do this
fájdalmas *mn,* painful, aching, grievious, sore
fájdalom *fn,* pain, ache, throes, sorrow, soreness, grief, suffer ‖ *~at okoz vkinek:* cause pain / suffering to sy ‖ *nyilalló~:* shooting pain

fájdalomcsillapító *fn/mn,* painkiller, anaesthetic, analgesic
fájdalommentes *mn,* painless, analgesic
fájdít *i,* complain of a pain in sg ‖ *~ja a lábát* complain of a leg-ache
fajgyűlölet *fn,* racism, racialism, racial prejudices ‖ *a sovinizmus is ~* chauvinism is also racism
fajgyűlölő *mn,* racist ‖ *a bőrfejűek ~ eszmékben hisznek* skinheads believe in racist thoughts
faji *mn,* racial, ethnical, of race
fajlagos *mn,* specific ‖ *~ vezetőképesség* conductivity ‖ *~ hő* specific heat ‖ *~ térfogat* specific volume
fájó *mn,* painful, sore, ailing, aching, sorrowful
fajta *fn,* 1. type, breed, sort, kind 2. *biol* variety
fakad *i,* 1. spring from 2. *vmitől* spring/stem/arise from 3. *virág* blossom out, bloom 4. *sírva* burst into tears
fakaszt *i,* bring forth, cause to spring forth, make sg burst
fakít *i,* fade, discolour ‖ *ez a mosószer ~ this washing powder fades colours*
fáklya *fn,* torch ‖ *~ás felvonulás* torchlight procession ‖ *~vivő* torch-bearer
fakó *mn,* pale, faded, pallid, dim, dun
fakul *i,* fade, lose colour, discolour ‖ *ez volt a kedvenc blúzom, de kifakult* this was my fave blouse but its colour has faded
fakultás *fn,* faculty
fal *i,* wall
falánk *mn,* greedy, gluttonous, voracious
falánkság *fn,* greed, voracity, gluttony

falat *fn,* morsel, bite, mouthful, bit
falatozik *i,* eat, have a snack
falaz *i,* 1. put up a wall 2. *átv* screen sy, act as sy's accomplice
falazókőműves *fn,* bricklayer, brickmason
falevél *fn,* leaf
falfestés *fn, művészi* wall-painting; *szoba* painting a/the wall
falfirka *fn,* graffiti, scribling, inscription, slogan
faliszekrény *fn,* (wall-)cupboard
falka *fn,* pack (of hounds / wolves)
falmélyedés *fn,* niche, tabernacle
falragasztábla *fn,* poster, placard
falu *fn,* village ‖ *~n él* live in the village/country ‖ *~beli* villager ‖ *~rádió* farming news
falucska *fn,* hamlet, villagelet
falusi *mn,* rural, of the country / village, country-, village-
fametszet *fn,* woodcut, engraving
fanatikus *fn,* fanatic, fanatical, diehard
fánk *fn,* doughnut ‖ *lekváros ~* doughnut with marmalade
fantázia *fn,* 1. fantasy, imagination 2. *zenei* fantasia ‖ *nem lát benne ~át* he can't see much in it ‖ *~név* made-up name, *árué* brand name
fantáziáló *mn,* fantasizing, daydreaming, imagining
fapofa *fn,* wooden/poker face
far *fn,* 1. *emberi* bottom 2. *orv* buttocks 3. *tréf* backside, bum 4. *hajóé* stern, *más járműé* back 5. *állati* hindquarters ‖ *~motor* rear-engine ‖ *~vitorla* spanker sail
fárad *i,* 1. *el* get tired 2. *átv* take pains over to do sg, take the trouble to do sg

‖ **könnyen** ~ she tires easily ‖ **kérem, ~jon ide!** please come over here!
fáradozás *fn* trouble, effort, struggle, pains
fáradozik *i*, ld. **fárad** 2.
fáradságos *mn*, tiring, troublesome, fatiguing, exhausting
fáradságosan *hat*, labouriously, troublesomely
fáradt *mn*, tired, exhausted, weary
farag *i*, **1.** carve, chip **2.** *szobrot* sculpt, sculpture ‖ *a fába ~ja a nevét:* carve his/her name into the wood ‖ *márványba ~ja:* sculpt into marble
faragás *fn*, carving, engraving
faragatlan *mn*, unpolished, unframed, rough, rude, boorish
faragókés *fn*, carving-knife
faragott *mn*, carved, hewn ‖ ~ *szék:* carved chair
fáraó *fn*, Pharaoh, farao ‖ *~t játszik:* play Pharaoh
fáraszt *i*, **1.** exhaust, fatigue, tire **2.** weary ‖ *ki~ott:* tired out, made weary / tired, exhausted
farkas *fn*, wolf ‖ *~kutya* Alsatian, German shepherd ‖ *~ordító hideg* numbing cold ‖ *~vakság* night-blindness ‖ *~étvágy* wolfing/ravenous appetite
farm *fn*, farm, *US* ranch
farmer *fn*, **1.** *földművelő/állattenyésztő* farmer, *US* rancher, ranchman **2.** *nadrág* jeans, Levy's, denims
farok *fn*, **1.** tail **2.** *tabu* cock, pecker ‖ *csóválja a ~át* wag its tail ‖ *csapkod a ~ával* swish its tail ‖ *behúzott ~kal menekül* go off with one's tail between one's legs

farol *i*, **1.** *hátra* reverse, back **2.** *oldalt* skid, swerve ‖ *neki~:* back into sg ‖ *be~:* skid into, swerve into
fasírt *fn*, **1.** meatball, meatloaf, minced meat, force-meat, hash, ground-beef patty, croquette, rissole, Hamburg-steak **2.** *átv* good-for-nothing, noball ‖ *~ot csinál vkiből* make mincemeat of sy
fasiszta *mn/fn*, fascist, of fascism
fasizmus *fn*, fascism
fasor *fn*, row of trees, avenue, alley, vista
fásult *mn*, lethargic, lethargical, passionless, apathetic, indifferent
fásultság *fn*, lethargy, languor, indifference
faszén *fn*, (wood)char, charcoal
faszén *mn*, charcoal-
fatális *mn*, fateful, fatal ld. **végzetes** ‖ *~ tévedés* fatal error ‖ *~ véletlen* fatal chance
fatuskó *fn*, log, block, butt, tree-stump
fátyol *fn*, **1.** *kalapon* veil, fall **2.** *gyász* crape, crépe **3.** *muzulmán* yashmak **4.** *fotó* veil, fog **5.** *köd, füst* film, screen ‖ *~at borít rá* let bygones be bygones
fátyolszövet *fn*, gauze, tifanny, veiling, voile
fattyú *fn*, bastard, illegitimate (child), (child) born out of wedlock
favágó *fn*, woodcutter/man, *US* lumberjack/man
favorit *fn*, favourite (*US* -or-), probable winner ‖ *a nyerő ~:* the winning favourite
fazék *fn*, pot, cooking pot
fazekas *fn*, potter
fazekasság *fn*, pottery
fázik *i*, **1.** be cold, feel cold, feel chilly **2.** *átv* shrink from, be shy of doing sg

fázis *fn,* phase, stage level, period ‖ *villamos~* phase ‖ *végső ~* final stage ‖ *~áram* in-phase current ‖ *~okra bont* phase

fazon *fn,* 1. *ruhánál* cut of garment, form 2. *kihajtó* facing, lapel, revers 3. *ember* dude, pal, mate ‖ *összetéveszti a szezont a fazonnal* doesn't know chalk from cheese

fázós *mn,* sensitive to cold

február *fn,* February

fecseg *i,* chatter, palaver, prate, prattle, jabber, blab, yak, twaddle

fecsegő *mn,* chattering, babbler, chatty, prattling

fecske *fn,* 1. swallow 2. *átv* úszónadrág ‖ *füsti ~* chimney swallow ‖ *az első ~* the first arrival/comer

fecskendez *i,* 1. *foly* squirt, spray, spurt 2. *sugárban* jet, play the hose on sg 3. *orv* syringe

fecskendő *fn,* syringe, hosepipe, squirt, injector 2. *kézi/illatszer* scent-spray, hand sprayer

fed *i,* 1. cover, shred, overlay 2. *tető* overlay, roof ‖ *be~ vmit:* cover over, roof over ‖ *~ezi a költségeket:* cover / meet the costs / expenses, *biz* foot the bill

fedd *i,* blame, censure, reprehend, reprove, rebuke, reprimand

feddés *fn,* reproof, rating, scolding, reprehension

feddhetetlen *mn,* irreproachable, faultless, flawless, immaculate

fedél *fn,* 1. *tető* roof, lid 2. *ált* top, *csavar* cap

fedélzet *fn,* deck, (ship)board ‖ *hajó~:* ship-deck ‖ *kimegy a ~re:* go on deck ‖ *mindenki a ~re:* all hands on deck

fedélzet-munkás *fn,* deck-hand, sailor, boardman

fedez *i,* 1. *titkol* hide, conceal 2. *óv* cover, shelter 3. *állatot* cover, screen,

fedez *i,* 1. conceal, hide, screen, cover 2. *véd* coer, shelter, protect 3. *kat* cover the retreat, convoy, escort 4. *költségét* cover, defray the expenses, meet the costs, refund, reimburse 5. *állatot* cover, serve, line, tup ‖ *testével ~ vkit* cover sy with one's body ‖ *szükségleteket ~* meet the requirements

fedezék *fn,* entrenchment, trenches, blindage, fox-hole ‖ *~!* into cover! ‖ *~et keres* take cover ‖ *~et ás* dig oneself in

fedezet *fn,* security, escort, funds *tsz*

fedő *fn,* 1. cover, top 2. *edény* pot-lid, lid, dish-cover ‖ *~lap* cover ‖ *~lemez* crown sheet ‖ *~szerv* covering organization ‖ *~név* code-name

fegyelem *fn,* discipline, subordination, order ‖ *~et tart* keep discipline ‖ *nem tűr ~et* rebel against discipline ‖ *~re szoktat* bend sy to discipline ‖ *lazul a ~* discipline becomes lax

fegyelmez *i,* discipline, keep under discipline ‖ *~i magát* control over oneself

fegyelmezett *mn,* orderly, disciplined ‖ *~ menet* orderly march ‖ *~en tűri* suffer pains with great self control

fegyver *fn,* weapon, gun, rifle, arms *tsz* ‖ *~ben áll:* be in / under arms ‖ *~t visel:* bear arms, be tooled up ‖ *leteszi a ~t:* surrender, lay down one's arms ‖ *~rel tiszteleg:* present arms ‖ *~t emel:* attack with a weapon ‖ *~be hív:* call to arms

fegyveres *mn,* armed, in arms, weaponed ‖ *~ erők:* armed forces ‖ *~ rablás:* armed robbery

fegyverkezés *fn,* armament, military preparations *tsz* ‖ *~i verseny:* arms / armament race

fegyvernök *fn,* squire, armiger

fegyverraktár *fn,* arsenal, armoury (*US* -or-), magazine

fegyverszünet *fn,* truce, armystice, suspension of arms ‖ *~et köt* conclude/sign an armistice ‖ *~et kér* as for an armistice

fegyverzet *fn,* armament, weaponry, armature, armouring; *páncél* armor

felhalmoz *i,* **1.** *ált* accumulate, pile up, amass, heap up **2.** *raktárra* stockpile

fehér *fn,* **1.** white **2.** *emberek* white people/man **3.** *pol* white ‖ *mn,* **1.** white **2.** *haj* hoary ‖ *ritka, mint a ~ holló* it is a rare bird ‖ *szeme ~je* white of the eye ‖ *tojás~je* the white of the egg

fehérít *i,* whiten, bleach

fehérnemű *fn,* **1.** *ált* underwear, undergarments, underclothes *tsz* **2.** *női* undies *tsz,* lingerie

fehérvérűség *fn,* leukaemia (*US* -kem-)

fej *fn,* **1.** *ált* head **2.** *vezető* chief, leader **3.** *átv* face, camp, cap ‖ *a ~ fölé:* above one's head ‖ *ráadja a ~ét:* go in for sg, take up sg ‖ *~ek fognak hullani:* heads will fall off

fejenként *hat,* a / per head, each

fejes *mn,* -headed, with a head

fejezet *fn,* chapter, head ‖ *az első ~től kezdi olvasni a könyvet:* start reading a book from the first chapter

fejfájás *fn,* headache, migraine

fejhallgató *fn,* head/earphone(s), *US* headset

fejléc *fn,* heading, header, headpiece, letterhead

fejleszt *i,* develop, improve

fejlesztés *fn,* development, improvement, innovation ‖ *~ alatt van:* it is under development

fejlesztő *mn,* generative, innovative, innovating, creative, inventive ‖ *~ ötletei vannak:* have innovative ideas

fejlődés *fn,* development, expansion, increase, evolution, progress, advance ‖ *nagy ~t tett meg:* it has made a considerable / significant improvement

fejlődik *i,* develop, progress, increase, expand, enlarge, advance ‖ *jól ~:* is making a good progress

fejlődő *mn,* developing, progressive, expanding, enlarging, increasing

fejszámolás *fn,* mental arithmetic

fejsze *fn,* axe, *US* ax, hatchet, chopper

fejtámasz *fn,* headrest

fejvesztett *mn,* crazy, panic-stricken, crackpot, crazed

fejvesztettség *fn,* craziness, panic

fék *fn,* **1.** brake, stopper **2.** *átv* curb, bridle

fekete *mn,* black, dark ‖ *~ halál:* black death, pest ‖ *holló ~:* jet-black, raven black

feketepiac *fn,* black market

feketerigó *fn,* blackbird

feketézik *i,* **1.** *kávét* drink black coffee **2.** *átv* trade in the black market, blackmarket, *szl* bootleg

fékez *i,* brake, use the brakes, apply the brakes

féklámpa *fn*, stop-lamp, brake-light lamp, braking signal-light

fékpedál *fn*, brake-pedal

fekszik *i*, **1.** *élő* lie, recline, *áll* lair, couch **2.** *ház* be situated, lie, extend, range, lie **3.** *tárgy vhol* lie on sg, rest on sg, overlap sg **4.** *vmi alatt* be/lien under sg **5.** *pénz vmiben* lie in sg, consist of sg **6.** ‖ *sok munka ~ benne* much work has gone into it ‖ *nekem ez nem ~* that is not to my taste ‖ *jól ~ valakinél* be well in sy

féktelen *mn*, wild, boisterous, bull-headed, rampageous, unbridled, unrestrained ‖ *~ düh:* unbridled fury / anger

fekve *hat*, lying ‖ *~ marad* remain lying

fekvés *fn*, lying, locality, location, position, site

fekvés *fn*, **1.** *csel* lying, lying position **2.** *aludni* going to bed **3.** *zene* shift, position **3.** *helyé* situation, location **4.** *magzaté* presentation ‖ *ár~* price level ‖ *a városnak gyönyörű a ~e* this town has a beautiful site

fel *hat*, up ‖ *~ s alá* up and down ‖ *~ is út le is út!* get out! ‖ *igekötő*, up, over, together ‖ *~adja a levelet* post the letter ‖ *felsz.* up! aris! ‖ *~ a fejjel!* cheer up! ‖ *~ a kezekkel!* hands up!

fél *fn*, half ‖ *~ csésze:* half a cup ‖ *~ nap:* half day ‖ *meg~ez: i*, halve, cut in half, divide into two ‖ *~be vág:* cut in half ‖ *~lábú:* one legged ‖ *a másik ~:* the other half

fél *i*, be afraid / frightened / dread, be in a funk / fright, fear ‖ *sose ~j!:* never be afraid! never have fear! ‖ *~ attól, hogy:* he/she is afraid that ‖ *~ vkitől:* be afraid of sy ‖ *~ti az életét:* fear for one's life

fél- *mn*, half-, halved, one ‖ *~karú:* one armed ‖ *~kezű:* one handed ‖ *~lábú:* one legged

feladás *fn*, **1.** *levélé* posting, US mailing **2.** *fegyverletétel* capitulation, surrender

feladat *fn*, **1.** task, duty, assignment, mission **2.** *isk* task, exercise ‖ *a ~ tárgya:* the subject of the task ‖ *~ot végez:* do a task ‖ *~ot ad:* give a task

felajánlás *fn*, offering, offer, pledge; *misén* offertory

felajzott *mn*, excited, exhilarated, thrilled

felállítás *fn*, **1.** *konkr* righting, standing **2.** *átv* installation, putting up, line-up

félárú *mn*, half-price, reduced to half price

felás *i*, grub, dig up, turn up, break, trench ‖ *~sa a kertet* turn up the garden

felbátorít *i*, encourage, inspire, hearten

felbátorítás *fn*, encouragement, reassurance, emboldening

félbemaradó *mn*, intermittent, ceasing at intervals

félbeszakít *i*, interrupt, disrupt, break in, discontinue, interfere

felboncol *i*, **1.** dissect **2.** *hiv* hold a post-mortem examination

felbont *i*, **1.** open, break open, undo **2.** *csomót* untie, unfasten, undo **3.** *részekre* disjoin, disintegrate **4.** *ruhát* unpick, undo **5.** *eljegyzést* break off; *házasságot* dissolve **6.** *szerződést* terminate, cancel, dissolve, avoid, call off a deal

felborít *i*, **1.** turn/push/knock over, overturn, tip up, tumble, turn upside down, upset, *csónakot* casize **2.** *átv* unbalance, throw sg out of balance ‖ *~ja a nyugal-*

mat unsettle sg ‖ *~ja vki terveit* upset sy's plans

felborul *i*, **1.** overturn, fall over, tip up, overbalance, tumble over/down, pitch/crash over **2.** *rend stb.* be upset, break up, go on the rocks

felborzol *i*, **1.** *szőrt* bristle up, rough up, dishevel, ruggle fluff **2.** *átv* ruffle, lash up, irritate, nettle, fet, make sy's hair stand on end ‖ *~ja a szőrét* rough its coats ‖ *~t idegekkel* ajar with nerves

felbosszant *i*, irritate, make sy angry/wild, provoke sy, temper up, ruffle the temper of sy

felboszantott *mn*, made angry, irritated, annoyed, angered, maddened, vexed, enraged, infuriated

felbőszít *i*, enrage, put sy into passion, rile, frenzy, exasperate, provoke sy to anger

felbőszül *i*, fly into temper, get/fly into violent rage, fire up, see red, wax angry, get mad/wild/waxy work oneself into rage

felbujt *i*, instigate, incite, provoke, instigate, stir up

felbukik *i*, fall down, tumble down/over, topple over, fell over/across sg, come a smasher/cropper

felbukkan *i*, **1.** *vmi/vki* appear suddenly, come in sight, emerge, crop/bob/pop up **2.** *tengeralattjáró* come to the surface **3.** *láthatáron* heave into sight

felbuzdít *i*, stimulate, encourage, rouse, animate

felbuzdul *i*, enthuse, liven up, grow enthusiastic, be roused/fired/encouraged, become keen

felcicomáz *i*, trick / deck out, tart up, bedeck

felcicomázott *mn*, tricked / decked out, tarted up

felcsap *i*, **1.** *vminek* turn sg, go in for sg **2.** *katonának* enlist/joint the army, join up **3.** *láng* dart/shoot up, flame out **4.** *ülést* tip up **5.** *vmit vhová* strike ups g **6.** *könyvet* open a book at rrandom **7.** *kártyát* turn up a card

felcserél *i*, **1.** change **2.** permute, invert, interchange ∥ *vmit vmire ~:* interchange sg with sg else

felcserélhető *mn*, permutable, invertable, interchangeable

felcserélődés *fn*, permutation, inversion, interchange

felcserélődik *i*, interchange, exchange, be changed

felcsigáz *i*, excite the curiosity, key up ‖ *~za a kíváncsiságát* to be keyed up

feldarabol *i*, **1.** *darabokra* cut into pieces, cut up, chop up, carve up **2.** *húst* carve, dismember, disjoint **3.** *területet* break up, parcel out, disjoint **4.** *országot* dismember, break up, divide up

felderít *i*, **1.** *jókedvre* brighten, explore, solve **2.** *titkot* reveal, clear up, find out **3.** *kat* explore, scout ∥ *~i a szívét:* enliven one's heart

felderítés *fn*, **1.** *jókedvre* brightening, enlivening **2.** *titkot* revealing, clearing up **3.** *felfedezés* exploration, scouting ∥ *~i iroda:* fact-finding office

felderül *i*, **1.** clear, brighten **2.** *arc* light up, beam, brighten **3.** *hangulat* cheer up

feldíszít *i*, decorate, ornament, adorn, embellish, trim

feldolgoz *i*, **1.** process, prepare **2.** *újra* recycle

feldolgozás *fn*, **1.** processing, procession, preparation **2.** *újra* recycling ‖ *~ alatt:* be under processing

feldolgozó *fn*, processing, processor; *művész* adapter

feldolgozott *mn*, **1.** processed, prepared **2.** *újra* recycled **3.** adapted ‖ *~ zöldség:* processed vegetable

feldúl *i*, ravage, ruin, devastate, desolate

feldühít *i*, make angry, annoy, anger, infuriate, enrage

felé *hat*, **1.** *térbeli* towards, in the direction of sy/sg, **2.** *halad ~* near, in the vicinity of sg **3.** *időbelileg* towards, about, around, near

feledékeny *mn*, forgetful, oblivious, absent-minded

feledés *fn*, oblivion, forgetfulness, absent-mindedness ‖ *a ~ homályába vész:* fall / sink into oblivion

fele-fele *hat*, fifty-fifty, half-and-half

feléfordul *i*, turn towards sy/sg

felejt *i*, forget ‖ *vmit vhol ~:* forget sg somewhere ‖ *el ~:* forget ‖ *el~ megcsinálni:* forget to do sg

feléled *i*, **1.** revive, resusicate, come to life, awaken **2.** *átv* lift one's head again, be reborn, gain a new lease of life **3.** *tűz* rekindle, begin to burn again

félelem *fn*, fear, dread, apprehension ‖ *~ vmitől:* fear / dread of sg ‖ *nem mutat ~et:* do not show fear ‖ *isten/halál~:* fear of God / death, God / mortal fear ‖ *vmitől való ~ében:* in the fear of ‖ *~ből teszi:* do sg because of fear

felélénkít *i*, quicken, animate, tone up, pep up, vivify, brush up, revive

felélénkül *i*, **1.** brisk up, brisken, revive, quicken, refresh oneself, taek a new lease of life, **2.** *tűz* burn up **3.** *üzlet* be looking up

félelmetes *mn*, terrific, fearful, frightful, dreadful, thrilling

félelmetesen *hat*, fearfully, frightfully, dreadfully

felelős *mn*, responsible, chargeable, accountable, culpable, liable ‖ *~ vmiért:* be responsible / accountable for sy/sg, be in charge of sy/sg, liable for sg ‖ *~ vkinek:* accountable to sy

felelősség *fn*, responsibility, liability, charge ‖ *~ re von:* call sy to account

felelőtlen *mn*, **1.** *viselk* irresponsible, wanton **2.** *ember* careless, idle

felemel *i*, lift / pick up, boost, elevate, *szl* jack up

felemelkedés *fn*, rise, rising, ascent, lift (-off)

félénk *mn*, shy, diffident, faint-hearted, coy, timid, timorous, sheepish, mousy

félénkség *fn*, shyness, timidness, coyness, diffidence, timidity

felépít *i*, **1.** *házat* build up, construct, put up, erect **2.** *átv* compose, frame, organize

felépítés *fn*, **1.** *konkr* building, construction, erection, putting / building up **2.** organization, composing ‖ *~ alatt:* under construction

feles *mn*, **1.** semi, share- **2.** share-, joint-

felesel *i*, **1.** answer back, talk back **2.** *szl* sauce, argue

feleselés *fn*, answering / talking back, back-chat, backtalk, sauciness

felesleg *fn*, surplus, redundancy

féleszű *mn*, half-witted, off one's crumpet, crazy

felett *névutó* **1.** above **2.** *mozgásban* over **3.** *átv vkiről* about, concerning **4.** *számban* over, above ‖ *eljár ~e az idő* sy is getting on years ‖ *mindenki ~ áll* be second to none

felettes *fn,* superior, one's betters ‖ *mn,* superior ‖ *~ hatóság* superior authority ‖ *~ei neheztelnek rá* he incurs his higher up's displeasure

feletti *mn,* **1.** above **2.** *miatti* for ‖ *a föld ~* above ground ‖ *vmi elvesztése ~ bánata* her sorrow for the lost of sg

félévi *mn,* half a year's, half-yearly, six months', semi-annual ‖ *~ bizonyítvány* terminal report ‖ *~ vizsgák* mid-year exams

felez *i,* **1.** *ált* halve, tear / divide into halves, split **2.** *mat* bisect

felezési idő *fn,* half-period

felezővonal *fn,* **1.** *futball* half-way line **2.** *mat* bisector, bisectrix

felfal *i,* devour, eat up, bolt

felfedez *i,* discover, explore, detect, unearth, find out ‖ *~i az utat vmihez:* discover the way to

felfegyverez *i,* arm, provide with arms, armour (*US* -or), put into arms ‖ *~i magát:* arm oneself

felfésül *i,* comb / do up, brush up

felfog *i,* **1.** *megért* grasp, conceive, comprehend, apprehend, realize, perceive **2.** *ütést* parry

felfogás *fn,* grasp, comprehension, apprehension, perception ‖ *az én ~om szerint:* in my view / opinion / conception ‖ *különböző ~ban:* of different opinion

felfogóképesség *fn,* grasp, comprehension ability, conception

felfokoz *i,* stimulate, excite, increase, intensify, incite

felfordulás *fn,* **1.** *rendetlenség* disorder **2.** *fejetlenség* confusion, chaos, commotion, upheaval

felföld *fn,* highlands *tsz,* upland

felfrissül *i,* be refreshed, refresh oneself, freshen

felfordít *i,* turn upside down, overturn, turn over

felfúj *i,* **1.** puff up, inflate, distend **2.** blow up, exaggerate

felfújás *fn,* **1.** inflation, puffing up **2.** blowing up, exaggeration

felfújt *mn,* **1.** inflated, puffed up, distended **2.** *túlzott* exaggerated, blowed up ‖ *~ ügy:* blowed up case

félgömb *fn,* hemisphere, semi-globe

felháborít *i,* revolt, schock, disgust, incesne, enrage

felháborító *mn,* revolting, shocking, outrageous, scandalous

felháborodik *i,* become indignant at sg/with sy, be shocked/scandalized/infuriated, be in a commotion, revolt at/against sg

felháborodott *mn,* revolted, shocked, indignant, exasperated

felhalmoz *i,* **1.** accumulate, pile up, amass, heap up **2.** *árut* stockpile

felhalmozás *fn,* accumulation, stockpile

felhalmozódó *mn,* increasing, accumulating, gathering

felhalmozódik *i,* aggregate, pile up, accumulate, heap up

felharsan *i,* sound, be sounded, ring out ‖ *~ a trombita* trumpet blares forth

felharsanás *fn,* sounding

felhasogat *i*, chop / split up

felhasznál *i*, **1.** use up, make use of, consume, expend **2.** *erőforrást* exhaust, spend on, invest in **3.** *időt* vmire spend with/in, use in, get through **4.** *vkit* employ sy as sg, make use of sy, make a cat's paw of sy ‖ *~ja befolyását vki érdekében* use one's credit in sy's favour ‖ *~ja az alkalmat* seize/take the occasion ‖ *békés célra ~* put ot peaceful use

felhatalmaz *i*, empower, give legal power, authorize, give sy authority ‖ *ügyvédet ~* confer powers of attorney on sy ‖ *helyettest ~* depute the deputy

felhatalmazás *fn*, entitlement, authorization, accreditation

felhatalmazott *fn*, enabled, authorized

felhívás *fn*, notice

félhivatalos *mn*, semi-official

felhő *fn*, cloud

felhős *mn*, cloudy ‖ *~ ég/nap:* cloudy sky / day

felhúz *i*, pull / hoist up, heave up ‖ *~za a vitorlát:* hoist the sails

felidéz *fn*, remember, evoke, recall, call back

felidézés *fn*, evocation, visualization, revival

felidéző *mn*, evocating, evocative, reviving

félig elvégzett *mn*, half / semi-finished

felindulás *fn*, trepidity, fume, passion, outburst ‖ *hirtelen ~ból:* do sg in sudden passion ‖ *~ból tesz vmit:* do sg in the heat of passion and anger

felindultság *fn*, agitation, excitement ‖ *teljes ~ban:* in complete excitement / agitation

felír *i*, **1.** write / note down **2.** *orvos* prescribe **3.** note, inscribe ‖ *~ vmit egy betegségre:* prescribe sg for a disease

felír *i*, **1.** write down, note down, make a note of, enter, inscribe **2.** *számlára* score up, charge to one's account **3.** *adósságot* score up a debt **4.** *orvos* prescribe ‖ *~ja a rendőr* policemen take sy's name and address

felirat *fn*, inscription, subtitle, caption, notice

feljebb *hat*, higher up, farther-up ‖ *neki áll ~* he is insolent thouhg he is on the wrong ‖ *~viszi a dolgot* appeal ‖ *egy szinttel ~* on the floor above

feljegyez *i*, note down, make a note, register

feljelent *i*, report (sy), denounce

feljelentés *fn*, reporting, denunciation

feljelentés *fn*, **1.** reporting **2.** *vád* accusation, impeachment

feljogosít *i*, authorize to do sg, empower, entitle

feljön *i*, **1.** come up, get up to **2.** *felszínre* come to the surface **3.** *nap* rise, come out **4.** *sp* make good recovery

feljut *i*, manage to reach sg, manage to arrive at/get up sg

felkap *i*, **1.** *vhonnét* snatch up, snap/catch/whip up, pick up **2.** *magára* put on hastily, tumble into **3.** *divatot* take up as fashion ‖ *~ták* be in the vogue, it has taken on, be all on the rage

felkapaszkodik *i*, climb up, shin / swarm up ‖ *~ egy sziklára:* climb up a rock

felkarol *i*, take up, espouse, embrace, promote

felkavar *i, érzelmileg* stir up, unsettle, agitate
felkavaró *mn, érzelmileg* stirring up, unsettling, agitating
félkegyelmű *fn,* half-wit, imbecile, moron
felkel *i,* 1. *reggel* get up, rise, turn out 2. *helyéről* get up, get on one's legs 3. *nép* rise in arms, revolt/rebel against
felkelt *i,* 1. *reggel* wake up 2. *vágyat* awake, arouse, inflame 3. *átv érzést* awake, arouse, stir up 4. *gyűlöletet* arouse, inspire 5. *csodálatot* excite, inspire ‖ *~i vki becsvágyát* put sy on his mettle
felkentség *fn,* anointment, unction
felkér *i,* ask; beg, request, call upon, invite ‖ *~ táncra vkit* ask sy to dance ‖ *~ vkit egy tisztségre* offer sy a post
felkiált *i,* shout, exclaim, cry
felkiáltás *fn,* shout, exclamation, cry
felkiáltójel *fn,* exclamation mark, *US* exclamation point
félkör *fn,* semicircle, halfcircle
felköt *i,* tie / string up, hang
fellebbez *i,* appeal, lodge / give a notice of an appeal
fellebbezés *fn,* appeal ‖ *~nek helye van:* an appeal lies
fellebbviteli *mn,* appeal, appellate
fellendít *i,* promote, advance, boost, increase, extend
fellendülés *fn,* boom, upturn, upswing, boost, increasing
fellengzős *mn,* high-flown, magniloquent, pompous, ranting, bombastic
fellép *i,* step up, go up sg, perform ‖ *~ a TVben/filmben:* appear on TV / play in a film

fellépés *fn,* appearance, number, performance
fellobban *i,* flame up, flare up
felmagasztal *i,* exalt, elevate, glorify, belaud, praise highly/to the skies, exalt, extol
felmászik *i,* 1. climb up, clamber/scramble/creep up sg 2. *hegyre* climb hill ‖ *fára ~* climb a tree
felment *i,* acquit, exempt, relieve ‖ *~ vkit vmi alól:* exempt sy from sg, relieve sy of sg
felmentés *fn,* acquittal, acquitment, exemption, relief
felmér *i,* gauge, survey, measure, weigh ‖ *~i a helyzetet:* weigh things up, sum up the situation
felmérés *fn,* 1. *súly* weighing 2. *felbecsülés* appraisal, assessment, estimation 3. *folyamat* summing up, sizing up, investigation 4. *területé* surveying
felmerül *i,* emerge, arise, come up
felmerül *i,* 1. *konk* come to the surface, emerge, come up, 2. *baj* emerge, arise, crop up 3. *kérdés* arise, come/crop/bob up ‖ *~ egy gondolat* an idea presented itself ‖ *az ügyben nehézségek merültek fel* this affair ran into difficulties
felmerülés *fn,* emerging, arising, emergence, showing
felmond *i,* 1. *állást* quit 2. *leckét* repeat, say, recite ‖ *~ ja a leckét:* repeat one's lesson ‖ *~ja az állását:* give in one's notice, quit one's job
felmondás *fn,* 1. *állás* quit, notice, resignation 2. *lecke* recitation, repetition, saying
felnagyít *i,* 1. *fotót* blow up, enlarge 2.

félnapi

eseményt sensationalize **3.** *jelentőségét* exaggerate, overstate

félnapi *mn*, a / of half-day

felnevel *i*, **1.** *gyereket* bring up, raise, grow up **2.** *fát* raise, *áll* raise, breed

felnéz *i*, **1.** *konkr* look up, look upward **2.** *átv* látogat look sy up, call sy up, **3.** *átv vkire* look up to sy ‖ *mindenki ~ rá* she/he is looked up to by everybody

felnőtt *fn*, adult, grown-up

felnőtt *mn*, adult, grown-up, mature, grown

felnőttkor *fn*, adulthood, adult age, legal age

felnyílik *i*, open up/out, fly/spring open, break ‖ *~t a szeme* the scales fell from his eyes

felnyit *i*, **1.** unseal, open, break open a letter **2.** *üveget* uncork a bottle **3.** *erőszakkal* force/pry/break open **4.** *kötést* unfasten, undo knot ‖ *~ja a szemét átv* open sy's eyes

felnyújt *i*, hand up, reach sg up, stretch

felnyúlik *i*, **1.** stretch up to, reach as far as, grow up/to, **2.** *magasba* rise up high, point heavenward

felold *i*, **1.** melt, dissolve, exempt, absolve, declassify, decompose **2.** *csomót* undo / tie, loosen **3.** *törvényt, ítéletet* release, rescind, lift, vacate

feloldódik *i*, **1.** *folyadékban* dissolve, melt, resolve **2.** *csomó* come untied, come undone

feloldoz *i*, **1.** *bogot* untie, unbind, loosen **2.** *egyházfi* absolve from

feloldozás *fn*, absolvation, vacation, lifting

felolvas *i*, read aloud / out

felolvaszt *i*, smelt, thaw, dissolve, defrost

feloszt *i*, divide, detach, separate, apportion ‖ *örökséget ~:* apportion the heritage

felöklel *i*, horn, butt, toss, gore

felöltözik *i*, dress, get dressed, put on one's clothes

félpenzió *fn*, half- / partial board

felperes *fn*, plaintiff, claimant, petitioner

felragyog *i*, shine, beeam up, flash, sparkle ‖ *~ott a szeme* her eyes beamed up ‖ *~ott a napja átv* his/her days has come

felravataloz *i*, lay out ‖ *holttestét ~ták vhol* his/her body lay in state swhere

felráz *i*, **1.** *tárgyat* shake up, shake, shake up **2.** *egykedvűségből* stir up, agitate, disturb, rouse ‖ *~za a tömegeket* rouse the masses ‖ *használat előtt ~andó* shake up before use

félre *fn/hat*, aside, on / to one side ‖ *~dob:* discard, throw / fling / cast aside ‖ *~ugrik:* jump aside, jump clear of sg ‖ *~áll:* tand / step aside, get out of the way ‖ *~vezet:* lead astray, mislead ‖ *~von:* take / draw / pull sy aside

félreáll *i*, **1.** stand aside, get out of the way **2.** *testrész* be askew ‖ *~ az útból* get out of the way

félreállít *i*, **1.** *útból* set aside, set out the way **2.** *vkit* shelve, shunt, neglect

felrebben *i*, flush, fly off

felrebbenés *fn*, flush

félrebeszél *i*, **1.** *lázasan* be delirious, rave, wander, ramble **2.** *átv* waffle about

félrebeszélés *fn*, delirium, raving, frenzy, wandering

félreért *i*, misunderstand

félreérthető *mn*, mistakable, ambiguous,

dubious, equivocal ‖ **~ *megfogalmazás*** dubious wording
félrehív *i*, call sy aside, draw back
félrehúzódik *i*, 1. draw/stand aside, get out of the way, stand clear 2. *átv* hold oneself apart, keep out of the way, efface oneself
félrekezel *i*, 1. mismanage, misuse 2. *betegséget* mishandle
félremagyaráz *i*, explain sg badly, misinterpret, misread, misconstrue
félretesz *i*, 1. put aside/away, put on one side, lay aside, set aside, lay/put by 2. *célra* mark off, reserve, earmark for 3. *elvet* waive, give up, put away 4. *átv* vkit put sy on the shelfe, shelve ‖ **~ *javaslatot*** set aside ‖ **~*i a rossz időkre*** lay sg by for a rainy day ‖ ***ételt* ~** keep over the food
félreugrás *fn*, dodge
félreugrik *i*, jump/leap aside, jump on one side
félrevezet *i*, lead astray, mislead, deceive, misguide, double-cross ‖ **~*tek*** I was misled
felró *i*, score, tally, notch, blame sy for sg, lay sg to sy's account ‖ ***bűnéül* ~** set down sg against sy as a crime ‖ ***hibául ró fel*** blame sy
felrobban *i*, explode, blow up
felrobbant *i*, explode, blow up
felrúg *i*, 1. *konkr* kick over, kick up 2. *életvitelt* fling up one's life 3. *munkát* fling up/shoot one's job 4. **~*ja a szabályokat*** violate/disregard the situation
felruház *i*, clothe, provide (sy) with clothes

felség *fn*, majesty ‖ **Királyi ~** Royal Majesty ‖ **~*ed*** Your majesty ‖ **Ő~*e*** His/Her majesty
felségjel *fn*, insignia, ensign
felsorakoztat *i*, line up, marshal, align
felsorol *i*, enumerate
felsorolás *fn*, enumeration
felsőkabát *fn*, overcoat, topcoat, chesterfield
felsőoktatás *fn*, higher education, university education
felsőruha *fn*, over/outerwear
felsőtest *fn*, trunk, torso, bust ‖ **meztelen ~** body stripped to the waist
felsül *i*, blunder, flunk, come a cropper, draw a blank, make a blob, fail
felszabadít *i*, liberate, set free ‖ **~ *vkit vmi alól:*** liberate sy from sg
felszállás *fn*, flying up, take off
felszámol *i*, wind / mop up, liquidate, eliminate
felszántható *mn*, ploughable
felszárít *i*, dry up, dry off, soak up; *könnyeket* wipe away
felszarvaz *i*, cuckold sy, liquor sy's boots, seduce sy's wife
felszed *i*, 1. pick/gather up 2. *aknát* raise a mine; *kövezetet* teak/take/break up the road 3. *szemet kötésben* pick up a stitch; *harisnyán* mend a ladder 4. *betegséget* catch/contract a disease 5. *utcán vkit* pick up 6. *tudást* pick up, acquire smattering of
félszeg *mn*, timid, ungainly, clumsy, gawky, awkward, shy
felszerel *i*, supply / stock / equip with, tool up ‖ ***vmit vmivel* ~:** stock / equip sg with sg

felszerelés *fn*, equipment, equipage, gear, kit, tackle, outfit, outfitting, mounting *tsz* ‖ **fotó~:** photo accessories ‖ **sí~:** ski(ing) equipment / outfit, skiing gear

felszerelt *mn*, equipped, mounted ‖ **jól ~ övezet:** well-equipped area

felszerszámoz *i*, harness (a horse), trap

félsziget *fn*, peninsula, headland

felszín *fn*, surface, outside, grass

felszíni *mn*, surface-, overground, superficial

felszív *i*, absorb, suck up, imbibe

felszívódás *fn*, absorption, imbibition

felszólal *i*, 1. make a speech, speak, rise to speak, take the floor, get on one's legs, intervene 2. *vmiért* raise one's voice, speak up for sy 3. *vmi ellen* protest against sg, raise objections against sg

felszólalás *fn*, 1. speech, plea 2. *gyűlésen* remarks, contribution 3. *vmi ellen* objection

felszólít *i*, call on, request to

felszúr *i*, 1. prick, lance, needle 2. *villára* catch, skewer

felszúrás *fn*, puncturing, puncturation, pricking

feltalál *i*, 1. invent, contrive, construct 2. *meglevőt* find, trace ‖ **eszközt ~:** invent a device ‖ **~ja magát:** quickly find one's feet, keep one's presence of mind

feltaláló *fn*, inventor, the one who invents, contriver

feltárás *fn*, excavation, exploration

feltáró *fn*, excavator, explorer

féltékeny *mn*, jealous ‖ **~kedik:** be jealous (of sy)

féltékenység *fn*, jealousy, heart-burning

féltestvér *fn*, half-brother / sister

feltesz *i* 1. *feltételez* suppose, presume, postulate, surmise 2. *vhova, vmire* put on, place on sg

feltétel *fn*, 1. condition, term, clause, understanding 2. *kikötés* stipulation ‖ **~hez köt** permit sg subject to‖ **vmit ~ nélkül elfogad** accept without conditions ‖ **~ nélküli megadás** unconditional surrender ‖ **~eket szab** lay down conditions

feltételez *i*, *ld.* feltesz

feltétlen *mn*, absolute, unconditional, unquestioning, implicit

feltétlenül *hat*, by all means, absolutely, unconditionally, certainly, definitely ‖ **~!:** certainly!

feltett *mn*, ‖ **~ szándék** set purpose ‖ **~ kérdés** raised question ‖ **~ szándéka, hogy** she has made up her minds to/that

feltéve *hat*, presuming, assuming, provided, supposing, conjecturing ‖ **~, hogy:** provided / supposing that, as long as

feltevés *fn*, presumption, hypothesis, supposition, surmise, assumption

feltölt *i*, fill up, charge, refill ‖ **~i az elemet:** recharge the battery

feltöltés *fn*, filling, upset, replenishment

feltúr *i*, 1. grub / dig / nuzzle up, root up, burrow 2. *fiókot stb.* rummage in, ransack

feltűnik *i*, appear, emerge, arise / rise / come to view / forth ‖ **~ vkinek:** it struck to sy ‖ **~t, hogy:** it strucked me that ‖ **úgy tűnik fel, mintha:** it looks as if ‖ **nem tűnik fel, hogy:** it does not look as if

feltűz *i*, pin / fix / fasten up, stick on / up,

needle ǁ **~ vmit vhová:** pin / fix / fasten / stick sg somewhere

feltüzel *i*, **1.** burn up, consume **2.** *lelkesít* fire, instigate, fanaticize, impassion ǁ **~ vkit vmi ellen** work up sy against sg ǁ **~ vmire** key sy up to doing sg

félúton *hat*, midway, half-way

felügyel *i*, look after, supervise, superintend, see after, take care of ǁ **gyermekre ~:** be a baby-sitter / childminder, baby-sit

felügyelet *fn*, supervision, superintendence, surveillance

felügyelő *fn*, head, supervisor, superintendent, controller, overseer, monitor ǁ *fő* **~:** chief inspector, superintendent, super

felül *hat*, above, over ǁ **ezen ~:** over this ǁ **hatvanon ~i férfiak:** men over sixty

felület *fn*, **1.** surface, face, facing **2.** *mat* area, superficies **3.** *súrlódási* bearing surface

felületes *mn*, superficial, cursory, perfunctory, slapdash

felületesség *fn*, superficiality, perfunctoriness

felüljáró *fn*, flyover, *US* overpass

felülmúl *i*, surpass, transcend, outdo

felülvizsgál *i*, revise, re-examine, check (up), review, reconsider, survey, vet

felülvizsgálat *fn*, review, verification check, revision, re-examination, auditing ǁ **~ ra megy:** go to a check-up

felüt *i*, *tojást* break (egg)

felvágott *fn*, hideg cold palte, cold sliced ham/sausage, cold buffet/collation, cold meat ǁ *mn*, cut up, sliced ǁ **~ szoknya** slit skirt

felvált *i*, **1.** *vkit* relieve, supersede sy **2.** *őrséget* relieve **3.** *helyére kerül* succeed, replace sy, take the place of sy **4.** *folyamat* follow, come after, be followed by **5.** *pénzt* change, exchange

felváltva *hat*, alternately, by turns, in turn

felvázolás *fn*, design, plan, sketching, outlining

félvér *mn*, half-breed; *félindián* half-breed; *félnéger* mulatto; *zambo* mestico

felvesz *i*, **1.** pick up, take up **2.** *tárgyat* lift, take into hand

felvétel *fn*, entry, hiring, intake, inclusion, admission

felvidít *i*, brighten, gladden, enliven, exhilarate, gladden, cheer up, console

felvilágosít *i*, inform, give sy information

felvilágosítás *fn*, **1.** *konkr* enlightment **2.** *átv* information, instruction ǁ **~t kér:** inquire about, ask information about ǁ **~ul:** as an information ǁ **~t szerez:** obtain information, get to know about sg ǁ **~t ad:** inform sy about sg

felvilágosult *mn*, enlightened, illuminated, informed

felvilágosultság *fn*, enlightment, liberalism

felvillanyoz *i*, electrify, thrill, energize, galvanize

felvillanyozott *mn*, energized, galvanized, thrilled

felvíz *fn*, headwater

felvonás *fn*, **1.** *dráma* act **2.** *zászló* hoisting ǁ **egy~os** one-acter ǁ **öt~os dráma** a drama in five acts

felvonul *i*, march, advance, assemble, process, demonstrate

felvonulás *fn*, procession, demonstration,

felvonultat

march, parade *|| csapat ~:* march(ing) of troops *|| ~i tér:* demonstration square

felvonultat *i,* bring out people / crowds to demonstrate

felzúdulás *fn,* indignation, public protest

fém *fn,* metal *|| ~ of metal || könnyű ~* light metal *|| színes~* non-ferrous metal *|| ~mel bevont* metal-plated, plated *|| nehéz ~* heavy metal

fémáru *fn,* metal / hardware

fémdoboz *fn,* metal box, tincan

feminista *mn,* feminist

fémjelzés *fn,* stamp, hallmark, plate-mark

fen *i, élesít* whet, set, sharpen, hone, strop *|| ~i rá a fogát:* long for sg, hanker after sg *|| ki~:* set *|| meg~:* sharpen, strop, hone

fenék *fn,* 1. *szl* bottom, ass, hams, buttocks, butt 2. *tenger* bed, *nadrág* seat, *palack* punt, *szính* background

feneketlen *mn,* 1. bottomless, unending, endless 2. *átv* fathomless, depthless

fennakad *i,* 1. *konkr* get caught/stuck, stick, catch in/on sg 2. *átv vmin* find fault with sg, stick at sg, be a stickler for 3. *forg* stop, be blocked/jammed

fennakadás *fn,* stoppage, barrier, impediment, obstacle, halt; *közl* jam

fennkölt *mn,* lofty, sublime, pompous

fennsík *fn,* table-land, plateau, table

fenntartás *fn,* maintenance, reserve, support, sustenance, reservation

fenőkő *fn,* hone, whetstone, honing stone, sharpener

fenség *fn,* majesty

fensőbbség *fn,* 1. superiority 2. hegemony

fensőbbséges *mn,* lofty, majestic

fentemlített *fn, || a ~:* the above-mentioned, the aforesaid, the aforementioned

fentemlített *mn,* above-mentioned, aforesaid, said, afore-cited *|| a ~ személy:* the above mentioned person

fenti *mn,* 1. *szoba* upper, upstrairs 2. abovementioned, foregoing, herein above

felett *névutó,* above, over, beyond *|| mindenek ~:* above all

fény *fn,* light, glitter, briliance, radiance *|| ~be borít:* perfuse sg with light

fényár *i,* flood of light, radiance

fényesen *hat,* brightly, glossily, sleekly, radiantly

fényesít *i,* polish, gloss, brighten, shine, furbish

fényesített *mn,* polished, glossed, glazed, shined, brightened

fényesség *fn,* luminosity, brightness, shine, shininess

fényez *i,* polish, varnish, glaze, luster *|| ki~:* polish, varnish, glaze, shine up, brighten *|| viasszal ~:* polish with wax

fényezet *fn,* polish, enamel, glaze, varnish

fényező *fn,* vanisher, glazzer, polisher *|| cipő~:* shoe-polisher *|| bútor~:* furniture-varnisher

fénykép *mn,* photographical, photo-

fénykép *fn,* photo(graph), picture *|| a ~en:* on the picture / photo *|| ~et csinál vkiről:* take a photo of sy

fényképezőgép *fn,* (box-)camera, snapshooter

fénykibocsátó *mn,* radiator

fénymásol *i,* multiply, photocopy, xerox

fénymásolás *fn,* photocopying, multiplying, xeroxing

fénymásológép *fn*, photo-copier, xerographic copier
fénymáz *fn*, varnish, polish
fenyő *fn*, fir, pine
fenyőfa *fn*, fir(tree), pine(-tree)
fenyőtoboz *fn*, fir-cone, pine cone, strobilus
fényszedés *fn*, filmsetting, *US* phototypesetting
fényszedőgép *fn*, photocomposing machine, (electronic) phototypesetter
fényszóró *fn*, dazzle lamps / lights, searchlight, illuminating light, headlight
fényudvar *fn*, halo, halation
fényűzés *fn*, luxury, lavishness, pomp, somptuousness
fényűző *mn*, luxurious, lavish, pompous
fér *i*, *sg* hold sg, go into sg, find room in sg, get in, there is a room or sg ‖ **~ még beléd?** do you want some more? ‖ **nem ~sz a bőrödbe?** are you itching for trouble? ‖ **ehhez nem ~ kétség** there is no doubt about it
férc *fn*, basting thread, thread ‖ **~el** tack/bast sg
fércmű *fn*, hack / patchwork, bungle, shoddy / slipshod piece of work
ferde *mn*, slanting, inclined, oblique, sloped, tilted
ferdén *hat*, obliquely, aslant, askew ‖ **~ néz vkire:** look askew at sy/sg, frown on sy
férfi *fn*, man, male, gent
férges *mn*, **1.** worm-eaten, wormy, maggoty **2.** *ember* veminous, *orv* helmintic **3.** *fa* grubby **4.** *hús* rotten, maggoty ‖ **huljon a ~e!** the devil take the hindmost!

férj *fn*, husband, spouse, *szl* hubby
férjezett *mn*, married
fertőtlenít *i*, disinfect, sanitize, sterilize, germicide
fertőtlenítés *fn*, disinfection, sterilisation, decontamination
fertőtlenítő *fn*, aseptic, antiseptic, germ-killer, disinfecting, disinfectant
fertőz *i*, infect, contaminate
fertőzés *fn*, infection, contagion, infestation, contamination
fertőző *mn*, infectious, contagious ‖ **~ betegség:** infectious disease, contagion
feslett *mn*, **1.** *ruha* frayed, threadbare, undone **2.** *ember* dissolute, debauched, profligate, licentious, lewd **3.** *életmód* dissolute, debauched, lax, loose, rotten
feslik *i*, **1.** *ruha* come unstithed/undone **2.** *rózsa* burst
fest *i*, decorate, paint, dye ‖ **gyapjút ~:** dye wool ‖ **képet ~ vkiről:** paint a picture of sy ‖ **le~ vkit:** paint (a portrait / picture) of sy
festék *fn*, paint, colour, dye ‖ **friss ~:** wet paint
festékdoboz *fn*, paint-box, paint can, colour-box
festékhenger *fn*, inker, ink-roller
festékszóró *fn*, spray gun, paint / hand spray, airbrush
festészeti *mn*, of painting, art
festett *mn*, painted, coloured (*US* -or-), distempered, dyed ‖ **nem olyan fekete, mint amilyennek le~ék:** it is not as black as depicted
festmény *fn*, painting, picture
festő *fn*, **1.** painter, artist **2.** *szoba, címtábla* house-painter, sign-writer

festőállvány *fn*, easel
festői *mn*, picturesque, evocative, scenic, artistic
fésű *fn*, comb, brush
fésül *i*, comb, dress sy's hair || *~d meg a hajad!:* comb your hair! || *át~i a várost:* comb the city
fészek *fn*, nest || *családi ~:* family nest
feszélyez *i*, embarrass, make sy ill at ease, make sy feel uneasy, inconvenience || *téged nem ~?* Don't you mind it? || *~ve érzi magát* feel uneasy
feszélyezett *mn*, embarrassed, abashed, stiff, uneasy
feszélyező *mn*, embarrassing, abashing, stiffing
fészer *fn*, hovel, shed, lean-to
feszes *mn*, 1. tight, taut, stretched 2. *ruha* tight, close-fitting 3. *tartás* erect, upright 4. *ritmus* strict tempo || *~re húz* tighten
feszít *i*, 1. *kötelet* tighten, stretch, stain, make tout 2. *eszközt* bend, brace 3. *izmot* flex, strain, distend 4. *átv* swagger, show off, strick out one's chest
feszítővas *fn*, crowbar
fesztelen *mn*, free and easy, unaffected, uninhibited, informal, unceremonial, off-hand, easy || *~ buli:* informal / uncostraint party || *~ modor:* easy-mannered
fesztelenül *hat*, off-handedly, unceremoniously, in a free and easy manner, with ease, informally, without constraint
fesztivál *fn*, festival, gala || *pop~:* pop festival
feszül *i*, tighten, stiffen, strain

feszült *mn*, 1. stretched, strained, taut, tight, strung 2. *ideges* tense, strained || *~ idegállapotban* high-pitched || *~ légkör* tense atmosphere || *~ figyelem* eager attention || *~ állapot* stress
feszültség *fn*, 1. tenseness, coolness, tension, suspense 2. *lelki* tension 3. *izom* tenseness 4. *fiz* strain stress, pressure 5. *vill* voltage || *a ~ enyhül* tension relaxes || *nemzetközi ~* international tension
fetreng *i*, roll about, wallow, welter, grovel, flounder || *sárban ~* roll in the mud || *fájdalomtól ~* roll in pains
fiatal *mn*, young, of a tender age, youthful, juvenile, youngster
fiatalember *fn*, young man, youth
fiatalkorú *mn/fn*, underaged, youthful, juvenile, teenager
fiatalos *mn*, youthful, youngish, young-looking
fiatalosság *fn*, youthfulness, juvenility
fiatalság *fn*, youth, youthfulness
ficam *fn*, luxation, sprain, wrick, wrench || *~odik* luxate, wrench || *~ot helyretesz* reduce a dislocation
ficánkol *i*, frolic, frisk, gambol, colt, caper, skip about || *örömében ~* kick up one's heels
fickó *fn*, fellow, chap, chappy, fella, lad, guy || *kedves ~:* nice chap / guy
fiduciáris *mn*, fiduciary
figura *fn*, 1. shape, figure, 2. *sakk* chessman 3. *pej* personage, 4. *tánc* trick 5. *kártya* figure, honour, honor
figyel *i*, 1. watch, keep watch on 2. *szemmel* regards, eye 3. *vmire* follow with/pay attention to, heed, mind 4. *füllel* listen to, hearken to, give ear to ||

feszülten ~ be all attention ‖ *~j ide!* listen! ‖ *élesen* ~ keep one's weather eye ‖ *ne ~j rá!* don't you mind him!
figyelem *fn,* **1.** attention, concentration, interest, notice **2.** *udvariasság* thoughtfuness, courtesy ‖ *felhívja a ~et:* call / draw attention, remind sy of sg ‖ *~et szentel:* pay attention to sg ‖ *nagy ~mel végzi feladatát:* do one's job with great attention ‖ *zavarja vki ~ét:* disturb sy's attention
figyelemreméltón *hat,* remarkably, noteworthy, considerably, significantly
figyelmes *mn,* attentive, thoughtful, mindful, observant, watchful ‖ *~ vki iránt:* show sy attention, be attentive to sy
figyelmesen *hat,* attentively; thoughtfully
figyelmetlen *mn,* **1.** *nem figyel* careless, inattentive, heedless, unobserving, unheedy, unmindful **2.** *iránt* inonsiderate, thoughtless, discourteous, regardless, disregardful
figyelmeztet *i,* warn, call / draw attention, give sy a warning ‖ *~ vkit vmire:* call / draw sy's attention to sg
fiktív *mn,* fictitious, fictional, imaginary, illusiory
filctoll *fn,* felt-tip pen, marker
filé *fn,* fillet *(US* -l-), steak ‖ *~zett hús:* fillet of meat ‖ *hal~:* fillet of fish ‖ *vese~:* fillet of kidney
filiszteus *fn,* philistine
fillér *fn,* mite, pence, penny ‖ *~es regény:* cheap novel
film *fn,* film, movie, motion / moving picture, (big) picture, pic ‖ *~en jól mutat:* it looks good on film
filmfelvevőgép *fn,* cine camera, *US* movie camera

filmstúdió *fn,* film studio
filmvígjáték *fn,* comedy film
filmsztár *fn,* film *(US* movie) star
filozófia *fn,* philosophy ‖ *~i áramlat* stream of philosophy
filozófus *fn,* philosopher, sage
finálé *fn,* finale
finn *fn,* Finn, Finnlander
finn *mn,* Finnish
finnugor *mn,* Finno-Ugric / Ugrian
finom *mn,* fine, delicious, lovely, delicate ‖ *~ beállítás:* fine-tuning ‖ *~ kéz:* delicate hand
finoman *hat,* gently, subtly, deliciously ‖ *~ szólva:* gently speaking
finomít *i,* make better, improve, refine, fine, better
finomság *fn,* fineness, daintiness, delicacy, subtlety
fintor *fn,* grimace, mow
fintorog *i,* grimace, pull faces, pull / make a face, curl the lips
finnyás *mn,* fussy, finicky, choosey, fastidious, squeamish
fiók *fn,* drawer, case, partition ‖ *~os szekrény:* chest of drawers
fiók- *mn,* branch-, sub- ‖ *~iroda:* branch office
fióka *fn,* nestling
fiola *fn,* vial, phial
firtat *i,* pry into sg, get to the botom of sg, pump sy ‖ *ezt most ne firtasd* please leave it at that
fitogtat *i,* show off with, parade, display, flaunt, make a show of sg ‖ *~ja tudását* show off one's knowledge
fiú *fn,* boy, dude, lad, chap, fellow, guy ‖ *~ja vkinek:* her boyfriend, *US* one's buddy

fizet

fizet *i*, pay, discharge, settle
fizetés *fn*, payment, pay, salary, wages
fizetésképtelen *mn*, bankrupt, insolvent, impoverished ‖ *~ lesz:* become bankrupt / insolvent
fizetésképtelenség *fn*, bankruptcy, insolvency, crash, failure
fizetésnap *fn*, pay day, settling-day
fizetett *mn*, paid, salaried ‖ *ki~:* payed out, disbursed ‖ *ki~ tőke:* disbursed capital
fizika *fn*, physics
fizikailag *hat*, physically, bodily, regarding the material world ‖ *~ fitt:* physically fit ‖ *~ lehetetlen:* physically impossible
fizikus *fn*, physicist
fjord *fn*, fyord
flakon *fn*, flask, bottle, flacon
flanell *fn*, flannelette ‖ *mn*, flannell
flotilla *fn*, flotilla
flotta *fn*, fleet, a squadron / body of ships, navy
flört *fn*, 1. flirtation, flirting 2. *régi* she is history
fluoreszkál *i*, fluorescence
fluoreszkáló *mn*, fluorescent
fodor *fn*, ruche, frill, ruffle, ripple, flallals *tsz*
fodrász *fn*, hairdresser ‖ *~ üzlet:* hairdresser's
fodrászat *fn*, 1. *munka* hairdressing 2. *üzlet* hairdressing saloon, hairdresser's shop
fodros *mn*, frilled, frilly, crinkly, fleecy, lumpy
fodroz *i*, 1. *ruhát* frill, flounce, rugle 2. *szél* ruffle, ripple, curl

fodrozódó *mn*, rippling, choppy, curling
fog *fn*, tooth, cog, sprocket
fog- *mn*, dental-, tooth- ‖ *~technikus:* dental technician / mechanic ‖ *mű~sor:* artificial teeth, false teeth *tsz*, denture, *biz* dental plate ‖ *~ász:* dentist, dental surgeon
fogad *i*, 1. *személyt* receive, welcome, greet 2. *téttel, összeggel* make a bet, lay a bet / wager ‖ *~ok, hogy:* I('ll) bet you that ‖ *lóra ~:* back a horse, place a bet on a horse ‖ *tagjául ~:* accept as a member
fogadás *fn*, 1. *álló* reception, greeting, salutation 2. *téttel* bet, wager, gamble ‖ *~t köt:* lay a wager with sy, make a bet
fogalom *fn*, notion, theory, concept, idea
fogalomrendszer *fn*, set of ideas, ideology
fogamzásgátló *fn/mn*, contraception, supraseptive
fogantyú *fn*, lever, handle, pull, holder
fogás *fn*, 1. *megragadás* grip, catch, knack, grasp, hold 2. *étel* dish, course ‖ *nagy hal~:* a huge / big catch ‖ *egy ~ étel:* a dish of meal
fogaskerék *fn*, cogwheel, gear, cog
fogaskerekű *mn*, rack / cog ‖ *~ vasút:* rack / cog railway, cogway
fogászat *fn*, dentistry, odontology
fogat *fn*, 1. *állatok* team of horses/oxen etc. 2. *kordé* equipage, carriage ‖ *i*, have sy catch sg ‖ *madarat lehetne vele ~ni* he is beside himself with joy
fogatlan *mn*, toothless; *állat* fangless, edentate
fogaz *i*, cog, tooth, provide with teeth / cogs

fogbetegség *fn,* pathodoncy
fogda *fn,* lock-up, cells, jail
fogdos *i,* **1.** finger, handle, feel **2.** *nőt* grope, paw, finger
fogékony *mn,* receptive, susceptible, responsive, sensitive
fogkrém *fn,* toothpaste, dentrifice
foglalat *fn,* setting, casing, socket
foglalkozik *i,* practise in sg, be interested in, be employed / occupied / engaged in doing sg
foglalkoztat *i,* give employment / work, employ
foglalt *mn,* occupied, engaged // *a vonal ~:* the line is engaged // *el~ vmivel:* be occupied with sg
fogmeder *fn,* dental socket, socket of tooth, teeth ridge
fogmedri *mn,* alveolar
fogó *fn,* nippers *tsz,* forceps *tsz,* pincers *tsz,* pliers *tsz*
fogoly *fn,* **1.** *rab* prisoner, captive, convict **2.** *madár* partridge // *hadi~:* prisoner of war // *foglyul ejt:* take prisoner / captive, capture
fogorvos *fn,* dentist, dental surgeon
fogsor *fn,* row / set of teeth, denture
fogszuvasodás *fn,* (dental) caries, (tooth) decay
fogszuvasodás *fn,* toothdecay
fogtömés *fn,* **1.** *foly* stopping a tooth, filling a cavity **2.** filling, stopping, lead
fogvatartó *fn,* restrainer, detenter
fogy *i,* grow less, decrease, diminish, dwindle away, lessen
fogyaszt *i,* **1.** *anyagot* consume, use up, **2.** *ételt* eat, partake **3.** *számra* diminish, decrease, reduce **4.** *soványra* emaciate, slim

fogyasztás *fn, közgazd* consumption, consumerism
fogyasztó *fn, közgazd* consumer, consumptive
fogyatékos *mn,* **1.** *beteg* defective, deficient, handicapped **2.** *hiányos* deficient, iinsufficient
fogyókúra *fn,* slimming cure / diet
fogyókúraszakember *fn,* diet spacialist, specialist in diet
fok *fn,* **1.** degree, scale **2.** *lépcső* stair, *létra* rung **3.** stadium, extent **4.** *földr* cape // *~on:* at a degree of // *a Jóreménység- ~a:* Cape of Good Hope
fokhagyma *fn,* garlic // *~ füzér:* string of garlic // *egy fej ~:* a bulb of garlic
fokoz *i,* increase, step up, intensify // *vmit ~:* increase sg
fokozatos *mn,* gradual, bit-by-bit, advancing step by step // *~ változás:* gradual change
fokozatosan *hat,* gradually, step by step, regularly, by degrees, progressively
fólia *fn,* foil, (cling)film // *alu~:* (tin) foil, aluminium (*US* aluminum) foil, silver foil // *~ba csomagol:* wrap up in foil
folt *fn,* stain, smudge, spot, blot // *~ot ejt:* stain sg // *~ot tesz:* put a patch // *~okban:* in stains
foltos *mn,* stained, smudgy, spotted, blotchy, smudged
foltoz *i,* put a stain on, patch, piece
folyadék *fn,* liquid, fluid, liquor, solution
folyamán *hat,* in the course of, in, through
folyamat *fn,* process, run, progression, procedure, course // *munka ~:* working process

folyamatos *mn*, continuous, unbroken, ceaseless, consecutive, constant, perpetual

folyamatosan *hat*, continuously, constantly, continually, permanently, all the time ‖ ~ **panaszkodik:** complain about sg all the time

folyamatosság *fn*, continuity, flow, continuance

folyás *fn*, 1. flowing, course, run, gush, course 2. *átv* course, lapse, run 3. *orv* discharge, fluxion 4. *edény* running

folyékony *mn*, fluid, liquid, fluent, flowing ‖ ~**an beszél angolul:** speak fluent English

folyékonyan *hat*, fluently, flowingly

folyékonyság *fn*, fluency, fluidity, liquidity

folyik *i*, flow, run, stream

folyó *mn*, flowing, running ‖ ~ **kiadások:** running expenses, current disbursement ‖ ~ **év:** this year's, of this year ‖ **tejjel-mézzel ~ kánaán:** land of milk and honey

folyó *fn*, river, stream

folyóirat *fn*, periodical, monthly

folyósít *i*, 1. grant, pay out, make payable 2. *zárolt összeget* liberate, liquidate

folyósított *mn*, granted, paid out, liberated

folyosó *fn*, corridor, aisle, hall, passage, passageway ‖ *a* ~**n:** on the corridor

folyótorkolat *fn*, mouth (of river), estuary

folytat *i*, continue, run / go on, go ahead, carry / keep on, keep going ‖ ~ *vmit:* continue / go on with sg, proceed to / with sg, go on doing sg, keep on doing sg

folytatás *fn*, continuation, sequence, continuity, succession

folytatható *mn*, continuable, resumable

folytatólagos *mn*, 1. continuous, nonstop, ceaseless, constant 2. *folyamatos* ‖ ~ **panaszok:** continuous complaint

fon *i*, 1. spin 2. *hajat* braid 3. *szalmát* plait 4. *kosarat* weave, make ‖ **karját köré~ja** twine/throw one's arms round sy

fonákütés *fn*, back-hand stroke / shot

fonal *fn*, yarn, line, cord, thread, string

foncsor *fn*, silvering (for mirrors), amalgam

foncsorozás *fn*, silvering of glass, mercury plating, foliation

foncsorozott *mn*, silvered, mercury plated, foliated

fondorlat *fn*, machination, intrigue, manouvre, fraudulency, scheme ‖ ~ **által:** by fraudulency·

fondorlatos *mn*, fraudulent, devious, sly, cunning

fonográf *fn*, phonograph

fonott *mn*, spun, woven, braided

font *fn*, pound ‖ ~ **sterling:** pound sterling ‖ **egy ~ hús:** a pound of meat

fontos *mn*, important, significant, substantial

fontoskodás *fn*, self-importance, priggishness, officiousness, pompousness

fontoskodik *i*, give oneself airs, fuss (about), be officious, make a fuss

fontoskodó *mn*, officious, bustling, fussy, prissy

fontosság *fn*, importance, significance, concern, import, weight ‖ **nagy ~gal bír:** be of great importance / interest ‖ **rádöbben a ~ára:** realize its importance

fonnyad *i*, wither, fade, wilt, droop
fonnyadt *mn*, wilted, withered, drooped, sere, sear, marcescent, shrunkn; *arc* wrinkled
fonnyaszt *i*, shrivel/dry up, wither, parch,
fordít *i*, 1. *ált* turn 2. *nyelvet* translate 3. *összeget vmire* devote to **/ vmit le~:** translate sg
fordítás *fn*, 1. turning 2. *nyelv* translation, rendering 3. devotion
fordító *fn*, translator
fordul *i*, 1. turn, revolve, make a bend, bicikli take the bend 2. *átv* change, take the 3. *vkihez* turn to sy, appeal to sy, apply to sy 4. *átv vmin* turn/hinge on sg, be pivoted on sg, depend on/upon sg ‖ **ellene ~** rise against sy ‖ **hidegre ~ az idő** it is getting cold ‖ **árokba ~ az autó** the car overtuned in the ditch ‖ **~ a kocka** tide has turned
fordulat *fn*, 1. *keréké/tengelyé* rev, revolution, turn, turning 2. *átv* change, turn in fortunes, turn-about, crisis, turning point
forgács *fn*, 1. scobs, sliver, shavings, turnings, whittling, chips, cuttings 2. *szappané* flake 3. *hangszerkesztési* chip
forgalmas *mn*, 1. *utca* busy, congested 2. *hely* much frequented, of great resort 3. *nap* busy, hectic ‖ **péntek a leg~abb nap** Friday is a hectic day
forgalom *fn*, traffic, circulation ‖ **700 000-es ~:** a circulation of 700 000
forgás *fn*, 1. *ált* turning, revolution, rotation 2. *pénzé* circulation 3. *örvény* whirl, eddy 4. *bolygóé* motion, movement 5. *gépé* whirling, twirling
forgat *i*, rotate, turn around, revolve ‖ *filmet* **~** shoot film ‖ **könyvet ~** read a book ‖ **~ vmit a fejében** ponder over sg ‖ **~ja a szemét** roll one's eyes
forgatag *fn*, whirling, drift, vortex, maelstrom, whirlpool ‖ **vidám ~** funny whirl ‖ **az utcák ~a** the commotion of the streets
forgatókönyv *fn*, script, screenplay, scenario
forint *fn*, forint, gulden
forma *fn*, 1. shape, figure, form 2. *minta* model 3. *megjelenés* figure, look 4. *ir* form 5. *biol* forma ‖ **~tervező** model designer ‖ **~tlan** shapeless, malformed
formál *i*, mould, form, model, frame, shape, proportion ‖ **jogot ~ vmire** have a claim on sg, have claim to sg ‖ **véleményt ~ vmiről** have an opinion about sg
formálható *mn*, plastic, mouldable, shapable
formális *mn*, 1. *konkr* formal, categorical 2. *külsőséges* ceremonious, punctilious ‖ **~an viselkedik** he behaves formal
formálisan *hat*, formally, practically, pro forma
formáló *mn*, formative, shaping, figuring
formaság *fn*, formality, ceremony, form, rituality
formátlanság *fn*, shapelessness, deformity, malformation
formattál *i*, format, outline, arrange, organize
formátum *fn*, format
formátum *fn*, 1. size, shape 2. *ember* stature 3. *könyv, számítógép* format ‖ **nagy ~ú ember** man of great format
forog *i*, 1. revolve, swivel, rotate, turn / go round 2. *átv* be in circulation

forr *i*, 1, boil, be on the boil 2. *gyöngyözik* simmer 3. *bor* ferment, work || *fel~ benne az epe* bite one's thumb || *~ a vére* his/her blood is up

forradalom *fn*, revolution

forral *i*, boil, bring to the boil || *fel~:* boil up, bring to the boil, scald

forrás *fn*, 1. *forralás* boiling, boil 2. *eredet* source, spring, root 3. *víz* fount

forró *mn*, 1. *ált* hot, heated, fervent, boiling, burning 2. *fejű* hot headed, raging, vehement || *~ levegő:* hot air || *~ vonal:* hot line || *~ víz:* boiling hot water

fortély *fn*, trick, craft, wile, ruse, dodge, finesse

fortélyos *mn*, wily, tricky, crafty, crafted, cunning, scheming

fórum *fn*, forum

foszforeszkál *i*, phosphoresce

foszforeszkáló *mn*, phosphorescing

foszforos *mn*, phosphorated, phosphorous

fosztfát *fn*, phosphate

fosztogat *i*, plunder, loot, pillage, pilfer, maraud

fosztogatás *fn*, looting, plunder, pillaging, pilferage

fosztogató *fn*, looting, pillaging, robber, plundering, raider

fotocella *fn*, photoelectric cell, photocell

fotocellás *mn*, photoelectric

foton *fn*, photon

fő *mn*, main, principal, chief

fő- *mn*, major, chief || *~könyvelő:* chief accountant || *~felügyelő:* chief inspector, inspector general || *a ~ okom erre az, hogy:* my main reason for this is that

főcím *fn*, main title, headline, credits *tsz*

födémgerenda *fn*, (cross-) beam, joist

főemlős *fn, pl.* the primates

főétel *fn*, main dish

főhadnagy *fn*, lieutenant; *US* first lieutenant

főhajó *mn*, nave

főiskola *fn*, college, academy || *színművészeti ~:* College for Theatrical Arts || *szépművészeti ~:* College of Fine Arts || *zenei ~:* College of Music

főként *hat*, mainly, chiefly, above all, mostly, principally, in particular, especially, exclusively, primarily

főkolompos *fn*, ringleader, cock of the walk / school

főkönyv *fn*, ledger, the books *tsz*

föld *fn*, earth, world, ground || *a F~:* the Earth || *~elés:* earth, *US* ground || *~et ér:* land, touch down || *~ön:* on the earth || *visszatér a ~re álmodozásból:* return back to reality || *száraz~ön van:* be ashore || *~kérdés:* the land / agrarian question || *~reform:* land / agrarian reform

föld- *mn*, earthy, of earth, of land

földcsuszamlás *fn*, landslide, landslip

földgömb *fn*, (the) globe

földhányás *fn*, bank

földi *mn*, ground-, earthly, terrestrial, orbital

földiszeder *fn*, blackberry

földközi *mn*, mediterranean

földmunkás *fn*, navvy, labourer (*US* -or-), digger, excavator

földnyelv *fn*, promontory, panhandle, peninsula

földönfutó *fn*, homeless, outlaw

földrajzi *mn*, geographical
földrajztudós *fn,* geographer
földrengés *fn,* earthquake, shacking of the earth
földtelen *mn,* landless
földtulajdonos *fn,* land owner
főleg *hat,* ld. **főként**
fölényes *mn,* superior, supercilious, haughty, off-hand, arrogant, insolent
fölényeskedik *i,* get on /ride one's high horse, throw one's weight about, lord it
fölér *i, elér* reach ‖ ~ *vmivel:* be worth of, come up to, be on a level with
főnemes *fn,* aristocrat, noble, *GB* peer
főnemesi *mn,* noble, aristocratic, highborn, upper class
főnemesség *fn,* aristocracy, nobility, *GB* the peerage, nobleness, gentry, upper class,
főnév *fn,* noun
főnix *fn,* phoenix, the Arabian bird
főnök *fn,* principal, head, boss, chief, superior
főnyeremény *fn,* top / first prize, jackpot ‖ *megnyeri a ~t:* win the firts prize
förtelmes *mn,* disgusting, abominable, hateful, odious, detestable
fösvény *fn,* niggard, avaricious, parsimonious, pelting, skin, skinny, curmudgeon, stingy
fösvénység *fn,* avarice, stinginess, miserliness, greed
főtt *mn,* boiled, cooked ‖ ~ *krumpli:* boiled potato
főútvonal *fn,* main road, main principal road, thoroughfare, *US* highway
főváros *fn,* capital, capital city ‖ *az ország ~a:* the capital of the country

föveny *fn,* sand, beach, gravel
főz *i,* cook ‖ *sört/teát ~:* make a beer / tea ‖ *vacsorát ~:* prepare dinner
főzés *fn,* **1.** *ált* cooking, cookery **2.** preparation, boiling, stewing
franc *ind.szó,* gosh, sucker, rats darn
francia *mn,* French, Francophone ‖ *~ kenyér:* french stick, baguette
Franciaország *fn,* France
fricska *fn,* flip, fillip, rap, flick
friss *mn,* **1.** *test* lively, nimble, active, alert **2.** *ált* fresh, recent, brand new, hot ‖ *~, mint a harmat:* as fresh as dew ‖ *~ víz:* fresh water ‖ *~en ásott föld:* freshly dug earth ‖ *~en mázolva!:* wet paint!
frissít *i,* refresh, freshen, reanimate
frissítő *fn,* refreshing, invigorating, reanimating, enlivening, cooling, reviving
frizura *fn,* hair-style, coiffure, hair-cut ‖ *jól áll neki az új ~:* the new hair-style suits her well
front *fn,* front (line), battle-line / front ‖ *a ~ra megy:* go up the line
frontális *mn,* frontal, head-on
fruska *fn,* lass, gal, filly, flapper
fuga *fn,* (wall) joint, interstice ‖ *h moll ~:* B-minor ‖ *csempe~:* tile joint
fugázás *fn,* pointing jointing
fugázik *i,* rusticate, point, ching
fúj *i,* blow, waft ‖ *el~:* blow away, blow off ‖ *ki~:* blow out ‖ *~tat:* pant, puff and blow
fújtató *fn,* bellows *tsz,* windbag
fuldoklik *i,* drown, be drowning, suffocate, be choking ‖ *egy falat almától ~:* suffocate from a mouthful of apple ‖ *~ a dühtől:* choke with range / anger

F

fúr *i*, **1.** drill, bore, perforate **2.** *átv* backbite

furat *fn*, calibre, bore

furcsa *mn*, strange, peculiar, unusual, cock-eyed, odd, weird, quaint

furcsán *hat*, strangely, peculiarly, oddly, weirdly, quaintly, in a strange manner

furcsaság *fn*, strangeness, oddity, peculiarity, weirdness, quaintness, singularity

furdal *i*, keep boring ‖ *~ ja a lelkiismeret:* have twinges / pangs of conscience

furnérlemez *fn*, plywood

furulya *fn*, flute, pipe

futó *mn*, **1.** *sportoló* running, racing, runner **2.** *múló* passing, transitory

futólag *hat*, cursorily, in passing

futólagos *mn*, passing, momentary, hasty, passing

futómű *fn*, undercarriage, landing gear, chassis

futószalag *i*, assembly / production line, conveyer belt ‖ *~on készül:* mass-produce, produce in the line

futtában *hat*, rapidly, speedily, while running, hastily

fuvar *fn* transport, carriage, *US* transportation

fuvaros *fn*, carter, haulier (*US* hauler), carrier

fúvás *fn*, blow, emit air / breath

fű *fn* grass, herb ‖ *kicsapták a ~re:* it was thrown out on the grass ‖ *a ~re lépni tilos!:* keep off the grass

füge *fn*, fig

fügefa *fn*, fig-tree

függ *i*, **1.** *lóg* hang, be suspended / hanging **2.** *vkitől/vmitől* be dependent on, hinge on sg ‖ *attól ~:* it (all) depends ‖ *~ tőle:* it is up to him/her

függelék *fn*, appendix (*tsz* appendixes or appendices), appendage

függés *fn*, **1.** *vhonnét* hanging, suspension **2.** *vkitől/vmitől* subordination, dependence

független *mn*, independent, unattached, autonomous ‖ *~ lesz:* become independent ‖ *vki ~ vmitől/vkitől:* independent of sy/sg ‖ *~ képviselő:* independent representative ‖ *kortól és nemtől ~:* independent of age and sex

függetlenség *fn*, independence, separatness, autonomy ‖ *a F~ Napja:* the Independence Day ‖ *vmitől való ~* independence of sg

függetlenül *hat*, independently, separately, singly, irrespectively of ‖ *~ dolgozik:* work individually

függő *mn*, **1.** *lógó* hanging, suspended **2.** *vmitől/vkitől* depending, pending ‖ *még ~ben van:* be still pending, be in the balance, be in abeyance

függőágy *fn*, hammock, sack

függőleges *mn*, vertical, perpendicular, plumb, upright erect

függőlegesen *hat*, vertically, perpendicularly

függöny *fn*, curtain, hangings, *US* drape ‖ *elhúzza a ~t:* draw the curtain

függőség *fn*, dependence, dependency, addiction ‖ *~et okozó:* causing dependence

fül *fn*, ear ‖ *csupa ~:* all ears ‖ *hegyezi a ~ét:* prick up one's ears, cock one's ears ‖ *jó ~e van:* have sharp ears, have fine ears ‖ *süket ~re talál:* a deaf ear is turned to sy ‖ *~ön fogva kipenderít:* throw out sy by one's ears ‖ *ég a ~e a*

szégyentől: one's ears are blushing / burning with shame ‖ **bolha a ~ben:** thoughts / suspicion in sy's head ‖ **~ig érő mosoly:** give a broad smile
fülbemászó *fn*, earwig
fülbemászó *mn*, catching, catchy, melodious
fülbevaló *fn*, ear ring / drop
füldugó *fn*, ear-plug
fülemile *fn*, nightingale
fülészet *fn*, otology
fülfájás *fn*, earache, otalgia
fülhallgató *fn*, earpiece / phone, headphone
fülhasogató *mn*, ear-splitting, strident
fülke *fn*, cabin, compartment, booth
füllentés *fn*, white lie, fib, tarradiddle
füllent *i*, fib, tell a fib, tell tales
fülsiketítő *mn*, deafening, ear-splitting, uproarious, roaring ‖ **~ sikoly:** deafening scream
fültanú *fn*, ear-witness, auricual witness
fűnyíró *fn*, lawnmower
fürdet *i*, bath sy, give sy a bath ‖ **babát ~:** bath a baby, give a baby a bath
fürdik *i*, bath, take / have a bath
fürdő *fn*, bath, bathing ‖ **~t vesz:** take / have a bath ‖ **ülő~:** hip-bath
fürdő *mn*, bathing ‖ **~sapka:** bathing-cap, swim-cap ‖ **~víz:** bathing water ‖ **~lepedő:** bath sheet / towel ‖ **~ruha:** bathing suit, swimming costume ‖ **~mester:** bath attendant, bathing-man
fürdőhely *fn*, health-resort, spa, pleasure resort
fürdőkád *fn*, bath, *US* (bath)tub
fürdőköpeny *fn*, bathrobe, *US* bathing wrap
fürdőszoba *fn*, bath(room)
fürdőző *fn*, bather *mn*, bathing
fürge *mn*, nimble, quick, agile, lively, spry, swift
fürgén *hat*, quickly, fleetly, agily, nimbly, swiftly
fürj *fn*, quail
füst *fn*, smoke, fume
füstöl *i*, smoke, give off smoke, fume
füstölő *mn*, smoking, incense
füstölt sonka *fn*, smoke ham, smoke-dried ham
fűszer *fn*, spice, condiment, flavouring
fűszeres *fn*, grocer ‖ **a ~nél vásárol:** buy / do the shopping at the grocer's
fűszeres *mn*, spicy, seasoned, piquant
fűszerez *i*, season, spice, flavour
fűtés *fn*, heating, stoking, firing
fűtőtest *fn*, radiator, heater, heating element / apparatus
fűtött *mn*, heated, warmed
füves *mn*, grassy, grass-covered
füvész *fn*, herborizer, botanist, herbalist
füvészkert *fn*, botanical garden(s)
fűz *i*, **1.** lace, string, stitch, thread **2.** *nőt* go after a woman ‖ **le~:** lace ‖ **az iratokat le kell ~ni:** the documents have to be laced ‖ **be~:** thread, lace up, lace, thread
füzér *fn*, string, garland, rope, swag, meander

G

gabalyít *i*, **1.** *bonyolít* complicate **2.** *vkit belegabalyít vmibe* entangle sy into sg
gabalyodás *fn*, confusion, bewilderment, muddle, complication, entanglement
gabalyodik *i*, **1.** *vkibe bele~:* fall in love with sy, get entangled with sy **2.** *vmibe* get entangled in sg, become involved in sg
gabona *fn*, grain, *GB* corn; cereals, cereal crops
gabonacsűr *fn*, granary, barn, corn shed / loft
gabonafélék *fn*, cereals *tsz*, grains *tsz*
gabonaföld *fn*, corn field / land
gabonakereskedelem *fn*, corn market / trade
gabonakereskedő *fn*, corn merchant / trader
gabonakivitel *fn*, corn export
gabonakör *fn*, corn / crop circle
gabonapiac *fn*, corn market
gabonatermő *mn*, corn-growing, corn-producing, grain-bearing
gabonatőzsde *fn*, corn exchange
gabonaüszög *fn*, blight, purple, rust
Gábor *fn*, Gabriel
gácsér *fn*, drake
gágog *i*, gaggle, cackle, gabble, honk
gagyog *i*, chirp, gurgel, babble, prattle
gajdol *i*, yodle, drone out
gála *fn*, gala ∥ *teljes ~ban:* in full dress

gála *fn*, full dress, gala, pomp
gálaest *fn*, gala event / night, show night, soirée
galacsin *fn*, ball, globule, pellett
galacsinhajtóbogár *fn*, dung-beetle
galád *mn*, mean, base, infamous
galádság *fn*, meanness, baseness, infamy, vileness, wickedness, perfidy
galagonya *fn*, hawthorn, whitethorn, quickset, *GB* mayflower
galaktika *fn*, galaxy
galamb *fn*, pigeon, dove ∥ *posta~:* carrier pigeon, homing pigeon ∥ *vad~:* turtle-dove, wood-pigeon
galambdúc *fn*, pigeon-house, dove-cot, pigeonry
galamblövészet *fn*, pigeon shooting ∥ *agyag~:* clay-pigeon shooting
galambposta *fn*, pigeon-post
galambszelíd *mn*, dovish, dove-shy
galambszürke *mn*, dove-grey
galandféreg *fn*, tape / joint- / strap-worm, taenia
gáláns *mn*, **1.** galant, elegant **2.** *kaland* gallant, amatorial, amorous
gálaruha *fn*, gala / full dress
galiba *fn*, mix up, fuss ∥ *~t csinál* make a nice hash

gálic *fn*, 1. *réz* blue vitriol 2. *zöld* green vitriol
gallér *fn*, collar, neck ‖ *kör~:* cape, pelerine ‖ *kemény~:* stiff collar ‖ *~on ragad vkit:* grab sy (by the collar), collar sy, take sy by the scruff
gall *mn/fn*, Gaul, Gallic
Gallia *fn*, Gaul
gallon *fn*, gallon
galóca *fn*, agaric, amanita ‖ *gyilkos~:* death cup, amanita
galopp *fn*, 1. *ló gallop*, tantivy 2. *tánc* galop ‖ *~ozik* ride at full gallop
galuska *fn*, noodles *tsz*, small dumplings *tsz*, gnocchi *tsz*
galvánelem *fn*, galvanic/voltaic cell
galvanikus *mn*, galvanic
galvanizál *i*, galvanise, galvanize, plate, electro
gálya *fn*, galley, galleon
gályarab *fn*, galley-slave
gally *fn*, 1. spray, branchlet, twig, sprig, bough 2. *száraz* loppings *tsz*, faggot
gallyas *mn*, branched, twiggy
ganaj *fn*, dung, ordure, manure, muck
ganajtúró *fn*, *bogár* dor-bug, dung-beetle, scarab
ganajdomb *fn*, dunghill
ganajoz *i*, manure, muck out
gáncs *fn*, 1. *lábbal* trip, click 2. blame, reflection, slur, stricture 3. *akadály* obstacle, barrier, blockade ‖ *~ot vet vkinek:* trip sy up
gáncsol *i*, 1. *konkr* trip sy up 2. *átv* cross sy's intentions
gáncsolás *fn*, blaming, censure; trip, click
gáncsoskodik *i*, cavil at sy, carp at sy, crab
gáncsoskodó *mn*, captious, cavilling, hypercritical

gané *fn*, dung, manure, droppings *tsz*, crap
ganédomb *fn*, dunghill
garabonciás *fn*, *diák* itinerant / travelling scholar
garancia *fn*, guarantee, warranty, surety, safeguard ‖ *~ként letétbe helyez vmit:* escrow sg ‖ *~ letétbe helyezése* guarantee deposit
garanciaalap *fn*, guarantee fund
garancialevél *fn*, letter of guarantee, warranty card
garanciatárs *fn*, US co-maker
garanciaváltó *fn*, escrow bill
garantál *i*, back sg, vouch for, guarantee sg, warrant
garantáló *fn*, surety, guarantor
garantált *mn*, guaranteed, warranted, assured ‖ *~ hitelező:* bond creditor, secured creditor ‖ *~ számla US* assigned account ‖ *~ osztalékos részvény:* guaranteed stock
garas *fn*, groat, copper, penny ‖ *egy ~t sem ér:* it is not worth a straw
garasos *mn*, 1. cheap, worthless 2. mingy, skimpy, mean, costive, penny-pinching
garasoskodik *i*, be stingy / mingy / skimpy
garat *fn*, gullet, pharynx (*tsz* pharynges or pharinxes)
garathurut *fn*, pharingitis
garázda *mn*, bully, rowdy, truculent, turbulent
garázda *fn*, brawler, fighter, scrapper, truculent, hell-raiser
garázdálkodás *fn*, 1. brawling, bullying, rowdyism 2. *hangos* riot, havoc
garázdálkodik *i*, 1. brawl, depredate, go / be on the rampage 2. *rabol, fosztogat* havoc, work havoc, pillage

garázs *fn*, garage
gárda *fn*, **1.** guards, bodyguards **2.** *ezred* the Guards *tsz* **3.** *átv* staff, set, host
gárdatiszt *fn*, officer in the Guards
gardedám *fn*, chaperon, gooseberry
gárdista *fn*, guard, guardsman
gardrób *fn*, **1.** *szekrény* wardrobe **2.** *vkinek a ruhatára, ruháinak összessége* wardrobe **3.** *ruhatár, megőrző* cloakroom
gargarizál *i*, gargle
garmada *fn*, heap, pile, mass, lots of sg, bags of ‖ *~ba rak:* pile up, heap up, accummulate
garnitúra *fn*, **1.** set, suite, suit **2.** *készlet* kit
garnizon *fn*, garrison
garzonlakás *fn*, flatlet, bachelor's flat, one-room flat, *US* apartment, *biz* bedsitter
Gáspár *fn*, Jasper
gát *fn*, **1.** dike, dam, embankment, **2.** *akadály* barrier, block, blockade, stoppage ‖ *legény a ~on:* a tough man / guy / fellow, he stands his ground
gátfutás *fn*, hurdle-race / jumping, hurdling, the hurdles *tsz*
gátfutó *fn*, hurdler
gátlás *fn*, **1.** *lelki* inhibition, constraint, constriction **2.** *akadály* impediment, hidrance, restraint
gátló *mn*, **1.** hindering, impeding, hampering, obstructive, inhibitory **2.** *kedvezőtlen* infavourable
gátol *i*, hinder sy (in doing sg), be an obstacle to sg, obstruct, impede, hamper
gatya *fn*, **1.** underpants *tsz*, long pants *tsz*, drawers *tsz* **2.** *áll* flag, leg-feathers
gatyamadzag *fn*, tape for fastening
gatyás *mn*, *állat* plumiped ‖ *~ galamb:* drum pigeon

gavallér *fn*, **1.** cavalier, beau, handsome **2.** *úriember* gentleman, gallant, generous
gavalléros *mn*, *lovagias* chivalrous, gallant, *bőkezű* generous, liberal, open-handed
gaz *fn*, *növ* rank grass, tares, weed
gaz *mn*, infamous, wicked, villainous, scoundrelly, roguish, rascally
gazdag *mn*, **1.** *tehetős* rich, wealthy, affluent, substantial, moneyed, well off, **2.** *vmiben* rich in sg, fertile, full of sg, exuberant, *átv* ample, plentiful, abundant, costly, lavish, luxuriant
gazdag *fn*, *a ~ok:* the rich / wealthy, rich people
gazdagít *i*, **1.** enrich **2.** *bővít* enlarge
gazdagítás *fn*, enrichment
gazdagodik *i*, grow rich, enrich (oneself), make one's pile
gazdagon *hat*, **1.** richly **2.** *bőségesen* generously
gazdagság *fn*, **1.** riches *tsz*, wealth, affluence, profusion, exuberance, **2.** *vagyon* fortune **3.** *bőség* opulence, plenty
gazdálkodó egység *fn*, economic entity / unit
gazdálkodó szerv(ezet) *fn*, economic organization
gazdaság *fn*, economy, farm, estate, holding
gazdaságfejlesztés *fn*, economic development
gazdasági *mn*, economic, agricultural, business ‖ *~ ciklus:* business cycle ‖ *~ élet:* economic life, economic conditions *tsz*, economy ‖ *~ előnyök:* economic benefits ‖ *~ irányzat:* economic trend ‖ *~ mutató:* economic indicator / index
gazdasági-pénzügyi *mn*, economic-financial
gazdaságirányítás *fn*, economic control and management ‖ *~i rendszer:* economic control

gazdaságszervező *mn*, economic organizational, economic organizatory
gazdaságtalan *mn*, uneconomic(al), unprofitable
gazember *fn*, villain, scoundrel, crook, rogue, rascal, son of a bitch
gázfőző *fn*, gas-cooker
gázol *i*, **1.** *át vmin* wade across sg **2.** *vmiben* wade / tramp in sg, wallow **3.** *vkit* run over sy, knock sy over ‖ *a becsületébe ~:* slander sy, disgrace
gázló *fn*, riding-way, wading, ford, shallows *tsz*
gázlómadarak *fn*, longshanks, marsh birds, warder, warding bird, stilt
gazság *fn*, villainy, blackguardism, scoundrelism, perfidy
gázsi *fn*, salary, wages
gáz *fn*, gas
gebe *fn*, jade, skin
gébics *fn*, shrike
Gedeon *fn*, Gideon
gége *fn*, throat, gorge, larynx (*tsz* larynges or -nxes)
gégebaj *fn*, laryngitis
gégefő *fn*, larynx
gégész *fn*, laryngologist
gégészet *fn*, laryingology ‖ *fül-orr-gégészet* otolaryngology
gejzír *fn*, geyser
Gellért *fn*, Gerard
gém *fn*, **1.** *madár* heron, spoonbill, hern **2.** *mech* sweep, jib
gémeskút *fn*, draw well, sweep
gémberedett *mn*, numb(ed), stiff
gémberedik *i*, become / grow numb / stiff
gemkapocs *fn*, paper clips, paper fastener, paper clamp
generáció *fn*, generation ‖ *~s ellentét*

generation gap ‖ *a nagy ~* the great generation
Genf *fn*, Geneva
géniusz *fn*, genius, spirit
genny *fn*, pus, purulence, crappy, matter
gennyesedés *fn*, pyogenia, suppuration, purulence
gennyesedik *i*, discharge, ulcerate, fester, suppurate
Genova *fn*, Genoa
geográfia *fn*, geography
geográfiai *mn*, geographical
geográfus *fn*, geographer
geológia *fn*, geology
geológiai *mn*, geological
geológus *fn*, geologist
geometria *fn*, geometry ‖ *ábrázoló ~:* descriptive geometry
geometriai *mn*, geometric(al)
gép *fn*, **1.** *konkr* machine **2.** *összetett* apparatus, machinery, mechanism, instrument, appliance **3.** *erőforrás* motor, unit, engine, power **4.** *író* typewriter **5.** *repülő* aeroplane, plane **6.** *átv* ember automation ‖ *kezeli a ~et* mind the engine ‖ *olajozza a ~et* lubricate the engine ‖ *~pel gyártott* machine-made
gépesít *i*, mechanize, mechanicalize, machinize, motorize
gépesített *mn*, mechanized, motorized ‖ *~ egység* mechanized troops ‖ *~ háztartás* mechanize household ‖ *~ szállítás* mechanical transport ‖ *~ tüzérség* motor artillery
gépész *fn*, **1.** mechanic, mechanician, operator, machinist, tender **2.** *mozdony* engine-driver **3.** *mozi* projectionist **4.** *mérnök* mechanical engineer
gépészet *fn*, mechanics, mechanical engineering

gépgyár *fn*, engine factory, machine production, mechanical engineering
gépírás *fn*, typewriting
gépirat *fn*, type-script
gépírónő *fn*, typist, type-writer
gépjármű *fn*, motor vehicle/car, automobile
gépjármű-felelősségbiztosítás *fn*, automobile liability insurance
gereben *fn*, **1.** *szál* flaxcomb, comb, hatchet, hackle, *gyapjú* card **2.** *műv* gradine
gereblye *fn*, rake
gereblyéz *i*, rake
gerely *fn*, **1.** spear, lancet, lance **2.** *sp* javelin
gerelyhajítás *fn*, throwing the spear / javelin
gerelyvetés *fn*, javelin throw, throwing the javelin
gelencsér *fn*, *fazekas* potter, thrower
gerenda *fn*, beam, lumber, spar, timber ‖ **tető~:** rafter, roof-beam, roof-tree ‖ **mester~:** joist, balk, binder, girder, principal ‖ **kereszt~:** crossbeam, strutting-beam, strutting-peace, traverse
gerendázat *fn*, the beams *tsz*, timber frame (work)
gerezd *fn*, **1.** *gyümölcs* slice, segment, plug, bunch, section **2.** *hagyma* clove, *paradicsom* cell **3.** *címer* gyron
Gergely *fn*, Gregory
gerilla *fn*, guerilla
gerillaháború *fn*, guerilla warfare
gerinc *fn*, spine, backbone, spinal column, ridge, saddle
gerinccsigolya *fn*, vertebra (*tsz* vertebrae)
gerinces *mn*, **1.** *biol* vertebrata **2.** *ember* resolute, firm, steadfast, to have got blackbone

gerincesek *fn*, vertebrata
gerinctelen *mn*, **1.** *biol* molusca, invertebrate **2.** *jellemtelen* infirm, irresolute, resolute, steadfast, of strong character, spineless, supple
gerincvelő *fn*, spinal marrow / cord, pith
gerjed *i*, **1.** *láng* take fire, burst into flame **2.** *érzés* get roused, fire / flare up, fester ‖ **haragra ~:** fly into a temper / passion ‖ **szerelemre ~ vki iránt:** fall in love with sy, lose one's heart to sy
gerjedelem *fn*, **1.** *érzés* emotion, feeling, affection **2.** *izgalom* excitement, enthusiasm, exhilaration, **3.** *szenvedély* passion, lust, ardour
gerjeszt *i*, excite, whet, quicken, induce, kindle ‖ **haragra ~ vkit:** anger sy, make sy angry ‖ **lángra ~:** kindle ‖ **bizalmat ~:** inspire confidence in sy
gerle *fn*, turtle-dove, dove
gerlice *fn*, turtle-dove
germán *fn/mn*, German, Germanic, Teuton, Teutonic
Germánia *fn*, Germany
germanizál *i*, germanize
Gertrúd *fn*, Gertrude
gesztenye *fn*, chestnut, marron ‖ **vad~:** horse chestnut
gesztenyebarna *mn*, nut-brown, marron, auburn; *ló* bayard, bay-coloured
gesztenyefa *fn*, chestnut-tree
gesztenyepüré *fn*, mashed chestnut, chestnut puree
gesztenyesütő *fn*, chestnut roaster, chestnutman – seller
gesztenyeszínű *mn*, = **gesztenyebarna**
gesztikulál *i*, gesticulate, gesture, fling one's arms around

gesztikuláció *fn*, gesticulation, body language
gesztorálás *fn*, in-charge management
gesztus *fn*, gesture, movement, motion ‖ **nemes ~:** noble / handsome gesture / act
gezemice *fn*, bits and pieces *tsz*
gettó *fn*, ghetto
géz *fn*, sterilised / antiseptic gauze
gézengúz *fn*, scapegrace, whelp, rascal, scamp
giccs *fn*, 1. kitsch, mush, daub, gush, sob-stuff 2. trash, tripe
giccses *mn*, kitschy, mushy, cheap, trashy
gida *fn*, 1. *kecske* kid 2. *őz* fawn
gidres-gödrös *mn*, rutty, full of potholes, bumpy, rugged
gigantikus *mn*, gigantic, colossal, enormous, huge
gigász *fn*, giant, goliath
gigászi *mn*, = gigantikus
gigerli *fn*, coxcomb, fop(ling), tip-topper
giliszta *fn*, worm ‖ **földi~:** earthworm, night-crawler
gím *fn*, hind (of deer), stag
gimnázium *fn*, grammar-school, secondary school, *US* high-school
gipsz *fn*, plaster (of Paris), gypsum, parget; *orv* plaster-bandage
gipszminta *fn*, plaster, plaster-cast, mould
gikszer *fn*, 1. *játék* mis-cue, false stroke 2. *zene* false note, squawk 3. *ált* mistake, fault, error
girhes *mn*, lean, thin, skinny
gitár *fn*, guitar
gitáros *fn*, guitarist
gitározik *i*, play the guitar
girland *fn*, wreath, garland
gitt *fn*, putty
gittez *i*, putty
Gizella *fn*, Gisela

Gizi *fn*, Zella
gleccser *fn*, glacier
gléda *fn*, line ‖ **~ban:** in rank and file
glicerin *fn*, glycerine, glycerol
globális *mn*, global, overall, allround, aggregate ‖ **~ tervezés:** global / aggregative planning
glóbusz *fn*, globe, terrestial globe
glória *fn*, glory, nimbus, halo, aureole, *mise* gloria
glorifikál *i*, glorify, extol
glossza *fn*, gloss, commentary, marginal note
glukóz *fn*, grape-sugar, glucose
gnóm *fn*, gnome, troll, dwarf (*tsz* -fs or dwarves)
gobelin *fn*, gobelin, tapestry
góc *fn*, focus, seat, foyer; *ideg* plexus, centre (*US* center), knot
gócpont *fn*, 1. *közl* junction, focuse (*tsz* -ses or foci) 2. focal point 3. *kereskedelmi* trade centre (*US* -ter) 4. *orv* centre
gól *fn*, goal ‖ **~t lő:** kick / score a goal
góllövő *fn*, goal scorer / kicker
Golf-áramlat *fn*, Gulf -stream
golf *fn*, golf
golfozik *i*, play golf
Góliát *fn*, 1. Goliath 2. *óriás* giant, behemoth, leviathan
gólya *fn*, 1. stork 2. *átv* freshman, fresher, beginner, newcomer
gólyafióka *fn*, young stork
gólyahír *fn*, marsh marigold, *US* cowslip, king-cap
gólyaláb *fn*, stilt, wooden leg
golyhó *fn*, dolt, blockhead, fool, simleton, idiot, nitwit
golyó *fn*, ball ‖ **üveg~:** marble ‖ **puska~:** bullet, cartridge ‖ **ágyú~:** cannonball, shot ‖ **~ alakú:** globular, bulbous, rotund

golyóálló *mn*, shot / bullet-proof ‖ *~mellény:* bullet-proof vest

golyóstoll *fn*, ball-point pen, biro, ball-pen

golyószóró *fn*, machine-gun, lewis gun, light machine-gun

golyózápor *fn*, shower of bullets

golyózik *i*, **1.** *játék* play at marbles **2.** *kigolyóz* ballot

golyva *fn*, tracheocele, struma, goitre (*US* goiter), clubbing

golyvás *mn*, goitrous, strumous

gomb *fn*, **1.** button **2.** *ajtón* knob **3.** *nyomógomb, kapcsoló* switch, press-button

gomba *fn*, mushroom, fungus (*tsz* fungi or funguses) ‖ *ehető ~:* (edible) mushroom ‖ *mérges ~:* toadstool

gombaféle *mn*, fungaceous, mushroom-like

gombamérgezés *fn*, mushroom poisoning

gombház *fn*, buttonmould

gomblyuk *fn*, buttonhole

gombóc *fn*, dumpling, *húsból, burgonyából* ball

gombol *i*, button ‖ *be~:* button up, do up, fasten, do up the buttons ‖ *ki~:* unbutton, undo

gombolyag *fn*, ball, clew, clue, skein, reel, coil

gombolyít *i*, wind, roll up, reel

gombostű *fn*, needle, pin

gond *fn*, **1.** *ált* care, worry, anxiety **2.** *törődés* care, concern, heed, solicitude

gondatlan *mn*, careless, negligent, mind- / thoughtless, neglectful

gondatlanság *fn*, negligence, carelessness, *jog* malpractice, inadvertence

gondnok *fn*, *US* custodian, trustee, guardian, warden, caretaker, *US* janitor

gondnokság *fn*, administration, guardianship, trusteeship, office of guardian / trustee ‖ *~ alá helyez:* interdict, appoint a guardian / trustee

gondol *i*, **1.** think, ponder, consider, reckon **2.** *vél* think, suppose, expect, guess **3.** *vkire/vmire* think of/about, consider, ponder over, have sy on one's mind **4.** *következtet* conclude from, infer from sg ‖ *miből ~od?* what makes you think so? ‖ *mire ~sz?* what are you thinking of? ‖ *~tál már erre?* have you ever thought of sg?

gondola *fn*, gondola

gondolás *fn*, gondolier

gondolat *fn*, thought, idea, notion, suggestion ‖ *egy ~nyi cukor* just a touch of sugar ‖ *~ai elkalandoznak* his/her mind wanders ‖ *hátsó ~* ulterior/rea motive

gondolkodik *i*, think about, cogitate, meditate on, mull over, reason, ponder, consider, weigh ‖ *~om, tehát vagyok* I think, therefore I am

gondoskodás *fn*, provision (for), care

gondolkodó *fn*, **1.** thinker, reasoner **2.** *filozófus* philosopher ‖ *~ba ejt* set sy thinking ‖ *másképp ~k* people of another way of thinking ‖ *mn*, thinking, pondering, considerate ‖ *~ lények* reasonable being

gondos *mn*, careful, conscentious, attentive, accurate, hedful, regardsful, mindful, precise, painstaking ‖ *~ ápolás* nursing back sy ‖ *~ vizsgálat* searching inquiry

gondosság *fn*, **1.** care(fullness) **2.** *jogi* diligence

gonosz *mn*, wicked, evil, shrewd, spiteful, malevolent, nefarious, vicious ‖ *~ lelkű:* malignant

gonoszság *fn*, evil, depravity, malignance, viciousness

gonosztett *fn,* sin, crime, misdeed, offence, felony
gonosztevő *fn,* ill-doer, malefactor, miscreant, villain, evil-doer, criminal, offender
górcső *fn,* microscope
gordonka *fn,* violin cello
gordonkás *fn,* cellist
gordonkázik *i,* play the cello
gorilla *fn,* gorilla
goromba *mn,* 1. rude, arrogant, rough, boorish, impolite 2. *vad* brutal, cruel, vicious, harsh
gorombaság *fn,* harshness, roughness, rudeness, impudence
gorombáskodik *i,* be rude / offensive / abusive to sy
gót *mn,* Gothic
göb *fn,* knot, kink, nodule
gödény *fn,* pelican ‖ *iszik, mint a ~:* drink like a fish
gödölye *fn,* kid, kidling
gödör *fn,* pit, hole, ditch, pothole
gödröcske *fn, arcon* dimple, pit, *kulcscsonton* salt-cellar
gödrös *mn,* full of holes, uneven, bumpy, pitted
gőg *fn,* arrogance, pride, haughtiness
gőgös *mn,* haughty, proud, conceited, prideful, pride
gömb *fn,* globe, ball, sphere ‖ *üveg~:* ball, bowl ‖ *fél~:* hemisphere ‖ *kristály~:* crystal ball
gömbvillám *fn,* fireball, ball of lightning
Göncölszekér *fn,* the Bear
göndör *mn,* curly, kinkled, frizz(l)y, crinkly
göndörít *i,* curl, frizzle
göndörödik *i,* curl, frizzle
göngyöl *i,* roll up, pack up
göngyöleg *fn,* bundle, roll, wrapping, wrapper

görbe *fn,* curve, bend
görbe *mn,* 1. curved, bent, twisted, devious 2. *orr* crooked 3. *hát* hunchback 4. *láb* bandy 5. *jellem* dishonest ‖ *~éjszaka:* a night out
görbehátú *mn,* hunch-backed
görbelábú *mn,* bandy-legged
görbít *i,* bend, curl, twist, curve, make crooked
görbül *i,* bend, twist, curve, become bent / crooked
görbület *fn,* bend, curve, curvature
görcs *fn,* 1. *ált* cramp, kink 2. *orv* convulsion, spasm, knot 3. *növ* gnarl
gördít *i,* wheel, roll, trundle, shove, bowl
gördül *i,* roll, trundle, travell (*US* -l), revolve
gördülékeny *mn,* fluid, flowing, easy, smooth, fluent
gördülékenység *fn,* smoothness, fluidness
gördülés *fn,* roll(ing), trundling
görény *fn,* polecat, fitchew, foumast; *ember* stinker
görgeteg *fn,* volley, pebble stone ‖ *hó~:* avalanche
görnyed *i,* bend, double (up), bow, stoop
görnyedt *mn,* bent
görög *mn/fn,* Greek
Görögország *fn,* Greece
göröngy *fn,* glebe, lump, clod
göröngyös *mn,* cloddy, rough, rugged, bumpy, knobby
gőte *fn,* water salamander
göthös *mn,* 1. weak-chested, peaky, sickly, weak 2. *köhögős* coughing
gőz *fn,* 1. steam 2. *pára* vapour (*US* -or), fume, exhalation, evaporation ‖ *teljes ~zel:* at full speed ‖ *~zel fűt vmit:* heat sg by steam
gőzeke *fn,* steam plough
gőzerő *fn,* steam power

gőzfék *fn*, steam brake
gőzfürdő *fn*, Turkish / steam-bath
gőzfűtés *fn*, steam / central heating
gőzgép *fn*, steam engine
gőzhajó *fn*, steamship, liner
gőzhenger *fn*, cylinder, steam roller
gőzkalapács *fn*, compressor, steam-hammer
gőzkamra *fn*, sweating room; steam-chamber
gőzkazán *fn*, steam-boiler / generator
gőzmalom *fn*, steam mill
gőzmozdony *fn*, steam engine, locomotive
gőzöl *i*, steam, dump, hot-press, *ételt* stew, steam, stimmer
gőzölgés *fn*, steaming, evaporation, stewing
gőzölög *i*, steam, evaporate, fume, emit steam, vapour (*US* -or)
gőzsűrűségmérő *fn*, manometer
gőzszelep *fn*, steam valve
gőzturbina *fn*, steam turbine, turbine-motor
grafika *fn*, graphic arts *tsz*, graphics *tsz*
grafikon *fn*, graph, diagram, chart
grafit *fn*, graphite, plumbago, *ceruzában* blacklead
grafológia *fn*, graphology
grafológus *fn*, graphologist
gramofon *fn*, gramaphone, phonograph
gramm *fn*, gramme (*US* -mm)
gránát *fn*, **1.** bomb, shell, grenade **2.** *kő* garnet ‖ *kézi~:* hand grenade
gránátalma *fn*, pomegranate
gránátos *fn*, grenadier
gránátszilánk *fn*, shell-splinter
gránáttűz *fn*, shell fire
gránátvető *fn*, bomber, trench-mortar, shell-thrower
grandiózus *fn*, grand, massive, vast, grandiose, impressive, huge
gránit *fn*, granite

gratuláció *fn*, congratulations *tsz*, felicitations *tsz*
gratulál *i*, *vkinek* congratulate sy on sg, wish sy joy, applaud, felicitate ‖ *~ok:* congratulations! I congratulate you (on sg)
gravitáció *fn*, gravity, pull of gravity
gravitációs *mn*, gravitational
gravitál *i*, gravitate, trend towards sg
gregorián ének *fn*, Gregorian chant
griff *fn*, griffin
grimasz *fn*, grimace ‖ *~okat vág:* make / pull faces, grimace
grimaszol *i*, pull faces, grimace
gríz *fn*, **1.** groats, grist *tsz* **2.** *finom szemcsés* semolina ‖ *tejbe~:* semolina in milk
gróf *fn*, count, *GB* earl
grófnő *fn*, countess
grófság *fn*, county, *GB* shire
groteszk *mn*, grotesque, freakish, deformed, distorted
Grönland *fn*, Greenland
guba *fn*, *átv* dibs, oof, beans, moss, rhino
gubacs *fn*, gall, gall-nut, gull-nut
gubacssav *fn*, tannic acid
gubanc *fn*, ravel, screw-up, tangle
gubancol *i*, entagle, mat
gubancos *mn*, **1.** knotty, entangled **2.** *haj* shaggy, matted
gubbaszt *i*, **1.** cower, huddle, crouch **2.** *madár* be perched on sg, crouch
guberál *i*, **1.** *kiguberál vmit a zsebéből* dig out sg, scavenge **2.** *szemétből* rake / grab about /among the dustbins / dustheaps or *US* garbage
gubó *fn*, pod, seed box, *rovaré* cocoon
guggol *i*, squat / sit (on one's heels), crouch (down)
gúla *fn*, pyramid, pile ‖ *~ba rak:* pile sg, pile up

gúla alakú *fn*, pyramidal
gulya *fn*, herd, cattle
gulyás *fn*, herdsman, cowboy, stockman
gulyásleves *fn*, goulash soup
gumi *fn*, 1. rubber, gum 2. *kocsin, biciklin* pneumatic tyre / tire 3. *gumióvszer* sheath, rubber
gumi- *mn*, *rugalmas* elastic
gumiarábikum *fn*, elastic, stick-paste
gumibot *fn*, truncheon, bludgeon, baton, (policeman's) club, cudgel
gumicipő *fn*, 1. rubber shoes, rubbers 2. *tornacipő* sneakers
gumicsizma *fn*, rubber boots *tsz*, GB wellingtons *tsz*, gumboots *tsz*, US gums
gumicsónak *fn*, rubber dinghy, inflatable boat
gumidefekt *fn*, puncture, blow-out, flat tyre / tire
gumifa *fn*, rubber tree, rubber plant, gum
gumikerekű *fn*, rubber-tyred, rubber-tired
gumikesztyű *fn*, rubber gloves *tsz*
gumikötény *fn*, rubber apron
gumiköpeny *fn*, *esőkabát* mackintosh, rubber cape
gumimatrac *fn*, (rubber) mattress, lilo, beach mattress, airbed ‖ *felfújható ~:* inflatable rubber mattress
guminadrág *fn*, rubber panties / pants *tsz*, pilch knickers, latex panties *tsz*
gumíroz *i*, rubberize, cover with rubber
gumitalp *fn*, rubber sole / heel
gumiültetvény *fn*, rubber plantation
gumó *fn*, 1. knob, gnarl 2. *orvosi* tubercle, knob, gnarl 3. *növényen* tuber, root, bulb
gúnár *fn*, gander, goosey
gúny *fn*, irony, scoff, jeer, ridicule, taunt, mockery ‖ *~t űz vkiből:* make fun of sy / sg, make a fool of sy
gúnydal *fn*, mocking song, satire, satiric song

gúnyirat *fn*, pamphlet, satire, lampoon, squib
gúnykacaj *fn*, jeers *tsz*, derisive laughter
gúnymosoly *fn*, sneer, scoff, jeer
gúnynév *fn*, by-name, nickname, cognomen, pseudonym
gúnyol *i*, ridicule sy, deride sy, make fun of sy, mock at sg, jibe, mock sy
gúnyolódás *fn*, mockery, mocking, derision
gúnyolódik *i*, be derisive / sarcastic, *vkivel* ridicule sy, make fun of sy, make a fool of sy, mock sy, taunt sy (with sg), jibe, scoff
gúnyos *mn*, ironic, ironical, satirical, sarcastic, cynical, sardonic, derisive, scornful
gúny tárgya *fn*, laughing stock
gúnyvers *fn*, satire, burlesque, parody
guriga *fn*, roll
gurít *i*, roll, trundle, putt
gurítás *fn*, 1. rolling, putt 2. *játékban* throw
Gusztáv *fn*, Gustavus
gusztus *fn*, taste, gusto, *étvágy* appetite
gusztusos *mn*, appetizing, mouth watering, delicious, palatable
gusztustalan *mn*, disgusting, repulsive, unappetizing
guta *fn*, *~ütés:* apoplexy, stroke ‖ *megütötte a ~:* he had a stroke, he had an apoplectic fit
gutaütött, gutaütéses *mn*, apoplectic
gúzs *fn*, withe, withy ‖ *~ba köt:* fetter, bind hand and foot, *átv* hamstring
guzsaly *fn*, distaff
guzsalyos *fn*, spinning-room
gümőkór *fn*, tuberculosis, consumption, phtysis
gümőkóros *mn*, tuberculotic, tuberculated, tuberculous, phtysical, consumptive
gürcöl *i*, drudge, slog, *biz* toil and moil
gürizik *i*, fag, drudge, grind away (at sg)

Gy

gyagya, gyagyás *mn, bolond* US barmy, GB balmy, US cuckoo, have a screw loose, GB mental, nutty
gyagya, gyagyás *fn, bolond ember* US cuckoo, GB head case, US mental job, nut, GB nutter, psycho, US sicko
gyakori *mn,* 1. frequent, recurrent 2. *rendszeres, ismétlődő* regular, repeated 3. *közönséges, átlagos* common, average, every-day ‖ *~ előfordulás:* frequent / common occurrence
gyakoriság *fn,* frequency, frequent occurrence / recurrence
gyakorító ige *fn,* frequentative verb
gyakorlás *fn,* exercise, exercising, practice, practising, cultivation, cultivating ‖ *vmilyen jog ~a:* exercise / enforcement of one's right to do sg ‖ *vallás szabad ~a:* religious freedom, freedom of religions
gyakorlat *fn,* 1. practice 2. *jártasság vmiben* experience in/of sg, routine in sg; *iskolai feladat* exercise 3. *torna* physical training, exercise, gymnastics 4. *szokás* usage 5. *katonai* drill, military exercise, manoeuvre 6. *jártasság* experience ‖ *a ~ban:* in practice ‖ *a ~ban elsajátít vmit:* learn sg through/in practice ‖ *kijön/kiesik a ~ból:* get / be out of practice
gyakorlati *mn,* practical ‖ *~ ember:* a man of practice, matter-of-fact person ‖ *célszerű* practicable, functional
gyakorlatias *mn,* practical, matter-of-fact ‖ *~ észjárású:* practical-minded
gyakorlatilag *hat,* 1. practically, virtually 2. *a gyakorlatban* in practice
gyakorlatlan *mn,* 1. *járatlan vmiben* unskilled, inexperienced 2. *nincs kiképezve vmire* untrained, undrilled, unskilled 3. *kiesett a gyakorlatból* be out of practice 4. *új/kezdő vmilyen téren* inexperienced, new, greenhorn, rookie
gyakorlatlanság *fn,* lack of practice / training / experience / skill, want of practice / training / experience / skill
gyakorló *mn,* 1. practising, exercising 2. *próbaidőszak, év* probation, probationary
gyakorló orvos *fn,* medical practitioner
gyakorlótér *fn,* 1. drill-ground 2. *lőtér* shooting range

gyakorlott *mn*, **1.** *tapasztalt* experienced in sg, competent **2.** *képzett* skilled, skilful, well-trained

gyakorlottan *hat*, skilfully, competently

gyakornok *fn*, trainee, assistant, probationer, apprentice

gyakorol *i*, practise, exercise, train, drill ‖ *hatást/befolyást ~ vmire/vkire:* influence sg/sy, exert influence on sg, affect sg ‖ *hivatását/mesterségét/szakmáját ~ja:* profess, pursue, carry on ‖ *~ a zongorán:* practise the piano

gyakran *hat*, often, frequently, quite a few times, repeatedly

gyaláz *i*, **1.** abuse, revile, vilify, slander, asperse, calumniate, defame **2.** *vkinek az emlékét* outrage

gyalázás *fn*, abuse, insult, insulting, slander, calumniation, aspersion, vilification, reviling

gyalázat *fn*, **1.** *tett* outrage **2.** *személyé* infamy, disgrace, shame ‖ *micsoda ~!:* what a shame! how shameful!

gyalázatos *mn*, **1.** *szégyenletes* infamous, outrageous, disgraceful, shameful, shameless, ignominious **2.** *undok, rémes* abominable, horrible, atrocious

gyalázkodik *i*, **1.** *káromkodik* swear, curse **2.** curse and swear

gyalázkodó *mn*, abusive, insulting, calumniatory

gyalázkodó *fn*, slanderer

gyalog *fn*, **1.** *sakkfigura* pawn **2.** *dámában* draughtsman, *US* checker, *US* checkerman

gyalog *hat*, on foot ‖ *~ megy (vhová):* go on foot, walk (to a place)

gyalogátkelőhely *fn*, pedestrian crossing, *GB* zebra crossing, *US* crosswalk

gyaloghíd *fn*, footbridge

gyaloghintó *fn*, palanquin

gyalogjáró *fn*, *járda* pavement, *US* sidewalk

gyaloglás, gyalogolás *fn*, **1.** walking, going on foot **2.** *túraszerűen* hiking

gyalogol *i*, walk, go on foot

gyalogos *fn*, **1.** pedestrian **2.** *járókelő* passer-by (*tsz* passers-by) **3.** *kat.* foot soldier, infantryman

gyalogos felüljáró *fn*, footbridge, pedestrian bridge

gyalogosforgalom *fn*, pedestrian traffic

gyalogösvény *fn*, footpath

gyalogút *fn*, footpath, path, footway

gyalogság *fn*, infantry, the foot

gyalogtúra *fn*, walking tour, hiking, hike

gyalu *fn*, plane; *uborkának* grate

gyalul *i*, **1.** plane, trim **2.** *zöldséget* shred, slice **3.** *átv. stílust, modort csiszol* polish, chisel

gyalulatlan *mn*, unplaned, rough

gyalupad *fn*, woodworker's bench, planing bench, lathe, work-bench

gyaluvas *fn*, plane-iron (cutter), plane bit

gyám *fn*, **1.** guardian, tutor **2.** *törv.* trustee

gyám- *fn*, foster- ‖ *~fiú:* fosterson ‖ *~leány:* fosterdaughter

gyámanya *fn*, guardian, foster-mother, *jog* tutoress

gyámapa *fn*, guardian, foster-father, *jog* tutor

gyámbíróság *fn*, orphans' court, chancery

gyámfa *fn*, brace, girder

gyámfal *fn*, abutment, buttress, countermure

gyámhatóság *fn*, court of guardians, public guardianship, authority

gyámkodás *fn,* **1.** *törv* tutelage, guardianship **2.** *ált* patronizing, patronage, protection
gyámkodik *i,* **1.** act as guardian **2.** patronise, foster
gyámolít *i,* support, assist, aid, help ‖ *védelmez* protect
gyámolítás *fn,* support, aid, assistance, protection
gyámoltalan *mn,* **1.** helpless, resourceless, selfhelpless **2.** *ügyetlen* clumsy, helpless
gyámság *fn,* **1.** *törv* guardianship, tutelage, tutorage, trusteeship **2.** *ált* protection, pupilage
gyámsági *mn,* tutelary, trusteeship
gyámszülők *fn,* fosterparents, guardians
gyanakszik *i,* **1.** *vkire vmiért* suspect sy (of doing sg) **2.** *ált* be suspicious (of sy) **3.** *bizalmatlan vki iránt* have no confidence in sy **4.** *valamire gyanakszik, bűzlik neki vmi* smell a rat
gyanakvó *mn,* **1.** suspicious, mistrustful, incredulous **2.** *bizalmatlan* distrustful, trustless
gyanánt *hat,* **1.** *helyett* instead of sg, in place of sg **2.** *vmiként, vmilyen minőségben* as
gyanít *i,* **1.** suspect **2.** *sejt, feltételez* suppose, guess, presume
gyanítás *fn,* suspicion, guess, presumption, expectation
gyanítható *mn, feltehető* supposable, presumable, presumptive; *valószínű* probable, likely
gyaníthatólag *hat,* presumably, probably
gyanta *fn,* **1.** resin, rosin **2.** *fenyőé* colophony, pine-resin

gyantás *mn,* resinous, resinaceous
gyanú *fn,* **1.** suspicion **2.** *bizalmatlanság* mistrust **3.** *aggály* apprehension, misgiving **4.** *sejtés* inkling, hunch, apprehension ‖ *vminek a ~jában áll:* be suspected of doing sg ‖ *minden ~n felül áll:* be above suspicion
gyanúok *fn,* cause / ground for suspicion
gyanús *mn,* **1.** suspicious, suspected (of sg) **2.** *szl büdös/bűzlik* fishy ‖ *Nekem ez ~:* It sounds / smells fishy to me. I smell a rat here.
gyanúsít *i,* **1.** *vkit vmivel* suspect sy of sg **2.** *feltételez, találgat* guess **3.** *alaptalanul, rosszindulatból* insinuate
gyanúsítás *fn,* **1.** suspecting **2.** *alaptalan* insinuation **3.** *feltételezés* guess, expectation, presumption
gyanúsítgatás *fn, alaptalan, rosszindulatú* insinuation
gyanúsított *fn/mn,* suspect, suspected ‖ *kémkedéssel ~:* suspected of espionage
gyanútlan *mn,* **1.** unsuspecting, unsuspicious, suspectless **2.** *tudatlan* unknowing
gyanútlanul *hat,* unsuspectingly, unsuspiciously, unknowingly
gyapjas *mn,* woolly, fleecy
gyapjú *fn,* **1.** *lenyírt* wool **2.** *állaton* fleece **3.** *nyírt gyapjú* shearing
gyapjú- *mn, gyapjúból készült* woollen
gyapjúáru *fn,* woollens *tsz,* wollen goods *tsz*
gyapjúfestés *fn,* wool-dyeing
gyapjúfestő *mn,* wool-dyeing
gyapjúfésű *fn,* woolcomb, card, carding comb
gyapjúfonal *fn,* wool(len) thread, woollen yarn, worsted

gyapjúfonó *fn,* wool-mill, wool-spinnery
gyapjúkereskedés *fn,* wool-trade
gyapjúnyírás *fn,* sheep-shearing
gyapjúszövet *fn,* woollen cloth, tweed
gyapjúzsák *fn,* wool sack, wool bag
gyapot *fn/mn,* cotton
gyapotáru *fn,* cotton goods *tsz*
gyapotbála *fn,* bale of cotton
gyapotcserje *fn,* cotton plant, cotton, gossypium
gyapotfonal *fn,* cotton thread, cotton yarn
gyapotföld *fn,* cotton patch
gyapotszedés *fn,* cotton harvest, cotton crop, cotton picking
gyapotszövet *fn,* cotton fabric
gyapotterm(el)ő *mn, ország, terület* cotton growing area
gyapotültetvény *fn,* cotton plantation
gyapotvászon *fn,* calico
gyár *fn,* factory, plant, works, manufactory ‖ *papír~:* papermill ‖ *~ban dolgozik:* work in a factory
gyarapít *i,* 1. augment, increase, enlarge, multiply, swell 2. *átv.* enhance, enrich 3. *területet* extend
gyarapítás *fn,* increase, augmentation, enlargement, enrichment, enhancement
gyarapodik *i,* grow, increase, advance (in sg), gain (in sg), grow richer (in sg), become enhanced, become enriched
gyári *mn,* factory- ‖ *~ termék:* manufacture, manufactured goods / articles
gyári munkás *fn,* factory worker, industrial worker ‖ *fizikai munkás* blue-collar worker
gyáripar *fn,* manufacturing industry
gyárkémény *fn,* factory chimney
gyarló *mn,* 1. *silány* poor, weak, humble, mediocre 2. *gyenge* weak, feeble, infirm 3. *ember* frail, erring, feeble
gyarlóság *fn,* feebleness, infirmity, frailty, frailness, fallibility ‖ *az emberi ~:* human frailty
gyarmat *fn,* colony; *település* settlement
gyarmatáru *fn,* colonial product(s), colonial produce / goods *tbsz.* ‖ *~-kereskedő:* grocer, colonial trader
gyarmatbirodalom *fn,* colonial empire, colonial power
gyarmati *mn,* colonial ‖ *~ kereskedelem:* colonial trade, trade with the colonies
gyarmatos *fn,* colonist, colonial, settler
gyarmatosít *i,* colonize, make a colony (of sg) ‖ *újra~:* recolonize
gyarmatosítás *fn,* colonization, colonialism
gyarmatosító *fn,* colonial, colonizer, colonist, colonialist
gyarmatosító *mn,* colonizing, imperialistic
gyáros *fn,* manufacturer, industrialist
gyárt *i,* manufacture, produce
gyártás *fn,* manufacture, manufacturing, production
gyártási szám *fn,* factory number, construction number
gyártásvezető *fn, filmiparban* production manager
gyártelep *fn,* works *tsz,* plant, manufactory establishment
gyártmány *fn, márka* make, brand ‖ *milyen ~ú?:* what make is it?
gyász *fn,* 1. mourning 2. *szomorkodás, bánkódás* grief, grieving 3. *csapás* affliction, bereavement ‖ *mély ~ban van:* be in deep mourning ‖ *~ba borul:* be deeply afflicted ‖ *~ba öltözik:* put on mourning

gyászbeszéd *fn*, funeral oration / sermon, funeral speech / address ‖ *~et mond:* give the funeral oration
gyászdal *fn*, funeral song / hymn, dirge, lament
gyászeset *fn*, death, bereavement
gyászfátyol *fn*, mourning veil, black crape; *özvegyé* widow's veil
gyászhír *fn*, sad news, news of someone's death ‖ *~t közöl vkivel:* break the sad news to sy
gyászhuszár *fn*, *halottvivő* pallbearer
gyászinduló *fn*, funeral march
gyászjelentés *fn*, death circular, mourning card
gyászkar *fn*, funeral choir
gyászkíséret *fn*, funeral procession, the mourners *tsz*
gyászkocsi *fn*, funeral coach / car
gyászlakoma *fn*, funeral repast / banquet
gyászlevél *fn*, memorial card, black-edged paper
gyászlobogó *fn*, black flag / crape
gyászmenet *fn*, funeral procession
gyásznap *fn*, funeral day, day of mourning
gyásznép *fn*, mourners *tsz*, funeral procession
gyászol *i*, mourn, be in mourning ‖ *~ja vkinek a halálát/elvesztését:* mourn sy's death / loss ‖ *~ vkit:* mourn for sy ‖ *~ vmi miatt/felett:* grieve for sg/sy
gyászoló *mn*, mourning, mournful ‖ *a ~ anya:* the bereaved mother
gyászoló *fn*, mourner ‖ *a ~ család:* the bereaved (family), the family of the deceased
gyászos *mn*, 1. mournful, mourning, funereal, sorrowful 2. *panaszos* lamenting 3. *csúfos, szégyenletes* deplorable, ill-starred 4. *szerencsétlen* miserable 5. *végzetes, tragikus* fatal, tragic, deadly

gyászpompa *fn*, funeral pomp
gyászrovat *fn*, obituaries *tsz*, death column
gyászruha *fn*, ‖ *~ás:* be mourning, be clad in black ‖ *~át hord:* mourn, wear mourning
gyászszertartás *fn*, funeral service, obsequies *tsz*
gyászzene *fn*, funereal music, funeral music
gyatra *mn*, poor, miserable, weak, wretched, poor, mediocre
gyáva *mn*, cowardly ‖ *~, mint a nyúl:* as timid as a mouse, rabbit-hearted ‖ *szl* be chicken / chicken-hearted, *GB* funky, gutless, pussy, have no guts / spunk, *GB* windy, yellow, yellow-bellied, have a yellow streak, weedy ‖ *félénk* shy, timid, fainthearted, bashful, fearful
gyáva alak *fn*, 1. coward 2. *szl* bottler, chicken, *GB* funk, *GB* funker, jellyfish, scare baby, pussy, yellow-belly
gyáván *hat*, cowardly
gyávaság *fn*, 1. cowardice, faint-heartedness, cowardliness 2. *félénkség* fearfulness, shyness, timidity, unmanliness 3. *szl* funk, cold feet, gutlessness, yellow streak, *US* yellowness
gyékény *fn*, *növény* rush, bulrush
gyékényszőnyeg *fn*, rush mat(ting), reed matting
gyémánt *fn*, 1. diamond 2. *csiszolt* brilliant, cut diamond ‖ *csiszolatlan ~: átv. is* rough diamond, diamond in the rough ‖ *üvegvágó ~:* diamond glass-cutter
gyémántbánya *fn*, diamond mine
gyémántgyűrű *fn*, diamond ring
gyémántlakodalom *fn*, diamond anniversary / jubilee

gyémántmetsző *fn*, diamond cutter
gyémántmező *fn*, diamond field
gyenge *mn*, **1.** *fizikailag* weak, infirm, feeble, frail, fragile **2.** *átv* feeble, impotent **3.** *egészség* poor, delicate, weak, sickly **4.** *dohány, ital* mild, light **5.** *memória* bad, poor, unretantive **6.** *fény, megvilágítás* dim, faint **7.** *szl gyenge ember* weedy, unable to fight one's way out of a paper bag ‖ **~ vmiben:** poor, do poorly in sg ‖ *szl* be a clown (at sg), be a duffer (at sg), be a rabbit / wanker ‖ **~ akaratú:** weak willed, irresolute, wavering
gyenge *fn*, **1.** *gyenge ember* weak person **2.** *szl US* cream puff, shrimp, *GB* tit, weed, wimp, softie/softy, *US* puppy
gyengébb nem *fn*, the weaker sex, the fair sex
gyengéd *mn*, **1.** gentle, tender, mild, affectionate **2.** *finom* delicate, soft, fine
gyengéden *hat*, gently, tenderly, kindly, softly
gyengédség *fn*, gentleness, tenderness, affection
gyengeelméjű *mn*, half-witted, softheaded, soft in the head
gyenge elméjű *fn*, idiot, imbecile
gyengeelméjűség *fn*, idiocy, imbecility
gyengéje *fn*, **1.** *vkinek vmi/vki* have a weakness for sg/sy, have a soft spot for sy/sg, have a failing for sy/sg **2.** *bukik vmire/vkire* be a pushover for sy/sg, be a sucker for sg/sy
gyengélkedés *fn*, indisposition, ailment, poor health
gyengélkedik *i*, feel unwell, be indisposed, feel indisposed, feel weak / poorly
gyengélkedő *mn*, indisposed, sickly, ill
gyengélkedő *fn, helyiség* sick-room
gyengén *hat*, weakly, feebly, poorly, faintly, slightly ‖ **~ muzsikál/szerepel (vmiben):** do poorly, suck in sg, stink, not be there at sg, *GB* be easy, *US* be a pushover
gyengeség *fn*, **1.** weakness, feebleness, infirmity, frailty **2.** *engedékenység* lenience, leniency, indulgence, delicacy, mildness ‖ **akarat~:** lack of will-power
gyengít *i*, weaken, make sy/sg weak ‖ *erőt, ellenállást* slacken, diminish ‖ *idegileg* enervate ‖ *csökkent* reduce, lessen, diminish, decrease, subdue
gyengítés *fn*, weakening, enervating, lessening, slackening, diminishing, decreasing
gyengítő *mn*, weakening, enervating, reducing
gyengus *mn/fn, gyenge vmiben, gyengén szerepel vmiben* be a dummy / duffer at sg
gyengül *i*, **1.** grow weak, become / grow weaker **2.** *hanyatlik* decline, fail **3.** *tompul, szél, vihar* abate, subside, calm down, drop
gyengülés *fn*, weakening, decline, declining, failing, lessening, diminution, abatement, slackening
gyep *fn*, **1.** grass, lawn **2.** *sportban* turf
gyepes *mn*, grassy, turfy
gyépés *mn/fn, bolond US* screwy, *US* be bananas, *US* twist, psycho, touched
gyepesít *i*, sow sg with grass, cover sg with turf, sward
gyephenger *fn*, grass roller
gyephoki *fn*, hockey
gyeplabda *fn*, hockey (ball)
gyeplabdajátékos *fn*, hockey player

gyeplő *fn*, reins *tsz*, lines *tsz US;* bridle || **szorosan/keményen tartja a ~t:** keep the reins tight, keep a tight rein on sy
gyepmester *fn*, flayer, knacker
gyepszőnyeg *fn*, lawn, green sward
gyeptégla *fn*, sod of grass / turf
gyeptőzeg *fn*, grass peat
gyér *mn*, **1.** scanty, rare, sparse **2.** *fény, világítás* dim, faint **3.** *haj* thin, thinning **4.** *növényzet* straggling, scattered, thin
gyere! *i*, come! come along! || **~ velem!:** come along with me!
gyerek *fn*, **1.** child (*tsz* children), kid, kiddie, kiddy *US szl.* little beggar, *GB* little bugger; *óvodáskorú:* tiddler, toddler **2.** *pajkos, csintalan* naughty child, little brat, little devil/imp, *GB* perisher || **felnevel egy ~et:** bring up a child
gyerekágy *fn*, cot
gyerekes *mn*, childish, infantile || **ne ~kedj már!** stop being so childish! stop being a child!
gyerekek! *fn, megszólítás* folks, guys
gyerekjáték *fn, könnyű feladat GB* a piece of cake, child's play, kid's stuff, no sweat, cinch, *GB* doddle, pie, push-over, romp, sitter, walk-away, walk-over, easy matter, *US* blow-off, *US* duck soup || **nem volt ~:** it was no picnic, it was a tough fight, it was not a walk-over
gyerekkád *fn*, baby bath
gyerekszoba *fn*, children's room
gyerektartás *fn, pénz US* child support, *GB* maintenance
gyerekülés *fn*, child's seat, child carrier seat, kiddie seat
gyerkőc *fn*, lad, urchin, kid

gyermek *fn*, **1.** kid, child **2.** *vki ~e* sy's child, offspring, *jog* issue; *fiú* son, *lány* daughter
gyermekágy *fn, orv.* child-bed
gyermekbénulás *fn*, infantile paralysis, poliomyelitis, polio
gyermekbetegség *fn*, children's disease
gyermekcipő *fn*, children's shoes || **~ben jár:** *ált.* be still in one's infancy
gyermekded *mn, gyermeki* childlike || *pejor* childish
gyermekgondozás *fn*, child care, baby care
gyermekgondozási segély *fn*, child (care) benefit
gyermekgondozó *fn*, childminder
gyermeki *mn*, child-like || **~ ártatlanság:** child-like innocence
gyermekkerékpár *fn*, child's bicycle
gyermekkocsi *fn*, **1.** *babakocsi* pram, baby carriage, *US* baby buggy, push-cart, push-chair, perambulator, wheeled bassinette **2.** *gokart* go-cart
gyermekkor *fn*, infancy, childhood || **~omban:** in my childhood, when I was a child
gyermekláncfű *fn*, dandelion
gyermeknap *fn*, children's day
gyermeknevelés *fn*, education of children, upbringing (children/a child)
gyermekotthon *fn*, children's home
gyermekszülés *fn*, childbearing, childbirth
gyermektelen *mn*, childless
gyermekvédelem *fn*, child-welfare, protection of children
gyermekvers *fn*, nursery rhyme
gyermekzseni *fn*, child prodigy
gyermekzsúr *fn*, children's party
gyertya *fn*, candle || **~át gyújt:** light a

candle ‖ **mindkét végén égeti a ~át:** burn the candle at both ends
gyertya *fn, sportban* shoulder stand, shoulder balance
gyertyabél *fn, kanóc* candlewick
gyertyafény *fn,* candlelight ‖ *mérték* candle power ‖ **~ mellett:** by candle light, by the light of a candle
gyertyafényes *mn,* candle-lit
gyertyagyújtás *fn,* lighting up ‖ **~kor, ~ idején:** at lighting-up, when the candles are lit
gyertyaoltó *fn,* snuffers *tsz,* extinguisher
gyertyaszentelő *fn,* Candlemas
gyertyatartó *fn,* candlestick ‖ *nagyobb* chandelier ‖ *falon* wall candelabrum
gyertyánfa *fn,* hornbeam, yoke elm
gyérül *i,* thin, become thin, be thinning, become thinner, become sparse / scanty
gyerünk! *i, biztatás élénkebb mozgásra* get a move on! chop-chop! come on! move it!
gyí! *interj,* gee, gee up
gyík *fn,* lizard
gyilkol *i,* murder sy, kill sy ‖ *orvgyilkol, híres emberrel végez* assassinate ‖ **halomra ~:** massacre, slaughter; *harcban* slay ‖ **pénzéért meg~ vkit:** murder sy for one's money
gyilkolási vágy *fn,* a/the killer instinct, bloodthirst
gyilkos *fn,* murderer ‖ **bér~:** killer, hitman ‖ **tömeg~:** manslaughterer, mass murderer ‖ **politikai ~, merénylő:** assassin ‖ **sorozat~:** serial killer / murderer ‖ **vkinek a feltételezett ~a:** someone's supposed assassin
gyilkos *mn,* 1. *halálos kór* fatal, deadly, killer, killing 2. *gyilkolásra hajlamos* homicidal, murderous ‖ **~fegyverek:** murderous weapons ‖ **~pillantásokat vet vkire:** give sy murderous looks, look daggers at sy ‖
gyilkos galóca *fn,* amanita, death cap
gyilkosság *fn,* 1. murder, killing 2. *vérontás* bloodshed, carnage 3. *öldöklés* butchery, massacre, slaughter 4. *emberölés* homicide ‖ **politikai ~:** assassination ‖ **tömeg~:** mass murder, massacre, (man)slaughter ‖ **~ot elkövet:** commit a murder ‖ **brutális ~:** brutal / horrific murder ‖ **sorozat~:** serial murders, serial killings ‖ **orv~:** assassination, *US* bump-off
gyilkossági kísérlet *fn,* attempted murder, assassination attempt
gyilok *fn, tőr* dagger
gyógyászati segédeszközök *fn,* therapeutical equipment, medical aids *tsz*
gyógyfürdő *fn,* spa, medical bath, thermal bath
gyógyfürdő-kezelés *fn,* spa therapy
gyógyhatás *fn,* curative effect, healing power
gyógyít *i,* cure, heal ‖ **ki~ vkit vmiből:** cure sy of sg
gyógyíthatatlan *mn,* incurable, unhealable, remediless
gyógyítható *fn, betegség* treatable, curable
gyógyító *fn,* healer
gyógykezelés *fn,* medical treatment, cure ‖ **~ben részesül vmiért:** receive medical treatment for sg
gyógymód *fn, a legjobb ~ vmi ellen:* the best treatment for sg
gyógynövények *fn,* medicinal plants/herbs
gyogyós *adj/fn, bolond* be bats, be round the bend, be cracked, be nuts, be nutty
gyógyszer *fn,* medicine, drug(s) ‖ *ritk* cure,

medicament, medication, physic ‖ *felír t* prescription ‖ *ellenszer* remedy ‖ *átv* **erre nincs ~/ellenszer:** there is no remedy for this ‖ *csodaszer, mindenre gyógyszer* cure-all, elixir, panacea ‖ **~rel kezel vmilyen betegséget:** treat an illness with drugs ‖ **~t szed:** take medicine ‖ **~t felír vkinek/vmire:** prescribe medicine for sy/sg
gyógyszerész *fn,* chemist, pharmacist, pharmaceutist, druggist, dispenser
gyógyszergyár *fn,* pharmaceutical factory / works
gyógyszermérgezés *fn,* drug-intoxication
gyógyszerszekrény *fn, GB* medicine chest, *US* medicine cabinet
gyógyszertár *fn,* pharmacy, *GB* chemist's, *US* drugstore
gyógyszerüveg *fn,* phial, vial, medicine bottle, medicinal bottle
gyógytea *fn,* herb-tea
gyógyul *i, seb* heal; *ált* recover, be / get cured, make a recovery ‖ **fel~ egy betegségből:** recover from an illness ‖ **ki~ vmilyen betegségből:** be / get cured of an illness, make a recovery from sg ‖ **~j meg!:** get well! ‖ **teljesen be~:** *seb* heal properly, heal up, heal over
gyógyulás *fn,* recovery, *sebé* healing ‖ **mielőbbi ~t!:** speedy recovery! get well soon! ‖ *csodaszámba menő ~:* a miraculous cure
gyógyuló *mn,* healing, recovering ‖ **~félben lévő:** getting better, improving, convalescent
gyógyultan *hat,* **teljesen ~:** completely cured
gyógyvíz *fn,* medicinal / mineral water
gyolcs *fn,* cambric, linen

gyom *fn,* weed
gyomirtó *fn, szer* weed killer, weedicide, herbicide
gyomlál *i,* weed, root out, weed out, dig the weeds
gyomlálás *fn,* weeding
gyomlálógép *fn,* weeding machine
gyomnövények *fn,* weeds
gyomor *fn,* 1. stomach 2. *állaté* maw, craw 3. *földé* womb / bowels ‖ **üres ~ral, éh~ra:** on an empty stomach ‖ **jó ~ra van/van ~ra hozzá:** have a strong stomach (for sg) ‖ **nincs ~ra hozzá:** have no stomach for sg ‖ **remeg a ~ra az izgalomtól/idegességtől:** there are butterflies in his stomach ‖ **felfordult a ~ra vmitől:** his stomach turned (up) at sg ‖ **émelyeg a ~ra:** feel nauseated / nauseous
gyomorbaj *fn,* gastric complaint, gastric disease
gyomorbajos *mn,* have a weak stomach, suffering from gastric complaint, dyspeptic
gyomorcseppek *fn,* digestive tonic, cordial drops
gyomorégés *fn,* heartburn ‖ pyrosis
gyomorémelygés *fn,* nausea, qualm
gyomorerősítő *fn,* tonic, cordial
gyomorfájás *fn,* stomachache
gyomorfekély *fn,* gastric ulcer, peptic ulcer
gyomorgörcs *fn,* colic, gastrospasm, gastric spasm ‖ **erős ~e van:** have a terrible cramp in one's stomach, have the colic
gyomorhurut *fn,* gastric catarrh / flu, gastritis
gyomorkapu *fn,* pylorus
gyomorláz *fn,* gastric fever
gyomorrák *fn,* cancer of/in the stomach

gyomorrontás *fn,* indigestion
gyomorsav *fn,* gastric acid, gastric juices
gyomorsavtúltengés *fn,* hyperacidity ‖ *~e van:* have too much acid in the stomach
gyomorszáj *fn,* pit of the stomach, cardia, cardiac orifice
gyomorvérzés *fn,* gastric haemorrhage
gyomorzár *fn,* pylorus
gyomos *mn, gyomokkal teli* weedy
gyomroz *i, behúz neki egyet* pummel / pommel in the stomach ‖ *~ vkit:* hit sy in the wind
gyón *i, vkinek* confess (to sy)
gyónás *fn,* confession
gyónó *fn,* confesser
gyóntat *i,* confess sy, make sone confess one's sins
gyóntatás *fn,* confession
gyóntató *fn,* confessor
gyóntatószék *fn,* confessional
gyopár *fn, havasi* edelweiss
gyors *mn,* quick, fast, rapid, speedy ‖ *szl* zippy, toes lively, slippy, double quick ‖ *azonnali* prompt, expedite ‖ *fürge, mozgékony* agile, fleet, nimble, nippy ‖ *nagy sebességű* high-speed, fast, express, speedy, spanking ‖ *sietős* hasty, hurried ‖ *szélvész~aságú:* as fleet as the wind ‖ *~, mint a nyíl:* as swift as an arrow ‖ *~ a felfogása:* be quick on the draw / uptake, be quick-witted
gyorsan *hat,* quickly, rapidly, fast, speedily; at speed, at a fast rate, swiftly ‖ *fürgén* briskly, nimbly ‖ *kapkodva, sietősen* hastily, in great haste, *szl US* all out, chop-chop, nippy, pronto, sharp, sharpish, *US* lickety split ‖ *~! siess!* quick! hurry up! do hurry up! get a move on! make it snappy! ‖ *~ halad:* travel at speed
gyorsaság *fn,* quickness, fastness, swiftness, rapidity, speediness ‖ *fizikai menny.* velocity ‖ **maximális** *~gal:* at the maximum speed, at a mince, at a full bat, at full belt, at top speed, *US* flat out, *US* at full blast / tilt, wide open ‖ *nyaktörő ~gal:* at breakneck speed
gyorsasági fokozat *fn,* gear
gyorsasági verseny *fn,* race
gyorsasági versenyző *fn,* racer
gyorsétel *fn,* fast food ‖ *szl* junk food
gyorsétterem *fn,* fast food restaurant
gyorsfénykép *fn,* polaroid ‖ *pillanatfelvétel* snapshot
gyorsforraló *fn,* spirit lamp, boiler
gyorshajtás *fn,* speeding, fast driving ‖ *~ miatt megbüntet vkit:* fine sy for speeding, fine sy for exceeding the speed limit
gyorshajtó *fn,* speeder, scorcher
gyorsír *i,* write in shorthand, take notes in shorthand
gyorsírás *fn,* shorthand, shorthand writing, steno, stenography
gyorsíró *fn,* shorthand typist / writer, shorthander, sten, steno, stenog, *US* stenographer, *US* stenographist;
gyorsít *i,* **1.** quicken **2.** *járművet* accelerate, speed up, pick up speed, gather speed **3.** *szl US* give it the gun, open it up/out, *GB* put one's foot down/to the floor, step on the gas, step on it ‖ *meg~ja a lépteit:* quicken one's pace
gyorskorcsolya *fn,* speed skating set, speed skate
gyorskorcsolyázó *fn,* speed skater
gyorsmérleg *fn,* rapid scale / balance

gyorsolvasás *fn,* speed reading
gyorstapasz *fn,* first aid dressing
gyorsul *i,* gather speed, pick up speed, quicken, accelerate ‖ *~ a pulzusa:* his pulse quickens
gyorsulás *fn, fizikában is* acceleration
gyorsúszás *fn,* crawl stroke, crawl
gyorsúszó verseny *fn,* free style swim(ming) race ‖ *váltóverseny* free style relay race
gyorsvonat *fn,* fast / express train
gyök *fn,* root, radix ‖ *matem* root ‖ *köb~:* cube root ‖ *négyzet~:* square root ‖ *~öt von:* extract a root (from sg)
gyökkitevő *fn,* radical exponent / index
gyökér *fn,* root; *fogé* root, fang ‖ *~et növeszt:* root, grow roots ‖ *~et ver vmiben/vhol (átv. is):* root oneself swhere ‖ *~estül konkr.:* by the root, root and branch ‖ *~estül kitép vmit:* pull sg up/out by the root, root sg up ‖ *~estül eltávolít/kiirt vmit vhonnan: átv* eradicate (sg from sg), root sg out
gyökér *fn, ember, ellenszenves, bunkó* wonk, oik, *US* nerd, *US* nurd, *GB* cretin
gyökeres *mn, növény* rooted, with roots, rooty ‖ *változások* radical, fundamental, sweeping ‖ *kegyetlen* drastic ‖ *~ hajtás:* small-rooted leaf cluster ‖ *~ bujtvány:* layer with roots
gyökerezik *i,* root in sg, be rooted in sg ‖ *mélyen ~ vmiben: átv is* be deeply / firmly rooted in sg
gyökértelen *mn, átv is* rootless
gyökvonás *fn,* evolution, extracting a root, extraction of a root/roots
gyömbér *fn,* ginger
gyömbérsör *fn,* ginger ale / beer

gyömöszöl *i, vmit vmibe* stuff sg into sg, cram sg into sg, squeeze sg into sg
gyöngy *fn,* pearl ‖ *átv.* gem, jem ‖ *igaz~:* real/oriental pearl ‖ *hamis ~:* imitation pearl, false pearl ‖ *tenyésztett ~:* cultured pearl ‖ *üveg~:* glass bead ‖ *~öt felfűz:* string pearls/beads ‖
gyöngyfüzér *fn,* a string of pearls
gyöngyhalász *fn,* pearlfisher, pearl diver
gyöngyház *fn,* mother of pearl (nacre)
gyöngykagyló *fn,* pearl shell / oyster ‖ *folyami ~:* freshwater pearl mussel
gyöngyös *mn,* pearly
gyöngyöz(ik) *i,* pearl ‖ *szénsavas ital* effervesce, bubble (up)
gyöngyöző *mn,* pearling ‖ *izzadságtól ~:* beaded with sweat / perspiration ‖ *ital* effervescent, bubbling, bubbly
gyöngysor *fn,* pearl necklace, a string of pearls
gyöngysordísz *fn, építészetben* bead-and-dart moulding
gyöngyszem *fn, bölcsesség, bölcs mondás* pearls of wisdom
gyöngytyúk *fn,* guinea fowl
gyöngyvirág *fn,* lily of the valley
gyönyör *fn,* pleasure, joy, delight, bliss, fun ‖ *érzéki ~:* carnal enjoyment, sensual pleasure / delight ‖ *hajhássza a ~t:* hunt for pleasure, seek pleasure
gyönyörhajhászás *fn,* debauchery, pleasure seeking / hunting
gyönyörhajhászó *fn/mn,* debauched, pleasure seeker / hunter
gyönyörködés *fn, vmiben* delight in sg, pleasure in sg, delectation
gyönyörködik *i, vmiben* take pleasure / delight in sg, find pleasure / delight in sg

gyönyörködtet *i, vkit* please sy, delight sy
gyönyörködtetés *fn,* delighting, delectation
gyönyörködtető *mn,* delightful, pleasing, rejoicing ‖ *illat, íz, stb.* delectable, entrancing
gyönyörű *fn,* beautiful, wonderful, marvellous, exquisite, lovely, delightful, glorious, splendid
gyönyörűm *fn, megszólítás* cutie, my lovely, lovey, luv, sweetie
gyönyörűség *fn, szépség* beauty, loveliness, splendour, brilliance
György *fn,* George
Györgyi *fn,* Georgina
gyötör *i,* **1.** *szenvedést okoz* torture, torment, make sy suffer, trouble sy **2.** *bosszant* vex, worry, trouble, plague **3.** *fájdalom* ache, pain **4.** *lelki* agony, anguish ‖ *mi ~?:* what's eating you?
gyötrelem *fn, testi* pain, suffering, torture ‖ *lelki* worry, distress
gyötrelmes *mn,* tormenting, painful, horrible, excruciating, dreadful
gyötrődik *i, vmi miatt* suffer from sg ‖ *vmin* fret over/about sg, be uneasy about sg
győz *i, nyer* win (against sy) ‖ *legyőz vkit* defeat / conquer sy, triumph over sy ‖ *háborúban, csatában ~:* win the war / battle ‖ *le~i félénkségét:* overcome one's shyness ‖ *amíg ~/bírja:* as far / long as s/he can
győzedelmes *mn,* triumphant, victorious
győzedelmeskedik *i, vki/vmi felett* triumph over sy/sg, overcome sy/sg, defeat sy
győzelem *fn,* triumph, victory; *sportban* win, winning ‖ *~re segít/juttat vkit:* help sy to win ‖ *~et arat vki felett:* gain victory over sg, triumph over sy, defeat sy, win against sy

győzhetetlen *mn,* invincible, unconquerable
Győző *fn,* Victor
győztes *fn,* winner
gyufa *fn,* match ‖ *~át gyújt:* strike a match ‖ *egy doboz ~:* a box of matches ‖ *~ával meggyújt vmit:* put a match to sg
gyufafej *fn,* match head
gyufaskatulya *fn,* matchbox
gyufaszál *fn,* match
gyújt *i, meggyújt vmit* light sg ‖ *felgyújt vmit* set sg on fire, set fire to sg, set sg ablaze ‖ *villanyt ~:* switch on the light, turn on the light ‖ *cigarettára ~:* light a cigarette ‖ *gyufát ~:* strike a match ‖ *gyufával meg~vmit:* put a match to sg ‖ *műszaki* ignite
gyújtás *fn, gépkocsiban* ignition
gyújtáselosztó *fn,* ignition distributor
gyújtáskapcsoló *fn,* ignition switch
gyújtó *fn,* lighter; *kandallóhoz* fire lighter
gyújtó *mn, átv. is; tsz. beszéd, írásmű* incendiary, inflammatory
gyújtogat *fn,* ignite sg, set fire to sg
gyújtogatás *fn, bűncselekmény* arson, fire-raising
gyújtogató *fn,* arsonist, fire-raiser ‖ *szl* fire bug
gyújtógyertya *fn,* spark-plug, sparking plug
gyújtópont *fn, átv is* focus ‖ *a figyelem ~jában:* in the focus / centre of attention
gyújtós *fn, tűzifa* firewood
gyújtószerkezet *fn,* detonator
gyújtótávolság *fn,* focal distance
Gyula *fn,* Julius
gyúlékony *mn,* inflammable, combustible ‖ *veszélyesen ~:* highly inflammable / combustible
gyúlékonyság *fn,* inflammability, combustibility

gyúlik *i*, catch fire, take fire
gyullad *i*, *tűzre kap* catch / take fire, catch on fire, start to burn ‖ *lángra ~:* go up in flames, burst into flames, be ablaze ‖ *szerelemre ~ vki iránt:* fall in love with sy
gyulladás *fn*, *szervezeté* inflammation
gyulladásos *mn*, inflamed
gyulladt *mn*, inflamed
gyúr *fn*, *tésztát* knead, roll, mould ‖ *kézben összenyom* temper, press ‖ *masszíroz* massage
gyúrás *fn*, *tészta* kneading, rolling
gyurma *fn*, model(l)ing clay, plasticine
gyurmafigura *fn*, clay figure, plasticine figure
gyurmázólap *fn*, model(l)ing board
gyúró *fn*, masseur
gyúródeszka *fn*, pastry board
gyutacs *fn*, fuse ‖ *töltényen* percussion cap
gyűjt *i*, **1.** *hobbiszerűen* collect **2.** *szakirodalmat, adatokat* compile **3.** *tagokat, előfizetőket* recruit, canvass for sg ‖ ‖ *össze/egybe~:* gather, assemble ‖ *pénzt ~/spórol:* save up (money) ‖ *pénzt ~ vmilyen jótékony célra:* raise money for sg ‖ *egész vagyont össze~:* accumulate a fortune
gyűjtemény *fn*, collection (of sg) ‖ *mintakészlet, választék* assortment, collection, variety ‖ *szöveges* compilation ‖ *jogszabályoké* corpus ‖ *egyveleg, keverék* miscellany, melange, olio, medley ‖ *bélyeg~:* stamp collection ‖ *vers~:* anthology
gyűjteményes *mn*, collected, compiled ‖ *mindent magában foglaló* catch-all ‖ *~ kiadás:* collected works, compiled edition, catch-all version / edition

gyűjtés *fn*, collection, assembling, gathering, concentration, recruitment, compilation
gyűjtő *fn*, collector, compiler
gyűjtő *mn*, collective ‖ *mindent magában foglaló* catch-all ‖ *~kategória:* catch-all category
gyűjtőfogalom *fn*, collective term / concept
gyűjtőfogház *fn*, transit prison
gyűjtőlista *fn*, catch-all list
gyűjtőnév *fn*, collective noun
gyűjtőszó/-fogalom *fn*, catch-all word / concept (for sg)
gyűjtőtábor *fn*, reception camp, concentration camp
gyülekezet *fn*, assembly, gathering ‖ *hallgatóság, nézősereg* audience, meeting ‖ *egyház* congregation
gyülekezik *i*, *emberek csoportja* meet, gather, get / come together, start to gather
gyülekezőhely/-pont *fn*, *reptéren* assembly point ‖ *ált* meeting point, rallying point
gyűlés *fn*, meeting, assembly, gathering, congress, conference ‖ *megbeszélés* meeting ‖ *tiltakozó, politikai* rally ‖ *nem hivatalos, családi* get-together ‖ *~t tart:* hold a meeting ‖ *~t összehív:* call a meeting ‖ *választási ~:* election meeting ‖ *tömeg~:* public meeting
gyülevész *fn*, *népség, csőcselék* mob, rabble
gyűlik *i*, **1.** *vmi felhalmozódik* pile up, accumulate **2.** *seb elfertőződik* get inflamed, suppurate, produce pus, give out pus ‖ *~ a munka:* work is piling up
gyűlöl *i*, **1.** hate, loathe **2.** *megvet* detest, despise
gyűlölet *fn*, **1.** hate, hatred, loathe **2.** *ellenségeskedés* animosity, hostility **3.** *megvetés, lenézés* detestation

gyűlöletes *mn*, hateful, loathsome, detestable, obnoxious, odious, abominable
gyűlölködés *fn*, hatred, animosity, hostility, rancour
gyűlölködő *mn*, rancorous, hostile
gyűlölt *mn*, hated, detested, abhorred
gyümölcs *fn*, 1. fruit 2. *hozam* bearing 3. *eredmény* result, the fruit(s) of sg, payoff, produce, bearing, outcome ‖ *~öt termeszt:* grow fruits ‖ *~öt hoz/terem:* fruit, *átv is* bear fruit
gyümölcsárus *fn*, fruiterer, fruit vendor
gyümölcscentrifuga *fn*, juice extractor
gyümölcsfa *fn*, fruit tree
gyümölcsíz *fn*, jam
gyümölcslé *fn*, fruit juice / crush, squash, sqeeze
gyümölcsöskert *fn*, orchard, fruit garden
gyümölcsözik *i*, *átv. vállalkozás* pay off, yield (profit) ‖ *nem ~:* (*fa* fruitless) unprofitable, does not pay off
gyümölcsöző *mn*, 1. *fa* in fruit, fruitful 2. *konkr* fertile 3. *képl* profitable, fruitful
gyümölcsprés *fn*, juice extractor, juicer, squeezer
gyümölcssaláta *fn*, fruit salad
gyümölcsszedés *fn*, fruit picking, fruit-gathering
gyümölcstelen *mn*, 1. fruitless, unfruitful 2. *meddő* barren, sterile 3. *eredménytelen* fruitless, unprofitable
gyümölcstermesztés *fn*, fruit-growing
gyümölcstermesztő *fn*, fruit-grower
gyü,ölcstermesztő *mn*, fruit-growing
gyümölcstermő *mn*, 1. *fa* in fruit, fruit-bearing 2. *termékeny* fertile 3. *terület* fruit-growing
gyümölcstorta *fn*, fruitcake

gyűr *i*, crumple, crease, ruffle (up), crinkle ‖ *össze~i papírt:* crumple up a a sheet of paper ‖ *vmit vmibe be~:* cram sg into sg, stuff sg into sg
gyűrkőzik *i*, *neki~ vminek:* set about doing sg
gyűrődés *fn*, crease ‖ *geol* upthrust, plication, crease ‖ *~ van benne:* it has a crease in it ‖ *kisimítja vmin a ~t:* get the creases straight in sg ‖ *szl igénybevétel* stress, strain, wear and tear
gyűrődik *i*, get / become crumpled / creased, crease, crumple, crinkle ‖ *könnyen ~:* it creases easily, it is easy to crease
gyűrött/gyűrődött *mn*, creased, crumpled, crinkled ‖ *arc* worn, tired, wrinkled ‖ *~ bankó:* a crumpled banknote
gyűrű *fn*, 1. ring 2. *kosárlabdában* basket ring 3. *gimnasztikában, tornaszer* rings *tsz*, stationary rings *tsz* ‖ *eljegyzési ~:* engagement / wedding ring ‖ *gyémánt~:* diamond ring ‖ *kör* circle, ring ‖ *körgyűrű:* ring road, *US* beltway ‖ *~ alkot:* stand in a circle, form a circle
gyűrűs *mn*, ringed, ring-
gyűrűsféreg *fn*, annelid
gyűrűsujj *fn*, 1. ring finger, fourth finger 2. *orv.* digitus anularis
gyűrűváltás *fn*, 1. *eljegyzés* engagement 2. *egyház* betrothal
gyűrűz *i*, *madarat* ring
gyűrűzátony *fn*, atoll, ring-shaped coral reef
gyűrűzik *i*, wind, spiral, circle, coil, twist, curl
gyűrűződik *i*, *fodrozódik, víz felszíne* ripple
gyűszű *fn*, thimble
gyűszűnyi *fn*, a thimbleful (of sg)
gyűszűvirág *fn*, foxglove, Digitalis

H

ha *kötőszó,* if, supposing, when || *mi lenne, ~?:* what if? || *~ egyáltalán:* if indeed || *~ legalább igaz volna:* if at least it was true || *~ tetszik, ~ nem:* whether you like it or not || *~ én a helyedben lennék:* if I were you

hab *fn, hullámon* surf; *tengeren* foam, spume; *sör* froth, *biz* head; *szappan* lather; *tejszín* whipped cream; *tojás* beaten white

habar *i,* stir, mix, add to (white stirring)

habár *hat,* although, even if/though, notwithstanding, whereas

habkő *fn,* pumice

hableány *fn,* mermaid, water nymph

hableány *fn,* mermaid || *a kis ~* little mermaid

háborgat *i,* disturb, bother, pester, not leave sy alone

háborít *i,* disturb || *birtokot ~:* trespass || *fel~:* revolt, shock

háborodott *mn,* unhinged, deranged, demented || *~ elme* deranged mind

háborog *i,* **1.** *víz* be stormy / rising **2.** *tömeg* be discontented, clamour for **3.** *ember* grumble, protest **4.** *gyomor* feel sick

háború *fn,* war || *~ba kezd:* start / make a war on/against || *~ban áll:* be at war with || *~ba megy:* go into war || *hideg~:* cold war || *rózsák ~ja:* war of the Roses

háborúpárti *fn,* hawk

háborús *mn,* war(-time), of war || *~ uszítás:* warmongering

háborúság *fn,* warfare

háborúskodó *mn/fn,* waging war, at war, quarrelling || *fn,* quarreller

habos *mn,* **1.** frothy, foamy **2.** *sütemény* cream-, with whipped cream

habozás *fn,* hesitation, vacillation, doubt

habozik *i,* hesitate, vacillate

habozó *mn,* hesitating, vacillating, doubting

habverő *fn,* egg-beater/whisk

habzik *i,* **1.** *szappan* lather **2.** *sör* froth, foam **3.** *ló* foam || *~ a szája a dühtől:* foam at the mouth (with rage)

had *fn,* **1.** *sereg* army, troops **2.** forces **3.** *háború* war, feud || *~at üzen:* declare war on sy || *H~ak útja:* Milky Way || *~erő:* military forces || *~gyakorlat:* manoeuvres || *~oszlop:* column || *~osztály:* division || *~parancs:* general order ||

~táp: army service corps ‖ **~színtér:** theatre / seat of operations ‖ **~úr:** commander ‖ **~segéd:** aide-de-camp ‖ **~test:** army corps ‖ **~ügy:** military affairs
hadakozás *fn,* warring, warfare, fighting
hadakozik *i,* **1.** = **háborúzik 2.** *küzd vmiért* fight / battle for **3.** *vmi ellen* fight / battle against, make / wage war on
hadapród *fn,* (officer) cadet ‖ **~iskola:** cadet school, military academy
hadar *i,* jabber away, gabble
hadarás *fn,* jabber, gabble
hadászat *fn,* strategy
hadászati *mn,* strategic ‖ **~ fegyverek:** strategic arms
hadd *i,* ‖ **~ lássam!:** let me see! ‖ *most jön a ~el~!:* now you are in for it, there will be ructions!
hadbíró *fn,* judge of military tribunal ‖ **~ság:** military tribunal
hadi *mn,* military, war ‖ **~állapot:** state of war ‖ **~csel:** feint, stratagem ‖ **~árva:** war orphan ‖ **~anyag:** war equipment, materiel ‖ **~ játék:** war play / game ‖ **~út:** warpath ‖ **~hajó:** warship ‖ **~ipar:** war / munitions industry ‖ **~kikötő:** naval port ‖ **~technika:** military technology ‖ **~ kórház:** field hospital ‖ **~sarc:** reparations ‖ **~szállító:** army contractor ‖ **~tanács:** council of war ‖ **~termelés:** war production ‖ **~tett:** action, feat of arms ‖ **~titok:** military secret
hadianyag *fn,* war epuipment/supply/material/stores, implement of war
hadiflotta *fn,* naval force, fleet
hadifogoly *fn,* prisoner of war ‖ **~tábor:** prison camp ‖ **~csere:** exchange of prisoners of war

hadifogság *fn,* captivity ‖ **~ba esik:** be taken prisoner of war
hadilábon *hat,* **1.** **~ áll** *vkivel* be on fighting/bad terms with sy, be at war with sy, be at loggerheads with sy **2. ~ áll** *vmivel* be rather weak at sg, be bad at sg
haditerv *fn,* plan of campaign, operational plan
haditudósítás *fn,* war report / correspondence
haditudósító *fn,* war correspondent
haditengerészet *fn,* the Navy, the naval services/forces, sea forces
haditengerészeti *mn,* the navy, naval forces ‖ **~ akadémia:** naval academy
haditerv *fn,* **1.** *ált* plan of campaign **2.** *kat* operational plan, stratagem
hadititok *fn,* military secret
haditörvényszék *fn,* court-martial, military court; *háborúban* drumhead court martial
haditudósító *fn,* war-correspondent, military correspondent
hadizsákmány *fn,* war-booty, spoils of war
hadjárat *fn,* **1.** campaign, military expedition **2.** *átv* campaign, drive ‖ **~ot folytat** *vki ellen:* make a campaign against sy ‖ *reklám~:* commercial campaign
hadköteles *mn,* liable to military service
hadkötelezettség *fn,* conscription, compulsory military service ‖ **~ alóli mentesség:** exemption from military service
hadmozdulat *fn,* troop movements *tsz*
hadonászik *i,* gesticulate, flail
hadrend *fn,* position, post
hadsereg *fn,* army

hadüzenet *fn*, declaration of war
hadvezér *fn*, general, supreme commander
hadviselés *fn*, 1. *háborús* warfare 2. *átv* war against
hág *i*, *vmire* step up on, ascend / mount
Hága *fn*, the Hague ‖ *a h~i egyezmények:* the Hague Agreements
hagy *i*, 1. let, leave, allow, permit 2. *örökül* leave / bequeath sg to sy ‖ *~j békén:* leave me alone! ‖ *ott~ja az iskolát:* leaves school ‖ *ki~:* leave out, omit ‖ *meg~:* let sy keep sg ‖ *~ján!:* this is not so bad, but the other
hagyaték *fn*, legacy, bequest, inheritance
hagyatkozik *i*, rely on, leave sg to sy
hagyma *fn*, 1. *vörös* onion, *fok* garlic 2. *növényé* bulb ‖ *~ás:* with onion ‖ *~mártás:* onion soup
hagyomány *fn*, tradition
hagyományos *fn*, heir / heiress
hagyományos *mn*, traditional, time-honoured, long-established
hagyományosan *hat*, traditionally
hagyományoz *i*, = hagy
haha *ind. szó*, hohoho!
hahó *ind. szó*, hello / hullo there! I say!
haj *fn*, hair ‖ *feláll a ~a:* sy's hair stands on end ‖ *~szálnyi:* hair's breadth
háj *fn*, 1. *disznó* leaf-lard, lard 2. *ember* fat ‖ *mintha ~jal kenegetnék* be like a dog with two tails ‖ *minden ~jal megkent ember* artful dodger
hajadon *mn*, unmarried, single, maid
hajadon *fn*, girl, spinster, single woman
hajadonfott *mn*, bare-headed
hájas *mn*, obese, puffy, porky ‖ *~ tészta* cookies made with fat ‖ *~!* fatty!

hajbalzsam *fn*, hair balm
hajcsat *fn*, hair grip, slide, *US* bobby pin
hajcsavaró *fn*, hair curler
hajdan *hat*, in bygone / olden days / times, in times past
hajdani *mn*, past, former, one-time
hajfesték *fn*, hair-dye
hajfestés *fn*, hairdyeing
hajfürt *fn*, lock (of hair)
hajhullám *fn*, wave, curl
hajít *i*, throw, hurl, fling ‖ *el~:* throw away ‖ *be~/ki~:* throw in/out ‖ *az oroszlánok elé ~:* throw for the lions ‖ *fel~:* hurl up
hajítás *fn*, throwing, hurling, flinging
hajkefe *fn*, hairbrush
hajlakk *fn*, hair-spray
hajlam *fn*, 1. inclination to, propensity for, bent for, taste for 2. *betegségre* susceptibility to, (pre)disposition to, diathesis ‖ *~a van vmire:* have a gift for
hajlandó *mn*, ready, willing, prepared, inclined, liable ‖ *nem ~ vmit megtenni* be loath to do sg ‖ *~ volna vmire* have half a mind to
hajlandóság *fn*, willingness, inclination, readiness, disposition
hajlás *fn*, 1. bend, inclination, slope 2. *függőleges tárgyé* leaning 3. *úté* horizontális bend, curve, *vertikális* gradient 4. *meghajlás* bow
hajlat *fn*, *tárgyé* bend, curve, *lejtőé* slope
hajlék *fn*, home, shelter ‖ *kedves ~* lovely nest
hajlékony *mn*, 1. flexible, pliable 2. *átv* flexible, adaptable, pliable
hajléktalan *mn/fn*, homeless
hajlik *i*, 1. *ált* bend, *ívben* arch, *oldalt*

hajlít

curve, sweep, *vmi fölé* hang over, overhang **2.** *vmire átv* incline to, tend to ‖ *~a jótanácsra:* amenable to advice

hajlít *i*, **1.** bend, curve, crook **2.** *ívben* arch **3.** *befelé* incure, incurvate

hajlítható *mn*, **1.** flexible, pliable **2.** *átv* malleable

hajlított *mn*, curved, bent

hajlong *i*, **1.** *udv* bow and scrape, curtsey **2.** *érdekből* kowtow to sy

hajlongás *fn*, low bows, bowing and scraping

hajlott *mn*, **1.** bent, curved, crooked **2.** *~kor:* advanced age

hajmeresztő *mn*, hair-raising, horrible

hajmosás *fn*, hair-washing

hajnal *fn*, dawn, daybreak, break of day ‖ *~ban:* at dawn, in the small hours ‖ *~odik:* dawn, day is breaking

hajnali *fn*, early, dawn, of dawn

hajnövesztő *fn*, hair-restorer

hajó *fn*, **1.** *nagy* ship **2.** *kis* boat **3.** *ált* vessel **4.** liner, *magán* yacht **5.** *teher* freighter **6.** *templom* nave, aisle ‖ *amikor megérkezik a ~:* when the ship arrives ‖ *egy ~ban evezünk:* we are in the same boat

hajóács *fn*, shipwright, ship's carpenter

hajóágyú *fn*, ship's cannon, chaser

hajóállomás *fn*, port

hajócsavar *fn*, screw

hajófedélzet *fn*, deck, shipboard

hajófuvarlevél *fn*, bill of lading

hajógyár *fn*, dockyard, shipyard

hajóhad *fn*, fleet

hajóhíd *fn*, **1.** *folyón* pontoon, floating bridge **2.** *hajóról* gangway, gangplank **3.** *hajón* bridge

hajóhinta *fn*, swing-boat

hajójárat *fn*, shipping line, boat service

hajókár *fn*, average

hajókirándulás *fn*, boat-trip

hajol *i*, bend down, stoop ‖ *meg~:* bow down

hajóroncs *fn*, (ship)wreck

hajónapló *fn*, log(book)

hajóraj *fn*, squadron

hajórakomány *fn*, shipload, cargo, shipment

hajós *fn*, sailor, seaman ‖ *~inas:* ship's boy ‖ *~kapitány:* captain *ker. hajón* master ‖ *~legénység:* crew ‖ *~társaság:* shipping line / company

hajószemélyzet *fn*, ship's company, crew

hajótörés *fn*, shipwreck

hajótörött *mn*, shipwrecked

hajóút *fn*, voyage

hajóutas *fn*, voyager

hajóváz *fn*, ship's framework

hajózár *fn*, blockade

hajózási *mn*, shipping, nautical

hajózik *i*, sail, go by sea, voyage

hajrá *ind. szó*, forward!, at it/'em!

hajrá *fn*, **1.** *verseny* sprint, finish **2.** *munka* rushing, *egy munka* rush job

hajsütővas *fn*, curling tongs

hajsza *fn*, **1.** *vmi után* hunt after, chase, pursuit, *vki ellen* persecution of sy, campaign against **2.** *munkában* rush ‖ *hosszú ~:* long run

hajszál *fn*, single hair ‖ *~ér:* capillary ‖ *~pontos:* very punctual ‖ *~rugó:* hairspin ‖ *~on múlt:* it was touch and go

hajszárító *fn*, (electric) hair-dryer, *kézi* hand dryer; *búra* drying hood

hajszol *i*, **1.** *ált* chase, hunt after, pursue

2. *lovat* bucket, ride into the ground **3.** *munkában* work (the staff) to death ‖ *agyon ~ja magát:* work oneself to death ‖ *betörőt ~:* hunt after the burglar

hajszolt *mn,* overworked, dog-tired

hajt *i,* **1.** *állatot* drive, urge on, *vadat* beat game **2.** *gépet erő* drive, propel, work **3.** *kocsit* drive **4.** *munkában másokat* drive sy hard **5.** *magát munkában* slave away, work flat / all out **6.** *hashajtó étel* have a purgative effect, loosen the bowels **7.** = **hajlít 8.** *növény* sprout up, shoot, grow ‖ *~at:* be driven / drive swhere ‖ *kerékpárt ~:* ride a bike ‖ *ki~:* sprout up ‖ *lovat ~:* ride a horse ‖ *el~:* drive away ‖ *fel~:* drive up, *italt* gulp down

hajtás *fn,* **1.** *állat* driving **2.** *iram* rush **3.** *járművel* driving, *fogat* coach-driving, **4.** *ruhán* pleat, fold ‖ *egy ~ra kiitta:* downed it at a draught

hajthatatlan *mn,* unyielding, immovable

hajtincs *fn,* curl, lock, ringlet

hajtó *fn,* **1.** *vadászaton* beater **2.** driver, coachman **3.** *sp* carriage-driver

hajtóerő *fn,* **1.** propelling power / force, motive power **2.** *átv* driving force

hajtogat *i,* **1.** *papírt* fold, keep folding **2.** *ismétel* keep repeating, reiterate

hajtogatás *fn,* **1.** *papíré* folding, pleating **2.** *ismételgetés* repetition, reiteration

hajtóka *fn,* **1.** *kabáté* lapel **2.** *nadrágé GB* turn-up; *US* cuff **3.** *paroli* facings

hajtókar *fn,* crank handle

hajtómű *fn,* driving-gear; *autó* engine

hajtű *fn,* hairpin

hajtűkanyar *fn,* hairpin-bend

hajú *mn,* haired ‖ *hosszú~:* long-haired ‖ *szőke~:* blond-haired

hajvágás *fn,* haircut ‖ *elkelne nála egy ~:* needs a haircut

hajviselet *fn,* hairstyle

hal *fn,* fish ‖ *él, mint ~ a vízben:* be living in clover ‖ *partravetett ~:* fish out of water ‖ *se hús, se ~:* neither fish, nor fowl!

hal *i,* die ‖ *majd meg~ érte:* be dying for ‖ *bele~ vmibe:* be dying of ‖ *el~:* die away ‖ *élte virágjában ~ meg:* dies in harness ‖ *nevetve ~ meg:* dies laughing

hála *fn,* gratitude, thanks, thankfulness, gratefulness

halad *i,* **1.** go, make way, advance, go on, *vmi mellett* come / run / pass along, *jármű* proceed, travel **2.** make progress / headway, advance, progress, get on ‖ *~nak az évek:* years pass ‖ *a munka jól ~:* the work is going along well

haladás *fn,* **1.** *térben* going, advancement **2.** *átv* progress, advance, improvement ‖ *technikai ~:* technical improvement

haladásellenes *mn,* opposed to progress, conservative

haladék *fn,* **1.** delay **2.** postponement, deferring, putting-off **3.** extension, respite

haladéktalan *mn,* immediate, prompt

haladéktalanul *hat,* immediately, promptly

haladó *mn,* **1.** *átv* progressive, advanced **2.** *jármű* proceeding, travelling **3.** *tanf* advanced ‖ *előre~tt kor:* advanced age ‖ *~ tanfolyam:* advanced course

haladó *fn,* **1.** *pol* progressive **2.** *isk* advanced student

halál *fn,* death ‖ *a ~ torkában:* in jaws of death ‖ *~án van:* be at death's door ‖

~csapda: death-trap ‖ **~sápadt:** deadly pale, cadaverous ‖ **~ra ítél:** sentence to death ‖ **~félelem:** mortal fright / **~tusa:** agony, death throes / **~hír:** news of sy's death
halálbüntetés *fn,* capital punishment
haláleset *fn,* death; *balesetnél* casualty
halálmegvető *mn,* death-defying
halálos *mn,* deadly, mortal, *végzetes* fatal, *gyilkos* murderous ‖ **~ ágy:** death-bed ‖ **~ csapás:** death-blow ‖ **~ítélet:** death-sentence ‖ **~ sebesülés:** deadly wound ‖ **~ beteg:** deadly ill
halálosan *hat,* mortally, fatally ‖ **~ komoly:** dead earnest
halálozás *fn,* 1. death, decease 2. *stat* mortality ‖ **~i ráta:** death rate
halálraítélt *fn/mn,* condemned to death
halandó *mn,* mortal
halandzsa *fn,* 1. gibberish, nonsense 2. patter 3. *mellébeszélés* hocus-pocus, *nagyképű* gobbledegook
hálás *mn,* grateful to sy for sg, thankful ‖ **~an köszönöm:** thank you very / ever so much
halaskofa *fn,* fishmonger
halastó *fn,* fishpond
halász *fn,* fisher (man)
halászik *i,* fish ‖ **ki~:** catch, fish up/out ‖ **zavarosban ~:** fish in troubled waters
halaszt *i,* postpone, defer, put off, adjourn
halasztás *fn,* 1. postponement, deferring, delay, putting-off 2. extension
hálátlan *mn,* ungrateful, thankless
haldoklik *i,* be dying
haldokló *mn,* dying
halhatatlan *mn,* immortal
halk *mn,* soft, low ‖ **~ válasz:** soft answer ‖ **~ beszéd:** whisper

halkabb *mn,* softer
halkan *hat,* softly
halkszavú *mn,* soft-spoken
hall *i,* 1. hear 2. *értesül* hear, learn, be told ‖ **vhonnan ~:** hear from ‖ **~ja:** hear it
hallás *fn,* (sense of) hearing ‖ **elveszti a ~át:** loose hearing / deafen ‖ **~távon kívül:** out of hearing / earshot
hallásjavító-készülék *fn,* hearing aid
hallat *i,* let sg be heard ‖ **~ magáról** let hear from oneself ‖ **~ja a hangját** make one's voice heard ‖ **nem ~ magáról** give no sign of life
hallatlan *mn,* unheard of, unprecedented
hallgat *i,* 1. listen to, hear 2. *egyetemen* attend lectures, take course 3. keep / be / remain quiet 4. *vkire* listen to sy, follow sy's advice 5. *névre* answer to the name
hallgatag *mn,* taciturn, silent, reticent
hallgatás *fn,* 1. silence 2. *zene* listening to (music), listening-in (on the radio)
hallgató *fn,* 1. listener 2. *egyetemi* undergraduate, student ‖ **másodéves ~ az egyetemen:** be a second-year graduate at the university
hallgatólagos *mn,* tacit, unspoken, implicit ‖ **~ megegyezés:** tacit agreement
hallgatólagosan *hat,* tacitly
hallgatóság *fn,* audience, attendance ‖ **2000 főnyi ~:** an audience of 2000
hallható *mn,* audible, to be heard
hallótávolság *fn,* earshot, hearing distance ‖ **~on belül:** within earshot
halmoz *i,* 1. heap / pile up, amass, accumulate 2. *árut* hoard, stock up with, stockpile, lay in

halmozódás *fn*, accumulation, increase
halmozódik *i*, accumulate, heap / pile / run up, be amassed
háló *fn*, net, trawl, mesh ‖ *kiveti a ~ját vkire:* try to get off with ‖ *~ba került: vad* be caught in a net; *átv* be caught in toils
halogén *fn*, halogen
hálóhely *fn*, **1.** sleeping place, bed, rögtönzött shakedown **2.** berth
hálóing *fn*, *férfi* night-shirt, *női* night-dress
hálókocsi *fn*, sleeping car, sleeper
halom *fn*, **1.** *domb* hill, hillock, mound **2.** *tárgy* heap, pile, stack, mass ‖ *levél~:* a pile of letters ‖ *egy ~nyi munkája van:* have got piles of work to do
hálószoba *fn*, bedroom
halott *mn*, dead, deceased
halottasház *fn*, mortuary
halottaskocsi *fn*, hearse
halotti *mn*, death, funeral
hálóz *i*, **1.** *vkit* entangle, enmesh sy **2.** *munka* make a net/mesh **3.** *teniszben* play at the net
hálózati *mn*, mains ‖ *~áram:* mains electricity
hálózat *fn*, network, mains ‖ *elektromos ~:* electrical network ‖ *elvágja a ~i kapcsolatot:* cuts off network connection ‖ *a ~ról dolgozik:* works from mains electricity
halvány *mn*, **1.** pale, wan, pallid **2.** *szín* pale, faint **3.** *átv* faint, vague, foggy, dim ‖ *~ színek:* pale colours ‖ *~ remény:* faint hope ‖ *a leg~abb fogalma sincs:* have not the foggiest / faintest / remotest idea / clue ‖ *~ kék:* pale blue

halvaszületett *mn*, still born ‖ *~ ötlet:* dead duck
hályog *fn*, **1.** *szürke* cataract **2.** *zöld* glaucoma ‖ *lehullt a ~ a szeméről:* the scales fell from sy's eyes
hám *fn*, harness, traces
hamar *hat*, soon, quickly, fast, promptly, immediately
hamarabb *hat*, sooner ‖ *minél ~, annál jobb:* the sooner the better
hamburger *fn*, hamburger
hamis *mn*, **1.** false, not genuine, fake(d); *pénz* counterfeit, base, forged **2.** *érzés* feigned, insincere, untrue **3.** *tul* treacherous, cunning, shifty **4.** *hang* false, wrong **5.** *kacér* saucy, naughty ‖ *~ fog:* false tooth ‖ *~an üt a zongorán:* strike a false note on the piano ‖ *~ bizonyítékot ad:* give false evidence
hamisan *hat*, falsely; off key, out of tune
hamisít *i*, falsify
hamisítás *fn*, **1.** *aláírásé* forging, forgery **2.** *italé* adulteration
hamisítatlan *mn*, unadulterated, unalloyed, genuine, veritable
hamisító *fn*, falsifier, *aláírásé/ bankjegyé* forger, *pénzé* counterfeiter, *műtárgyé* faker, *boré* adulterator
hamisított *mn*, falsified, forged, adulterated ‖ *~ útlevelet használ:* use forged passport
hamisítvány *fn*, forgery, imitation, counterfeit, fake ‖ *ez csak ~:* it is just a fake
hamiskártyás *fn*, card-sharper
hamispénz *fn*, forged money
hámlik *fn*, peel
hámoz *i*, peel ‖ *krumplit ~:* peel potatoes ‖ *le~za a ruhát róla:* peel off sy's clothes

hámozás *fn,* peeling
hámréteg *fn,* epidermis, cuticle
hamu *fn,* ash(es)
hamutartó *fn,* ashtray
hang *fn,* **1.** sound, *emberi* voice, *áll* cry, *zene* note, *harang* sound, chime **2.** tone ‖ *~ot ad vminek:* give voice to ‖ *felemeli a ~ját vmi ellen:* rise sy's voice against ‖ *~ját veszti:* loose one's voice ‖ *~szín:* tone, timbre ‖ *lágy ~on:* in soft voice ‖ *~jára:* to the sound of
hang- *mn,* voice-
hanga *fn,* heather
hangár *fn,* hangar
hangerő *fn,* volume
hangfal *fn,* speaker
hangfelvétel *fn,* **1.** recording **2.** tape-recording
hangjegy *fn,* note
hanglemez *fn,* record, disc
hangol *i,* **1.** *hangszert* tune **2.** *zenekar* tune up ‖ *vki ellen ~:* set / turn sy against sy
hangolás *fn,* tuning
hangolósíp *fn,* tuner
hangos *mn,* loud, noisy
hangosan *hat,* loudly, at the top of one's voice, noisily
hangosbeszélő *fn,* loudspeaker
hangosság *fn,* loudness
hangoztat *i,* emphasize, stress, say, assert
hangrés *fn,* glottis
hangsebességű *mn,* supersonic
hangsúly *fn,* **1.** *nyelvt* stress **2.** *átv* emphasis, stress
hangsúlyos *mn,* stressed
hangsúlyosan *hat,* in a stressed way, emphatically

hangsúlyoz *i,* **1.** stress **2.** *átv* lay stress / emphasis on/upon, emphasize, stress, underline
hangszalag *fn,* vocal cord
hangszer *fn,* instrument
hangszigetelés *fn,* soundproofing, sound insulation
hangtalan *mn,* soundless, noiseless, mute
hangtan *fn,* **1.** *fiz* acoustics **2.** *nyelvt* phonetics
hangtompító *fn,* sordino
hangulat *fn,* **1.** mood, frame of mind, spirit, atmosphere **2.** *kat, tömeg* morale **3.** *táj, idő* atmosphere ‖ *~a van hozzá:* be in the mood for ‖ *rossz/jó ~ban van:* be in a bad / good mood
hangulatkeltés *fn,* campaign, influencing public opinion
hangulatos *mn,* intimate, soft
hangverseny *fn,* concert, *szóló* recital ‖ *~t ad:* give a concert
hangzás *fn,* sound, tone, resonance, ring
hangzatos *mn,* **1.** sonorous **2.** *pejor* high-sounding
hangzavar *fn,* cacophony, babel, discord, helter-skelter
hangzik *i,* **1.** sound **2.** *szöveg* run, read ‖ *a következőképp ~:* it runs as follows
hangzó *fn,* vowel
hangya *fn,* ant ‖ *mintha ~k rohangásznának rajtam:* as if ants were running in my pants
hangyaboly *fn,* ant-hill, ants' nest
hangyasav *fn,* formic acid
hány *kérdoszó,* how many? ‖ *~szor?:* how many times?
hányad *fn,* proportion, part
hányados *fn,* quotients

hanyag *mn*, 1. *ember* negligent, careless 2. remiss in 3. *munka* slipshod, shoddy
hanyagság *fn*, neglect, negligence, carelessness
hányás *fn*, vomit(ing)
hanyatlás *fn*, decline, decadence, decay
hanyatlik *i*, 1. *földre* sink to the ground, collapse 2. *átv* decline, decay, *egészségileg* sink, fail; *erkölcsileg* degenerate, *minőségileg* deteriorate, fall off
hanyatló *mn*, 1. *ált* declining, decadent 2. *átv* be failing, *minőség* be falling off
hanyatt *hat*, on one's back ‖ **~fekszik** lie on his/her back ‖ **~esik** fall backwards
hányattatás *fn*, vicissitudes
hanyattfekvő *mn*, lying on one's back
hányaveti *mn*, overbearing, bumptious, cocky, impudent
hányik *i*, 1. vomit, throw up, *GB* be sick 2. throw, cast, fling
hányinger *fn*, nausea
hánytat *i*, make sy vomit
hánytató *fn*, emetic
hapci *ind. szó*, atishooo!
hápog *i*, 1. *kacsa* gaggle, quack 2. *ember* stammer, gasp
hápogás *fn*, quack
happol *i*, grab, extort
harag *fn*, anger, rage, irritation, vexation, resentment ‖ **~jában ordít:** shout in anger ‖ **~os vkire:** bear sy a grudge
haragít *i*, anger, infuriate, incense
haragos *mn*, angry, furious, irate; *tenger* raging ‖ **~ vmiért:** furious at/about ‖ **~ léptekkel:** with furious paces
haragos *fn*, enemy
haragszik *i*, be angry, be in bad temper, be furious, *biz* be livid

haragtartó *mn*, unforgiving, irreconcilable ‖ **~ ember:** a good hater
harakiri *fn*, seppuku, hara-kiri
harang *fn*, bell ‖ **lélek~:** death-bell ‖ **megkongatja a ~ot:** ring the bell
harangjáték *fn*, carillon, chimes, *hangszer* glockenspiel
harangoz *i*, ring the bells
harangtorony *fn*, bell-tower, belfry
haránt *hat*, transversely, diagonally, crosswise
haránt *mn*, transversal, cross
harap *i*, bite
harapás *fn*, 1. *nyoma* bite 2. *tett* biting 3. *falat* mouthful, a bite, snack ‖ **egy ~ étel:** a mouthful of food
harapós *mn*, 1. biting 2. *átv* snappish, testy, ratty
harc *fn*, 1. fight, combat, battle 2. *átv* battle against ‖ **~ban áll:** be at war with ‖ **idegek ~a:** war of the nerves ‖ **bér~:** wage war ‖ **elkeseredett ~:** war to the knife / to death ‖ **~ot folytat/megküzd vkivel:** fight a battle against
harcászat *fn*, tactics
harcászati *mn*, tactical
harcbanálló *mn*, being at war, warfare
harci *mn*, battle-, war-, of battle / war ‖ **~gép:** battle-plane
harcias *mn*, warlike, eager to fight
harcol *i*, 1. fight (*vmiért* for, *vmi ellen* against, *vkivel* with sy), battle with / against 2. *átv* fight with / against sy ‖ **ki~:** fight out ‖ **csatában ~:** fight at war ‖ **elszántan ~:** fight resolutely
harcos *fn*, soldier, fighter, warrior
harcos *mn*, 1. fighting, combative 2. *átv* bellicose, militant, combative

hardver *fn*, hardware
hárem *fn*, harem
hárfa *fn*, harp
hárfázik *i*, play the harp
harisnya *fn*, 1. stockings, pair of stockings 2. gas-mantle
harisnyanadrág *fn*, tights, *US* pantyhose
harisnyatartó *fn*, suspender, *US* garter
hárít *i*, 1. *felelősséget* shift responsibility 2. *költséget* charge 3. *ütést* parry, fend / ward off ‖ *~ja az ütést:* ward off the blow
harkály *fn*, woodpecker
harmadik *mn*, third
harmadszor *hat*, 1. for the third time 2. thirdly
hárman *hat*, three of sy/us
hármas *mn*, 1. threefold, treble, triple 2. *~ villamos:* tram number three 3. *isk jegy* satisfactory, fair
hármas *fn*, number three
hármasikrek *fn*, triplets
harmat *fn*, dew
harmatos *mn*, dewy
harminc *számn*, thirty
harmincadik *szn* thirtiest
harmónia *fn*, harmony
harmonika *fn*, accordion, *kisebb* concertina
harmonikus *mn*, harmonious
harmonizál *i*, harmonize, agree, be in tune with
három *számn*, three ‖ *~ napos:* three-day
háromdimenziós *mn*, three dimensional, three-D, 3-D
háromemeletes *mn*, three-storeyed
háromlábú *mn*, ‖ *~ állvány:* tripod
háromnegyed *fn*, three-quarters
háromság *fn*, trio ‖ *Szent~:* Holy Trinity
háromszáz *számn*, three-hundred

háromszor *hat*, three times, *US* thrice
háromszoros *mn*, triple, threefold, triplex
háromszoroz *i*, triple
háromszög *fn*, triangle
háromszögű *mn*, triangular
hárpia *fn*, 1. harpy 2. *átv* termagant, shrew, harpy
harsan *i*, sound out, blare, clang
hársfa *fn*, lime / linden-tree
harsog *i*, blare, resound, roar ‖ *nevetéstől ~:* roar of laughter
harsogó *mn*, roaring
harsona *fn*, 1. trombone 2. trumpet
harsonázik *i*, play the trombone / trumpet
hártya *fn*, membrane, pellicle, film ‖ *tapadó~:* pellicle
has *fn*, abdomen
hasáb *fn*, 1. log 2. *újs* column 3. *mat* prism ‖ *~burgonya:* chips
hasad *i*, 1. *ált* burst, crack 2. *ko* split, splinter, chip 3. *szövet* tear, rip, rend
hasadás *fn*, 1. *foly* bursting, cracking, splitting, tearing, rending 2. *tárgyon* split, crack, tear, rend 3. *biol, fiz* fission ‖ *hajnal~:* break of dawn
hasadék *fn*, 1. *tárgyon* split, crack 2. *hegy* mountain-gorge
hasadó *mn*, fissile
hasadóanyag *fn*, fissile material
hasbeszélés *fn*, ventriloquism
hasbeszélő *fn*, ventriloquist
hasfájás *fn*, stomach-ache
hashajtó *fn*, laxative, purgative
hasít *i*, 1. cleave, split, chop, rip, tear, rend 2. *levegőt* cleave, saw the air 3. *szívembe ~:* it almost broke my heart
hasítás *fn*, cleaving, chopping, ripping, tearing

hasíték *fn,* fly
hasmenés *fn,* diarrhoea
hasogat *i,* cut into pieces, chop
hasogató *mn,* piercing, shooting, stabbing, splitting ‖ *~ fájdalom:* stabbing pains ‖ *~ fejfájás:* splitting headache
hasonlat *fn,* simile, comparison, parallel
hasonlít *i,* 1. resemble, look / be like, be similar to, take after 2. *vki vmihez / vkihez* compare sy to sy
hasonlíthatatlan *mn,* incomparable, unparalleled, unequalled
hasonló *mn,* similar ‖ *~an néz ki:* look similar ‖ *~ vmihez:* take after
hasonlóan *hat,* similarly
hasonlóképpen *hat,* similarly
hasonlóság *fn,* similarity, likeness, resemblance ‖ *felvázolja a ~ot:* sketch the similarity ‖ *~ alapján:* analogously ‖ *vminek a ~a alapján:* based on the similarity of
hasonmás *fn,* 1. likeness, portrait, image 2. *személy* double, doppelganger 3. *kiadás* facsimile ‖ *a pontos ~a vkinek:* alterego
hasonulás *fn,* assimilation
hastáncos *fn,* belly-dancer
hasüreg *fn,* abdominal cavity
használ *i,* 1. use, make use of, utilize, employ, apply 2. *vkinek vmi* be of use, be useful, help, do good, work ‖ *fel~:* utilize ‖ *ki~ja a lehetőséget:* make use of the possibility
használat *fn,* use, usage
használatos *mn,* in use, usual, current,
használható *mn,* serviceable, useful; can be used, capable
használt *mn,* used, second-hand
használtruha *fn,* second-hand clothes
hasznos *mn,* useful, serviceable
hasznosít *i,* utilize, make use of, be good of
hasznosítható *mn,* paying, profitable, productive
haszon *fn,* 1. advantage, benefit 2. profit, gain ‖ *~nára van:* gain from ‖ *~ért tesz vmit:* do sg for the profit ‖ *kevés ~:* small profit ‖ *~talan:* useless
haszonbérlet *fn,* lease
haszonkulcs *fn,* mark-up, profit-margin
haszontalan *mn,* useless, worthless
haszontalan *fn,* good-for-nothing
hat *számn,* six
hát *fn,* 1. back 2. *visszája* reverse ‖ *a ~a mögött:* behind sy's back ‖ *~at fordít vminek:* turn one's back on ‖ *~tal a falnak:* with one's back to the wall ‖ *~a mögött áll:* stands behind one's back ‖ *~ország:* hinterland, home territory
hat *i,* 1. act, be effective, take effect 2. impress, affect, make an impression on, influence, exercise an influence ‖ *nem ~ott rám mélyebben:* it did not make a deep impression on me
hát- *mn,* back-, rear- ‖ *~szél:* rear / leading wind ‖ *~só gondolat:* ulterior motive ‖ *~véd:* rear guard ‖ *~fal:* rear wall ‖ *~só sor:* rear line
-hat, -het *tod,* may, might ‖ *tud~:* may know
hatalmas *mn,* 1. very large, huge, gigantic, vast, enormous, monumental, big 2. powerful, tremendous 3. mighty
hatalmaskodik *i,* domineer over, tyrannize / bully
hatalmaskodó *mn,* overbearing, domineering, despotic, bullying
hatalom *fn,* 1. power, might, strength, force 2. *állam* power ‖ *a szokás ~a:* power of manners ‖ *~ában tart:* have

hatály

sy in one's power || *~on van:* be in office || *~ába kerűl:* get control over || *~ába kerül:* come under sy's control

hatály *fn*, force, power, operation || *~ba lép:* come into force / effect, take effect || *~talan:* ineffective

hatályos *mn*, effective, operative, valid

hatálytalanít *i*, repeal, annul, make void, cancel, nullify

hatálytalanítás *fn*, repealing, cancelling

hatálytalanítható *mn*, voidable, cancellable

határ *fn*, 1. boundary, *orsz* border, frontier, *város* city limits, outskirts 2. *átv* verge, *képességé* limit, bounds

határidő *fn*, deadline, closing date / day, time limit

határkő *fn*, boundary-stone, landmark

határos *mn*, 1. bordering on, adjacent to, border on 2. *átv* verging / bordering on

határoz *i*, decide, determine, come to a decision

határozat *fn*, decision, resolution || *az esküdtek ~a:* resolution of the jury || *országgyűlési ~:* parliament decision

határozatlan *mn*, 1. indefinite, undetermined, indeterminate 2. *ember* indecisive, irresolute, hesitant

határozói *mn*, adverbial || *~ eset:* adverbial case || *~ kifejezés:* adverbial phrase

határozószó *fn*, adverb

határozott *mn*, 1. determined, resolute, strong-minded, self-confident 2. definite, precise, exact, accurate 3. definite, settled, appointed, fixed || *~ vmiben:* definite in || *~ veszélyt jelent vmire:* means a definite danger for

határozottan *hat*, definitely

határvonal *fn*, 1. borderline, boundary / frontier 2. *átv* dividing line

hatás *fn* 1. effect, influence, impression; *következményként* result, effect 2. *vegyi* action, effect || *~t gyakorol, ~sal van:* make an impression on || *~vadász:* pretentious || *~talan:* ineffective || *tér~:* three-dimension

hatáskör *fn*, authority, powers, remit; *bírói* competence, jurisdiction

hátasló *fn*, saddle-horse, riding horse, mount || *~ról leszáll:* dismount || *~ra felszáll:* mount

hatásos *mn*, 1. effective, effectual 2. impressive 3. *beszéd* powerful, moving, rousing, potent 4. *orvosság* efficacious, potent

hatásosan *hat*, effectively

hatástalanít *i*, 1. neutralize, counteract 2. *bombát* defuse, deactivate

hatásvadászat *fn*, theatricalism, attitudinizing, claptrap || *~an játszik* play to the gallery

hátborzongató *mn*, gruesome, eerie, *biz* creepy

hátcsigolya *fn*, vertebra

hatékony *mn*, efficient, powerful

hatékonyság *fn*, efficiency, effectiveness

hátfájás *fn*, back-ache

hátgerinc *fn*, spine, backbone, spinal column

hathatósan *hat*, efficiently

hátizsák *fn*, rucksack

hátlap *fn*, back, reverse, verso

hátoldal *fn*, = **hátlap**

hátország *fn*, hinterland, home territory

hatos *fn*, 1. number six 2. *zene* sextet

hatos- *mn*, six-

hatóság *fn*, authority || *helyi ~:* local authority || *~i személy:* authority personal

hátra *hat*, **1.** back, rear **2.** ~ *van:* be behind with ‖ *~arc:* about turn! ‖ *~billen:* tilt backwards ‖ *~ bukik:* fall backwards ‖ *~ fordít:* turn back ‖ *~ fordul:* turn round ‖ *~hőköl:* recoil from
hátrafelé *hat*, backwards
hátrahagy *i*, **1.** leave behind **2.** *örökül* leave / bequeath sg to sy
hátrahagyott *mn*, left, bequeathed
hátrál *i*, **1.** back away, draw back, withdraw **2.** *sereg* retreat, give way **3.** *jármű* reverse, back, move backwards **4.** *tömeg* recede, surge back ‖ *ki~:* draw out ‖ *meg~:* move back, step away
hátralék *fn*, arrears, remainder, residue ‖ *~ban van vmivel:* be in arrears with ‖ *fizetési ~:* payment arrears ‖ *nincs ~:* have no remainder ‖ *feltorlódott ~:* piled up residues ‖ *komoly ~a van:* have a serious remainder
hátrány *fn*, disadvantage, drawback, loss, detriment ‖ *nagy ~t jelent:* mean a big disadvantage ‖ *~ára van:* be a disadvantage to
hátrányos *mn*, disadvantageous, detrimental
hátsó *mn*, **1.** back-, rear- ‖ *~ gondolat:* ulterior motive ‖ *~ pedál:* rear pedal ‖ *~ ülés:* back seat ‖ *~ ajtó:* backdoor ‖ *~ lépcső:* backstairs
hátszél *fn*, leading / following wind
hátszín *fn*, sirloin, steak
háttámla *fn*, back-rest
háttér *fn*, background ‖ *a ~ben marad:* remain in the background ‖ *fekete ~ előtt:* against a black background ‖ *a ~be nyomják:* be pushed into the background ‖ *~be szorít:* overshadow, push into the background
háttérben *hat*, in the background

háttérfüggöny *fn*, background-curtain
hátudvar *fn*, backyard
hátul *hat*, at the back, in/at the rear, behind
hatvan *számn*, sixty
hátvéd *fn*, **1.** *kat* rearguard **2.** *futball* full-back
hattyú *fn*, swan
hattyúdal *fn*, swan-song
havas *mn*, **1.** snowy, snow-covered / capped **2.** *~eső:* sleet
havazik *i*, snow, be snowing
haver *fn*, pal, *US* buddy
haverkodik *i*, be palls with sy
havi *mn*, monthly, a month's
havonta *hat*, monthly, per month
ház *fn*, **1.** house, residence, home **2.** *parlament* The House, *GB* House of Commons **3.** *uralkodói* royal house, dynasty **4.** *csigáé* shell **5.** *szính* house
haza- *mn*, home-, patriot
hazafi *fn*, patriot
hazafias *mn*, patriotic
hazaköltözik *i*, move home
hazai *fn*, native, domestic, home, national
házal *i*, **1.** *áruval* peddle, hawk **2.** *aláírást gyujt* canvass
házaló *fn*, door-to-door salesman, *rég* peddler, canvasser
hazamegy *i*, go / walk home
hazardírozik *i*, risk, take risks, venture
hazárdjáték *fn*, gambling ‖ *~ot játszik:* gamble
hazárdjátékos *fn*, gambler
házas *fn/mn*, married
házasodik *fn*, marry, get married
házasságra érett *mn*, marriageable
házasságtörés *fn*, adultery
házasságtörő *fn*, adulterer, adulteress

házastárs *fn,* spouse
hazaszeretet *fn,* patriotism
hazatér *i,* return / come home
hazátlan *mn,* homeless, displaced, exiled
házi *mn,* household, house-, home-, domestic; home-made
házias *mn,* house-proud, domesticated, *tréf* house-trained
háziasszony *fn,* housewife, *vendégségben* hostess; *szállásadó* landlady
házibuli *fn,* get-together, party, *biz* bash, trash
házifeladat *fn,* homework
házigazda *fn,* master / man of the house, *vendégségben* host
házikó *fn,* cottage, hut
házisárkány *fn,* harpy
háziúr *fn,* landlord
házmester *fn,* caretaker, porter, *US* janitor
házszám *fn* street-number
háztartás *fn,* household, housekeeping
hazudik *i,* tell a lie, lie ‖ *szemébe ~:* lie in one's throat / teeth
hazudozás *fn,* lying
hazudozik *i,* be given to lying
hazug *fn,* liar
hazug *mn,* 1. *ember* lying, telling lies 2. *valótlan* mendacious, untrue, not true
házvezetőnő *fn,* housekeeper
házsártos *mn,* quarrelsome, cross-grained, cantankerous, *nő* shrewish
házsártosság *fn,* shrewdness
házszentelő *mn,* house-warming party
hé! *ind. szó,* hey! hullo there! hello! *US* hi! *állathoz* whoa!
hebeg *i,* stutter, stammer
hebegés *fn,* stutter(ing), stammer(ing)
hebehurgya *mn,* thoughtless, scatter-brained, harum-scarum

héber *mn,* Hebrew
heged *fn,* violin
hegedül *i,* play the violin
hegedűs *fn,* violinist, violin-player ‖ *másod~:* second-violinist
hegy *fn,* 1. mountain, *kisebb* hill 2. *ceruzáé* point, *nyíl* tip, *toll* nip, *torony* top ‖ *a ~en túl:* over the mountain
hegyes *mn,* 1. mountanious, hilly 2. pointed, sharp
hegyesen *hat,* sharply
hegyez *i,* 1. sharpen 2. *~ a fülét:* prick one's ears
hegyi vasút *fn,* mountain railway
hegylakó *fn,* mountaineer, highlander
hegymagas *mn,* mountain-high
hegymászás *fn,* mountaineering, alpinism
hegymászó *fn,* mountaineer, alpinist
hegyoldal *fn,* mountainside, hillside, slope
hegység *fn,* mountains
hegyszoros *fn,* pass, defile
hehezés *fn,* aspiration
héj *fn, gyümölcs/zöldség* skin, *tojás, dió* shell, *dinnye, sajt, alma* rind, *kenyér* crust, *lehámozott* peel, parings ‖ *narancs~:* orange-skin
héja *fn,* 1. kite, hawk, goshawk 2. *háborúpárti* hawk
hektár *fn,* hectare
hekus *fn, tréf, biz* cop, *GB* bobby, *US* fuzz
helikopter *fn,* helicopter, *biz* chopper
helikopter-felszállóhely *fn,* heliport
hélium *fn,* helium
hermelin *fn,* ermine
hely *fn,* 1. place, *férő* room, space, *ülő* seat 2. *színhely* spot, scene, *épületé* site, *vidék* locality, district 3. *írásban* passage, place 4. *állás* position, situation,

job ‖ ~*et csinál:* admit ‖ *megmozdulni sincs ~:* no room to swing a cat in ‖ *minden ~en:* every place ‖ ~*et vált:* change place ‖ *el~ez:* place ‖ *az első ~en:* in the first place ‖ *tudja a ~ét:* know one's place ‖ ~*retesz:* return to its place ‖ ~*et foglal:* take a seat ‖ *átveszi a ~ét:* replace

helyénvaló *mn,* fitting, proper, appropriate

helyes *mn,* 1. right, proper, fitting, sensible, correct, accurate 2. *biz* nice, sweet, lovely 3. *~!:* OK! well done!, all right! ‖ *a ~ út:* the proper way ‖ ~*en gondolkozik:* think properly ‖ *~ és helytelen:* right and wrong ‖ *a ~ válasz:* the right answer

helyesbít *i,* correct, put / set sg right, rectify

helyesbítés *fn,* correction, rectification

helyesel *i,* approve of, agree to

helyesen *hat,* rightly, properly, correctly, accurately

helyesírás *fn,* spelling, orthography

helyeslés *fn,* approval, approbation

helyeslő *mn,* approving

helyett *névutó,* instead of, in place of

helyettes *fn,* deputy, assistant, *alk* substitute; *orv/pap* locum; *igazgató átm* the acting director / manager / president ‖ *igazgató~:* deputy of director

helyettes *mn,* deputy, assistant

helyettesként *hat,* as an assistant

helyettesít *i,* 1. deputize, substitute for sy, stand in for sy, *biz* sub for sy 2. *vmit vmivel* substitute sg for sg, replace sg with/by sg

helyez *i,* 1. *vmit vhova* place, put, lay 2. *munkakörbe* appoint sy to, place sy swhere ‖ *súlyt ~ vmire:* attach importance to ‖ *el~:* place swhere ‖ *ki~:* appoint sy to ‖ *biztonságba ~:* place into safety

helyezkedik *i,* 1. take up a place swhere 2. *sp* position oneself 3. jockey / manoeuvre for position 4. *álláspontra* take a point of view

helyezett *fn,* place winner

helyfoglalás *fn,* reservation, advance booking

helyhatóság *fn,* local authority, *US* municipality

helyhatósági *mn,* municipal, local

helyi *mn,* local ‖ *~ beszélgetés:* local call / *~ idő:* local time / *~ önkormányzat:* local authority / *~ vonat:* local train

helyiség *fn,* room, premises ‖ *saját ~:* private premises ‖ *kitiltották a ~ből:* be not allowed on the premises

helyőrség *fn,* garrison

helyreáll *i,* get well again, recover, be restored

helyreállít *i,* 1. repair, rebuild, renovate 2. restore

helyreállítás *fn,* restoring, restoration, renovation, repair(ing), repairs

helyrehoz *i,* 1. restore, repair, settle 2. put sg right, make amends for, remedy

helyrehozhatatlan *mn,* irremediable, irreparable

helyrehozható *mn,* reparable, redeemable

helyreigazít *i,* 1. adjust, set right, set to rights 2. *átv* rectify, *téves hírt* correct

helyreigazítás *fn,* rectification, correction, disclaimer

helyszín *fn,* locale, locality, the scene of, *konferencia* venue

helytáll *i,* 1. hold / stand one's ground, hold on 2. take / accept responsibility for 3. be valid

helytálló *mn*, 1. reliable 2. acceptable, apposite, *érv* sound
helytelen *mn*, 1. incorrect, inaccurate, fautly, wrong 2. *viselkedés* improper, inappropriate, unbecoming ‖ ~ *viselkedés:* improper manners / behaviour ‖ *a ~ válasz:* the wrong answer
helytelenül *hat*, improperly
helyzet *fn*, 1. situation, position, *testi* posture, attitude, 2. *fekvés* setting; site 3. *társadalmi* social standing / status / position 4. *állt* situation, circumstances, state of affairs / things ‖ *a ~ az, hogy:* the thing is that ‖ *bonyolult ~ben van:* be in a difficult position ‖ *kényelmes ~et talál:* find a cosy position ‖ *abban a ~ben van, hogy megteheti:* sy is in a position to do sg ‖ *ha én az ő ~ében lennék:* if I were in his/her position ‖ *nincs abban a ~ben:* sy is not in the position
helyzeti előny *fn*, potential advantage
helyzetjelentés *fn*, progress report
henceg *i*, brag, boast
hencegés *fn*, bragging, boasting
henger *fn*, cylinder, *textil* roller, *festéshez* paint-roller, *írógép* cylinder, platen, *kocsiban* cylinder ‖ *~térfogat:* cylinder capacity ‖ *~fej:* cylinder head
hengeres *mn*, cylindrical
hentes *fn*, butcher ‖ *~üzlet:* the butcher's
hepehupás *mn*, bumpy, rough, uneven
heraldika *fn*, heraldy
herceg *fn*, *GB királyi* prince; *GB nem királyi* duke ‖ *a walesi ~:* Prince of Wales
hercegnő *fn*, *királyi* princess; *nem királyi* duchess
hercegség *fn*, 1. princly / dukely rank; *cím* the title of duke / prince 2. *terület* principality, duchy 3. princedom, dukedom

here *fn*, 1. *méh* drone 2. *ember* idler, parasite, drone 3. *testrész* testicles, *biz* balls
herél *i*, castrate, *lovat* geld, *macskát* neuter
herélt *fn*, eunuch, castrate; *ló* gelding
herezacskó *fn*, scrotum
hering *fn*, herring ‖ *sózott és füstölt ~:* kipper ‖ *mint a ~ek:* packed like sardines
hermafrodita *mn/fn*, hermaphrodite
hermelin *fn*, ermine
hernyó *fn*, caterpillar, worm ‖ *~talpas traktor:* caterpillar tractor; *biz* cat
heroin *fn*, heroin
herpesz *fn*, herpes, cold sore
hervad *i*, fade, wither, droop, languish
hervadt *mn*, 1. *virág* faded, withered 2. *szépség* faded, *arc* sagging
hét *fn*, week ‖ *múlt ~en:* last week ‖ *jövő ~en:* next week ‖ *e ~en:* this week ‖ *keddhez egy ~re:* a week on Tuesday, Tuesday a week ‖ *~ről-~re:* from week to week ‖ *kéthetes csecsemő:* two weeks old baby
hét *számn*, seven ‖ *hetedik menyország:* seventh heaven
hetenként *hat*, weekly, every week
hetero- *mn*, hetero-
heterogén *mn*, heterogeneous
hétéves *mn*, seven-year-old
hétfő *fn*, Monday
heti *mn*, weekly
hétközép *fn*, middle of the week
hétköznap *fn*, weekday
hétköznapi *mn*, 1. weekday- 2. everyday, common
hétszeres *mn*, sevenfold
hétvége *fn*, weekend ‖ *~én:* at the weekend
hétvégi *mn*, weekend ‖ *~ telek:* weekend cottage

hetven *számn,* seventy
hetvenéves *fn,* seventy years old
hetvenkedik *i,* bluster, brag
hetvenkedő *mn,* blustering, bragging
hetyke *mn,* cocky, impudent
hév *fn,* **1.** *ho* heat **2.** *átv* heat, ardour, fervour, zeal ‖ *a pillanat hevében:* in the heat of the moment ‖ *nagy ~vel:* ardently
heveder *fn,* **1.** strap, band **2.** *gép* belt
hever *i,* lie about; lie scattered, be strewn about
heverő *fn,* single bed, couch, divan
heves *mn,* **1.** violent **2.** impetuous, violent, passionate, hot **3.** *fájdalom* intense, acute, sharp **4.** *harc* fierce, bitter **5.** *szél* high, keen, tempestuous **6.** *vita* heated
hevesség *fn,* **1.** violence **2.** *fájdalom* violence, intensity **3.** *ember* impetuosity, violence, passion, vehemence, hotness **4.** *harc* fierceness, bitterness
hézag *fn,* **1.** *nyílás* gap, *musz* clearance **2.** *átv* deficiency, shortcoming ‖ *mi a ~?:* is there a hitch?
hézagos *mn,* **1.** discontinuous **2.** *átv* imperfect, defective
hézagpótló *mn,* much / long-needed, supplying a long-felt want
hiába *hat,* in vain, vainly, for nothing
hiábavaló *mn,* useless, vain, futile, idle, fruitless ‖ *~an:* uselessly
hiány *fn,* **1.** *ált* want, lack, abscence; shortage of ; *elégtelenség* deficiency; *műveltségi* gap **2.** *költségvetési* deficit; *pénztári* amount missing, being short / out ‖ *pénz~ miatt:* for want of money ‖ *vminek a ~ában:* for want / lack of
hiányában *hat,* for want / lack of ‖ *ennek ~:* for lack of this

hiányjel *fn,* **1.** apostrophe **2.** caret, insertion mark
hiányol *i,* miss
hiányos *mn,* defective, imperfect, deficient, incomplete, scanty, insufficient
hiányosság *fn,* deficiency, defectiveness, insufficiency, scantiness
hiányzik *i,* **1.** be absent **2.** *nincs meg* be missing / wanting / lacking **3.** miss **4.** *szükséges* miss, need ‖ *vmi ~:* sg is missing ‖ *~ a cipőfűzője:* sy's shoelaces are missing
hiányzó *mn,* missing ‖ *~ összeg:* missing amount
hiba *fn,* **1.** *tévedés* mistake, error, fault, slip **2.** *baklövés* blunder **3.** defect, deficiency **4.** *jellem/szépség* flaw, blemish ‖ *helyesírási ~:* misspell, grammatical mistake ‖ *~át talál:* find a mistake ‖ *vkinek a ~ja:* be sy's fault ‖ *~ás vmi:* be faulty ‖ *megvannak a ~ái:* have sy's own faults ‖ *~ája miatt:* beacuse of sy's fault ‖ *a vezető ~jából:* because of the driver's error ‖ *~ásan csinál vmit:* make a mistake in ‖ *ne ejts ~t!:* do not make a mistake!
hibajegyzék *fn,* list of errata
hibakereső *fn,* fault detector
hibás *mn,* **1.** defective, deficient, faulty **2.** guilty, at fault **3.** *testi* deformed **4.** *nyelvt* ungrammatical, bad
hibátlan *mn,* **1.** faultless, flawless, perfect **2.** *áru* undamaged, perfect **3.** *jellem* perfect **4.** *nyelvt* correct, good **5.** *szám* exact, accurate
hibázik *i,* **1.** make mistakes, commit an error **2.** *lövésnél* miss the mark, fail to hit
hibáztat *i,* blame, lay sg at sy's door
hibernál *i,* hybernate

híd *fn,* bridge
hideg *fn,* cold, chill ‖ **kimegy a ~be:** go out into the cold
hideg *mn,* 1. cold 2. chilly 3. *arc* stony, *ember* stand-offish, aloof ‖ **~ víz:** cold water
hidegen *hat,* 1. coldly 2. *átv* coldly, coolly
hideglelés *fn,* shivering
hidegvér *fn,* coolness, sang froid, nerve ‖ **megőrzi a ~ét:** keep one's head / temper
hidegvérű *mn,* cool-headed, calm, self-possessed
hidroplán *fn,* seaplane, hydroplane
hierarchia *fn,* hierarchy
hieroglifa *fn,* hieroglyph
hifi *fn,* high fidelity
híg *mn,* thin, runny
higgadt *mn,* sober, settled, calm, cool, serious / sober-minded
higgadtság *fn,* soberness, calmness, coolness
hígít *i,* dilute, thin
hígítatlan *mn,* undiluted
hígítószer *fn,* thinner
hihetetlen *mn,* unbelievable, incredible, inconceivable
hihetetlenül *hat,* incredibly
himbál *i,* rock, swing, sway
hím *fn,* male
Himalája *fn,* Himalaya
himalájai *mn,* Himalayan
himbálózás *fn,* rock, swinging, swaying
himlő *fn,* smallpox, variola
hímnem *fn,* 1. *biol* male sex 2. *nyelvt* masculine
hímnemű *mn,* 1. *biol* male 2. *nyelvt* masculine
hímez *i,* embroider
hímvessző *fn,* penis
hímzés *fn,* embroidery, embroidering

hínár *fn,* 1. *tenger* seaweed 2. reed-grass 3. *átv* tangle, mess
Hindu *fn/mn,* Hindi, Hindu
hint *i,* sprinkle, strew with
hinta *fn,* 1. *kötél* swing 2. *deszka* seesaw
hintaló *fn,* rocking-horse
hintázás *fn,* swinging, rocking
hintőpor *fn,* talcum powder
hír *fn,* 1. news, information ‖ **~ügynökség:** press agency ‖ **~zárlat:** news blackout ‖ **~olvasás:** news reading ‖ **~ek:** news
híradástechnika *fn,* telecommunications
híradócsoport *fn,* signal corps ‖ **a BBC londoni ~ja:** the BBC's correspondent in London
hirdet *i,* 1. *eseményt* announce, proclaim, declare officially 2. *újságban* advertise, place / put an advertisement in a paper
hirdetés *fn,* 1. advertising 2. *szöveg* advertisement, *apró* ad, *plakát* poster, bill ‖ **újságban elhelyez ~t:** put an advertisement in a paper
hirdető *fn,* advertiser
hirdetőtábla *fn,* noticeboard, message board
híres *mn,* famous, celebrated, well-known
híresség *fn,* celebrity, personality, dignitary, famous person
híresztelés *fn,* report, rumour, talk ‖ **a ~ek szerint:** by the rumours
hírlap *fn,* newspaper, *napi* daily paper
hírlapárus *fn,* newsagent's
hírlik *i,* it is rumoured, it is said, we are told, people say
hírmagyarázó *fn,* news commentator / analyst
hírnév *fn,* reputation, fame, repute, renown ‖ **jó a ~e:** have a good reputation
hírneves *mn,* famous, well-known
hírnök *fn,* herald, messenger
hirtelen *mn,* 1. *ált* sudden, unexpected,

abrupt **2.** quick, rapid **3.** *ember* hasty, impetuous, impulsive
hirtelen *hat,* suddenly, all of a sudden
hirtelenség *fn,* **1.** suddenness, rapidity **2.** *term* rashness
hirtelensült *fn/mn,* sauté, quick-fried
hisz *i,* **1.** believe in, hold sg true **2.** *vél* believe, think, expect, hold, consider, imagine, fancy, *US* guess **3.** believe sy, trust in sy ‖ *alig ~em:* I can hardly believe ‖ *~ vmiben:* believe in ‖ *nem ~ a fülének:* cannot believe one's ears ‖ *~i vagy sem:* if / whether you believe it or not
hit *fn,* belief, faith, trust, confidence ‖ *~e van vmiben:* have faith in ‖ *keresztény ~:* Christian faith ‖ *nincs ~e vmiben:* have no faith in ‖ *~et tesz:* confirm by oath ‖ *abban a ~ben:* in the belief that ‖ *istenbe vetett ~:* faith in God
hitehagyott *fn,* apostate
hitel *fn,* **1.** *ker* credit **2.** *hihetőség* authenticity, trustworthiness, belief, credence, trust, confidence ‖ *~re vásárol:* buy on credit ‖ *~t ad:* give credence to ‖ *~kártya:* creditcard ‖ *~e van:* have credit
hiteles *mn,* **1.** *valódi* authentic, genuine, trustworthy, valid **2.** authenticated, certified, verified ‖ *~ példány:* certified copy
hitelesen *hat,* authentically, genuinely
hitelesít *i,* **1.** authenticate, verify, verify **2.** *mértéket* check, test, calibrate
hitelesítés *fn,* authentication, certifying, verification
hitelesített *mn,* authenticated, verified, certified
hitelesség *fn,* authenticity, genuineness
hitelez *i,* credit sy with, give credit to sy
hitelképes *mn,* creditworthy, trustworthy

hitelképesség *fn,* credit-worthiness, financial standing
hiteltúllépés *fn,* overdraft
hitetlen *mn,* **1.** incredulous, sceptical **2.** *nem hívő* unbelieving, faithless
hitetlenkedik *i,* refuse to believe, be sceptical
hitetlenség *fn,* incredulity, disbelief, *vall* unbelief
hitrege *fn,* myth
hitszegés *fn,* perjury, perfidy
hitszegő *fn* perjurer, traitor, renegade
hitszegő *mn,* perfidious, disloyal, threacherous
hittérítő *fn,* missionary
hitvány *mn,* **1.** worthless, valueless **2.** *erkölcsileg* base, contemptible, mean, vile
hitványság *fn,* baseness, vileness
hitványul *hat,* vilely
hiú *mn,* **1.** vain, conceited, foppish **2.** vain, illusory
hiúság *fn,* vanity, conceit
hív *i,* **1.** *vkit vhová* call **2.** *telefonon* ring up, give sy a ring, phone sy **3.** *nevez* call, name **4.** *kárty* lead ‖ *meg~ vkit vmire:* invite sy to sg ‖ *ki~:* challenge sy ‖ *fel-ja a figyelmét vmire:* call sy's attention to ‖ *orvost ~:* call the doctor ‖ *fel~ vkit:* give sy a ring ‖ *vissza~:* call sy back ‖ *le~:* call sy down ‖ *tetemre ~:* morgue ‖ *össze~:* call together ‖ *taxit ~:* call a taxi / cab
hivatkozik *i,* **1.** *vmire* refer to **2.** *vkire* give sy as a reference, cite, refer to
hivalkodás *fn,* ostentation, flaunting, showing off
hivalkodik *i,* parade / flaunt, make a show of
hivalkodó *mn,* vain, ostentatious, conceited
hívás *fn,* **1.** call(ing) **2.** *tel* call **3.** *kárty*

lead ‖ **segély~:** a call for help ‖ **fel~:** warning, notice

hivatal *fn,* 1. *hely* bureau, office 2. *állás* position, function, post, job ‖ **köztisztviselői ~:** civil service

hivatalnok *fn,* official, civil servant, clerk ‖ **köz~:** civil servant

hivatalos *mn,* 1. official, governmental, administrative, professional 2. *meghívás* be invited to ‖ **~ levél:** official letter ‖ **~ dolog:** official case ‖ **~ közlés:** official statement ‖ **~ csatornákon keresztül:** through official channels ‖ **~ öltözék:** everyday dress ‖ **~ látogatás:** official visit ‖ **~ megnyitó:** official opening

hivatalosan *hat,* officially, professionally, formally

hivatás *fn,* 1. calling, vocation 2. profession, trade, career ‖ **a tanítás a ~a:** profession of teaching

hivatási *mn,* professional

hivatásos *mn,* professional ‖ **vmiben ~:** be a pro in

hivatkozás *fn,* reference to ‖ **~sal vmire:** with reference to ‖ **~ nélkül:** without a reference ‖ **jövőbeni ~sal:** with the future reference

hivatkozási *mn,* reference

hívatlan *mn,* uninvited ‖ **~ vendég:** unbidden guest

hívó *fn,* caller

hívó *mn,* calling

hívő *fn,* believer

hízeleg *i,* flatter, fawn on, butter

hízelgés *fn,* flattery, blanishment, sycophancy

hízelgő *mn,* lattering, fawning ‖ **~ megjegyzés:** fawning remark, blarney

hízik *i,* 1. gain weight, put on weight,

grow fat, *állat* fatten 2. *dicsérettől* swell with pride

hizlal *i,* 1. fatten up 2. *vmi vkit* make sy fat, be fattening

hízó *mn,* porker

hó *fn,* snow

hobó *fn,* hobo

hóbort *fn,* 1. whim, fad, caprice, whimsy, fancy 2. *divat* craze, mania, fad ‖ **nagyzási ~:** delusion of grandeur ‖ **a legújabb ~:** the newest / latest craze

hóbortos *mn,* eccentric, cranky, crazy, wild

hócipő *fn,* overshoes, gumshoes

hód *fn,* beaver

hódol *i,* 1. pay homage to, pay one's respects 2. *szenvedélynek* have a passion for, indulge in 3. *divatnak* follow fashion, be trendy

hódolat *fn,* homage, reverence

hódoló *fn,* admirer, devotee, follower

hogy *kötőszó,* 1. how, by what means 2. *mennyire* how ‖ **~ van ez?:** how is it?

hogyishívják *mn,* sowanso, such-a-thing

hogyne *hat,* of course, certainly, naturally, yes indeed, sure, by all means

hóhér *fn,* executioner, hangman

hókusz-pókusz *fn,* 1. hocus-pocus 2. hey presto!

hol *mn, kötő+kérdőszó,* where

hold *fn,* 1. moon, *más bolygóé* satellite 2. *körmön* half-moon, lunule ‖ **teli~:** full moon ‖ **növekvő ~:** rising moon ‖ **~világarcú:** roundfaced

hold- *mn,* moon-, lunar

holdfény *fn,* moonlight

holdkóros *fn/mn,* sleep / nightwalker

holdsarló *fn,* crescent of moon

holdsütötte *mn,* moonlit

holland *mn*, Dutch
Hollandia *fn*, Holland, the Netherlands
holló *fn*, raven
holmi *fn*, thing, belonging
hologram *fn*, hologramm
holt *mn*, dead, deceased ‖ *~pont:* deadlock ‖ *~ nyelv:* dead language ‖ *~biztos:* sure as death ‖ *~sápadt:* deadly pale ‖ *~ tőke:* unemployed capital ‖ *~ szezon:* off season
holtág *fn*, backwater, stagnant water
holtfáradt *mn*, dog- / dead-tired
holtjáték *fn*, paly, *túl nagy* backlash
holtpont *fn*, ‖ *~ra jut:* come to a deadlock / standstill
holtteher *fn*, dead weight / load
Holt-tenger *fn*, Dead Sea
holttest *fn*, carcass, dead body, corpse
holtvíz *fn*, dead water
hólyag *fn*, 1. *szerv* bladder 2. *bőr* blister 3. *ember* fathead, fool
homály *fn*, 1. obscurity, darkness; dimness, shadow 2. *esti* twilight, dusk 3. *átv* obscurity, mystery, uncertainty
homályos *mn*, 1. dim, obscure, dark; fuzzy, *idő* cloudy, dark 2. dull, tarnished 3. *érthetetlen* difficult, hard to understand ‖ *~ utasítás:* difficult order ‖ *~an emlékszem:* I remember dimly ‖ *vkinek ez ~:* be difficult for sy ‖ *~ ügy:* difficult case
homályosan *hat*, dimly
homár *fn*, lobster
homlokzat *fn*, front, facade, tympanion
homogén *mn*, homogeneous
homok *fn*, sand ‖ *~ba dugja a fejét:* put one's head in sand ‖ *futó~:* running sand
homokbánya *fn*, sand-pit
homokdomb *fn*, sandhill
homokdűne *fn*, dune

homokfúvás *fn*, sand drift
homokkő *fn*, sandstone
homokláda *fn*, sand-pit
homokóra *fn*, sand-glass
homokos *fn*, gay, queer
homokos *mn*, sandy
homokszóró *fn*, sand-sprayer
homokvár *fn*, sand castle
homokvihar *fn*, sand storm
homokzsák *fn*, sandbag
hónalj *fn*, armpit
hónap *fn*, month
honlap *fn*, homepage
honosít *i*, 1. naturalize 2. *oklevelet* have a diplome accepted / registered
honosítás *fn*, 1. naturalization 2. *okl* registration, acceptance
honvágy *fn*, homesickness, nostalgia
hoppá! *indszó*, oops!
hord *i*, 1. *visz* carry 2. *ruhát* wear, have sg on ‖ *el~:* carry away ‖ *hosszú hajat ~:* wear long hair
hordalék *fn*, alluvial deposits
hordár *fn*, porter
hordó *fn*, barrel, *fa* cask, *kisebb* keg, *olaj* barrel ‖ *~s áru:* barrelled goods
hordószónok *fn*, soapbox speaker
hordozható magnó *fn*, portable tape-recorder
hordozható *mn*, portable ‖ *~ TV készülék:* portable TV set
hordozó *fn*, carrier
hordszék *fn*, sedan-chair
horgász *fn*, angler ‖ *~ruha:* fishing dress
horgászat *fn*, angling, fishing
horgászbot *fn*, fishing-rod
horgászik *i*, angle / fish for
horgol *i*, crochet

horgolás

horgolás *fn*, 1. *foly* crocheting 2. *eredmény* crocheting
horgolt *mn*, crocheted
horgony *fn*, anchor ‖ *~oz:* ride / be / lie at anchor
horgonyoz *i*, ride / be / lie anchor, anchor
hórihorgas *mn*, long-legged, lanky, gangling
hormon *fn*, hormone
horog *fn*, 1. *kampó* hook 2. *horgász* fish-hook 3. *bokszban* hook
horogkereszt *fn*, swastika
horoszkóp *fn*, horoscope
horpad *i*, get dented, stave / cave in
horpadás *fn*, 1. *ált* dent, indentation, hollow 2. *talajban* dip, pan
horzsol *i*, graze, chafe, scratch
horzsolás *fn*, 1. *foly* grazing, chafing 2. *seb* graze, abrasion
hossz *fn*, length
hosszabb *mn*, longer
hosszabban *hat*, longer
hosszirányú *mn*, lengthway, lengthwise
hosszú *mn*, long, *ember* tall, lanky ‖ *~ ideje:* for a long time
hosszúkás *mn*, longish, elongated, oblong
hosszúság *fn*, 1. length 2. *földr* longitude ‖ *az idő ~a:* lentgh of time
hosszúsági *mn*, longitudinal, lengthwise
hóvihar *fn*, snow-storm, blizzard
hoz *i*, 1. *ált* bring, carry, fetch 2. *eredményez* bring in, yield ‖ *vissza~:* bring back ‖ *fel~:* bring up
-hoz, -hez, -höz *rag*, to
hozam *fn*, output, yield ‖ *~képesség:* output ability ‖ *termés~:* crop
hozomány *i*, dowry, marriage portion ‖ *~vadász:* fortune-hunter
hozzáad *i*, 1. *vmihez vmit* add sg to sg 2. *feleségül* marry one's daughter off to sy
hozzáértés *fn*, expertise, competence
hozzáértő *mn*, competent, expert, skilled ‖ *vmihez ~:* competent in
hozzáférhetetlen *mn*, 1. inaccessible, out of reach 2. incorruptible
hozzáférhető *mn*, 1. accessible, approachable, available, be within reach 2. *ember* approachable
hozzáférhetőség *fn*, access, approach
hozzáilleszt *i*, fit / apply to
hozzájárul *i*, 1. *ok* contribute to 2. *vmihez* contribute to, make a contribution to 3. *beleegyezik* assent, agree, consent ‖ *~ a költségekhez:* contribute to the costs
hozzájárulás *fn*, 1. contribution 2. *beleegyezés* assent, consent, approval
hozzálát *i*, settle down to, fall to
hozzászokik *i*, get / become / grow accustomed to, get used to
hozzászoktat *i*, accustom / habituate sy to sg, get sy used to sg
hozzátapad *i*, 1. stick / adhere to 2. *vkihez* cleave / cling to ‖ *~, mint a kagyló:* cling like a leech
hozzátartozó *mn*, belonging to
hozzátartozó *fn*, relative, relation
hozzátesz *i*, add ‖ *semmit sem lehet hozzátenni:* nothing to add ‖ *~te, hogy:* sy added that
hozzávaló *fn*, 1. accessories, *US* findings, *szabó* trimmings, *étel* ingredients 2. *pénz* wherewithal ‖ *a leveshez szükséges fő ~k:* main ingredients for the soup
hozzávetőleges *mn*, approximate, rough
hozzávetőlegesen *hat*, approximately
hő *fn*, heat

hőfok-szabályozó *fn,* thermostat
hőhullám *fn,* **1.** heat-wave **2.** *nőé* hot-flush
hölgy *fn,* lady
hörcsög *fn,* hamster, *US* gopher
hörghurut *fn,* bronchitis
hörpint *i,* gulp down, take a sip of
hős *fn,* hero
hősi *mn,* heroic, hero-like
hősiesség *fn,* heroism, gallantry
hősködik *i,* brag, play the hero
hősnő *fn,* heroine
hőstett *fn,* act of heroism / gallantry, heroic / brave deed / feat
húg *fn,* younger sister
huhogás *fn,* hooting
hujjogat *i,* hoot, to-whoo, ululate
hullámosít *i,* wave, curl ‖ *~ja a haját:* give a wave
huligán *fn,* hooligan, thug
hulla *fn,* corpse, cadaver, body, *áll* carcass
hulladék *fn,* waste, refuse, *US* garbage, *szemét* litter, *vas* scrap iron ‖ *~ gyűjtő:* litter-bin
hullafáradt *mn,* dead- / dog tired, exhausted, *biz* done in
hullaház *fn,* mortuary, *US* morgue
hullám *fn,* wave ‖ *a boldogság ~a:* wave of happiness ‖ *gyors ~ot tetet a hajába:* give a quick wave ‖ *lágy ~:* soft wave ‖ *tarajos ~:* billow
hullámhossz *fn,* wavelength ‖ *azonos ~on vannak:* they are on the same wavelength
hullámlovaglás *fn,* surfing
hullámlovagol *i,* surf
hullámos *mn,* wavy
hullámverés *fn,* rolling sea, swell of the sea, *parti* surf

hullámzik *i,* **1.** *szelíden* ripple, undulate; *erősen* surge, billow, swell **2.** fluctuate
hullámzó *mn,* **1.** billowy, rough, undulating, rippling **2.** milling, surging
hullik *i,* **1.** *esik* fall off, drop down **2.** *könny* flow **3.** *haj* fall out, be losing one's hair **4.** *meghal* die, *áll* die off
hullócsillag *fn,* shooting star
hunyorog *i,* wink, narrow one's eyes
hunyorgó *mn,* winking
húr *fn,* **1.** string(s) **2.** *mat* chord ‖ *egy ~on pendülnek:* they are thick as thieves
hurcol *i,* drag, haul
hurok *fn,* noose, slip-knot, loop, *állatfogó* snare, mesh
húrozó *fn,* stringer
hurrá *ind.szó,* (hip hip) hurray! ‖ *háromszoros ~ a győztesnek:* three cheers for the winner
hurut *fn,* catarrh
hús *fn* **1.** *élo* flesh **2.** *ennivaló* meat, *vadé* game **3.** *gyümölcs* pulp, flesh ‖ *se ~, se hal:* neither fish, nor flesh ‖ *saját ~a és vére:* one's own flesh and blood
húsdaráló *fn,* mincer, *US* greater, grinder
húsevő *fn,* carnivore
húsevő *mn,* carnivorous
húsos *mn,* **1.** meat- **2.** *személy* well-covered, chubby; *túl* fleshy
húsvét *fn,* Easter
húsz *számn,* twenty
huszadik *mn,* twentieth
hússzín *fn,* meat-colour
húz *i,* **1.** draw, pull, *vonszol* drag, haul **2.** *ruhát* put on **3.** *vállat* weigh down **4.** *iszik* take a swig of, drink deep, have a pull at the bottle **5.** *ugrat* kid, pull sy's leg **6.** *motor* be pulling well **7.** *vki*

vmeddig have one foot in the grave **8.** *írásból* cut, make cuts in, cut out of a play ‖ *be~:* pull in ‖ *ki~:* pull out ‖ *oda~:* pull there ‖ *üres lapot ~:* pull a blank card ‖ *el~:* pull away ‖ *vissza~:* pull back ‖ *a végéig ki~za:* draw to an end ‖ *meg~za a határvonalat:* draw the borderline ‖ *hasznot ~:* profit / benefit from/by ‖ *fel~:* draw up ‖ *közel~:* draw near ‖ *túl~:* pull over ‖ *át~:* pull through ‖ *~a a kötelet:* draw the rope
huzagol *i,* rifle
huzagolás *fn,* rifling
huzalkábel *fn,* wire, *erősebb* cable
huzalozás *fn,* wiring
huzalozott *mn,* wired
húzás *fn,* **1.** pull, pulling, draw, drawing **2.** drag, dragging, haul, hauling **3.** *evezős* stroke **4.** *ital* draught, swig **5.** *sorsjegy* drawing **6.** *írásból* cut ‖ *kötél~:* tug-of-war
húzódás *fn,* strain
húzódik *i,* **1.** stretch **2.** *ügy* drag on, take a long time **3.** *terület vmeddig* extend to/over, spread as far as **4.** *vki vhová* withdraw to, retire to, hide in ‖ *félre~:* hide away
húzódozás *fn,* shrinking from, unwillingness to
húzódozik *i,* fight shy of, be reluctant / loath to do sg, shrink from, be unwilling to do sg
húzódozó *mn,* unwilling
húzóháló *fn,* = *háló*
húzott *mn,* gathered ‖ *~ szoknya:* gathered skirt
húzózár *fn,* zip-fastener, *US* zipper
hű *mn,* faithful, loyal, true, devoted to
hű *ind.szó,* ‖ *~!:* wow!

hűbérbirtok *fn,* fee, fief
hűbéri *mn,* feudal
hűhó *fn,* ado ‖ *nagy ~t csap:* make a fuss about ‖ *sok ~ 'semmiért:* much ado about nothing
hülye *mn,* idiotic, half-witted, stupid ‖ *olyan ~ tud lenni:* can be so silly
hülyeség *fn,* idiocy, stupidity
hümmög *i,* hum, *US* hem
hümmögés *fn,* humming
hűs *mn,* cool, fresh, refreshing ‖ *~ ital:* fresh drink ‖ *~en tart:* keep cool
hűség *fn,* **1.** faithfulness, fidelity, devotion **2.** *párthoz* loyalty
hűséges *mn,* faithful, loyal, true, devoted ‖ *~ vmihez:* faithful to ‖ *~ marad:* remain faithful to ‖ *~ híve: levél végén* faithfully yours
hűt *i,* cool, make cold, refrigerate, chill ‖ *le~:* cool down
hűtlen *mn,* faithless, unfaithful, disloyal, untrue
hűtlenkedik *i,* be unfaithful, cheat sy
hűtlenség *fn,* adultery
hűtőgép *fn,* refrigerator, fridge
hűtött *mn,* chilled, iced
hüvely *fn,* **1.** *kard* scabbard, sheath **2.** *tok* case, cover **3.** *növ* legume, pod **4.** *női* vagina
hüvelyk *fn,* **1.** *kézen* thumb, *lábon* big toe **2.** *mérték* inch ‖ *~ről ~re:* from inch to inch ‖ *~nyi:* as long as an inch ‖ *~ujj:* thumb
hüvelykujj *fn,* thumb ‖ *~ Matyi:* Tom Thumb
hűvös *mn,* cool, fresh, refreshing ‖ *~en viseltetik vki iránt:* be cool towards sy ‖ *~en hangzik:* sound cool ‖ *~ mosoly:* cool smile
hűvösség *fn,* coolness

I, Í

ibolya *fn*, 1. *növ* violet 2. *szín* violet
ibolyántúli *mn*, ultraviolet ‖ ~ *sugár:* ultraviolet ray
icipici *fn*, tiny, wee, teeny-weeny, diminutive, itsy-bitsy ‖ *csak egy ~t* just a bit
idáig *hat*, 1. *időben* till now, up to the present, thus far 2. *térben* as far as here, right here, up to this point
iddogál *i, biz* tipple, sip, sup, drink
ide *hat*, here, to this place ‖ *gyere ~!:* come here! ‖ *~ figyelj!:* listen!, look! ‖ *~ vele!:* give it to me!
idead *i*, give, hand over, make over ‖ *add ide!* give it to me! ‖ *nem adta ide* he didn't give it to me
ideális *mn*, ideal, of one's dreams ‖ *az ~ férfi* man of one's dream ‖ *~ férj* ideal husband
idealista *mn*, idealistic, starry-eyed ‖ *fn*, idealist
ideg *fn*, 1. nerve ‖ *~gócok:* ganglion ‖ *~eire megy:* get on one's nerves ‖ *~rendszer:* nervous system ‖ *~gáz:* nerve gas ‖ *~összeroppanás:* nervous breakdown
ideg- *mn*, nervous, nerve-, neurological ‖ *~gyógyász:* neurologist ‖ *~sebész:* neurosurgeon
idegbaj *fn*, neurosis, neuropathy, nervous affection ‖ *az ~t hozta rám* he scared me to death
idegbeteg *mn, ld.* idegbajos | *fn*, nerve-patient, neuropath, nerve-case
idegen *fn*, stranger, outsider ‖ *nem ~ nekünk:* he is no stranger for us
idegen *mn*, 1. foreign, strange, unknown, unfamiliar 2. foreign, alien ‖ *~ test:* foreign body ‖ *~nyelvet beszél:* speak a foreign language ‖ *~ vmitől:* be foreign for
idegen- *mn*, foreign ‖ *~ valuták:* foreign currency ‖ *~gyűlölet:* racism
idegenforgalmi *mn*, tourists', of travel ‖ *~ iroda* travel bureau
idegenforgalom *fn*, tourism, tourist trade / industry
idegengyűlölet *fn*, racism
idegengyűlölő *fn/mn*, racist
idegenít, el- *i*, 1. *tárgyat* alienate 2. *érzelmileg* alienate, estrange from ‖ *~ik vkitől:* grow cold towards sy
idegenkedés *fn*, 1. *vmitől* aversion, antipa-

idegenkedik thy to/towards/against **2.** *vkitől* aversion to/for/from, dislike of

idegenkedik *i,* **1.** *vmitől* be averse to **2.** *vkitől* dislike

idegenlégió *fn,* foreign legion ‖ *Francia ~* French Foreign Legion

idegenség *fn,* strangeness, unfamiliarity, peculiarity

ideges *mn,* nervous, edgy, worried about ‖ *~sé tesz vkit:* make sy nervous, irritate

idegesít *i,* set sy's teeth on edge ‖ *fel~ vmivel:* make sy nervous with sg

idegeskedik *i,* be nervous / jumpy / jittery / edgy ‖ *nem kell ~ni:* you need not worry!

idegesség *fn,* nervousness

idegnyugtató *fn,* sedative, tranquilizer

idegroncs *fn,* nervous wreck

idegtépő *mn,* nerve-racking

idegzsába *fn,* neuralgia

idehallik *i,* can be heard from here

ideiglenes *mn,* **1.** *átmeneti* temporary, provisional, interim, momentary **2.** *rögtönzött* makeshift

ideig-óráig *hat,* for a short time ‖ *~ tart* it is momentary/short-lived

ideillik *i,* to be in place, suit the place, to be suiteable/proper swhere ‖ *nem illik ide* it doesn't suit here, it is out of place here

idejétmúlt *mn,* out-of-date, outdated, old-fashioned

idejön *i,* to come here ‖ *Vigyázz! ~!* Take care! He is coming here!

idekinn *mut. ért. hat,* out here

ideküld *i,* send to this place/here

idelát *i,* be able to see here ‖ *a szomszéd ablakból ~ni* we can be seen from the window next to us

idén *mut. ért. hat,* this year ‖ *az ~ házasodunk össze* we will marry this year.

idényjellegű *mn,* seasonal

ideológia *fn,* ideology ‖ *~ilag* ideologically

idestova *hat,* nearly, almost ‖ *~ én is megnősülök* I, too, likely shortly marry

ideszámít *i,* **1.** include here **2.** to be included here ‖ *ez az összeg is ~* this sum belongs here too

idétlen *mn,* **1.** *viselkedésre* clumsy, awkward, imbecile **2.** *megjegyzés* silly, inept, foolish **3.** *alak* unsighty, illshaped, unshapely, untoward

idéz *i,* **1.** quote, cite **2.** *hatóság elé* summon, cite ‖ *könyvet ~:* quote from a book

idézés *fn,* **1.** *szövegé* quoting, citing **2.** *irat* summons, subpoena ‖ *vkinek ~t ad át:* serve sy a summon

idézet *fn,* **1.** quotation **2.** quote ‖ *~ vhonnét:* quote from ‖ *~eket tesz vmibe:* put quotes into

idézőjel *fn,* quotation marks

idill *fn,* idyll, romance

idillikus *mn,* Arcadian, bucolic, idyllic

idióta *fn/mn,* idiot, idiotic

idióta *fn,* idiot, ‖ *mn,* idiotic, silly, foolish

idom *fn,* **1.** *mat* figure **2.** *női* figure, form **3.** *öntő* mould, *US* mold

idomít *i,* **1.** *állatot* break in, supple, train **2.** *vadat* tame **3.** *vmihez* fit to, arrange to, adapt/adjust to **4.** *alakra* shape, form, mould

idomítás *fn,* **1.** *állatot* breaking in, taming, training **2.** shaping, forming, moulding **3.** *átv* adapting

idomtalan *mn*, shapeless
idomul *i*, 1. *vmihez/vkihez* adjust,/adapt/mould oneself to sg 2. *ált* take a shape
idő *fn*, 1. *ált* time 2. period, duration, term, while 3. *isz* time 4. *időjárás* weather || *az ~ ellen:* against time || *mindent a maga ~jében:* all in a good time || *egy~ben: ugyanakkor* at the same time **/** *idejében:* in time || *~ előtt:* prematurely || *~ről ~re:* from time to time || *jó ~:* good weather || *nincs ideje rá:* have no time for **/** *épp ~je:* it is time to || *~ben:* on time || *tartja az ~t:* keeps time || *~veszteség nélkül:* without timeloss || *az ~ pénz:* time is money || *~pont:* date || *~tlen ~k óta:* since time immemorial || *az ~ repül:* time flies || *kihasználja az ~t:* make the best use of one's time || *megbeszélt ~:* agreed time || *rész~s:* part-time || *egy ~ig:* for a while
időjárás *fn*, weather || *~előrejelzés:* weather forecast || *~i viszonyok:* weather conditions
időrend *fn*, chronological order
időrendi *mn*, chronological
idős *mn*, old, aged, elderly || *az ~ek:* elderly people
idősebb *mn*, *rég* senior || *~ Plinius:* Plinius snr.
idősödő *mn*, elderly || *~ férfi:* elderly man || *pátyolja az ~eket:* help the elderly
időszak *fn*, period, term, era || *viktoriánus ~:* Victorian era
időszakos *mn*, periodic, seasonal || *~ sajtótermék:* periodical
időszakosan *hat*, perodically, seasonally
időszámítás *fn*, 1. time 2. *~unk szerint:* a. C., after Christ || *~unk előtt:* b. C., before Christ
időszerű *mn*, timely, topical
időszerűség *fn*, timeliness, actualities
időtartam *fn*, length of time, period, duration || *~ra:* for a period of
időtöltés *fn*, pastime, hobby
idozik *i*, 1. *vkinél* stay 2. *tárgynál* dwell on
időzít *i*, time || *rosszul ~ vmit* mistime sg
időzítés *fn*, timing
időzített *mn*, timed || *~ bomba* time-bomb
idült *mn*, chronic
ifjú *mn*, young, adolescent, juvenile || *fn*, young man, youth, adolescent, lad || *az ~ pár* the newly wed
ifjúság *fn*, 1. *kor* youth, immaturity, adolescence 2. *személyek* youth, young people, the young || *~ bolondság* youth will have its way || *~a virágjában* in the hey-day of youth
ifjúsági *mn*, juvenile, youth, junior || *~ ház:* youth club || *~ bűnözés:* youth crime
-ig *rag*, 1. to; as far as 2. *idő* to, up to; till until
iga *fn*, yoke || *lerázza az ~t:* throw off the yoke
igaz *mn*, 1. true, genuine, real, veritable, authentic 2. *~ is:* by the way 3. true, straight, just, honest || *olyan szép, hogy nem is lehet ~:* too good to be true
igazán *hat*, 1. really, truly, in truth, indeed 2. *kérdés* really? indeed? || *vmit ~ szeret:* really like sg || *~!:* really!
igazgat *i*, 1. *vállalatot* manage, direct, conduct 2. *ruhát* adjust, arrange
igazgatás *fn*, management, direction, administration

igazgatási *mn*, managing, directing
igazgató *fn*, **1.** manager, director, governor **2.** custodian, keeper, curator **3.** headmaster / mistress, head
igazgatóság *fn*, **1.** *testület* management, board of directors **2.** *állás* directorship, managership **3.** *iroda* director's/manager's office ‖ *~i ülés* meeting of the board of the directors
igazhívő *mn*, orthodox
igazi *mn*, real, true, genuine, authentic
igazít *i*, put right, adjust, set, rearrange; repair, mend, *US* fix ‖ *vmit vmihez ~:* set sg to sg
igazmondás *fn*, veracity, truthfulness
igazmondó *mn*, veracious, truthful
igazmondóan *hat*, truthfully
igazodik *i*, **1.** adjust to sy/sg **2.** go by
igazol *i*, **1.** justify, give reason for, account for **2.** excuse **3.** exonerate, clear, exculpate **4.** prove / establish one's identity, identify oneself ‖ *az események téged ~tak:* you were justified by the events
igazolás *fn*, **1.** justification, verification **2.** political screening / vetting **3.** certificate **4.** proof of one's identity ‖ *~képp:* proving
igazolt *mn*, justified, authorized, verified, certified
igazolvány *fn*, certificate
igazság *fn*, **1.** truth, fact **2.** justice ‖ *~szolgáltatás:* jurisdiction ‖ *rájön az ~ra:* realize the truth ‖ *a meztelen ~:* the naked truth ‖ *az ~ furcsább, mint a kitaláció:* truth is stranger than fiction ‖ *kiderül az ~:* truth is out
igazságos *mn*, just, fair

igazságszolgáltatás *fn*, administration of justice, jurisdiction
igazságtalan *mn*, **1.** unfair, unjust, unrighteous **2.** *elfogult* partial, biased ‖ *i*, wrong sy, be hard on sy
igazságtalanság *fn*, injustice, unfairness ‖ *~ot követ el vkivel:* commit injustice
ige *fn*, verb
igekötő *fn*, verb prefix
igen *hat*, yes
igenel *i*, answer in the affirmative, say yes
igenévszó *fn*, participle
igenlő *mn*, affirmative, positive ‖ *~ válasz:* positive answer
igény *fn*, **1.** claim, demand **2.** pretension, expectations ‖ *fizetésemelési ~:* demand for a pay rise ‖ *~t bejelent a biztosítónak:* lay claim for the insurance company ‖ *kielégíti az ~eit:* meet sy's claims
igényel *i*, **1.** claim **2.** demand, require, call for
igényes *mn*, **1.** exacting, demanding **2.** taxing, of a high standard
igénylés *fn*, **1.** claiming, demand **2.** *űrlap* application-form
igénytelen *mn*, **1.** unassuming, modest **2.** simple, plain, undemanding **3.** insignificant
ígér *i*, **1.** promise **2.** bid, offer ‖ *~ vmit vkinek:* promise sg to sy ‖ *meg~em!:* I promise!
ígéret *fn*, **1.** promise, pledge, word **2.** *átv* promise ‖ *~et tesz vkinek:* make sy a pledge ‖ *megszegi az ~ét:* break one's word ‖ *megtartja az ~ét:* keep one's word ‖ *vmi ~e:* promise of sg ‖ *~esnek mutatkozik ként:* show great promise as
ígéretes *mn*, promising, full of promise

igésít *i,* verbalize
igéző *mn,* magic, spelling, marvellous, ravishing, enchanting, charming
iglu *fn,* iglu
így *hat,* so, thus, in this way / manner ‖ *csak ~:* just this way ‖ *csak ~ tovább:* go on like this! ‖ *~ ahogy van:* as it is ‖ *~ történt az eset:* the case happened like this
igyekezet *fn,* effort, endeavour
igyekszik *i,* **1.** *vmit tenni* be at pains, strive, endeavour **2.** *szorgalmas* work hard, do one's best, be zealous **3.** *helyre* make/head for swhere ‖ *igyekezz!* step lively!
igyekvő *mn,* hard-working, ambitious, industrious, diligent
ihatatlan *mn,* undrinkable
ihlet *fn,* inspiration
íjász *fn,* archer, bowman
íjászat *fn,* archery
ijed *i,* take fright, be scared/frightened, get scared ‖ *ne ~j meg!* don't get scared!
ijedelem *fn,* fright, scare, alarm
ijedős *mn,* easily frightened / scared, timorous
ijedt *mn,* frightened, scared, alarmed
ijedten *hat,* scared
ijedtség *fn,* fright, alarm, fear, terror, worry ‖ *~ fogja el:* be terrified ‖ *ijedtében:* in one's alarm ‖ *nincs ok ~re:* no reason for panic
ijeszt *i,* frighten, alarm, terrify, scare ‖ *meg~ vkit:* make sy scared ‖ *el~:* discourage
ijesztő *mn,* frightening, alarming, fearsome, appalling ‖ *~en néz ki:* look frightening

iker *fn/mn,* twins
iker- *mn,* twin-, double, duplicated
ikon *fn,* icon
ikrek *fn,* twins, *csill* Gemini
ikszedik *mn,* umpteenth ‖ *~ alkalommal:* umpteenth time
iktat *i,* **1.** file, register **2.** enter **3.** *törvénybe* enact, codify
iktatás *fn,* **1.** filing, registering **2.** registry
iktató *fn,* **1.** filing clerk, registrar **2.** *hiv* registry, office files ‖ *~ szám:* reference / registry number
iktatóhivatal *fn,* registry office
illat *fn,* fragrance, sweet smell, scent, odour
illatos *mn,* fragrant, sweet scented, odourous
illatosító *fn,* scent
illatszer *fn,* perfume, scent
illékony *mn,* volatile
illékonyság *fn,* volatileness
illemhely *fn,* toilet, lavaratory, *női* powder room, *US* washroom
illemszabály *fn,* rules of conduct, proprieties, etiquette
illemtan *fn,* etiquette
illeszkedés *fn,* joint, *ajtóé* fit, making true, trueing up
illeszt *i,* **1.** fit, join **2.** true up **3.** *szövegbe* insert, interpolate ‖ *óvatosan hozzá~:* fit sg carefully
illesztés *fn,* fitting, joining
illeték *fn,* dues, fee, duty, tax ‖ *örökösödési ~:* stamp duty
illetlen *mn,* improper, indecent, ill-bred
illetlenség *fn,* improperness
illető *mn,* **1.** concerning, relating, referring to, belonging to **2.** in question, in point, the said

illető *fn*, the person in question / concerned
illetőleg *hat*, concerning, regarding, as regards sy/sg
illik *i*, 1. *vhova* fit 2. *vmihez* go with, match 3. become, not to be done ‖ **össze~:** they fit to each other ‖ **nem ~ hozzá:** they do not match ‖ **~ a terveihez:** it goes well with one's plans ‖ **nem ~az ilyesmi!:** it is not done
illő *mn*, 1. proper, fitting, due, suitable 2. appropriate for/to 3. compatible
illusztráció *fn*, illustration
ilyen *névm*, such, of this kind ‖ **~ esetben:** in such cases ‖ **~ még nem volt:** it is unprecedented
i. m. *röv* opere citato (op cit)
ima *fn*, prayer ‖ **~át mond:** say a prayer, pray
imád *i*, adore, worship
imádat *fn*, adoration, worship
imádkozik *i*, pray, say one's prayers ‖ **~ vmiért:** pray for
imádnivaló *mn*, adorable, lovely
imbolygó *mn*, tottering, rocking, staggering
imbolyog *i*, 1. totter, stagger 2. *hajó* rock 3. *fény* flicker
immun- *mn*, immune, immunic ‖ **~ válasz:** immunoreaction ‖ **~ rendszer:** immune system ‖ **~ betegségek:** immune diseases
immunis *fn/mn*, immune against/to, *oltás után* from sg
import *fn*, 1. importation, importing, import 2. imports ‖ **~vizsgálat:** import control ‖ **~vám:** import duty
importált *mn*, imported ‖ **~ termékek:** imports

impregnált *mn*, waterproof
impresszárió *fn*, agent
ín *fn*, tendon, sinew
inas *fn*, 1. *ip. tanuló* apprentice 2. *házban* valet, servant, footman, butler
inaskodás *fn*, apprenticing
incselkedés *fn*, teasing, mockery, raillery, jest, joke
incselkedik *i*, tease, mock, chaff
indás *mn*, sarmentose, sarmentous
India *fn*, India
indiai *mn/fn*, Indian, Hindu, Hindi
indiánsátor *fn*, wigwam
indigó *fn*, carbonpaper ‖ **~másolat:** carboncopy
indít *i*, 1. *jelt ad* give the starting signal 2. *vmire* move to, incite for 3. *motort* put into motion, set going 4. *küldeményt* dispatch, forward 5. *ügyet* set on foot, start in
indíték *fn*, motive, reason, incentive ‖ **~ vmire:** motive for
indítókulcs *fn*, ignition key
indok *fn*, motive, ground, *érv* argument
indoklás *fn*, reasons for, motivation
indokol *i*, give / offer reasons for, give grounds for, acount for, explain oneself, account for
indokolatlan *mn*, unjustified, unwarranted, unprovoked
indokolatlanul *hat*, without reason / cause
indokolt *mn*, justified, reasoned
indul *i*, 1. start 2. take off, sail, depart, leave 3. start out for, leave for 4. *mozg* be set on foot
indulás *fn*, 1. start, sailing, departure, take-off, setting out 2. *sp* start

indulat *fn*, **1.** temper, passion **2.** mood, disposition
indulatos *mn*, passionate, hot tempered
indulatosan *hat*, passionately
indulatszó *fn*, interjection
infláció *fn*, inflation ‖ *az ~ már 20%:* inflation is already 20%
influenza *fn*, influenza, flu ‖ *megkapja az ~át:* come down with the flu
infrastruktúra *fn*, infrastructure
infravörös *mn*, infrared
ing *fn*, shirt, *női* blouse
inga *fn*, pendulum
ingajárat *fn*, shuttle-service
ingatag *mn*, **1.** unstable, unsteady, wobbly, shaky **2.** irresolute, vacillating, hesitant, wavering
ingblúz *fn*, shirtwaister, *US* shirtwaist
ingerel *i*, **1.** stimulate, excite, irritate **2.** *bosszant* nettle, vex
ingerkedés *fn*, vexation, irritation, annoyance
ingerkedik *i*, **1.** annoy, vex, plague **2.** irritate
ingerlékeny *mn*, irritable, excitable, hot-tempered, irascible, inflammable
ingerlékenység *fn*, irritability
ingerlés *fn*, **1.** stimulation, irritation **2.** *bántó* provocation
ingerlő *mn*, **1.** stimulating **2.** *pikáns* provocative, arousing **3.** *bántó* annoying
ingerült *mn*, irritated, exasperated
ingkabát *fn*, blouson
ingóságok *fn*, personal properties, belongings, effects
ingovány *fn*, bog, swamp, fen, marsh
ingoványos *mn*, swampy, marshy
ingujj *fn*, shirt-sleeve ‖ *~ban:* in one's shirt-sleeve

ingyen *hat*, free, gratis, for nothing, for no charge ‖ *~ utazik:* travel free ‖ *ez ~ van!:* it is dirt cheap!
ingyen *mn*, free, gratiuos
ingyenes *mn*, free, gratis ‖ *~ tagság* free membership ‖ *~ juttatás* gratuity ‖ *~ jogi képviselet* free legal aid
inkább *hat*, rather, sooner, instead ‖ *bármit ~, mint:* I rather do anything but / than ‖ *~ teát innék:* I'd rather have tea ‖ *~ nem:* rather not
innenső *mn*, hither, this
innen *hat*, **1.** from here, hence **2.** on this side of ‖ *~-onnan:* from here and there, hither-tither
ínség *fn*, penury, distress, poverty, need
int *i*, **1.** make a sign, beckon, wave, motion **2.** *fejjel* nod, *szemmel* wink **3.** *vkit vmire* warn sy to sg, admonish sy against sg ‖ *félre~:* call aside ‖ *le~ egy taxit:* hail a taxi ‖ *búcsút ~:* wave goodbye
integrált *mn*, integrated ‖ *~ áramkör:* integrated circuit
intellektuális *mn*, intellectual
intelligencia *fn*, **1.** intelligence **2.** *az ~:* *értelmiség* the intellectuals, intelligentsia ‖ *~hányados:* intellingence quotient ‖ *magas ~jú:* highly intelligent
intelligens *mn*, intelligent ‖ *~ ember* intelligent man ‖ *nem ~ gép* unintelligent machine
intenzív *mn*, intensive ‖ *~ angoltanfolyam:* intensive English course ‖ *~ osztály:* intensive care unit ‖ *~ művelés:* intensive cultivation
interpellál *i*, question
intés *fn*, **1.** wave, waving, motion, nod **2.**

intéz

warning, caution || *csak az ~ére vár:* wait just for the nod

intéz *i,* **1.** manage, conduct, direct **2.** *el* arrange **3.** *vmit vkihez* address sg to sy

intézet *fn,* institute || *kutató ~:* research institute

intézkedés *fn,* measure, step, order, arrangement || *~eket tesz:* take steps

intézmény *fn,* institution, establishment, institute || *öregeket ellátó ~:* institute for elderly people || *jótékonysági ~:* institution for charity

intéző *fn,* estate manager / steward, bailiff

intravénás *mn,* intravenous || *~ injekció:* intravenous injection

íny *fn,* **1.** palate **2.** *fog* gums || *nincs ~ére:* it is not one's taste || *~sorvadás:* periodontal disease

ínycsiklandozó *mn,* delicate, tasteful

ipar *fn,* **1.** industry **2.** trade, craft || *nehéz~:* heavy industry || *könnyű~:* light industry

ipar- *mn,* of industry, industry-, industrial || *~város:* industrial town || *~negyed:* industrial district || *~telep:* industrial area

iparengedély *fn,* trade license

iparfejlesztés *fn,* industrialization

ipari *mn,* industrial

iparos *fn,* **1.** craftsman, *nő* artisan **2.** industrialist

iparosít *i,* industrialize

ipartestület *fn,* industrial corporation

ír *fn,* Irish

ír *i,* **1.** write **2.** *géppel* type **3.** *javára ~:* give sy credit for

Irak *fn,* Iraque

iraki *mn,* Iraqui

irány *fn,* **1.** direction, course **2.** bearing || *~t vált:* change direction

irányában *hat,* in its direction

irányelv *fn,* directive

irányít *i,* **1.** direct, guide to, refer sy to sy **2.** *intézményt* direct, manage, run, control **3.** control, *hajót* steer, pilot **4.** *ural* govern || *~ ja az országot:* govern a country

irányítás *fn,***1.** direction, guiding, control **2.** control, steering **3.** leading, management **4.** governing || *átveszi az ~t:* take over the control

irányítószám *fn,* postal code, *US* zip code

irányított *mn,* guided, controlled

irányjelző *fn,* indicator

irányul *i,* be aimed at, tend towards

iránytű *fn,* compass, magnetic needle

irányzat *fn,* tendency, trend

irányzék *fn,* rears and front sights

írás *fn,* **1.** writing **2.** *kéz* handwriting **3.** script, alphabet

irat *fn,* **1.** document **2.** papers **3.** *irod* writing

iratkapocs *fn,* paperclip

irattár *fn,* archives, filing cabinet

irattári *mn,* filing

irattáros *fn,* filing officer

irattáska *fn,* briefcase

irgalmas *mn,* merciful, compassionate, charitable

irgalmatlan *mn,* merciless, pitiless

irgalom *fn,* mercy, pity, compassion; clemency, pardon || *~atlanul:* mercilessly || *irgalmaz:* be merciful on sy

irigy *mn,* envious || *~ kutya:* dog in the manger

irigyel *i,* envy, be envoius of || *~ vkit vmiért:* envy sy for sg

irigyelhetetlen *mn,* unenviable
irigyelhető *mn,* enviable
irigység *fn,* envy, enviousness
irka-firka *fn,* scribbling, scribble, scrawl
irkafirkál *i,* scribble
írnok *fn,* clerk
író *fn,* writer, paperback-writer
íróasztal *fn,* writing desk / table
iroda *fn,* office, bureau ‖ *~át vezet:* run an office ‖ *jegy~:* ticket-office
iroda-felszerelés *fn,* office equipment
irodalom *fn,* literature
irodasegéd *fn,* office clerk
írógép *fn,* typing machine
írónő *fn,* authoress, woman writer
Írország *fn,* Eire, Ireland
írott *mn,* written
irtózás *fn,* horror, terror, dread
irtózatos *mn,* horrible, dreadful, awful, monstrous
irtózik *i,* have a dread / horror, be repelled by, find sy repugnant
is *hat,* also ‖ *én ~!:* me too! ‖ *itt ~, ott ~:* here as well as there ‖ *még akkor ~:* even if
iskola *fn, átv is* school ‖ *a régi ~ból való:* from the old school / trend ‖ *~köpeny:* schoolgown
iskolaév *fn,* schoolyear
iskolafolyosó *fn,* school hall
iskolaigazgató *fn,* headmaster
iskolás *fn,* schoolboy
iskoláslány *fn,* schoolgirl
iskolapad *fn,* schooldesk
iskolatábla *fn,* blackboard
iskolatárs *fn,* schoolmate
iskolatáska *fn,* satchel, schoolbag
iskolázott *mn,* educated, trained

iskoláztat *i,* provide schooling for
iskoláztatás *fn,* schooling, education
ismer *i,* know, be aquinted / familiar
ismeret *fn,* knowledge ‖ *a tények ~ében:* with full knowledge of the facts ‖ *vannak ~ei spanyolból:* have some acquintance of Spanish
ismeretes *mn,* well known ‖ *mint ~:* as it is well-known
ismeretlen *mn,* unknown, unfamiliar, unidentifed
ismeretség *fn,* 1. acquintance 2. *~i kör:* circle of acquintants
ismerős *fn,* 1. acquintance 2. contact ‖ *vkinek ~ lesz:* make acquintances ‖ *egy ~:* an acquintance
ismerős *mn,* known, familiar
ismert *mn,* well-known
ismertetés *fn,* 1. making known 2. statement, expounding, survey, overview, exposé
ismertető *fn,* 1. reviewer 2. brochure, information sheet, prospectus, guide
ismérv *fn,* criterion
ismétel *i,* repeat, recapitulate, do some revision, revise ‖ *osztályt ~:* repeat the year ‖ *unalomig ~:* harp on about
ismételt *mn,* repeated
ismételten *hat,* repeatedly
ismétlés *fn,* 1. repetition, revision 2. *TV* replay 3. *zene* repetition, repeat
ismétlő *mn,* repeating, revising
iskolaismétlő *fn,* repeater
istálló *fn,* stable, *marha* cowshed ‖ *becsukja az ~ ajtót:* close the stable's door ‖ *az ~ját!:* darn it!
isten *fn,* god, God ‖ *~i igazság:* divine justice ‖ *~ben hisz:* believe in God ‖

Hála I~nek!: Thanks God! ‖ ~ *tudja:* God only knows
istenhátamögötti *mn,* godforsaken
istenhívő *fn/mn,* godly, pious, god-fearing
istenhozzád *fn,* good-bye, farewell
isteni *mn,* divine, godly; superb ‖ ~ *joga van rá:* have a divine right for
isten-isten! *ind. szó, koccintáskor* cheers!
istenít *fn,* idolize, worship, praise to the skies
istennő *fn,* goddess
istenség *fn,* divinity, deity
istentagadás *fn,* atheism
istentagadó *fn,* atheist
istentelen *mn,* 1. godless, ungodly, atheistic 2. *átv* wretched, abominable, wicked
iszákos *fn,* drunkard, hard drinker, alcoholic
iszákos *mn,* alcoholic
iszákosság *fn,* alcoholism
iszapfürdő *fn,* mud-bath
iszapos *mn,* muddy, muddied
iszappakolás *fn,* mudpack
iszik *i,* 1. drink 2. *iszákos* be a drunkard, *biz* booze ‖ ~ *mint a gödény:* drink like a fish
iszony *fn,* horror, terror, dread, repulsion
iszonyodik *i,* have a horror of, be horrified by, *túlzó* dread
ital *fn,* drink, beverage
Itália *fn,* Italy
itatóspapír *fn,* blotter
ítél *i,* 1. pass sentence on, sentence sy to 2. consider, hold, think 3. award / judge 4. form an opinion, conclude, pass judgement ‖ *halálra/pusztulásra ~:* sentence to death / ruin ‖ *oda~i vkinek:* award to sy

ítélet *fn,* 1. judgement, decision, sentence 2. opinion, judgement, conclusion, verdict ‖ *bírósági ~:* sentence
ítélkezik *i,* judge, administer justice, pass a sentence
itt *hat,* here, in this place, on this spot ‖ ~ *és ott:* here and there ‖ ~, *ott és mindenütt:* here, there and everywhere ‖ *ma ~, holnap ott:* here today, gone tomorrow
ív *fn,* 1. arch, span, arc 2. curve 3. sheet ‖ ~ *alakúra hajlít/domborít:* curve, arch
ivadék *fn,* issue, progeny, descendant, offspring
ivászat *fn,* drinking, carousal
ívelt *mn,* arched, curved
ivóvíz *fn,* drinking water ‖ ~ *tartály:* drinking water tank
íz *fn,* 1. taste, flavour 2. *lekvár* jam, US *biz* jelly ‖ *rossz ~e van:* taste badly, have a bad taste
izé *fn,* whatsit, wha-do-you-call-it, thingummy
ízes *mn,* 1. tasty, flavourful, juicy 2. *lekváros* with jam
ízesít *i,* flavour, season, spice
ízesítés *fn,* flavour
ízesítő *fn,* seasoning, condiment
ízetlen *mn,* 1. tasteless, flavourless 2. dull, vapid, stale 3. lacks taste, in bad taste
izgága *mn,* excitable, quarrelsome, rambunctious, unruly
izgalmas *mn,* exciting, sensational, thrilling
izgalom *fn,* excitement, thrill, anxiety ‖ *nagy~ban van:* be higly upset
izgat *i,* 1. excite, upset, make uneasy, disturb 2. stimulate, irritate 3. stir up, inflame, provoke, incite

izgató *mn*, 1. exciting, agitating, stirring 2. *beszéd* seditious, inflammatory, subversive
izgatott *mn*, excited, upset, agitated
Izland *fn*, Iceland
izlandi *fn/mn*, Icelandic, of Iceland
ízlelőszerv *fn*, organ of taste
ízlés *fn*, 1. faculty / sense of taste, tasting, gustation 2. *átv* taste ‖ *~telen megjegyzés:* remark of bad taste
ízléses *mn*, tasteful, neat, trim
ízlésesen *hat*, tastefully
ízlésesség *fn*, tastefulness
ízléstelen *mn* tasteless, of bad taste‖ *~ vicc* tasteless joke
ízléstelenség *fn*, tastelessness
ízléstelenül *hat*, tastelessly
ízletes *mn*, tasty, tasteful, savoury, toothy, toothsome, luscious, palatable ‖ *~ palacsinta* pancake with jam
ízlik *i*, taste good, like sg, be to one's taste
izmos *mn*, muscular, sinewy, brawny, strong-muscled
izom *fn*, muscle
izomerő *fn*, muscular strength, brawn
izomrángatózás *fn*, muscular contraction
izomláz *fn*, stiffness
Izrael *fn*, Israel
izraeli *fn/mn*, Israeli
izraelita *fn*, Jewish
ízület *fn*, 1. joint, articulation 2. *átv* link ‖ *~i fájdalom* joint disease
ízületi-gyulladás *fn*, arthritis ‖ *~a van:* have an arthritis
izzad *i*, 1. sweat, perspire 2. *átv* toil away, *biz* sweat one's guts out
izzadás *fn*, sweating, perspiration
izzadásgátló *fn*, anti-perspirant
izzadság *fn*, sweat
izzaszt *i*, make sy sweat
ízzé-porrá *hat*, ‖ *~ tör:* break to pieces
izzik *i*, glow, be red-hot, be white-hot
izzít *i*, heat, make red / white-hot
izzadt *mn*, sweaty, sweating, perspiring
izzás *fn*, glow
izzasztó *mn*, sweltering, *orv* sudorific ‖ *~ munka:* sweaty work
izzó *mn*, glowing, in a glow, burning ‖ *~lámpa:* incandescent lamp, light bulb ‖ *~szál:* filament

J

jacht *fn*, yacht, pleasure boat ‖ *~parancsnok:* yachtleader
jaguár *fn*, jaguar
jaj! *indszó*, 1. *fáj* oh! ugh! ouch! 2. *csodálkozás* wow! 3. *baj* woe
jajgat *i*, 1. yammer, woe, moan, whine, lament 2. *átv* complain
jajgatás *i*, 1. yammering, lamentation, moans 2. *átv* complaint
jamaicai *mn*, Jamaican
Jamaika *fn*, Jamaica
jámbor *mn*, 1. *vallás* pious, godly, devout 2. *csendes* simple, meek 3. *állat* tame
Jancsi *fn*, Johnny, Jack ‖ *j~szeg:* hobnail stud ‖ *~bankó:* voucher ‖ *~ és Juliska:* Jack and Jill
január *fn*, January
japán *fn/mn*, Japanese
Japán *fn*, Japan, Nippon
jár *i*, 1. go, walk, move 2. *jármű* go, run, travel, ply 3. *sokszor* attend, frequent, go frequently ‖ *be~:* go through ‖ *máshol ~ az eszem:* my mind is all abroad ‖ *későre ~:* it is getting late ‖ *~ a szája:* his tongue is wagging ‖ *jól ~ az óra:* the watch keeps good time

járadék *fn*, allowance, rent; *állami* bonds, stocks
járadékkötvény *fn*, 1. annuity charge bond, govemrent stock 2. *ker* debenture, security
járadékos *mn*, annuitant, rentier
járandóság *fn*, emolument, salary, allowance, due, stipend
járás *fn*, 1. *stílus* gait, walk, step, tread, deportment 2. walking, going, ride 3. *gépi* functioning, working, running 4. *közig* district, circle, hundred
járási *mn*, of the district ‖ *~ bíróság* court of the district
járat *fn*, 1. *hajó, busz, stb.* line, service, route 2. *bánya* gallery, level 3. *orv*, ducts, *fül* labyrinth
járatlan *mn*, 1. untrodden, unbeaten 2. *vmiben* inexperienced, unfamiliar, not at home, be ignorant ‖ *~ út:* unbeaten path
járatlanság *fn*, inexperience, want of practice, unacquaintance
járatos *i*, 1. *vmiben* to be well up in, to be at home with sg 2. *vhol* know one's way about sg, be familiar with sg 3.

járatsűrűség 246

vhová to be a frequent visitor at swhere, go often to swhere
járatsűrűség *fn,* frequency of lines
járda *fn,* pavement, sidewalk, path- / footway
járdaszegély *fn,* kerb, curb ‖ *~en áll:* stand on the kerb
járhatatlan *mn,* 1. *út* impassable, *autóval* unmotorable, *dzsungel* dense and pathless 2. *lehetetlen* inaccessible 3. *átv* inviable, impracticable
járható *mn,* 1. passable, carriageable, motorable 2. *átv* practicable, workable
járkál *i,* walk, stroll, roam ‖ *dolga után ~:* go about one's work ‖ *vki után ~:* run after sy
járkálás *fn,* walking, strolling, roaming, coming and going
jármű *fn,* vehicle, conveyance ‖ *~ ipar:* vehicle industry ‖ *~park:* vehicle fleet ‖ *~javító:* vehicle repair
járóbeteg *fn,* out-patient ‖ *~-ellátás:* out-patient service
járóka *fn,* 1. *ketrec* play-pen, baby-walker 2. *kerekes* go-kart
járókelő *fn,* passer-by, by-passer / -stroller
járóképtelen *mn,* abasic, unable to walk ‖ *~né lesz* lose one's legs, get abasic
járőr *fn,* patrol ‖ *~özni van:* go on patrol ‖ *~autó:* prowl car ‖ *~hajó:* patrol-boat ‖ *~szolgálat:* patrol service
járőrözik *i,* go on patrol
jártas *mn,* well up, at home, well versed, experienced, up-to-date, well-informed ‖ *teljesen ~ vmiben:* be perfect in sg
jártasság *fn,* experience, expertness, proficiency

járul *i,* 1. *elé* appear, present oneself before sy 2. *vmihez* betake, approach 3. *vmi vmihez* add to sg, go to sg 4. *bajhoz* aggravate, increase ‖ *~ vmihez:* be added to sg
járulék *fn,* 1. accessoires 2. *pénz* contribution, extras ‖ *~os juttatás:* accessory benefits
járvány *fn,* 1. epidemic 2. *állati* epizooty 3. *átv* contagion
jászol *fn,* manger, crib, feedbox
jassznyelv *fn,* slang, cant
játék *fn,* 1. *ált* play, sprot, game 2. *szerencse* gambling, gaming, game, play; *tőzsdei* speculating 3. *színi* play 4. *színészi* playing, acting ‖ *a ~ot ketten játsszák:* the game is played by two ‖ *ez nem tisztességes ~:* this is not a fair play ‖ *gyerek~:* childgame, toy ‖ *nagy tétű ~:* gambling ‖ *belép a ~ba:* step in to the game
játék autó *fn,* toy-car
játékbaba *fn,* dolly, doll ‖ *rongy ~:* rag-doll ‖ *kitömött ~:* stuffed doll
játékbolt *fn,* toy shop
játékfilm *fn,* feature film
játék katona *fn,* toy-soldier
játékos *fn,* 1. player, *csapat* member of the team 2. *szerencse* gambler, gamester, hand ‖ *tapasztalt ~:* experienced player
játékos *mn,* playful, sportive, toyish
játékszabály *fn,* laws/rules of the game
játékterem *fn,* gambling-house/club
játékvezető *fn,* referee, umpire, *kaszinó* croupier
játékvonat *fn,* toy-railway
játszadozik *i,* play / toy with, *babrál*

fiddle with, *tréfásan* trifle with, whisk ‖ ~ *a gondolattal:* play with the thought
játszik *i,* 1. play, fidget, fiddle 2. *művet* perform, play, act 3. *szerencse* gamble, play for money, *lóversenyen* bet, *tőzsde* speculate ‖ *jól ~:* play well ‖ *becsületesen ~:* play fair ‖ *~ az idővel:* play with the time ‖ *~ vki érzelmeivel:* play with the feelings of sy ‖ *óvatosan ~:* play carefully ‖ *ki~:* lead off, *átv* cheat ‖ *~ a tűzzel:* play with fire, play with edged tools ‖ *szerepet ~:* act, *átv* play, act a role
játszma *fn,* game, *kártya* hand, *sp* set ‖ *kártya~:* a pack of cards ‖ *egy ~ tenisz:* a set of tennis ‖ *feladja a ~át:* give up the game ‖ *a ~ának vége:* game is over
játszótárs *fn,* playfellow, playmate, chum, mate
játszótér *fn,* playground
játszva *hat,* hands down, had over, without the slightest effort, easily ‖ *~ győzött* it was a walk-over
jatt *fn,* tip ‖ *~ot ad* tip sy
jattol 1. *kézzel* shake hands 2. *borravaló* slip sy money, tip sy
java *fn,* 1. *emberek* pick of, cream, elite, choise part 2. *tárgyak* best/better part, heart, core, cream of sg 3. *átv* good, benefit, favour, advantage ‖ *a ~dat akarom* it is for your own good ‖ *a ~ még hátravan* the best is yet to come ‖ *férfi a javából* man of action, man's man
javában *hat,* at its height ‖ *~ dolgozik* be working hard ‖ *~ áll a bál* ball is still going strong
javadalmazás *fn,* 1. *fizetés* salary, pay, emoluments 2. *papi* benefice, stipend

javak *fn,* goods, properties, possessions, jog chattels ‖ *anyagi ~* material goods ‖ *fogyasztási ~* concumption goods
javasasszony *fn,* medicine woman, female bone setter, wise-woman
javaslat *fn,* proposal, suggestion, recommendation, advice
javasol *i,* 1. propose, suggest 2. *törvényt* bring in table / bill ‖ *azt ~ja, hogy:* he proposes that ‖ *vkinek ~ vmit:* advice sg for sy
javít *i,* 1. mend, repair, do up 2. *szöveget* correct, emend, retouch 3. *eredményt* break, supersede
javítás *fn,* 1. mending, repairing 2. *átv* improvement, betterment 3. *hibát* correcting, marking of an exercise
javító *mn,* 1. repairing 2. *iskola* reformatory 3. *átv* corrective
javítóintézet *fn,* reformatory school, reamnd home, *GB* Borstal
javítóműhely *fn,* dock, repairing/jobbing/service/adjusting shop
javított *mn,* improved, emended
jávorszarvas *fn,* moose, elk
javul i, improve, better, mend, progress, rise
javulás *fn,* improvement, mending, betterment, progression, rize ‖ *~ban van:* to be bettering
jázmin *fn,* jasmine, jessamine
jé! *ind.szó,* gee!, gollygum!, oh!
jég *fn,* ice; *eső* hail; *cukormáz* ice ‖ *megtöri a ~et:* break the ice ‖ *vékony ~en táncol:* dancing on thin ice ‖ *~krém:* icecream ‖ *~en:* on ice ‖ *be~el:* put on ice
jégcsap *fn,* icicle, needle ice

jegel *i,* cool, ice, deep freeze
jegenyefa *fn,* fir-tree ‖ *~sor* poplar avenue, row of poplars
jéger *fn,* 1. *fa* Jaeger 2. *nadrág* Jaeger pants 3. *ing* Jaeger west
jeges *mn,* 1. icy, iced, glacial 2. *viselkedés* chilly, stony
jegesmedve *fn,* ice bear, polar bear
jégeső *fn,* hail
jéghegy *fn,* iceberg, growler
jéghideg *mn,* icecold
jéghoki *fn,* ice-hockey ‖ *~zik:* play ice hockey
jégkocka *fn,* ice-cube, block ice ‖ *~át tesz az italba:* put some ice-cube into the drink ‖ *whisky ~val:* whiskey on the rocks
jégkor *fn,* glacial age / period / epoh, ice-age
jégkori *mn,* glacial ‖ *~ völgy:* glacial valley
jégkorong *fn,* ice hockey ‖ *~meccs* ice-hockey match ‖ *~pálya* ice hockey rink
jégmező *fn,* ice-field, glacier
jégpálya *fn,* ice rank
jégrevü *fn,* ice-show
jégtábla *fn,* 1. *természetben* ice-flow 2. *hűtőben* table of ice
jégtelenít *i,* defrost, de-ice
jégtelenítő *fn,* defroster, de-icer, ice-remover
jégtörőhajó *fn,* ice-boat
jégverem *fn,* ice-pit, ice-house, ice-cellar ‖ *ez a hely igazi ~* this place is like an ice-house
jégvirág *fn,* frost flower, frost fern, frost work
jegy *fn,* 1. *közlekedés* ticket 2. *élelmiszer* ration book, coupon 3. mark, sign, token, brand 4. *isk* mark
jegyellenőr *fn,* ticket collector, ticket inspector ‖ *~zés* ticket inspection
jegyelővétel *fn,* advance booking, booking of tickets ‖ *a jegyek már elővételben elfogytak* tickets are already sold out in advance
jegyes *fn,* spouse, fiancée, betrothed
jegyez *i,* note, make notes, write down, jot down
jegygyűrű *fn,* wedding ring, wedding bend
jegyiroda *fn,* box-office, ticket office
jegypénztár *fn,* ticket office, booking office, *szính* box office
jegypénztáros *fn,* ticket clerk, booking clerk
jegyüzér *fn,* scalper, ticket tour
jegyzék *fn,* 1. *áru* specification, docket, invoice 2. *irodai* table, summary, schedule 3. *könyv* catalogue, list, sheet, roll, register 4. *pol* memorandum ‖ *~szám:* itemnumber
jegyzet *fn,* 1. note, jotting, memorandum 2. *egyetem* lecture notes
jegyzetblokk *fn,* scribbling pad, notepad, jotter
jegyző *fn,* 1. *városi* parish-clerk, assistant secretary 2. *ülésen* writer of the minutes, recording secretary 3. *részv* subscriber
jegyzőkönyv *fn,* the minutes, record, protocol, proceedings ‖ *~et vesz fel:* take the minutes of, make a record / protocol of ‖ *~ön kívül:* off the record
jeladás *fn,* signaling, signal, sign ‖ *~ra vár* wait for the signal

jelenlevő *mn,* present, on the spot ‖ *fn,* person present ‖ *a ~k* those present ‖ *jelen nem levők* those non present

jelentkezés *fn,* 1. appearing, appearance, reporting oneself, reporting 2. *állásra* applying for a job 3. *jelenségé* manifestation

jelentkezési *mn,* application, membership, entry- ‖ *~ lap* entry-form, application form

jelkép *fn,* symbol, emblem, allegory, *átv* type

jelképes *mn,* symbolical, figurative, emblematical, allegorical

jelképesség *fn,* figurativeness, symbolicalness

jel *fn,* 1. sign, mark, stamp 2. *átv* omen, presage, auspices 3. *figy* signal, sign ‖ *~t ad:* give a sign ‖ *az idő ~ei:* signs of time ‖ *minden ~ azt mutatja, hogy:* every mark shows that

jelbeszéd *fn,* sign-language, finger-language, *süketnéma* indigination

jelenésszerű *mn,* ghostly, phantasmal, special

jelenet *fn,* scene, *film* still, trailer ‖ *~et csinál:* make a scene

jelenleg *hat,* in the very moment, now, currently, at present, for the moment

jelenlegi *mn,* present-day, actual ‖ *~ események:* actual happenings ‖ *a ~ helyzet:* actual situation ‖ *~ használatos:* presently used

jelenlét *fn,* presence, attendance ‖ *vki ~ében:* in the presence of sy ‖ *lélek~:* presence of mind

jelenség *fn,* 1. occurence, incident 2. *tünet* symptom, phenomenon, portent 3. *átv ember* figure, apparition

jelent *i,* 1. report, announce 2. *szó* mean, signify, imply, is to say, indicate ‖ *~ vmit:* mean sg ‖ *problémát ~:* mean a problem ‖ *mit ~?:* what does it mean?

jelentékeny *mn,* important, significant, considerable

jelentéktelen *mn,* unimportant, insignificant, of no importance ‖ *~ kispolgár:* unimportant bourgeois ‖ *~ pénzösszeg:* small amount

jelentés *fn,* 1. report, account, announcement, information 2. *kat* bulletin, statement, communiqué ‖ *iskolai ~:* school report ‖ *~t tesz vmiről:* make a report of sg ‖ *~ek szerint:* according to the reports ‖ *mi ennek a ~e?:* what is the meaning of this?

jelentéstan *fn,* semantics, semasiology, sematology

jelentéstani *mn,* semantical, semasiological

jelentkezik *i,* 1. present oneself, appear, come forward 2. put in for, apply for 3. *tagnak* ask to be admitted, apply for admission 4. *vírus* develop, break out ‖ *be~:* check in ‖ *ki~:* check out

jelentő *mn,* meaning, reporting, indicative

jelentős *mn,* 1. *jelentéssel bíró* expressive, meaningful 2. *fontos* important, significant, considerable

jelentőség *fn,* importance

jelentősen *hat,* expressively, meaningfully

jelez *i,* 1. mark, announce, signal, indicate, point out, denote, designate 2. *céloz* hint, intimate ‖ *beleegyezést ~:* note sy's agreement ‖ *~ vkinek, hogy:* give a signal for sy that ‖ *jobbra/balra ~:* indicate right/left ‖ *vihart ~:* indicate storm

jelfény *fn,* beacon, flare, rocket, signal-light
jelige *fn,* watchword, slogan, password
jelképez *i,* symbolize, stand for, picture, tipify
jelleg *fn,* character, type, tenor, stamp, nature, quality
jellegtelen *mn,* characterless, undistinctive
jellem *fn,* character, personality ‖ ***gyengéd ~ű:*** has a soft characteristic ‖ ***gyenge ~ű:*** weak character ‖ ***igazi ~!:*** a real personality
jellemábrázolás *fn,* portrayal of a character
jellemez *i,* **1.** *vkit* characterize, draw character, describe **2.** *vonás* be characteristic, be feature of sg ‖ ***vmit ~:*** characterize sg
jellemvonás *fn,* feature, characteristic, trait
jellemző *mn,* characteristic, typical, revealing, symptomatic
jellemzően *hat,* typically, featuring
jelmez *fn,* fancy dress, costume, masquerade ‖ ***Hamlet ~ében*** costumed as Hamlet ‖ ***~be öltözik*** costume
jelmezbál *fn,* fancy ball, costume ball ‖ ***~t rendez*** organize a fancy ball
jelmezes *mn,* in costume, fancy-dress ‖ ***~ főpróba*** dress rehearsal ‖ ***~ film*** costumed movie
jelmezkölcsönző *fn,* costumier
jelöl *i,* **1.** propose, nominal, name, designate **2.** mark, represent, denote, designate ‖ ***meg~:*** mark sg ‖ ***~ik vmire:*** to be nominated to sg
jelölés *fn,* **1.** proposal, nomination, canditure **2.** marking, designating ‖ ***azonos ~:*** with the same mark

jelölt *fn,* candidate, nominee, aspirant ‖ ***állásra ~:*** nominee ‖ ***képviselő~:*** sand for election
jelölt *mn,* candidate, nominal
jelöltet *i,* have sy proposed as candidate, have sy nominated ‖ ***~i magát*** have himself proposed
jelöltség *fn,* candidature, candidateship
jelszó *fn,* slogan, watchword, password, watch-cry, sibboleth
jelvény *fn,* **1.** *kitűzhető* badge **2.** plaque **3.** *átv* symbol, ensign, emblem
jelzálog *fn,* mortgage, lien, encumbrance, dead pledge ‖ ***~hitel:*** mortgage credit ‖ ***~ot vesz fel:*** register a mortgage
jelzálog-adós *fn,* debter of mortgage
jelzálogtulajdonos *fn,* owner of mortgage
jelzés *fn,* **1.** mark, stamp, brand, cipher, label, letter, figure **2.** signal, flash, the pips ‖ ***megadja a ~t:*** give the sign ‖ ***vminek a ~e:*** it is the mark of sg ‖ ***nem volt ~ vmiről:*** sg was not indicated
jelző *fn,* marking, signalling, *nyelvt* attribut
jelzőkő *fn,* boundary stone
jelzőtábla *fn,* sign-board, road-sign, *híradó* direction post, indicator board, annunciator disk
jelzőtűz *fn,* signal beacon, signal-fire, cresset, *hajón* lantern
Jemen *fn,* Yemen
jemeni *mn/fn,* Yemen, Yemenite
jérce *fn,* pullet
Jeruzsálem *fn,* Jerusalem, Zion
Jézus *sz,* Jesus ‖ ***~om!*** oh, my! Jesus! my goodness!
jezsuita *mn,* **1.** Jesuit, Jesuiitcal **2.** *átv* slyly, hypocritical, casuistic

jó *mn,* 1. good 2. *vmire* fitable, suitable, fit, proper ‖ *~tett:* good deed ‖ *~ természet:* good nature ‖ *van egy ~ szava:* have a good word ‖ *te ~ isten!:* my goodness ‖ *~ reggelt!:* good morning ‖ *mi ~ van ebben?* what is good in it?

jóakarat *fn,* goodwill, benevolence, friendliness

jóakaratú *mn,* well-disposed, kindly, benevolnet, gracious, well-meaning ‖ *~ barátja* your honest friend

jobb *mn,* 1. better 2. *vminél* better than 3. right hand side ‖ *~ későn, mint soha:* better late than never ‖ *~an lesz:* get better ‖ *~, ha hagyod:* you had better leave it ‖ *~, ha most megyünk:* we had better leave now ‖ *~ oldal:* right hand side ‖ *~ra tart:* keep right ‖ *~ és bal:* right and left ‖ *~közép:* right center ‖ *~oldali:* right hand side

jobbágy *fn,* serf, bondarism, villein, feudal tenant

jobban *hat,* better, more, harder ‖ *sokkal ~* much better ‖ *annál ~* the more so ‖ *~ lesz* grow better

jobban mondva *hat,* better to say

jobbféle *mn,* better-class, of better kind ‖ *~ étterem* restaurant of better class

jobbhátvéd *fn,* right back

jobbik *fn,* the better one, the better one of the two ‖ *~ énje* his better half

jobbkezes *mn,* right-handed

jobbkor *hat, ~ nem is lehetett volna!* it couldn't have come at a better time

jobbközép *fn,* right centre

jobboldali *mn,* right wing, *pol* conservative

jobbra *hat,* to the right, rightwise, clockwise

jobbulás ‖ *~t!* (I wish you a) fast recovery!

jócskán *hat,* considerably, pretty much, sizably

jód *fn,* iodine ‖ *~ozott só* iodized/iodated salt ‖ *~dal ecsetel* paint with iodine

jódli *fn,* yodel

jódliművész *fn,* yodeling artist

jódlizik *i,* yodeling, yodel

jódoz *i,* iodate, iodize

jog *fn,* 1. *vmihez* right, title, claim, option 2. *rendszer* law, jurisprudence ‖ *~ szerint:* according to the law ‖ *~os:* rightful ‖ *~ot szolgáltat:* exercise the law ‖ *~ában áll:* be entitled to

jóga *fn,* yoga, yogism ‖ *~ázik:* practise / go in for yoga

jogar *fn,* sceptre, mace

jogcím *fn,* right, legal title ‖ *azon a ~en, hogy* upon that ground

jogdíj *fn,* 1. *szerzői* royalties, right 2. *színműnél* dramatic fees 3. *szabadalom* patent fee

jogerős *mn,* absolut, valid, operative ‖ *~ ítélet* definitive judgment ‖ *~re lép az ítélet* judgement goes into effect

jogfosztás *fn,* disfranchisement, outlawry, civil disability

joghallgató *fn,* jurist

joghurt *fn,* yoghurt ‖ *gyümölcs~:* fruit yoghurt

jogi *mn,* legal, juristic, of law, judicial ‖ *~ tanács:* advice ‖ *~ képviselő:* legal adviser

jogorvoslat *fn,* legal redress, remedy, appeal

jogos *mn*, rightful, lawful, legitimate, legal
jogosulatlan *mn*, unjustified, non-competent, illegitimate, unwarranted
jogosult *mn*, authorized, rightful, qualified ‖ *~nak érzi magát:* feel authorized to
jogtalan *mn*, unlawful, illegal, illegitimate, tortious, unauthorized, lawless
jogtalanul *hat*, wrongfully, unduly
jogtanácsos *fn*, counsel, counsellor-at-law, legal adviser, law-adviser
jogtiprás *fn*, injustice, infringement of lawful rights, tort, outrage, legal injury, offence ‖ *~t követ el* act incontravention of a right
jóhírű *mn*, famous
jóindulat *fn*, good will, good nature, benevolence, well-meaningness
jóindulatú *mn*, 1. well-meaning, friendly, kindly, benignant 2. *betegség* benign
jóízű *mn*, 1. tasty, savoury, delicious, palatable 2. *ember* jovial
jóízűen *hat*, 1. *eszik* eat with relish/zest, ply a good knife and fork 2. *nevet* laugh heartily 3. *alszik* sleep soundily/profoundly
jókedv *fn*, merriness, gaiety, high spirits, mirth, hilarity, vivacity
jókedvű *mn*, gay, merry, cheerful, jolly, high-spirited
jókedvűen *hat*, merrily, high-spiritedly, cheerfully, buoyantly
jóképű *mn*, good-looking, handsome
jókívánság *fn*, wish, good wish, best wishes, felicitations
jókor *hat*, 1. *időben* in time ‖ *épp ~ adtad ide* you gave it to me right in time! ‖ 2. *korán* betimes, early ‖ *~ le kéne feküdnöd* you should go to bed betimes
jókora *mn*, sizeable, considerable, large, goodly, generous of size
jól *hat*, well, properly, fairly, throughly ‖ *nagyon ~:* very well ‖ *~fejlett:* well-developed ‖ *~ jött, hogy:* it came in time ‖ *~ érzi magát:* feel well
jólesik *i*, be pleased/flattered by, be pleasant/good/nice, find sg gratifying ‖ *tégy ahogy ~* do as you please
jólét *fn*, welfare, welth, plenty, abundance, prosperity, comfort, well-being
jóllakat *i*, satiate, cloy, glut
jóllakik *i*, have enough of sg, eat one's fill, take one's fill of sg ‖ *~tál?* have you had enough?
jóllakottság *fn*, repletion, satiety, surfeit
jólértesült *mn*, well-informed
jómód *fn*, prosperity, prosperousness, wealth
jómódú *mn*, well-to-do, better-to-do, well-off, prosperous, well-heeled, *szl* be well off, have plenty of
jórészt *hat*, in most cases, mostly, mainly, for the most part
jós *fn*, prophet, fortune-teller, oracle, soothsayer, seer, predictor
jóság *fn*, goodness, charity, kindness ‖ *megköszöni a ~át:* thank for goodness
jóságos *mn*, good, kind, charitable, kindhearted
jóslat *fn*, prophecy, prediction, forecast, augury, oracle ‖ *az én ~ az, hogy:* my prophecy is that
jósnő *fn*, prophetess, sibyl, palmist, fortune-teller
jósol *i*, 1. prophesy, foretell, predict, tell fortune 2. *átv* augur, foreshadow, bode, threaten ‖ *jót/rosszat ~:* augur good/no good

jószág *fn*, **1.** cattle, stock **2.** *tárgy* estate, property **3.** *dolog szl* thing ‖ *csinos ~* nice a little thing ‖ *gonosz ~* devil of a creature

jószerével *hat*, practically

jótáll *i*, stand surety, vouch for sy, go guarantee for sy, answer for sg ‖ *nem állok jót érte* I won't take responsibility for him

jótállás *fn*, guarantee, warranty, surety, bail

jótékony *mn*, **1.** charitable, generous, bountiful, beneficient **2.** *átv* salutary, good

jótékonyság *fn*, charity, beneficience ‖ *egy összeget ~ra fordít:* pay an amount for charity purpose

jótevő *fn*, well-doer, benefactor, benefactress

jottányi *mn*, jotful ‖ *~t sem:* not a jot

jóvágású *mn*, well-built, handsome, strapping

jóváhagy *i*, sanction, assent sg, agree to, uphold, grant ‖ *~ vmit:* confirm sg

jóváhagyás *fn*, confirmation, consent, assent, sactioning, approbation, ratification ‖ *~ra:* for approval ‖ *~a nélkül:* without sy's consent ‖ *~ával:* with sy's consent ‖ *~át adja:* confirm sg, give sy's consent ‖ *számla~:* confirmation of invoice ‖ *szülői ~ nélkül:* without parental consent

jóváhagyható *mn*, assentable, consentable, confirmable, sanctionable

jóvátesz *i*, remedy, repair, atone for, recompense, make good

jóvátétel *fn*, **1.** *hibáé* reparation, compensation, resituation **2.** *pol* reparations

józan *mn*, **1.** temperate, sober **2.** *nyugodt* rational, sound, sane, sober ‖ *~, mint egy bíró:* soberly as a judge

józanul *hat*, soberly, temperately, rationally, sanely

jön *i*, **1.** come, be coming, arrive **2.** *vhonnan* come from, come by ‖ *össze~:* come together ‖ *vissza~:* come back ‖ *el~:* come away ‖ *rá~:* realize ‖ *le~:* come down ‖ *szét~:* fall apart ‖ *ki~:* come out

jön-megy *i*, come and go, move about, trapes, go hither and thither, wander here and there

jöttment *fn/mn*, vagabond, upstart, vagrant ‖ *ki ez a ~?* who is this upstart?

jövedelem *fn*, income, earnings, receipts, takings, avails, revenue ‖ *~adó:* income tax ‖ *alacsony ~:* low income

jövedelmez *i*, return / yield a profit ‖ *szépen ~:* bring a big money

jövedelmező *mn*, paying, profitable, productive, gainful, lucrative, renumerative

jövevény *fn*, new-comer, new arrival, incomer, immigrant ‖ *~szó* loan-word ‖ *a kis ~* a little newcomer

jövő *fn*, the future, the time to come ‖ *a ~ben:* in the future ‖ *a távoli/közeli ~ben:* in the remote future

jövőbeli *mn*, future, prospective

jubileum *fn*, jubilee, anniversary ‖ *tízéves ~* tenth anniversary

jugoszláv *mn./fn*, Yugoslav, Jugoslav

juh *fn*, **1.** sheep, ewe **2.** *hús* mutton

juharfa *fn*, **1.** maple-tree **2.** *anyag* maplewood

juhász *fn*, shepherd/ess

juhé! *indszó*, yahoo!

jukka *fn*, yukka
Júlia *fn*, Julia, Juliet
július *fn*, July
június *fn*, June
Jupiter *fn*, **1.** *isten* Jove, Jupiter **2.** *csill* Jupiter
juppi *mn/fn*, yuppie
jut *i*, **1.** *vhová* come to, get to, arrive at **2.** *vmire* become **3.** *vmihez* come by, attain, reach sg || **~ vkinek:** attain to sg
jutalék *fn*, commission, percentage, brokerage, poundage, premium, bonus
jutalmaz *i*, recompense, reward, remunerate, requite
jutalmazó *mn*, rewarder
jutalom *fn*, **1.** reward, *vmiért* price, *díj* prize, award, guerdon, gratification **2.** *szolg* requital, recompense || **~lmat kap:** win the prize
jutányos *mn*, inexpensive, bargain, reasonable, cheap || **~ áron** at a reasonable price
juttat *i*, **1.** bring / get sy to **2.** *vmihez* let sy get sg, let sy participate in sg **2.** *pénz* allot, apportion, grant || **vkinek vmit ~:** allot sg for sy
juttatás *fn*, **1.** *anyagi* benefits, allotments **2.** *egyszeri* allocation, apportionment **3.** *vmihez* assignment || **anyagi és természetbeni ~** grants money and in kind
jüan *fn*, yuan

K

kabala *fn*, superstition, mascot
kabaré *fn*, 1. *szính* cabaret, *GB* music hall 2. *műsor* cabaret, floor show
kabát *fn*, (over)coat, *meleg* topcoat; jacket ‖ *~akasztó:* loop
kábel *fn*, cable
kábelez *i*, *vkinek* cable sy, *kábelt rak* lay a cabel
kábeltelevízió *fn*, cable television
kabin *fn*, 1. *uszoda* cubicle, beach hut, *US* cabana 2. *hajón* cabin, stateroom, *űrhajón* capsule
kabinet *fn*, 1. *pol* cabinet, government, *US* administration 2. *isk* room, *kém/biol* lab ‖ *kormány~:* cabinet
kábító *mn*, narcotic
kábítószer *fn*, drug, narcotic ‖ *~es:* junky, drug-addict ‖ *~t szed:* take drugs ‖ *~csempész:* drug-smuggler
kábulat *fn*, daze, stupor, torpor, *orv* narcosis, *mély* coma
kábult *mn*, dazed, *ütéstől* stunned; *szertől* stupefied, drugged
kábultság *fn*, daze, stupor, *orv* narcosis
kacag *i*, laugh heartily, have a good laugh at

kacat *fn*, junk, lumber, clutter
kacér *mn*, coquettish, flirtatious, flirty
kacérkodik *i*, flirt with ‖ *~ a gondolattal:* flirt / toy with the idea
kacifántos *mn*, queer, complicated, difficult ‖ *~ feladat* queer task
kacsa *fn*, 1. duck 2. *hírlapi* canard ‖ *~járás:* waddling
kacsázik *i*, 1. *járás* waddle 2. *vadász* shoot duck 3. *kővel* play ducks and drakes
kacsint *i*, wink ‖ *~ vkire:* wink at sy
kád *fn*, bath, bathtub; *cserző* vat
kádár *fn*, cooper, wine-cooper, hooper, tubber
káderezés *fn*, screening, vetting
kaftán *fn*, kaftan
kagyló *fn*, 1. shellfish, mollusc 2. *héj* shell, scallop 3. *fül* concha 4. *telefon* receiver 5. *mosdó* wash-basin, sink ‖ *~ állat:* shellfish, mollusc
kagylóhéj *fn*, shell, scallop
kaja *fn*, grub, nosh, eats
kajak *fn*, kayak, canoe; *összecsukható* faltboat, foldboat ‖ *~ozik:* be / go canoeing

kajakozik *i*, paddle in the kayak/canoe
kajál *i*, eat, nosh
kaján *mn*, malicious, malevolent
kajla *mn*, **1.** awry, slanting **2.** *bajusz, haj* walrus, drooping **3.** *orr* hooked **4.** *fa* crooked **5.** *szarv* crumpled
kakaó *fn*, **1.** cacao **2.** *por/ital* cocoa; hot chocolate
kakas *fn*, **1.** cock, *US* rooster **2.** *fegyveré* cock ‖ *felhúzott ~:* full cock
kaktusz *fn*, cactus
kakukk *fn*, cuckoo
kakukkol *i*, cry cuckoo
kalács *fn*, milk bread, plain cake, milk-loaf
kaláka *fn*, team
kaland *fn*, adventure
kalandor *fn*, adventurer
kalandos *mn*, adventurous
kalandozik *i*, **1.** roam / wander about, rove **2.** *átv* wander
kalap *fn*, **1.** hat **2.** *gombáé* cap ‖ *~ot emel:* take off / raise one's hat ‖ *le a ~pal!:* I take my hat off to you! ‖ *felteszi a ~ját:* have a hat on ‖ *puha~:* soft felt hat
kalapács *fn*, **1.** hammer **2.** *árverési* gavel **2.** *fülben* hammer, malleus ‖ *~ alá:* under hammer ‖ *sarló-~:* the hammer and the sickle
kalapál *i*, **1.** hammer **2.** *szív* pound ‖ *ki~:* hammer out
kalapálás *fn*, hammering
kalapos *fn*, hatter, hatmaker, *noi* milliner
kalász *fn*, ear ‖ *búza~:* ear of wheat
kalauz *fn*, **1.** *járművön* conductor, ticket-inspector **2.** *embert* guide
kalauzol *i*, guide, show sy round
kálcium *fn*, calcium

kaliber *mn*, calibre, bore ‖ *nagy ~ű ember:* be of high calibre
kalifa *fn*, khalif
kalifátus *fn*, khaliphate
kalimpál *i*, **1.** fling about, kick **2.** *szív* beat feverishly, palpitate **3.** *zongorán* strum on; bang out a tune on the piano
kalimpálás *fn*, kicking, srumming, banging
kalitka *fn*, cage
kallódik *i*, perish, get lost, be lying about, be thrown about ‖ *tehetséges, de ~* she is talented but had no chance to make a career
kalória *fn*, calorie
kalóriaérték *fn*, calorific value
kalóz *fn*, pirate
kalózkiadás *fn*, **1.** *könyv* surreptitious edition **2.** *lemezé* bootleg
kályha *fn*, stove
kalyiba *fn*, hut, shack
kamara *fn*, *testület* chamber ‖ *~zene:* chamber music ‖ *~együttes:* chamber orchestra
kamasz *fn*, adolescent ‖ *~betegség:* pubertal disease ‖ *~ szerelem:* teenage love
kamaszodik *i*, reach puberty, reach the awkward age
kamaszkor *fn*, adolescence, puberty
kamaszkorú *mn*, adolescent, teenager
kamat *fn*, interest ‖ *~ot hoz:* yield interest ‖ *~ot szed:* lend money at % interest
kamera *fn*, camera
kámfor *fn*, camphor
kamilla *fn*, camomile
kamion *fn*, lorry, *biz* juggernaut, *US* truck
kampány *fn*, campaign
kampó *fn*, hook, crook

kamra *fn,* 1. *élés* pantry, larder; *egyéb* shed, box-room 2. *lomtár* lumber-room 3. *gép* chamber 4. *szív* ventricle

kan *fn,* 1. male 2. *disznó* boar 3. *vulg férfi* a wolf, a Casanova, a Don Juan

Kanada *fn,* Canada

kanadai *mn/fn,* Canadian

kanál *fn,* spoon, *merítő* ladle || *fa~:* wooden spoon

kanálnyi *fn,* spoonful || *merít egy ~t:* draw a spoonful of

kanalaz *i,* spoon, *evez* paddle

kanapé *fn,* settee, sofa, couch

kanári *fn,* canary

kanca *fn,* mare

kancacsikó *fn,* filly

kancellár *fn,* chancellor || *szövetségi ~:* federal chancellor

kancsal *mn,* cross-eyed, squint-eyed, swivel-eyed, skew-eyed || *i,* have a squint, have a cast in one's eye || *~ ember* squiter || *jobb szemére ~ít* have a cast in one's right eye

kancsó *fn,* pither, jug; *bor/víz* carafe, *sör* tankard || *~nyi:* a jugful of

kandalló *fn,* fireplace

kandallósarok *fn,* fireside

kánikula *fn,* heatwave, dog days

kanna *fn,* 1. *ált* can, *tejes* milk-can / churn 2. *teás* teapot, *forraló* teakettle

kanóc *fn,* 1. *gyertya* wick 2. *rég robbantó* fuse

kánon *fn,* 1. *egyh* canon 2. *zene* canon, round || *~t énekel:* sing a canon / round

kántálás *fn,* chanting

kántáló *mn,* chanting

kantár *fn,* bridle

kanyar *fn,* bend, curve, turn, corner || *~odik:* turn, bend || *levágja a ~t:* cut the corner || *veszélyes ~:* sharp bend

kanyargós *mn,* winding, twisting, zigzaging

kanyarít *i, alá~* put one's John Hancock underneath sg || *vitriolos cikket ~* dash off an abusing article || *~ egy szelet kenyeret* cut off a slice of bread

kanyaró *fn,* measles, *orv* morbilli, rubeola

kanyarodik *i,* turn, bend || *jobbra ~:* turn right

kanyarog *i,* wind, meander, zigzag

kanyon *fn,* canyon

káosz *fn,* chaos, confusion

kap *i,* 1. get, receive, be given 2. *ruhát magára* slip into one's clothes, tumble into one's clothes 3. *betegséget* catch, contract 4. *kezével vmihez* get / take hold of, seize, catch, touch suddenly *I tolvajt el~:* catch a thief || *rajta~ vkit:* catch sy red-handed || *el~ja a buszt:* catch the bus || *lángra ~:* catch fire || *el~ja vki pillantását:* catch sy's eye

kapa *fn,* hoe

kapál *i,* hoe, *ló* paw the ground

kapar *i,* 1. scratch, scrape 2. *torkot* irritate, tickle 3. *ír* scrawl || *össze~ja a pénzt:* gather the money

kaparó *fn,* scratcher

kapásból *hat,* off the cuff, extempore, on the spot, right away, impromptu

kapcsán *hat,* in connetion with, with reference to, on the occcasion of

kapcsol *i,* 1. connect, couple, join, hitch on 2. *áramkört* connect the wires 3. *vmit nagyobbra* change up, *kisebbre* change down 4. *megért* catch on 5. switch on/off || *be~ja a biztonsági övet:*

kapcsolás

join the safety belt || *vmit vmihez ~:* connect sg to sg || *telefonon ~ vkit:* connect

kapcsolás *fn,* 1. *foly* connecting, joining, linking 2. switching 3. connection 4. *autó* putting into gear, shifting || *téves ~:* wrong number / connection

kapcsolat *fn,* 1. connection, contact, relationship, relations, *érzelmi* attachment 2. *ismerős* contact 3. *dolgoké* link, connection, relatioship || *~ van és között:* there is a connection between and || *~ban van vmivel:* be in connection with, with regard to || *~ai vannak:* have connections || *nincs ~ban vkivel:* have nothing to do with || *~ban áll:* keep in close touch with || *~a van a minisztériumban:* have connections in the ministry || *~ban álló személyek:* people in close touch || *~ba lép:* get into contact with || *elveszti a ~ot:* lose connection || *~on kívül:* out of contact || *~ban marad:* keep connection || *a ~im:* my contacts || *jó ~a van vkivel:* have good relations with

kapcsoló *fn,* switch

kapcsolótábla *fn,* switchboard

kapcsolt áru *fn,* attached goods

kapitány *fn,* 1. *ált* captain 2. *sp* captain, skipper || *csapat~:* skipper

kapkod *i,* 1. *vevők* snap up, buy up 2. *ruhát* fling one's clothes on 3. catch / grab / snatch at, keep cathing / snatching at 4. be in a flurry / fluster, be inconsistent

kapkodás *fn,* confusion, flurry, fluster

kapkodó *mn,* flustered, confused

kapocs *fn,* 1. *ált* hook, fastener 2. snap, clip, *fűző* staple 3. *ács* cramp, *orv* wound, clamp, clip 4. *átv* tie, bond, link || *nyaklánc~:* necklace-clip || *irat~:* clip

kápolna *fn,* chapel

kapor *fn,* dill

káposzta *fn,* cabbage || *~levél:* cabbage lettuce || *~reszelő:* cabbage slicer

kappan *fn,* capon || *~hang kb.* falsetto || *~háj* middle-aged spread

káprázat *fn,* 1. illusion, mirage, vision 2. *átv* dazzle, glamour

káprázatos *mn,* dazzling, asounding, marvellous, glamorous

káprázik *i,* be dazzled

kapszula *fn,* capsule

kaptár *fn,* beehive

kaptató *fn,* steep hill

kapu *fn,* 1. gate, *ház* street door 2. *foci* goal || *nyitott ~kat dönget:* crash open gates

kapufa *fn,* goal-post

kapukulcs *fn,* latch-key || *~os gyerek:* kid with latch key

kapus *fn,* 1. gate / door-keeper, porter 2. *foci* goalkeeper, *biz* goalie

kaputelefon *fn,* entryphone

kar *fn,* 1. *ember* arm 2. *musz* arm, *mérleg* scale-beam, *daru* jib 3. *egyetem* faculty, department 4. *ének* chore, chorus, *tánc* corps de ballet || *~jaiban:* in sy's arms || *megcsavarja a ~ját:* twist one's arm || *tárt ~okkal:* with open arms || *~onülő gyermek:* a babe on arms || *a törvény hosszú ~ja:* long arms of the law || *összefonja a ~jait:* fold one's arms || *képzőművészeti ~:* faculty of fine arts

kár *fn, anyagi* damage, loss, cost, expense, *erkölcsi* detriment, harm, injury,

wrong ‖ *mi a ~?:* what is the damage? ‖ *~t okoz:* do damage to ‖ *milyen ~!:* what a pity!
karácsony *fn,* Christmas, Xmas ‖ *Boldog ~t!:* Merry Christmas! ‖ *~ este:* Christmas Eve
karakán *mn,* of mettle, forthright
karambol *fn,* collision, accident, smash-up
karamell *fn,* caramel
karát *fn,* carat
karate *fn,* karate
karbantart *i,* maintain, keep in good repair
karbantartott *mn,* maintained
karcol *i,* **1.** *ált* scratch, srcrape, rasp **2.** *üveget* scratch **3.** *körömmel* claw, scrobble **4.** *bor* irritate **5.** *művész* engrave, etch
karcolótű *fn,* scratch awl
karcsú *mn,* slim, slender, svelte
kard *fn,* sword, *sp* sabre; *irod* steel, iron ‖ *~ot forgat:* cross swrods with ‖ *Damoklész ~ja:* sword of Damocles
kardcsörgetés *fn,* sabre-rattling
kardforgató *fn,* swordsman
kardigán *fn,* cardigan
kardvirág *fn,* gladyolus
karéj *fn,* slice
karfa *fn, híd* railing; *lépcső* banister; *bútoré* arm / elbow-rest
karfiol *fn,* cauliflower ‖ *~fülű* cauliflower-eared
kárhozat *fn,* damnation
kárhoztatandó *mn,* damnable
Karib-szigetek *fn,* the Caribbean
karika *fn,* **1.** *ált* ring, *rajz* circle **2.** *játék* hoop **3.** *görgő* castor ‖ *átugrik a ~án:* jump over the ring

karikatúra *fn,* caricature, cartoon
karikaturista *fn,* caricaturist, cartoonist
karikázik *i,* **1.** trundle/drive/bowl a hoop, play with a ring **2.** *átv* ride a bycicle
karkötő *fn,* bracelet
karmantyú *fn,* muff, *műsz* sleeve
karmester *fn,* conductor, *fúvós* bandmaster
karmesternő *fn,* conductress
karnevál *fn,* carnival
karó *fn,* **1.** stake, pale, post, *szőlő* stick, stake, prop, support **2.** *osztályzat biz* fail mark
káró *fn,* diamond
károg *i,* croak, *varjú* caw
károgás *fn,* croak, caw
karom *fn,* claw, *ragadozó madáré* talon
káromkodik *i,* be swearing
karóra *fn,* wrist-watch
káros *mn,* injurious, harmful, damaging to ‖ *egészségre ~:* unhealthy
károsult *mn,* injured / damaged person; victim of disaster ‖ *a ~ak:* victims of the disaster
karosszék *fn,* armchair, easychair
karosszéria *fn,* bodywork, carbody
kárörvendő *mn,* rejoicing at sy's misfortune, malicious ‖ *~ vigyor:* malicious smile ‖ *~en:* maliciously
kárpit *fn,* curtain, hangings; upholstery
kárpitozott *mn,* upholstered, padded
kárpótlás *fn,* compensation, recompense, *pénz* indemnity ‖ *~t ad vmiért:* give a compensation for
kárpótol *i,* compensate, indemnify, make amends
karrier *fn,* career
kártérítés *fn,* compensation, damages, in-

karton

demnity, indemnification, *US* smart money
karton *fn/mn,* **1.** cardboard, pasteboard **2.** *kártya* card **3.** *doboz* carton ‖ *~doboz:* cardboard box
kartoték *fn,* card-index, file, filer ‖ *~ba sorol* file ‖ *~kezelő* filer ‖ *~leltár* card index of accessions
kártya *fn,* **1.** *játék* card **2.** *cédula* slip ‖ *~ázik:* play cards ‖ *jól keveri a ~t:* mix the cards well ‖ *megmutatja a ~áit:* show one's cards
kártyás *fn,* card-player, *hazárd* gambler
kártyázik *i,* play cards, gamble ‖ *el~ vmit:* gamble away
karzat *fn,* gallery ‖ *a ~ra szól a jegye:* have a seat on the gallery ‖ *a ~nak játszik:* play to the gallery
kas *fn,* **1.** *méh* bee-skep, skep, beehive, hive **2.** *kocsi* wickerwork body, wicker framework, skep **3.** *lift* cage ‖ *olyan ez a hely, mint egy méh~* this is too noisy here, isn't it?
kastély *fn,* mansion, manor, palace; *vár* castle ‖ *~t épít Spanyolországban:* build a castle in Spain
kasza *fn,* scythe
kaszkadőr *fn,* stunt man
kaszál *i,* **1.** mow, cut, scythe **2.** *átv* scythe ‖ *le~ja a füvet:* mow the lawn
kaszárnya *fn,* barracks, army port, fort
kassza *fn,* **1.** *boltban* cash desk, *gép* cash register, checkout **2.** *kártya* pool kitty
kasszafiók *fn,* office
kasszafúró *fn,* safe-breaker
kaszt *fn,* caste
Katalin *fn,* Catherine, Katherine, Kathleen
katalizátor *fn,* **1.** catalyst **2.** catalytic converter

katalógus *fn,* **1.** catalogue **2.** roll-call
katapult ülés *fn,* ejector seat
katéter *fn,* catheter
katicabogár *fn,* lady-bird, *US* ladybug
katlan *fn,* cauldron, kettle
katolicizmus *fn,* Catholicism
katolikus *fn,* Catholic
katona *fn,* soldier, serviceman
katonai *mn,* military
katonás *mn,* soldierly, soldierlike
katonaság *fn,* the army / military, armed forces
katonáskodik *i,* do military service, serve as a soldier, serve in the army
kátrány *fn,* tar
kátrányoz *i,* tar
kátrányozott *mn,* tarred
kattint *i,* click ‖ *az egérrel ~:* click the mouse
kattog *i,* click, clack, rattle
kattogás *fn,* click, clack
kátyú *fn,* **1.** pot-hole, puddle **2.** *~ba kerül:* get bogged down, stall
kavar *i,* stir ‖ *fel~:* stir up
kavargás *fn,* whirl(ing), swirl(ing)
kavargó *mn,* swirling, whirling
kavarodás *fn,* upheaval, hurly-burly, stir, chaos ‖ *~t okoz:* cause a mix ‖ *a legnagyobb ~ban:* in the biggest chaos
kávé *fn,* coffee ‖ *~t kérek!:* a coffee please! ‖ *tejes/fekete ~:* white / black coffee
kávédaráló *fn,* coffee mill, *elektromos* coffee grinder
kávéház *fn,* café
kávézó *fn,* cafeteria
kávézóasztalka *fn,* coffee table
kaviár *fn,* caviar

kavics *fn*, pebbles, gravel
kavicsolás *fn*, gravelling
kavicsos *mn*, pebbly, gravelled
kavicsút *fn*, ballast-road, gravel-road
kajak *fn*, kayak
kazah *fn/mn*, Kazakh
Kazahsztán *fn*, Kazakhstan
kazán *fn*, boiler ‖ *~ház:* boilerhouse, boiler room
kazetta *fn*, cassette ‖ *~ás magnó:* cassette player / recorder
kebab *fn*, kebab
kebel *fn*, bosom, breast, *átv* heart
kecsege *fn*, sterlet, sturgeon
kecsegtet *i*, bid fair, be promising, hold out promises ‖ *ígéretekkel ~* feed sy fond hopes ‖ *kilátással ~* it bids fair prospects ‖ *a terv sikerrel ~* the plan has possibilities, the plan is promising
kecsegtető *mn*, fair, promising, enticing, pleasing, alluring
kecses *mn*, graceful, charming, dainty, pretty
kecske *fn*, goat ‖ *vén ~:* old goat
kecskebak *fn*, he / billygoat
kecskebéka *fn*, bullfrog
kecskebőr *fn*, goatskin
kecskeláb *fn*, X-leg
kecskelábú *mn*, X-legged
kedd *fn*, Tuesday
kedélyes *mn*, jovial, merry, convivial
kedv *fn*, mood, temper, disposition, öröm pleasure ‖ *ahogy ~e tartja:* as fancy takes him/her ‖ *meg~el vkit:* take a fancy to sg ‖ *~ére való:* to sy's mind
kedvel *i*, like, be fond of, have a liking for
kedvenc *fn*, favourite, pet ‖ *tanár ~e:* teacher's pet

kedvenc *mn*, favourite, pet ‖ *a ~ időtöltése:* favourite pastime ‖ *~ rögeszme:* favourite idea ‖ *~ íróm:* my favourite writer
kedves *fn*, beloved, sweetheart, lover
kedves *mn*, dear, kind, gentle, decent, nice, pleasant
kedvesen *hat*, kindly
kedveskedik *i*, please sy, try to please sy, do sy a favour‖ *vmivel ~* vkinek favour sy with sg
kedvetlen *mn*, unpleasant, depressed, moody, dispirited
kedvetlenül *hat*, unpleasantly
kedvez *i*, 1. favour, give sy an advantage 2. *vkinek* be favourable
kedvezmény *fn*, advantage, favour, grant, allowance, discount, reduction
kedvezményes *mn*, preferential, reduced, discount
kedvezményezett *fn*, beneficiary
kedvező *mn*, favourable, advantageous, opportune, propitious, easy ‖ *~ jelentést ír vmiről:* write a favourable report about sg
kedvezőtlen *mn*, unfavourable, disadvantageous
késedelmes *mn*, dilatory, slow, delayed
kefe *fn*, brush, scrubbing brush
kefél *i*, 1. brush, give sg a brush up 2. *szl vkivel* screw with
kegy *fn*, favour, grace, benevolence, goodwill, patronage ‖ *kiesik a ~éből:* fall from sy's grace ‖ *isten ~éből:* by god's grace ‖ *megszerzi a ~ét:* win sy's grace ‖ *nagy ~ben tart:* keep in great favour
kegyel *i*, favour, be partial, have a special

liking for sy ‖ ~*i a szerencse* be fortunate
kegyelem *fn,* **1.** mercy, clemency, pardon, reprieve **2.** *vall* grace ‖ *~éből:* at the mercy of ‖ *~ére hagyja magát:* left to the tender mercies of sy
kegyelet *fn,* piety, reverence
kegyelt *fn,* favourite, minion
kegyes *mn,* **1.** kind, friendly, amiable **2.** *jóindulatú* benevolent, gracious, merciful, beningnant, propitious **3.** *vall* pious, godly, holy, devout **4.** *leereszkedő* condescending ‖ *~ adomány* charitable gft ‖ *~ csalás* pious fraud ‖ *~kedjék odafáradni!* be so kind as to go in there
kegyetlen *mn,* cruel, merciless, brutal
kegyetlenség *fn,* cruelty, brutality, savageness
kehely *fn,* cup, chalice; *virág* calyx, flower-cup
kéj *fn,* **1.** *nemi* carnal pleasure, sensual pleasure, *pej* lust **2.** *átv* pleasure, delight
kéjelgés *fn,* lust, carnal pleasures
kéjenc *fn,* voluptuary, sensualist
kéjes *mn,* **1.** *átv* delicious, delightful, blissful **2.** *nemi* voluptuous, sensual, lustful
kéjesen *hat,* sensually
kéjvágy *fn,* lust, carnal desire
kéjvágyó *mn,* lustful
kék *mn/fn,* blue
keksz *fn,* biscuit, *US* cookie
kel *i,* **1.** rise, get up **2.** *égitest* rise **3.** *növény* shoot, sprout, spring **4.** *tészta* rise, swell **5.** *áru* sell well, find a market
kelengye *fn,* trousseau

kelepce *fn,* trap, pitfall, snare
kelés *fn,* **1.** *orv* boil, furuncle, abscess **2.** *ágyból* getting up
kelet *fn,* **1.** the East **2.** East, east **3.** *dátum* date ‖ *~re megy:* travel to the East ‖ *~-Európában:* in Eastern-Europe
keleti *mn,* Eastern, of East, oriental, Oriental
keletkezik *i,* originate, arise / issue from; spring up ‖ *~ vhol:* spring up swhere ‖ *~ vmiből* originate from
kelkáposzta *fn,* savoy-cabbage
kell *i,* **1.** be needed, want / need **2.** *vmihez* necessary / required for **3.** *kedvére* be to sy's taste / liking **4.** *módbeli segédige* must ‖ *meg ~ lennie:* it must be done ‖ *itt ~ maradnia:* he must remain here
kellék *fn,* accessoires, *US* fixings, *főzés* ingredients, *varrás* trimmings, materials, *ruha* accessoires, *színpadi biz* props
kellem *fn,* grace, graciosity, charm
kellemes *mn,* agreeable, pleasant, nice, enjoyable
kellemetlen *mn,* disagreeable, unpleasant, awkward, troublesome, annoying, *szag* offensive, bad ‖ *~ helyzetbe hoz:* embarrass ‖ *~ helyzetben van:* be in an awkward position ‖ *~ül érzi magát:* feel oneself awkwardly ‖ *~ pasas:* awkward fellow!
kellemetlenség *fn,* **1.** unpleasantness **2.** trouble, bother, inconvenience, nuisance ‖ *~et okoz:* cause trouble
kellene *i, mód. szó* should
kellet *i, ~i magát* **1.** make a show, display oneself, try to please **2.** *pej* put on airs, give oneself airs

kelletlen *mn*, unwilling, reluctant
kelletlenül *hat*, reluctantly
kellő *mn*, proper, right, due, adequate
kelt *i*, 1. wake up 2. produce, bring about ‖ *szánalmat ~:* arouse pity
kelta *fn*, Celt
kelta *mn*, Celtic
keltez *i*, date a letter, *újság* dateline ‖ *elő~* backdate ‖ *későbbre ~* postdate
keltezett *mn*, dated
kemence *fn*, oven, furnace
kémény *fn*, chimney, chimney-stack, *mozdony* funnel, smoke stack
kemény *mn*, 1. hard, stiff 2. *átv* hard, severe, harsh, resolute, unyielding, bitter ‖ *~ diétán van:* be on a hard diet ‖ *~ tanfolyamon tanul:* attend a hard course ‖ *~ mag:* hard core ‖ *~ alkudozás:* hard bargain ‖ *~, mint a szikla:* hard as stone ‖ *~ valuta:* hard currency ‖ *~en iszik:* drink hardly ‖ *~ dió:* hard nut ‖ *~en dolgozik:* works hardly
keményedik *i*, harden
keményen *hat*, hardly
keményfejű *mn*, stone-headed
keményít *i*, harden, stiffen, *acélt* temper, *inget* starch
keménykötésű könyv *fn*, hardback issue
keményöklű *mn*, turdy
keménység *fn*, hardness
kéményseprő *fn*, chimney-sweep, *biz* sweep
keménytojás *fn*, hard boiled egg
keményvonású *mn*, hard featured
kémia *fn*, chemistry
kémkedés *fn*, spying, espionage
kémlel *i*, pry into, scrutinize, investigate ‖ *körül~:* spy around
kémlelő *mn*, peeping
kémlelőnyílás *fn*, peephole
ken *i*, 1. *vmit vmivel* smear sg with 2. *vmire* smear / spread sg on/over, *gépet* grease, lubricate 3. *másra hárít* lay sg at sy's door ‖ *meg~ vkit:* grease sy's palm
kender *fn*, hemp
kender- *mn*, hemp-
kendő *fn*, 1. *fejre* shawl, *nyakra* scarf 2. duster
kénes *mn*, sulphurous, sulphuric
kenet *fn*, 1. *orv* ointment, *híg* liniment, *testrészből vett* smear 2. *vall utolsó ~:* extreme unction
kenguru *fn*, kangaroo, *kis méretű* wallaby; *gyerekhordó* baby carrier
kengyel *fn*, 1. stirrup 2. *fülben* stapes, stirrup-bone
kenőcs *fn*, ointment, cream; *híg* liniment
kenőcsös *mn*, creamy
-ként *rag* 1. *szerep, minőség* as 2. per, by ‖ *órán~ hatvan kilométer:* sixty kilometres per hour
kenu *fn*, canoe
kenuzás *fn*, canoeing
kenuzik *i*, canoe, paddle a canoe
kényelem *fn*, comfort, ease, convenience ‖ *~ben él:* live in comfort ‖ *~be helyez:* make oneself comfortable
kényelmes *mn*, comfortable, cosy, convenient
kényelmesen *hat*, comfortably, cosily
kényelmetlen *mn*, uncomfortable, inconvenient, awkward
kényelmetlenség *fn*, discomfort, inconvenience ‖ *~et okoz:* cause inconvenience
kényelmetlenül *hat*, awkwardly ‖ *~ érzi magát:* feel oneself awkwardly
kenyér *fn*, 1. *ált* bread, crusty loaf 2.

kereset livelihood, a living, bread and butter ‖ *~morzsa:* morsel of bread ‖ *~e javát már megette:* be past one's time

kenyérkereső *fn,* breadwinner

kényes *mn,* 1. delicate, tender, fragile 2. refined, fastidious, critical 3. *kínos* thorny, awkward, embarrassing ‖ *~kérdés:* delicate question

kényeskedés *fn,* sensitiveness

kényeskedő *mn,* sensitive, touchy, fastidious

kényeztet *i,* pamper, spoil, coddle

kényszer *fn,* compulsion, constraint, force, pressure ‖ *a körülmények ~e:* force of the circumstances ‖ *~ből:* under pressure

kényszerít *i,* compel / force / press sy to do sg

kényszerül *i,* be constrained / forced / driven / compelled to do sg ‖ *rá~ vmire:* have no choice but to

kénytelen-kelletlen *hat,* willy-nilly, unwillingly, reluctantly

kényúr *fn,* despot, tyrant, oppressor

kép *fn,* 1. picture, portrait, *fénykép* photograph, photo, snapshot, *papírkép* print *festmény* painting, image, likeness, illustration 2. *arc* face, visage 3. *látvány* picture, sight, view, prospect 4. *vmiről gondolt* picture, image, idea, notion 5. *külső* looks, appearance, shape 6. *szính* scene 7. *költői* image, figure of speech, trope ‖ *a ~en:* in the picture ‖ *vkiről ~et csinál:* make a photo of sy

kép- *mn,* video-‖ *~magnó:* video cassette recorder ‖ *~magnókazetta:* video cassette

képaláírás *fn,* caption

képanyag *fn,* illustrations

képernyő *fn,* screen

képernyővédő *fn,* screensaver

képes *mn,* be able to, be capable of; can do sg

képesít *i,* 1. enable sy to do sg 2. qualify sy for sg ‖ *~ vmilyen munkára:* qualify for a job ‖ *jogásszá ~:* qualify as a lawyer ‖ *érettségire ~:* qualify for the final exam

képesítés *fn,* qualification ‖ *milyen ~e van?:* what is your qualification?

képesség *fn,* ability, capacity, aptitude, faculty; *különös* talent, gift, skill ‖ *vki legjobb ~e szerint:* to the best of one's ability ‖ *megvan a ~e vmihez:* have a talent for

képez *i,* 1. *tanít* instruct, train, teach 2. *alkot* form, constitute, compose ‖ *~i magát:* study / train oneself

képgazdag *mn,* picturesque

képlékeny *mn,* plastic, pliable

képlet *fn,* formula

képletes *mn,* figurative, metaphorical, allegorical, symbolic

képletesen *hat,* figuratively, metaphorically

képmás *fn,* picture, image, likeness, portrait

képmutató *mn,* hypocritical

képmutató *fn,* hypocrite

képregény *fn,* comic strips, strip cartoon, *US* comics

képtár *fn,* picture / art gallery ‖ *művészeti ~:* art gallery

képtelen *mn,* 1. incapable of, unable to, unfit for 2. *lehetetlen* absurd, impossible, ridiculous, unreasonable, nonsense

képtelenség *fn,* **1.** incapacity for, incapability to, inability to **2.** *lehetetlen* absurdness, impossibility ‖ *ez ~!:* nonsense! ‖ *munka~:* incapability to work

képvisel *i,* represent, act on behalf of, act for ‖ *~i az ügyet:* promote the cause

képviselet *fn,* **1.** *ált* representation **2.** *ker* agency **3.** *árué* distributor

képviselő *fn,* **1.** representative, delegate **2.** Member of Parliament

képzel *i,* imagine, suppose ‖ *~d!:* just imagine!

képzelet *fn,* imagination, fantasy ‖ *a ~ világában él:* live in the world of fantasy ‖ *színes ~:* colourful fantasy

képzelőerő *fn,* fantasy

képzelődés *fn,* illusion, delusion, imagination

képzelődik *i,* be imagining things, hallucinate

képzelt *mn,* imaginary, fictitious, invented ‖ *~ beteg:* hypochondriac

képzetlen *mn,* unqualified

képzett *mn,* qualified, educated, trained, skilled, cultivated ‖ *~ orvos:* qualified doctor

képzőművészetek *fn,* fine arts

kér *i,* **1.** ask for, request, *hiv* solicit **2.** *vmiből* want, ask for **3.** *felszámít* ask, charge, want ‖ *fizetésemelést ~:* ask for a pay-rise ‖ *magyarázatot ~:* ask for an explanation ‖ *segítséget ~:* ask for help ‖ *meg~ vmire:* ask sy to do sg

kerámia *fn,* ceramics, pottery

kerámia- *mn,* ceramical

kérdés *fn,* question, query, inquiry ‖ *feltesz egy ~t:* ask sy a question ‖ *nem ~es/ ~en felül:* be beyond question ‖ *tény~:* question of fact ‖ *vminek a ~e:* question of ‖ *megválaszol a ~re:* answer the question ‖ *lenne egy-két ~ vmiről:* have a few questions about

kérdéses *mn,* **1.** in question, under discussion **2.** problematical, undecided, questionable, doubtful, uncertain

kérdez *i,* **1.** ask, put a question **2.** inquire **3.** *vizsgán* examine, ask questions ‖ *~ vmiről:* ask about ‖ *~ősködik utána:* question sy about sg ‖ *ki~:* hear the lesson ‖ *~en mást!:* ask another! ‖ *meg~i, hogy:* ask if

kérdező *fn,* asker

kérdezősködő *mn,* inquiring

kérdő *mn,* **1.** *nyelvt* interrogative **2.** inquisitive, inquiring ‖ *~re von vkit:* call sy around for sg

kérdőív *fn,* questionnaire, form ‖ *kitölt egy ~et:* fill in a form

kérdőjel *fn,* question mark

kerecsen *fn,* saker

kéredzkedik *i,* ask leave of sy to go swhere, ask permission to leave to shwere

kéreg *fn,* **1.** *fáé* bark, *föld* crust **2.** *cipő* counter, stiffener

kerék *fn,* wheel ‖ *cigány~et hány:* turn cartwheels ‖ *pót~:* spare wheels

kerek *mn,* **1.** round, circular **2.** *egész* round **3.** *nyílt* flat ‖ *~ számok:* round numbers ‖ *~asztal:* round table

kerékabroncs *fn,* tyre

kerékagy *fn,* wheel hub

kerekasztal *mn,* round table ‖ *~konferencia:* round table conference/discussion

kerekít *i,* round off, make round

kerekítő *fn,* rounder

kerékpár *fn*, bicycle, bike ‖ *~út:* cycle path ‖ *~ verseny:* cycle / cycling race ‖ *~on jár munkába:* go to work by bike
kerékpáros *fn*, cyclist
kerékpározás *fn*, cycling
kerékpározik *i*, ride a bike
kerékvágás *fn*, **1.** run, track **2.** routine ∥ *a megszokott ~ban:* in daily routine
kérelem *fn*, request, plea, application, petition
kérelmez *i*, request, apply to sy for sg, present a petition for sg, petition for, solicit
kérelmező *fn*, petitioner, *állást* applicant
kérés *fn*, request ‖ *~t előad:* make a request ‖ *vki ~ére:* for the request of ‖ *~t teljesít:* fulfil a request
keres *i*, **1.** look for, seek, search for, hunt for **2.** *pénzt* earn, make money ‖ *kenyeret ~:* make a living ‖ *írással ~ pénzt:* make money with writing
keresés *fn*, search, seeking, pursuit ‖ *~re indul:* go on a search
kereset *fn*, **1.** living, income, earnings, *fiz* salary, wages **2.** *jog* action, suit ‖ *~et nyújt be:* bring an action ‖ *~nek helye nincs:* no action will lie
kereskedelem *fn*, trade, commerce ‖ *fekete~:* black trade ‖ *rabszolga~:* slave trade
kereskedelmi *mn*, commercial, of commerce, of trade, trade, business ∥ *~ osztály:* trade department ‖ *~ trükk:* trick of the trade ‖ *~ megállapodás:* trade agreement ‖ *~ engedély:* trade licence ‖ *~ megszorítás:* trade barrier ‖ *~ kirendeltség:* trade mission ‖ *~ folyóirat:* trade journal

kereskedés *fn*, **1.** *foly* trade, business **2.** *üzlet* shop, *US* store
kereskedik *i*, trade, be in business, carry on trade ‖ *~ vmivel:* trade with
kereskedő *fn*, **1.** *boltos* tradesman, shopkeeper **2.** *üzletember* merchant, trader, dealer, businessman
kereső *fn*, **1.** *fényk* viewfinder **2.** kenyeret earner, breadwinner ‖ *~képes:* capable of earning ‖ *~képtelen:* incapable of earning
kérészéletű *mn*, ephemeral, short-lived
kereszt- *előtag* cross-
kereszt *fn*, **1.** cross, crucifix **2.** *gabona* shock **3.** *zene* sharp ‖ *~et rak a térképre:* put a cross on the map ‖ *~tel jelöl vmit:* sign sg with a cross ‖ *~ X és Y között:* a cross between X and Y
kereszt- *mn*, christian, god- ‖ *~név:* Christian name ‖ *~szülők:* godparents ‖ *~apa:* godfather
keresztel *i*, **1.** *felnőttet* baptize **2.** *gyermeket* christen **3.** *bort* adulterate, dilute, water ‖ *vmilyen névre ~* give sy the name of sg, christen, name
keresztelés *fn*, baptism, christening
keresztelő *fn*, baptism, christening
keresztelő *mn*, baptizing, christening
keresztény *mn*, Christian ‖ *~ egyház:* Christian church
kereszténység *fn*, Christianity
keresztes *mn*, **1.** marked with a cross, bearing a cross **2.** *lovag* with a crusade ‖ *fn*, crusader ‖ *~ pók* garden-spider, cross-spider ‖ *~ háború* holy war ‖ *~ háboút folytat* make a crusade ‖ *~ háboút hirdet* preach a crusade
keresztez *i*, **1.** cross **2.** *meghiúsít* thwart **3.**

állatot cross-breed, *növ* cross-fertilize, hybridize ‖ *~i a karjait:* cross one's arm ‖ *~i vki érdekeit:* cross sy's interests

keresztező *mn,* crossing ‖ *egymást ~ érdekek:* crossing interests

kereszteződés *fn,* crossing ‖ *út~:* crossroads ‖ *gyalogos ~:* pedestrian cross

kereszteződik *i,* interbreed, cross, hybridize

kereszthajó *fn,* transept

keresztirányú *mn,* transversal

keresztnév *fn,* Christian name

keresztrejtvény *fn,* crosswords ‖ *~t fejt:* do a crossword

keresztút *fn,* crossroads, side turning ‖ *a ~nál:* at the crossroads

keresztül *névutó* 1. through, across, over, *utazásnál* via 2. by means of, through 3. *időben* for, during, throughout ‖ *mindenen ~:* through all ‖ *~jut/~megy:* get through ‖ *~döf:* pierce / stab through

keret *fn,* 1. frame 2. *kat* cadre, *ált* létszám a given number of people 3. *határ* compass, range, limits, *váz* framework ‖ *ajtó~:* doorframe ‖ *ablak~:* windowframe

kéretlen *mn,* unasked, uninvited

kerge *mn,* wild, crazy

kérges *mn,* horny, callous

kerget *i,* hunt, chase, pursue ‖ *őrületbe ~* drive sy mad ‖ *halálba ~* drive sy to death ‖ *~i a nőket* run after women ‖ *ábrándokat ~* build castles in Spain

kergetőzik *i,* chase about, frisk, gambol, frolic

kering *i,* 1. *bolygó* revolve, orbit, *vmi a levegőben* circle, circulate 2. *hír* circulate, go around ‖ *az a hír ~:* it is said that ‖ *~ a vér:* blood is circulating

keringés *fn,* circulation ‖ *~ben:* in circulation ‖ *vér~:* blood circulation

keringő *fn,* waltz

keringőzik *i,* waltz, dance a waltz

kerítés *fn,* fence, board fence, palings ‖ *~ mögött:* behind the fence ‖ *~t javít:* repair the fence ‖ *drót~:* wire-fencing

kerítőnő *fn,* procurer, pimp

kérkedés *fn,* boasting, bragging, braggadocio, big talk

kérkedik *i,* talk big, brag, vaunt, boast of

kérkedő *mn,* boasting, vaunting, boastful

kérlel *i,* entreat, implore, plead

keresztény *fn,* Christian

kert *fn,* garden, *gyüm* orchard, *konyha* kitchen-garden ‖ *a ~ben minden gyönyörű:* everything is lovely in the garden ‖ *~i törpe:* garden gnome

kertész *fn,* gardener, *tud* horticulturist

kertészkedés *fn,* gardening, horticulture

kertészolló *fn,* secateurs

kerti *mn,* garden

kertművelés *fn,* gardening

kerül *i,* 1. *vhova* get swhere, arrive at 2. result / end in 3. *pénzbe* cost, come to, *időbe* take / require time 4. *kerülőt tesz* go a roundabout ‖ *sokba ~:* cost a lot ‖ *nem ~ sokba:* it does not cost much ‖ *csak 200 fontba ~:* it is just 200 Fts

kerület *fn,* 1. *körvonal* outline, countour, circle 2. *városi* district

kerülő *mn,* detour ‖ *~út:* detour

keselyű *fn,* vulture

keserít *i,* embitter, sadden, grieve ‖ *meg~i az életét* she/he makes his/her life a burden

keserű *mn,* bitter
keserűen *hat,* bitterly
keserűség *fn,* bitterness
késés *fn,* delay
késlik *i,* **1.** be late, be in retard, be long in coming **2.** *óra* be slow, be behind, be losing **3.** *vonat* be late, be overdue/behind ‖ *két órát ~ett* he was two hours late ‖ *öt percet ~* the clock loses five minutes a day ‖ *ami ~, nem múlik* az óra all is not lost that is delayed
keskeny *mn,* narrow, tight
késlekedő *mn,* tardying
késleltet *i,* **1.** detain, keep back, hold up **2.** *lassít* delay, retard, protract, stay, hinder, let, put back, decelerate, defer ‖ *~i vmi megtételét* inhibit sy from doing sg
késleltetés *fn,* tardiness
késleltetett *mn,* retarded, delayed, detained
késleltető *mn,* delaying, retarding
késő *mn,* late, belated ‖ *~ vmihez:* it is late for ‖ *kései fekvő:* night owl ‖ *~re jár:* it is getting late ‖ *~ este:* late night
később *hat,* later
későbbi *mn,* later, subsequent, following
későnjövő *fn,* latecomer
kész *mn,* **1.** ready, finished **2.** be willing/reay for **3.** ready-made, ready-to-wear **4.** obliging, willing **5.** accomplished, perfect, complete **6.** proper, quite a ‖ *~ vmire/ ~en:* be ready to do sg ‖ *vmire ~:* be willing to sg ‖ *~en tart vmit:* keep sg ready ‖ *~pénz:* cash ‖ *vigyázz, ~, rajt!:* ready, steady, go! ‖ *~ruha:* pret-a-porter
készenlét *fn,* readiness, standing-by

készít *i,* **1.** make, prepare **2.** produce, manufacture, make ready, cook **3.** construct ‖ *fel~ vkit vmire:* train sy to sg
készítmény *fn,* product, manufacture, preparation
készítő *fn,* maker, manufacturer
készlet *fn,* **1.** store, stock, reserve, supply **2.** *edény/szerszám* set, service, kit
készpénz *fn,* cash ‖ *nincs ~em:* I have no cash ‖ *~zel fizet:* pay cash ‖ *~készlet:* cash balance
készség *fn,* skill; readiness, willingness
készséges *mn,* ready, willing, helpful
készségesen *hat,* willingly
készségesség *fn,* willingness
késztet *i,* induce, get, pompt, urge
kesztyű *fn,* gloves ‖ *~s kézzel bánik vkivel:* treat sy with kid gloves ‖ *~tartó:* glove compartment ‖ *felveszi a ~t:* pick / take up the glove ‖ *~t dob:* throw down the glove
készül *I,* **1.** *munkában* be in hand, be under repair **2.** make oneself ready for, be going to **3.** *diák* prepare for **4.** approach, be in the offing ‖ *neki~:* to be about to
készülék *fn,* appliance, machine, set
készült *i, vmiből* made of sg
készültség *fn,* readiness, standby ‖ *~ben van:* be on the alert
két hét *fn,* fortnight ‖ *vasárnaphoz ~re érkezünk:* we will arrive Sunday fortnight
kétbalkezes *mn,* ham-fisted / -handed, clumsy, *biz* butterfingers, be all fingers and thumbs
kételkedés *fn,* doubt(ing), scepticism
kételkedik *i,* doubt, have doubts about ‖ *~ vki ígéretében:* doubt sy's promise

kételkedő *mn*, doubting, unconvinced, sceptical
kétéltű *fn*, amphibian
kétéltű *mn*, amphibious
kétéltűek *fn*, amphibia
kétélű *mn*, double-edged ‖ ~ *kés:* double-edged knife
kétértelmű *mn*, ambiguous, equivocal, risqué, double entendre ‖ ~ *beszéd:* equivocal speaking
kétes *mn*, doubtful, dubious, uncertain, disputed, contestable, unreliable, suspicious ‖ ~ *helyzetben van:* be in an uncertain situation ‖ ~*en hangzik:* sound uncertain ‖ ~ *ügylet:* uncertain business
kéthetenként *hat*, every fortnight
kétkedő *mn*, unbelieving ‖ ~ *Tamás:* doubting Thomas
kétmotoros *mn*, double-engined
kétnyelvű *mn*, bilingual
kétoldali *mn*, bilateral
kétrészes *mn*, two-piece
kétség *fn*, doubt ‖ ~*kívül/nincs ~:* without doubt ‖ *a ~ árnyéka:* shadow of doubt
kétségbeesés *fn*, despair ‖ *átadja magát a* ~*nek:* let oneself to despair
kétségbeesett *mn*, desperate ‖ ~ *remény:* desperate hope
kétségbeesik *i*, despair, lose heart
kétségbevonhatatlan *mn*, doubtless, beyond doubt
kétségkívül *hat*, undoubtedly, beyond doubt, doubtlessly
kétségtelen *mn*, = **kétségbevonhatatlan**
kétségtelenül *hat*, = **kétségkívül**
kétszeres *mn*, double, twofold, duplicate
kétszínű *mn*, 1. two-coloured 2. hypocritical, double-dealing

kettes *fn*, *jegy* rather weak
kettő *fn*, two
kettős *fn*, duo
kettős *mn*, double, twofold
kettőspont *fn*, colon
kétüléses repülőgép *fn*, double-seated airplane
kétütemű *mn*, two-stroke
ketyeg *i*, tick
ketyegés *fn*, tick(ing)
kéve *fn*, sheaf, bundle
kevély *mn*, disdainful, haughty, presumptuous, arrogant
kevélység *fn*, arrogance, haughtiness, presumption
kever *i*, 1. *össze* mix, stir, combine 2. *vmibe* involve / embroil in, get mixed in ‖ *össze~ vmit vmivel:* mix sg with sg ‖ ~ *italt vkinek:* mix a drink for sy
keveredés *fn*, 1. *egybe* mixing, blending 2. confusion, chaos 3. interbreeding, crossing
keveredik *i*, 1. mix, blend, combine 2. interbreed 3. get involved
keverék *fn*, mixture, blend, *összevissza* medley, mismash, *átv* amalgam
keverő *fn*, 1. stirrer, mixer 2. *személy* mixer
keverőgép *fn*, mixer, mixing machine; *házt* liquidizer, blender
kevert *mn*, mixed
kevés *mn*, little, few, small
kevésbé *hat*, less
kevesbít *i*, make less, reduce, diminish, lessen
kevesebb *mn*, less, fewer
kevéssé *hat*, a little, somewhat, a little bit
kéz *fn*, hand ‖ *első/másod~ből:* from first / second hand ‖ ~*et mos:* wash hands ‖

kezd 270

~et szorít: shake hands with ‖ *kesztyűs ~zel:* with hands in kid gloves ‖ *jó ~ekben:* in good hands
kezd *i,* begin, start, set out to ‖ *harcba ~:* start to fight ‖ *új életet ~:* start a new life ‖ *vmivel ~i:* begin with
kézbesít *i,* deliver, hand
kézbesítő *fn, vállalati* messenger, *postai* postman
kezd *i,* begin, start, set out to do
kezdeményez *i,* initiate
kezdeményezés *fn,* initiative
kezdés *fn,* beginning, start ‖ *újra~:* a new beginning
kezdet *fn,* beginning, start, outset, opening, commencement, first step / attempt, *idő* opening; *eredet* origin, source ‖ *~ben:* at the beginning ‖ *~től fogva:* from the beginning
kezdetben *hat,* at first
kezdetleges *mn,* primitive, elementary
kezdő *fn,* beginner, tyro, greenhorn, tenderfoot ‖ *pálya~:* beginner
kezdő *mn,* beginning, commencing, initial, inexperienced, budding ‖ *~ fizetés:* starting salary ‖ *~tőke:* starting capital
kezdőbetű *fn,* initial (letters) ‖ *a nevének ~i X. Y.:* one's initials are X Y
kezdődik *i,* begin, start, commence; *szárm* originate from, derive from ‖ *3-kor ~:* begin at three
kezel *i,* **1.** *beteget* treat, attend **2.** *gépet* handle, operate, work **3.** *jegyet* inspect, check, control **4.** *pénzt* administer, handle **5.** *vkit vhogyan* treat, deal with, handle ‖ *óvatosan ~:* handle with care ‖ *durván ~:* mismanage ‖ *egy problémát ~:* deal with a problem

kezelés *fn,* **1.** treatment, therapy **2.** *gép* handling, operation **3.** *jegy* check, control
kezelhetetlen *mn,* out of control, uncontrollable
kezelő *fn,* **1.** *gépé* operator, mechanic **2.** *ügy* administrator, manager **3.** *kórh hely* operating room, surgery
kézelő *fn,* cuff, wristband
kezeltet *i,* **1.** *orv* have sg treated **2.** *jegy* show / produce for inspection
kézenfekvő *mn,* obvious, self-evident, clear
kézenfekvően *hat,* obviously
kezes *fn,* guarantor
kezeskedik *i,* guarantee, vouch
kezeslábas *fn,* overalls, boiler suit; *gyerek* rompers, *téli* snow suit
kezesség *fn,* security, guarantee
kézfogás *fn,* hand shake
kézhezvétel *fn,* receipt ‖ *a csomag ~e:* receipt of the parcel ‖ *~től számítva:* from the date of delivery
kézi *mn,* **1.** *kézzel kapcs* hand-, of the hands **2.** manual, hand-operated
kézikocsi *fn,* handcart
kézikönyv *fn,* manual, handbook, reference book
kézikötött *mn,* hand-knitted
kézilabda *fn,* handball
kézimunka *fn, hímzés* needlework, fancy work, embroidery
kézírás *fn,* handwriting
kézírásos *mn,* handwritten
kézirat *fn,* manuscript
kézitáska *fn,* handbag, *kis bőrönd* suitcase
kézitusa *fn,* hand-to-hand fight
kézjegy *fn,* initials

kézmozdulat *fn,* motion, gesture ‖ *~okkal magyaráz:* explain with gestures
kézműves *fn,* craftsman, artisan
kézműves *mn,* crafts-, hand-made
kézművesség *fn,* handicrafts
-kezű *mn,* handed
kézügyesség *fn,* manual skill, handiness
kézzelfogható *mn,* tangible, palpable, evident, obvious
kézzelfoghatóan *hat,* obviously, evidently
kézzelírt *mn,* handwritten
ki *névm* **1.** *kérd* who **2.** some **3.** one
kiabál *i, ember* shout, cry, bawl
kiabáló *mn,* shouting, crying
kiabálva *hat,* shouting, crying
kiad *i,* **1.** *vhonnan* give out, issue **2.** deliver, give up, *kézből* part with **3.** *rendeletet/könyvet* publish, issue **4.** *pénz* spend, expend, disburse, lay out **5.** *mérgét* give vent ‖ *~ja magát vminek:* pass oneself as ‖ *~ja az útját:* dismiss, sack, fire
kiadás *fn,* **1.** handing out, delivery, surrender, *bűnöző* extradition **2.** publication, issue, edition ‖ *mai ~:* today issue ‖ *az étel ~a vkinek:* food-delivery ‖ *olcsó/puhafedelű ~:* paperback issue ‖ *új ~:* new edition
kiadások *fn,* expenses
kiadó *fn,* publisher
kiadvány *fn,* publication
kiagyal *i,* invent, conceive, plot, think up ‖ *vádat/kifogást ~:* plot a plea
kiakaszt *i,* hang out
kialakít *i,* form, shape, fashion, mould
kialakul *i,* **1.** form, take shape **2.** be settled, get sorted out
kiáll *i,* **1.** *vhonnét* stand out, step out **2.** *vmiből* stand/stick out **3.** *vki mellett* fight for **4.** *kibír* endure, suffer, stand, bear, tolerate ‖ *~ja a vihart:* weather the storm ‖ *~ja a nehézségeket:* endure the difficulties
kiállít *i,* exhibit, display, show; *okmányt* issue, fill in, complete
kiállítás *fn,* exhibition, show; *sp* expulsion; *okm* issue
kiált *i,* cry out, shout, exclaim, call out ‖ *fel~:* cry out ‖ *le~:* cry down ‖ *rá~:* shout at ‖ *segítségért ~:* cry for help
kiáltás *fn,* cry, shout ‖ *dühös ~:* angry shout ‖ *messzi ~:* distant shout
kialszik *i,* **1.** *lámpa* go out, burn out, die out **2.** fade, die away **3.** sleep off, get enough sleep
kiárad *i,* overflow, flood, inundate, overrrun, *gáz* escape, *fény* stream out, emanate
kiáramlás *fn,* outflow, effluence
kiárusítás *fn,* selling out/off, sale
kiaszott *mn,* parched, withered, *ember* emaciated, wizened
kibékít *i,* reconcile sy with sy
kibékül *i,* **1.** make peace, make it up **2.** resign oneself to, acquiesce in
kibetűz *i,* decipher, make out
kibetűzés *fn,* deciphering
kibic *fn,* kibitzer
kibicel *i,* kibitz
kibillen *i,* topple / tip / tilt over
kibillent *mn,* tip out, topple / tip / tilt over
kibír *i,* bear, stand, endure, suffer
kibocsát *i,* **1.** send out, emit, give off/out **2.** *bankjegyet* issue, *kölcsönt* float, *rendeletet* issue, publish **3.** *egyetemről szakembert* turn out ‖ *bélyeget ~:* issue

kibogozás 272

a stamp || **bankjegyet ~:** issue a note || **újságot ~:** publish a paper
kibogozás *fn,* unravelling
kibont *i,* **1.** *csomót* undo, untie; open, unpack, unwrap **2.** *levelet* open, tear open, unseal **3.** *hajat* take / let down **4.** *zászlót/vitorlát* unfurl, unfold
kiborít *i,* **1.** overturn, upset, spill **2.** *vkit* upset, *US* faze, throw sy off the balance
kiborul *i,* **1.** be upset / overturn / spilt **2.** be thrown out, fall out **3.** get upset, crack up, break down
kibuc *fn,* kibutz
kibővít *i,* widen, enlarge, extend, expand
kibővül *i,* widen, increase, develop
kibújik 1. *vhonnan* creep out, emerge from **2.** *vmi alól* wriggle out
kibúvás *fn,* emergence
kibúvó *fn,* pretext, excuse
kicifráz *i,* flourish, embellish || **~za magát:** flourish oneself
kicsatol *i,* buckle out
kicsavar *i,* **1.** *csavar* unsrew **2.** *ruha* wring out **3.** *gyümölcs* squeeze **4.** *vkinek a kezéből* wrest sg from sy's hands
kicsépel *i,* thrash / beat out
kicselez *i,* dodge, elude
kicserz *i,* tan
kicsi *mn* little, small, tiny, wee, short, *filigrán* diminutive; ouny, petty, insignificant, trifling || **~nek érzi magát:** feel oneself small || **~nek látszik:** look small
kicsinosít *i,* smarten / spruce up
kicsinyel *i,* belittle, undervalue, underrate
kicsinyeskedik *i,* fuss, be captious
kicsinyeskedő *mn,* small-minded, fussy, pedantic, captious, niggardly
kicsinyesség *fn,* pettiness

kicsíp *i,* **1.** *vhonnét* pluck out **2.** *hideg* nip, bite **3.** *magát* trick oneself out
kicsomagol *i,* unpack || **~ a bőröndből:** unpack the suitcase
kicsorbít *i,* blunt, chip || **~ egy poharat:** blunt a glass
kicsúszik *i,* slip out
kiderít *i,* find out, clear up, bring to light, ascertain; *rejtélyt* unravel, clear up; *igazságot* hunt out, seek after, reveal
kideríthetetlen *mn,* unrevealable
kiderül *i,* **1.** *esemény* come to light, turn out, be proved, be detected, be found out, slip out, become known **2.** *idő* clear up, get brighter, fine, lighten **3.** *arc* brighten || **idővel ~** it comes out in time || **~t, hogy ő egy** he proved to be a || **az igazság mindig ~** the truth will out
kidob *i,* throw out, waste; *vkit* throw out, *biz* chuck out, *állásból* sack
kidolgoz *i,* **1.** make up, fashion, model, process **2.** *részletesen* work out, elaborate, draw up, prepare
kidolgozás *fn,* **1.** making up, finish **2.** elaboration, composition
kidolgozott *mn,* made up, finished, elaborated || **~ izmok:** brawny muscles
kidomborít *i,* dwell on, stress, emphasize
kidönt *i,* **1.** = **kiborít 2.** *fát* fell, *falat* pull, knock down, demolish
kié *hat/névm* whose
kiég *i,* burn out
kiegészít *i,* complete, complement, make up, supplement
kiegészítés *fn,* **1.** completion, addition, supplement **2.** *pénz* supplement **3.** *könyv* addendum

kiegészítő *mn,* supplementary, additional, complementary
kiegyenesedik *i,* straighten out, draw oneself up
kiegyenlít *i,* **1.** equalize **2.** *sp* equalize **3.** *számlát* settle up, discharge
kiegyenlítő *mn,* equalizing
kiegyensúlyoz *i,* balance
kiegyensúlyozatlan *mn,* unbalanced
kiegyensúlyozatlanság *fn,* imbalance
kiegyensúlyozott *mn,* balanced
kiegyezik *i,* reach an agreement, come to an arrangement, come to terms with sy
kiegyenesít *i,* **1.** straighten out, make straight, **2.** *felületet* planish; align, make flush **3.** *testet* erect
kiéhezett *mn,* **1.** starving, starved, famished **2.** *átv* craving for
kiéheztetett *mn,* starved
kiejt *i,* **1.** *vmit kezéből* drop, let sg fall **2.** *szót* pronounce ‖ *helytelenül ~:* mispronounce
kiejtés *fn,* pronunciation
kiejtési *mn,* in pronunciation
kielégít *i,* satisfy
kielégítés *fn,* satisfaction, satisfying
kielégíthetetlen *mn,* insatiable, unquenchable
kielégítő *mn,* satisfying
kielégül *i,* be satiated, be satisfied by sg, be sated ‖ *nemileg ~* get satisfied
kielégültség *fn,* satisfaction
kiemel *i,* **1.** *ált* lift out, pick out **2.** = hangsúlyoz
kiemelkedő *mn,* rising, projecting, prominent; outstanding, excellent ‖ *a táj ~ pontja:* rising spot of the countryside
kiengesztelődik *i,* become reconciled / placated

kiengesztelődés *fn,* conciliation
kies *mn,* pleasant, marvellous
kietlen *mn,* dreary, bleak, desolate
kietlenség *fn,* desolateness
kifárad *i, vmitől* tire, get tired, be exhausted
kifáraszt *i,* tire out, make tired / weary, wear out
kifejez *i,* express, voice ‖ *~i magát:* express oneself
kifejezés *fn,* expression, utterance, phrase, idiom, term ‖ *durva ~t használ:* use a rude expression ‖ *szomorú ~ ül az arcán:* have a sad expression
kifejezésgyűjtemény *fn,* idiomatic collection
kifejezésmód *fn,* mode of expression, choice of words
kifejezéstelenül *hat,* expressionlessly ‖ *~ bámul:* stare without an expression on one's face
kifejezett *mn,* expressed, explicit
kifejezetten *hat,* explicitly
kifejleszt *i,* develop, improve, cultivate
kifejt *i,* **1.** *varrást* undo, unpick **2.** *babot* hull, shell **3.** display, show **4.** *szavakban* expound, explain
kifejtés *fn,* **1.** undoing, picking **2.** hulling, husking **3.** display, exertion **4.** expounding, explanation
kifelé *hat,* outwards; outwardly, seemingly ‖ *~ nyílik:* open outwards
kifest *i,* **1.** paint **2.** *arcot* make up **3.** *színez* colour
kifestés *fn,* make-up
kifeszít *i,* **1.** stretch out, tighten **2.** break / force / prise open
kifeszített *mn,* stretched, tightened

kifiguráz *i*, caricature
kifigurázás *fn*, caricature
kifizet *i*, pay up/out, disburse
kifizetendő *mn*, unpaid
kifizetés *fn*, paying up/out, disbursement
kifizetődik *i*, pay
kifizetődő *mn*, paying, remunerative
kifli *fn*, croissant, roll
kifogás *fn*, excuse, pretext, plea; *helytelenít* objection, disapproval, complaint, protest ‖ *~t emel:* raise an objection ‖ *nincs ~a vmi ellen:* have no objections against
kifogásol *i*, object to, protest against, *hibáztat* disapprove of, *bírál* censure, criticize
kifogástalan *mn*, blameless, unobjectable
kifogy *i*, run short / out, come to an end
kifolyik *i*, flow / run out
kifordít *i*, reverse, turn sg inside out; *értelmet* twist
kifordítva *hat*, reversed ‖ *vmit ~ visel:* wear sg reversed
kifoszt *i*, rob, *biz* fleece, skin, plunder, pillage, *várost* sack, loot
kifullad *i*, run out of breath / steam
kifulladt *mn*, out of breath
kifütyül *i*, boo at/off, catcall, hiss
kigombol *i*, unbutton
kigúnyol *i*, mock sy, ridicule, send sy up
kigúnyolás *fn*, mocking, derision, mockery, *biz* sending up
kígyó *fn*, snake; *irod* serpent ‖ *~t melenget a keblén:* nurse a viper in one's bosom
kígyózik *i*, 1. *konkr* wind, wriggle 2. *kanyarog* serpentine, weave, meander, crankle 3. *füst* curl spiral 4. *út* twist, snake, twine, coil

kígyózó *mn*, winding, wriggling, serpentine, meandering, snaky, curling
kihagy *i*, leave out, omit, drop, miss; *motor* miss, misfire ‖ *~ja a nevét vhonnét:* omit sy's name
kihagyás *fn*, omission, oversight; interruption, intermission; misfire; *üres rész* blank
kihagyó *mn*, missing ‖ *~ érverés:* missing pulse
kihajít *i*, fling / throw / hurl out; *vkit* turn out
kihajol *i*, lean out ‖ *~ni tilos!:* do not lean out of the window
kihallgat *i*, 1. hear, interrogate, question 2. *beszélgetést* overhear ‖ *vkit véletlenül ~:* eavesdrop
kihallgatás *fn*, 1. *rendőrség* examination, questioning, hearing 2. *államfőnél* audience ‖ *~t kér:* seek an audience with
kihangsúlyoz *i*, = kiemel
kihasznál *i*, 1. *ált* utilize, exploit, profit, harness, exhaust 2. exploit
kihirdet *i*, proclaim, publish, announce
kihirdetés *fn*, *papi* proclamation, announcement ‖ *házassági ~:* the banns
kihív *i*, 1. *vkit vhová* call out to 2. challenge, provoke 3. *diákot felelni* call upon, ask sy questions ‖ *versenyre ~:* challenge ‖ *párbajra ~:* provoke a duel
kihívás *fn*, challenge ‖ *ez a dolog igazi ~:* it is a real challenge
kihívó *mn*, provocative, provoking, defiant ‖ *~ megjegyzéseket tesz:* make defiant remarks
kihúz *i*, 1. *vhonnan* pull out, drag out of 2. *töröl* cross / strike out, erase, delete, cut sg out 3. draw ‖ *tussal ~:* ink in

kiigazít *i*, adjust, straighten out; *hibát* correct
kiír *i*, copy out, write out; *orvos* put sy on sickness benefit
kiirt *i*, **1.** wipe out, root out, clear, annihilate **2.** *népet* exterminate, commit genocide **3.** *emléket* blot out
kiirtás *fn*, wiping out, destruction, clearance, extermination, genocide
kijárás *fn*, **1.** going out **2.** *elintézés* securing, obtaining ‖ *~i tilalom:* curfew
kijárat *fn*, exit, way out, gate ‖ *vész~:* fire exit
kijavít *i*, correct, *szöveget* revise, correct, emend, rectify, put sg right, repair, mend, renovate ‖ *~tat vmit:* have sg repaired
kijelent *I*, **1.** declare, state **2.** check out ‖ *~kezik:* check out
kijelentés *fn*, **1.** declaration, statement **2.** *vall* revelation **3.** notification
kijelentkezés *fn*, check-out, checking out
kijelentkezik *i*, notify one's departure, check out ‖ *~ a szállodából* check out form the hotel
kijelöl *i*, designate, indicate, point / state out, assign, appoint ‖ *igazgatóvá jelölték ki:* he was appointed director ‖ *~ egy napot:* appoint a day ‖ *bizottságot ~:* appoint a committee ‖ *helyet ~:* mark a place
kijelölt *mn*, appointed, indicated
kijózanít *i*, **1.** sober up **2.** *átv* disenchant sy of, disillusion, sober down
kijózanodik *i*, **1.** sober down, become sober **2.** *átv* get disillusioned, get undeceived, come back to earth, come down from the clouds

kiált *i*, shout, cry
kikecmereg *i*, struggle out, extricate oneself from, wriggle out of
kikel *i*, **1.** rise from bed **2.** *tojásból* hatch out, *növ* spring, sprout
kikérdez *i*, = kihallgat
kikerekített *mn*, completed ‖ *~ mondatok:* complete sentences
kikerül *i*, go round; *ütést* evade a blow
kikészít *i*, **1.** *elő* put out, set out, get/make/set ready, prepare **2.** *bőrt* curry, supple, tew, cure, dub **3.** *átv* beat sy up, finish sy off
kikészül *i*, be knocked out, *US* be pooped
kikopik *i*, fray
kikottyant *i*, blurt / let out
kiköt *i*, **1.** bind, tie, fasten **2.** *feltételt* stipulate
kikötő *fn*, harbour, port; *kisebb* pier, jetty, landing-stage ‖ *befut a ~be:* arrive into port ‖ *külső/belső ~:* outer / inner port ‖ *nyílt ~:* open port ‖ *tengeri ~:* seaport
kikötőmunkás *fn*, docker, stevedore, *US* longshoreman
kikövez *i*, pave, cobble ‖ *~i az utat:* pave the street ‖ *a pokolba vezető út is jószándékkal van ~ve:* the way to hell is paved with good intensions
kiközösít *i*, **1.** *közösségből* expel, exclude, ostracise **2.** *egyh* excommunicate
kiközösítés *fn*, **1.** *ált* expulsion, exclusion **2.** excommunication
kiküszöböl *i*, **1.** eliminate, do away with, get rid of **2.** *mat* eliminate
kilakoltat *i*, evict from
kilakoltatás *fn*, eviction
kilapátol *i*, shovel, scoop out
kilátás *fn*, view, prospect, panorama **2.**

kilátótorony

átv outlook, prospects, chance ‖ ~ *vmire:* there is a view of ‖ *~a van vmire:* have prospect of
kilátótorony *fn,* look-out tower
kilenc *számn* nine ‖ *tízből ~szer:* nine times out of ten ‖ *~ az öthöz:* nine to five
kilencven *számn* ninety
kileng *i,* oscillate, swing
kilengő *mn,* swinging, oscillating
kilincs *fn,* door-handle, *kerek* doorknob
kilogram *fn,* kilogramme
kiloliter *fn,* kilolitre
kilombosodik *i,* burst into leaves
kilométer *fn,* kilometre
kilövell *i,* ejaculate
kilövés *fn,* shot, firing, shooting; *rakéta* launching
kilúgoz *i,* wash / steep in lye, leach
kilyukaszt *i,* 1. perforate, hole, punch, clip 2. *koptat* wear through
kimagoz *i,* stone, pit
kimar *i,* 1. corrode, *sav* erode, eat into 2. *vkit vhonnan* push sy out, oust
kímél *i,* 1. take care of, be careful of 2. spare
kíméletes *mn,* considerate, gentle
kíméletlen *mn,* inconsiderate, cruel, unsparing, ruthless, pitiless, relentless
kiment *i,* 1. *vkit vhonnan* rescue / save from 2. *magát* excuse oneself from
kimér *i,* 1. *távot* measure out 2. survey, measure up 3. sell retail, weigh out 4. *büntetést* inflict, impose ‖ *gyógyszert ~:* measure up a medicine
kimerít *i,* exhaust, wear out, tire out
kimerítő *mn,* exhausting
kimért *mn,* 1. measured 2. formal, cool, prim

kimerül *i,* tire out, get exhausted
kimerült *mn,* exhausted ‖ *~ a munkától:* be exhausted from work
kimerültség *fn,* exhaustion, weariness
kimeszel *i,* whitewash ‖ *~i a szobát:* whitewash the room
kimetsz *i,* cut / carve out, *orv* excise, resect
kimondott *mn,* 1. pronounced, uttered, spoken 2. *átv* pronounced
kimutat *i,* 1. show 2. *bizonyít* prove, demonstrate, reveal, disclose 3. *tulajdonság* exhibit, show
kiművel *i,* educate, cultivate, improve
kín *fn,* pain, torture, torment ‖ *~ban van:* be in agony ‖ *~oz és összetör:* pain and break
Kína *fn,* China
kínai *mn,* Chinese
kincs *fn,* treasure, jewel
kincstár *fn,* treasury
kincstáros *fn, rég* treasurer
kinevet *i,* laught at, ridicule, make fun of
kinézet *fn,* looks
kinin *fn,* quinine
kínlódás *fn,* torment, torture, agony
kínlódik *i,* 1. suffer 2. *átv vmivel* struggle / bother with
kinn *hat,* outside, outdoors, out of
kínos *mn,* 1. painful 2. *kellemetlen* embarrassing, unpleasant 3. *túlzó* scrupulous, meticulous
kínoz *i,* torment, torture; *bosszant* plague, harass, pester
kinő *i,* 1. grow, spring forth 2. *fog* be teething, *haj* grow 3. *ruhát* grow out
kintorna *fn,* street-organ
kínvallatás *fn,* torture

kínzás *fn*, torturing, tormenting, torture
kínzó *mn*, torturing, tormenting; *átv* worrying, harassing
kinyit *i*, open, unlock, unfold, undo
kinyír *i*, get rid of, eliminate, do away with
kinyomoz *i*, trace, track down, hunt down
kinyög *i*, spit out
kinyújt *i*, stretch / reach out; *vhonnét* hand sg out; *meghosszabbít* draw / pull out, lengthen, *tésztát* roll out
kiold *i*, 1. undo, untie, unfasten 2. *bombát* release
kiöblít *i*, rinse out, wash out
kipárnáz *i*, upholster
kipárolog *i*, evaporate
kipihen *i*, recover one's strength
kipihent *mn*, recovered
kipofoz *i*, repair, mend
kiporol *i*, dust
kipótol *i*, supply, add; supplement, make up for
kipróbál *i*, try (out)
kipróbálás *fn*, probe, test
kipufogócső *fn*, exhaust pipe
kipuhatol *i*, find out, assess, sound out
kipusztítás *fn*, = **kiirtás**
kirabol *i*, = **kifoszt**
kirajzik *i*, swarm out
kirakat *fn*, shop-window ‖ *~mosoly:* window smile
kirakodik *i*, 1. take out, unload 2. *megnézésre* display 3. *vmivel* stud, trim, pave
királyhű *mn*, royalist
királyi *mn*, royal, regal, kingly
királynő *fn*, queen ‖ *szépség~:* beauty queen ‖ *pikk ~:* Queen of Spades

királyság *fn*, 1. kingdom, realm 2. monarchy
kirámol *i*, 1. *helyet* clear, empty 2. *átv* burgle, rob, lift, plunder ‖ *~ja a hűtőt* eat out the fridge
kirándul *i*, go on an excursion, make a trip
kirándulás *fn*, trip, excursion ‖ *~ra megy:* go on an excursion
kiránduló *fn*, day-tripper, tourist
kiránt *i*, 1. pull out, draw out, jerk, pull up 2. *átv* extricate, get out of, haul up ‖ *~ja a bajból* extricate sone out of trouble
kirekeszt *i*, bar / exclude from, shut / leave out
kirekesztés *fn*, exclusion
kirendel *i*, 1. delegate sy swhere, order sy shwhere 2. *munkára* draft for work 3. *kat* order out, post to ‖ *hivatalból ~* appoint officially
kirendeltség *fn*, agency, representative, branch office, local office, sub-office
kireteszel *i*, unbolt, unbar
kirgiz *fn/mn*, Kyrgyz, Kyrgyzstani
Kirgizsztán *fn*, Kyrgyzstan
kirí *i*, be conspicuous, be a glaring contrast, shine out by contrast, glare, strike the eye ‖ *~ a környezetből* look out of place
kirívó *mn*, glaring, flagrant, striking, blatant, onspicuous, dissonant ‖ *~ hiba* blatant mistake ‖ *~ igazságtalanság* flagrant injustice ‖ *~ eset* flagrant case
kiró *i*, inflict upon, fine
kirobban *i*, burst / break out ‖ *~ belőle a nevetés:* burst out in laughter
kirobbanás *fn*, burst

kirohanás *fn,* 1. *kat* sally 2. *vki ellen* attack on, outburst against
kiságy *fn,* cot, *US* crib
kisasszony *fn,* miss, young lady
kisbetű *fn,* small letter, lower case
kisbirtokos *fn,* smallholder
kisbusz *fn,* van
kisebb *mn,* smaller, lesser, minor; *ifjabb* younger || *~ probléma:* smaller problem
kisebbrendűségi érzés *fn,* inferiority complex
kisebbség *fn,* minority
kisegítő *fn,* auxiliary, subsidiary
kiselejtez *i,* discard, weed out
kisemmiz *i,* cheat / elbow sy out of
kísér *i,* 1. accompany, escort, chaperone 2. *zongorán ~:* accompany on/at the piano
kíséret *fn,* escort, accompaniment; *átv* train, suite, followers
kíséretnélküli *mn,* unaccompanied
kísérlet *fn,* attempt; *tud* experiment || *~et tesz:* make an attempt || *gyilkossági ~et tesz:* attempt murder || *tudományos ~:* scientific experiment || *~et végez:* make an experiment
kísérletezik *i,* experiment
kísérleti *mn,* experimental || *~állomás:* experimental station || *~ módszer:* experimental method
kísérő *mn,* accompanying, escorting
kiserőd *fn,* fort
kísértet *fn,* ghost, spirit
kísérteties *mn,* ghostly, *túlzó* startling
kísértő *mn,* tempting
kisgyermek *fn,* small / little child || *~ évek:* childhood
kisiklaszt *i,* derail

kisinas *fn,* page, *US* bellboy
kiskamasz *fn,* teenager, pubert
kiskereskedelem *fn,* retail trade
kiskereskedő *fn,* retailer, retail trader
kiskert *fn,* small garden / plot
kislányos *mn,* girly, girlish
kismacska *fn,* kitten
kisugároz *i,* radiate, emit
kisugárzás *fn,* radiation; *fájás* reflection
kisüsti *fn,* home-distilled brandy
kiszabadít *i,* 1. liberate, release, set free 2. *állatot* let out, release 3. *veszedelemből* rescue, save
kiszabadítás *fn,* 1. release, freeing, liberation 2. *kimentés* rescue, saving || *eljön vki ~ára:* come to rescue
kiszakít *i,* tear, rip
kiszáll *i,* 1. get out/off 2. *helyszínre* visit the scene 3. *játékból* pull / get / back out, opt out || *Londonban ~:* get out in London
kiszámít *i,* calculate, count, compute, work out
kiszárad *i,* dry up, run dry; *növ* die, wither, shrivel; *torok* get dry; *orv* dry out, be desiccated
kiszárít *i,* 1. dry up, scorch, wither 2. reclaim
kiszed *i,* 1. take out, pick out, sort out 2. *nyomd* set up 3. *vkiből* get / drag / wheedle out of
kiszipolyoz *i,* suck sy dry, bleed sy white
kiszív *i,* 1. *folyadékot* suck, empty, drain, 2. *bármit* exhaust 3. *gázt* evacuate, *csövön* syphon 4. *füstöt* season 5. *átv erejét* sap sy's strength, suck sy dr, drain sy body and soul, reduce sy to a rag
kiszivattyúz *i,* pump / suck out

kiszolgálás *fn,* service, serving
kiszolgáltat *i,* **1.** deliver, hand over **2.** *vkinek átad* give / hand over to
kiszúr *i,* pierce, prick; *átv* pick out; *vkivel* do sy on, give sy the works
kit *névm* who(m)
kitágít *i,* **1.** stretch, expand, loosen, slacken, enlarge **2.** *látókört* widen / broaden
kitalál *i,* **1.** guess, find out, hit upon **2.** *kiötöl* invent, devise, make up, concoct
kitalálás *fn,* guessing, finding out, invention
kitalált *mn,* made-up, invented, fictitious
kitapos *i,* tread ‖ *~ott út:* the beaten track
kitart *i,* **1.** *kezével* hold out **2.** *not* keep a mistress **3.** *állhatatos* be persistent, hold out, persevere
kitárt *mn,* open
kitartás *fn,* persistence, steadfastness, standing by, backing, sticking out
kitartó *mn,* persistent, steady, firm, steadfast
kitaszít *i,* **1.** *helyről* expel sy from **2.** *átv* ast sy out/off, oucast **3.** *társadalmilag* outlaw
kitaszított *fn/mn,* outcast, outlaw
kitép *i,* tear off, tear out
kitér *i,* **1.** get out of the way, make way, let pass **2.** *vmire* touch upon, mention, dwell on **3.** *műsz* swing out ‖ *~ vki elől:* let sy pass
kitér *i,* **1.** *skálán* swing, osciallte, deviate **2.** *vki elől* shun, avoid, fly, dodge, hive the jink **3.** *beszédben vmire* touch upon sg, mention, dwell long on sg
kitérés *fn,* **1.** evasion **2.** *elbeszélésben* digression **3.** *műsz* deflection

kiterjedés *fn,* **1.** expansion, dilation **2.** dimension **3.** *átv* extent, scope
kiterjeszt *i,* **1.** *szárnyat* spread **2.** *átv vmire* extend over/to **3.** *háborút* escalate
kiterjesztés *fn,* extension, spreading, *háborút* escalation
kitérő *fn,* **1.** *közút* lay-by **2.** *út* detour, roundabout route **3.** *beszéd* digression
kitérő *mn,* evasive
kitoloncolás *fn,* deportation
kitölt *i,* fill in ‖ *~i az űrlapot:* fill in the form
kitöm *i,* stuff, pad, *állatot* stuff
kitömött *mn,* stuffed, padded
kitörés *fn,* **1.** *testrész* fracture **2.** *betegségé* outbreak **3.** *tűzhányó* eruption **4.** *kat* sally, sortie ‖ *vulkán~:* volcanic eruption
kitöröl *i,* **1.** wipe out/away **2.** *írást* erase, efface, rub out; *könyvből* expunge
kitúr *i,* **1.** *földből* unearth, dig out, *disznó* root out **2.** edge sy out
kitüntet *i,* honour, favour, award
kitüntetett *mn,* favoured, honoured
kiutalás *fn,* allocation, *pénzé* paying out, remittance
kiürít *i,* **1.** empty, clear out, drain **2.** *helyet* vacate, quit **3.** *kat* evacuate **4.** *beleket* purge
kiürítés *fn,* **1.** emptying, vacating **2.** evacuation **3.** *beleké* discharge, defecation, *vizelet* passage
kiürülés *fn,* emptying
kiütés *fn,* **1.** *sp* knock out, KO **2.** *bőrön* rash, spots, eruption ‖ *~sel győz:* win by a knock out
kivág *i,* **1.** cut / clip out **2.** *fát* fell, cut

kivágás

down 3. *rögtönöz* improvise, get up ‖ *~ja a magas C-t:* reach top C 4. *~ja magát:* give a plausible excuse 5. *ablakot* fling / burst open 6. *vkit vhonnan* throw out ‖ *erdőt ~:* deforest
kivágás *fn*, neckline, décolletage
kivágott *mn*, cut out
kiváj *i*, hollow / dig out, excavate
kivájás *fn*, excavation
kivakar *i*, scratch / rub out, erase
kiválás *fn*, leaving, separation, resignation, retirement
kiválaszt *i*, choose, select, pick / single out; *biol* secrete, excrete
kiválasztás *fn*, choice, selection; *biol* secretion
kiválasztó *mn*, secretory ‖ *~ szerv:* secretory organ
kiváló *mn*, eminent, excellent, outstanding, prominent
kiválogat *i*, select, pick / sort out
kiválóság *fn*, 1. *személy* VIP (Very Important Person), dignitary, notable, prominent / eminent person 2. *tul* eminence, prominence
kiváltságos *mn*, privileged
kíván *i*, wish, want, desire, expect, demand; *igényel* demand, require, call for ‖ *a pokolba ~ vkit:* wish to goodness ‖ *jó éjt ~:* kiss goodnight ‖ *boldogságot ~ vkinek:* wish sy happiness ‖ *sok ~nivalót hagy maga után:* leave much to be desired
kívánatos *mn*, desirable, wanted
kíváncsi *mn*, curious, inquisitive, eager ‖ *~ vmire:* be curious to
kíváncsian *hat*, curiously
kíváncsiság *fn*, curiosity ‖ *~ból:* out of curiosity ‖ *majd szétveti a ~* be dying of curiosity
kíváncsiskodik *i*, be inquisitive / indiscreet ‖ *nem akarok ~ni:* I do not want to be indiscreet
kivándorlás *fn*, emigration
kivándorló *fn*, emigrant
kivándorol *i*, emigrate ‖ *országból ~:* emigrate from a country
kívánság *fn*, wish, desire, request ‖ *~ot mond:* tell a wish
kivégez *i*, execute, put sy to death
kivégzés *fn*, execution
kivégzőosztag *fn*, firing squad
kivehetetlen *mn*, indiscernible
kivet *fn*, 1. throw / cast / fling out, reject 2. *társ* cast out 3. *adót ~:* impose a tax on
kivétel *fn*, exception ‖ *~t tesz:* make an exception ‖ *a ~ bizonyítja a szabályt:* the exception proves the rule ‖ *~ével:* with the exception of
kivételes *mn*, exceptional, uncommon
kivételesen *hat*, exceptionally
kivételével *névutó* except for
kivetítő *fn*, projector
kivéve *hat*, except ‖ *mindent megtesz, ~:* do anything except
kivilágított *mn*, lighted up, illuminated
kivirágzik *i*, begin to blossom, burst into bloom / flower
kivirágzás *fn*, blooming
kivitelez *i*, make up, execute, finish, carry out
kivitelezés *fn*, execution, finish
kivizsgálás *fn*, 1. examination, inquiry 2. *orv* check-up
kivon *i*, 1. drag / draw / pull out 2. *mat*

subtract **3.** *kardot* draw, unsheathe **4.** *katonaságot* withdraw
kivonás *fn,* **1.** withdrawal **2.** *mat* subtraction ‖ **~ jel:** subtraction mark
kivonat *fn,* **1.** extract, certificate **2.** *könyvé* abridgement, summary, abstract, digest ‖ *~ot ír:* summarize
kivonatol *i,* summarize
kivonulás *fn,* **1.** march, parade, turn-out **2.** *teremből* withdrawal, walk-out **3.** *kat* withdrawal, evacuation
kívül *hat* **1.** outside **2.** *átv* besides, apart from **3.** *vkin/vmin felül* in addition to, beyond, outside ‖ **~ marad:** keep aloof ‖ *érdeklődési körén* **~:** beyond sy's range of interest ‖ *rajta ~:* besides him
kizárás *fn,* **1.** expulsion, exclusion, *egyetemről* sending down; *versenyből* disqualification **2.** *kapun* locking out
kizárólagos *mn,* exclusive, sole, absolute
kizárt *mn,* excluded, expelled from
kizökken *i,* be upset / embarrassed
kizökkent *i,* disturb
kizsákmányolt *mn,* exploited
klassz *mn,* great, slick, classy, smashing
klasszicista *mn,* neoclassical ‖ **~ épület:** neoclassical building
klasszikus *mn,* **1.** *zene* classical **2.** classic ‖ **~ példája:** a classic example of ‖ **~ zene:** classical music
klavikord *fn,* clavicord
klikk *fn,* clique
klinika *fn,* clinic ‖ *szem~:* eye clinic
klinikai *mn,* clinical
koala *fn,* koala
kobak *fn,* pate, *biz* nut
kobold *fn,* goblin
kóbor *mn,* stray

kóborlás *fn,* straying, wandering, rambling, roaming, strolling, roving
kóborol *i,* roam / wander / stroll about, tramp, ramble, *állat* stray
kocka *fn,* **1.** cube **2.** dice **3.** *minta* squar, check ‖ *a ~ el van vetve:* the die is cast
kockajáték *fn,* game of dice
kockakő *fn,* flagstone, paving stone / block
kockás *mn,* squared, checked, chequered ‖ **~ zakót hord:** wear a squared jacket
kockázat *fn,* risk, hazard, venture, chance ‖ *~ot vállal:* run / take the risk ‖ *~ával:* with the chance of
kockázatos *mn,* risky, hazardous
kockázik *i,* play dice, rattle the bones
kockáztat *i,* risk, chance, venture, run/take the risk ‖ *meg~ja a véleményt:* risk the opinion ‖ *az életét/a nyakát ~ja:* risk sy's life/neck
kocsány *fn,* stalk, peduncle, pedicel
kocsi *fn,* **1.** carriage, cart, wagon, coach **2.** car, vehicle, tramcar **3.** *kézi* handcart, *összehajtható* pushchair, *poggyász* trolley **4.** *írógép* carriage ‖ *~bejegyzés:* car registration ‖ *~szín:* shed, garage, coach-house ‖ *mentő~:* emergency car ‖ *bérmentve ~ba rakva:* carriage paid
kocsirakomány *fn,* car-load
kocsizik *i,* drive a car ‖ *keresztül ~ az országon:* drive through the country
kocsma *fn,* inn, tavern, pub, bar, *US* saloon
kocsmáros *fn,* inn-keeper
kocsmázik *i,* go pubbing
kocsonya *fn,* meat-jelly, pig-pudding
koffein *fn,* coffeine
koffeinmentes *mn,* coffeinfree

kohászat *fn*, metallurgy
kohászati *mn*, metallurgical
koholmány *fn*, forgery, fiction, fabrication, invention ‖ *~, hogy:* it is merely fiction that
kokain *fn*, cocain, coke
koksz *fn*, coke
kókuszdió *fn*, coconut
kóla *fn*, *biz* Coke
kolbász *fn*, sausage, *GB vékony* chipolata
koldul *i*, beg
koldus *fn*, beggar
koleszterin *fn*, cholesterol ‖ *~szint:* level of cholesterol
kollázs *fn*, collage
kollégium *fn*, college, course ‖ *~ban tanul:* attends a college
kolónia *fn*, colony, community ‖ *brit ~:* British colony
kolostor *fn*, monastery, cloister
koma *fn*, 1. fellow, sponsor, godfather 2. *átv* chum, pal, mate, brother, crony ‖ *kis ~ám* mate, oldpal ‖ *róka ~* master fox
komaasszony *fn*, godmother, sponsor
komédia *fn*, comedy
komikus *fn*, comedian
komikus *mn*, comical, droll
komoly *mn*, serious, grave
komolyan *hat*, seriously
komolyság *fn*, earnestness, seriousness, gravity, sternness
komolytalan *mn*, immature; *beszéd* irresponsible; *egyén* unreliable; airy; *viselkedés* frivolousness, flippancy ‖ *~ munka:* immature job
komor *mn*, gloomy, sombre, grave, morose; *idő* dreary; *tekintet* sullen, grim; *vidék* bleak

komorság *fn*, gloominess, graveness
komótos *mn*, 1. comfortable 2. slow-moving, leisurely
komp *fn*, ferry(boat)
kompaktlemez *fn*, compact disc
komphajó *fn*, ferryboat
komponál *i*, compose ‖ *operát ~:* compose an opera
koncert *i*, 1. *előadás* concert 2. *versenymű* concerto ‖ *~et ad:* give a concert
koncertezik *i*, 1. give concert, give recital 2. *átv* get hysterical, cry out loudly
koncesszió *fn*, concession
konfekció *fn*, ready-to-wear articles
konfetti *fn*, confetti
kong *i*, ring / sound empty
kongás *fn*, toll, ring
kongat *i*, toll, ring, sound
konok *mn*, obstinate, stubborn, headstrong, hard-headed
kontaktlencse *fn*, contact lenses *tsz* ‖ *~ét hord:* wear contact lenses
kontár *fn*, bungling, amateur ‖ *~ vmiben:* botch sg up
kontár- *mn*, amateur-
konténer *fn*, container
konzerv *fn*, tin, can, preserve, conserve ‖ *~gyár:* cannery ‖ *~gyáros:* tinman ‖ *hal~:* tinned fish ‖ *hús~:* tinned meat ‖ *~zene:* tinned music
konzerv- *mn*, tinned, canned, preserved
konzervatív *fn*, conservative, old-fashioned, out-of-date
konzervnyitó *fn*, tin opener
konyha *fn*, 1. *hely* kitchen 2. *főzés* cuisine, cooking ‖ *~felszerelés:* kitchen equipment ‖ *tea~:* kitchenette ‖ *~kert:*

kitchen-garden ‖ ~ *edény:* kitchenware ‖ *magyar* ~*:* Hungarian cuisine
konyhafőnök *fn,* chef
konyhaművészet *fn,* art of cooking, cookery
konyhaművészeti *mn,* cuisinal
kopár *mn,* barren, bare; *fa* leafless, bare, naked
kopás *fn,* wear and tear, *műsz* attrition, abrasion, *geol* erosion ‖ *természetes* ~*:* natural erosion ‖ *erős* ~*:* strong abrasion
kopasz *mn,* bald, hairless‖ *meg~odik:* get / turn bald ‖ ~, *mint a biliárdgolyó:* bald as a coot
kopaszodó *mn,* balding
kopaszság *fn,* baldness
kópé *fn,* 1. rascal, rogue 2. *gyerek* scamp, imp
kopik *i,* wear away/out, fret; *szövet* get frayed ‖ *el~:* fret away ‖ *vékonyra* ~*:* thin of the fray
kopó *fn,* 1. hound, foxhound 2. *átv* sleuth, privat eye
kopog *i,* 1. *ajtón* knock at, *máson* tap / rap at/on, *eső* patter 2. *motor* knock, pink ‖ ~ *az ajtón:* knock on the door
kopogás *fn,* 1. knock(ing), *máson* tap(ing), rap(ing), *eső* patter(ing) 2. *motor* knock(ing)
kopogtató *fn,* knocker
koponya *fn,* 1. skull 2. *átv* head, brain
koponyalékelés *fn,* trepanation
koporsó *fn,* coffin; *US* casket
koporsóvivő *fn,* coffin-carrier
koppint *i,* rap, tap, slap ‖ *a körmére* ~*:* rap sy's knuckles ‖ *ki~ vmin:* tap out sg ‖ *vállára* ~*:* tap on sy's shoulder

koppintás *fn,* tap, patter; *átv* mee-too product
-kor *rag* 1. at 2. on 3. during, while ‖ *minden~:* every time ‖ *ak~:* then
kor *fn,* 1. age 2. era, epoch, age, days, period, time ‖ *törvényes* ~*:* age of consent ‖ *20 éves ~ában:* at the age of twenty ‖ *előrehaladott ~ban:* at an advanced age ‖ *~osodik:* come of age ‖ *18 éves ~ alatt:* under the age of 18 ‖ *jól tartja a ~át:* look sy's age ‖ *kiskorú/nagykorú:* under age / of age; minor / major ‖ *milyen ~ú vagy?:* what is your age? ‖ *virágzó öreg~:* greenold age ‖ *a ~ához képest:* for one's age
korai *fn,* early ‖ ~ *órák:* small hours ‖ ~ *halál:* early death
korall *fn,* coral
korallzátony *fn,* coral reef
korán *hat,* early ‖ *~fekszik, ~kel:* keep early hours ‖ *~kelő:* early riser ‖ *ki ~ kel, aranyat lel:* the early bird catches the worm
Korán *fn,* the Koran
koraszülés *fn,* premature birth ‖ *~e van:* have a premature birth
koraszülött *mn,* premature ‖ ~ *baba:* premature baby
korbács *fn,* lash, whip, scourge ‖ *kéznél tartja a ~ot:* keep the lash at hand ‖ *meg~ol:* lash, whip, flog
korcsolya *fn,* skate(s)
korcsolyapálya *fn,* skating rink
korcsolyázás *fn,* skating
korcsolyázó *fn,* skater
kordbársony *fn/mn,* corduroy
Korea *fn,* Korea
koreai *mn/fn,* Korean

kórház *fn*, hospital
korhely *fn*, rake, drunkard
korhol *i*, chide / scold / reprove, nag at
korhű *mn*, exact, faithful, period
korlát *fn*, 1. *védő* bar, barrier, guard; *karfa* banister, *hajón* handrail 2. *sp* parallel bars 3. *átv* limit, bounds ‖ ~ **mögött:** under control
korlátlan *mn*, boundless, unlimited, *mennyiség* unrestricted, *hatalom* absolute, unbounded
korlátlanul *hat*, boundlessly
korlátolt *mn*, 1. limited, restricted 2. *szellemileg* dull, stupid, narrow-minded
korlátoz *i*, restrict, limit, set limits to, confine, narrow down, restrain ‖ *~za magát:* restrict / limit oneself to ‖ *~ódik vmire:* be limited / confined to
korlátozás *fn*, restriction, limitation, restraint
korlátozatlan *mn*, limitless, unbounded, unlimited
korlátozó *mn*, limiting
korlátozott *mn*, limited, restrained
kormány *fn*, 1. *kocsi* steering wheel; steering gear, *hajón* pilot wheel, helm; *lapát* rudder; *biciklin* handle-bar, *repgépen* control stick / column, *biz* joystick 2. *pol* government, cabinet, regime, US administration ‖ *leváltja a ~t:* defeat the government
kormányforma *fn*, form of government
kormányos *fn*, steersman, helmsman; *csónak* cox
kormányrúd *fn*, steering column
kormányzó *fn*, governor
kormányzó *mn*, governing, ruling; steering

kormányzóság *fn*, 1. *tisztség* governorship, *tört* regency 2. *terület* province
kormos *mn*, sooty, smoky
kóroktan *fn*, pathogeny
korom *fn*, soot
koromsötét *mn*, pitch-dark / -black
korona *fn*, 1. crown 2. *pénz* crown 3. *fáé* crown 4. *fog* crown 5. *zene* pause, fermata ‖ *királyi ~:* royal crown
koronáz *i*, crown
koronázás *fn*, coronation, crowning
koronázatlan *mn*, uncrowned
kóros *mn*, morbid, pathological, diseased, abnormal
korosodlik *i*, advance in years, grow old ‖ *~ó dáma* ageing lady
korosodó *mn*, growing old
korpa *fn*, 1. *őrlésnél* bran 2. *fejbőrön* dandruff, scurf
korpás *mn*, 1. bran-, made of bran 2. *fejbőr* scurfy
korsó *fn*, jug, pitcher, *kő* jar, pot; *sörös* mug, stein; *üveg/vizes* carafe ‖ *egy ~ sör:* a pint / mug of beer
korszak *fn*, period, era, epoch ‖ *~alkotó:* epoch-making
korszellem *fn*, spirit of the time/age ‖ *megérzi a ~et:* sense the spirit of the age
korszerű *mn*, modern, up-to-date
korszerűség *fn*, modernity
korszerűsít *i*, modernize
korszerűsítés *fn*, modernization, up-to-dating
kortárs *fn*, contemporary ‖ *Vivaldi ~a:* contemporary of Vivaldi
kortárs *mn*, contemporary ‖ *~ író:* contemporary writer ‖ *~ portré vkiről:* contemporary portrait of sy

kortes *fn*, canvasser, election agent
korteskedik *i*, canvass, electioneer
kortévesztés *fn*, anachronism
korty *fn*, draught, *kis* sip, drop, mouthful of
kortyol *i*, sip
kórus *fn*, 1. choir, chorus 2. *dal* choral work 3. *sp biz US* yell ‖ **templomi ~:** church choir
kos *fn*, ram ‖ *K~: csill* Ram
kosár *fn*, 1. basket, wicker shopping-basket 2. *sp* basket
kosárlabda *fn*, basketball
kóstol *i*, taste, try, sample
kóstolgat *i*, keep tasting, sample
kóstoló *fn*, a bit / taste of, titbit
kosz *fn*, dirt
kószál *i*, stroll, rove, ramble, roam
koszorú *fn*, 1. wreath 2. *épít* cornice
koszorúdísz *fn*, cornice
koszorúgerenda *fn*, cross beam
koszos *mn*, dirty
kotkodál *i*, cluck, cackle
kotkodálás *fn*, cluck(ing), cackling
kotnyeles *mn*, inquisitive, meddling, meddlesome
kotor *i*, scoop, *medret* dredge, sweep
kotorászás *fn*, rummage
kotorászik *i*, rummage, delve in, search among
kotrógép *fn*, excavator, dredger
kotta *fn*, 1. *zenei* scores, notes 2. *füzet* score, music ‖ **~ból játszik** play from notes ‖ **~könyv** score-book ‖ **~tok** music-case ‖ **~áz** write out in tune
kottaolvasás *fn*, music / score reading
kótyagos *mn*, 1. *italtól* tipsy, dizzy 2. *átv* muddled, confused

kotyog *i*, 1. cluck, chuck 2. *folyadék* gurgle 3. *biz vk* chatter, jabber 4. *műsz* play, slack, knock
kotyogás *fn*, 1. *áll* cluck 2. *foly* gurgle 3. *fecsegés* chattering, jabbering 4. *műsz* play, slack, knocking
kovácsol *i*, forge, hammer
kovácsoltvas *mn*, wrought-iron
kovász *fn*, leaven
kovászos *mn*, leavened
kozmetikáz *i*, *írást* touch up, improve, *biz* face-lift, *stat. adatot* massage
kozmetikus *fn*, beautician, cosmetician
kő *fn*, 1. *ált* stone 2. *drágakő* precious stone, gem, jewel 3. *epe/vese* stone, calculus ‖ **~szívű:** stonehearted ‖ **minden követ megmozgat:** leave no stone unturned ‖ **drága~:** jewel, gem ‖ **~kemény:** hard-as-stone
köb *fn*, cube, cubic ‖ **~ösít** cube, raise to the third power ‖ **~gyök** cube-root ‖ **~gyököt von** extract cube root ‖ **~méter** cubic meter ‖ **~láb** cubic feet
köb- *mn*, cubic ‖ **~centi:** cubic centimetre
kőbánya *fn*, quarry
köcsög *fn*, jug, *US* pitcher
köd *fn*, *sűrű* fog; *ritka* mist, haze
ködfolt *fn*, nebula
ködlik *i*, loom
ködös *mn*, foggy, hazy, misty; *gondolat* nebulous, foggy, vague; *agy* confused ‖ **a leg~ebb ideája sincs róla:** not have the vaguest idea / clue about it
kőedények *fn*, earthenware, stoneware, pottery
kőfaragó *fn*, stone-cutter, stone-mason
kőhajításnyira *hat*, a stone's throw away
köhécsel *i*, cough slightly

köhög *i,* cough, have a cough ‖ *erősen ~:* have a hacking cough
köhögés *fn,* cough
kőkemény *mn,* stone-hard, stony
kölcsön *fn,* loan
kölcsönbérlet *fn,* lend-lease
kölcsönhatás *fn,* interaction ‖ *~t gyakorol:* interact
kölcsönös *mn,* mutual, reciprocal ‖ *~ megegyezés:* mutual agreement
kölcsönösen *hat,* mutually
kölcsönösség *fn,* reciprocity, mutuality
kölcsönöz *i,* **1.** lend **2.** *átv* lend, add to ‖ *~ vmit vkinek:* lend sg to sy
kölcsönvesz *i,* borrow
kölcsönző *fn,* **1.** loaner, lender **2.** *vállalat* hire / leasing service / company **3.** *kölcsönvevő* borrower
köldök *fn,* navel ‖ *~zsinór:* umbilical cord, *US* navel string
köldökzsinór *fn,* umbilical cord, *US* navel string
köles *fn,* millet
költ *i,* **1.** *ébreszt* wake up **2.** *madár* brood, hatch **3.** *pénzt* spend on
költemény *fn,* poem, verse
költészet *fn,* poetry
költő *fn,* poet
költözés *fn,* **1.** *ember* move, removal **2.** *madár* migration
költözik *i,* **1.** move **2.** *madár* migrate ‖ *ki~:* move out ‖ *be~:* move in ‖ *házba ~:* move into the house
költözködés *fn,* moving, removal
költség *fn,* expense, expenditure; expenses, charges, costs ‖ *~et felró:* bring a charge against ‖ *a szolgáltatás használati ~e 1000 Ft:* there is a charge of 1,000 Fts ‖ *vki ~én:* at sy's expense ‖ *nem kíméli a ~eket:* spare no expenses ‖ *úti ~:* travel expenses, fares
költséges *mn,* expensive, costly, dear
költségmentes *mn,* free of charge
költségvetés *fn,* estimate, calculation, budget, estimates
kölyök *fn,* **1.** *kutya* puppy, *macska* kitten, pussy **2.** kid, brat, scamp ‖ *fiatal ~:* young kid
kömény *fn,* caraway seed
kőműves *fn,* bricklayer, brickmason, stonemason
köntörfalaz *i,* beat about the bush, palter, equivocate
köntörfalazás *fn,* paltering, equivocation
könny *fn,* tear ‖ *~ben úszik:* bathed / drowned / dissolved in tears ‖ *krokodil~:* crocodile tears ‖ *~ekre fakaszt:* reduce sy to tears
könny- *mn,* tear-
könnyebb *mn,* easier, lighter, minor
könnyed *mn,* easy, light, airy, *modor* unaffected, free (and easy); *stílus* easy-flowing, fluent
könnyedén *hat,* easily, fluently
könnyedség *fn,* ease, lightness, grace, airiness, *stílus* elegance ‖ *játszi ~gel:* with the utmost ease
könnyelmű *mn,* light-headed, rash; *veszélyben* heedless, thoughtless; happy-go-lucky, careless, foolish; *pénz* prodigal, wasteful
könnyelműség *fn,* rashness, heedlessness, folly
könnyen *hat,* easily, with ease, lightly, freely ‖ *~ alszik:* sleep with ease
könnyes *mn,* tearful, filled with tears

könnyezik *i,* shed tears, weep
könnyít *i,* **1.** lighten **2.** *átv* make easier, facilitate, *fájd* ease, lessen ‖ **meg~:** make easier ‖ **~ a terhén:** unburden ‖ **meg~i a zsebét:** pack out one's pocket
könnyű *mn,* **1.** *anyag* light, thin **2.** *átv* easy, light ‖ **~ zene:** light music ‖ **szemre ~:** easy on the eye ‖ **~ körülmények közt:** in easy circumstances ‖ **megkönnyűt:** make light of ‖ **~ebb mondani, mint megtenni:** easier said than done ‖ **~en elérhető:** easy to reach
könnyűség *fn,* lightness, easiness
könnyzacskó *fn,* lacrimal sack
könyök *fn,* elbow ‖ **könyékig érő:** out at elbows, up to the elbows ‖ **rá~öl vmire:** lean on one's elbows
könyöradomány *fn,* alms, charitable gift
könyörgés *fn,* entreaty
könyörög *i,* beg / supplicate for, beg, entreat, beseech, implore
könyörtelen *mn,* merciless, pitiless, ruthless
könyörületes *mn,* merciful
könyv *fn,* **1.** book, *kötet* volume **2.** *üzleti* books ‖ **~esbolt:** bookshop ‖ **~espolc:** bookshelf ‖ **~utalvány:** booktoken ‖ **~moly:** bookworm ‖ **~ecske:** booklet
könyvecske *fn,* booklet ‖ **felvilágosító ~:** brochure
könyvelés *fn,* bookkeeping
könyvelő *fn,* bookkeeper
könyvmoly *fn,* bookworm
könyvtár *fn,* library
könyvtáros *fn,* librarian
köp *i,* **1.** spit, puke **2.** *bevall* sing, grass on

köpcös *mn,* stocky, dumpy, stubby
köpeny *fn,* **1.** cloak, gown, *női* wrap, cape, *munkaköpeny* white coat **2.** *autó* tyre
köpet *fn,* spittle, phlegm
köpköd *i,* spit about, splutter ‖ **~ és fényesít:** spit and polish
köpönyegforgató *fn,* time-server, turncoat
köpű *fn,* **1.** *méh* bee-hive **2.** *vajkészítő* churn
köpül *i,* churn
kör *fn,* **1.** circle, ring **2.** *föld* longitude **3.** *versenyben* lap **4.** *társ* club, circle **5.** *érdeklődési* range ‖ **~levél:** circular ‖ **családi ~:** family circle ‖ **~utazás:** round trip ‖ **baráti ~:** friends' circle ‖ **leír egy ~t:** make rounds ‖ **egy ~ ital:** round of drinks
kör- *mn,* circle-, ring-, round-
körbe *hat,* round ‖ **~kérdez:** ask sy round ‖ **~megy:** walk around
köret *fn,* trimmings, *díszesen* garnishing
körfordulat *fn,* turn, round, revolution
körhinta *fn,* merry-go-round, roundabout, *US* carousel
körlevél *fn,* circular ‖ **~et küld vkinek:** send sy a circular
körmönfont *mn,* **1.** wily, cunning, artful, shrewd **2.** *bonyolult* complicated, subtle
környék *fn,* environs, countryside, outskirts
környezet *fn,* environment, surroundings, *személyi* milieu ‖ **védi a ~et vmi ellen:** save the environment against
környezeti *mn,* environmental ‖ **~károk:** environmental damages ‖ **~védelem:** environmental protection
környezetvédő *fn,* environmentalist

köröm

köröm *fn*, 1. nail 2. *áll* claw ‖ *foggal-~mel:* with tooth and nail ‖ *~lakk:* nail polish ‖ *rágja a ~ét:* bite one's nail
körömápolás *fn*, manicure, *lábon* pedicure
körömápoló *fn*, manicurist
körömcsipesz *fn*, nail clippers
körömfényesítő *fn*, nail polisher
körömkefe *fn*, nailbrush
körömlakk *fn*, nail polish ‖ *~ lemosó:* nail-polish remover
körömolló *fn*, nail scissors
körömrágás *fn*, nail-biting
körömreszelő *fn*, nail file
köröndö *fn*, circus
köröskörül *hat*, all around
köröz *i*, 1. circle 2. *~ vkit:* issue a warrant for the arrest of sy
körözött *mn*, wanted ‖ *~ bűnöző:* a wanted gangster
körri *fn*, curry
körte *fn*, 1. *gyüm* pear 2. *égő* bulb
körút *fn*, 1. *utca* boulevard 2. tour, trip, *szolg* round, beat ‖ *~at tesz:* make a tour
körül *névutó* 1. around 2. *időben* about, round 3. *megközelítőleg* about, near ‖ *öt óra ~:* at about five o'clock ‖ *~jár vmit:* walk sg around ‖ *körös~:* round and round
körülárkol *i*, dig round
körforgás *fn*, circulation, rotation, *égitest* revolution
körülhatárol *i*, 1. *kerít* encircle, encompass 2. *ír* circumscribe, delimit, define
körülírás *fn*, circumlocution
körülmény *fn*, 1. circumstance 2. condition ‖ *rajtam kívül álló ~:* circumstances beyond my control ‖ *~ek közt:* under circumstances ‖ *semmilyen ~ek között sem:* under no condition ‖ *éghajlati ~:* weather conditions
körülnéz *i*, look arouind glance around, look about, look for sg ‖ *~, mielőtt elmondaná* look behind the door before speaking
körültekintés *fn*, 1. *ált* looking round 2. *átv* circumspection, caution ‖ *~sel kezel:* handle cautiously
körültekintően *hat*, cautiously
körülvesz *i*, 1. *vmit* surround, enclose, encircle 2. *vkit* surround, stand sy round
körülvevő *mn*, surrounding, enclosing
körülzár *i*, surround, encircle; *kat* cut off, blockade, hem in
körvonal *fn*, 1. outline, contour; skyline 2. *átv* sketch, rough draft, outline ‖ *~akban:* in outline ‖ *~az vmit:* outline
körvonalaz *i*, outline, sketch, draft
körzet *fn*, district, zone; *terület* area
körzetesít *i*, district
körzetesítés *fn*, decentralization
körzetorvos *fn*, panel / local doctor
körző *fn*, compasses
köszi! *ind. szó*, thanks!
köszön *i*, 1. greet 2. *vkinek vmit* thank ‖ *csak magának ~heti:* have only oneself to thank ‖ *a szerencsecsillagának ~heti:* thank one's lucky stars ‖ *~öm!:* thank you !
köszönés *fn*, greeting
köszönt *i*, 1. greet, welcome, salute 2. congratulate sy on, toast 3. *beszéddel* address
köszöntés *fn*, 1. greeting, salutation 2. *ünnepélyesen* congratulations

köszörül *i*, **1.** *élesít* grind, sharpen **2.** *torkát* clear one's throat

köszvény *fn*, gout, *lábé* podagra

köt *fn*, **1.** bind, tie, fasten, attach to **2.** *pulóvert* knit **3.** *könyvet* bind **4.** *beton/gipsz* set ǁ *csomóra ~:* tie a knot ǁ *biztosítást ~:* take out an insurance

kötekedés *fn*, provocation

kötekedik *i*, **1.** provoke, pick a quarrel **2.** *tréf* banter, chaff

kötekedő *mn*, quarrelsome, cantankerous, provocative

kötél *fn*, cord, rope, *hajó* cable, *vontató* towline, hawser ǁ *~en táncol:* walk the tightrope

kötelesség *fn*, duty, obligation, task, function ǁ *teljesíti a ~ét:* fulfil / do one's duty

kötelez *i*, oblige, bind, compel ǁ *szerződés ~I:* compelled by the contract ǁ *vkit vmivel le~:* oblige sy by sg

kötelezettség *fn* obligation, engagement, duty, liability ǁ *~ alól felment:* exempt from one's obligation

kötelező *mn*, obligatory, compulsory ǁ *~ tantárgy:* compulsory subject

kötélhinta *fn*, swing

kötéltáncos *fn*, tightrope-walker

kötény *fn*, apron, *kislány* pinafore

kötés *fn*, **1.** *művelet* binding, tying, *csomó* knotting **2.** *kézimunka* knitting **3.** *könyv* binding **4.** *műsz* bond, link, joint **5.** *vegy* bond **6.** *ker* transaction, deal

kötet *fn*, volume ǁ *~eket hord össze:* speak volumes

kötetlen *mn*, **1.** unbound **2.** *átv* informal

kötőgép *fn*, knitting machine

kötött *mn*, **1.** tied, bound, fixed, attached, fastened **2.** *ruha* knitted **3.** *könyv* bound **4.** *meghatározott* defined, settled, fixed ǁ *helyhez~:* bound for a place ǁ *szerződéshez ~:* bound by a contract

kötöttáru *fn*, knitwear

kötöttáru-kereskedés *fn*, knitwear shop

kötőtű *fn*, knitting needle

kötöz *i*, **1.** tie up, fasten, bind **2.** *sebet* dress, bandage

kötözött *mn*, *~ sonka* trussed ham

kötvény *fn*, **1.** *pénz* bond, security **2.** *biztosítási ~:* insurance policy

kövér *mn*, **1.** *ember* fat, stout, corpulent, *hús/állat* fat **2.** *föld* rich, fertile ǁ *~, mint a disznó:* fat as a pig

kövérkés *mn*, fattish, plump

kövérség *fn*, fatness, stoutness, corpulence, plumpness

köves *mn*, stony

követ *fn*, **1.** *dipl* minister **2.** *képv rég* deputy **3.** *rég* delegate

követ *i*, **1.** follow **2.** *sorban* succeed, come after **3.** *példát* imitate **4.** *utasítást* observe, obey ǁ *~i a tanácsokat:* follow the advice ǁ *~i, amit a szíve diktál:* follow the dictates of one's heart ǁ *a saját útját ~I:* follow one's own devices ǁ *~ően:* as follows

követel *i*, **1.** claim, demand **2.** *szükséges* require, necessitate ǁ *~i a jogait:* demand one's rights ǁ *magának ~:* have a claim on ǁ *elveszett ernyőt ~:* claim the lost umbrella

követelés *fn*, claim, demand

követelmény *fn*, requirement, demand

következés *fn*, succession, sequence, order

következetes *mn*, consistent

következetesen *hat*, consistently

következik *i*, **1.** *sorban* follow, come (after/next), succeed **2.** *vmiből* result, follow from, ensue ‖ *vmiből ~:* it follows from this

következmény *fn*, consequence, *eredmény* result, upshot, outcome, *káros* aftermath; *kedvező* issue, *szükség* corollary ‖ *~képp:* consequently ‖ *vminek a ~ei:* result of ‖ *nem volt ~e:* it had no result ‖ *viseli a ~eket:* take the consequences

következő *mn*, following, next ‖ *a ~ nap:* next day ‖ *ki a ~?:* who is next?

következtet *i*, deduce from, infer from, conclude from, come to the conclusion ‖ *arra ~tem, hogy:* I came to the conclusion that

következtetés *fn*, **1.** *eredmény* conclusion, inference, deduction **2.** *fil* inferrence, conclusion, reasoning, deduction ‖ *~képp:* therefore ‖ *arra a ~re jut:* come to the conclusion that

következtetéses *mn*, deductive ‖ *~ módszer:* deductive method

követség *fn*, **1.** *hivatal* embassy, legation **2.** *rég* mission

kövez *i*, pave, flag

kövezett *fn*, paved

kövezőmunkás *fn*, paviour

kövület *fn*, petrifaction, *állat* fossil

köz *fn*, **1.** *idő* interval, pause, break **2.** *tér* distance **3.** *utcácska* close, lane, passage **4.** community, public ‖ *semmi ~e sincs:* be none of sy's business

köz- *mn*, puclic-, common, general ‖ *~tudott dolog, hogy:* it is well-know that ‖ *~adakozás:* public subscription

közbeiktat *i*, insert, interpolate, put in, *biz* sandwich in between

közbejön *i*, intervene, occur, happen, come up

közbelép *i*, step in, intervene, interfere with

közbenjár *i*, intercede with sy for, use one's influence with sy to do sg, mediate between sy and sy

közbenső *mn*, *közép* middle, centre, *közbeeső* intermediate

közbeszól *i*, interrupt, get a word in

közbeszólás *fn*, interruption, interference

közbevág *i*, interpolate, interject

közbevágás *fn*, interpolation, interjection

közegészségügy *fn*, public health

közel *mn*, **1.** *térben* near **2.** *időben* near, towards, around ‖ *hat* nearly ‖ *~ben:* nearby ‖ *egész ~:* near at hand ‖ *~út vmihez:* get near ‖ *~i dolog:* close thing ‖ *~i barát:* close friend ‖ *~ volt hozzá:* sy was near to

közeledő *mn*, approaching

közelharc *fn*, close-range fighting, hand-to-hand combat

közeli *mn*, near, close, neighbouring, *jövő* immediate, *napok* coming, *veszély* imminent

közelít *i*, approach, near ‖ *meg~:* come close to ‖ *~ hozzá:* make an approach to ‖ *értéket ~:* approach the value ‖ *~ egy problémához:* approach the problem ‖ *már a negyvenhez ~:* approach forty

közelkép *fn*, close-up

közelről *hat*, from short distance, closely

közelség *fn*, nearness, closeness, proximity

közép *fn*, **1.** the middle of, the centre of **2.** *mat* mean ‖ *~én:* in the middle of ‖

a munka ~én: in the middle of the job ‖ *~súlyú:* middleweight ‖ *~méretű csomag:* medium-size parcel
közép- *mn,* **1.** middle-, centre-, central, mid, medium **2.** *érték* mean, *átlagos* average ‖ *~osztály:* the middle class ‖ *~-Kelet:* Middle-East ‖ *~méretű:* medium size ‖ *~-Londonban:* in Central-London ‖ *~-Európa:* Central-Europe
közepes *mn,* **1.** *minőségű* medium, mediocre, *biz* middling, so-so **2.** *átlagos* mean, average ‖ *~ bevétel:* average income ‖ *~ hőmérséklet:* average temperature ‖ *~ érték:* average value
középfokú *mn,* **1.** secondary **2.** satisfactory, fair
középiskola *fn,* secondary school
középjátékos *fn,* midfield player
középkor *fn,* Middle Ages
középpont *fn,* centre, central point, middle
középső *mn,* central, centre, middle ‖ *~ név:* middle name ‖ *~ ujj:* middle finger
középutas *mn,* middle-of-the-roader
középutas politika *fn,* middle-of-the-roader politics
közérdekű *mn,* of public / general interest
közgazdaság *fn,* economics ‖ *~ot tanul:* study economics ‖ *a K~i Egyetem:* University of Economics
közgazdasági *mn,* economical ‖ *~ problémákkal küzd:* struggle with economical problems
közgazdász *fn,* economist
közhely *fn,* cliché, banality, platitude
közismert *mn,* well-known, famed, *pejor* notorious
közismertség *fn,* fame
közjáték *fn,* interlude, entracte
közjegyző *fn,* notary
közkegyelem *fn,* general amnesty, pardon
közlegény *fn,* private; *GB biz* Tommy; *US biz* G. I. Joe / Jane
közlekedés *fn,* traffic, transport service, transportation ‖ *~i ellenőrzés:* traffic control ‖ *~i torlódás:* traffic jam ‖ *~i tábla:* traffic sign ‖ *~i lámpa:* traffic light ‖ *~i rendőr:* traffic warden ‖ *~i szabályok megszegése:* traffic violation ‖ *~i torlódás:* traffic congestion
közlekedési *mn,* traffic, transport
közlekedik *i,* go, be on the road, *vonat/busz* run, *hajó* ply ‖ *a hajó rendszeresen ~:* the ship plies
közlemény *fn,* communication, notice, announcement, *hiv* communiqué, statement, *közéleti szem* bulletin; *hírlapi* article, newsitem; *rádió/TV rövid* newsflash
közlés *fn,* **1.** communication, *hírlapban* publication **2.** *közölt dolog* message, news, *hírl* publication ‖ *az eredmények ~e:* publication of the results
köznapi *mn,* **1.** everyday, daily **2.** *átv* plain, ordinary, commonplace
köznemes *fn,* member of the lesser nobility
köznemesség *fn,* lesser / lower nobility
köznép *fn,* the common people
köznyelvi *mn,* standard, popular
közöl *i,* **1.** *hírt* tell, report, announce, disclose, make known, *rádió* announce, *árat* quote **2.** *közzétesz* publish
közömbös *mn,* **1.** indifferent, uninterested, passive **2.** *vegy* neutral, inert

közönség *fn*, 1. public, spectators, 2. *szính* audience, house 3. sp gate ‖ *a ~ kedvence* a general favourite ‖ *~szervező* audience organiser ‖ *~szolgálat* public relations

közönséges *mn*, 1. *átlagos* general, usual, common, everyday, ordinary 2. *pejor* vulgar, gross, coarse, low 3. *postai küldemény GB* second class

közönségesen *hat*, ordinarily; vulgarly

közönségesség *fn*, vulgarity

közönségsiker *fn*, great success; *színdarab* box-office hit, shash-hit; *könyv* best-seller

közöny *fn*, indifference, unconcern

közös *mn*, common, collective, public, joint; mutual, communal ‖ *~ érdekeltségeik vannak:* have common interests ‖ *~ nyelv:* common language ‖ *sok ~ van bennük:* have a lot in common with ‖ *~ ellenség:* public enemy ‖ *~ számla:* collective invoice ‖ *~ vállalkozás:* joint venture ‖ *~ bérlet:* common rent

közösen *hat*, jointly, in common

közösség *fn*, 1. community 2. *vall* fellowship

közösségi *mn*, communal ‖ *~ ház:* community centre

közösül *i*, have sex with, *vulg* fuck, screw with

közösülés *fn*, sexual intercourse

között *névutó*, between; *kettőnél több* among, *ir* amid ‖ *7 és 15 óra ~:* between 7 and 15 ‖ *~ünk:* between us

központ *fn*, 1. centre 2. *hivatal* central office, centre, headquarters ‖ *bevásárló~:* supermarket ‖ *a figyelem ~jában:* in the centre of attention

központosít *i*, centralize

központosítás *fn*, centralization

közraktár *fn*, warehouse, storehouse

köztársaság *fn*, republic

köztársasági *fn*, republican

közút *fn*, main road; US highway ‖ *~on utazik:* drive on the highway

közvélemény *fn*, public opinion

közvetít *i*, 1. *ügyben* mediate, act as a go-between 2. *üzletet* act as the middleman, secure, obtain; *házasságot* arrange, bring about, make a match 3. *rádió/TV* broadcast, televise

közvetítés *fn*, 1. *ügyben* mediation 2. *rádió/TV* broadcast ‖ *rádió~t hallgat:* listen to the radio-broadcast ‖ *élő~:* live broadcast

közvetítő *mn*, *ügyben* mediatory

közvetítő *fn*, mediator, middleman, go-between, intermediary

közvetlen *mn*, 1. direct, immediate 2. *modor* informal, free and easy, unstuffy ‖ *~ válasz:* close answer ‖ *~ rokonság:* close relatives ‖ *a ~ jövőben:* in the close future

közvetlenség *fn*, 1. directness, immediacy 2. informality, closeness

közvetlenül *hat*, 1. directly 2. informally

közszellem *fn*, public spirit

krajcároskodó *mn*, niggard, pennypincher

krákog *i*, croak, clear one's throat

krém *fn*, 1. cream, mousse 2. *arcra/átv is* cream 3. paste ‖ *ápoló~:* beauty cream ‖ *fog~:* toothpaste

krémes *mn*, creamy, cream, filled with cream

kréta *fn*, chalk, *színes* crayon, pastel ‖ *~darab:* a piece of chalk

krikett *fn*, cricket
krimi *fn*, crime-story
kriptongáz *fn*, crypton gas
kristály *fn*, crystal
kristálylap *fn*, crystal-cut
kritika *fn*, criticism; *írásban* review, *tud* critique
kritikátlan *mn*, uncritical, undiscriminating
kritikus *fn*, critic, reviewer ‖ *zene~:* music critic
kritikus *mn*, 1. critical, *döntő* crucial 2. *vki* critical ‖ *~ állapotban van:* be in a critical condition ‖ *~ hangulatban van:* be critical about ‖ *~ értekezés:* critical essay on
krokodil *fn*, crocodile
króm *fn*, chrome
kromoszóma *fn*, chromosome
krónika *fn*, chronicle; *átv* annals
krónikás *fn*, chronicler, recorder
krumpli *fn*, potato
kudarc *fn*, failure, defeat, setback, fiasco ‖ *teljes ~ot vallott, mint:* was a complete failure as ‖ *~cal végződik:* end in failure
kukac *fn*, worm; *gyümölcsben* maggot; *sajtban* cheese-mite
kukkolás *fn*, voyeurism
kukkoló *fn*, voyeur
kukoricacső *fn*, maize-ear; ear of maize, corncob
kukoricapehely *fn*, cornflakes
kukoricaszem *fn*, grain of maize, corn
kukucs *indsző*, peekaboo!
kukucskál *i*, peek into/at
kukucskálás *fn*, peeking
kulacs *fn*, canteen, flask

kulcs *fn*, 1. key 2. *rugóhoz* key, turning peg, pin
kulcsember *fn*, key man
kulcsfontosságú *mn*, key-
kulcskarika *fn*, key / split ring
kulcslyuk *fn*, keyhole
kulcsmásolás *fn*, key cutting
kulcspozíció *fn*, key position
kulcsrakész *mn*, ready-made ‖ *~ építkezés:* ready-made building
kulcsszó *fn*, key word
kullancs *fn*, 1. *áll* tick 2. *ember* barnacle
kultúra *fn*, 1. civilization, culture 2. *vkié* culture, taste ‖ *a római ~:* Roman civilization
kulturális *mn*, cultural
kulturált *mn*, cultured
kuncog *i*, chuckle, chortle, titter, giggle
kuncogás *fn*, chuckle, chortle, titter, giggle
kungfu *fn*, kung-fu
kunyhó *fn*, cottage, hut
kupa *fn*, 1. cup, goblet 2. *sp* cup 3. *fej biz* noddle, nut
kupac *fn*, pile
kupak *fn*, cap ‖ *~ot tesz az üvegre:* put a cap on the bottle ‖ *ha a ~ ráillik:* in case the cap is fitting
kúpos *mn*, concial, cone-shaped
kúra *fn*, cure, course of treatment ‖ *injekció~n van:* have a course of injections
kúrál *i*, treat, cure ‖ *ki~ vkit vmiből:* cure sy of sg ‖ *ki~ják a betegségből:* be cured of an illness
kurkuma *fn*, saffron
kurta *mn*, short, brief, curt, laconical
kuruzsló *fn*, charlatan, quack-doctor
kurva *fn*, whore, prostitute

kusza *mn*, entangled, *haj* dishevelled, ruffled, tousled; confused, incoherent ‖ ~ *magyarázat:* confused explanation
kuszált *mn*, tangled, ruffle, tousled
kúszás *fn*, creeping, crawling
kúszik *i*, creep, crawl
kúszónövény *fn*, creeping plant
kút *fn*, **1.** well, pump **2.** *benzin* filling-station, *szerk* petrol-pump
kutat *i*, **1.** look for, search **2.** *tud* do research
kutatás *fn*, search, quest **2.** *tud* research, researches ‖ *~t végez:* carry out a research ‖ *~t vezet vmiről:* lead a research on ‖ *közvélemény ~:* public research ‖ *ház~i engedély:* search warrant
kutató *fn*, researcher
kutatóút *fn*, expedition, field trip ‖ *~ra indul:* go on a field trip
kútfő *fn*, wellhead; *átv* source, authority
kutya *fn*, dog ‖ *~élet:* dog's life ‖ *~baj:* a dog's chance ‖ *úgy hal meg, mint egy ~:* die like a dog ‖ *amely ~t el akarnak veszíteni, veszett hírét költik:* give a dog a bad name ‖ *~harapást szőrivel:* hair of the dog that bit you ‖ *harapós ~:* biting dog ‖ *~ba sem veszi:* not give a damn about it
kutyabárca *fn*, dog's licence
kutyabemutató *fn*, dog-show
kutyaház *fn*, *futtatóval* kennel
kutyakölyök *fn*, puppy, doggy
kutyaszerű *mn*, doggy
Kuvait *fn*, Kuwait
kuvaiti *fn/mn*, Kuwaiti
küld *i*, send, dispatch, consign ‖ *le~:* send down ‖ *el~:* send away ‖ *ki~:* send out ‖ *fel~:* send up

küldés *fn*, sending, *áru* dispatch, consignment
küldet *i*, have sg sent, have sg forward
küldetés *fn*, mission ‖ *kereskedelmi ki~:* trade mission ‖ *ez a munka ~ neki:* this is a mission for him
küldő *fn*, sender, *ker* dispatcher, consignor; *pénzé* sender, remitter
küldönc *fn*, messenger, runner; *kifutó* errand-boy, dispatch rider
küldött *fn*, delegate
külföldi *fn*, foreigner, stranger
külföldi *mn*, foreign
külföldön *hat*, abroad ‖ *~ van:* be abroad ‖ *külföldre utazik:* travel abroad
külkereskedelem *fn*, foreign trade
küllő *fn*, spoke
külön- *mnligekötő*, **1.** separate, different, distinct **2.** private, of one's own **3.** *pót* extra, supplementary
különadó *fn*, extra tax
különbözeti *mn*, supplementary
különbözik *i*, differ, diverge, be distinct from
különböző *mn*, different, various, diverse
különbség *fn*, difference ‖ *nagy ~!:* big difference! ‖ *megfizeti a ~et:* pay the difference ‖ *komoly ~ van:* there is a big difference between
különc *mn*, eccentric, odd, queer
különc *fn*, eccentric, odd person, *biz* queer / odd fish, oddball
különckődik *i*, behave strangely, be eccentric, behave oddly
különcség *fn*, eccentricity
különféle *mn*, various, several, diverse
különféle módon *hat*, variously
különleges *mn*, special, particular, pecu-

liar, extra ‖ *~en:* particularly ‖ *~en ez:* specially this one ‖ *~ ok nélkül:* without particular reasons
különlegesség *fn,* speciality
különlenyomat *fn,* offprint
különös *mn,* strange, unusual, peculiar, *személy* odd
különösen *hat,* specially, especially; *átv* peculiarly, strangely, oddly, singularly
külső *fn,* appearance, look(s); *autó* tyre ‖ *vminek a ~eje:* cover of ‖ *~ használatra:* for external use
külső *mn,* outer, exterior, external, outside, outward ‖ *~ tér:* outer space
külváros *fn,* suburb, outskirts ‖ *~i színház:* suburban theatre ‖ *a ~ban lakik:* live in the outskirts
kürt *fn,* 1. *zene* horn, *kat* bugle 2. *autó* horn, *gyári* hooter, factory whistle

kürtöl *i,* play the horn
küszöb *fn,* threshold, doorstep ‖ *~ön áll:* be at hand
küzd *i,* 1. *ált* struggle, fight, battle for, stand up for, combat against 2. *sp* fight, compete (with/against) ‖ *~ vmiért:* stand up for ‖ *derekasan ~:* fight hard for
küzdelem *fn,* struggle, fight, combat, battle, strife
küzdőtér *fn,* battlefield, arena
kvantum *fn,* quantum ‖ *~elmélet:* quantum theory
kvarc *fn,* quartz ‖ *~óra:* quartz clock / watch
kvart *fn,* 1. *zene* fourth 2. *vívás* quart
kvéker *fn,* quaker
kvíz *fn,* quiz, contest

L

láb *fn*, 1. leg, *lábfej* foot 2. *bútoré* leg 3. *mérték* foot ‖ *a ~ánál hever:* lie under one's feet ‖ *biztos ~on áll:* be steady on one's legs ‖ *~ra kap:* get back on one's feet ‖ *a ~a alatt:* under one's feet ‖ *nem teszem a ~amat a házába:* not set a foot in sy's house ‖ *fél~bal a sírban van:* have one foot in the grave ‖ *agyag~ú:* claylegged ‖ *megveti a ~át:* get a foot in the door
lábadozik *i*, reconvalesce, be getting better, be on the mend, *átv* set on foot
lábápolás *fn*, pedicure, podiatry, chiropody
lábas *fn*, pot, casserole; *nyeles* (sauce)pan
lábatlankodik *i*, be in sy's way
lábazat *fn*, pedestal, basement, footing, socle
lábbeli *fn*, footgear, footwear, shoeing
lábbokszolás *fn*, kick-boxing
labda *fn*, ball ‖ *~játék:* ball game ‖ *tűz~:* fire ball ‖ *megpörgeti a ~át:* start rolling the ball ‖ *megszerzi a ~át:* seize the ball
labdajáték *fn*, ball-game
labdarúgó *fn*, footballer ‖ *~csapat* football team ‖ *~pálya* football pitch/ground ‖ *~-bajnokság* football championship
labdarúgás *fn*, football, *biz* soccer ‖ *labdarúgó pálya:* football field / ground / pitch
labdaszedő *fn*, ballboy / girl
labdázik *i*, play with a ball, throw a ball about
lábfej *fn*, foot, leg
lábfék *fn*, foot-brake, pedal-brake
lábikra *fn*, calf of leg
labirintus *fn*, maze, labyrinth
lábjegyzet *fn*, footnote
lábmelegítő *fn*, foot-warmer, foot-stove, foot-pan
lábnyom *fn*, footprint
laboratórium *fn*, laboratory, lab ‖ *a ~ban kísérletezik:* experiment in the lab ‖ *~i segéderő:* laboratory assistant ‖ *~i kísérlet:* laboratory experiment
lábsérülés *fn*, injury of the foot/leg
lábszár *fn*, shin, shank; *áll* forearm
lábszárvédő *fn*, gaiters, leg-guards, shin-guards
lábtörlő *fn*, hall/doormat

lábujj *fn,* toe
lábujjhegy *fn,* tiptoe ‖ *~en áll:* stand on tiptoe
lábujjköröm *fn,* toenail
láda *fn,* **1.** *ált* chest, box **2.** *pénzes* coffer **3.** *úti* trunk
ladik *fn,* barge, punt, flat-boat
lagúna *fn,* lagoon
lágy *mn,* soft, weak, gentle, tender, mellow, light ‖ *~ szappan:* soft soap
lágyan *hat,* gently, softly
lágyék *fn,* **1.** loin, flank **2.** *hasi* groin
lágyít *i,* soften; *nyelvt* palatize
lágyító *fn,* softener ‖ *mn,* softening
lagymatag *mn,* wishy-washy, lukewarm, half-hearted
lágyság *fn,* **1.** *ált* softness **2.** *gyengeség* soft / weak character / nature; *szívé* tenderness **3.** *hang* softness, gentleness, sweetness **4.** gentleness, lightness
lágyszívű *mn,* soft- / tender-hearted
lágyul *i,* **1.** soften, mellow, grow/get softer **2.** *bőr* become supple
laikus *fn,* **1.** amateur **2.** *vall* layman
laikus *mn,* **1.** amateurish, without skill, non-/ unprofessional, lay **2.** *vall világi* lay
laikusság *fn,* laity
lajhár *fn,* **1.** *áll* sloth, bradypod **2.** *átv* sluggard, lazybones
lajstrom *i,* **1.** list, catalogue, register, roll, record **2.** *jog* docket, calendar, file
lajstromoz *i,* list, catalogue, register, enroll, put on list
lakáj *fn,* **1.** *szolga* lackey, footman **2.** *átv pejor* lackey, flunkey
lakályos *mn,* cosy, comfortable, commodious
lakás *fn,* **1.** *otthon* flat, home **2.** *folytonos* living, residence, *átmeneti* stay

lakásfelszerelés *fn,* **1.** furniture, set of furniture **2.** *csel* furnishing rooms/flat, interior decorating
lakat *fn,* padlock ‖ *~ alá kerül:* be locked up ‖ *~ot tesz a szájára:* keep one's lips sealed
lakatol *i,* lock, shut
lakatos *fn,* **1.** locksmith **2.** *gépalk. foglalkozó* mechanic, fitter
lakatosmunka *fn,* **1.** *zárak, lakatok javítása* locksmith's trade / work **2.** *karosszéria* mechanic's / fitter's work / job **3.** *munkadarab* ironwork, metalwork
lakbér *fn,* house-rent, allowance for rent/lodging
lakberendezés *fn,* **1.** *bútor* furnishings, furniture, set of furniture **2.** *folyamatos* interior decorating
lakberendező *fn,* interior decorator
lakcím *fn,* home address, postal address
lakható *mn,* habitable
lakik *i,* live, *hivatalos* reside
lakk *fn,* lacquer, shellac
lakk- *mn,* patent, lack-, lacquer- ‖ *~bőr:* patent leather
lakkoz *i,* lacquer, shellac
lakó *fn,* **1.** *bérház* tenant, *öröklakásé* owner, occupier, occupant, *bérlő* lodger **2.** *városé* inhabitant, resident **3.** – dweller ‖ *a város ~i:* city inhabitants
-lakó *fn,* -dweller
lakol *i,* pay, atone, suffer, explate, smart, forfeit sg ‖ *életével ~ vmiért* pay for sg with one's life
lakodalmi *mn,* wedding-
lakóháztömb *fn,* block of flats, US apartment house / building
lakóhely *fn,* domicile, address ‖ *nincs állandó ~e:* have no permanent address

lakókocsi *fn*, caravan, mobile home, *US* trailer ‖ *~zni megy:* go caravanning

lakoma *fn*, repast, feast, banquet ‖ *~át ad vki tiszteletére:* give a banquet in honour of

lakomázik *i*, feast on, partake of a rich repast

lakos *fn*, inhabitant, *áll* resident

lakosság *fn*, inhabitants, population, the local residents

lakószoba *fn*, living / sitting room

lakosztály *fn*, suite, apartment

lakótelep *fn*, housing estate

lakott *mn*, inhabited by, populated ‖ *sűrűn/ritkásan ~:* densely / rarely populated

láma *fn*, lama; *áll* llama

lambéria *fn*, panelling, wainscoting

lámpa *fn*, **1.** *ált* lamp **2.** *járművön* light(s) **3.** *forg* traffic lights ‖ *felgyújtja a ~át:* switch on the lights ‖ *éjjeli ~:* bedside lamp

lámpabél *fn*, (lamp)wick

lámpaernyő *fn*, lampshade

lámpafény *fn*, lamp light ‖ *~nél:* by lamp-light

lámpaoszlop *fn*, lamppost

lámpás *fn*, lantern

lánc *fn*, **1.** *ált* chain, *lábra* irons, *átv* fetters **2.** *hiv jelvény* chain of office **3.** *átv szálloda/étterem* chain ‖ *~on tartott kutya:* dog kept on chains ‖ *~dohányos:* chainsmoker ‖ *szálloda~:* hotel chain ‖ *hegy~:* a chain of mountains

láncol *i*, **1.** *vmit vmihez* chain sg to sg, join sg with a chain to **2.** *átv magához* bind / tie / link sy to oneself

láncszem *fn*, **1.** *konkr* link, ring, loop, chain-loop **2.** *átv* link

lándzsa *fn*, lance, spear

láng *fn*, **1.** *ált* flame **2.** *tűzhelyen* burner **3.** *átv* flame ‖ *~ra lobban:* catch fire, burst into flames ‖ *~okban áll:* be all in flames ‖ *a régi ~: szerelem* the old flame

lángész *fn*, genius

lángeszű *mn*, brilliant, genious

lángol *i*, **1.** be blazing / flaming, be aflame, blaze, be on fire **2.** *arc* glow, blaze

lángoló *mn*, flaming, glowing, blazing, burning for ‖ *~ érzés:* flaming feeling

lángos *fn*, fried dough

lángszerű *mn*, flamelike

lángvörös *mn*, fiery-red, flaming red, ed as a peony

langyos *mn*, **1.** *víz* lukewarm, tepid **2.** *idő* warm, mild

lankad *i*, **1.** flag, droop **2.** *hév* damp, cool **3.** *gyengül* weaken, grow faint, fail, give way **4.** *virág* wither, wilt

lankás *mn*, gently slooping, shelving, downy

lantos *fn*, **1.** *zenész* lutist, lute-player **2.** *középkori dalnok* minstrel, gleeman

lány *fn*, **1.** *gyerek* girl, *no* young woman ‖ *vkinek a ~a:* daughter **2.** *nem férjezet* single / unmarried woman **3.** *házt alk. rég* aid, girl, *GB* help, au pair ‖ *~iskola:* girls' school

lanyha *mn*, **1.** lukewarm, tepid, mild **2.** *átv* sagging, flagging, half-hearted **3.** *unalmas* dull, insipid, stale **4.** *tunya* slak, inactive, sluggish

lanyhul *i*, **1.** grow/become mild, tepefy, break up **2.** *gyengül* get languid, get slack, relax, loosen ‖ *~ a kereskedelmi forgalom* the trade is off

lányos *mn*, girlie, girlish

lap *fn*, **1.** surface, flat, *mat* plane **2.** *fém* plate, sheet; *papír* sheet, leaf, *fa* panel, wainscot **3.** *felület* surface, flat side, *kard* flat (of sword) **4.** *hírlap* newspaper, paper, journal **5.** *kártya* card

láp *fn*, bog, fen, marsh(-land), moor, swamp

lapály *fn*, plain, level, lowland, low ground; *US* bottom-level

lábápolás *fn*, pedicure

lapát *fn*, **1.** *szerszám* shovel, *öblös* scoop **2.** *evező* oar, *kajakhoz* paddle **3.** *ablaktörlő* blade

lapátol *i*, **1.** *konkr* shovel, scoop **2.** *sp biz* paddle

lapátol *i*, shovel, scoop ‖ *halomba ~* shovel up

lapít *i*, **1.** *konkr* make flat, flat, flatten **2.** *biz rejtőzik* lie low / doggo

lapkiadó *fn*, publishing company

lapocka *fn*, shoulder-blade

lapos *mn*, **1.** flat, plain, even **2.** *unalmas* flat, dull, *stíl* prosy ‖ *~ kifogás:* flat contradiction ‖ *el~odik:* fall flat, get dull ‖ *~ a kereke:* its wheels are flat ‖ *~, mint a deszka:* flat as flounder / pancake

lapostányér *fn*, dinner plate

lapoz *i*, turn a page, turn over pages/ leaves

lapozgat *i*, turn the page, leaf through (a book), thumb a book

lapp *mn*, Lappish

lappang *i*, **1.** *rejtőzik* lurk, be / lie hidden **2.** *vkiben* be latent in, *betegség* incubate

lappangó *mn*, latent

Lappföld *fn*, Lapland

lappföldi *mn*, Laplandish, Lappish

lapszél *fn*, margin ‖ *~re jegyez:* note to the margin

lapul *i*, **1.** become flat **2.** *kerék* go flat **3.** *nem látszik* lurk, skulk, lie doggo, play dead, play possum

lápvidék *fn*, marsh-land

lárma *fn*, noise, din, clamour, tussle, uproar, racket

lármás *mn*, noisy, clamorous

lárva *fn*, larva

lárva *fn*, **1.** *biol* larva, grub **2.** *átv* mask

lásd *röv*, see

lassan *hat*, **1.** slowly, slow, dilatorily **2.** *lustán* leisurely, slackily, sullenly, sluggishly, lingeringly **3.** *óvatosan* gently, cautiously, without haste

lassít *i*, slow down

lassú *mn*, slow, leisurely, *hosszú* lingering ‖ *lassan, de biztosan:* slowly but surely

lasszó *fn*, lasso, *US* lariat

lat *fn*, half an ounce ‖ *sokat nyom a ~ban* have weight

lát *i*, **1.** *konkr* see **2.** *felfog, ért* see, perceive **3.** *vmilyennek* think, find, deem, consider **4.** *tapasztal* see ‖ *meg~om:* I will see ‖ *~ott már szebb napokat is:* have seen better days ‖ *át~:* see through ‖ *hozzá~:* see to ‖ *hiszem, ha ~om:* out of sight, out of mind

látás *fn*, **1.** *képesség* sight, eyesight, vision **2.** *csel* vision ‖ *első ~ra:* at the first sight ‖ *~ára:* in sight of ‖ *közel/távol~:* short / long sightedness

látási *mn*, visual, optical ‖ *~ problémák:* visual problems, have trouble seeing

látcső *fn*, binoculars, field glasses; *szính* opera glasses

láthatatlan *mn*, invisible, imperceptible, is not to be seen

látható *mn*, visible, discernible, to be seen, be in sight ‖ *~ indok nélkül:*

without any visible reason ‖ **~ abból, amit mond:** it can be seen from what he says ‖ **~ jövedelem:** visible income
láthatóan *hat,* visibly, perceptibly, noticeably
láthatóság *fn,* visibility
latin *fn,* Latin people
latin *mn,* Latin, Roman
látkép *fn,* view, panorama
látképszerű *mn,* panoramish
látnivaló *fn,* sights, places of interest
látnok *fn,* seer, prophet
látogat *i,* 1. visit, pay a visit to, call on 2. *tanfolyamot* attend 3. *vmit gyakran* frequent
látogatás *fn,* 1. visit; *rövid* call 2. attendance 3. *kórházban* visiting times / hours ‖ **~t tesz:** pay a visit to
látóhártya *fn,* pupil
látóhatár *fn,* horizon
látókör *fn,* horizon, scope ‖ **széles ~ű ember:** with a wide intellectual horizon, with a wide range of interest
latolgat *i,* ponder the matter; *kérdést* consider, deliberate
latolgatás *fn,* considering, pondering
látomás *fn,* vision; *jelenés* apparition
látszat *fn,* 1. appearance 2. effect, result ‖ **ez mind csak ~:** this all is just illusion ‖ **fenntartja a ~ot:** keep up the appearances
látszatgyógyszer *fn,* placebo
látszerész *fn,* optician
látszik *i,* 1. be visible / seen / noticeable, can be seen 2. *vélhető* appear, seem, look 3. *vminek* seem to be, look, appear (to be) ‖ **fiatalabbnak ~ a koránál:** look younger than one's age ‖ **betegnek ~:** look ill
látszólagos *mn,* apparent, seeming
láttamoz *i,* countersign, initial, endorse

látvány *fn,* 1. spectacle, sight, view 2. *tájé* prospect, scenery 3. *jelenet* scene
látványos *mn,* spectacular
látványosság *fn,* 1. spectacle, view 2. *vásári* show, side-show
láva *fn,* lava
lavíroz *i,* 1. stand off and on, tack about, beat about 2. *átv* tack about, manoeuvre
lavór *fn,* basin, bowl
láz *fn,* 1. temperature, fever 2. *izgalom* fever 3. *divatőrület* craze, spree ‖ **magas ~a van:** have a high temperature ‖ **~ban ég:** burn in fever
laza *mn,* loose, slack
lazac *fn,* salmon
lazac *fn,* salmon; *fiatal* parr
lázad *i,* rebel, revolt, riot, mutiny
lázadás *fn,* revolt, rebellion, *kat* mutiny ‖ **paraszt~:** the peasant's rebellion
lázadó *mn,* rebellious, in revolt, *kat* mutinous ‖ *fn,* rebel
lázas *mn,* feverish, fevered, feverous 2. *átv* hurry-scurry, hasty, rushing ‖ **~ sietség** rush ‖ **~ beteg** fever-patient
lazaság *fn,* looseness, slackness; *átv* slaxness
lázcsillapító *fn,* febrifuge, antipyrin, fever reducer/killer
lázít *i,* stir up rebellion, anticipate a riot, instigate rebellion
lázítás *fn,* instigation, stirring up, incitement
lázong *i,* be turbulent, be in excitement, seethe with revolt, turmoil
lázongás *fn,* turbulence, turmoil, agitation
lazul *i,* 1. become loose/slack, slacken, loosen 2. *átv fegyelem* relax, become lax
lazsál *i,* go slow, slow down, idle, laze, slack about, swing the lead, take it easy

lé *fn* **1.** liquid, fluid, juice ‖ *ivó~:* juice ‖ *narancs~:* orange juice ‖ *levet présel:* squeeze the juice ‖ *saját levében fő:* stew in one's own juice
le- *mn/lelölj* down ‖ *~ugrás:* jumping down
lealjasodik *i,* debase / degrade / demean oneself
leáll *i,* **1.** stop, halt, *forgalom* come to a standstill, *gép* stall, break down **2.** *vkivel* stop
leállít *i,* **1.** let sg stand on the floor, put / place / stand sg on the floor **2.** *megállít* stop, bring to a stop / standstill / halt **3.** *karral* flag down, *mozgást* arrest **4.** *abbahagyat* cancel, call off, suspend **5.** *munkát* halt
leány *fn, irod* = lány
leánya *vkinek fn,* = lány
leánykori név *fn,* maiden name
leányunoka *fn,* granddaughter
leányvállalat *fn,* affilioated firm, subsidiary company
leapad *i,* **1.** *ált* ebb, subside **2.** *tömeg* decrease, diminish, *vagyon* dwindle
leapaszt *i,* decrease
learat *i,* **1.** *konkr* reap, harvest, gather **2.** *átv* win, get ‖ *sikert* ~ have success ‖ *le~ja a babért* she/he reaps the laurel
leás *i,* **1.** delve, dig into the ground **2.** *el* bury, hide into the ground **3.** *rögzít* sink, dig hole into the ground
leázik *i,* soak off, come off, come undone, work loose by soaking
lebarnul *i* get sunburnt / tanned, get a tan
lebarnulás *fn,* sunburn, tan
lebarnult *mn,* sunburnt, tanned
lebben *i,* flap, flit ‖ *szellő sem* ~ no breeze was stirring

lebecsül *i,* **1.** underrrate, underestimate, undervalue **2.** *ócsárol* disparage, belittle, depreciate
lebeg *i,* **1.** *ált* float **2.** *madár* hover **3.** *tárgy vízen* float, drift on **4.** *szeme előtt* have sg in view, aim at
lebegés *fn,* **1.** floating, flotation **2.** *madár* hovering **3.** floating, driting
lebegtet *i,* wave, *szél* flutter, waft
lebélyegez *i,* stamp, deface, obliterate, debase
lebeny *fn,* lobe
lebernyeg *fn,* **1.** *kabát* loose cape, loose cloak **2.** *áll* dewlap, lappet, wattle, lobe
lebilincsel *i,* **1.** enchain, enfetter, shackle **2.** *átv* captivate, win, hold, enthrail
lebilincselő *mn,* captivating, fascinating
lebont *i,* **1.** *házat* pull donw, break/take down, demolish **2.** *rombol* destroy, raze **3.** *gépet* dismantle, dismount **4.** *haját* take/let down **5.** *kémiailag* decompose, break down/up
lebonyolít *i,* arrange, settle
lebonyolítás *fn,* arrangement, settlement
lebonyolódik *i,* pass off, take place, get settled, come to a close
lebukás *fn,* **1.** *helyről* tumble, fall, spill, ducking **2.** *vízbe* plunge, dive, submersion **3.** *átv* arrest, getting nabbed
lebukik *i,* **1.** tumble down, fall, spill, duck **2.** *vízbe* plunge, dive, submerse **3.** *átv* get arrested, get caught, be collared, be nabbed
lebuktat *i,* **1.** cause sy tumble down, plunge, duck, dip, douse **2.** *átv* have sy collared, have sy arrested
lecke *fn,* homework, lesson ‖ *~ét vesz:* take a lesson ‖ *meg~éztet:* sermonize to
leckét ad *i,* give sy a lesson to do
lecsap *i,* **1.** *madár* swoop down on,

pounce on 2. *rendőrség* pounce on 3. *villám* strike 4. *ledob* throw / fling down 5. *sp* smash, kill the ball 6. *nőt vkitől* cut sy out

lecsapol *i*, 1. drain, draw, dry up 2. *orv* tap, puncture, aspirate

lecsavar *i*, 1. *vmit vmiről* unscrew, screw off, unroll, uncoil 2. *lámpát* switch/turn off, screw off

lecsendesít *i*, calm, pacify, soothe, appease

lecsepeg *i*, fall down in drops, drip down, drain away

lecsepegtet *i*, 1. let fall in drops, drip down, drain off 2. *ruhát* bespatter

lecseppen *i*, drop down

lecsiszol *i*, smooth, scrape, *vmit vhonnét* rub off

lecsordul *i*, begin to run down, tickle down

lecsökken *i*, 1. diminish, decrease, lessen, drop off, decline 2. *készlet* run out, run low

lecsökkent *i*, decrease, diminish, reduce, lower, cut down

lecsuk *i*, 1. *konkr* close down, shut down, lock/shut up 2. *átv* get sy arrested/nabbed, put into jug, cage sy, put in clink

lecsúszik *i*, 1. slide, slither, glide, slip down, *szánkón* coast down 2. come, go down on the world, fail 3. fail to achieve; miss

lecsúszott *mn*, declassed, has-been

ledöf *i*, stab, poniard sy

ledönt *i*, 1. pull/throw/batter down 2. *fát* fell, cut down 3. *szobrot* demolish, hurl down

ledörzsöl *i*, 1. *konkr* rub off, erase, scrape off/away, scour 2. *horzsol* abrade, graze

lédús *mn*, juicy

leég *i*, 1. burn down, 2. *bor* get / become sunburnt 3. *kudarc* fail, come a cropper 4. *anyagilag* get cleaned out

leégett *mn*, burnt down, cleaned out

leegyszerűsít *i*, simplify, *vmire* reduce sg to

leegyszerűsített *mn*, simplified

leejt *i*, drop, let sg fall, slip

leemel *i*, 1. lift down from swhere, lift/take off 2. *kampóról* unhook 3. *sarokvasról* unhinge 4. *kötésben* stitch

leendő *mn*, future, prospective, -to-be

leereszkedő *mn*, condescending, patronizing ‖ ~ *modor:* patronizing behaviour

leértékel *i*, 1. underrate, undervalue 2. devalue 3. *árut* mark down goods

leértékelés *fn*, 1. *pénzé* devaluation 2. *áraké* price reduction, markdown; *vásár* sale

lefegyverez *i*, disarm

lefejez *i*, behead, cut sy's head off

lefejezés *fn*, beheading

lefelé *hat*, downwards

lefényképez *i*, take a picture of, photograph

lefirkant *i*, put/jot down, dash/toss/write off ‖ *egy sort* ~ scribble a few lines

lefoglal *i*, 1. book, reserve, make the reservations / bookings 2. *időt* take up

lefoglalás *fn*, booking, reservation

lefoglalt *mn*, reserved, booked

lefokoz *i*, reduce sy to the ranks, demote

lefokozás *fn*, reduction in the ranks, demotion

lefolyás *fn*, 1. *konkr* outflow, flowing, downflow, discharge, drain 2. *esemény* process, course, progress

lefolyik *i*, 1. *vhonnét* flow, run, trickle, course 2. *átv* pass off, run its course, proceed 3. *idő* elapse, pass, slip away

lefolyó *fn*, plug-hole, outflow-pipe; *konyhai* sink

lefolytat *i*, 1. *tárgyalást* conduct negotia-

lefordít

tions 2. *vizsgálatot* hold, institute, conduct 3. *pert* take proceedings

lefordít *i,* 1. *vmit* turn down, turn upside down 2. *más nyelvre* translate, interpret, render, turn, put, do ‖ *angolról magyarra* ~ put the text from English into hungarian

leforgat *i,* 1. turn upside down 2. *filmet* show a picture 3. *filmet készít* record/shoot a film

leforráz *i,* 1. scald, *teát* infuse 2. *átv* be completely stunned / dumbfounded by this piece of news

leföldel *i,* earth, ground

lefölöz *i,* 1. *tejet* skim off the cream from, cream off the top of, skim 2. *átv* take the best part of, cream off

lefölözött *mn,* creamed-off

lefőz *i,* 1. *ételt* cook an quantity 2. *folyékony dolgot* boil down 3. *átv* best, outdo, cap sg

lefröcsköl *i,* sprinkle sy/sg, *sárral* spatter with mud

lefúj *i,* 1. *port* blow off, whiff away 2. *leállít* put a stop to, stop, put the stopper on 3. *támadást* call off

lefut *i,* 1. *konkr* run down, *emeletről* run ownstairs, *hegyről* run downhill 2. távot cover, run, do running ‖ ~ *a szem a harisnyán* there is a ladder on my tights ‖ ~ *a darab* the play is over

lefülel *i,* run to earth, collar, nab

lefűrészel *i,* saw off

lefűrészelt *mn,* sawn off

lég- *mn,* air, atmosphere; air-, atmospheric, aerial, pneumatic ‖ ~ *kalapács:* pneumatic hammer

legalább *hat,* at least, leastways ‖ ~ *30 éves* he is 30 if anything ‖ ~ *próbáld meg!* you can but try ‖ ~ *egy órába telik* it takes at least an hour's time ‖ **ennyit ~ megtehetett volna** he might have done at last that much

legalja *fn,* 1. the very bottom, the deepest spot 2. *átv* dregs, refuse, scum, trash 3. *üledék* dregs, lees

legázol *i,* 1. trample sg down/upon sg, tread sg underfoot 2. *lázadást* run/break down, override, overrun, squash

legbelső *mn,* innermost, inmost, core, central, most inward / remote, furthest in; *lelki* most intimate / private / secret

légcsavaros turbina *fn,* propeller-turbine

légcső *fn,* windpipe, *orv* trachea, throttle, weasand

legel *i,* graze, browse, (de)pasture, grass

legeltet *i,* 1. graze, (de)pasture, *lovat* turn the horse to the ground 2. *szemét* feast one's eyes on

legelő *fn,* pasture, grazing / range lands, pasturage, *birka* sheep-run, *kisebb* sheep-walk

légembólia *fn,* air embolism, aeroembolism, the bends

legenda *fn,* legend

legendás *mn,* legendary

legény *fn,* 1. young man, lad, *nőtlen* batchelor, single / unmarried man 2. swaggerer, swanker 3. *segéd* journeyman 4. *kat* batman

legénység *fn,* 1. lads 2. *kat* men (of the rank and file), troops, *hajóé* crew, the lower desk, *sp* team, *rep* air-crew

legépel *i,* type

legépelt *mn,* typed

légerőtan *fn,* aerodynamics

légerőtani *mn,* aerodynamical

legfelső *mn,* highest, uppermost, top(most);

hatóság supreme, sovereign || *a létra ~ foka:* the highest step of the ladder

legfelsőbb *mn,* supreme, of the highest degree

legfontosabb *mn,* most important, principal, main, chief, leading

legfőbb *mn,* most important, greatest, supreme, chief, main, principal, cardinal, capital || *~ bűn:* capital guilt

léggömb *fn,* balloon || *felengedi a ~öt:* fly a kite

léggömbzár *fn,* balloon barrage

léghajó *fn,* airship, lighter-than-air craft, balloon apron

leghátsó *mn,* hindermost, rearmost

leghosszabb *mn,* longest

légi *mn,* aerial, of / in the air, pneumatic, air- || *~ harc:* air-war battle || *~ fotó:* air photograph

légibeteg *mn,* air-sick

légierő *fn,* air force

légijárat *fn,* air-line, skyways

légikikötő *fn,* aerodrom, airdrome, airport, air-station

légiközlekedés-irányító *fn,* airtraffic controller

leginkább *hat,* mostly

légió *fn,* legion

légionárius *fn,* 1. *róm* legionary 2. *idegenlégiós* soldier of the Foreign Legion

légiposta *fn,* airmail || *~ával:* by air

légiriadó *fn,* air-raid warning, air alarm, alert, *hangos* raid-warning

legjobb *mn,* best

legjobban *hat,* (the) best of all, most

legjobbkor *hat,* at the proper time

légkalapács *fn,* pneumatic hammer, sledgehammer

legkedvesebb *mn,* nicest

legkésőbb *hat,* at the latest, at latest, no later than || *~ érkezett* arriving last

legkevesebb *mn,* least, fewest, smallest / highest / minimum quantity of

legkisebb *mn,* smallest, slightest, least || *a leges~:* the very smallest

legkiválóbb *mn,* most excellent / eminent / prominent

légkondicionáló *fn,* air-conditioner

legkorábbi *mn,* earliest

légkör *fn,* atmosphere, climate

légköri *mn,* atmospherical, meteoric, atmogenic || *~ viszonyok:* atmospherical conditions || *~ nyomás:* atmospherical pressure

legközelebb *hat,* 1. *térben* nearest, next 2. *időben* next time, soon, very shortly

legkülső *mn,* outermost

legmagasabb *mn,* tallest

legmagasabb rangú *mn,* utmost ranked

légmentes *mn,* airtight, airproof, airfast, gasproof, (wind)tight, hermetic, impervious

légmentesen zárt *mn,* hermetically sealed

legmesszebb *mn,* most distant, farthest

legnagyobb *mn,* biggest, greatest, largest, grandest || *~ sebességgel:* fastest, with the biggest speed

légnyomás *fn,* air-pressure

légnyomásmérő *fn,* barometer

legombol *i,* 1. button down/on, unbutton 2. *átv* tap sy for an amount

legombolyít *i,* reel/wind/spool off, unwind, uncoil, unspool

legörbül *i,* bend/curve down || *a szája ~t* her mouth got a sad expression

legördít *i,* roll down

legördül *i,* roll down

légörvény *fn,* air vortex/eddy, turbulence, whirl, bump

légpárnás hajó *fn*, hovercraft
légpuska *fn*, air-gun
légrés- *mn*, **1.** venthole, air-hole / gap **2.** *növ* stomate, stoma
legrosszabb *mn*, worst ‖ **~ formáját mutatja:** give one's worst form ‖ **ha a ~ra kerülne sor:** in case the worst should come
legszélső *mn*, extreme, utmost, outermost, farthest
légszennyezés *fn*, air-pollution
légszivattyú *fn*, vacuum / air-pump
legtávolabbi *mn*, farhtest, furthest, furthermost, outermost, *átv* ultimate
légtornász *fn*, acrobat, aerialist
legújabb *mn*, newest ‖ **~ lemeze:** one's newest / latest disc
légút *fn*, airpassages
légúti *mn*, respiratory ‖ **~ megbetegedés** respiratiory infection
legutolsó *mn*, (very)last, last of all, latst; *lent* bottom, *fent* top
légüres *mn*, airless, void of air
légvár *fn*, air-castles, castles in Spain, castles in the air ‖ **~akat épít** build castles in the air
légvédelem *fn*, anti-aircraft
légvédelmi *mn*, anti-aircraft ‖ **~ rakétarendszer** anti-aircraft missile system
legvége *fn*, extremity, point, tip ‖ **a sor ~n** at the end of the queue
légvezeték *fn*, air passage, ventilation shaft
légvonal *fn*, bee-line, crow-craft ‖ **~ban 10 km:** 10 kilometres as the crow flies, 10 air kilometres
légzés *fn*, breathing, respiration ‖ **mesterséges ~:** artificial respiration
légzőkészülék *fn*, respirator
légzsák *fn*, air pocket; *áll* pneumatocist

légycsapó *fn*, **1.** fly-killer, flap **2.** *Vénusz ~ja: növ* catch-fly, Venus's flytrap
legyengít *i*, weaken, make weak, enfeeble, debilitate; *betegség* bring low
legyengült *mn*, weakened, debilitated
legyez *i*, fan ‖ **~i magát:** fan oneself ‖ **~i a hiúságát:** flatter / feed sy's vanity
légy *fn*, fly ‖ **~ a levesben:** fly in the soup ‖ **a ~nek sem ártana:** would not hurt a fly ‖ **bekapja a ~et:** swallow the bait
légyott *fn*, date, rendez-vous ‖ **~ja van vkivel:** have a date with
legyőz *i*, **1.** defeat, conquer, vanquish, overcome, overthrow, overpower, worst, subdue, subjugate, thriumph over, smite, best, lick, get sy under, bear down, whop **2.** *sp* beat, outplay, score off, lay low
legyőzhetetlen *mn*, **1.** *ember* invincible, in-/ unconquerable **2.** *nehézség* insurmountable, insuperable
legyőzött *fn*, loser, defeated, vanquished
legyőzött *mn*, defeated, vanquished, subdued, beaten, surmounted
legyűr *i*, **1.** *konkr* roll/turn down **2.** *győz* overcome, subdue, **3.** *haragot* smother, *akadályt* overcome, surmount, *kíváncsiságot* withstand **4.** *ételt* get down
lehagy *i*, outrun, outstrip, outdistance, outspeed
lehámlik *i*, peel off, scale, *orv* defoliate; *var* slough away
lehámoz *i*, peel off, skin, pare, shell, hull, husk, decorticate, strip
lehangol *i*, **1.** *hangszert* untune, put out of tune **2.** *átv lelkileg* depress, dispirit, distress, cast sy down, hip
lehangolt *mn*, **1.** *hangszer* untuned, out of tune **2.** *átv* depressed, dejected, down-hearted, cast down, downcast, low-spirited

lehánt *i*, = lehámoz
léha *mn*, frivolous, dissolute
leharap *i*, bite down/off, *átv* nibble off
léhaság *fn*, frivolity, shallowness, idleness, flightiness
lehallgatás *fn*, **1.** *másoké* tapping the wires, interception, **2.** *magnófelvételt* play-back
lehellet *fn*, breath, breathing, blow, puff, blur
lehelyez *i*, put down, deposit, place
lehengerel *i*, **1.** *utat* roll down **2.** *ellenfelet* blow over, crush, squash, outplay
lehet *hat*, maybe ‖ **~, hogy igen, ~, hogy nem:** maybe, maybe not
lehet *i*, be possible ‖ **ahogy ~:** as possible ‖ **úgy lesz, ahogy ~:** it will be as possible
lehetetlenség *fn*, impossibility, impossible
lehetetlen *fn*/*mn*, impossible
lehető *mn*, possible
lehetőség *fn*, possibility, opportunity ‖ **~ van vmire:** have the possibility of ‖ **vminek a ~e:** possibility of ‖ **megpróbál minden ~et:** try every possibility ‖ **sport~:** sports possibility ‖ **tudósként nagy ~i vannak:** have great possibilites as a scientist
lehetséges *mn*, possible ‖ **mindent ~sé tesz:** make everything possible
lehorgaszt *i*, ‖ **~ja a fejét:** hang / sink one's head, bend / keep down one's head
lehurrog *i*, decry, cry / run down, lower, boo, hoot, shout / howl / clamour down
lehurrogás *fn*, decry, clamour
léhűtő *fn*, idler, loafer, lazybones, good-for-nothing
leigáz *i*, subjugate, subdue, conquer
leint *i*, ‖ **~ egy taxit:** pick / catch a taxi
leír *i*, **1.** write down, put down on paper **2.** *részletesen* describe

leírás *fn*, **1.** writing down, copying, engrossment **2.** *részl* description, *ábra* portrayal **3.** *bank* write-off, deduction, cancellation
leirat *fn*, rescript, ordinance
leírhatatlan *mn*, **1.** indescribable, inerranable **2.** *pej* mondescript, that defies rescription ‖ **~ fájdalom** nameless grief
leíró *mn*, descriptive
lejár *i*, **1.** visit frequently, go regularly swhere **2.** *levehető* be detachable, come off **3.** *dátum* expire, lapse, fall due, end, terminate, mature **4.** *kifogy* run out ‖ **~t a szabadsága** his/her leave is up
lejárat *fn*, **1.** expiry, expiration, maturity, falling due, term, lapse, forfeiture ‖ **~ ideje:** expiry date
lejárat *i*, **1.** *szerk* cause to run down **2.** *vkit* discredit **3.** *lejáratja magát* discredit oneself, fall into discredit, make a fool of oneself
lejáró *fn*, way, passage, exit, shaft, hatchway, ramp, entrance, subway
lejjebb *hat*, lower, below, deeper
lejtő *fn*, **1.** (downward) slope, incline, gradient, dip, versant, declention, chute **2.** *egysz gép* inclined plate **3.** **~re kerül:** be on the bad way, go to the bad / dogs, go downhill
lék *fn*, leak, ice-hole, hole
lekanyarít *i*, **1.** curve down **2.** *kenyeret* cut off (a slice)
lekanyarodik *i*, turn off, follow the slope, curve down
lekap *i*, **1.** *vmit vmiről* remove, take/whip down/off, snatch off **2.** *fotón* snap, *képen* touch off **3.** *megcsókol* kiss sy passionately **4.** *biz* tell sy off, wig sy ‖ **~ a tíz körméről** give sy what for

lekapar *i*, 1. scratch, scrape down, rub off 2. *pikkelyt* scale fish

lekapcsol *i*, 1. *vmiről* uncouple, slip, disconnect, switch off 2. *áramot* switch off, disconnect, decouple 3. *helyet* disannex 4. *átv* seize, nab, catch

lekaszabol *i*, cut down, sabre, mow, *tömegesen* massacre, put to the sword

lekér *i*, táncban cut in on a dancing couple

lekerget *i*, chase/drive down from sg

lekerül *i*, 1. get down 2. *leveszik* be removed/taken down ‖ *~ a napirendről* be shelved

lekésik *i*, get late, be late, miss sg ‖ *~ a vonatról* miss the train

lekezel *i*, 1. *sebet* cure the heal 2. *kezet fog* shake hands 3. *átv* give the cold shoulder, condescend sy, put on airs with sy 4. *jegyet* inspect/clip tickets

lekicsinyel *i*, belittle, minimize, minify, pooh-pooh, depreciate

lekonyul *i*, droop, flag, sag, bend down

lekopog *i*, 1. *babonát* touch/knock wood 2. *zenekart* give signal to stop 3. type, typewrite

leköt *i*, 1. bind, tie / fasten down, *csomagot* tie / fasten up, *szemet* blindfold 2. *árut* contract, secure an option, pledge, block, mortgage 3. *figyelmet* hold, arrest, rivet, captivate, engross, enlist, absorb

lekötelezett *mn*, ‖ *~je lesz vkinek:* be an obligation to, be obliged to

leküzd *i*, 1. overcome, master, conquer, fight down, get the better of, *akadályt* surmount, *nehézséget* get over 2. *~i magát:* triumph over oneself, get the better of oneself

lekvár *fn*, jam, preserve(s), marmalade ‖ *~os süti:* cookie with jam

lelátó *fn*, (grand)stand, *fedetlen* bleachers

legelső *mn*, the very first

lélegzet *fn*, breath, breather ‖ *~ét visszafojtja* hold one's breath ‖ *~hez jut* get one's wind ‖ *~et vesz* take a breath ‖ *egy ~re* at a breath

lélegzik *i*, breathe, draw a breath, respire

lélegző *mn*, breathing, respiring

lélek *fn*, soul, spirit, human nature, conscience, mind ‖ *egy ~ sem:* not a soul

lélekjelenlét *fn*, presence of mind, composure, recollectedness

lélekölő *mn*, soul-killing, stupefying

lélektan *fn*, psychology, mental science ‖ *~ analízis* psychical analyse

lélektelen *mn*, soulless, spiritless, listless, lifeless, toneless, inanimate, cut and dried

lelemény *fn*, invention, inventiveness

leleményes *mn*, inventive, ingenious, resourceful, adroit, clever

lelenc *fn*, *rég* foundling, waif

lelép *i*, 1. step down / off, alight 2. *színtérről* retire, withdraw, stand down, *munkahelyről* check out, *máshonnan* leave 3. *mér* pace

leleplez *i*, 1. *szobrot* unveil 2. *átv* expose, unmask, lay open / bare, uncover, reveal, *bűnözőt* detect

leleplezés *fn*, 1. *szobrot* unveiling 2. *átv* exposure, detection, denunciation, disclosure, show-up

leleplező *mn*, 1. *szobrot* unveiling 2. *átv* exposing, disclosing, detecting

lelkendez *i*, go into rapture, rhapsodize, enthuse over sg

lelkes *mn*, 1. *lény* animate 2. *átv* enthusiastic, keen, ardent, impassioned, zealous, fervent, *beszéd* spirited, animated, eager

lelkesedés *fn,* enthusiasm, ardour, zeal, fervour, eagerness

lelkesedik *i,* be enthusiastic, burn for, be fond of, enthuse about/over, be keen on

lelkesít *i,* animate, inspire, fire sy with enthusiasm

lelkész *fn,* clergyman, priest, churchman, ecclesiastic, *protestáns* pastor, minister, *anglikán* parson, rector, vicar, chaplain

lelkierő *fn,* strength of mind, moral strength, fortitude

lelkifurdalás *fn,* pang(s) / qualm(s) / twinge(s) / prick(s) of conscience, guilty conscience || **nincs miatta ~a:** have no pangs of conscience about it

lelkiismeret *fn,* conscience, the inner man || *a ~e nem engedte:* one's conscience did not let it || *a ~em tiszta:* my conscience is clean

lelkiismeretes *mn,* conscientious, scrupulous, meticulous

lelőhely *fn,* **1.** provenance, *áll/növ* locality, station, *ásv* quarry, *bány* layer, *rég* findspot, site **2.** *átv* store / treasure-house

leltár *fn,* inventory, *ker* stock-list, schedule / list of store || *~ba vesz vmit:* enter sg in an inventory

leltároz *i,* inventorize, make an inventory of, take stock

lemarad *i,* **1.** remain / drop / fall / leg behind, *szándékosan* hang back, *kat* fall out **2.** be out stripped, *sp* be down the course, tail away **3.** *tanulásban* slip / fall behind **4.** *vmiről* miss, stay behind, *csomag* be left behind

lemegy *i,* **1.** go down, descend, go downstairs **2.** *árvíz/láz/dagály* abate, subside, drop, ebb **3.** *hőmérőlárak* fall **4.** *nap* set, sink, go down **5.** *esemény* pass, be over

lemér *i,* **1.** measure, measure off **2.** *mérlegen* weigh, balance **3.** *becsül* gauge, apparaise, assess

lemészárol *i,* butcher, slaughter, massacre, murder, put to the sword

lemetsz *i,* cut/chop off, snip, nip

lemez *fn,* **1.** *vastag fém* plate, *vékony* sheet, *kő* slab, *épít* strip **2.** *fényk, hang* plate, hang record, disk **3.** *nyomd* printing-plate, stereoptype plate **4.** *növ* lamina, lamella || *~t hallgat:* listen to a record || *eltör egy~t:* break a record

lemezjátszó *fn,* record-player

lemezkés *mn,* foliated, lamellated, leafed

lemezlovas *fn,* disc jockey, deejay, DJ

lemond *i,* **1.** *vmiről* give up, renounce **2.** *vkiről* give sy up, despair of **3.** *kormány* resign || *~at vkit:* make sy resign

lemondás *fn,* **1.** *önként* demission, *betegről* giving up, *élvezetről* renouncement, foregoing of, *igényről* waiver, withdrawal, abandonment, disclamation **2.** resignation, submission **3.** *áldozat* self-abnegation, self-denial / sacrifice **4.** *találkát* cancelling, call-off, *rendelést* countermanding, counter-order

lemondat *i,* make sy resign, force sy to resign/abdicate, depose

lemondó *mn,* **1.** resigning, out-going, abdicating **2.** *beletörődő* resigned, submissive

lemondott *mn,* resigned

lemos *i,* **1.** wash down, bathe **2.** *átv* wsah

out ‖ ~sa a gyalázatot wash out of disgrace ‖ ~sa a színről best, beat up

lemosakodik *i*, have a wash, wash from top to toe

lemosható *mn*, washable

lemosó *fn*, cleansing cream

len- *mn*, flax-

lencse *fn*, 1. *növ* lentil 2. *bőrön* frecle, mole, naevus, *arcon* beauty-spot 3. *üveg* lens 4. *szem* crystalline lens

lendít *i*, 1. swing, sling, fling, raise, stretch, hoist 2. *átv* give a lift, push on, promote, bring forward ‖ ~ *a dolgon* it helps much

lendül *i*, 1. swing, sweep forwards, rush forward 2. *mozgásba* get going, get in motion ‖ *fel~:* make great strides

lendület *fn*, 1. *karé* sweep, swing, impetus, impulsion, spring, leap, dash, drive, action 2. impetus, impulsion, energy, vigour, zest, force, dash 3. *költői* verve, gusto, buoyancy, spirit, dynamism 4. *harc* dash, sting ‖ *~be jön:* get into action ‖ *teljes ~:* full force ‖ *~ből indul:* run up

lendületes *mn*, impetuous, buoyant, vigorous, dashing, animated, lively, dynamical, brisk, rapid, spirited

lendülő *mn*, sweeping

lenéz *i*, 1. *vkire fentről* look down at/on, peer into 2. look down upon, despise, condemn, disdain, scorn

leng *i*, swing, sway, rock, *zászló* wave, float, fly, flow

lengéscsillapító *fn*, vibration damper

lengeség *fn*, lightness, looseness; *nádé* flexibility, pliability; *modoré* frivolousness

lenget *i*, swing, sway, *zászlót* flourish, wave, flutter, ruffle

lengyel *fn/mn*, Polish

Lengyelország *fn*, Poland

lenni *i*, be ‖ ~ *vagy nem* ~ to be or not to be

lent *hat*, below, beneath, down, downstairs, underneath, under, underfoot

lényeg *fn*, essence, substance, essential(s), essentiality

lényegében *hat*, essentially

lényeges *mn*, essential, substantial, momentuous, important, vital, fundamental, integral, indispensable ‖ ~ *mozzanat:* salient feature

lényegesen *hat*, substantially, essentially, considerably

lényegtelen *mn*, unessential, unsubstancial, unimportant, unmaterial

lenyel *i*, 1. swallow down, get / take down, gulp down, *mohón* devour, bold, gobble 2. *átv* swallow, stomach, lumpit, *rendreutasítást* take a snub ‖ *~i a dolgot:* gulp down the thing ‖ *~i a büszkeségét:* swallow one's pride

lenyes *i*, *ld.* lemetsz

lenyír *i*, cut, trim, clip, crop, take off ‖ *~ja a füvet:* mow the lawn

lenyomat *fn*, 1. mark, print, imprint, press-work 2. *nyomd* copy, impress, proof, 3. *fog* impression 4. *rég* imprint

lenyúl *i*, reach down, *hegedűn* shift

lenyúz *i*, 1. strip / pull off, flay, skin, scalp 2. excoriate, bruise

lenyűgöző *mn*, fascinating, captivating, enthralling, imposing

leold *i*, undo, untie, unbind, unknot, loosen

leolvas *i*, 1. read off 2. *műszert* read off, meter ‖ ~ *az arcáról* read sy in sy's eyes, read sg written on sy's face

leopárd *fn,* leopard, leppard, *nőstény* leopardess

leöblít *i,* **1.** rinse, swill, wash **2.** *vécét* fluch **3.** *ételt itallal* wash down

leönt *i,* **1.** *véletlenül* stain, spill sg **2.** *feleslegei* pour off, discharge **3.** *vízzel* throw water over sy **4.** *mártással* pour sauce, gravy over sg **5.** *vmiről* vizet drain off sg

lép *fn,* **1.** *boncí* spleen, milt, **2.** *csali* bird-lime

lép *i,* **1.** step, tread, **2.** *sakk* play, move **3.** *vki helyébe* replace sy ‖ *be~:* step in ‖ *ki~:* step out; *átv* give in one's notice ‖ *fel~:* perform ‖ *trónra ~:* mount / ascend the throne

leparkol *i,* park swhere

lepárlás *fn,* distillation, distilling, decoction

lepárol *i,* distillate, dicoct, still, steam out

lepattan *i,* **1.** *felületről* máz split/crack/chip off, **2.** *golyó* glance off/aside **3.** *labda* rebound **4.** *gomb* fly off

lépcső *fn,* **1.** step, stair **2.** *átv* scale **3.** *harci* echelon **4.** *rakéta* step, stage

lépcsőkorlát *fn,* banister(s), stair-rail(ing), *külső* balustrade

lépcsős *mn,* stepped, staired, graded

lépcsőzetes *mn,* **1.** stepped, in tiers, terraced, set off **2.** *átv* gradual, staggered

lepecsétel *i,* **1.** *levelet* seal up **2.** *bélyegez* affix / set an official seal to, *okmány* (en)stamp **3.** *érvénytelenít* cancel, deface

lepecsételt *mn,* **1.** sealed up, under seal **2.** *okmány* stamped **3.** *bélyeg* cancelled

lepedék *fn,* fur, saburra

lepedékes *mn,* coated, furred, saburral ‖ *~ nyely* furred tongue

lepedő *fn,* **1.** (bed-)sheet, sheeting **2.** *mozi* screen

lépeget *i,* trot, pace, amble along/about

lepel *fn,* **1.** veil **2.** *halotti* winding-sheet, shroud, cerements **3.** *átv* veil, mask ‖ *a barátság leple alatt* under the mask of friendship ‖ *az éj leple alatt* under the cover of the night ‖ *lehull a ~* the secret is out

lepénzel *i,* bribe, square, grease / oil sy's palm

lepényhal *fn,* dab, fluke, flat-fish

leperkál *i,* = kifizet

lépés *fn,* **1.** step, tread, pace **2.** *átv* step, measure **3.** *sakk* move **4.** *nadrágon* crotch, fork ‖ *~eket tesz:* take steps ‖ *~ről-~re:* step by step ‖ *~t tart:* keep pace / step ‖ *~ben halad:* go at walking pace ‖ *~ben:* at foot pace

lépésszámláló *fn,* pedometer.

lepipál *i,* outdo, beat, steal a march on, knock spots off

lépked *i,* pace, *lassan* amble about/along, *gyorsan* trot ‖ *fel-alá ~ a folyosón:* pace up and down in the hall ‖ *át~ a szobán:* pace through the room ‖ *ki~:* pace out

lepke *fn,* butterfly, papilio, *éjjeli* moth

leplez *i,* **1.** conceal, hide, dissemble, disguise, veil, mask, cloak **2.** cover, screen, mask, camouflage

leplezetlen *mn,* open, plain, outright, avowed, manifest, straightforward, unmasked

leplezett *mn,* **1.** *érzés* concealed, veiled, hidden, disguised **2.** *üteg* screened, camouflaged ‖ *~ fenyegetés:* hidden menace

leporol *i,* dust off
lepottyan *i,* drop, tumble, fall, slump, plunk down
lepra *fn,* leprosy
leprás *fn,* leper
leprésel *i,* press
lepuffant *i,* shoot down, tumble down, pick off, bump sy off
lepusztulás *fn,* erosion, denudation
lepusztult *mn,* undergone, eroded, denuded
leradíroz *i,* erase
lerág *i,* gnaw off/away, browse, nibble off
leragad *i,* 1. stick 2. *sárban stb.* get stuck/bogged, sink
lerajzol *i,* 1. draw, sketch 2. *másol* trace 3. *szóban is* delineate, depict, portray picture, describe
lerak *i,* 1. *tárgyat* put/set/place/lay sg down, deposit 2. *súlyt* unburden 3. *iratot* file ‖ *~ja az alapjait vminek* lay the foundations of sg ‖ *vizsgát ~* pass an exam
lerakódás *fn,* 1. sediment, settlings 2. *geol* deposit, silt 3. *kém* deposit, foots 4. *orv* accumulated matter 5. *foly* settling, deposition
lerakódott *mn,* settled, deposited
leró *i,* 1. *adósságot* discharge, pay off, settle, liquidate 2. *kötelezettséget* fulfil, discharge, carry out
leront *i,* 1. rush down 2. *minőséget* debase, depreciate, impoverish ‖ *~ ja a minőségét:* depreciate the quality of
lerövidít *i,* make shorter, shorten, abridge, abbreviate, digest, curtail
lerövidítés *fn,* digest, abridgement
les *i,* watch, spy, keep an eye on sg ‖ *~i az alkalmat* watch for one's opportunity ‖ *~ből támad* ambush ‖ *~ben áll* stand off side ‖ *fn,* 1. *vad* stalking, ambush, ambuscade 2. *foci* offside
les- *mn,* offside ‖ *~helyzet:* offside state ‖ *~határ:* offside line ‖ *~szabály:* offside rule
lesántul *i,* get/become lame, get a limp; *ló* founder
lesegít *i,* 1. *vkit* help sy down, lend sy a hand 2. *kabátot* help sy off with his coat
leselkedik *i,* look out for sy, be on the wach for sy, spy upon sy, lurk about sg
lesikál *i,* scrub/scour down, clean
lesiklik *i,* 1. slide down, slip down 2. *repülő* glide down 3. *vmiről* slip off
lesimít *i,* 1. smooth/level down, smooth off, screed off 2. *hajat* smarm, sleek, slick 3. *papírt* flatten down, glaze ‖ *~ja a haját* give one's hair a smooth
lesoványodik *i,* grow thin, lose flesh, grow emaciated, waste away
lesoványodott *mn,* fleshless, wasted, emaciated
lesöpör *i,* 1. ált sweep, sweep/brush/whisk off/down ‖ *~ a színről* best ‖ *~te a morzsákat* whisk crumbs off
lespriccel *i,* sprinkle, splash over sy
lesúrol *i,* scrub, scour, *edényt* clear
lesúrol *i, ld.* lesikál
lesül *i,* 1. *bőr* get sunburnt/tanned 2. *hús* get burnt ‖ *nem ~ le a pofájáról a bőr* he/she has the cheek to
lesülés *fn,* sunburn, suntan
lesüt *i,* 1. *nap* shine down 2. *bőrt* nap brown, tan, bronze, burn 3. *ételt* run, borwn ‖ *~i a szemét* cast down one's eyes
lesz *i,* 1. become, get 2. will be ‖ *semmivé*

~: become nothing ‖ *hasznossá* **~:** become useful
leszakad *i,* **1.** get torn off, come off, fly off **2.** *építmény* fall off, give way, collapse **3.** *csoporttól* drop to the rear, fall behind
leszalad *i,* **1.** run down **2.** *hőmérő* fall ‖ *~ a szem a harisnyámon:* my stocking has a ladder / run
leszáll *i,* **1.** *madár* light, settle, perch **2.** *repülő* land, make a landing, down **3.** *vmi* fall down, drop, **4.** *nap* set, sink, dip **5.** *köd* descend, fall come down **6.** *üledék* settle, fal
leszállás *fn* **1.** *repgépé* landing, alighting **2.** *mélybe* descent, *vízbe* dive **3.** *járműről* alighting, getting off, *lóról* dismounting **4.** *üledék* settling, deposition ‖ *kényszer~t hajt végre:* make a forced landing
leszállítás *fn,* **1.** *áraké* reduction, lowering, cut **2.** delivery, dispatch, conveyance, transport
leszállítatlan *mn,* undelivered, untransported
leszállókártya *fn,* landing card
leszállópálya *fn,* landing track / strip
leszámít *i,* reduce, deduct, discount, abate, reckon off, knock off ‖ *ezt ~va* apart from this
leszámitol *i,* discount
leszámolás *fn,* **1.** *el* settling, clearing of score **2.** *átv* showdown, reckoning ‖ *~ napja* payoff
leszármazás *fn,* descent, lineage, genealogy, pedigree
leszármazott *fn,* descendant, scion
leszármaztat *i,* deduce, trace

leszázalékol *i,* pension sy off
leszbikus *fn/mn,* lesbian
leszeg *i,* **1.** *kenyeret* slice off **2.** *szélét* hem edge of **3.** *fejét* hang down one's head
leszerel *i,* **1.** *gyárat* dismantle, *gépet* dissemble **2.** *kat* discharge, demobilize **3.** *vkit* get round, have one's way with, put sy off **4.** *támadást* check, stop, thwart
leszerelés *fn,* **1.** dismantling, dissembly **2.** discharge, demobilization, disarmament, demobbing
leszerepel *i,* be a wash-out, cut a poor figure
leszerződik *i,* sign a contract, sign on, take service
leszid *i,* scold, chide, (be)rate, rebuke, *erősen* abuse, revile
leszíjaz *i,* tie sg down, strap, fasten with straps, thong
leszól *i,* **1.** *konkr* speak/shout down, call out **2.** *kritika* speak ill, cry down, malign, decry
leszorít *i,* **1.** press / hold / tie / pin down, *eret* strangulate **2.** *vkit* push / shove away, freeze out, elbow sy out of a place **3.** *árat* bring / cut / beat down
leszorít *i,* **1.** *tárgyat* tie/spind down, press down **2.** push/shove sy off/away, freeze sy out **3.** *árat* bring/cut down, depress, depreciate
leszorítás *fn,* pressing down; strangualtion; *áré* bringing down
leszúr *i, foly* filter, strain, clarify, purge
leszűr *i,* **1.** *folyadék* filter, strain **2.** *kém* leach, clariſí, purge ‖ *tanulságot ~ from* this she/he draws the conclusion
lét *fn,* being, existence, life ‖ *öreg ~ére*

old as he is ‖ *~hoz vmit* call sg into being
lét- *mn,* existential, substantial, life ‖ *~kérdés:* question of life
letáborozik *i,* camp swhere down
letagad *i,* deny truth/fact ‖ *~hatatlan* it can't be denied
letaglóz *i,* 1. *állatot* pole-axe, dell, knock down 2. *átv* to be overcome, to be badly shaken, to get down completely
letapogat *i,* feel, scan
letapogatás *fn,* scanning
letapogató *fn,* scanner
letarol *i,* 1. devastate, lay waste 2. *erdőt* cut/hew down, clear 3. *vetést* blow donw, lay flat 4. *jég/fagy* make havoc, desroy, cut up, blash, blight
letartóztat *i,* make sy arrested, arrest sy
letartóztatás *fn,* arrest, detention, apprehension, seizing, seizure ‖ *~ alatt:* under arrest
letaszít *i,* 1. push, shove, thrust, throw down/off 2. *trónról* dethrone, depose
leteker *i,* unwind, uncoil
letelepedik *i,* 1. *állandóra* settle down, establish oneself 2. *ülésre* settle/plant/install/seat oneself
letelepít *i,* settle, plant
letelepítés *fn,* settling, settlement
letét *fn,* 1. deposit, consignment, consignation, lodging 2. *zene énekkari* harmonization, *zenekari* orchestration
letétel *fn,* 1. *hiv* resignation, withdrawal 2. dismissal, removal, deposition, dethronement 3. deposition, lodgement, consignation
létezés *fn,* existence, being, reality
létezik *i,* exist, be

létező *mn,* existing, being
letisztáz *i,* make / write a fair copy
letol *i,* 1. *vmit* push off, shove down/off 2. *leszid* haul sy over the coals, take a piece out of sy
letolás *fn,* 1. *vmié* pushing down 2. *vkit* tongue-lashing, dressing-down, ragging
letörleszt *i,* pay off, liquidate
letöröl *i,* 1. wipe sg clean; *nedveset* dry, *port* dust 2. *írást* wipe out, obliterate, blot 3. *számítógép* delete, erase from
létra *fn,* ladder, scale, pair of steps ‖ *felmászik a ~ra:* climb on the ladder
létrehoz *i,* bring/call into being/existence, set up, found, originate; *semmiből* create
létrejön *i,* come into being, come/spring into existence, originate, be established ‖ *~ a megállapodás* they arrived at an establishment ‖ *üzlet jött létre* it is a deal
létszám *fn,* number, staff, participation rate
létszámfeletti *mn,* over the number
létszámleépítés *fn,* strength-reduction
létszámon aluli *mn,* under the number
letud *i,* 1. *munkát* get done with 2. *adósságot* work off
letűn‖ik *i,* 1. disappear, vanish, pass out of sight 2. *átv* vanished, disappear ‖ *csillaga ~t* his star has waned ‖ *hamar ~t a színpadról* he soon disappeared
leugrik *i,* 1. leap/jump down/off, take a jump 2. *átv vhová* take a flying isit, run/pop down
leutazik *i,* take a trip down to, make a journey down to, *kocsin* drive off
leül *i,* 1. *konkr* sit down, take a seat, plank

oneself down 2. *börtönben* serve one's sentence, do one's time
leüt *i*, 1. knock/strike down, lay out/low, knock off 2. *vmit* knock/strike down/off 3. *sp* smash a ball 4. *sakk* take 5. *írógépen* type letters
levág *i*, 1. *ált* cut, sever, part off 2. *hajat* cut off, crop 3. *ollóval* egyenesre clip, trim 4. *szeletet* slice 5. *termést* reap 6. *állatot* slaughter, butcher, kill; *áldozatot* immolate 7. *ágat* hew away, lop off ‖ *nagy dumát vág le* pitch a long yarn to sy
levakar *i*, 1. scrape down, scrape away/off/out, rub off 2. *írást* erase ‖ *nem lehet ~ni róla* she/he stick like a limpet
leválaszt *i*, 1. *ált* detach, unstick, demount, separate, idsjoint 2. *lakást* divide/partition off
leválasztható *mn*, detachable, demountable, separable
leválik *i*, 1. get detached, break/come off, come unstuck, separate 2. *csoportból* break /loose away
levegő *fn*, 1. air 2. *átv* atmosphere ‖ *~ben:* in the air ‖ *tiszta a ~!:* the coast is clear ‖ *van valami a ~ben:* be in the air ‖ *a nyílt légtérben:* in the fresh air ‖ *a ~ből él:* live by one's wits ‖ *légmentes térben:* airproof
levegőzik *i*, take the air, take an airing, go for a blow, air oneself
levél *fn*, 1. letter, missive, epistle, note, chit 2. *könyv / fa* leaf 3. *tészta* paste rolled out thin ‖ *hitel~:* letter of credit ‖ *meghívó~:* letter of invitation
leveles *mn*, 1. leafy, leaved, leaf-covered 2. *növ* foliose 3. *tészta* flaky ‖ *~ tészta* flaky pastry ‖ *~láda* pillar-box
levelezés *fn*, correspondence, communication
levelezik *i*, write letters, correspond with
levelező *fn*, correspondent
levelezőlap *fn*, postcard, card, postal ‖ *karácsonyi ~ot küld:* send a postcard for Christmas
levelezőtárs *fn*, pen-pal
levélke *fn*, leaflet
levélkézbesítő *fn*, postman, letter / mailcarrier, mailman
levélnehezék *fn*, letter / paperweight
levéltár *fn*, archive(s), records, the Rolls
levéltárca *fn*, letter-case, pocket-book, wallet
levéltári *mn*, archival
levéltáros *fn*, archivist, recorder
levendula *fn*, lavender
lever *i*, 1. drive into earth 2. *szeget* hammer in/down 3. knock down, mutilate 4. stamp 5. *árat* beat down, knock down 6. *ellenfelet* beat, defeat, floor, lick 7. *betegség* debilitate, enfeeble 8. *kedély* depress, deject, suppress, repress
leverhetetlen *mn*, undepressable
levert *mn*, cast down, depressed, dejected, despondent
levertség *fn*, depression, dejection, lowness, spiritlessness
leves *fn*, soup
leveses *mn*, succulent, juicy
levesestál *fn*, (soup-)tureen
levesz *i*, 1. take/get down, unfix, take off, remove 2. *kalapot* doff ‖ *~i a kabátját* take off one's coat ‖ *~i a terhet vkiről*

levet

disburden sy ‖ *szemét nem veszi le róla* his eyes never leave her ‖ *darabot műsorról* ~ the play was withdrawn

levet *i,* **1.** *ált ruhát* take/put/get off, remove, unbuckle, unboot, remove one's clothes, undress **2.** *ledob* throw/hurl/cast/fling down, precipitate **3.** *szokást* throw/break off a habit, get out of a habit ‖ *~i magát az ágyra* throw oneself on the bed ‖ *~i magát a szakadékba* throw oneself into the abyss ‖ *~i az álarcot* unmask oneself

levetet *i,* have sg taken down ‖ *~i magát fotón* have one's photo taken

levetkőzik *i,* undress, take off one's clothes

levetkőztet *i,* undress, strip, un- / disrobe, ucover, unclothe

levetkőztetés *fn,* undressing, stripping, divestment

levon *i,* **1.** subtract **2.** *tanulságot* draw a lesson from

levonás *fn,* **1.** deduction, subtraction **2.** *fényk* printing (out)

lexikon *fn,* encyclopaedia ‖ *valóságos ~ a pasi* he is a walking encyclopaedia

lezárult *mn,* closed, locked, sealed, concluded

lézer *fn,* laser ‖ *~sugár:* laserbeam

lezser *mn,* loose, careless ‖ *~ ruhákat hord:* wear loose dresses ‖ *~ül megjegyzi:* make a careless remark ‖ *~en kezel vmit:* handle sg carelessly

liba *fn,* goose ‖ *micsoda ~!:* what a goose! ‖ *vad~:* wild goose

libabőr *fn,* gooseflesh, gooseskin, the creeps ‖ *~ös lesz:* fell creepy, become covered with goose-flesh

libériás *mn,* in livery, liveried ‖ *~ inas* liveried footman

licitál *i,* **1.** *árverésen* bid **2.** *kártya* call, bid

lidérc *fn,* nightmare, incubus, goblin

lidércnyomás *fn,* nightmare

lift *fn,* lift, *US* elevator

liftkezelő *fn,* lift attendant, lift-boy

liga *fn,* league

liget *fn,* grove, shrubbery, bosket, copse, gardens

liheg *i,* pant, gasp, puff, wheeze

liheg *i,* **1.** pant, gasp, puff and blow, wheeze **2.** *ló* heave ‖ *bosszút ~* be mad for revenge

likőr *fn,* liqueur

liliom *fn,* lily ‖ *a mezők ~a:* lily-of-the-valley

limlom *fn,* odds and ends, lumber, rubbish

limonádé *fn,* lemonade

lincsel *i,* lynch

linóleum *fn,* linoleum, oilcloth

linómetszet *fn,* lino-cut

líra *fn,* **1.** *költészet* lyrical poetry **2.** *görög* lant lyre **3.** *érzelmesség* poetic emotion, lyricism ‖ *hagyjuk a ~t!* let's turn to business!

lista *fn,* list, roll, register, catalogue

liszt *fn,* flour, meal, middlings

liter *fn,* litre

litván *mn,* Lithuanian

Litvánia *fn,* Lithuania

ló *fn,* horse ‖ *ismeretlen ~:* dark horse ‖ *ajándék ~nak ne nézd a fogát:* do not look the gift horse in the mouth ‖ *magas ~ról beszél:* trying to ride the high horse ‖ *a ~ elé fogja a szekeret:* put the cart before the horse

lóbál *i*, swing, sway, dangle, flourish
lobban *i*, 1. flare up, blaze up, flash 2. *átv* get/fly into ‖ *haragra* ~ lose one's temper ‖ *szerelemre* ~ *vki iránt* fall in love with sy
lobbanékony *mn*, 1. inflammable, ignitable, combustible 2. *ember* irascible, irritable, inflammable, hot-tempered, choleric, peppery
lobogó *fn*, flag, standard, banner, ensign, pennon
lóca *fn*, bench
loccsan *i*, splash, plash, plop, swash, spill ‖ *bele~:* plop into
loccsanás *fn*, splash, plash, plop, swash
locsifecsi *mn*, gossipy, garrulous, loquatious
locsi-fecsi *fn*, chatterer, chatterbox
locsogás *fn*, 1. plashing, lapping, swash 2. chattering, patter, gabble, babble
lódarázs *fn*, hornet, wasp-fly
lódít *i*, 1. give push/hoist/toss, sling sg up 2. *hazudik* fib, tell aa fib, talk big
lódul *i*, swing ‖ *~j!* clear out!
lóero *fn*, horse-power
lófarok *fn*, ponytails ‖ *~ban viseli a haját:* wear one's hair in ponytails
lófarok *fn*, 1. horse-tail 2. *hajból* pony-tail
lóg *i*, hang, be suspended; *iskból* play truant ‖ *ki~ a nyelve:* one's tongue hangs out
logika *fn*, logic
logikátlan *mn*, illogical ‖ *~ul tette:* do sg unlogically
logikus *mn*, logical
lógós *fn*, truant, shirker, skrimshanker, goldbrick
lógós *mn*, hanging, swinging, loose

lohad *i*, go down, begin to subside
lóhalálában *hat*, at a break-neck pace / speed, post-haste, hurry-scurry
lóháton *hat*, on horseback, mounted, riding a horse
lóhere *fn*, trefoil, clover, trifolium
lohol *i*, trot/hurry along
lókedvelő *mn*, horsy
lomb *fn*, foliage, leaves, leafage ‖ *kilombosodik, új ~ot hoz:* break into leaves
lombfűrész *fn*, jig-saw, fret-saw
lombhullató *mn*, deciduous
lombik *fn*, test-tube, retort
lombos *fn*, leafy, in leaf, leaved, foliaged
lombtalan *mn*, leafless, bare
lombtalanít *i*, defoliate
lombtalanítás *fn*, defoliation
lop *i*, 1. steal, thieve, make away with, purloin 2. *kárty* trump, ruff ‖ *el~ja a showt:* steal the show ‖ *boltban ~:* steal in the shop
lopás *fn*, stealing, theft, larceny, thieving
lopkod *i*, steal repeatedly, pilfer
belopódzik *i*, steal in
lopótök *fn*, (bottle-)gourd, calabash
lopott *mn*, stolen
lószerszámdíszítés *fn*, trappings
lószerű *mn*, horse-like
lottó *fn*, 1. lotto 2. number lottery
lótusz *fn*, lotus
lotyó *fn*, harlot, trollop, trull, slut, doxy
lottyadt *mn*, 1. *gyüm* damaged, squashy 2. *bor* flabby, flaccid, sagging, limp
lovag *fn*, knight
lovagol *i*, ride (a horse), sit on horseback

lovagias *mn*, 1. chivalrous, knightly 2. *nőkkel* gallant 3. ~ *ügy:* affair of honour
lovagiasság *fn*, chivalry, gallantry
lovaglás *fn*, horse-riding
lovaglóülésben *hat*, astride, astraddle, straddle-legs
lovagnő *fn*, knightess
lovagrend *fn*, order of knighthood
lovall *i*, incite/urge/egg sy to do sg; *vki ellen* set sy against sg
lovas *fn*, rider, horseman, horsewoman, equestrian / estriquenne
lovas *mn*, mounted, on horseback, cavalry, equestrian
lovaskatona *fn*, horse-soldier
lovasság *fn*, cavalry
lovastorna *fn*, riding
lovász *fn*, stud-groom, groom, stable-boy / man
lóverseny *fn*, horse-race, race-meeting
lóversenypálya *fn*, race-course, the turf, race / racing-track
lő *i*, 1. shoot, fire 2. *labdát* shoot 3. *vminek lőttek* there goes sg! ‖ *le~:* shoot down ‖ *halomra ~:* shoot in piles
lőgyakorlat *fn*, target-practice, shooting test
lök *i*, 1. push, thrust, knock 2. *könyökkel* jog, nudge, jerk, jab ‖ *súlyt* ~ put the weight
lökdös *i*, keep jerking/pushing, jolt, jostle, elbow sy ‖ *ne ~sön!* don't push me!
lökés *fn*, 1. push, slove, toss, thrust, butt, jerk, dash 2. *átv* impetus, impulse, impulsion ‖ *megadja a kezdő ~t:* give the first dash
lökhárító *fn*, bumper, buffer, fender, shock absorber
lőpor *fn*, gunpowder, cordite
lőrés *fn*, loop-hole, crenelle, embrasure
lőrés *fn*, loop-hole, crenelle, embrasure

lőszer *fn*, ammunition, munitions *szl*, ammo
lötyög *i*, 1. have play, move freely, wobble 2. *ruha* hang loosely 3. *folyadék* toss/shake about in sg 4. *vhol biz* loaf/loiter aobut
lötty *fn*, wash, slislop, slops
lövedék *fn*, projectile, shot, missile
lövés *fn*, 1. shooting, firing 2. *foci* shot
lövölde *fn*, shooting / rifle-range, *vásári* shooting-gallery
lövöldözés *fn*, fusillade, rifle-fire; *céltalan* (wild/aimless) firing
lubickol *i*, splash, paddle, dabble swhere
lubickolómedence *fn*, swimming pool
lucskos *mn*, 1. slushy, sludgy, sloppy, slimy, miry, wet, dirty 2. *izzadságtól* bathing/streaming with perspiration ‖ *~ káposzta* boiled cabbage with meat
lúd *fn*, goose ‖ *ha már ~, legyen kövér* take a good one while you are at it ‖ *~talp* pronation, flat-foot
lumpol *i*, carouse, be/go on the spree, be on the binge, have a rear old beano
lusta *mn*, lazy, idle, slothful, work-shy, indolent
lustálkodik *i*, idle, take one's ease, laze, loll about ‖ *el~ja az idejét:* laze about one'stime
lustálkodás *fn*, idling, slacking
lustán *hat*, lazily
lustaság *fn*, laziness, idleness
luxus *mn*, luxury
luxuslakás *fn*, luxury dwelling
lüktet *i*, beat, pulsate, pulse, palpitate, flutter, throb
lüktetés *fn*, throbbing, pulse, palpitation
lüktető *mn*, throbbing, pulsating, palpitating, pulsatile

Ly

lyuggat *i, vmit* make holes in sg, cut holes in sg, pierce sg, perforate sg
lyuk *fn*, **1.** hole, *nyílás, rés* opening (to sg), mouth (of sg) **2.** *műszaki* aperture **3.** *átv is* gap (in sg) **4.** *szivárgást okozó* leak **5.** *állaté* burrow, hole, den **6.** *pejor* 'lakás' hole ‖ *róka~:* fox hole / burrow ‖ *súgó~:* prompt box
lyukacsos *mn*, **1.** full of holes **2.** *szerkezetű* porous **3.** *mesterségesen* perforated
lyukacsosság *fn*, porousness, porosity
lyukad *i*, get holed ‖ *ki~t a harisnyám/fut rajta egy szem:* there is a ladder / run in my stockings ‖ *hová akarsz ki~ni?: mire célzol?* what are you aiming / driving at? what do you mean? ‖ *ott/oda ~tunk ki: konkrét helyen* we ended up there
lyukas *mn*, **1.** *szivárgó* leaky, leaking **2.** *defektes* flat, punctured ‖ *~ fog:* decayed / hollow tooth ‖ *~ a fogam:* there is a hole / cavity in my tooth
lyukaskezű *mn/fn*, butter-fingered, have butter fingers ‖ *fn, ember* butterfingers *tsz*
lyukasóra *fn, iskolában* free period, space (between lessons)
lyukaszt *i*, **1.** *ált.* make / punch a hole in sg, cut a hole in sg **2.** *jegyet érvényesítéskor* punch **3.** *papírt* perforate
lyukasztó(gép) *fn*, **1.** *irodai* paper punch **2.** *bádogosé* hollow punch
lyukfűrész *fn*, compass saw, keyhole saw
lyukkártya *fn*, punch(ed) card
lyukszalag *fn*, punched paper, (punch) tape

M

ma éjjel *hat*, tonight
ma *fn/hat*, today, at present, nowadays
macedón *fn*, Macedonian
macerál *i*, 1. vex, terase, torment, pester, harass 2. *kézzel* finger, squeeze
mackó *fn*, 1. *áll* bear's cub 2. *mese* Bruin, Master Bruin 3. *játék* Teddy bear 4. *ruha* overalls, romper, legging suit
macska *fn*, cat, feline ‖ *játszik vele, mint ~ az egérrel:* play cat-mouse game with sy ‖ *~zene:* caterwauling, catcall, charivari, shivaree
macskajaj *fn*, hangover, crapulence, cat's meow
macskakő *fn*, flagstone, cobstone, cobble stone
macskakörmök *fn*, ditto marks, inverted commas, quotes
madár *fn*, bird, fowl
madárház *fn*, large bird-cage, aviary, shelter
madárijesztő *fn*, scarecrow
madárkalitka *fn*, bird-cage
madártan *fn*, ornitology
madártej *fn*, floating islands
madártoll *fn*, bird's feather, *szára* quill

madrigál *fn*, madrigal
madzag *fn*, string, twine, pack-thread
mafla *mn*, thickheaded, sheepish, doltish, boobyish, lumpish, awkward, hulking ‖ *fn*, simpleton, blockhead, dolt, US muff, mug, mutt
mag *fn*, 1. *ált* seed, grain, stone, kernel, pip 2. *atomé* nucleus ‖ *~ot ültet:* plant the seed ‖ *fel~zik:* seed
mag- *mn*, nuclear ‖ *~energia:* nuclear energy ‖ *~fúzió:* nuclear fusion
maga *névm*, self ‖ *ön~/ön~át:* himself ‖ *~hülye!:* you asshole! ‖ *~d:* yourself ‖ *~ához tér:* recover from ‖ *~m:* myself ‖ *csak ~m:* just myself
magában *fn*, 1. *egyedül* alone, apart 2. *önmagában* in itself/him/herself 3. *férfi szereplő* solus ‖ *~ foglalja* include, contain ‖ *~ beszél* talk to oneself
magabiztos *mn*, self-conscious
magabiztosság *fn*, self-confidence
magágy *fn*, seed-bed
magán *mn*, private, personal, proprietary, *nem hiv* unofficial ‖ *~élet:* private life ‖ *~detektív:* private detective ‖ *~vállalat:* private enterprise

magánakvaló *mn*, retiring, unsociable
magánember *fn*, private person, private individual
magánhangzó *fn*, vowel, vocal
magánlaksértés *fn*, home violation, breach of domicile
magánszektor *fn*, private/individualist sector
magántulajdon *fn*, 1. private property 2. *viszony* private owning ‖ **~ban lévő** privately owned
magánügy *fn*, private affair, personal business/matter/affair
magánzárka *fn*, 1. private cell 2. *büntetés* solitary confinement
magánnyomozó *fn*, private detective/investigator; *szl* private eye
magánvállalkozó *fn*, private contractor
magány *mn*, loneliness
magányos *mn*, lonely, alone
magárautalt *mn*, unaided, forsaken
magas *mn*, 1. high, lofty, tall, towering, taut 2. higy, exalted, prominent ‖ **~ ló:** high horse ‖ **~ pont:** high peak
magasabb *fn*, 1. higher, taller 2. *szint* upper 3. *átv* higher, ebova, superior to ‖ **~ osztályok** higher classes ‖ **~rendű** higher ‖ **~rangú** of higher ranks
magasfeszültség *fn*, high voltage/tension
magasföldszint *fn*, mezzanine, entresol
magasít *i*, 1. raise, heighten 2. make look taller / higher, add to the height
magasított *mn*, stilted
magaslat *fn*, height, elevation, hill, high ground / region
magaslik *i*, 1. project, rise, jut out, tower, overhang, overlook, overhang, overtop 2. *átv* be prominent
magasnyakú *mn*, high-necked

magasság *fn*, 1. height, elevation, altitude 2. loftiness, tallness 3. *zenei* pitch 4. **~od:** your eminence
magasztal *i*, praise highly, sound the praises of sy, extol, glorify, laud
magasztalás *fn*, praise, glorification, extolling, laud(ation), eulogy, adulation
magasztos *mn*, exalted, elevated, august, majestic, lofty, noble, sublime
magatartás *fn*, attitude, conduct, behaviour, bearing, deportment ‖ **fenyegető ~:** menacing behaviour ‖ **megdicsér vkit a jó ~áért:** greet sy for good behaviour
magatehetetlen *mn*, crippled, disabled, helpless
magától értetődő *mn*, obvious
magazin *fn*, 1. *újság* illustrated magazine / periodical 2. *raktár* store, magazine ‖ **tini ~:** teenager magazine
magfizika *fn*, nuclear physics
magfúró *fn*, core-drill, trepan
magfúzió *fn*, nuclear fusion ‖ **~s bomba:** nuclear fusioned bomb ‖ **~s reakció:** nuclear fusional reaction
mágia *fn*, magic
máglya *fn*, 1. bonfire, pile of faggots 2. *tűzhalál* death-fire
mágnás *fn*, tycoon
mágnes *fn*, magnet, term loadstone, magnetite ‖ **~rúd:** magnet-rod
mágneses *mn*, magnetic ‖ **~ erő:** magnetic force, magnetism
mágnesesség *fn*, magnetism
magnézium *fn*, magnesium
magnó *fn*, tape-recorder
magol *i*, swot up, sap, cram, mug, con, bone up ‖ **vizsgára ~** grind for an exam

magos *mn,* seedy, having seeds / grains
magtár *fn,* granary, barn
mágus *fn,* magician
magvas *mn,* **1.** *gyüm* having a stone/pips **2.** *növ* having / bearing / containing seeds, grains **3.** nucleated **4.** *átv* concise, terse, *velős* pithy
magvetés *fn,* (seed) sowing
magzat *fn,* **1.** *gyermek* descendant, offspring, issue, progeny, scion **2.** *méhben* embryo, foetus, fetus
magzatelhajtás *fn,* bortion, miscarriage, feticide, aborticide ‖ *tiltott ~* criminal abortion
magyal *mn,* hollywood
magyar *mn,* Hungarian, Magyar ‖ *~konyha* Hungarian cuisine ‖ *~ul* in Hungarian
magyarán *hat,* **1.** *konkr* in Hungarian **2.** *átv* squarely, frankly, straightforwardly, openly, roundly, bluntly, flat, in plain English
magyaráz *i,* explain, expound, interpret
magyarázat *fn,* explanation, interpretation, explication ‖ *~ nélkül csinál vmit:* do sg without an explanation
Magyarország *fn,* Hungary
magyaros *mn,* sham-Hungarian ‖ *~ étel* Hungarian dish
magyarul *hat,* in Hungarian
mai *mn,* **1.** of this day, of today, present-day **2.** *korszerű* modern, up-to-date ‖ *~ nyelvek:* modern languages
máig *hat,* until today/now, up to this day, up to now
máj *fn,* liver
majdnem- *elölj,* near-, almost
majdnem *hat,* almost, nearly, all but, wellnigh, fairly, next to, within

májgyulladás *fn,* hepatitis
májgyulladásos *mn,* hepatic
majmol *i,* ape, monkey, mimic, imitate slavishly
majmolás *fn,* aping, imitation, mimicry
majom *fn,* ape, monkey
majonéz *fn,* mayonnaise
major *fn,* farm, framstead, grange, manor
május *fn,* May ‖ *~fa* may-pole
májusfa *fn,* may-pole, festooned tree
mák *fn,* **1.** *virág* poppy **2.** *mag* poppy-seed
makacs *mn,* **1.** *ember* stubborn, obstinate, headstrong, self-willed, wilful, tenacous, recalcitrant **2.** *betegség/láz* confirmed, lasting
makacskodik *i,* be stubborn/obstinate
makacsság *fn,* **1.** stubbornness, obstinacy, obduracy **2.** *jog* default
makacsul *hat,* stubbornly, obstinately, pertinaciously
makákó *fn,* macaque
makaróni *fn,* macaroni
makett *fn,* maquette, mock-up
makk *fn,* **1.** acorn, mast **2.** *hímvesszőn* corona penis, glans, bulb of the penis **3.** *kártya* club(s)
makog *i,* **1.** *nyúl* squeal, squeak, majom gibber **2.** *átv* mumble, mutter, falter, stammer, gibber
makogó *mn,* **1.** squealing, squeaking, gibbering **2.** mumbling, muttering, faltering, stammering, gibbering
mákos *mn,* containing poppy-seed
makrancos *mn,* refractory, recalcitrant, unmanageable
makrancoskodik *i,* **1.** recalcitrate, be unruly, kick against the pricks **2.** *ló* jib

makréla *fn,* mackerel
malac *fn,* **1.** pig, piglet, pigling, gruntling **2.** *ember* pig
malackodás *fn,* ribaldry, bawdry
malackodik *i, átv* tell naughty/dirty jokes
maláj *mn,* Malay, Malayan
Malájföld *fn,* Malaysia
málna *fn,* raspberry
malom *fn,* mill
malomkő *fn,* millstone ‖ **két ~ között őrlődik:** between the devil and the deep
malter *fn,* mortar, plaster
malteroskanál *fn,* trowel
mályva *fn/mn,* mauve
mama *fn,* mum, mummy
mamlasz *fn,* simpleton, calf, noodle, pudding-head, tom-noddy, numskull
mamlasz *mn,* simple-minded, dump
mámor *fn,* intoxication, dizziness, giddiness, *szesztől* inebriation, tipsiness, *örömtől* rapture, ecstasy, frenzy
mámorító *mn,* intoxicating, inebriating, *ital* heady, *öröm* rapturous, ecstatic
mámoros *mn,* intoxicated, inebriated, drunk, tipsy, *szl* tight, *sikertől* flushed, rapturous, ecstatic
mamusz *fn,* felt slipper(s)
mamut *fn,* mammoth
mancs *fn,* paw
mandarin *fn,* tangerine
mandátum *fn,* mandate; *kormányban* seat
mandula *fn,* almond, *orv* tonsils
mandulaműtét *fn,* tonsillectomy, tonsillotomy
mandullagyulladás *fn,* tonsilitis
mandzsetta *fn,* cuff, wristband ‖ **~gomb:** sleeve / wrist-links
mangán *fn,* manganese

mángorlógép *fn,* calender, pressing machine
mánia *fn,* mania, rank, craze, bug
mániás *mn,* maniac
manikűr *fn,* manicure, care of hands
manikűröz *i,* manicure, trim one's nails
mankó *fn,* crutches, peg
manó *fn,* **1.** mischievous sprite, imp, goblin, troll, leprechaun **2.** *ájtatos ~:* áll praying mantid / mantis, praying-insect
mappa *fn,* **1.** writing-pad, portfolio, *itatós* blotting-pad / book **2.** *térkép* map, chart
mar *fn,* withers ‖ **felhorzsolja a ló ~ját:** abrade the horse's withers
már *hat,* already, before, previously, yet, ever, any more ‖ **~ találkoztunk:** we have already met
marad *i,* **1.** remain, rest, stet **2.** *vhol* stay, tarry, make a stay, stop, abide ‖ **látható ~:** remain visible ‖ **hátra~:** remain behind
maradandó *mn,* lasting, enduring, permanent
maradandó *mn,* lasting, enduring, permanent, perdurable, durable, dateless ‖ **~ károsodás** irrevocable damage
maradék *fn,* **1.** remaminder, rest, remnants, residue, remains **2.** *étel* leavings, scraps **3.** *raktári* leftovers, returns, surplus stock **4.** residuum, remainder ‖ **a ~ szabadságát ott tölti:** spend one's holiday's rest there
maradi *fn,* back number, standpatter
maradi *mn,* old-fashioned, outmoded, *vki* backward, retrograde, hidebound, stick-in-the-mud
maradvány *fn,* **1.** residue, residuum, remnant, rest, leftover, remainder **2.** re-

mains 3. *régi* relic, survival, vestiges, hangover
marakodik *i*, quarrel, bicker, squabble, wrangle, fight ‖ ~ *vkivel vmin:* quarrel with sy over sg
marás *fn*, **1.** *áll* bite **2.** *műsz* cutting, milling **3.** *sav* biting effect
marasztal *i*, **1.** detain, ask to stay **2.** *jog* order to do sg, put to
marat *i*, **1.** corrode, etch, discharge **2.** *műsz* mill
maratás *fn*, **1.** *sav* corrosion, etching **2.** *műsz* milling work
maratott *mn*, discharged
marcangol *i*, **1.** lacerate, maul, tear to pieces, mangle, hack **2.** *átv* gnaw, torment, torture
marcipán *fn*, marchpane, marzipan
március *fn*, March ‖ ~ *idusán* on the Ides of March ‖ ~ *2-án* on the 2nd of March
mardos *i*, gnaw, torment, torture, prick, sting ‖ *~sa a lelkiismeret* be smitten with remorse ‖ *az önvád ~sa* fell pricks of conscience
marék *fn*, handful
margaréta *fn*, daisy, yellow ox-eye
margarin *fn*, margarine, marge
margarin *fn*, margarine, marge
margó *fn*, margin
marha *fn*, **1.** *áll* cattle, ox, neat **2.** *étel* beef **3.** *ember* fathead, ass, blockhead ‖ *mn*, **1.** idiotic, stupid, imbecile **2.** *nagydarab* hulking
marhabőr *fn*, oxhide, cowhide, neat's-leather
marhahús *fn*, beef, red / brown meat
marhahús *fn*, beef, red/brown meat

marhaistálló *fn*, cow-house / shed, neathouse
marhasült *fn*, roastbeef
marhavész *fn*, cattle-plague, rinderpest, epizootic disease
marionett *fn*, marionett, puppet
márka *fn*, trade / markname ‖ *milyen ~jú ez az autó?:* what brand is this car?
markáns *mn*, strikingly marked, sharp ‖ ~ *vonások* strong/rugged features
markecol *i*, roll sy
marketing *fn*, marketing policy
márki *fn*, marquis, marquess
markol *i*, grasp, grisp, clutch, seize, grab ‖ *aki sokat ~, keveset fog:* who grasps much holds little ‖ *erősen ~:* grasp tightly
markolat *fn*, hilt, grasp, grip
markológép *fn*, dredger, excavator, skip
mármint *hat*, I mean
mármost *hat*, now then, therefore, granting this
maró *mn*, **1.** corrosive, corroding, caustic **2.** *megjegyzés* biting, cutting, caustic, scathing, sarcastic, incisive, sharp
marok *fn*, hollow of the hand, handful of, *gabona* swath, loose sheaf, *lómérték* hand ‖ *~ban tart:* hold sy in hand ‖ *megkeni a markát:* oil sy's hand
Marokkó *fn*, Morocco
maroknyi *fn*, handful (of)
márt *i*, **1.** *vmibe* immerse, dip, plunge **2.** *vízbe* douse, duck, souse **3.** *tengeralattjáró* submerge
martalék *fn*, prey, booty ‖ *~ul esik* fall as prey
mártás *fn*, **1.** *szósz* sauce, gravy **2.** *folyamat* immersion, plunging

mártásostál *fn*, sauce-dish
mártogat *i*, dip, sop, dunk ‖ *bele~ vmibe:* dip into sg
márvány *fn*, marble
Márvány-tenger *fn*, the sea of Marmora
más *mn*, another, other, different, else ‖ *~részt:* on the other hand ‖ *~nap:* the other day ‖ *egyik a ~ik után:* one after another ‖ *~képp:* otherwise ‖ *semmi ~:* nothing else ‖ *valaki ~:* someone else ‖ *hol ~hol?:* where else? ‖ *ez egy ~ik dolog:* this is another thing ‖ *~ úton:* another way ‖ *az érme ~ik oldala:* the other side of the coin
másállapot *fn*, gravidity, pregnancy
másfajta *fn*, of another kind, of another sort, other, of different kind/type
másfél *szn/sznm*, one and a half
másfelé *hat*, on another direction, the other way
másféle *mn*, ld. másfajta
máshonnan *hat*, from another place, from somewhere else, from elsewhere
máshova *hat*, elsewhere, somewhere else, to another place
másik *mn*, = más
maskara *fn*, **1.** *jelmez* fancy dress, masquerade **2.** *nevetséges ruha* mummery
maskarádé *fn*, masked ball, fancy-dress ball
másként *hat*, otherwise, differently
másképp *hat*, = másként
máskülönben *hat*, otherwise, or else, if not, failing which
másnap *fn*, next day, the following day
másnapos *mn*, chippy, morning-afterish, crapulous, left from the day before
másnaposság *fn*, hangover, hot coppers, crapulence

másod- *mn*, second ‖ *~kézből:* second-hand ‖ *~osztályú:* second class
másodállás *fn*, part time job
másodéves *mn*, sophomore, second-year
másodfokú *mn*, **1.** of the second degree **2.** quadratic ‖ *~ egyenlet:* quadratic equation
második *mn*, second ‖ *~ gyerekkor:* second childhood
másodlagos *mn*, secondary, subsidiary
másodmagával *hat*, she/he and sy else
másodosztályú *mn*, second-class, second-best, second-rate
másodperc *fn*, second
másodrendű *mn*, secondary, subsidiary ‖ *~ dolog* side thing ‖ *~ vádlott* accused of the second order ‖ *~ szerepeket kap* to be a utility man
másodsorban *hat*, secondly, in the second place
másodszor *hat*, for the second time
másol *i*, **1.** copy, engross, transcribe, imitate, model **2.** copy, reproduce, trace **3.** print ‖ *ki~:* print out ‖ *le~ vmit vmiről:* make a copy from sg
másolat *fn*, copy
másológép *fn*, copying-machine/press, duplicator, profiling machine
mássalhangzó *fn*, consonant
másutt *hat*, somewhere else
másvalaki *nm*, somebody/someone else
mászás *fn*, **1.** climbing, scaling **2.** crawling, creeping, dragging walk **3.** *hegy* climbing
maszek *mn*, private worker
maszekol *i*, work on one's own/privately, be self-employed,
mászik *i*, climb, scale, crawl, creep, drag ‖ *fára ~:* climb the tree

maszk *fn*, mask, make-up, face-guard
mászkál *i*, **1.** crawl, creep about, crample **2.** ramble, stroll, roam, loaf, loiter, saunter
maszkíroz *i*, mask, make up
maszlag *fn*, **1.** *növ* thorn-apple, jimson weed, stramony, stinkweed **2.** stramonium **3.** *átv* eye-wash, bluff, humbug, dope
mászó *mn*, climbing ‖ *hegy~ csizma:* climbing boots
massza *fn*, **1.** mass **2.** *tészta* dough, paste **3.** *papír* pulp
masszázs *fn*, massage, kneading
masszíroz *i*, massage, knead
matat *i*, rummage, putter, potter
matek *fn*, maths
matematika *fn*, mathematics
matematikai *mn*, mathematical ‖ *~ probléma:* mathematical problem
matematikus *fn*, mathematician
materialista *mn*, materialistic ‖ *fn*, materialist
matiné *fn*, matinee
mátka *fn*, fiancée, betrothed
mátkapár *fn*, betrothed couple
matrac *fn*, matrass
matróna *fn*, matron, old lady
matróz *fn*, sailor, mariner, seaman, shipman, rating, blue-jacket, tar, leatherneck
matt *fn*, **1.** mat, unpolished, dull **2.** dull, dead, flat, lustreless **3.** *papír* unglazed
maximál *i*, set the ceiling on the price of sg, maximize
maximalista *fn*, maximalist, perfectionist
maximum *mn*, top, maximum
máz *fn*, **1.** glaze, gloss, varnish, polish **2.** *torta* icing, frosting **3.** *cím* tincture, *fém* metal, *szín* colour
mázli *fn*, bit of luck, fluke, luck ‖ *micsoda ~ja van!* lucky beggar!
mázol *i*, **1.** paint, wash, daub, smear **2.** *pejor* daub
mázolmány *fn*, daud, daubery
mázoló *fn*, **1.** house-painter, decorator **2.** *tehetségtelen* dauber
mázsa *fn*, **1.** quintal, metric **2.** *angol* 45, 36 kg cental **3.** *mérleg* weighing machine
mázsás *mn*, **1.** weighing a quintal/centner, of a centner's weight **2.** *átv* crushing
mazsola *fn*, **1.** *konkr* raisin, currant, sultana, plum **2.** *átv* best / better part, cream
mecénás *fn*, patron, backer
mechanikus *mn*, mechanical
mechanizmus *fn*, **1.** mechanism, machinery, gadget **2.** *átv* system
mécs *fn*, lamp, night-light
mecset *fn*, mosque, mosk
medál *fn*, locket, medalion
meddig *kérd. hat*, **1.** *térben* how far **2.** *időben* how long? until when? up to what date? ‖ *~ tart?* how long will it take?
meddő *mn*, **1.** barren, sterile, unproductive, infertile, unfruitful, lean **2.** *elme* arid, jejune, drary, unproductive, fruitless, effectless, vain, abortive ‖ *~ próbálkozás:* vain to try
medence *fn*, pool ‖ *úszó~:* swimming pool
médium *fn*, medium, psychic
medúza *fn*, medusa, jelly-fish
medve *fn*, bear ‖ *~bocs:* bear-whelp, bear's cub
medvebőr *fn*, bearskin

még *hat,* still, yet, *számra* more, even ‖ *sőt, ~:* even ‖ *~inkább:* even more ‖ *~ van esélye:* still have chance ‖ *~ most is:* even now ‖ *~ akkor is:* even then

megágyaz *i,* make the bed

meg nem született *mn,* unborn

megad *i,* **1.** grant, concede, render, accord **2.** repay, refund, pay back **3.** *adat* give, supply, tell, indicate **4.** surrender, yield, give in ‖ *~ja magát:* surrender ‖ *adósságot ~:* repay a debt

megadóztat *i,* lay / put / levy / impose a tax on, tax

megadóztatás *fn,* laying a tax, taxing, taxation

megadóztatható *mn,* taxable

megajándékoz *i,* present sy with sg/sg to sy, give a present to sy

megakadályoz *i,* **1.** hinder, detain, prevent, debar **2.** *tervet* cross, thwart, baulk, counteract

megakadályozás *fn,* prevention, hindrance, obstruction

megakaszt *i,* **1.** *gátol* stop, block, check, kinder, impede **2.** *forgalmat* jam, stop, blockade

megakasztás *fn,* stopping, blocking, locking, stoppage, arrest

megalakít *i,* form, organize, found, establish, set up, institute

megalapoz *i,* **1.** base, bed, bottom, lay the foundation **2.** *átv* establish, substantiate, proof in favour of sg ‖ *~ vmit/ ~za magát, mint:* establish oneself as

megalapozott *mn,* grounded, established

megaláz *i,* humiliate, humble, abase, mortify, bring sy low, take sy down ‖ *~za magát:* humiliate oneself

megalázás *fn,* humiliation, humbling, abasement, mortification

megalázó *mn,* humuliating, humbling, abasing

megáld *i,* **1.** bless, solemnize **2.** *átv* endow, bless, endue

megáldás *fn,* bless

megáll *i,* **1.** stop, halt **2.** *hajó* put in, call, touch at **3.** *beszédben* stop short, break off **4.** *tám nélkül* stand up, stay put

megállapít *i,* **1.** establish, verify, ascertain, state, lay down **2.** *mutat* find out, point out, prove **3.** *meghatároz* determine, fix, settle, decide **4.** *árat* fix, settle **5.** *betegséget* diagnose

megállapítás *fn,* **1.** *ált* establishing, ascertainment, statement **2.** *káré* verification, fixing, registering **3.** *betegségé* diagnosis ‖ *kár~:* establishment of damages

megállapodás *fn,* **1.** agreement, compact, convention, covenant, *ker* bargain **2.** *átv* consolidation, strengthening ‖ *arra a ~ra jut:* come to an agreement ‖ *megszegik a ~t:* break the convention ‖ *~t köt vkivel:* make an agreement

megállapodik *i,* **1.** *vkivel* agree, settle, come to an agreement, strike a bargain **2.** *átv* settle, calm down **3.** *vki vhol* stop, halt, settle down, set up

megállapodott *mn,* fixed, settled, conventional ‖ *~ ember:* staid / sedate man

megállás *fn,* stop, halt, cease, standstill, let-up, break, interruption

megállít *i,* **1.** stop, check, arrest **2.** *beszédben* interrupt **3.** *terjedést* contain

megállíthatatlan *mn,* unstoppable, uncheckable, stemless

megállított *mn,* stopped, halted, ceased

megaszal *i*, dry, desiccate, sun-dry
megaszalódás *fn*, parching
megbabonáz *i*, **1.** bewitch, bedevil, mesmerize, voodoo, cast / put a spell upon sy **2.** *átv* entrance, fascinate, enchant, captivate, infatuate
megbán *i*, repent, regret, be sorry, *nagyon rue* ‖ *~ja tettét:* regret one's deed
megbánás *fn*, repentance, regret, sorrow, ruefulness
megbánt *i*, offend, hurt, one's soul/feelings, wrong ‖ *nem akartalak ~ni* I didn't mean to hurt you
megbántott *mn*, offended, hurt ‖ *~ hiúság* wounded pride
megbarátkozik *i*, make friends, get solid, get intimate, *vmivel* grow familiar with sg
megbarnul *i*, **1.** *ált* brown, become brown, dark **2.** *levél* rust **3.** *naptól* tan, sunburn, bronze
megbecsül *i*, **1.** esteem, appreciate, honour, respect, value, prize **2.** *~i az értékét:* estimate, value, appraise, evaluate
megbecsült *mn*, esteemed, honoured, appreciated, valued, estimated, evaluated
megbékít *i*, **1.** *kiengesztel* calm, pacify, conciliate **2.** *vkivel* reconcile, *vmivel* accustom to sg
megbékítés *fn*, pacification, conciliation, reconcilement
megbékül *i*, **1.** become appeased, calm down **2.** *vkivel* become reconciled ‖ *~ magával:* reconcile oneself
megbékült *mn*, appeased, reconciled
megbélyegez *i*, **1.** *vassal* brand **2.** *átv* brand, stigmatize as, denounce, condemn, *sajtó* hit, rap

megbélyegzett *mn*, branded, stigmatized, denounced ‖ *~ ember:* denounced man
megbénít *i*, **1.** paralyse, paralyze, disable, maim, palsy **2.** *átv* hamsting, cripple, benumb
megbénul *i*, **1.** become paralysed, become lamed **2.** *átv* be/become paralysed/lamed
megbeszél *i*, **1.** talk over sg, discuss, debate, review, confer, converse **2.** *megegyeznek* fix, make an appointment, come to an agreement, settle / agree with sy as to sg
megbeszélés *fn*, **1.** talk, discussion, conference, consultation, disputation **2.** *hiv* interview **3.** *dipl* conversation **4.** *megegyezés* arrangement, agreement ‖ *~e van vkivel:* have a talk with sy
megbetegszik *i*, fall / get ill, fall sick, sicken
megbicsaklik *i*, **1.** get sprained **2.** *hang* one's voice is faltered **3.** *nyelve* he/she stumbled over the word
megbilincsel *i*, shackle, fetter, put in chains, handcuff, manacle, pinion
megbillen *i*, tilt, tip, lose balance, overbalance
megbillent *i*, tilt, tip, topple, overbalance
megbírál *i*, criticize, pass judgement on, review, judge
megbirkóz‖**ik** *i*, overcome, bear down, tackle, cope with ‖ *nem tud ~ni a feladattal* be unequal to the task ‖ *~ a helyzettel* cope with a situation ‖ *~ az étellel* he/she can manage food
megbírságol *i*, fine, impose a fine on, mulct, penalize
megbíz *i*, **1.** *vkit vmivel* charge, entrust sy

megbízik

with sg, commission sy to do sg **2.** *képvisele ttel* delegate, depute sy, name sy

megbízik *i*, trust in sy/sg, confide in sy/sg, depend on sy, rely on sy/sg, believe in sy/sg ‖ ***nem tudok ~ni benne*** he is not to be trusted

megbízás *fn*, **1.** commission, charge, assignment, instructions, authority, errand **2.** *képviseleti* mandate, delegation, delegacy ‖ *~t teljesít:* run assignments ‖ *~t kap:* be commissioned

megbízható *mn*, **1.** reliable, to be relied on, trustworthy, dependable, trusty, true, staunch **2.** *adat* certain, confirmed, reliable, authentic

megbízhatóság *fn*, **1.** reliability, trustworthiness, trustfulness, dependability **2.** *adaté* authenticity, veracity, fidelity, truth

megbízó *fn*, employer, client, *ker* consigner

megbízott *fn*, **1.** deputy, commissary, emissary, delegate **2.** representative, negotiator **3.** delegate, substitute, fiduciary **4.** *ker* agent, proxy

megbízott *mn*, in charge of sg, commissioned, authorized to do sg, accredited, delegate, commissioned

megbocsát *i*, **1.** forgive, indulge, pardon, excuse, overlook, condone **2.** *vall* remit (sin)

megbocsátás *fn*, forgiveness, pardon, remission, remittal, indulgence

megbocsáthatatlan *mn*, unforgiveable

megbocsátható *mn*, forgiveable

megbocsátó *mn*, forgiving

megboldogult *mn*, defunct, late, deceased ‖ *fn*, defunct, deceased

megbolondul *i*, **1.** go mad/crazy, run mad, lose sy's sense, go dippy **2.** *szerelmes* to be crazy about sy, have a passion for sy

megbolygat *i*, upset, throw sg into confusion, derange, temper with

megbomlik *i*, **1.** *fegyelem* loosen, get loose, slacken **2.** *agy* become unbalanced **3.** *sor* break up **4.** *rendszer* break down

megbonthatatlan *mn*, indissoluble, everlasting

megborsoz *i*, pepper, season sg with pepper

megborzongat *i*, thrill, chill

megborzongató *mn*, thrilling

megbosszul *i*, take revenge, avenge, revenge, repay, requite ‖ ***~ja magát:*** avenge oneself

megbotlik *i*, stumble, lip up, trip over/against sg ‖ ***a lónak is négy lába van, mégis ~:*** it is a good horse that never stumbles

megbotránkozik *i*, be shocked/scandalized at sg, take offence at sg, cry shame

megbotránkoztat *i*, scandalize, shock, disgust

megbök *i*, **1.** push, jog, give sy a slight push **2.** *hegyes tárggyal* prick, prod, *könyökkel* nudge, *állat* butt

megbújik *i*, **1.** hide swhere, cover, take cover, skulk **2.** *nyúl* squat **3.** *lesen* lurk, lie in wait ‖ ***~ a karjában*** keep close

megbukik *i*, **1.** *konkr* fail, be rejected **2.** *vizsgán* fail, flop in/at an exam **3.** *gondolat* fai, miscarry, fall through, break down, go wrong **4.** *cég* crack up, go bankrupt **5.** *darab* fail, be a failure, be a frost

megbuktat *i,* **1.** *tervet* frustrate, wreck **2.** *jelöltet* reject, blackball **3.** *kormányt* overturn, overthrow, outvote, subvert **4.** *színdarabot* hoot off, slash play **5.** *vizsgán* reject, blackball, turn down

megbutul *i,* become stupid/dull

megbűnhődik *i,* explate, atone, suffer, pay, smart for

megbüntet *i,* punish, penalize, chastise, discipline, *vkit vmiért* sy for sg

megbűvöl *i,* **1.** bewitch, pul a spell upon, lay under spell, charme, spell sy **2.** *külsővel* charm, enchant, enrapture, fascinate, captivate sy

megcáfol *i,* **1.** *érvekkel* refute, confute, disprove, *vádat* repel, rebut **2.** *hírt* contradict, deny, belie, gainsay

megcáfolás *fn,* **1.** *érvekkel* refutation, confutation, repudiation **2.** *híré* denial, contradiction

megcáfolhatatlan *mn,* undeniable

megcéloz *i, vmit* aim at sg, point gun at sg; level at sg, train on sg

megcibál *i,* pull, tug, pluck, twitch sg

megcímez *i,* address

megcukroz *i,* **1.** *ételt* sugar, sweeten with sugar, sprinkle/powdr/dust/dredge sg with sugar **2.** *átv* sugar, sweeten

megcsal *i,* **1.** *ált* deceive, delude, cheat, beguile, betray **2.** *vkit* deceive **3.** *anyagilag* cheat, swindle, defraud, bilk

megcsap *i,* **1.** *ostorral* whip, swish, cut, flick, flap **2.** *hang* strike, smite **3.** *ellop szl* filch, pinch, nab, hook

megcsapol *i,* **1.** *hordót* tap, broach, set abroach, spile **2.** *beteget* tap, aspirate, puncture, deplete **3.** *fát* hack, milk, sap **4.** *gerendát* mortise, tenon **5.** *fémet* draw off the metal

megcsavar *i,* **1.** *csapot* turn, screw, twist **2.** *játékban labdát* swerve

megcsendül *i,* **1.** ring, peal, toll **2.** *harang* knell, tinkle **3.** *üllő* clang

megcsíp *i,* **1.** pinch, nip, *darázs* sting, *élősdi* bite **2.** *rajtakap* catch sy at sg

megcsodál *i,* admire, gaze at

megcsonkít *i,* **1.** *áll* mutilate, maim, cripple, mangle, stump **2.** *országé* dismember **3.** *szöv* mangle, detruncate

megcsonkítás *fn,* **1.** *áll* mutilation, maiming, crippling, truncation **2.** *ország* dismemberment **3.** mangling, detruncation, *cenzúra* bowdlerization

megcsonkított *mn,* mutilated, maimed, dismembered

megcsóvál *i,* **1.** *fejét* shake **2.** *farkat* wag

megcsömörlik *i,* grow disgusted with, grow sick of, become sated with

megcsúfol *i,* **1.** *konkr* make mockery of sg, profane sg **2.** *vmivel átv* fare ill in consequence of, come a cropper

megcsúnyul *i,* grow ugly, loose one's good looks

megcsúszik *i,* **1.** miss one's footing, slip, have a slide **2.** *jármű* skid, side-slip, slither

megdobál *i,* pelt / shy / throw things at sy

megdorgál *i,* reprimand, rebuke, reprove, lecture, sermonize

megdöbben *i,* start at, be shocked / appalled with, be startled / amazed / astonished at, be taken aback

megdöbbenés *fn,* shock, consternation, start, amazement, astonishment, confusion, stupefaction

megdöbbent *i,* shock, appal, horrify, startle, astound, dismay, stun, stagger,

megdöbbent dumbfound ‖ *~ve hallom:* I hear it dismayed ‖ *vmi ~t vkit:* sg shocks sy

megdöbbent *mn,* shocked, horrified, appalled

megdöbbentő *mn,* shocking, appalling, horrifying

megdöf *i,* 1. stab, thust at, lunge at 2. *bika* gore 3. *szarvval* toss, horn

megdöglik *i, áll* perish, die ‖ *dögöljek meg, ha értem* strike me dead/blind/pink if I understand

megdől *i,* 1. *búza* be lodged, be laid flat 2. *hajó* lurch, heel 3. *átv* prove a failure, faul, come to nought, fall through

megdönthetetlen *mn,* 1. *bizonyíték* incontestable, incontrovertable 2. *alibi* irrefutable 3. *érvek* irrefutable, unanswerable

megdörzsöl *i,* rub ‖ *~i a szemeit* rub one's eyes

megdrágít *i, árakat* raise the price of sg, *költségeket* increase the costs

megdrágul *i,* get/become more expensive, go up, advance in the price

megdupláz *i,* double

megduzzad *i,* swell, become swollen, tumefy

megduzzaszt *i,* swell, inflate, *rizst* puff ‖ *folyót ~:* swell the river

megedz *i,* 1. *vas* harden, chill 2. *vkit* inure sy to g 3. *átv* harden, indurate ‖ *~i magát:* inure oneself

megegyezés *fn,* 1. agreement, harmony, concord, consensus, accord 2. contract, agreement, compact, compromise ‖ *~ szerint:* as agreed

megegyezik *i,* 1. agree, come to terms 2. correspond to, tally / coincide / concur with 3. *nyelvt* agree with, be in concord with 4. *hitelezőkkel* compound

megegyező *mn,* corresponding, conformable, true to, concurrent, compliant, harmonious ‖ *vmivel ~:* corresponding to sg

megéhezik *i,* get/grow hungry

megejt *i,* 1. *munkát* hold, make, inquire 2. *lányt* seduce, get with child 3. *elbűvöl* seduce, charm, entice

megél *i,* 1. *pénzből* make both ends meet, scrape along, keep body and soul together, live on sg 2. *vmit* live to see sg

megélhetési *mn,* of living, of subsistence

megelőz *i,* 1. avert, prevent, ward / stave off 2. precede, outdistance 3. *jármű* overtake, pass, draw ahead of 4. *átv* outrival, outstrip, precede, take precedence of 5. *jog* have priority over sg ‖ *~ vmit:* prevent sg ‖ *vkit ~ vmiben:* precede sy in sg

megelőzés *fn,* 1. *baleseté* prevention, warding / staving off 2. *rangban* precedence 3. outstripping 4. *orv* prevention, prophylaxis

megemészt *i,* 1. *ételt* digest 2. *irodalmat* digest, assimilate, absort, take in ‖ *ezt nem tudom meg~eni* it is hard to put up with for me

megemésztetlen *mn,* undigested, unassimilated

megemészthetetlen *mn,* undigestable, stodgy, heavy

megemészthető *mn,* digestable

megemleget *i, ezt még ~i!* you shall smart for it! I will swerve you out!

megemlékezik *i,* 1. commemorate 2. *említ* refer / allude to, mention 3. *végren-*

deletben remember sy in one's will ‖ ~ *vmiről:* commemorate sg

megenged *i*, **1.** allow / permit, admit, authorize / empower sy, let **2.** *elfogad* admit / grant sg (as fact), concede ‖ ~ *vmit:* allow sg ‖ **Meg kell engednem, hogy:** I have to permit that ‖ **meg kell engedni:** have to be allowed

megengedett *mn*, **1.** allowable, permissible, admisible **2.** *törv* legitimate, lawful, licit

megengedhetetlen *mn*, unpardoable, inadmissible, improper

megengedő *mn*, permissive, concessive

megengesztel *i*, conciliate, appease, mollify, propitiate

megenyhül *i*, **1.** *vki* get/become friendlier, warm up, **2.** *fájdalom* abate, subside, calm down **3.** *hang* soften **4.** *idő* soften, give, row milder

megépítetlen *mn*, unbuilt

megérdemel *i*, be worthy of, deserve, earn ‖ *~te!:* it served him right!

megérdemelten *hat*, deservedly

megered *i*, **1.** *mag* germinate, take effect, take root **2.** *eső* start raining, bgin to flow **3.** *vér* begin to bleed, könny start flowing

megereszkedik *i*, **1.** sag, go awry / lopsided **2.** *só* get / become wet / humid **3.** warp, slacken, flatten **4.** *fém* buckle, bulge, protrude

megereszkedik *i*, **1.** sag, go awry **2.** *kötél/rugó* slacken **3.** *bőr* get/grow wrinkled

megereszkedő *mn*, flattening

megereszt *i*, **1.** slacken, relax, loosen **2.** *szíjat* ease, slacken, loose **3.** *átv* give full playment, give green light to sg ‖ ~ *egy káromkodást* let out an oath ‖ ~ *egy tréfát* crack a joke, indulge in a joke

megérez *i*, **1.** feel, become conscious / sensible **2.** be affected / influenced by sg

megerjed *i*, ferment, work

megérint *i*, touch, brush, dab, tap

megérkezik *i*, **1.** arrive in/at, come, turn up **2.** *vkihez* reach sy **3.** *levél* come to sy's hand **4.** *haza útról* be back from

megérlel *i*, **1.** *ált* ripen, mature, mellow, season, grow ripe **2.** *átv* ripen ‖ *~i az elhatározást* bring a decision to a head

megérlelődik *i*, **1.** *ált* ripen, mellow, mature **2.** *átv* become ready/fit/ripe/suitable for sg

megerőltet *i*, **1.** overwork, overstrain **2.** *gyermeket* overtask ‖ **nem erőlteti meg magát** he doesn't overdue ‖ *~i a hangját* force one's voice

megerőltetés *fn*, overwork, overstraining, overtasking, override / drive

megerőltető *mn*, exerting, exhausting, exacting, requiring

megerősít *i*, **1.** *vmihez* fix, fasten, clamp **2.** strengthen, reinforce **3.** *átv* affirm, confirm, consolidate, corroborate, uphold ‖ ~ *vmit:* affirm sg ‖ *írásban ~ egy rendelést:* confirm an order in writing

megerősítés *fn*, **1.** fastening, fixing, clamping **2.** strengthening, bracing, truss **3.** *átv* confirmation, corrobation, affirmation

megerősítetlen *mn*, **1.** loose, unattached **2.** unfortified **3.** unconfirmed

megerősödés *fn*, strengthening, consolidation

megerősödik *i,* **1.** become / get strong, strengthen, recuperate **2.** *hízik* put on weight

megerőszakol *i,* ravish, rape, force, outrage

megért *i,* **1.** understand, comprehend, perceive, realize, seize, aprehend **2.** get on well, be in/on good terms

megértés *fn,* **1.** understanding, comprehension, aprehension, perception **2.** good-will, benevolence, indulgence, sympathy ‖ *mély ~ van köztük:* there is a deep understanding between them ‖ *~sel teszik a dolgukat:* they do things with understanding

megértet *i,* bring/drive sy home to sy, make sy understand sg

megértő *mn,* understanding, apprehending

megérzés *fn,* **1.** *jövő* anticipation **2.** intuition, presentiment, forewarning, foreboding

megérző *mn,* anticipating, forewarning

megesik *i,* **1.** happen, occur, transpire, take place **2.** sg befalls sy **3.** *szíve vkin* be moved to pity for sy **4.** *leány* be seduced, loose one's honour

megesket *i,* **1.** make sy swear/pledge **2.** *párt* unite in wedlock, join in marriage

megesküszik *i,* **1.** swear, oath, take an oath **2.** *házasodik* get married to sy, marry sy

megesz *i,* **1.** eat up, swallow **2.** *átv* swallow, use up **3.** *rozsda* erode

megetet *i,* **1.** *állatot, embert* feed **2.** *lovat* bait **3.** *csak embert* give sy food

megfagy *i,* **1.** *folyadék* freeze, glaciate, **2.** *élőlény* freeze to death die/perish with cold **3.** *testrész* freeze ‖ *~ott bennem a vér* my blood froze at it ‖ *~ok!* I am chilled to the bone!

megfájdul *i,* begin to ache

megfakul *i,* **1.** *szín* fade, lose colour, bleach, *festék* flatten, dull **2.** *átv* dim, grow dim

megfakult *mn,* faded, flattened, dim

megfarol *i,* skid, side-slip

megfázik *i,* get a cold, have a cold, catch a cold

megfedd *i,* reprimand, rebuke, reprove

megfej *i, áll* milk, do the milking, *átv szl* bleed, fleece, skin

megfejel *i,* **1.** *harisnyát* refoot, retoe **2.** *cipőt* toe, revamp, new-front **3.** *emel* increase

megfejt *i,* **1.** resolve, explain, puzzle out **2.** *rejtjelet* decode, decipher

megfejthetetlen *mn,* **1.** insolvable, insoluble, inexplicable **2.** *szöveg* indeciperable, unbreakable

megfejtő *fn,* **1.** *ált* solver, guesser **2.** *titoké* decipherer **3.** *rejtjel* decoder

megfeketedik *i,* blacken, turn black

megfékez *i,* **1.** *betegséget* arrest, check, stem, *lovat* bridle, master **2.** *embert* reduce / constrain sy to obedienc, tame **3.** *szenvedélyt* curb, master, control, subdue

megfékezett *i,* arrested, subdued, controlled, mastered

megfeledkezik *i,* **1.** forget sg, skip, be unmindful of sg **2.** *magáról* forget oneself, foget manners, loose self-control

megfelel *i,* **1.** answer, respond, reply **2.** *célra* be suitable for ‖ *vminek ~:* sg is suitable for sg

megfelelés *fn,* correspondence, correlation, analogy, conformity

megfelelő *mn,* suitable ‖ *visszateszi a ~ helyre:* put sg back to the suitable place ‖ *~ állás:* suitable job

megfelelően *hat,* suitably ‖ *~ van öltözve/ ~ beszél:* be dressed / talking suitably

megfélemlít *i,* intimidate, frighten, scare, terrify, terrorize

megfélemlített *mn,* terrified, scared, bullied, frightened

megfelez *i,* half, go halves, cut in half, go fifty-fifty

megfellebbez *i,* appeal against the sentence

megfeneklett *mn,* stranded, beached, foundered, sunk / stuck in sg, *átv* miscarried, fallen through

megfeneklik *i,* ground, run ashore, *átv* fail

megfenyeget *i,* threaten/menace with sg

megfenyít *i,* punish, chastise, castigate, correct

megfér *i,* **1.** *vkivel* get on along, agree, harmonize with sg **2.** *vmiben* there is room for sg ‖ *~ünk egymással* we hit it off well ‖ *nehéz ~ni vele* he is difficult to get on with ‖ *nem lehet ~ni vele* there is no living with him

megfertőz *i,* contaminate, pollute, defile, *élőlény* infect, *átv* defile, taint, stain, poison

megfest *i,* **1.** colour, tinge, stain **2.** *képet* paint **3.** *szövetet* dye

megfésül *i,* comb/do one's hair

megfeszít *i,* stretch, tighten, tauten ‖ *minden erejét ~i:* stretch one's power

megfeszül *i,* **1.** *anyag* tighten, stretch **2.** *ruha* fit lose, be tight-fitting ‖ *ha ~ök, sem sikerül* I may strain till I am blue in the face but I won't do it

megfiatalít *i,* rejuvenate, restore to youth, *ruha* make sy look younger

megfiatalodik *i,* get younger, grow younger, grow young again, be restored to youth

megfigyel *i,* observe, note, study, *rendőr* shadow, tail

megfigyelés *fn,* observaion, study, watching, *rendőri* shadowing, tracking ‖ *~i hely:* place of observaion

megfigyelhető *mn,* observable

megfigyelő *fn,* observer

megfigyelő *mn,* observing, watching, observational

megfilmesít *i,* film, screen, adapt for screen/film, picturize, put on the screen

megfizet *i,* pay, pay off, remunerate ‖ *vmit vkinek ~:* pay of sg for sy ‖ *~ a munkájáért:* pay sy off for his/her job

megfog *i,* **1.** *kéz* seize, catch, hold, handle, take / lay / get / clap hold of, grip, grab, clutch, grasp **2.** *szerszám* bite, grip, hold **3.** *felfog* grasp, catch, tackle, get / go about

megfogad *i,* **1.** engage, take on, enlist **2.** engage / pledge oneself to do sg, make / take a vow

megfogalmaz *i,* draft, draw up, pen, word, formulate, compose

megfogalmazás *fn,* drafting, drawing up, wording, formulation, composition

megfogan *i,* **1.** *ember/állat* be conceived **2.** *növ* take/strike root **3.** *szellemi alkotás* be conceived/composed ‖ *az átok ~* the curse works

megfoghatatlan *mn,* **1.** can't be grasped/caught **2.** *személy* elusive **3.** *átv* inconceivable, unthinkable, unfathomable, incomprehensible, inexplicable

megfogható *mn,* **1.** seizable, palpable, touchable, tangible **2.** *ésszel* comprehensible, conceivable, thinkable, intelligible

megfogyatkozik *i,* **1.** diminish, lessen, grow less, decrease, get depleted **2.** *tulajdon* decay, ebb away **3.** *súlyra* lose weight, grow thinner **4.** *készlet* run low

megfojt *i,* **1.** throttle, burke, strangle, smother **2.** suffocate, choke, stifle

megfoltoz *i,* **1.** *cipőt* cobble, mend, patch, tap **2.** *ruhát* mend, patch up, piece up, stitch up, put a patch on sg

megfontol *i,* weight, balance, meditate, ponder, think over ‖ **~ vmit:** think sg over ‖ **~ja, hogy megtegye:** ponder to do sg

megfontolás *fn,* reflection, consideration, meditation, deliberation ‖ **~ tárgyává lesz:** take sg into consideration

megfontolt *mn,* **1.** deliberate, well-judged / advised, thoughtful, sedate, staid, sober-minded **2.** *előre* wilful, deliberate, aforethought ‖ **~an cselekszik:** do sg deliberately

megfontoltan *hat,* deliberately

megfordít *i,* **1.** turn, revolve, slew / slue round **2.** *hajót* tack about, turn, swing around **3.** *sorrendet* reverse

megfordítás *fn,* **1.** turning, reversal, inversion, slew-round **2.** *hajót* tacking about, swinging round **3.** reversal, inversion

megfordítható *mn,* reversible, invertible, *menny* reciprocal

megfordul *i,* **1.** turn, whip / swing / spin round, face round, look back **2.** *autó* turn / swing round, *hajó* veer, change course **3.** *szél* shift / work round, haul, change **4.** *társaságban* mix with, move in, turn up ‖ **~ az agyában:** it occurs to sy

megfordulás *fn,* **1.** turning, face-about, **2.** *járműé* sweeping / turning round, cornering, tacking, turning-round, whipping round **3.** *szél* turning, shifting, changing **4.** *műsz* revolution

megfosztott *mn,* deprived, divested, despoiled, stripped

megfő *i,* cook, boil, be done to a turn ‖ **nehezen fő meg** take a lot of cooking

megfőz *i,* **1.** cook, boil, simmer **2.** *vkit átv* gain/win sy over ‖ **~i a szívét** infatuate one's heart ‖ **~i a pasit** she makes him stuck on him

megfúj *i,* **1.** *trombitát* sound **2.** *ételt* blow

megfullad *i,* suffocate, stifle, drown, smother

megfulladás *fn,* suffocation, drowning, asphyxation, choking

megfüstöl *i,* **1.** *ált* fumigate **2.** *húst* smoke, cure

meggátol *i,* **1.** *vkit vmiben* hinder, debar, prevent, keep sy from doing sg, preclude, foreclose, inhibit **2.** *vmit* impede, stop, check, stop ‖ **~ja vmi megtételét vki által** inhibit sy from doing sg

meggazdagodik *i,* **1.** grow/get rich, make a fortune, make money, make one's pile, **2.** *gyorsan* feather one's nest, strike oil, make money hand over fist

meggémberedik *i,* **1.** grow numb **2.** *hidegtől* grow stiff with cold

meggondol *i,* **1.** think sg over, consider, reflect upon, weigh, ponder **2.** **~ja magát:** change one's mind

meggondolatlan *mn,* **1.** foolish, rash, unguarded, hasty **2.** *cselekvés* ill-considered / advised, careless, unthinking, inconsiderate || ~ *megjegyzés:* careless remark

meggondolatlanság *fn,* **1.** *tul* thoughtlessness, heedlessness, precipitaion **2.** *tett* thoughtless action, piece of carelessness

meggörbül *i,* **1.** crook, bend, curl, arch, incurvate **2.** *gerinc* become incurved **3.** *gerendalfa stb.* yield **3.** *rúd* warp, bend **4.** *súly* alatt sag || **haja szála sem fog ~ni** not a hair of his head shall be hurt

meggörbít *i,* crook, bend, make crooked, curve, incurvate, incurve, arch, || *a macska ~i a hátát* cat is humping its back

meggörnyed *i,* become bent, become bowed, double over, have a stoop || ~ *a teher alatt* he is sagging under the burden

megháborodik *i,* lose one's reason, become inssane

meghág *i,* **1.** *ló* cover, horse, serve **2.** *szarvasmarha* cover **3.** *kutya* line **4.** *birka* tup

meghagy *i,* **1.** *állapotban* keep, leave in its state **2.** *vkinek vmit* let sy keep sg **3.** *félretesz* save for **4.** *parancsot* bid, enjoin, direct, order || *azt meg kell hagyni, hogy* it an't be denied || *érintetlenül* ~ leave sg untouched || ~ *máskorra* leave sg over

meghajlik *i,* **1.** bend, become twisted, curve, stoop, buckle **2.** *teher alatt* sag **3.** *vmi előtt* bow/saubmit to sg || ~ *a tények előtt* acknowledge the evidence of facts || ~ *a túlerő előtt* yield to superior numbers || ~ *vki akarata előtt* bend to sy's will

meghajlít *i,* bend, bow, turn, curve, inflect, warp, buckle

meghajt *i,* **1.** *lovat* overdrive, override **2.** *kereket* drive, actuate **3.** *orv* purge, scour, open the bowels || *~ja a fejét* bend one's head || *~ja a térdét* bend a knee || *~ja magát vki előtt* make one's bow, *hölgy* curtsey

meghal *i,* **1.** die, pass away, decease **2.** *átv* be dying for sy/sg || *inkább ~nék, mint* I'd sooner die than || **még ma is élnek, ha meg nem haltak** they lived happily ever after || *majd ~ vmiért* he is crazy for sy || ~ *bánatában* die of a broken heart || *majd meghaltam a nevetéstől* die with laughter || *~t a világ számára* dead to the world; *átv* to be lost to the world

meghalad *i,* **1.** surpass, (over) top **2.** *átv* exceed, transcend, be / go beyond

meghallgat *i,* **1.** *vkit* listen, hear **2.** *mondandót* give sy a hearing, give an ear **3.** *kérést* grant request, fulfil || **nem hallgat meg** turn a deaf ear

meghamisít *i,* **1.** falsify, tamper with **2.** *élelmiszert* adulterate, sophisticate **3.** *írást* forge, fake, cook, doctor, *számeredményt* cook, monkey, *hírt* garble

megharagszik *i,* **1.** get/grow angry, take offence, get sore, get into a wax **2.** *vkire* get angry with sy, fall out with sy

megháromszoroz *i,* treble, triple sg, threefold

meghasad *i,* **1.** tear, split, shatter, rupture **2.** *hasadék* open up **3.** *szövet* rend || *majd ~ a szívem* it breaks my heart

meghasonlik *i,* quarrel with, fall out with,

meghatalmaz

be at variance with sy about sg ‖ ~ *önmagával* come into conflict with oneself
meghatalmaz *i,* **1.** authorize, empower **2.** *követet* accredit to
meghatalmazott *fn,* **1.** procurator, proxy, attorney, mandatory, representative **2.** *követ* plenipotentiary
meghatároz *i,* **1.** *értéket* determine **2.** *fogalmat* define, circumscribe, lay down **3.** *helyet* locate, position **4.** *műalkotást* identify **5.** *növényt* classify
meghatározás *fn,* determination, definition, classification, identification, *orv* diagnosis
meghatározatlan *mn,* undefined, undetermined
meghatározott *mn,* determined, definite, precise, specific
megható *mn,* touching, moving, affecting, pathetic
meghatott *mn,* touched, affected, moved
meghazudtol *i,* give / return the lie to, belie, deny, contradict, confute
meghibásodik *i,* **1.** *ált* develop a fault **2.** *gép* get out of order **3.** *kocsi* break down
meghibban *i,* go mad, become unhinged, go off one's head, go dotty/queer/nuts
meghint *i,* **1.** sprinkle, powder, dust sg with sg **2.** *egyh* asperge
meghirdet *i,* **1.** *házasságot* put up the banns **2.** *előadást* announce, call **3.** *pályázatot* invite tenders
meghitelez *i,* credit sum to sy, give sy a credit, open credit in favour of sy
meghitt *mn,* intimate, familiar, confidential

meghittség *fn,* intimacy, familiarity, immediacy
meghiúsít *i,* **1.** frustrate, baffle, baulk, foil, mar, nip, thwart **2.** *tervet* upset, disconcert, wreck, bring about the failure, queer sy's pitch ‖ *~ja vki reményeit:* dash / blast one's hopes
meghiúsul *i,* fail, miscarry, fall through
meghiúsulás *fn,* frustration, failure
meghiúsult *mn,* frustrated, failed, shattered
meghívás *fn,* **1.** invitation **2.** *állásra* appointment by invitation ‖ *~t kap vkitől vmire:* receive an invitation for sg
meghívó *fn,* invitation, invitation card ‖ *mn,* inviting
meghízik *i,* get/become fat/stout, put on weight, gain weight
meghizlal *i,* fatten
meghódít *i,* **1.** conquer, overcome, subdue **2.** *vkit* make a conquest of, captivate, win sy's heart
meghódol *i,* yield to sy, give in, surrender to
meghonosít *i,* **1.** *növényt* naturalize, acclimatize **2.** *szokást* introduce, establish **3.** *idegen szót* naturalize
meghonosítás *fn,* **1.** *áll/növ* acclimatization, naturalization, domestication **2.** *szokásé* introduction
meghosszabbít *i,* **1.** lengthen, elongate, piece out **2.** *határidőt* extend, prolong, renew
meghosszabbodik *i,* get/grow longer, lentghen, elongate, extend
meghökken *i,* be taken aback, start at, be disconcerted / seized / perplexed
meghökkenés *fn,* amazement, astonishment, confusion

meghökkent *i,* **1.** take aback, nonpius, disconcert, stagger, stupefy
meghökkent *mn,* astounded, perplexed, thunderstruck
meghunyászkodik *i,* come to heel, quail, humble oneself, come down a peg or two
meghurcol *i,* **1.** *vhová vmit* drag about **2.** *átv* calumniate, slander, vilify, revile, defame, drag one's name through the mud
meghúz *i,* **1.** pull, give sg a pull **2.** *csavart* screw up, tighten **3.** *szöveget* abridge, epitomize, cut down, digest **4.** *tervet* draw **5.** *határt* run **6.** *kötelet* stretch, strain **7.** *fülét* tweak ‖ *üveget* ~ take it from the neck ‖ *darabot* ~ John-Audley a play ‖ *~ egy cikket* blue-pencil an article
meghúzódik *i,* **1.** *vki mögött* take cover behind sy **2.** *vmi mögött* hide/conceal oneself behind sg ‖ *valami ~ emögött* there is something fishy about it
meghűl *i,* **1.** *személy* catch/take a cold, catch a chill **2.** *vmi* get colder, get/grow cold
meghűlés *fn,* (common) cold, chill, chest cold ‖ *felszed egy ~t:* get a cold
megidéz *i,* **1.** summon, cite **2.** *szellemet,* call, conjure up, evoke, exorcize ‖ *törvény előtt ~* summon before the court ‖ *vádlottat ~* summon a defendant to attend ‖ *tanúnak ~* summon as witness ‖ *terheltként ~* issue a writ against sy
megigazít *i,* **1.** put/set straight **2.** *ruhát* adjust **3.** *varrást* fit a garment **4.** *órát* set, regulate ‖ *~ja a nyakkendőjét* set one's tie straight

megígér *i,* promise, engage to, make a pledge, pledge ‖ *~i magának:* make oneself a pledge
megigéz *i,* bewitch, enchant, fascinate, charm, delight
megigéző *mn,* bewitching, charming, delighting, fascinating
megijed *i,* be / get frightened / scared of/at, take fright / alarm at/of ‖ *ne ~j meg!:* do not be scared!
megijeszt *i,* frighten, scare, startle, alarm, terrify
megillet *i,* **1.** *kézzel* touch gently **2.** *tulajdon vkit* be due to, be the due of ‖ *annak, akit ~* to whom it may concern
megindít *i,* **1.** start, set into motion **2.** start up **3.** *háborút* declare war, start **4.** *nyomozást* hold, conduct, institute
megindokol *i,* justify, motivate, state the reason for sg, render a reason for
megindokolt *mn,* motivated, exposed
megindul *i,* **1.** begin, commence **2.** *gép* start off set off **3.** *vki* start, move, set out, go off ‖ *~ a látványtól* be touched by a spectacle ‖ *az eljárás ~ vki ellen* legal proceedings were instituted against sy ‖ *~ a jég* the ice breaks up ‖ *vizsgálat ~t* the inquiry was instituted
megingás *fn,* faltering
mégis *hat,* yet, nevertheless, notwithstanding, still
megismer *i,* **1.** recognize, know/spot sy, tell **2.** *hosszabb idő alatt* get/become acquainted with sy/sg, get to know sy
megismerkedik *i,* get aquinted with, get to know
megismertet *i,* **1.** *vkivel vmit* introduce to, acquaint with, make acquainted with **2.** *vmivel* familiarize with

megismétel *i,* **1.** repeat, reiterate, say / do sg over and over **2.** *dalt énekes* ancore, sing again **3.** *osztály* stay in a form for a second year

megiszik *i,* swallow, gulp down, quaff, drink up ‖ *meginnék egy sört* I could do with a glass of beer

megitat *i,* **1.** give sy a drink **2.** *állatot* water **3.** *vkit vmivel* make sy a drink

megítél *i,* **1.** *ált vmi alapján* judge by **2.** *vkinek vmit* adjudge, adjucdicate, award **3.** *bűnöst* sit in judgement on

megizzad *i,* sweat, perspire ‖ *~ bele* she will bathe in perspiration until

megizzaszt *i,* make sy sweat ‖ *jól ~ották* he was made to work like a nigger

megjár *i,* **1.** *vmit* cover a distance, traverse a distance, travel through **2.** *rosszul* make a bad bargain ‖ *alaposan ~ta ezzel a pasival* this man got the better of him ‖ *~ja* tolerable, not so bad ‖ *ez még ~ja* that just makes it

megjátszik *i,* **1.** *szerepet* act, play, personate **2.** *színlel* go through the motions, pretend, affect, sham, feign **3.** *fogad* back, stake, ‖ *megjátssza a hülyét* play idiot/fool ‖ *megjátssza a mártírt* make a victim of oneself ‖ *megjátssza a beteget* pretend to be ill ‖ *~ egy lehetőséget* gamble on a possibility ‖ *megjátssza a nagymenőt* lord it

megjavít *i,* **1.** improve, better, ameliorate **2.** *vmit* put sg right, restore, reform **3.** *gépet* repair, overhaul, fix, darn, mend

megjegyez *i,* mark, note, remark, observe ‖ *jegyezze meg a szavaimat!:* mark my words!

megjegyzés *fn,* remark, observation, note, comment ‖ *kedves ~t tesz vmiről:* make nice remark on sg ‖ *nincs ~:* no comment ‖ *durva ~eket tesz:* make rude remarks ‖ *néhány ~e van a munkához:* have some remarks for/about the job

megjelenés *fn,* **1.** appearance, presence, attendance **2.** *növ* habit, *magzaté* presentation **3.** publicaton, coming out, appearance ‖ *jó a ~ése:* have a good appearance

megjelenik *i,* **1.** appear **2.** *könyv* be published ‖ *~ a bíróságon:* come before the court ‖ *~ naptárban:* be out in the calendar

megjelenít *i,* **1.** *ábr* represent, reproduce, depict, visualize **2.** *felidéz* evoke, conjure up

megjelentet *i,* issue, publish

megjelöl *i,* **1.** indicate, denote, mark, brand, stamp **2.** *átv* lay down, point out

megjelölés *fn,* **1.** indication, mark, note, **2.** *átv* designation, denotation, indication

megjelölt *mn,* **1.** *jellel* indicated, denoted, marked, labelled **2.** *átv* described, specified, stated, designated

megjósol *i,* **1.** predict, foretell, prophesy, forebode **2.** *időjárást* forecast, foretell

megjutalmaz *i,* reward sy for sg, recompense, requite sg, renumerate

megjutalmazás *fn,* rewarding, recompensation

megkap *i,* **1.** *megfog* catch, seize, grasp **2.** *elnyer* get, obtain, secure, gain **3.** *betegséget* catch, contract, develope ‖ *sokkot kap:* be shocked

megkapó *mn,* engaging, fetching, fascinating, impressive

megkarcol *i,* scratch, scrape, graze, *jelöl* nick, notch, score

megkarmol *i*, scratch, claw, scrape

megkárosít *i*, **1.** *ált* wrong, harm, do sy harm **2.** *anyagilag* defraud, inflict a loss, cause loss

megkedveltet *i*, make sy like sg, endear sg to sy, popularize ‖ *~i magát:* make oneself popular

megkegyelmez *i*, **1.** *ált vkinek* pardon sy, spare sy **2.** *közkegyelemben* amnesty to sy **3.** *büntetést enyhít* reprieve, commute sentence ‖ *~ vki életének* spare the life of sy

megkeményedett *mn*, hardened, settled, cake, *orv* sclerotic, indurated

megkeményedik *i*, **1.** grow/become hard/tough, solidify, consolidate, stiffen, cake **2.** *anyag* bind, set **3.** *gipsz* harden, indurate **4.** *átv* harden, topughen, be steeled ‖ *~ a szíve* her heart grows hard

megken *i*, smear, grease, oil, *átv* bribe / oil ‖ *~ vkit (pénzzel):* oil / grease sy's palm

megkér *i*, **1.** *vkitől vmit* demand sg from sy, ask sy for sg **2.** *vkit vmire* request/ask/require sy to do sg ‖ *~i a kezét* ask sy to marry sy ‖ *~ vkit arra, hogy* ask sy to do sg ‖ *~i az árát vminek* charge a high price for sg

megkérdez *i*, ask, question sy, consult, take a question

megkeresztel *i*, baptize, christen, name ‖ *gyermeket ~:* christen a kid ‖ *Jánosnak ~:* the child was named John

megkerget *i*, **1.** *vkit* chase, make sy run **2.** *állatot/ellenséget* chase, hunt

megkergül *i*, **1.** *átv* be demented, go dotty **2.** *állat* get the staggers/sturdy

megkerül *i*, **1.** go / walk round, go about, sweep round, compass **2.** *akadályt* get / go / pass round **3.** *átv* elude, evade, circumvent ‖ *~i a helyes választ:* elude the right answer

megkeserít *i*, **1.** make bitter **2.** *átv* embitter, sour, exasperate

megkésett *mn*, late, overdue

megkésik *i*, arrive late, be behind time

megkímél *i*, **1.** spare, have mercy on, quarter to **2.** *bánik* treat sy with consideration, deal gently with ‖ *~i a megaláztatástól:* spare sy the humiliation

megkondul *i*, toll, ring, peal

megkongat *i*, ring, toll, make sg a hollow sound ‖ *~ja felette a vészharangot* sound the knell of sg

megkopaszodik *i*, get bold, loose one's hair, moult, loose one's feathers, loose its leaves

megkopik *i*, **1.** *ruha* grow/become shabby **2.** *kötél* fray, get frayed **3.** *ember* wear out

megkopogtat *i*, **1.** knock, tap, rap, thump **2.** *orv* sound, percuss

megkorbácsol *i*, whip, flog, scourge, trounce

megkoronáz *i*, **1.** *konkr* crown, enthrone **2.** *átv* crown, cap, consummate, top off

megkóstol *i*, taste, try, sample ‖ *~ja egy kicsit* peck at sg

megkottyan *i*, **1.** *ital az üvegben* emit a bubbling sound **2.** *átv meg sem kottyan neki* he makes short work of it, she thinks nothing of it

megkoszorúz *i*, crown with garland, wreathe, garland

megkönyörül *i*, have/take pity on., have mercy on, give quarter to

megkönnyebbül *i*, **1.** feel relief, relax, feel/be better **2.** ease / relieve one's bowels

megkönnyebbülés *fn*, relief, alleviation, easement ‖ *micsoda ~, hogy:* what a relief it is that

megkönnyebbült *mn*, eased, relieved

megkönnyít *i*, **1.** ease, lighten **2.** *feladatot* facilitate, make easier

megköszörül *i*, **1.** *kést* sharpen, grind, set an edge on **2.** *borotvát* set, hone

megköt *i*, **1.** *ált* bind, fasten, tie up **2.** *anyagot* cohere **3.** *magát* be obstinate, persist in an opinion ‖ *biztosítást ~* effect an insurance policy ‖ *fogadást ~* lay a wager ‖ *meg van kötve a keze* have one's hands tied ‖ *hajót ~* belay the ship ‖ *csónakot ~* moor ‖ *házasságot ~* marry sone ‖ *kutyát ~* chain up the dog ‖ *csomót ~* tie a knot ‖ *harisnyát ~* knit a tight

megkötés *fn*, **1.** binding, fastening, tying **2.** hardening, **3.** *szerződésé* conclusion, forming, effecting, obligation

megkötöz *i*, fasten, bind, tie up ‖ *~i vki kezét* bind sy's hands ‖ *kezét-lábát ~i vkinek* pinion sy

megkövesít *i*, pertify, fossilize, turn to stone

megkövet *i*, make amends to sy, apologize sy, beg sy's pardon

megkövül *i*, **1.** turn into stone, petrify, fossilize **2.** *átv* be paralised, be stupefied ‖ *~ a félelemtől* be paralised with terror ‖ *~ a bámulattól* be stupefied with astonishment

megközelít *i*, **1.** approach, come near, come close to, gain on, advance towards **2.** *vkit átv* get at, try to bribe **3.** *minőséget* be nearly as good ‖ *az arckép meg sem közelíti az eredetit* the portrait doesn't come near the original

megközelítés *fn*, approach, access, advance, approximation

megközelíthetetlen *mn*, **1.** inaccessible, un-get-at-able **2.** *erkölcsileg* incorruptible, *kat* unattackable

megközelíthető *mn*, accessible, approachable, amenable ‖ *könnyen ~:* easily accessible

megkritizál *i*, criticize, write a criticism, write a review of sg, censure

megküld *i*, **1.** send off, forward, get off **2.** *pénzt* remit

megkülönböztet *i*, **1.** distinguish, discriminate, discern **2.** differentiate, tell, discriminate **3.** *vkit* confer a distinction

megküzd *i*, **1.** *vmiért* fight for, strugggle for **2.** *vkivel* fight with, measure oneself against **3.** *nehézséggel* tackle, brave, breast

meglágyít *i*, *anyagot* soften, mellow ‖ *~ja a szívét vkinek* move sy to pity sy

meglágyul *i*, soften, mellow

meglakol *i*, expiate, atone / pay / smart for, par the penalty of

meglapul *i*, **1.** become flat, flatten **2.** *bújik* lie flat/low/doggo, lurk, skulk

meglát *i*, **1.** catch sight of, set eyes on sg, sight, descry **2.** *észrevesz* notice, perceive, observe ‖ *majd ~juk!* live and learn ‖ *~ni rajta, hogy* I noticed that she/he ed

meglátogat *i*, visit, call, go and see

meglazít *i*, **1.** slacken, ease, relax, loosen, unclamp / screw **2.** *erkölcs* grow lax / loose

meglazul *i*, **1.** *ált* slacken, give way, get loose, *kötél* sag, loosen **2.** *átv* grow lax, relax, slacken

megleckéztet *i*, reprimand, sermonize, lecture, draw sy down

meglegyint *i*, touch / stroke slightly, pat, slap lightly

meglehetősen *hat*, rather, fairly, quite, passably, pretty, tolerably, more or less

meglékel *i*, **1.** *hordót* tap, broach **2.** *dinnyét* plug **3.** *hajót* scuttle **4.** *orv* trepan

meglep *i*, surprise, stupefy, astonish

meglepetés *fn*, surprise, surprisal, astonishment, amazement ‖ **~emre:** to my astonishment ‖ **~t okoz:** give sy a surprise

meglepetésszerű *mn*, sudden, surprising, unexpected

meglepetésszerűen *hat*, by surprise

meglepett *mn*, surprised, astonished

meglepő *mn*, surprising, unexpected, astounding, amazing

meglepően *hat*, surprisingly

megles *i*, **1.** spy upon sy, watch sy **2.** *utcán, hogy megszólítsa* waylay

meglett *mn*, **1.** mature, adult, grown-up **2.** *ami elveszett* be got found, be found

meglocsol *i*, **1.** spatter, dash water on **2.** *csővel* syringe **3.** *növényt* water **4.** *ruhát/gyepet* sprinkle **5.** *húst lével* baste

meglóg *i*, decamp, abscond, take French leave

meglop *i*, rob sy, steal from sy

meglovagol *i*, **1.** mount, ride, bestride **2.** *átv* turn sg to good use

meglök *i*, run against, jostle, shock, knock against

megmagyaráz *i*, explain, explicate, expound, interpret ‖ **~ vmit vkinek:** explain sg for sy ‖ **~za magának:** explain oneself

megmagyarázatlan *mn*, unexplained

megmagyarázhatatlan *mn*, inexplicable, unaccountable

megmagyarázhatatlanul *hat*, inexplicably

megmar *i*, **1.** *kutya* bite **2.** *kígyó* sting **3.** *folyadék* bite

megmarad *i*, **1.** stay, remain **2.** *fennmarad* abide, survive, last, endure **3.** *vmiből* be left, remain **4.** *vmi mellett* stand firm to, persist in **5.** *vminek* remain, abide ‖ **~tak barátoknak** they stayed friends ‖ **~t annak, ami volt** she has remined her old self ‖ **~t a nyoma** leave a scar

megmaradó *mn*, remaining, residuary, residual

megmarkol *i*, = markol

megmásít *i*, **1.** *ált* modify, alter, change, reverse, transform **2.** *hamissá* falsify, garble, tamper with **3.** *tényeket* distort, mispresent

megmászható *mn*, scalable, climbable, accessible

megmászik *i*, climb, scale, ascend, mount

megmelegedik *i*, get warm, gép heat

megment *i*, save rescue, salve, salvage

megmentő *fn*, **1.** rescuer, saver, saviour, preserver **2.** *árut* salvor

megmér *i*, measure, gauge, survey, *lázat* take sy's temperature, *súlyt* weigh

megmerevedett *mn*, rigid, sclerotic, hardset, stiff, *átv* stereotyped

megmérgez *i*, poison, infect, impest, taint, pollute, *átv* envenom, embitter, corrupt

megmetsz *i*, make an incision, make a cut/nick/jag in sg

megmintáz *i*, sample, standard, model, mould, shape

megmintázás *fn*, modelling, moulding, sculpture, *tex* sampling

megmond *i*, say, tell ‖ *~tam!:* there you are! ‖ *~lak!:* I'll tell on you! ‖ *~ja a véleményét:* tell one's opinion

megmos *i*, wash, cleanse ‖ *~sa a fejét* give sy an earful

megmosdat *i*, give a wash

megmotoz *i*, search, go through sy's pockets, frisk sy

megmozgat *i*, move, stir, agitate, set in motion, *vmit* shift, budge

megmukkan *i*, open one's mouth ‖ *meg sem tudott mukkanni* words failed him; it was all Greek to him

megmunkálható *mn*, workable, tractable, kidly, docile, machinable

megmutat *i*, 1. show, display, exhibit, present 2. *vmire rá* point sg out, point to sg 3. *tanúként* demonstrate, prove, establish ‖ *~ja valódi énjét* show one's true colours ‖ *~ja a jegyét* present one's ticket

megmutatkozik *i*, appear, show oneself/itself, become visible, come out ‖ *~ a hatása* its effect is making itself felt

megműt *i*, operate upon (surgically) ‖ *vakbéllel ~ vkit:* operate sy upon appendicitis

megművel *i*, cultivate, farm, till

megműveletlen *mn*, untilled, uncultivated, fallow

megnagyít *i*, enlarge, increase, extend, expand

megnedvesít *i*, wet, moisten, dampen, dabble, sprinkle, steep

megneszel *i*, 1. scent, smell, nose out 2. *átv* get wind of sg, *bajt* scent, smell, suspect

megnevez *i*, name, denominate, designate, *közelebbről* specify, identify

megnevezés *fn*, naming, denomination, designation

megnéz *i*, look at, regard, inspect, eye, view

megnő *i*, 1. *ember* grow up/bigger 2. *növény* sprout up, shoot, spindle 3. *átv befolyás/bér* increase

megnövel *i*, 1. increase, add to, augment 2. *befolyást* expand 3. *területet* extend 4. *fájdalmat* aggravate

megnyal *i*, lick

megnyer *i*, 1. win, carry off 2. *díjat* obtain, get, win 3. *átv* win over, prevail upon, captivate, charm, cajole

megnyergel *i*, 1. *lovat* saddle 2. *átv* impose on sy, make the best use of sg

megnyerő *mn*, winning, pleasing, taking, engaging, prepossessing

megnyír *i*, 1. *hajat* cut, clip 2. *birkát* shear, fleece 3. *gyepet* mow, clip ‖ *nullás géppel ~* give sy a close crop

megnyirbál *i*, clip, cut down, *átv* cut, curtail, prune, slash, whittle

megnyomorít *i*, maim, cripple, disable, *átv* ruin, spoll, deface

megnyugtat *i*, set at rest, calm, soothe, ease, still, tranquilize, reassure about ‖ *~ vkit vmi felől:* reassure sy about sg ‖ *~va érzi magát:* feel reassured

megnyugtatás *fn,* reassurance, calming, soothing

megnyugtató *mn,* reassuring, calming, soothing

megnyújt *i,* **1.** *tárgyat* extend, draw, distend **2.** *hangot* lengthen **3.** *határidőt* prolong, extend, lengthen

megnyúlik *i,* stretch, lengthen, string out

megnyúz *i,* **1.** *állatot* flay, pelt, skin **2.** *átv* fleece, pelt

megokol *i,* justify, warrant, motivate, offer reasons for ‖ *nem tudja* **~ni:** cannot justify

megolajoz *i,* oil, lubricate, grease, *ételt* dress with oil ‖ **~a a kerekeket:** grease the wheels

megold *i,* **1.** *csomót* untie, unbind, loosen **2.** *feladatot* solve, work out, settle, tackle

megoldás *fn,* **1.** *csomóé* untying, undoing, loosening **2.** *kérdésé* solving, settling, accomplishment ‖ **utolsó ~ként:** as a last resource

megoldód‖ik *i,* **1.** *csomó* come undone **2.** *átv* be solved, work out ‖ **~ott a nyelve** find one's tongue

megostromol *i, erődöt* lay siege to, besiege, make an assault on sy ‖ **~ják a jegypénztárakat** storm the box-office for tickets

megoszlik *i,* be divided/distributed ‖ *a vélemények megoszlanak* opinions differ

megoszt *i,* divide, share with

megosztozik *i,* share sg with sy, go halves in sg with sy, go fifty-fifty with sy ‖ **~ a zsákmányon** share the booty

megóv *i,* **1.** preserve, protect, safeguard sg from sg, secure **2.** *határozatot* protest against ‖ **~ja külsejét:** save sy's appearance

megóv *i,* **1.** *vkit vmitől* preserve/protect sy from sg, secure **2.** *határozatot* protest against

megóvás *fn,* **1.** preservation, protection **2.** *sp* protest

megölel *i,* embrace, hug

megöregszik *i,* get / grow / become old, age

megőriz *i,* **1.** preserve, safeguard, shield, keep, retain, hold **2.** *emlék* keep, retain **3.** *állapotot* remain

megörökít *i,* eternize, immortalize, perpetuate, *átv* snap a photo

megőröl *i,* **1.** *gabonát* grind, mill **2.** *papírt* pulp **3.** *idegeket* jar one's nerves

megörvendeztet *i,* delight, please, gladden, rejoice ‖ **~i magát / vkit:** please oneself/sy

megőrzés *fn,* **1.** preservation, conservation, guarding, shielding, care, **2.** *emlékezeti* retaining **3.** maintenance

megpattan *i,* **1.** *üveg* burst, crack, split, break **2.** *ketté* cleave **3.** *ér* break, burst **4.** *átv* immigrate

mégpedig *hat,* namely, in particular

megpendít *i,* **1.** *húrt* touch a chord, pluck the strings **2.** *gondolatot* launch, suggest, raise, moot, bring up ‖ **~i a témát** broach a theme ‖ **~ egy gondolatot** raise an issue

megperzselődött *mn,* singed, burnt

megpödör *i,* **1.** *ált* twist **2.** *bajuszt* twirl, twiddle **3.** *cigarettát* roll

megpörget *i,* **1.** *vkit* whirl, twirl, spin round **2.** *vmit* spin

megpróbál i, 1. try, probe, attempt, essay, undertake 2. test, give a try 3. *ruhát* try on
megpróbáltatás *fn,* trial, affliction, ordeal, tribulation
megpörköl *i,* 1. *vasaló* scorch, singe, burn 2. *kávét* roast 3. *ércet* roast, calcine 4. *éget* burn
megpuhít *i,* 1. *ált* soften, unstiffen 2. *átv* get round sy, soften sy up 3. *bőrt* stb. supple
megpuhul *i,* 1. grow/get soft, soften 2. *átv* soften, weaken
megpukkad *i, ált* burst, split ‖ *mérgében majd ~* be busting with anger ‖ *majd ~t nevettében* split with laughter ‖ *~ az irigységtől* be eaten up with envy
megrág *i,* 1. *ételt* chew, gnaw, masticate 2. *egér* nibble 3. *féreg* eat into ‖ *~ja a dolgot* ponder on sg, cogitate about/over/on sg ‖ *~ja a szavait* weigh one words carefully
megragad *i,* 1. = markol 2. *szellemileg* apprehend 3. *átv* captivate, fascinate, touch, move ‖ *~ja a lehetőséget:* grasp the opporunity ‖ *~ta őt:* be affected by sg
megragad *i,* 1. seize, grasp, grab, grapple, pounce on 2. *karommal* claw at, clutch, grip 3. *átv* captivate, transport, fascinate, enrapture, affect, touch 4. *vmihez* stick, adhere, cleave ‖ *~ja az alkalmat* take the opportunity ‖ *~ja a figyelmét* catch one's attention ‖ *~ja a képzeletét* hit one's fancy
megragaszt *i,* 1. *ált* stick, glue, paste on/to 2. *kereket* seal
megrak *i,* load, pile on, burden, weight, lade, freight, *tüzet* feed / stoke the fire, *megver* give sy a beating / hiding
megrakott *mn,* loaded, burdened, freight
megrándít *i,* twist, wrench, sprain, strain, crick ‖ *~ja a nyakát* twist one's neck
megránt *i,* pluck, jerk, tug at sg
megráz *i,* 1. shake, jolt, jar 2. *átv* shake sy, to be shaken by sg, shock sy, give sy a turn ‖ *~za az áram* get an electric shock ‖ *~za a kockát* rattle the dice
megrázkódtatás *fn,* shock, jar, commotion
megrázó *mn,* shocking, staggering, upsetting
megreggelizik *i,* have one's breakfast
megreked *i,* 1. *torlódásban* jam, get jammed 2. *csatorna* become blocked 3. *átv* come to a deadlock/standstill
megremeg *i,* quiver, tremble, shake, shiver, *vmitől* shudder from/with, palpitate with
megrémít *i,* terrify, scare, horrify, appal
megrémül *i,* take fright at, be terrified/frightened/scare, get dismayed
megrendel *i,* order, give an order for, place an order for
megrendez *i,* 1. *esemény* organize, arrange 2. *jelenetet* stage 3. *hamisat* frame up
megrendezett *mn,* put-up, framed up, arranged ‖ *~ dolog:* put-up job
megrendítő *mn,* staggering, shocking, tragical
megrendítően *hat,* staggeringly
megrendült *mn,* impaired, broken, shattered
megreped *i,* 1. split, crack 2. *csont* fissure; *szív* rend, break; *ér* rupture

megreszel *i,* **körmöt** ~ file ‖ *fát* ~ rasp ‖ *sajtot* ~ grate

megretten *i,* get alarmed, take fright, get scared, crane at

megrezzen *i,* **1.** *tárgy* vibrate **2.** *személy* start, give a jump, quiver, shudder, wince **3.** *szív* flutter, throb, pound, leap

megrezzenés *fn,* vibration, quiver, shudder, wince

megrohanás *fn,* assault, attack, charge, aggression

megriad *i,* start, get startled/scared, take fright/alarm

megriaszt *i,* frighten, startle, terrify, scare

megritkul *i,* **1.** *haj* become thin **2.** *házak/fák* become few and far between **3.** *levegő* rarefy **4.** *látogatás* become less frequent

megró *i,* **1.** blame, reprimand, rebuke, reprove **2.** *hivatalosan* reprimand

megrohamoz *i,* **1.** *sereg* attack, assail, assault, rush, mob **2.** *munkát* storm, assault on a position **3.** *átv* beset, make a rush at sy **4.** *vmit* make a dash

megrohan *i, ld.* **megrohamoz**

megromlik *i,* **1.** deteriorate, change for the worse **2.** *szerves anyag* rot, decompose, decay, perish **3.** *étel* go bad, spoil, deteriorate, taint **4.** *ital* go flat **5.** *tojás* addle ‖ ~ *az egészsége* his health has declined ‖ ~ *a helyzet* the situation gets worse

megrongál *i,* **1.** spoil, damage, mar, injure, dilapidate **2.** *egészséget* impair, undermine

megrongálódott *mn,* spoiled, damaged, injured, impaired

megront *i,* **1.** spoil, mar, ruin, damage **2.** *varázslat* bewitch **3.** *erkölcsileg* corrupt, demoralize, pervert, deprave

megrostál *i,* **1.** sift, riddle, screen **2.** *átv* sort out, screen, grade

megrögzött *mn,* settled, confirmed, inveterate, obdurate, impenitent, unrepentant ‖ ~ *agglegény* confirmed batchelor ‖ ~ *alkoholista* confirmed drunkard ‖ ~ *szokása, hogy* his ingrained habit is, that

megrökönyödik *i,* stand aghast, be taken aback, be struck all of a heap

megröntgenez *i,* radiograph, X-ray sone

megrövidít *i,* **1.** shorten, make shorter, cut short, curtail **2.** *könyvet/írást* digest, abridge, cut down, epitomize **3.** *megkárosít* wrong sy of, injure, defraud sy **4.** *szoknyát* take up **5.** *utat* take a short cut

megsaccol *i, ld.* **megbecsül**

megsajnál *i,* feel pity for sg, pity sg, feel sorry for sg/sy

megsántul *i,* **1.** *vki* grow/fall lame **2.** *ló* founder

megsárgul *i,* **1.** turn/become yellow, fade **2.** *falevél* wither **3.** *papír* fox

megsarkantyúz *i,* spur, prick, rowel

megsarkantyúz *i,* spur, spirck, rowel, set/put suprs to ‖ ~*za a lovat* extend one's horse

megsavanyodik *i,* **1.** turn sour, sour **2.** *bor* fox, turn acid/foxy **3.** *tej* turn sourish/sharp **4.** *átv személy* sour, be soured by

megsebez *i,* wound, injure, hurt

megsebzett *mn,* wounded, injured, hurt

megsegít *i,* help, assist, aaid, be of assistance to, give sy a leg up

megsejt *i,* have a presentiment//feeling, guess, surmise, divine, suspect, forebode, get wind of sg

megsemmisít *i,* **1.** annihilate, destroy, eliminate, exterminate **2.** *szerződést* cancel, nullify **3.** *választást* invalidate **4.** *könyvet* pulp, destroy **5.** *átv* blight, crush, shatter

megsemmisítés *fn,* **1.** annihilation, destruction, eradication **2.** *jog* annulment, repeal, quashing, cancellation

megsért *i,* **1.** *test* injure, hurt, damage **2.** *vkit átv* affront, insult, offend, wrong sy **3.** *törvényt* infringe, violate, transgress ‖ *~i a törvényt:* violate the law

megsértés *fn,* violation, injury

megsértett *mn,* injured, hurt, violated

megsértődik *i,* be offended, get hurt, take sg ill / amiss

megsérül *i,* **1.** *vki* be wounded / injured / hurt / mauled, sustain injury **2.** *vmi* be damaged ‖ *csúnyán ~:* badly damaged

megsirat *i,* mourn for, weep

megsokall *i,* have enough of, get/become fed up with sg, be sick of sg

megsóz *i,* salt, add salt to, put salt into sg

megstoppol *i,* darn, mend

megsúg *i,* **1.** *konkr* whisper sg **2.** *átv* tell sg confidentially

megsüketül *i,* become deaf

megsürget *i,* urge, press for sg

megsüt *i,* **1.** *húst* roast **2.** *zsírban* fry **3.** *kenyeret, süteményt* bake **4.** *grillen* grill ‖ *süsd meg a tudományod!* hang it all!

megszab *i,* **1.** fix, determine, specify **2.** *előír* prescribe, grant, allow

megszabadít *i,* **1.** free, liberate, release, deliver from **2.** rid, relieve, disengage, unburden **3.** unbind, loosen **4.** rescue

megszabadítás *fn,* **1.** *vmiből* liberation, deliverance, release, freeing **2.** *vmitől* riddance

megszabadul *i,* **1.** rid oneself of, get rid of, shake off **2.** *vmitől* rid oneself of, get rid of, be set free, be discharged ‖ *~ az előítéleteitől* shake oneself free of all bias ‖ *~ kötelékeitől* free oneself from one's bonds ‖ *~ a rossz szokástól, hogy* he threw off of a bad habit

megszakad *i,* **1.** break off, be cut off, be disconnected **2.** *vkiben vmi* crack, snap, rupture **3.** *foly* be interrupted / cut / broken, break off

megszakít *i,* **1.** break, interrupt, **2.** *beszéd* interrupt, break off **3.** break / switch off ‖ *elnézést kérek, hogy ~om, de:* sorry for interrupting you, but

megszakítás *fn,* **1.** break, pause, interruption **2.** *áramé* switching off, disconnection **3.** *kapcs* breaking off, severance, rupture ‖ *~ nélkül:* without break

megszáll *i,* *szállóban* put up, stay, lodge, *kat* occupy, take possess ‖ *mi szállt meg téged?:* what possessed you?

megszállott *mn,* **1.** occupied **2.** *átv* obsessed, possessed, fanatic‖ *mint egy ~:* as a possessed ‖ *vminek a ~ja:* fan(atic) of sg

megszállottság *fn,* obsession, possession

megszállt *mn,* occupied, *átv* obsessed, possessed ‖ *~ terület:* occupied territory

megszámoz *i,* number

megszán *i,* pity, feel pity for, be touched by sy, commiserate

megszavaz *i,* **1.** *indítványt* adopt, carry **2.**

hitelt vote, grant, **3.** *törvényt* vote for, pass, carry
megszédít *i,* **1.** stun, daze, shock, paralyze **2.** *átv* confuse, turn sy's head, deceive
megszeg *i,* **1.** *esküt* break, violate, contravene, infringe **2.** *kenyeret* cut into, break
megszegel *i,* nail sg, fasten / close sg with nails, nog, peg, clinch
megszegés *fn,* **1.** breach, infringement, violation, transgression **2.** cutting into ‖ *a törvény ~e:* violation of the law ‖ *a közlekedési szabályok ~e:* violation of the traffic rules
megszégyenít *i,* **1.** put sy to shame, shame, make sy ashamed, abash, embarass **2.** *átv túlszárnyal* surpass, eclipse, outdo
megszégyenül *i,* be humiliated, suffer humiliation
megszelídít *i,* **1.** *áll* tame, domesticate **2.** *embert* make tractable, win over **3.** *kifejezést* palliate
megszemélyesít *i,* **1.** personify, personate, personalize **2.** *színész* act, impersonate, interpret
megszemélyesítés *fn,* **1.** personification, impersonation **2.** *szính* acting, rendering
megszentel *i,* hallow, sanctify, consecrate
megszentelés *fn,* hallowing, sanctification, consecration
megszentelt *mn,* consecrated, sanctified, hallowed, holy
megszentségtelenít *i,* profane, pollute, defile, debase
megszeret *i,* **1.** become fond of, take fancy to **2.** *vmit* come to like
megszerettet *i,* endear

megszerez *i,* get, obtain, acquire, win, gain
megszerezhető *mn,* obtainable, procurable, attainable, gainable
megszervez *i,* **1.** organize, arrange, get up **2.** *rosszat* engineer, scheme, devise
megszigorít *i,* **1.** make/render more sever **2.** *büntetést* aggravate **3.** *rendszabályt* become stricter
megszilárdít *i,* **1.** strengthen, steady, stabilize, fix, reinforce **2.** *átv* strentghen, steady, settle, confirm, consolidate, fix, stabilize
megszilárdul *i,* **1.** *anyag* set, concrete, harden, solidify **2.** *átv* steady, take root **3.** *piac* steady, improve **4.** *ellenállás* stiffen **5.** *egészség* improve
megszilárdulás *fn,* **1.** solidification, setting **2.** *átv* stabilization, consolidation, stiffening
megszimatol *i,* **1.** scent, smell, nose **2.** sniff at **3.** *veszélyt* smell, scent, suspect, get wind of ‖ *~ja a botrányt/a titkot:* get wind of the scandal / secret
megszimatol *i,* **1.** *kutya* scent, smell **2.** *átv* feel, suspect, smell, scent, get wind of
megszívlel *i,* lay sg to one's heart, give/pay heed to, follow, act upon ‖ *~i a tanácsot* follow sy's advice
megszokik *i,* **1.** get / become used / accustomed to, grow familiar with, get seasoned to **2.** *szokása lesz* acquire / start the habit of, be given to, be one's practice
megszokott *mn,* accustomed, habitual, usual, routine, familiar, ordinary
megszól *i,* speak ill of, traduce, run down
megszólal *i,* start speaking, *telefon* ring, toll, *madár* begin to sing

megszólaltat *i*, **1.** *vkit* make sy speak **2.** *hangszert* sound, ring, tinkle, clang

megszolgál *i*, **1.** earn by service, merit, work for, deserve **2.** *átv* repay

megszólít *i*, speak to, address, accost, approach, hail

megszólító eset *fn*, vocative case

megszomjazik *i*, get thirsty, be dry ‖ ~ *vmire* be athirst for sg

megszoptat *i*, breast-feed, feed at breast, suckle

megszorít *i*, **1.** screw up, tighten, load, jam **2.** shake hands with sy **3.** *korlátoz* limit, restrict **4.** *vkit* corner, frive sy to the wall ‖ *~ja a féket:* jam on the brakes ‖ *~ás alatt áll:* under restriction

megszorítás *fn*, **1.** securing, tightening, screwing up **2.** *átv* restriction, restraint

megszorító *mn*, restrictive, qualificatory ‖ *~ intézkedés:* restrictive measures

megszorul *i*, **1.** jam, stick, get/be stuck, be caught/jammed **2.** *anyagilag* lack for, be short of money, be out of cash

megszökik *i*, **1.** flee, fly, bolt, decamp **2.** *kat* desert, defect, jump ship **3.** *adós* abscod, levant, bilk, welsh **4.** *nő* elope with sy

megszöktet *i*, **1.** *ált* run away with **2.** *nőt* abduct, elope with **3.** *foglyot* help to escape, kidnap

megszúr *i*, **1.** *ált* puncture **2.** *késsel* prick, stab, sting **3.** *sebez* wound **4.** *rovar* sting, prick, bite, nip

megszövegez *i*, draft, draw up, formulate

megszűnés *fn*, cessation, ceasing, stopping **2.** *jz* suspension, stoppage, expiration **3.** *jogé* extinguishment, expiry **4.** liquidation, closing-down

megszüntet *i*, **1.** stop, terminate, cease, put an end to **2.** quash, abate, suspend, curtail **3.** terminate, revoke, repeal, abolish, abrogate, rescind

megszűr *i*, **1.** filter, strain, leach, percolate **2.** *fény* soften, subdue

megtagad *i*, **1.** deny, refuse **2.** disown **3.** *vmit* repudiate, disavow, recant, retract, disclaim

megtagadás *fn*, **1.** refusal, denial **2.** *vkié* disowning, disavowal, repudiation **3.** *tané* abnegation, recantation

megtakarítás *fn*, **1.** saving, economy **2.** *eredmény* savings

megtakarított *mn*, saved

megtalál *i*, **1.** find **2.** *véletlenül* discover, come across, light/hit upon ‖ *~ja a számítását* break even ‖ *~ja a módját* find one's way

megtámad *i*, **1.** attack, assault, set upon, go against **2.** assail, fall on, engage, storm **3.** run down, go for, appeal against, contest, controvert

megtámadhatatlan *mn*, unassailable, invulnerable, incontestable, indefeasible

megtámadható *mn*, **1.** *kat* assailable, vulnerable **2.** defeasible, voidable, contestable, debatable, disputable, *jog* unimpugnable

megtámaszt *i*, **1.** support, chock, stay, buttress **2.** support, back up, uphold

megtanít *i*, **1.** teach, instruct **2.** *átv* teach how to ‖ *majd én ~lak!* I'll teach you manners

megtapad *i*, adhere, stick, cleave, cling

megtapasztal *i*, experience sg

megtapos *i*, tread / trample underfoot, stamp on

megtapsol *i*, **1.** *konkr* applaud, clap **2.** *átv* approve, cheer

megtart *i*, **1.** keep, maintain, uphold retain **2.** *előadást* give, deliver **3.** observe, adhere ‖ ~ *vkit/vmit vmiben:* maintain sy in sg ‖ *szigorú diétát ~:* uphold a hard diet

megtekint *i*, inspect, (take a) view, examine, observe

megtekintés *fn*, sight, inspection, survey

megtelepedik *i*, settle down, establish oneself

megtelik *i*, **1.** fill up, become full **2.** *vmivel* is being filled with, fill with ‖ *szeme ~ könnyel* her eyes filled with tears

megtépáz *i*, **1.** *konkr* rumple, tousle **2.** *átv* maltreat, manhandle

megtér *i*, **1.** *vissza* return, come back **2.** *jobb útra* reform oneself, repent **3.** *hitre* be(come) converted to sg

megterem *i*, **1.** *konkr* bear fruit, yield, grow **2.** *átv* grow, prosper, flourish

megteremt *i*, produce, create, form, originate

megterhel *i*, **1.** charge with, weight, load, lade, burden **2.** *vkit átv* trouble, saddle, task, overstrain **3.** *számlát* debit, enter to the debit of sg

megterhelés *fn*, **1.** *súly* load, burden, lading, stress, weight **2.** *vagyonon* mortgage

megterhelt *mn*, **1.** encumbered, embarrassed, burdened **2.** *gyomor* glutted, satiated, surfeited

megtérít *i*, **1.** *hitre* convert, christianize, evangelize, reform, bring over **2.** *pénzt* refund, reimburse, redeem, repay, recompense

megtérítés *fn*, convertion, repay, reimburse

megtermékenyít *i*, **1.** fecundate, fertilize, fructify **2.** *átv* make fruitful, enrich

megtermékenyítés *fn*, fecundation, fertlization, impregnation, *növ* pollination

megtestesít *i*, incarnate, embody, personify, impersonate, materialize

megtestesítés *fn*, incarnation, embodiment, impersonation

megtestesül *i*, materialize, become incarnate / embodied

megtestesülés *fn*, incarnation, embodiment, personification

megtéveszt *i*, deceive, delude, mislead, baffle, hoodwink

megtévesztés *fn*, deceit, delusion, deception, fraud, imposition

megtéveszthető *mn*, delusable, delusive, deceptive, deceitful

megtilt *i*, forbid, prohibit, ban, proscribe ‖ *tiltott:* forbidden

megtisztel *i*, honour, favour, grace, raise to distinction ‖ ~ *vkit a jelenlétével:* grace sy with one's presence

megtisztelő *mn*, honouring, gracing, complimentary, flattering

megtisztít *i*, **1.** clean, clear **2.** *gyümölcsöt/zöldséget* peel, clean, pare, pick, shell, husk **3.** *halat* scale **4.** *belez* disembowel, gut, clear **5.** *folyadékot/gázt* clarify, clean, purify, filter; *levegőt* condition **6.** *edényt* cleanse, hipóval furbish, burnish **7.** *utcát embertől* clear **8.** *ellenségtől* mop up **9.** *erkölcsileg/ízlésileg* purify, purge, refin **10.** *írást/irodalmat* expurgate, bowdlerize

megtisztítás *fn,* **1.** cleansing, clearing, gutting **2.** *edényt* scouring, scrubbing **3.** *folyadék* clarifying, purifying **4.** *ellenségtől* mopping up **5.** *erkölcsileg* purification, purging, *könyvet* expurgation, bowdlerization

megtisztul *i,* **1.** cleanse, clean, become clear, clear, be cleansed, clarify **2.** *átv bűnöktől* purge of one's sins, purify

megtizedel *i,* decimate, thin (out)

megtol *i,* push, give a push

megtold *i,* add to sg, make sg longer, lenghten, extend; *szoknyát* lengthen, let down

megtollasodik *i,* **1.** *madár* grow / get feathers **2.** *átv* feather one's nest, make one's pile

megtorlás *fn,* reprisal, revenge, retorsion, requital, retribution, retaliation

megtorló *mn,* repressive, retaliatory, revengeful, retributive

megtorol *i,* avenge, requite, retaliate, retort, punish

megtorpedóz *i,* **1.** torpedo **2.** *átv* wreck, torpedo

megtölt *i,* **1.** fill up **2.** charge **3.** load, charge **4.** *töltelékkel* stuff, fill

megtöm *i,* **1.** *ált* stuff **2.** *étellel* stuff oneself with, tuck in, glut, gorge, stodge oneself with sg **3.** *szekrényt* cram, pack tight **4.** *pipát stb.* fill **5.** *libát* cram

megtör *i,* **1.** break, crack, crush, bruise **2.** *anyagot* pound, mill **3.** *fényt* retract, bend **4.** *vkit* bring to heel, humble, subdue **5.** *csendet* break, wake

megtöröl *i,* **1.** *ált* wipe (down) **2.** *nedvességet* dry **3.** *szemet* wipe, dry, dab **4.** *port* dust

megtörik *i,* **1.** break, bruise **2.** *jég* break up **3.** *lelkileg* crack, get broken **4.** *fénysugár* deflect **5.** *bor* flatten ‖ ~ *a vallatásnál* crack under questioning

megtört *mn,* **1.** *ált* broken **2.** *lelkileg* broken, done for/and out **3.** *bor* cloudy wine ‖ ~ *szívvel* broken-heartedly ‖ ~ *a hangja* his voice got broken

megtörténik *i,* happen, chance, occur, befall ‖ ~*t velem:* it happened to me ‖ *ha* ~*ne:* in case of

megtörülközik *i,* dry oneself, rub oneself down

megtud *i,* come to know, hear, learn, be informed, find out, become aware of

megtudakol *i,* learn, inquire, ask about, seek information

megugat *i,* bark ‖ *éppcsak* ~*ja a dolgot* he smatters in it

megújhodás *fn,* renewal, regeneration, revival

megújít *i,* **1.** *bérletet* renew, repeat **2.** *ruhatárat* renovate **3.** reform

megújítás *fn,* **1.** *bérleté* renewal, renovation **2.** reformation, repeat **3.** *szokásé* revival

megújítható *mn,* renewable

megújított *mn,* reformed

megújul *i,* regenerate, renew, revive

megújulás *fn,* **1.** renewal, renascence, regeneration **2.** *term* revival, recurring, repeating, repetition **3.** *lázé* recurrence, *eseményé* revival

megundorodik *i,* nauseate, be put off, get/grow disgusted with, take a dislike to ‖ ~ *az ételtől* be put off food

megünnepel *i,* celebrate

megüt *i,* strike, hit, knock, rap, slam, smite

megüvegesedik *i,* vitrify
megvajaz *i,* butter, spread with butter
megválaszol *i,* answer, reply, respond
megválaszolatlan *mn,* unanswered, unresponded
megválaszolhatatlan *mn,* unanswerable
megvalósít *i,* 1. realize, attain, carry through/out 2. *gyak* put into practice, execute, carry out, *politikát* implement ‖ *~ja a céljait:* translate one's goals from blueprint into fact
megvalósítás *fn,* 1. realization 2. *gyak* implementation, carrying out, attainment, execution
megvalósíthatatlan *mn,* unrealizable, impracticable, unattainable, unachievable
megvalósítható *mn,* realizable, workable, practicable
megvalósíthatóság *fn,* practicability, workability, feasibility, viability
megvalósul *i,* 1. be realized, materialize, go through 2. *álom* come true, become real ‖ *a terveim ~tak:* my dreams came true
megvalósulás *fn,* realization
megvált *i,* 1. *pénzzel* redeem, buy off, commute 2. *jegyet* buy, take, book 3. *vall* redeem
megváltás *fn,* 1. redemption, amortization 2. buying, taking, booking 3. *vall* redemption
megváltható *mn,* 1. redeemable, convertible, transformable 2. *jegy* can be booked 3. *vall* redeemable, *bűn* atonable
megváltó *fn,* saver ‖ *M~:* Saviour, Redeemer
megváltozik *i,* vary, change, alter, be modified

megváltoztat *i,* 1. change, alter, vary, diversify, transform 2. *vmivé* turn sg into sg
megváltoztathatatlan *mn,* unchangeable, invariable, unalterable
megvár *i,* wait for, await, *állomáson* go to meet sy
megvásárol *i,* 1. *vmit* purchase, buy, acquire 2. *vkit* buy off, bribe
megvásárolhatóság *fn,* venality, corruptibility
megvéd *i,* defend, protect, secure, safeguard, preserve, guard against
megvereget *i,* pat, tap, clap, slap, *állát* chuck
megvesz *i,* 1. buy, purchase, acquire 2. *állat* go/get mad, get rabid ‖ *~i az isten hidege* be cilled to bone ‖ *majd ~ik vmiért* dote upon sg, be fond of sg
megvesszőz *i,* whip, flog, thrash, leather, *gyermeket* birch, switch, cane
megveszteget *i,* bribe, corrupt, buy over/off
megvesztegetés *fn,* bribery, corruption, suborning, subornation
megvesztegethető *mn,* corruptible
megvesztegethetően *hat,* corruptibly
megvet *i,* 1. despise, scorn, disdain, condemn, *mélyen* hold in sovereign contempt 2. *ágyat* make the bed 3. *alapját* lay the foundation
megvétel *fn,* 1. purchase, acquisition, buying 2. *kat* taking, capture
megvetemedett *mn,* warped, winded, sprang
megvetemedik *i,* warp, buckle, wind, spring, give, bend, sag
megvetendő *mn,* despicable, contemptible

megvetés *fn*, detestation, contempt, scorn, disdain
megvétóz *i*, veto
megvető *mn*, contemptuous, scornful, slighting
megvigasztal *i*, console, solace, comfort, soothe, alleviate
megvilágít *i*, 1. light up, illuminate, irradiate 2. *átv* enlighten, illuminate, elucidate, clarify
megvitat *i*, discuss, debate, talk sg over, reason / thrash out
megvitatás *fn*, discussion, debate
megvizsgál *i*, 1. examine, test, sift, scrutinize 2. *szakértő* survey, audit 3. *kérdést* condiser, inspect 4. *kém* analyse, assay
megvon *i*, 1. withdraw, deprive of, cut off 2. *határt* draw, lay / mark out
megvonalazott *mn*, lineated
megzabál *i*, 1. devour, wolf, swallow down 2. *habzsol* overeat oneself, overfeed
megzaboláz *i*, 1. *lovat* bridle, ame, master 2. *folyamatként* break in 3. *lázadót* subdue, put down 4. *érzelmet* control, check, curb 5. *szenvedélyt* subdue, control
megzavar *i*, 1. *vizet* muddy 2. *csel* interfere with, trouble, disturb 3. *érzést* perturb, upset, discompose, confuse ‖ *munka közben ~:* disturb sy while working ‖ *~ja az eszét:* confuse sy's mind
megzavarás *fn*, 1. making cloudy 2. *átv* derangement, disarrangement, disturbance, trouble, abashment
megzavarodik *i*, 1. *lelkileg* falter, get confused/flurried/flustered, become troubled 2. *agy* become unbalanced/unhinged 3. *folyadék* become turbid 4. *bor* turn cloudy
megzenésít *i*, melodize, musicalize, set to music
megzöldül *i*, go/turn green
megzördül *i*, 1. *zár* click 2. *lánc* rattle 3. *kulcs* jingle 4. *avar* crackle
megzörget *i*, rattle, clatter ‖ *~i az apróját* chink the change ‖ *~i az ablakot* knock at the window
megy *i*, 1. *vhová* go, move, march, pass, travel 2. *eszköz* go, *hajó* steam, sail, *vonat/kocsi* go, travel, move 3. *átv ruha* suit, fit, go ‖ *le~ a nap:* sun sets ‖ *semmire sem ~:* beat the air, cannot achieve result ‖ *a tengerre ~:* sail the sea ‖ *vidékre ~:* go to the countryside ‖ *rosszul ~:* go wrong ‖ *utána~:* go after ‖ *hogy mennek a dolgok?:* how are things going?
megye *fn*, county
megyei *mn*, of county, county- ‖ *~ könyvtár* regional library
meggy *fn*, sour-cherry, morello
meggyanúsít *i*, suspect sy of sg, cast suspicion on, inculpate, incriminate
meggyászol *i*, 1. mourn, grieve, lament for 2. *ruhában* wear weeds/mourning
meggyaláz *i*, 1. *ált* disgrace/honour, insult, abuse, outrae 2. *hírnevet* stain, tarnish, sully 3. *nőt* defile, abuse, insult, eflower, rape, violate
meggyengít *i*, weaken, enfeeble, sap, debilitate
meggyengül *i*, brow/become scarce, loose one's strength
meggyilkol *i*, kill, murder

meggyilkol *i,* murder, kill, assasinate
meggyógyít *i,* heal, cure, restore, recuperate
meggyógyul *i,* **1.** recover, recuperate, **2.** *seb* heal
meggyón *i,* confess oneself to
meggyóntat *i,* hear sy's confession, confess
meggyorsít *i,* accelerate, precipitate, quicken, speed up, *végrehajtást* hasten, expedite
meggyőz *i,* **1.** convince of, persuade of **2.** talk / win sy over
meggyőz *i,* **1.** *vkit* talk/win sy over, gain over **2.** *vmiről* convince/persuade of
meggyőzés *fn,* persuasion, conviction
meggyőzetlen *mn,* unconvinced
meggyőző *mn,* convincing, persuading
meggyőző *mn,* satisfying, persuasive, convincing **2.** *indok* potent ‖ *~ érv* stringent reason ‖ *~ bizonyíték* strong evidence
meggyőződik *i,* be convinced, be persuaded of sg, ascertain, find out ‖ *meg vagyok róla győződve* I am convinced ‖ *győződjön meg róla* judge for yourself
meggyőzően *hat,* convincingly, persuasively
meggyújt *i,* light, prime, flick, *fel* set fire to, kindle, inflame, *villanyt* switch / turn / put on
meggyújt *i,* **1.** *tüzet/cigarettát* light, set light to **2.** *gyufát* strike a match; *öngyújtót* flick **3.** *felgyújt* set fire sg, set on fire, set aflame **4.** *villanyt* switch on
meggyullad *i,* catch fire, take fire, inflame, bustr into flame, flare up, blaze up
meggyűlik *i, seb* fester, suppurate, gather, form into abscess ‖ *~ a baja vkivel* have trouble with sy ‖ *~ a lába* his foot ulcerated
meggyűlöl *i,* come to hate, begin to detest
méh *fn,* **1.** bee **2.** *női* womb, uterus, *átv a föld méhe* bowels of the earth
méhész *fn,* bee-keeper / master, apiarist, apiculturist
méhészkedés *fn,* keeping of bees, apiculture
méhészkedik *i,* keep/feed bees
méhgyűrű *fn,* pessary
méhkas *fn,* **1.** beehive **2.** *átv* hive
méhkürt *fn,* salpinx, oviduct
méhlepény *fn,* afterbirth, placenta, *burokkal együtt* secundine
méhmagzat *fn,* child in womb, foetus, embryo
méhnyak *fn,* cervix / neck of uterus
méhviasz *fn,* beeswax
megjósolható *mn,* predictable, foretellable
mekeg *i,* baa, maa, bleat
mekkora *kérdőszó* **1.** how big/large? **2.** konkrét méret what size? **3.** *átv* what a ‖ *~ ökör!* what an ass he is!
mélabú *fn,* melancholy, despondency, gloom
mélabús *mn,* melancholic, mournful, despondent, gloomy, moody
melák *mn,* clumsy, awkward, gangling
melák *fn,* muff, booby
melasz *fn,* molases, treacle
méláz *i,* ponder over, muse on
meleg *mn,* **1.** warm, hot **2.** *érzés* ardent, cordial, warm, hearty **3.** *homoszexuális* queer, fag
melegen *hat,* warmly, ardently, heartily
melegít *i,* warm, heat

melegítő *fn,* 1. warmer 2. sweat-shirt, training-suit, sports tops and trousers
melegítőfelső *fn,* sports top
melegség *fn,* 1. warmth 2. *átv* fervour, ardour, heartiness
melegszik *i,* heat, warm, get warm/hot, *napon* bask (in)
melegvérű *mn,* warm-blooded, haematothermal
mell *fn,* breast, chest, bosom, *női* bust
mellbimbó *fn,* nipple, pap, teat, tit
mellébeszél *i,* talk beside the point, prevaricate, circumlocationize
mellékel *i,* enclose, insert, fold in, add, annex, append
melléképület *fn,* outhouse, annex, dependence
mellékes *mn,* subsidiary, secondary, accidental, accessory, incidental
mellékesen *hat,* besides, in addition, by the way
mellékfoglalkozás *fn,* part-time job
mellékíz *fn,* by-flavour / -taste, tang, smack
mellékkereset *fn,* additonal income, extra earnings
melléklet *fn,* supplement, appendix, enclosure, rider
melléknév *fn,* adjective
melléknévi igenév *fn,* participle
melléktéma *fn,* 1. side-issue, by-plot 2. *zene* second subject / theme
mellékutca *fn,* by-street, side street, off- / back-street ‖ *a város ~ái:* side streets of the town
mellékvese- *mn,* supraneral, adrenal
mellény *fn,* 1. waistcoat, doublet 2. *női* bodice 3. *ujjas* jerkin, jersey, lumberjack

mellett *névutó* 1. by, beside, next to, bordering on 2. *átv vmin felül* over and above
mellkas *fn,* chest, *tud* thorax, rib cage
mellől *névutó* from the side of, from beside
mellőz *i,* 1. *vmit* disregard, waive, put / set aside, shelve 2. omit, neglect, leave sg undone
mellőzés *fn,* 1. *vmié* disregard, putting / setting aside, waiving 2. *cselekvése* omission, neglect, preteriotion, pretermission 3. *vkié* slighting, cold-shoulder(ing)
mellőzött *mn,* disregarded, *csel* omitted, neglected, *személy* slighted, ignored, by-passed, unnoticed
melltartó *fn,* bra(s), brassiére, bust-bodice
melltű *fn,* breast-pin, brooch, *rég* fibula
mellúszás *fn,* breast-stroke, breast-swimming
mellvéd *fn,* 1. *erődön* balustrade, parapet, breastwork 2. *korlát* banister, hand-rail, railing
mellvédfal *fn,* 1. parapet wall 2. *ép* breast- / dwarf-wall
meló *fn,* work
melodikus *mn,* melodic, melodious, tuneful
méltányol *i,* appreciate, recognize, estimate ‖ **nem ~om:** I do not appreciate
méltányosan *hat,* fairly, reasonably
méltányosság *fn,* equity, fairness, impartiality, reasonableness
méltó *mn,* 1. *vmire* worthy of, deserving of, fit to, equal to 2. *vkihez* worthy of sy, like him/her
méltóság *fn,* 1. dignity, honour 2. *személy*

dignitary || *megőrzi a ~át:* keep one's dignity
méltóságos *mn*, 1. dignified, stately, lordly, majestic 2. *cím* (Right) Honourable, worshipful
méltóztatik *i*, deign to, be pleased to
mély *mn*, 1. deep, low, hollow 2. *átv* deep, profound || *~ vizeken:* through deep waters || *a ~be hajít:* throw into the deep water || *~en szeret:* be deeply in love
mélyedés *fn*, 1. deepening 2. *vmiben* indentation, cavity, dent, depression, dip, *falban* niche, hollow, recess 3. *ablak* embrasure
mélyen *hat*, deeply
mélyfagyaszt *i*, deep-freeze
mélyfagyasztó *fn*, deep-freezer
melyik *kérdőszó*, which
mélyít *i*, deepen, sink, *műsz* recess
mélypont *fn*, 1. lowest water level 2. *átv* nadir
mélyreható *mn*, 1. profound, elaborate, deep 2. *elme* keen, sharp, penetrating
mélység *fn*, 1. depth, deep chasm, abyss, precipice 2. *átv* profoundity, depth, deepness 3. *hangé* deepness, lowness
mélységmérő *fn*, sounding- / plubm-line
mélyül *i*, 1. get deeper, deepen, 2. *hajóval* sink
mendemonda *fn*, hearsay, rumour, idle talk, gossip, tittle-tattle
menedzsel *i*, 1. manager 2. *színházban* impressario
menedékház *fn*, 1. hospice, tourist hotel, rest-house, shelter, hut 2. *szegény* house of refuge
menedékjog *fn*, right of sanctuary || *politikai ~ot kér:* seek political asylum

menekít *i*, stow away in safety
menekül *i*, flee, fly, run away, escape from, take to, repair to || *el~:* escape from sg || *~ az emlékétől:* escape from its memory
menekülés *fn*, flight, fleeing, escape, evasion
menekült *fn*, refugee, runaway, fugitive
menet *fn*, march, procession, *lefolyás* course, tide, run, *csavar* worm, thread || *~parancsot kapnak:* get one's marching orders || *10~es meccs:* a match of 10 rounds || *a dolgok megszokott ~e:* course of the things
menetdíj *fn*, fare
menetel *i*, march, troop, *egyesével* file || *az úton ~nek:* march down the road
menetjegy *fn*, ticket || *busz~* bus-ticket || *vonat~* railway-ticket
menetrend *fn*, time-table, schedule
menetvágó *fn*, thread / screw-cutter, threader, tapper
menhely *fn*, = menedékház
menj már! *ind.szó*, go!
menő *fn*, top
menő *mn*, going, walking, marching || *jól~/rosszul ~:* going / nongoing
menstruáció *fn*, menstruation, menses, menorrhoea, periods
ment *i*, 1. *vmiből* save, rescue, snatch 2. *eljárást* excuse, pardon, justify 3. *labdajátékban* save || *~i a bőrét:* save one's hide || *meg~i a helyzetet:* save the situation
menteget *i*, find excuses for sg, escuse, soft-pedal
mentegetőzés *fn*, excuse, apology
mentegetőzik *i*, excuse / exculpate one-

mentén

self, make apologises / excuses for, apologize for
mentén *mn/hat,* along, by the side of ‖ *végig a folyó ~:* along the river
mentés *fn,* life-saving, rescue, salvage, recovery, *bridzsben* overbid, sacrifice, flag-flying
mentes *mn,* free / exempt from, devoid of proof against
mentesítés *fn,* exemption, release, exoneration
mentesülés *fn,* dispension
mentő *fn,* 1. *átv* rescuer 2. *orv* ambulance ‖ *hívja a ~ket:* call the ambulance / emergency
mentő *mn,* life-saving, rescue-, rescuing ‖ *~ körülmény:* extenuating circumstance
mentőápoló *fn,* ambulance man / ward
mentőcsónak *fn,* lifeboat, safety boat
mentőosztag *fn,* rescue party
mentség *fn,* excuse, plea, justification ‖ *jó ~et ad:* give a good excuse ‖ *ez csak ~:* this is just a plea
mentsvár *fn,* retreat, resource
menüett *fn,* minuet
menyasszony *fn,* fiancée, bride-elect
menyegző *fn,* wedding, nuptials
menyegzői *mn,* wedding-, nuptial, bridal
menyét *fn,* weasel
mennybemenetel *fn,* ascension, assumption
mennyei *mn,* heavenly, celestial, paradisiacal
mennyezet *fn,* ceiling ‖ *a ~ről lóg:* hang from the ceiling
mennyiség *fn,* quantity, mass, deal ‖ *ismeretlen ~:* unknown quantity ‖ *nagy ~:* big quantity

mennyország *fn,* 1. heaven 2. *átv* paradise, happiness, bliss ‖ *hetedik ~:* seventh heaven ‖ *a ~ nyílt meg:* heaven opened
mér *i,* 1. measure, weigh, proportion, titrage, gauge, survey 2. *ital* retail, draw 3. *időt* clock ‖ *ki~:* measure out ‖ *~legeli a szavait:* measure one's words ‖ *fel~:* measure up ‖ *meg~i a magasságát:* measure sy's height
mer *i,* dare, make bold, venture ‖ *vmit meg ~ tenni:* dare to do sg ‖ *hogy ~ted?:* how did you dare?
méreg *fn,* 1. poison, drug, venom, toxin, virus 2. *átv* anger, rage, venom, virulence ‖ *~be jön:* get into a rage ‖ *~be hoz:* make sy angry
méreganyag *fn,* toxin, poisonous substance
mereng *i,* muse, brood, meditate
merengő *mn,* musing, meditative, pensive
merényel *i,* make a criminal attempt, assassinate
merénylet *fn,* criminal/murderous attempt, attack, assassination
merénylő *fn,* assailant, assassin
mérés *fn,* 1. measuring, measurement, scaling, mensuration 2. *föld* surveying, gauging, cubage, weighing, metering
merész *mn,* bold, daring, audacious
merészség *fn,* daring, audacity, boldness, hardiness, valiance
méret *fn,* 1. measurement, dimension, size 2. *csőé/fegyveré* calibre, bore
méretrajz *fn,* scale drawing
merev *mn,* stiff, rigid, solid, stubborn, numb, fixed
merevedés *fn,* 1. *ált* stiffening 2. *orv*

catalepsy, *halálban* rigormortis **3.** *pénisz* tumescence, erection

merevítő *fn,* stay, prop, brace

merevség *fn,* **1.** *ált* stiffness, rigidity, rigour **2.** *tekintet* steadiness, stoniness **3.** *átv* inflexibility, setness, severity

mérföld *fn,* mile ‖ *~ekre előre lát:* foresee for miles

mérföldkő *fn,* milestone *átv is*

mérges *mn,* **1.** *áll* poisonous, venomous **2.** toxic **3.** *lobbanékony* choleric, hot-tempered **4.** *dühös* angry, fuming

mérgesgomba *fn,* toadstool

mérgez *i,* **1.** *méreggel* poison, envenom **2.** *átv* taint

mérgezés *fn,* poisoning

mérgező *mn,* = **mérges**

mérhetetlen *mn,* **1.** immeasureable **2.** *átv* measureless, immense, vast, huge

mérhetetlenség *fn,* immeasurability, hugeness, vastitude

mérhetetlenül *hat,* vastly, hugely, immensely

merít *i,* dip, plunge, immerse, *vmiből* draw from, ladle, scoop, bale, bail, *átv* fetch, take, extract, borrow, derive

merítőkanál *fn,* scoop, ladle

Mérleg *fn, csill* the Balance / Libra / Scales

mérleg *fn,* **1.** pair of scales, balance **2.** *ker* schedule, balance-sheet **3.** the Balance / Libra / Scales ‖ *pénzügyi ~:* balance-sheet

mérlegcsésze *fn,* scale-pan, balance pan

mérlegel *i,* **1.** weigh, balance, heft **2.** *kérdést* consider, turn over in one's mind, ponder over ‖ *~i az esélyeket:* consider the chances

mérlegelés *fn,* **1.** weighing, balancing, **2.** *átv* examination, deliberation, consideration ‖ *alapos ~ után:* after careful deliberation

mérnök *fn,* engineer

mérnökség *fn,* engineering ‖ *villamos~:* electrical engineering ‖ *gépész~:* mechanical engineering

mérőbázis *fn,* measuring base

mérőóra *fn,* meter ‖ *parkoló~:* parking meter

mérsékel *i,* **1.** moderate, slacken, remit, mitigate, temper, subdue **2.** *átv* soft-pedal, subdue **3.** *árat* reduce, abate ‖ *~li magát:* moderate oneself

mérsékelt *mn,* temperate, mild, moderate, sober, reasonable

mérsékelten *hat,* moderately

mérséklet *fn,* moderation, temperateness ‖ *~tel tesz vmit:* do sg with moderation

mert *kötőszó,* because ‖ *azért, ~:* just because

mértan *fn,* geometry

mértani *mn,* geometrical

mérték *fn,* **1.** measurement, degree, standard, quantity, gauge, scale, mark, level **2.** proportion, restraint ‖ *nagy~ben:* to a high pitch ‖ *tudja a ~et:* keep within bounds ‖ *~et vesz:* take sy's measurement ‖ *bizonyos ~ben:* in a certain measure

mérték utáni *mn,* made to measure

mértékentúli *mn,* overmeasured

mértékes *mn,* **1.** *vers* metrical, cadenced **2.** *üveg* graduated

mértékhitelesítő *fn,* inspector of weights and measures

mértékletes *mn,* **1.** *személy* temperate,

abstemious, sober, continent, austere 2. *étkezés* frugal, moderate
merül *i*, 1. *vízbe* dip, dive, submerge 2. *álomba* fall asleep, *részletekbe* go into details
mese *fn*, 1. tale, fable, apologue 2. *kitalálás* story, yarn, fabrication, fiction ‖ *~beszéd/dajka~:* old wives' tale, rubbish ‖ *be~él:* spin a yarn ‖ *~ét mond:* tell a tale ‖ *Canterbury ~k:* Tales of Canterbury ‖ *tündér~:* fairy tale
mesebeli *mn,* out of a fairy tale, legendary, fictitious, fabled, fabulous
mesél *i*, 1. tell a tale, narrate 2. *elbeszél* tell, relate, recount 3. *hazudik* tell a tale, spin a yarn
mesélő *fn,* story-teller, tale-teller, fabulist
mesemondó *fn,* = **mesélő**
mesés *mn,* = **mesebeli**
mester *fn,* 1. master, craftsman, worksman 2. *műv és átv* master, *zene* maestro, virtuoso 3. *tanító* schoolmaster
mesterség *fn,* trade, profession, craft, occupation
mesterfogás *fn,* master stroke
mestergerenda *fn,* summer tree, principal, binder, crossbeam
mesterkedés *fn, pejor* machination, plot, intrigue
mesterkedik *i, átv* scheme, plot, machinate, manoeuvre
mesterkedő *mn,* scheming, manoeuvring, plotting
mesterkéletlen *mn,* natural, artless, simple, unfeigned
mesterkélt *mn,* 1. *személy* affected, sophisticated, forced, studied 2. *műv* contrived, mannered, stilted 3. *hamis* factitious, artificial
mesterséges *mn,* 1. artificial, synthetical 2. *tettetett* factitious ‖ *~ intelligencia:* artificial intelligence ‖ *~ légzés:* artificial breathing
mész *fn,* lime, whitening
mészégető-kemence *fn,* lime-kiln
meszes *mn,* 1. limy, lime-chalky 2. *orv* sclerosed, sclerotic
meszesedés *fn,* calcification
meszesedik *i,* calcify
meszesedő *mn,* sclerotic
mészkő *fn,* lime stone, Bath stone, freestone
messze *mn,* far off/away, remote, distant
messze *hat,* 1. far 2. by far ‖ *~ megy:* go far ‖ *túl ~ megy:* go too far ‖ *~eső:* remote
messzebb *mn,* farther, further ‖ *nem mehetek ~re:* I cannot go further
messzehangzó *mn,* far-sounding
messzenyúló *mn,* wide, far-spreading
metafizika *fn,* metaphysics
metán *fn,* metane
metél *i,* cut up, mince, chop
metélőhagyma *fn, növ* chives
metélttészta *fn,* vermicelli, noodles
métely *fn,* 1. *áll* fluke-worm, the rot (in sheep) 2. *átv* corruption, taint, defilement
meteor *fn,* meteor, fire ball
meteorológia *fn,* meteorology, weatherology
meteorológus *fn,* meteorologist
méter- *mn,* metre-, meter-
metil *fn,* methyl
metilezett *mn,* methylated

metró *fn*, underground (railway), *GB* the tube, *US* subway

metsz *i*, **1.** cut, slit, slash, facet **2.** *fát* prune, *szőlőt* dress (wine) **3.** *műv fába stb.* engrave on, *réz* etch, *kőbe* incise **4.** *mértan* cut, intersect, cross

metszés *fn*, **1.** cutting, pruning **2.** engraving, incision **3.** intersection, crossing **4.** *könyv* tool

metszéspont *fn*, point of intersection / concurrence

metszet *fn*, **1.** segment, cut **2.** *mért orv* section, *mikr* excision **3.** *művészi* engraving, print **4.** *vers* caesure

metszeti *mn*, segmental

metsző *mn*, **1.** cutting, piercing **2.** *hang* shrill, *átv* trenchant

metszővonal *fn*, secant

mez *fn, sp* dress, *rég* garb, guise

mézesmázos *mn*, honeyed, soapy, sugary, bland

mezítláb *hat*, bare-foot(ed)

mezítlábas *mn*, barefooted, unshoed, shoeless

mező *fn*, **1.** field, patch, strip **2.** *átv* field, domain, range **3.** *sakkban* square **4.** *fiz* field ‖ *csata~:* battlefield ‖ *kukorica~:* cornfield ‖ *futball~:* football field ‖ *szén~:* coalfield ‖ *mágneses ~:* magnetic field

mezőgazda *fn*, farmer, agriculturist, agronomist

mezőgazdaság *fn*, **1.** agriculture, husbandry, rural economy **2.** *üzem* farm

mezőgazdasági *mn*, **1.** agricultural, rural, agrarian ‖ *~ mérnök:* rural economist ‖ *~ gép:* farm machinery ‖ *~ termelés/termék:* agricultural production / product

mezőgazdaság-tudomány *fn*, agronomy, agronomics

meztelen *mn*, **1.** naked, nude, unclothed **2.** *átv* blunt, naked, bare ‖ *a ~ igazság:* naked truth ‖ *~ penge:* bare sword ‖ *anyaszült ~:* completely undressed

mezzoszoprán *fn*, mezzo-soprano

mezsgye *fn*, ridge, baulk, boundary, border

mi *kérdőszó/névm*, what ‖ **megmondom, ~:** I'll tell you what ‖ **tudja, ~:** know what? ‖ *~csoda?:* what on earth? ‖ *~nek?:* what for? ‖ *~nek hívod?:* what do you call it? ‖ *~vel?:* what with? ‖ *~ van veled?:* what is wrong with you? what about you?

mi *névm*, we

miatt *névutó*, because of

miaú! *hangut.szó*, meaw!, miaow!

mielőtt *hat*, before, ere

miénk *névm*, our, ours

miért *kérdőszó*, why, what for ‖ *~ek és hogyanok:* the whies and wherefores ‖ *~ ne?:* why not?

mihaszna *fn*, good-for-nothing, idler, waster, *gyerek* little urchin / imp

mihaszna *mn*, good-for-nothing, idle

mikor *kötőszó/hat*, when ‖ *~tól?:* since when?

mikro- *mn*, micro-

mikroba *fn*, microbe, germ

mikrobiológia *fn*, microbiology

mikrocsip *fn*, microchip

mikrofilm *fn*, microfilm

mikrofon *fn*, microphone

mikrohullám *fn*, microwave

mikrohullámú *mn*, microwave- ‖ *~ sütő:* microwave oven

mikrosebészet *fn*, microsurgery
mikroszkóp *fn*, microscope
mikroszkopikus *mn*, microscopical
militarista *fn*, militarist
milliárd *számn*, billion, *ritk* milliard
milliméter *fn*, millimetre
millió *fn*, million || *egy a ~ból:* one in a million
milliomos *fn*, millionaire
minaret *fn*, minaret
mindannyian *névm*, everyone, all of us
mindazonáltal *hat*, however
mindegyik *számn*, each
minden képzeletet felülmúló *mn*, paramount
minden *fn*, all, everything, anything || *~ki más:* everyone else || *~t egybevéve:* all in all || *~ rendben:* all right || *csaknem ~:* almost every || *~féle:* all sorts of || *az ördögbe ~nel!:* damn it all
minden *mn*, every, all of it || *~ egyes:* each || *mindegyikük:* all of them || *~ darab 10 penny:* 10 penny each || *~nap:* every day || *~ öt percben:* every five minutes || *~ vágya:* only wish is || *~tudó:* omniscient
mindenevő *mn*, onmivorous, *orv* pantophagous, polyphagous
mindenhol *hat*, everywhere
mindenki *fn*, everybody, everyone
mindennap *hat*, every day
mindennapi *mn*, everyday-, daily, routine || *~ újság:* daily paper || *~ dolgok:* routine job
mindenütt *hat*, everywhere, on every side, far and wide
mindenütt jelenvaló *mn*, omnipresent, ubiquitous

mindig *hat*, always, all the time, *irod* all along, ever since
mindinkább *hat*, more and more, incessantly
mindkét *mn*, both (of)
miniatűr *fn/mn*, miniature
minimális *mn*, minimal, minimum
miniszter *fn*, Minister, Cabinet member, Secretary of State || *földművelésügyi ~:* Minister for Agriculture || *pénzügy~:* Minister of Finance
miniszterelnök *fn*, Prime Minister, Premier, *US* President
miniszteri *mn*, ministerial
minisztérium *fn*, ministry, cabinet, *ritk* bureau, department || *Nevelésügyi ~:* Ministry of Education
minőség *fn*, quality, class, kind, grade || *elsőrendű ~ű:* fisrt class || *a ~ fontosabb, mint a mennyiség:* aim at quality rather than quantity || *~i termékek:* quality products || *~vizsgálat:* quality control
minőségi *mn*, qualitative, of quality
minősítő *mn*, qualificative, qualificatory, qualifying
mint *kötőszó*, 1. *vkiként* as, qua 2. *vmi/vkinél* than, like || *úgy~:* namely, such as || *világos, ~ a nap:* clear as the sun || *~ha:* as if || *a~ volt:* as it was || *annyi, ~:* that is to say
minta *fn*, 1. sample, 2. model 3. pattern, design 4. *szabvány* standard form || *az általános ~át követi:* follow the normal standard
mintaelem *fn*, motif
mintakészítő *fn*, modeller, model-maker
mintapéldány *fn*, specimen, exemplar

mintavevő *fn,* sampler
mintázás *fn,* modelling, sampling
mintázott *mn,* figured
minthogy *kötőszó,* as, since, seeing that, for, insomuch / inasmuch as
mióta *hat,* since
mirigy *fn,* gland, gonad, glandular
mirigy- *mn,* glandular, endocrine ‖ **~ láz:** glandular fever
mirrha *fn,* myrrh
mirtusz *fn,* myrth
mise *fn,* mass, service ‖ **~ét mond:** recite mass
miután *kötőszó,* after (having), when
mixer *fn,* mixer
mocsár *fn,* **1.** marsh, swamp, morass **2.** *átv* gutter, sink, morass
mocsaras *mn,* marshy, morassic, swampy
mocskol *i,* abuse, berate, revile
mód *fn,* **1.** mode, fashion, way, method, procedure **2.** *mérték* measure **3.** *nyelvt* mood **4.** *képesség* power **5.** *anyagi* means, resources ‖ *a maga ~ján:* in his own way
modell *fn,* **1.** model, prototype **2.** *fotó/festő* sitter, model ‖ **épület~:** mock-up building ‖ **fotó~:** photomodel
modellkészítés *fn,* modelling
modell- *mn,* model-
modern *mn,* modern, up-to-date, recent
modor *fn,* **1.** *viselkedés* manners, behaviour, deportment **2.** *stílus* manner, style ‖ *jó/rossz ~ú:* with / without manners ‖ *elfeledkezik a jó~ról:* forget manners
modortalan *mn,* ill-mannered, mannerless, boorish
modortalanság *fn,* unmannerliness, boorishness, discourtesy

módosít *i,* **1.** modify, alter, change **2.** *helyesbít* rectify, amend **3.** *zene* inflect, flatten, sharpen ‖ **~ja az útvonalat:** modify the route
módosítás *fn,* modification, amendment
módosító *mn,* modifying, altering, amending
módosul *i,* alter, be altered/modified, change
módosulás *fn,* modification, change
módszer *fn,* method, procedure, system ‖ *ismer egy jó ~t:* know a good method
módszeres *mn,* regular, methodical, systematical
mogorva *mn,* peevish, surly, sullen ‖ **~án néz:** look sullen
mogorvaság *fn,* sullenness, peevishness, crossness
mogul *fn,* Mog(h)ul
mogyoró *fn,* hazel, *mag* hazelnut, filbert
mohairszövet *fn,* angora cloth, mohair
mohamedán *fn/mn,* Mohamedan
mohó *mn,* eager, greedy, voracious
mohón *hat,* eagerly, greedily
mókamester *fn,* joker
mókás *mn,* witty, droll, funny, joky
mókus *fn,* squirrel
molekula *fn,* molecule
molekuláris *mn,* molecular
molnár *fn,* miller
molnárka *fn,* water-skipper
móló *fn,* mole, pier, jetty, breakwater
moly *fn,* moth
molyirtó *fn,* moth-killer
molyrágta *mn,* moth-eaten
monarchista *fn,* monarchist
mond *i,* say, tell ‖ *nem ~ sokat:* does not say too much ‖ *van vmi ~anivalója:*

monda 364

has sg to say ‖ *nem ~hatnám:* I would not say so ‖ *nincs mit ~anom:* I have nothing to say ‖ *mit ~asz?:* what do you say? ‖ *ahogy ~ják:* as it is said
monda *fn,* legend, saga, myth
mondabeli *mn,* mythical
mondakör *fn,* legendary cycle, mythology
mondanivaló *fn,* say, story, sg to say / tell ‖ *van vmi ~ja:* have sg to say / tell
mondás *fn,* saying
mondat *fn,* sentence, period
mondati *mn,* periodical
mondattan *fn,* syntax
mondattani *mn,* syntactical
mongol *mn,* Mongol, Mongolic
mongúz *fn,* mungoose
monitor *fn,* river-gun-boat, *TV* monitor
mono *elölj,* mono-
monográfia *fn,* monography
monolit *fn,* monolyth
monológ *fn,* monologue
mór *mn,* Moorish
morcos *mn,* = **mogorva**
mord *mn,* = **mogorva**
morfium *fn,* morphia, morphine
morfológia *fn,* morphology
morgás *fn,* growling, snarling, *ember* muttering, grumbling
mormog *i,* mumble, mutter, gurgle
mormogás *fn,* mumbling, mutter, *gép* hum, zoom
mormol *i,* murmur, mumble, mutter
mormon *mn,* Mormon, Latter-day Saint
morog *i,* **1.** *áll* growl, snarl **2.** murmur, grumble, grundge
morzejel *fn,* Morse signal
morzsa *fn,* breadcrumb, *átv* morsel, but, crumb ‖ *kenyér~:* breadcrumb
morzsol *i,* crumble, *kukorica* shell ‖ *porrá ~:* grind
mos *i,* wash ‖ *ki~:* wash out ‖ *le~:* wash up ‖ *~sa kezeit:* wash one's hands
mosás *fn,* washing, wash ‖ *nagy~:* washing day, wash-day
mosdó *fn,* **1.** lavatory-basin **2.** *hely* lavatory
mosdófülke *fn,* wash-basin alcove
mosdókagyló *fn,* lavatory-basin
mosható *mn,* washable
moslék *fn,* swill(ings), offal, *átv* dish-wash
mosó *mn,* wahsing, wash- ‖ *~gép:* washing machine ‖ *~nő:* laundress, washwoman
mosoda *fn,* laundry, washery, launderette ‖ *~ban mosatja a ruháit:* send clothes to the laundry
mosogat *i,* do the washing-up ‖ *el~:* wash the dishes
mosogató *fn,* sink
mosogatógép *fn,* dishwasher
mosogatófülke *fn,* scullery
mosogatólé *fn,* dish-wash, hog-wash
mosogatórongy *fn,* dishmop
mosoly *fn,* smile
mosolyog *i,* smile
mosómedve *fn,* racoon
mosószer *fn,* washing powder
most *hat,* now ‖ *ahogy ~ is:* same as now ‖ *csak ~ az egyszer:* just this once ‖ *~ vagy soha:* now or never
mostanság *hat,* nowadays
mostohaszülők *fn,* step-parents
moszat *fn,* alga, wrack, seaweed
Moszkva *fn,* Moscow
motel *fn,* motel

motolla *fn,* reel
motor *fn,* 1. *gép* motor, engine 2. *mozgalom* prime mover
motorcsónak *fn,* speed-boat
motorkerékpár *fn,* motorcycle
motoros *fn,* rider, motorist
motoszkál *i,* fumble / grope about, rummage
motring *fn,* skein of yarn
motyog *i,* mutter, mumble
motyogás *fn,* mutter, mumble
mozaik *fn,* mosaic, tessellation
mozdulat *fn,* move, motion || *fej~:* move of the head || *egyetlen ~tal:* with a flick
mozdulatlan *mn,* motionless, still, unmoved
mozgalom *fn,* movement, activity, campaign || *béke~:* peace movement
mozgásművészet *fn,* eurythmy, eurythmycs
mozgástér *fn,* play, margin, scope
mozgat *i,* 1. move, agitate, stir 2. *műsz* operate, actuate, drive, propel || *meg~eget-földet:* does not let / leave a stone unmoved
mozgatható *mn,* movable, portable, mobile
mozgató *fn,* mover
mozgékony *mn,* mobile, agile, motile, lively, nimble
mozgékonyság *fn,* agility, nimbleness, mobility
mozgó *mn,* mobile, movable, sliding || *~vagyon:* mobile property
mozgólépcső *fn,* escalator || *lemegy a ~n:* go down on the escalator
mozgósít *i,* mobilize, liberate, liquidate || *~ vmi ellen:* level against

mozi *fn,* cinema, movie, picture(s)|| *~ba megy:* go to the cinema || *~ban lát:* see in the cinema
mozifilm *fn,* movie, motion picture
mozog *fn,* 1. move, stir, budge 2. *szerk* work, go, run 3. *pályán* travel 4. *fog* be loose || *körbe~:* move round || *ne ~j!:* do not move!
mozsár *fn,* mortar
mozsártörő *fn,* pounder, pestle, millar
mögött *névutó,* behind
mulandó *mn,* fleeting, short-lived, transitory, transient
múlás *fn,* passing, flow || *az idő ~a:* flight of time
mulaszt *i,* 1. miss, skip, fail 2. *isk* be absent
mulat *i,* make merry, pass time, *dorbézol* make whoopee, be amused
mulatozás *fn,* amusement, whoopee
mulatság *fn,* amazement, fun, entertainment || *~ból csinálja:* make fun of it || *~ kedvéért:* for the sake of fun
mulatságos *mn,* amusing, entertaining, funny, droll, mirthful
mulatságosan *hat,* amazingly
mulatt *fn/mn,* mulatto
mulattat *i,* amuse, entertain, divert || *~ja magát:* amuse oneself || *a történeteivel ~ott minket:* he/she entertained us with his/her stories || *~ja a társaságot:* entertain the company
mullszövet *fn,* fine muslin, mull
múlik *i,* 1. *idő* pass, elapse 2. *fájd* stop, subside 3. *vkin/vmin* depend on, be up to
múló *mn,* passing, fleeting, momentary
multimilliomos *fn,* multimillionaire

múlt *fn,* past
múlva *névutó,* **1.** *jövőben* hence, in **2.** after
múmia *fn,* mummy
mumifikál *i,* mummify
mumifikálás *fn,* mummification
mumpsz *fn,* mumps, *orv* parotitis ‖ *~a van:* have mumps
munka *fn,* **1.** work, labour **2.** *feladat* task **3.** *erőfesz* toil, effort **4.** *munkahely* job **5.** *mű* work ‖ *a ~ ünnepe:* Labour Day ‖ *holt ~:* dead work ‖ *felhalmozott ~:* piled-up labour ‖ *~tábor:* labour camp ‖ *~viszony:* employment ‖ *~költség:* labour costs ‖ *egész napi ~:* daily grind ‖ *~ban:* on the job ‖ *van egy kis ~ja:* have some work to do ‖ *~hoz kezd:* start to work
munka- *mn,* labour-
munkaadó *fn,* employer
munkacsoport *fn,* work-group, team
munkadarab *fn,* job, piece of work
munkaegység *fn,* unit of work, norm, work unit
munkaerő *fn,* manpower, workmen
munkaerőhiány *fn,* manpower shortage
munkafelügyelő *fn,* foreman, timekeeper, taskmaster
munkahely *fn,* working palce, working site, office ‖ *jó a ~e:* his office is good
munkaigényes *mn,* laboursome
munkaképes *mn,* able to work
munkakerülés *fn,* **1.** work-shyness, truancy **2.** vagrancy
munkakerülő *mn,* **1.** work-shy, truant **2.** vagrant
munkakímélő *mn,* labour-saving ‖ *~ eszközök:* labour-saving devices

munkakör *fn,* sphere, province, scope of activity
munkaközvetítő *fn,* employment agency, *hiv* Labour Exchange
munkalassítás *fn,* slow-down
munkamániás *mn,* workaholic
munkanap *fn,* workday
munkanélküli *fn/mn,* unemployed ‖ *~ iroda:* = **munkaközvetítő**
munkanélküliség *fn,* unemployment
munkás *fn,* worker, workman, labourer
munkás- *mn,* worker-, labourer-
Munkáspárt *fn,* Labour Party
munkásruha *fn,* work-clothing, overalls
munkásság *fn,* workmanship
munkaszünet *fn,* pause of work, cessation of work
munkatárs *fn,* workmate, colleague
munkavezető *fn,* headman, foreman/-woman, ganger
must *fn,* must, grape-juice
mustár *fn, növ/fűszer* mustard ‖ *erős, mint a ~:* strong as mustard
muszáj *i,* must, be obliged to ‖ *~ megtennie:* have to do it
muszáj *fn,* necessity, compulsion, must ‖ *~ból:* under pressure
muszlim *fn/mn,* Moslim
muszlin *fn,* muslin, mull
mutáns *fn/mn,* mutant
mutat *i,* **1.** show, present, display **2.** *érzést* express, manifest, reveal **3.** *színlel* feign, pretend ‖ *fel~:* show up ‖ *rá~:* point out/to ‖ *példát ~:* set an example
mutató *fn,* **1.** *gépen* indicator, needle, *órán* hand **2.** *szám* index **3.** *minta* sample ‖ *~ujj:* forefinger
mutatós *mn,* showy, gaudy, good-looking

mutatószám *fn*, index-number
mutatvány *fn*, spectacle, exhibition, stunt, feat
mutatványosbódé *fn*, sideshow
mutogatás *fn*, parade, showing-off
muzeológia *fn*, museology
muzeológiai *mn*, museological
muzeológus *fn*, museologist
múzeum *fn*, museum ‖ *~i darab:* out-of-date piece
Múzsa *fn*, Muse
mű- *mn*, 1. artificial, synthetical 2. feigned, imitated, studied ‖ *~hold:* satellite ‖ *~fogsor:* denture ‖ *~vi terhesség:* artificial insemination ‖ *~vese:* artificial kidney ‖ *~trágya:* plant food
műanyag *mn/fn*, plastic ‖ *~ból van:* made of plastic ‖ *~szatyor:* plastic bag
műbútorasztalos *fn*, cabinet-maker
műértés *fn*, connoisseurship
műértő *fn*, connoisseur, art expert
műfaj *fn*, artistic form, genre
műhely *fn*, workshop, workroom
műhold *fn*, satellite
műkedvelés *fn*, amateurism, dilettantism
műkedvelő *fn*, amateur, dilettante
műkorcsolyázás *fn*, figure-skating
műkorcsolyázó *fn*, figure skater
működés *fn*, operation, function, working, running ‖ *~be lendül:* get working
működik *i*, work, run, function, operate‖ *vkiként ~:* work as ‖ *szakértőként ~:* work as an expert ‖ *együtt~:* collaborate
működési *mn*, operational, functional, testimonial ‖ *~ költségek:* operational costs ‖ *~ haszon:* functional profit ‖ *~ rendszer:* functional system

München *fn*, Munich
műrepülés *fn*, fancy / stunt-flying, aerobatics
műrepülő *fn*, exhibition flier
műrepülő- *mn*, aerobatical
műselyem *fn*, rayon, art silk
műsor *fn*, programme, program ‖ *~on:* now playing
műszak *fn*, shift, turn
műszaki *mn*, technical ‖ *~ feltételek:* technical conditions ‖ *~ nyelven:* in technical language
műszakilag *hat*, technically
műszer *fn*, 1. *szerszám* implement, tool 2. *orv* instrument 3. *gép* apparatus, device, appliance, gadget
műszerész *fn*, mechanician, technician
műtárgy *fn*, work of art, object of art
műterem *fn*, studio, atelier
műtét *fn*, operation
műtéti *mn*, operational
mütyürke *fn*, frippery, gewgaw, knick-knack
művel *i*, 1. *tesz* do, act 2. *földet* cultivate, farm, till 3. *tudományt* study, practise 4. *vkit* educate, polish, refine
műveletlen *mn*, uneducted, uncultured, unaccomplished, *terület* untilled, fallow, *nép* uncivilized, barbarian
művelődik *i*, improve one's manners, become refined, *nép* become civilized
művelt *mn*, cultured, educated, lettered, accomplished ‖ *magasan ~:* highly educated ‖ *fél~:* half-educated ‖ *~ vendég:* cultured guest
műveltség *fn*, 1. *ember* erudition, education, cultivation, accomplishment, learning 2. *nép* culture, civilization ‖

műveltségi

~*et ad:* give accomplishment ‖ ~*et szerez: tanulással* learn
műveltségi *mn,* of culture, cultural
művész *fn,* artist
művészet *fn,* art ‖ ~*i diploma:* degree of art ‖ ~*i osztály:* art class ‖ ~*történész:* art historian
művészi *mn,* artistic, art
művésznév *fn,* stage-name, *írói* pen-name
művezető *fn,* foreman, works manager
müzli *fn,* muesli

N

na *ind.szó*, **1.** *biztatóan* go on! **2.** *kérd.* well? ‖ ~ *és?:* so what? ‖ ~ *mi van?:* what's up? ‖ ~ *nem baj!:* well, it doesn't matter! ‖ *~végre!:* at (long) last!
náci *fn/mn*, nazi
nácizmus *fn*, Nazism ‖ *~barát:* pro-Nazi
nád *fn*, **1.** reed, *bambusz/cukornád* cane **2.** *zene* reed ‖ *~szék:* reedchair ‖ *~cukor:* cane sugar
nadrág *fn*, **1.** *hosszú* a pair of trousers, trousers, *US* pants; *könnyebb* slacks, pair of slacks **2.** *női alsó* briefs, panties, knickers, pants ‖ *~on billent:* kick sy in the pants ‖ *ő viseli a ~ot:* wear the trousers ‖ *~pelenka:* nappy, "Smarty Pants" ‖ *~kosztüm:* trouser suit ‖ *~szíj:* belt
nadrágpelenka *fn*, nappy
nadrágszíj *fn*, waist-belt ‖ *~parcella* shoelace-patch ‖ *összehúzza a ~at konkr/átv* tighten one's belt
nadrágtartó *fn*, braces, *US* suspenders
nagy- *elölj*, grand
nagy *mn*, **1.** *méret/menny* big, large; *magas* tall **2.** *erkölcsileg* great, grand ‖ *~ Sándor:* Alexander the Great ‖

~stílűen: in grand style ‖ *~totál:* grand total
nagyanya *fn*, grandmother
nagyapa *fn*, grandfather
nagyarányú *mn*, large-scale, vast
nagybácsi *fn*, uncle, *szülőké* great-uncle, granduncle
nagybetű *fn*, **1.** capital, *biz* caps **2.** *méretben* large characters, large type ‖ *~vel írott:* written in capitals
nagybetűs *mn*, **1.** *kezdőbetű* capitalized, written in capital letters **2.** *méretben* printed in large types
nagybirtok *fn*, large estate, latifundium
nagybőgő *fn*, double bass
nagyböjt *fn*, Lent
Nagy-Britannia *fn*, Great-Britain
nagydob *fn*, bass drum
nagyfeszültség *fn*, high tension/voltage
nagyfeszültségű *mn*, high-tension/voltage ‖ *~ távvezeték* high-voltage trunk line
nagyfőnök *fn*, mobster, big boss
nagyhajú *mn*, big-haired
nagyít *i*, **1.** *fényk* enlarge, blow up; *opt* madnify **2.** *túloz* exaggerate, magnify ‖ *fotót ~:* blow up the photo

nagyítás *fn*, **1.** *fényk* enlargement, *opt* magnifying **2.** *nagy kép* enlargement, blow-up **3.** *túlzás* exaggeration, magnification
nagyító *fn*, **1.** *üveg* magnifying glass, magnifier, reading glass **2.** *gép* enlarger
nagykendő *fn*, shawl
nagyképű *mn*, bumptious, pompous, self-important
nagykereskedelem *fn*, wholesale trade
nagykereskedő *fn*, wholesaler
nagykorú *mn*, major, of full age ‖ **~ lesz** come of age
nagykorúság *fn*, major, of age ‖ **eléri a ~ot:** come of age, reach one's majority
nagykövet *fn*, ambassador
nagykövetség *fn*, **1.** *tiszt* ambassadorship **2.** *hely* embassy
nagylelkű *mn*, generous, magnanimous, kindhearted
nagylelkűség *fn*, generosity, magnanimity
nagymami *fn*, granny
nagymenő *mn/fn*, top, ace
nagyméretű *mn*, large-sized, large-scale, of great size
nagymértékű *mn*, considerable, substantial, extensive, large-scale
nagymosás *fn*, washing-day, washy-day
nagynéni *fn*, aunt, great-aunt, grand-aunt
nagyobb *mn*, bigger, greater, grander ‖ **~ utak:** main streets
nagyon *hat*, **1.** very, most, highly, *meglehetősen* quite **2.** *ige* very much **3.** **~is:** very much so ‖ **~ valószínű:** very likely
nagyothall *i*, be hard of hearing
nagyothalló *fn*, hard of hearing, partly deaf
nagypapi *fn*, granddaddy

nagyrabecsül *i*, esteem, appreciate, consider, respect, regard
nagyrabecsülés *fn*, high esteem, appreciation, respect ‖ **~em jeléül:** as a token of my esteem
nagyrabecsült *mn*, respected, esteemed, appreciated
nagyratörő *mn*, ambitious, high-flying
nagyravágyás *mn*, ambition
nagyság *fn*, **1.** *ált* bigness, largeness; *fok* scale, extent, grade; *mag* height; *kiterjedés* dimension; *menny* volume; *méret*, size, measure, magnitude **2.** *lelki* greatness **3.** *pontosság* significance, dimensions **4.** *személy* notability ‖ **bizonyos ~ú:** of a certain scale ‖ **olyan ~ra, hogy:** for the size, that
nagyszabású *mn*, vast, large-scale, monumental
nagyszájú *mn*, *pejor* loud-mouth, saucy, pert
nagyszájúskodik *i*, be a loud-mouth
nagyszerű *mn*, **1.** grand, magnificent, splendid, wonderful, superb; *biz* great, super **2.** *felkiáltás* splendid!, that's fine!, super!
nagyszombat *fn*, Easter Eve, Holy Saturday
nagyszótár *fn*, comprehensive dictionary
nagyszülők *fn*, grandparents
nagytakarítás *fn*, housecleaning
nagytiszteletű *mn*, reverend
nagyujj *fn*, thumb, *láb* big toe
nagyüzem *fn*, large-scale / mamoth works
nagyvad *fn*, big game
nagyvállalat *fn*, large industrial enterprise / company
nagyváros *fn*, city

nagyvárosi *mn,* city
nagyvilági *mn,* fashionable
nagyvonalú *mn,* **1.** *ember* generous, open-handed, liberal **2.** *terv* grandiose, bold
nagyvonalúan *mn,* generously, *pénzt* handsomely
nagyzási *mn,* ‖ **~ hóbort:** delusions of grandeur
nagyzolás *fn,* showing off, big talk, boasting
nagyzol *i,* show off, swagger, swank
nahát! *indsző,* wow!, well, I never!, come come!, you don't say so!
naiv *mn,* naive, naif, childlike, unsophisticated
-nak, -nek *rag,* **1.** *részeshatározó* to **2.** *birt jelző* of sg, 's **3.** *kell* **János~ el kell mennie:** John has to go **4.** ...**~ tűnik:** looks promising **5.** *vmivé tesz* **elnök~kinevez:** appoint sy sg **6.** *véghat,* **futás~ered:** take to one's heels **7.** *célhat,* **nekifog:** set to sg, set about sg
-nál, -nél *rag,* **1.** *helyhat,* at, by; with; *vkinél van vmi* sy has got on him; *vkinél, vhol dolgozik* works in television **2.** *áll. hat, magá~ van:* be conscious **3.** *időhat,* **ebéd~:** at dinner **4.** *eszk.hat,* by **5.** *fokhat,* than **6.** *helyhat,* **vki~:** at, with
nana! *ind.szó,* not so fast!
naná! *ind.szó,* sure! sure it does!
nap *fn,* **1.** *égitest* sun **2.** *sütés* sunshine **3.** *24 óra* day **4.** ‖ **a ~ alatt:** under the sun ‖ **feljön/lemegy a ~:** sun rises / sets ‖ **~kelte:** sunrise ‖ **~lemente:** sunset ‖ **egész ~:** all day ‖ **~i munka:** day's work ‖ **bármely ~:** any day ‖ **a ~ végén:** at the end of the day ‖ **sötét ~ok:** dark days ‖ **mi~:** recently, lately ‖ **szabad~:** day-off ‖ **~ jainkban:** nowadays
nap- *mn,* solar
napálló *mn,* sunproof
napbarnított *mn,* sunburnt, sunburned, suntanned
napéjegyenlőség *fn,* equinox
napelem *fn,* solareell ‖ **~es:** solar
napellenző *mn,* **1.** *ernyő* sunshade, parsol, *ablak fölött* awning; *ponyva* canopy; *autó* sun-shield / visor **2.** *sapkán* peak, visor
napernyő *fn,* parasol
napfelkelte *fn,* sunrise
napfény *fn,* sunshine
napfogyatkozás *fn,* eclipse of the sun, solar eclipse
napfolt *fn,* sunspot ‖ **~tevékenység:** sunspot activity
napforduló *fn,* solstice
napfürdőzés *fn,* sun-bathing
napfürdőzik *i,* sun-bathe, take a sun bath, bask in the sun
naphosszat *hat,* all day long
napi *mn,* a/the day's, day-, *mindennap* daily, day-today
napidíj *fn,* per diem, daily / travel allowance
napilap *fn,* daily (paper)
napiparancs *fn,* order of the day, general orders
napirend *fn,* agenda, order of the day ‖ **~en van:** appear on agenda
napisajtó *fn,* daily press, the news, the newspapers
napközben *hat,* in the daytime, during the day, by day

napközi *mn*, day-nursery, day-care centre || *~s:* go to the day-care centre
napközpontú *mn*, heliocentric
naplemente *fn*, sunset
napló *fn*, diary, journal || *~t ír/vezet:* keep a diary || *~tétel:* item
naplopó *fn*, idler, lounger, loafer, *biz* lazybones
nap-mint-nap *mn*, day-by-day
napolaj *fn*, suntan oil / lotion
Nápoly *fn*, Naples
nápolyi *mn*, 1. Neapolitan, of Naples 2. *süti* vream slice, wafer biscuit
naponta *fn*, per day, daily, every day
napóra *fn*, sun dial
napos *mn*, 1. *kor* day old 2. *vhány napig tartó* lasting days 3. *személy* on duty
napozik *i*, take a sun-bath
napozó *fn*, 1. sunbather 2. *hely* beach, sun-terrace 3. *ruha* sun-dress, *gyereké* sunsuit
napozóágy *fn*, sunbed
nappal *fn*, daytime || *~i rablás:* daytime robbery || *fényes ~:* in broad daylight
nappali *mn*, day-, of the day || *~ műszak:* day-shift || *~ viselet:* everyday dress
nappalos *fn*, day-shift worker, be on day-shift
napraforgó *fn*, sunflower || *~olaj:* sunflower-seed oil
naprakész *mn*, current, daily
naprendszer *fn*, solar system
napról-napra *fn/hat*, day-by-day
napsugár *fn*, sunbeam
napsütés *fn*, sunshine
napsütötte *mn*, sunlit, sunny
napszám *fn*, 1. day's pay 2. *munka* day labour, daywork

napszámos *fn*, day-labourer / -worker, day-wage man, *US* hired man
napszemüveg *fn*, sunglasses
napszúrás *fn*, sunstroke || *~t kap:* get a touch of sunstroke
naptár *fn*, calendar
naptető *fn*, = napellenző
napvilág *fn*, daylight, sunlight || *~ot lát:* come to light
narancs *fn*, orange || *~jam:* orange marmalade || *~lé:* orange juice || *~fa:* orange-tree || *~héj:* orange-peel || *~ízű:* orange-flavoured || *~sárga:* orange (-coloured) || *~szörp:* orangeade
narancslé *fn*, orange juice, orangeade
narancssárga *mn*, orange-coloured
nárcisz *fn*, narcissus
narkó *fn*, drug, narkotics
narkománia *fn*, drug-habit, drug evil
narkós *mn*, junkie, drug-addict
narkózis *fn*, narcosis
nász *fn*, weeding, marriage, nuptials
naszád *fn*, sloop, cutter
nászajándék *fn*, wedding present
nászéjszaka *fn*, wedding / bridal night
násznagy *fn*, best man
nászút *fn*, honeymoon || *~asok:* newly wedded
nátha *fn*, (common) cold
náthás *mn*, stuffy, having a cold || *~ hang* snuffing voice
NATO *röv* = **Northern Atlantic Treaty Organization** Észak Atlanti Szerződés Szervezete
nátrium *fn*, sodium
naturalista *fn*, naturalist || *mn*, naturalistic
naturista *fn*, naturist, nudist
navigál *i*, navigate

navigátor *fn*, navigátor
ne *hat*, **1.** not **2.** *tiltás* no! don't! ‖ **~ menj el!** don't go!
nebáncsvirág *fn*, **1.** *növ* balsam, touch-me-not, impatiens **2.** *átv* oversensitive person, *biz* shrinking violet, touch-me-not
nebuló *fn*, urchin, schoolboy
nedv *fn*, moisture, fluid; *gyüm/hús* juice; *növ* sap; *testben* (body) fluid
nedvdús *mn*, juicy; *növ* sappy, sapful
nedves *mn*, wet, humid, *kissé* moist, damp, *nagyon* watery, *egészségtelen* dank; *időjárás* wet ‖ **~ festék:** wet paint ‖ **~ takaró:** damp blanket
nedvesít *i*, moisten, dampen, wet
nedvesség *fn*, **1.** *tulajdonság* wetness, humidity, dampness **2.** nedvmoitsure, water
nedvez *i*, **1.** *vmit* damp, moisten, wet **2.** *növény* bleed **3.** *seb* weep, run **4.** *nedvet ereszt* sweat, ooze
negatív *mn*, negative ‖ *fn*, **1.** *fénykép* negative **2.** *öntvényé* mould
néger *fn/mn*, Negro, Black ‖ **~író:** ghost-writer
négy *számn*, four ‖ **~kézláb mászkál:** go all on fours ‖ **~féle:** four sorts of ‖ **~felé:** into four
négybetűs szó *fn*, four-letter word (love)
negyed *fn*, **1.** a quarter (of) **2.** *zene* crotchet, *US* quarter note **3.** *városrész* district, quarter **4.** *sp* period ‖ **~órán belül:** in a quarter of an hour ‖ **egy és ~ mérföld:** one and a quarter miles ‖ **három~ kettő van:** it is quarter to two ‖ **az ipari ~:** industrial disctrict ‖ **a közeli ~ekben:** in the nearest quarters ‖ **~óránként:** every quarter of an hour

negyedel *i*, quarter, split in four
negyedév *fn*, quarter (of a year)
negyedévente *hat*, quarterly ‖ **~ fizet:** pay quarterly
negyedévi *mn*, quarterly
negyedik *számn*, fourth ‖ **~ Béla:** Béla the Fourth
négyes *fn*, **1.** *szám* four **2.** *osztályzat* good **3.** *sp* four(s) **4.** *zene* quartet ‖ **vonós~:** string quartet ‖ **~t kapott:** sy was given a good
négyoldalú *mn*, four-sided
négyszáz *számn*, four hundred
négyszög *fn*, quadrilateral, quadrangle
négyszögű *mn*, quadrangular
negyven *számn*, forty ‖ **a ~es évek:** the forties
négyzet *fn*, **1.** *alak* square **2.** *hatvány* square
négyzetes *mn*, quadratic
néha *hat*, sometimes
néhány *mn*, some, a number of, a few, several ‖ **~ szóban:** in a few words ‖ **csak ~an:** just some / a few of them ‖ **jó egy~:** many
nehéz *mn*, **1.** *súly* heavy **2.** *étel* strong, full bodied **3.** *átv* difficult, hard, tiring, fatiguing, wearisome, labourious; *gond* knotty, intricate ‖ **~ felelősség:** hard responsibility
nehézbúvár *fn*, heavy-diver
nehézbúvárfelszerelés *fn*, heavy-diver equipment
nehezék *fn*, **1.** *mérl* weight **2.** *hajó* ballast
nehezen *hat*, hardly, with difficulties
nehézfejű *mn*, dull, slow
nehézfém *fn*, heavy metal
nehézkedik *i*, lean / weigh on sy/sg

nehézkedik *i*, lean/weigh on sg
nehézkes *mn*, clumsy, cumbrous; *stílus* ponderous, laboured; *átv* difficult
neheztel *i*, be vexed/angry/annoyed with sy for sg, be sore at sy, have spite against sy || **remélem, nem ~ rám** no malice I hope || **~nek rá** she is under a cloud || **nem ~ek rád** no hard feelings
neheztelés *fn*, rancour, resentment, grudge, ill feeling
neheztelő *mn*, grudging
nehézség *fn*, **1.** *súly* heaviness **2.** *átv* difficulty, *tech* hitch, snag, trouble **3.** *fiz* gravity
nehogy *kötőszó*, so that not, lest, so as not to
nekiáll *i*, set about doing sg, settle down sg, take sg in hand
nekibátorodik *i*, take courage/heart, man oneself, rally, pluck up heart, lose fear
nekiesik *i*, **1.** *konkr* fall against, bump against **2.** *vkinek* turn on, attack, assail, go for **3.** *ételnek* set upon, throw oneself upon || **~ az ételnek** attack one's food || **~ a levesnek** he addresses himself to the soup
nekiszegez *i*, point / aim / level at sy || **~i a kérdést:** spring the question on sy
nekitámad *i*, ld **nekiesik 2.**
nekiütközik *i*, bump / knock / hit against sg
nektár *fn*, nectar
nélkül *hat*, without || **vki ~:** without sone || **~e is megteszi:** it will do without sg
nélkülözhető *mn*, superfluous
nem *fn*, **1.** sex **2.** *kat* genous **3.** *fajta* kind, sort || **férfi/női ~:** male / female sex || **~i szervek:** genitals || **gyengébb ~:** the weaker sex

nem is remélt *mn*, non-hoped
nem *hat*, **1.** *egész mondat tagadására* no; *csak igével* not **2.** *összetételben* non-, un-, in- || **~ mondhat ~et:** cannot say no
nem tanácsos *mn*, imprudent
néma *fn/mn*, dump, mute, silent, speechless
némajáték *fn*, pantomime || **~ot játszik:** play a pantomime
nemes *fn*, noble (man / woman)
nemes *mn*, **1.** szárm noble, of noble/gentle birth/descent **2.** *átv* noble, high/noble minded, lofty, generous || **~ szervek**
nemesen *hat*, noble way, nobly, generously
nemesít *i*, **1.** *erkölcsileg* ennoble, refine **2.** *fajtát* improve (by breeding)
nemeslelkű *mn*, finer feeling, noble hearted
nemesség *fn*, **1.** *tört* nobility, **2.** *átv* nobility, nobleness, magnanimity
német *mn*, German
németalföldi *mn*, Flemish, of the Netherlands
Németország *fn*, Germany
nemez *fn*, felt
nemhivatalos *mn*, non-professional, non-qualified || **~ képzés:** non-qualified course
nemi *mn*, sexual || **~ betegség:** sexual disease || **~ lélektan:** sexual psychology
nemileg *hat*, sexually
nemiség *fn*, sexuality
nemiszerv *fn*, genitals
nemkívánatos *mn*, undesirable
nemkívánt *mn*, undesired
nemleges *mn*, negative || **~en:** negatively
nemsokára *hat*, soon,, shortly, presently

nemtelen *mn*, unnoble
nemtetszés *fn*, displeasure, disapproval, dislike
nemtörődöm *mn*, neglectful, negligent
nemtörődömség *fn*, neglect, negligence, nonchalance, carelessness
nemű *mn*, -sexed; kind, sort
nemváltás *fn*, change of sex
nemz *i*, **1.** *ember* beget, father **2.** *állat* sire, get **3.** *átv* give rise to, breed
nemzet *fn*, nation
nemzeti *mn*, national ‖ *~ érzés:* national feeling ‖ *~ himnusz:* national anthem ‖ *~ viselet:* national dress ‖ *~ ünnep:* national celebration ‖ *~ kisebbség:* national celebrity ‖ *~biztonság:* national security
nemzetiség *fn*, **1.** minority **2.** *nemz* nationality ‖ *~i kérdés:* nationality problem
nemzetközi *mn*, international ‖ *~ kereskedelem:* international trade ‖ *~ hívás:* international call
nemzetközösség *fn*, commonwealth
nemzetség *fn*, **1.** *tört* clan, family **2.** *növ* genus
néni *fn*, auntie ‖ *nagy~:* aunt ‖ *Erzsi ~:* aunt Lizzy
neon *fn*, neon ‖ *~fény:* neonlight ‖ *~felirat:* neon sign
nép *fn*, **1.** *közösség* people, folk **2.** *the common people* **3.** *lakosság* the people of ‖ *az én ~em:* my people
népbíróság *fn*, people's tribunal
népes *mn*, populous
népi *mn*, people's, of the people, folk-, folkloric ‖ *~ művészet:* folkart
népies *mn*, **1.** *utánzó* folksy **2.** *paraszti* rustic, popular

népirtás *fn*, genocide
néplázító *mn*, inciting, seditious
népművészet *fn*, folk art
néprajztudós *fn*, etnographer
néprajz *fn*, etnography
néprajzi *mn*, etnographical
népszámlálás *fn*, census ‖ *~t tart:* take a census
népszavazás *fn*, referendum
népszerű *mn*, popular
népszerűség *fn*, popularity
népszerűsít *i*, popularize, make sy popular
néptelen *mn*, underpopulated
nettó *mn*, net ‖ *~ jövedelem:* net income ‖ *~ nyereség:* net profit ‖ *~ súly:* net weight
neutron *fn*, neutron ‖ *~bomba:* neutron bomb
név *fn*, **1.** *ált* name **2.** *hírnév* renown, reputation, name ‖ *tisztázza a ~ét:* clear one's name ‖ *~et visel:* wear a name ‖ *~ezd meg!:* name it! ‖ *~ét adja vmihez:* give sy's name for sg ‖ *vkit a ~én szólít:* call sy name
névadó *fn*, naming, christening
nevel *fn*, **1.** bring up, rear, *US* raise; *oktat* educate **2.** *állatot* rear, breed, *baromfit* raise, keep; *növényt* grow, cultivate ‖ *ki~ vmire:* cultivate sy to sg ‖ *vmin ~kedik:* to be brought up on sg
nevelés *fn*, **1.** upbringing, rearing, *US* raising **2.** *isk* education **3.** *áll* breeding, rearing; *baromfié* raising, keeping, *növ* growing, cultivation
nevelési *mn*, educational
neveletlenkedik *i*, misbehave (oneself)
neveletlenség *fn*, **1.** ill-breeding, churlis-

nevelő

ness, ill-manners **2.** *cselekedet* misbehaviour, bad behaviour
nevelő *fn,* educator
nevelő *mn,* educational, instructive
nevelőintézet *fn,* **1.** *GB* boarding school **2.** *bűnözőké* community home, borstal
nevelőszülő *fn,* foster-parent, adoptive parents
nevelt *fn,* foster
nevet *i,* laugh ‖ *vmin ~:* laugh at ‖ *oldalát fogja, úgy ~:* laughs one's haed off ‖ *meg~tet vkit:* make sy laugh
nevetés *fn,* laughter ‖ *kitör belőle a ~:* burst out laughing
nevető *mn,* laughing
nevetséges *mn,* ridiculous, laughable, funny
nevez *i,* **1.** *vminek* call sy sg; *vmit* call / name /term sy sg; *vkiről* call sg/sy after sg/sy **2.** *sp* enter sy in
nevezetes *mn,* notable, renowned, celebrated, remarkable, noteworthy
nevezett *mn,* called, named, said, abovementioned, aforesaid
nevező *fn,* **1.** denominator **2.** *sp* entrant, competitor
névjegy *fn,* (visiting) card, calling card
névjel *fn,* sign
névleges *mn,* nominal, titular
névmás *fn,* pronoun
névnap *fn,* name-day
névrokon *fn,* namesake
névsor *fn,* list, register, roll
névsorolvasás *fn,* roll-call
névtábla *fn,* name-plate
névtelen *mn,* **1.** *ált* unnamed, nameless, anonymous **2.** *ismeretlen* unknown, nameless

névtelenség *fn,* anonymity
néz *i,* **1.** *vmire* look at sg/sy; *TV-t* watch **2.** look for **3.** *tekint* consider, look on sg **4.** *nyílik* look out on sg, face / front sg ‖ *~zz oda!:* look at there! ‖ *a szemébe ~:* look in the eye of sy ‖ *körül~:* look around ‖ *be/ki~:* look in / out ‖ *meg~:* look on ‖ *fel~:* look up ‖ *le~:* look down ‖ *keresztül~:* look through
nézet *fn,* **1.** *vél* idea, opinion, view **2.** *épít* elevation, view ‖ *~eim szerint:* in my opinion ‖ *világ~:* ideology
nézetazonosság *fn,* identity of views
néző *fn,* on-looker, spectator, *adásé* viewer, audience
nézőpont *fn,* point of view
nézőtér *fn,* auditorium
NHS *röv,* = National Health System Nemzeti Egészségbiztosítás
nihilizmus *fn,* nihilism
nikkel *fn,* nickel
nikotin *fn,* nicotine
Nílus *fn,* Nile
nimfa *fn,* nymph
nincs *i,* **1.** there is no(t) **2.** *vkinek* have no, be out of sg **3.** *nem kapható* be out of stck, be not ot be had
nincstelen *mn,* poor, destitute
nitrát *fn,* nitrate
nitrogén *fn,* nitrogen
Nobel-díj *fn,* Nobel-prize ‖ *~as:* Nobel-prize winner
nomád *fn,* nomad ‖ *mn,* nomadic, nomad
norma *fn,* **1.** norm, piece-rate **2.** *átv* standard
nos *ind.szó,* well
noszogat *i,* *vkit vmire* urge, egg / drive sy on, prompt sy

nosztalgia *fn*, nostalgia
nosztalgiázik *i*, feel nostalgia
nosztalgikus *fn*, nostalgic
novella *fn*, short story
novícia *fn*, novice
novícius *fn*, novice, probationer
nő *fn*, woman; *feleség* wife; *vki nője* mistress / woman of sy
nő(l) *i*, **1.** *ált* grow **2.** increase, augment, develop, expand, extend, increase
nőcsábász *fn*, womanizer, lady-killer, Don Juan
nőies *mn*, **1.** womanly, womanly, ladylike, feminine **2.** *férfi* effeminate, womanish ‖ *~en viselkedik:* behave womanlike
nőiesség *fn*, feminity
nőiesen *hat*, femininely
nőmozgalom *fn*, feminism
nőnem *fn*, female sex
nőstény *fn*, female, she-, doe-
nősténytigris *fn*, she-tiger
nőtlenség *fn*, bachelorhood, *papi* celibacy
növekedés *fn*, growth, increase, growth, expansion ‖ *~ben van:* be in growth ‖ *~ vmiben:* increase in sg
növekedő *mn*, increasing, growing
növekszik *i*, = **nő(l)**
növekvő *mn*, = **növekedő**
növel *i*, *ált* increase, swell, *terj* enlarge, expand, extend; *értéket* enhance; *örömet* heighten; *szókincs* enrich; *termelést* step up; *tudást* improve ‖ *~i a nehézségeket:* extend difficulties ‖ *~vmit:* increase sg
növelt *mn*, increased, enlarged, expanded
növény *fn*, plant
növényevő *fn*, herbivorous
növényirtó *fn/mn*, herbicide
növényzet *fn*, plants, vegetation, flora, plant life
nőzik *i*, womanize
nukleáris *mn*, nuclear ‖ *~ háború:* nuclear war ‖ *~ kísérlet:* nuclear experiment
nulla *fn*, *szám* zero, nought, null, nil ‖ *2:~:* 2 goals to nil
nullpont *fn*, zero (point)
nutria *fn*, coypu, nutria

Ny

nyafka *mn,* whining, whimpering, snivelling
nyafka *fn, kisgyermek* cry-baby
nyafog *i,* whine, whimper, snivel
nyafogás *fn,* whine, whining, whimper(ing), snivel(ling)
nyafogó *mn,* whining, whimpering, snivelling
nyaggat *i,* trouble, bother, vex, pester, torment, plague
nyaggatás *fn,* troubling, bothering, vexation
nyáj *fn,* flock, herd, drove, drive ‖ *birka~:* a flock of sheep
nyájas *mn,* amiable, gentle, kind, affable, sweet, complaisant, charming
nyájaskodik *i,* do the pretty, be amiable, be kind
nyájasság *fn,* amiability, kindness, affability, gentlenesss, hospitality, complaisance
nyak *fn,* neck ‖ *~ába borul vkinek:* hug sy, fling one's arms around sy's neck ‖ *~on csíp vkit:* catch sy, get hold of sy, seize sy by the collar
nyakal *i, italt* booze, neck, guzzle
nyakas *mn,* stubborn, headstrong, wilful, mulish, obstinate, heady, stiff-necked, obdurate
nyakaskodik *i,* be / remain obstinate, be / remain stubborn
nyakaskodás *fn,* obstinacy, stubbornness, obduracy, wilfulness
nyakasság *fn,* obstinacy, stubbornness, mulishness, obduracy, wilfulness
nyakatekert *mn,* tortuous, intricate, entangled, complicated
nyakbőség *fn,* neck-band, size in collar, collar size, width of (the) neck
nyakcsigolya *fn,* cervical, cervical vertebrae *tsz*
nyakék *fn,* necklet, necklace
nyakfájás *fn,* pain in the neck, stiff neck, neck-ache
nyakig *hat,* up to one's neck, up to the ears, head over ears
nyakigláb *mn,* long-legged / -limbed, leggy, all-legs, stalky
nyakkendő *fn,* tie, neck-tie ‖ *csokor~:* bow-tie ‖ *~t köt:* tie one's tie ‖ *megigazítja a ~jét:* straighten one's tie
nyaklánc *fn,* necklace

nyakleves *fn,* cuff, flap, box on the ears, slap in the face
nyakmerevedés *fn,* stiff neck, stiffness in the neck, neck-rigidity
nyakörv *fn,* collar, dog-collar
nyakra-főre *hat,* headlong, one after the other, in a hurry, helter-skelter
nyaksál *fn,* scarf
nyakszirt *fn,* nape (of the neck), back of the neck
nyaktiló *fn,* guillotine
nyaktörő *mn,* break-neck
nyal *i,* lick, lack, tongue ‖ *~fal vkit:* fondle sy
nyál *fn,* spittle, saliva, slaver, dribble ‖ *csorog a ~a vmiért:* his mouth is watering (for sg)
nyaláb *fn,* bundle, an armful of sg, a packet of sg
nyalábol *i,* bundle sg (up) ‖ *fel~ vmit:* pick sg up (in bundles), bundle sg up
nyáladzik *i,* slaver, slabber, drivel
nyalakodás *fn,* eating titbits, pilfering dainties ‖ *gyengédség* billing and cooing
nyalakodik *i, szokása az édességevés* eat titbits, pilfer dainties, nibble, have a sweet tooth
nyalakodó *mn,* nibbler, sweet-toothed
nyalánk *mn,* fond of titbits, sweet-toothed, dainty, nibbling
nyalánkság *fn,* titbit, dainties, goodies, sweets *tsz*
nyalás *fn,* **1.** lick(ing) **2.** *átv. behízelgés vkinél* lip-service
nyálas *mn,* slobbering, mucous, beslavered, salivous
nyálasszájú *mn, átv. újonc* rookie, stripling, greenhorn

nyálaz *i,* lick sg, wet sg with one's tongue
nyaldos *i,* lick, keep licking sg ‖ *víz* wash against sg
nyaldosó *mn,* licking
nyalka *mn,* dashing, smart, jaunty, trim, neat
nyalóka *fn,* lolly, lollipop
nyálka *fn,* mucus
nyálkahártya *fn,* mucous membrane
nyálkás *mn,* mucous
nyálkásodik *i,* become mucous / slimy / sticky
nyálmirigy *fn,* salivary gland
nyamvadt *mn,* seedy, lousy, rotten
nyápic *mn/fn,* puny, puny-looking, weakling, shrimp
nyaral *i,* spend one's / the summer (holidays) somewhere
nyaralás *fn,* summer holidays, vacation, vac
nyaraló *fn, ember/vendég* holiday-maker, visitor, *US* vacationer, *US* vacationist, *US* summerer, holiday-maker
nyaralóhely *fn,* summer resort
nyár *fn,* summer ‖ *~ derekán:* in midsummer, in high summer
nyárfa *fn,* poplar, aspen
nyargal *i,* gallop, ride fast ‖ **hurry, rush**
nyargalás *fn,* gallop, rush, run
nyargalászik *i,* gallop about
nyargaló *mn,* galloping, rushing, running
nyári *mn,* summer
nyárias *mn,* like summer, summer-like; *ruha* light, summer
nyárs *fn,* spit, broach, skewer
nyársal *i,* spit, broach, skewer
nyársonsült *fn,* roast meat
nyárspolgár *fn,* petty bourgeois, lowbrow, burgher, burgess, philistine

nyavalya *fn,* **1.** pest **2.** *betegség* disease, sickness, illness, ailment **3.** *baj* trouble, misery, distress
nyavalyatörés *fn,* **1.** epilepsy, epileptic fit **2.** *átv* falling sickness
nyavalyás *mn,* **1.** sickly, ailing **2.** *átv.* miserable, wretched
nyavalygás *fn,* ailing, complaining
nyavalyog *i,* **1.** be ill, be sick, be sickly **2.** *átv.* ail, complain, lament
nyávog *i,* mew, miaow
nyávogás *fn,* **1.** mewing **2.** *átv.* caterwaul
nyávogó *mn,* mewing, miaowing
nyegle *fn,* **1.** *lekezelő* overbearing, swaggering, bragging, overweening, presumptuous **2.** *szemtelen* cheeky, arrogant, insolent
nyegleség *fn,* arrogancy, insolence, swagger
nyekereg *i,* **1.** creak, grate, grind **2.** *hangszeren* scrape
nyekken *i,* crack, clack
nyel *i,* swallow, gulp (down)
nyeldekel *i,* keep swallowing, gulp
nyeldeklő *fn,* **1.** epiglottis **2.** *átv. is* throat
nyeles *mn,* handled, helved, hafted, staffed
nyelés *fn,* swallow(ing), gulp(ing)
nyeletlen *mn,* without a handle / helve / haft / staff; unhandled
nyél *fn,* **1.** handle **2.** *baltáé, fejszéé* helve **3.** *seprűé* stick ‖ *~be üt üzletet:* make a deal, carry through
nyelv *fn,* tongue; *harangé* tongue, clapper
nyelv *fn, beszéd* language ‖ *az angol ~:* the English language, English ‖ *élő ~:* modern / living / spoken language ‖ *holt ~:* dead language
nyelvbotlás *fn,* slip of the tongue

nyelvcsap *fn,* uvula
nyelvel *i,* **1.** rattle, babble **2.** *felesel* backtalk, backchat, keep answering back, argue, argufy
nyelves *mn, szemtelen* arrogáns saucy, insolent
nyelves csók *fn,* French kiss
nyelveskedik *i,* be saucy
nyelvész *fn,* linguist
nyelvészeti *mn,* linguistic
nyelvetlen *mn,* tongueless, without a tongue, having no tongue
nyelvhegy *fn,* tip of the tongue ‖ *itt van a nyelvem hegyén:* it is on the tip of my tongue
nyelvhelyesség *fn,* orthology
nyelviskola *fn,* language school
nyelvjárás *fn,* dialect
nyelvrák *fn,* cancer of the tongue
nyelvtan *fn,* grammar
nyelvtanár *fn,* language teacher
nyelvtanfolyam *fn,* language course
nyelvtehetség *fn,* gift / talent for languages
nyelvvizsga *fn,* proficiency exam in a language
nyer *i,* **1.** gain, win **2.** *profitál* profit by sg, benefit by sg **3.** *kap, szerez* get, obtain
nyereg *fn,* saddle
nyereg alakú *mn,* saddle-shaped
nyeregcsont *fn,* saddle-bone
nyeregkápa *fn,* pommel
nyeregkészítő *fn,* saddler
nyeregtakaró *fn,* saddle cloth, saddle blanket
nyeregtáska *fn,* saddle bag
nyeremény *fn,* prize

nyereség *fn,* profit, gain, returns *tsz,* earnings *tsz,* winnings *tsz*
nyerés *fn,* winning, gaining
nyerészkedés *fn,* profiteering, speculation
nyerészkedik *i,* profiteer, speculate
nyerészkedő *mn,* profiteering, speculating, speculative
nyeretlen *mn, esélytelen* no-win ‖ ~ *ló:* maiden horse
nyergel *i,* saddle
nyerges *fn,* saddled, saddle-backed
nyerít *i,* neigh
nyerítés *fn,* neigh(ing)
nyerítő *mn,* neighing
nyerő *mn,* winning
nyerő *fn,* winner, gainer
nyers *mn,* 1. raw 2. *anyag* raw, crude, rough, unrefined 3. *gyémánt* uncut, rough 4. *étel* raw, uncooked, unboiled 5. *stílus, modor* rough, rude, harsh, abrupt, bluff, brusque, gruff, *US* salty, surly
nyersanyag *fn,* raw material
nyersen *hat,* ‖ ~ *eszik vmit:* eat sg raw / uncooked ‖ ~ *válaszol:* reply rudely / harshly
nyerseség *fn,* 1. rawness, crudeness 2. roughness, rudeness, harshness
nyertes *fn,* winner
nyes *i,* lop, prune, dress, trim, cut sg off, shear
nyeseget *i,* keep pruning / lopping / trimming / dressing
nyesés *fn,* pruning, lopping, cutting off, dressing, trimming
nyesőkés *fn,* pruning knife
nyest *fn,* beech-marten
nyikorgás *fn,* creak(ing), grinding, grating, screak(ing)

nyikorgó *mn,* creaking, griding, grating, screaking
nyikorog *i,* creak, gride, grate, screak
nyíl *fn,* arrow ‖ *íj és* ~: bow and arrow
nyilallik *i, fájás, fájdalom* shoot, twinge, dart, split
nyilalló *mn, fájás, fájdalom* shooting, darting, splitting, sharp
nyilas *mn,* armed with arrows, equipped with arrows
nyilas *fn,* 1. *íjász* archer, bowman 2. *csillagkép* the Archer, Sagittarius
nyílás *fn,* 1. *folyamat* opening 2. *virágé* blooming, opening, blowing 3. *rés* slot, gap, slit, opening
nyilatkozat *fn, bejelentés* declaration, statement, proclamation ‖ *~ot tesz:* declare sg, make a statement / declaration ‖ **Függetlenségi Ny~:** Declaration of Independence
nyilatkozik *i,* declare, state, make a statement / declaration
nyílik *i,* 1. open 2. *virág* bloom, blow, open 3. *alkalom, lehetőség* occur, offer, arise, present oneself
nyílt *mn,* 1. open 2. *őszinte* frank, straight, sincere
nyíltan *hat, őszintén* openly, frankly, plainly, straight-out
nyílt piac *fn,* open market
nyílt piaci műveletek *fn,* open market operations
nyíltság *fn,* openness, frankness, plainness, straightforwardness
nyilván *hat,* 1. obviously, evidently 2. *feleletben* no doubt, certainly, of course, sure, surely
nyilvánít *i,* 1. *véleményt* express, declare

2. *érzelmet* show, reveal, demonstrate
3. *vmit/vkit vminek/vkinek:* declare sg/sy (to be) sg/sy ‖ *halottnak ~ották:* he is declared dead, he is declared to be legally dead
nyilvánítás *fn,* expression, declaration, manifestation, demonstration
nyilvános *mn,* public, open (to the public)
nyilvánosan *hat,* publicly, in public, openly
nyilvánosház *fn,* **1.** *bordély* brothel **2.** *US szl* cathouse, flesh factory, flesh market, *GB* knocking shop, *US* whorehotel **3.** *olcsó* crib
nyilvánosság *fn,* publicity ‖ *kizárva a ~ot:* in private / secret, privately, behind closed doors ‖ *~ra hoz vmit:* make sg public, publish sg
nyilvántart *i,* register, file sg, keep sg in evidence, keep a record of sg
nyilvántartás *fn,* registration, register, registry
nyilvántartott *mn,* registered, recorded, filed
nyilvánvaló *mn,* obvious, evident, manifest, plain, apparent, self-evident, visible
nyilvánvalóan *hat,* obviously, evidently, plainly, manifestly, apparently
nyílvessző *fn,* arrow
nyílzápor *fn,* shower of arrows
nyír *i,* **1.** cut **2.** *rövidre* crop, trim **3.** *állat szőrét* shear **4.** *füvet* mow, cut
nyírás *fn,* cutting, cropping, shearing, mowing
nyírfa *fn,* birch-tree
nyírfaerdő *fn,* birch grove, birch forest
nyirkos *mn,* **1.** wet, moist, damp, dank, humid **2.** *idő* muggy, humid, soggy

nyirkosság *fn,* moistness, moisture, damp(ness), humidity, mugginess
nyirok *fn,* lymph
nyirokmirigy *fn,* lymphatic gland
nyit *i,* open ‖ *bankszámlát ~:* open a bank-account ‖ *üzletet ~ vhol:* start / open a business / shop somewhere ‖ *ajtót ~ (kopogtatásra, csengetésre):* answer the door
nyitány *fn,* overture
nyitás *fn,* opening
nyitható *mn,* **1.** openable **2.** *teleszkópos* convertible
nyitja *fn, vminek* clue to sg, explanation to sg
nyitó *mn, el-, megkezdő is* opening, starting, beginning ‖
nyitó *fn, üveg~:* bottle opener ‖ *konzerv~:* tin opener
nyitogat *i,* open repeatedly, try to open
nyitott *mn,* **1.** open, opened **2.** *szabadtéri* open-air
nyitott gazdaság *fn,* open economy
nyitott piac *fn,* free entry
nyitva *hat,* open, opened ‖ *~ talál vmit:* find sg open ‖ *~ hagy vmit:* leave sg open ‖ *tárva-~:* wide open
nyitvatartás *fn,* opening hours, business hours
nyolc *számn,* eight
nyolcad *számn,* eighth
nyolcadik *számn,* (the) eighth
nyolcadrét *hat,* eightfold, octavo
nyolcadszor *hat,* for the eighth time
nyolcszor *hat,* eigh times
nyolcszoros *mn,* eightfold
nyolcszög *fn,* octagon
nyolcszögletű *mn,* octagonal

nyolcvan *számn*, eighty
nyolcvanas *mn, a ~ években:* in the eighties || *~ éveiben jár:* he is in his eighties
nyom *fn*, 1. trace, track, trail 2. *átv.* trace, mark || *láb~:* footprint, footmark, footstep || *vad~:* scent, trail, spoor || *vminek a ~án:* on the basis of sg, based on sg
nyom *i*, 1. press, weigh 2. *szorít, présel* squeeze 3. *facsar* squash, squeeze 4. *könyvet* print 5. *átv vkit/vmit elnyom* oppress 6. *szorít* pinch
nyomán *fn*, in sy's wake, following sy, after sy
nyomás *fn*, 1. pressure, pressing 2. *testtel* push, shove 3. *könyvé* printing, print
nyomáscsökkenés *fn*, decrease of pressure, pressure loss, decompression
nyomáshiba *fn*, misprint
nyomáshibás *mn*, misprinted
nyomásmérő *fn*, manometer, pressure gauge
nyomású *mn, kis ~:* low-pressure || *nagy ~:* high-pressure
nyomaszt *i*, distress, afflict
nyomasztó *mn*, depressing, distressing, gloomy, pressing, oppressive
nyomat *i*, 1. have sg printed 2. *átv* push, force sg || *fn*, print, impressson
nyomaték *fn, hangsúly* accent, stress, emphasis
nyomatékosan *hat*, emphatically, strongly
nyomban *hat*, at once, immediately, right away, instantly, in no time
nyombél *fn*, duodenum
nyombélfekély *fn*, duodenal ulcer
nyomda *fn*, printing house, printing press
nyomdagép *fn*, printing machine, printing press

nyomdász *fn*, printer, typographer
nyomdászat *fn*, printing, typography
nyomdok *fn*, track, footstep, wake
nyomelemek *fn*, trace elements
nyomkod, nyomogat *i*, keep pressing, knead, massage
nyomógomb *fn*, button, push button, press button
nyomor *fn*, 1. *szegénység* poverty, misery, pauperdom 2. *lelki* distress, want, wretchedness
nyomorék *mn*, crippled, disabled
nyomorék *fn*, cripple
nyomorgás *fn*, distress, want, penury, misery
nyomorgat *i*, plague, trouble, vex, pester, press
nyomorgó *mn*, needy, poor, miserable, poverty-stricken, distressed, pauper
nyomornegyed *fn*, slum, the slums *tsz*
nyomorog *i*, live in misery, live in distress, scrimp, rough it
nyomortanya *fn*, slums
nyomorult *mn*, wretched, miserable
nyomorúságos *mn*, needy, wretched, miserable, poverty-stricken
nyomós *mn, érv* strong, weighty, cogent
nyomott *mn*, 1. *lelkileg* depressed, downcast, dispirited, gloomy 2. *mintás* printed, pressed
nyomoz *i*, investigate, detect || *~ vki után:* be out after sy, track sy, make inquiries about sy
nyomozás *fn*, investigation
nyomozó *fn*, 1. detective, investigator 2. *GB szl* bogey, *GB* brains, *US* bull, *US* deek, *US* dick, *US* gumshoe, *GB* jack, tail || *magán~:* private detective || *szl*

private eye / dick / *US* peeper, *US* shamus
nyomtalan *mn,* traceless
nyomtalanul *hat,* **1.** without a trace, without leaving a trace behind **2.** *teljesen, tökéletesen* completely, entirely, perfectly, in whole
nyomtat *i,* **1.** *kiad* print, publish **2.** *szánt* tread, thresh
nyomtatás *fn,* **1.** printing **2.** *földművelés* treading out
nyomtató *fn,* printer
nyomtatvány *fn,* **1.** *kiadvány* publication **2.** *kitöltendő* form
nyomtáv *fn,* gauge, gage, track
nyoszolya *fn,* bed, couch
nyoszolyólány *fn,* bridesmaid, best maid, maid of honour
nyög *i,* groan, moan, mutter *sg*
nyögés *fn,* groan(ing), moan(ing)
nyöszörög *i,* groan, moan, wail, whimper
nyöszörgés *fn,* whimper(ing), groan(ing), moan(ing), wail(ing)
nyugágy *fn,* deck-chair
nyugalmazott *mn,* retired, superannuated, pensionary
nyugalom *fn,* **1.** rest, stillness, peace **2.** *csend* quiet, calm, tranquillity **3.** *kedélyé, hangulaté* calmness, coolness **4.** *hidegvér, önuralom* calm(ness), head, sang-froid, self-commadn, self-possession || **lelki ~:** peace of mind || **~i állapot/helyzet:** rest, state of rest, standstill || **csak ~!** keep calm! keep your cool!
nyugat *fn,* west, the Occident || **~ felé:** westward
nyugati *mn,* west, western, westerly, occidental

nyugdíj *fn,* pension || **~ba megy:** retire (from work), get retired || **~ban részesül, ~at kap:** draw a pension
nyugdíjalap *fn,* pension fund, retirement / superannuation fund
nyugdíjas *fn,* pensioner, OAP (old-age pensioner)
nyugdíjas *mn,* retired, pensionary || **~ tanár:** a retired teacher
nyugdíjaz *i,* pension sy off, retire sy, superannuate sy
nyugdíjazás *fn,* pensioning off, superannuation
nyugdíjba vonulás *fn,* retirement
nyugdíjbiztosító *fn,* pension fund
nyugdíjjárulék *fn,* superannuation money / tax
nyugdíjkorhatár *fn,* retirement age, pensionable age (limit), retiring age
nyugdíjtörvény *fn,* superannuation act
nyughatatlan *mn,* restless, fidgety
nyughatatlanság *fn,* restlessness, fidgetiness
nyugodt *mn,* **1.** quiet, still, peaceful, tranquil, calm **2.** *higgadt* calm, calmy, collected, cool, cool-headed, self-collected, self-possessed, settled **3.** *zavartalan* undisturbed, untroubled, unruffled, unperturbed
nyugszik *i,* rest, have / take a rest || **nyugodjék békében:** rest in peace (RIP)
nyugta *fn,* receipt, voucher
nyugtalan *mn,* **1.** restless, unquiet **2.** *tenger* rough **3.** *ficánkoló* fidgety **4.** *átv* agitated, concerned, troubled, worried || **vki miatt ~:** be worried about sy, be anxious about sy, be uneasy about sy.
nyugtalanít *i,* make sy uneasy / upset, make sy anxious/worried, disturb sy, trouble sy

nyugtalanító *mn*, alarming, troubling, upsetting, worrying
nyugtalankodik *i*, 1. grow / get restless 2. *aggódik* worry about sg
nyugtalanság *fn*, restlessness, uneasiness, anxiety, worry
nyugtalanul *hat*, restlessly
nyugtat *i*, 1. calm sy/sg down 2. *vigasztal* comfort
nyugtatószer *fn*, sedative, *GB* tranquillizer, *US* tranquilizer
nyugvó *mn*, resting, static
nyugvópont *fn*, rest, standstill ‖ *~ra jut:* come to a standstill / rest
nyújt *i*, 1. extend, expand, stretch 2. *tésztát* roll 3. *kezébe ad* pass, hand ‖ *segítséget ~ vkinek:* help sy, assist sy ‖ *elsősegélyt ~ vkinek:* give sy first aid
nyújtás *fn*, 1. stretching, expanding, expansion, extending, extension 2. *átv.* giving, granting
nyújtható *mn*, 1. extensible, expansible 2. *rugalmas* elastic
nyújthatóság *fn*, extensibility, expansibility, elasticity
nyújtó *fn*, *tornaszer* horizontal bar
nyújtózkodik *i*, stretch, stretch out, stretch oneself
nyúl *fn*, 1. *vad* hare 2. *házi* rabbit
nyúl *i*, 1. *vmiért* reach for sg, stretch out one's hand for sg 2. *hozzáér vmihez* touch sg 3. *folyamodik* resort to sg, have recourse to sg
nyúlajak *fn*, hare lip
nyúlajkú *mn*, hare-lipped
nyúlánk *mn*, slim, slender
nyúlánkság *fn*, slimness, slenderness
nyúlbőr *fn*, hare-skin

nyúlcipő *fn*, *felhúzza a ~t:* have off, have it, make oneself scarce
nyúlékony *mn*, expansible, elastic, stretchy
nyúlékonyság *fn*, elasticity, expansibility
nyúlfülű *mn*, hare-eared
nyúlik *i*, stretch, extend, expand
nyúlketrec *fn*, rabbit hutch
nyúlós *mn*, 1. tensile, viscid, clammy 2. *ragacsos* sticky
nyúlpecsenye *fn*, roast hare
nyúlszívű *mn*, rabbity, rabbit-hearted
nyúltagy *fn*, medulla oblongata
nyúlvadászat *fn*, 1. rabbitting, hare-shooting 2. *agarakkal* hare coursing ‖ *~ra megy:* go rabbitting
nyúlvány *fn*, 1. prolongation, extension 2. *kiugró* protuberance
nyurga *mn*, leggy, lean, lanky
nyuszi *fn*, bunny, bunny rabbit
nyúz *i*, 1. *állatot* skin 2. *élve megnyúz vkit/vmit átv is:* skin sy/sg alive
nyúzás *fn*, skinning
nyúzott *mn*, 1. *állat* skinned 2. *ember* worn out
nyű *fn*, maggot, worm
nyű *i*, *ruhát, cipőt* wear sg out
nyűg *fn*, 1. nuisance, bother 2. *teher* burden, load
nyűglődik *i*, drudge
nyűgös *mn*, 1. grumpy, irksome 2. *fárasztó, terhes* troublesome, tiresome, tiring
nyüszít *i*, whimper, whine, squeak
nyűtt *mn*, worn (out), shabby, threadbare
nyüzsgés *fn*, swarming, bustling, teeming
nyüzsgő *mn*, 1. swarming, teeming 2. *forgalmas* busy, bustling
nyüzsög *fn*, swarm, teem, bustle

O, Ó

ó *mn, régi* old, olden, ancient, antique
ó! *ind.szó, felkiáltás* oh, ah
óangol *mn,* Old English
oázis *fn,* oasis (*tsz* oases)
obeliszk *fn,* obelisk, pillar; *nyomtatásban* obelisk, dagger sign
óbégat *i,* **1.** *kiáltozik* cry, shout, scream, yell **2.** *panaszkodik, siránkozik* complain, lament, yammer, wail, moan, groan **3.** *szl* beef about sg, have a beef about sg, moan, moan and groan, *GB* bleat, grouse, rabbit on, *US* put on the moan, cry / scream / shout / yell blue murder, shout / scream bloody murder
óbégatás *fn,* cry, shout(ing), scream(ing), yell(ing), complaining, lament, lamentation, yammering, wailing
obi *fn, széles japán selyemöv* obi
objektivitás *fn,* **1.** objectivity, objectiveness **2.** *elfogulatlanság* impartiality
objektív *mn,* **1.** objective **2.** *elfogulatlan* impartial, unbiased, unprejudiced ‖ **~ vélemény vkitől:** an objective opinion from sy ‖ **~ megfigyelő:** impartial observer ‖ **~ zsüri:** unbiased jury
objektív *fn, tárgylencse* objective, object glass / lens ‖ **cserélhető ~:** interchangeable lens / objective ‖ **süllyeszthető ~:** flush lens ‖ **normál gyújtótávolságú ~:** standard lens ‖ **halszem~:** fisheye lens, fisheye ‖ **nagy látószögű ~:** wide-angle lens ‖ **tele~:** telephoto lens ‖ **táv~:** long-focus lens
objektíven *hat,* **1.** objectively **2.** *elfogulatlanul* impartially
objektum *fn,* **1.** *tárgy* object, thing **2.** *létesítmény* real estate, project
obligó *fn,* obligation, commitment, duty
oboa *fn,* oboe, hautboy
oboaművész *fn,* oboist
óbor *fn,* old / vintage wine
obsitos *fn,* veteran, discharged soldier
obstrukció *fn,* obstruction (of sg), *US* filibuster(ing)
obstrukcionista *fn,* obstructionist
obstrukcionizmus *fn,* obstructionism
obszcenitás *fn,* **1.** obscenity **2.** *szexuálisan kihívó* indecency, lewdness **3.** *beszédben, stílusban* vulgarity
obszcén *mn,* **1.** obscene **2.** *kihívó* indecent, lewd **3.** *trágár, közönséges* vulgar
obszcénul *hat,* **1.** obscenely **2.** *kihívóan*

indecently 3. *trágárul, közönségesen* vulgarly
obszervatórium *fn*, observatory
ocelot *fn*, ocelot
óceán *fn*, ocean ‖ *~on át/keresztül/túl:* across the ocean ‖ *átszeli az ~t:* go across the ocean, cross the ocean ‖ *az ~ átrepülése:* transatlantic flight ‖ *~on túli:* transoceanic, overseas ‖ *az ~ túlsó partjáról:* from overseas
óceánfenék *fn*, 1. deep-sea floor 2. *abisszikus síkság* abyssal plane
óceáni *mn*, ocean(ic) ‖ *~ áramlások:* oceanic currents
Óceánia *fn*, Oceania, the South Islands
óceánjáró *fn*, *hajó* ocean liner
óceánjáró *mn*, ocean-going
óceánkutatás *fn*, oceanography, oceanographic research
óceánkutató *fn*, oceanographer
óceánrepülés *fn*, transatlantic flight
óceántan *fn*, oceanography
ócsár(o)lás *fn*, slighting, belittling, disparagement, depreciation, detraction, abuse
ócsárol *i*, disparage, belittle, depreciate; crab, run down
ócska *mn*, 1. old 2. *értéktelen* worthless, rubbish, trashy, junky 3. *viseltes, elnyűtt* shabby, worn (out) 4. *szl értéktelen* dud, *US* for the birds, not be much cop, *GB* not be great 5. *szl silány* *US* cheesy, crummy, junky, dud, *US* be for the birds ‖ *~ tragacs: csotrogány, rossz autó* junky car, *GB* banger, boneshaker, *US* clinker, *US* clunker, *GB* crock, heap of junk, jalop(py), lemon, old wreck, *US* rust bucket, *tabu* shitbox
ócskapiac *fn*, junk stalls *tsz*, flea-market, jumble market, ragfair, second-hand market / stalls
ócskaságok *fn*, odds and ends, rags and bones, junk, trash, garbage
ócskavas *fn*, scrap-iron, iron scrap, waste iron ‖ *egy rakás ~: ált. roncs* a heap of junk, scrap-heap
ocsmány *mn*, 1. *ronda* ugly, hideous 2. *ijesztő* horrible 3. *beszéd, tréfa* dirty, obscene, vulgar, indecent, nasty
ocsmányság *fn*, *rondaság* ugliness, hideousness; *erkölcsi* dirtiness, obscenity, vulgarity, indecency
oda *hat*, there ‖ *ide-~ / ~-vissza:* to and from, there and back
óda *fn*, ode ‖ *~ákat zeng vkiről: átv* praise sy
odaad *i*, give sy sg, give sg to sy, hand sy sg, hand sg to sy, hand sg over to sy, pass sy sg
odaadás *fn*, 1. *rajongás* enthusiasm (for sy/sg), devotion (to sg) 2. *vallásban* fanaticism, zeal, zealousness 3. *önzetlenség* selflessness ‖ *nagy ~sal:* with great enthusiasm
odaadó *mn*, 1. enthusiastic (about sg), devoted (to sy) 2. *önzetlen* selfless 3. zestful, ardent, fervent, fervit ‖ *~ anya:* a devoted mother ‖ *~ rajongója/híve vminek/vkinek:* a devotee of sg/sy; *vallásban* zealot, fanatic
odaadóan *hat*, 1. enthusiastically, with enthusiasm, devotedly, zealously 2. *önzetlenül* selflessly
odaajándékoz *i*, make a present of sg, give sg away to sy (as a present / gift), present sy with sg, give sy sg as a present

odaáll *i,* stand swhere, post oneself swhere

odaállít *i,* **1.** *vmit vhová* place sg swhere, post sg swhere **2.** *betoppan vhová* turn up (at) **3.** *példaként* set sg (as an example) to sy, set sg up ‖ *~otta őket a kapu elé:* he posted them at the gate

odaát *hat,* **1.** over there **2.** *átellenben* across, opposite

odábbáll *i,* **1.** *ált* move on, stand farther off **2.** *átv* make off, hurry off, skedaddle, take to one's heels

odabenn *hat,* inside, within

odabújik *i, vkihez* cuddle up to sy, nestle close to sy, snuggle up to sy

odacipel *i,* carry there, lug there

odacsalogat *i,* **1.** lure sy swhere, entice **2.** *tőrbe* decoy, ensnare, entrap

odacsap *i,* **1.** *vmire* strike at sg, hit sg, bang on sg **2.** *vmit vmihez* hit sg against sg

odacsődül *i,* crowd, stream, flock, throng

odacsúszik *i,* creep, crawl

odacsúsztat *i, vmit vkinek* slip sy sg

odadob *i, vmit vkinek* throw sg to sy

odaég *i, étel* burn (on sg), get burnt

odaéget *i,* burn sg

odaenged *i,* let sy/sg go swhere, let sy nearer sg/sy, allow sy/sg to go swhere, allow sy/sg near/nearer sg/sy

odaerősít *i,* fasten, fix, attach sg to sg

odaér *i,* arrive (at/in a place), reach sg, get swhere

odaérkezik *i,* arrive at/in a place, reach sg, get swhere

odafent *hat,* up, up there, up above; *feje fölött* overhead

odafigyel *i,* listen to, pay attention to

odafordul *i,* turn towards

odagondol *i,* add in thought

odagurul *i,* roll there

odahajol *i,* bend towards, lean over to

odahallatszik *i,* sound, reach, be heard as far as

odahord *i,* **1.** carry to, take there **2.** *szállít* convey, transport to swhere

odáig *mut. ért. hat,* so far, as far as

odailleszt *i,* adjust, adapt, fit into

odaír *i,* write on, write there ‖ *~ja a nevét* sign one's name

odaítél *i, vmilyen díjat vkinek* award sg to sy, adjudge, adjudicate, allot to

odajár *i,* **1.** *rendszeresen* haunt, frequent, visit a place frequently **2.** *távol* be on a journey, be away

odajön *i,* come (up to sy/to a place), approach, draw near

odajut *i,* **1.** get there, get to, arrive at **2.** *átv* reach the point where/of sg

odakap *i,* seize sg, reach for/after sg, make a grab at sg, catch at sg

odakiált *i,* **1.** call out to sy, shout to sy **2.** *vkinek vmit* shout sg to sy

odakint *hat,* out there, outside sg, in front of sg

odakintről *hat,* **1.** from (the) outside **2.** *külföldről* from abroad

odaküld *i,* **1.** send, dispatch sy swhere **2.** *árut* forward **3.** *kiküldetésbe* delegate

odalenn *hat,* down there, downstairs

odalök *i,* chuck, throw, push there

odamegy *i, vkihez* go up to sy, make one's way to, betake oneself to

odamerészkedik *i,* **1.** *vhova* venture swhere **2.** dare, presume, have cheek to

odanéz *i,* regard there, glance there, look at, give swhere a look

odanő *i*, **1.** grow/stick to **2.** *átv szívéhez* grow fond of sg/sy
odanyom *i*, press to swhere/sg
odanyújt *i*, *vmit vkinek* hand sg to sy
odanyúl *i*, reach there
odapillant *i*, *vmire* glance at sg, take a look at sg
odaragad *i*, stick to sg, get stuck to sg/in sg
odaragaszt *i*, stick sg to sg, glue sg to sg
odarendel *i*, *vkit vhova* order sy to a place
odarohan *i*, *vkihez* run up to sy
odasiet *i*, hasten/rush/hurry swhere
odasóz *i*, clap/hit sy/strike sy
odasúg *i*, *vkinek vmit* whisper sg to sy, drop a word into sy's ear
odaszalad *i*, *vkihez* rush to sy, run up to sy
odaszegez *i*, *vmit vmihez* nail sg to sg, fix sg with nails
odatalál *i*, *vhova* find the way to a place, find one's way to sg
odatesz *i*, put, lay, set, place sg swhere
odatol *i*, *vmit vmihez* push sg over/across to sg ‖ *oda se tolta a képét:* he did not even drop in, he did not even show his face
odatűz *i*, **1.** pin, fasten on sg, stick up, stick on **2.** *nap* to be shining/blazing on
odaugrik *i*, jump towards sg, leap to sg
odaüt *i*, strike sg, hit sg
odavág *i*, *vmit vmihez/vkihez* throw sg at sg/sy
oda-vissza *hat*, there and back, back and forth, forward and backwards
odább *hat*, farther, farther / further away/off/on
odáig *hat*, so far, as far as that
odébb *hat*, farther, farther / further away/off/on
odébbáll *i*, *eltűnik* make off, disappear; *vmivel odébbmegy* stand farther off, move farther away
ódivatú *mn*, old-fashioned, out-of-fashion, out-dated
ódon *mn*, **1.** old, ancient **2.** *stílus, hangulat* archaic **3.** *mesterkélten* olde-worlde
odú *fn*, **1.** cavity **2.** *fában* hollow **3.** *állaté* den, hollow, hole, burrow
Odüsszeia *fn*, Odyssey
Odüsszeusz *fn*, Odysseus, Ulysses
odvas *mn*, hollow, decaying
ódzkodik *i*, *megtenni vmit* be reluctant to do sg, be unwilling to do sg, kick at/against sg
Oedipus komplexus *fn*, Oedipus complex
óév *fn*, by-gone year, old year, yesteryear
offenzív *mn*, offensive, striking
offenzíva *fn*, offensive
ofszetnyomás *fn*, offset printing
ógörög *mn*, Old Greek, Ancient Greek
oh! *interj*, oh! o!
óhaj *fn*, wish, desire, want ‖ *legfőbb ~a:* sy's heart's desire, overwhelming / burning desire, dearest / greatest wish ‖ *kifejezi ~át:* express / show a desire / wish for sg/to do sg ‖ *~od parancs számomra:* your wish is my command ‖ *beteljesedett az ~a:* his wish is granted / fulfilled, he got his wish, his wish came true ‖ *tiszteletben tartja vkinek az ~ait:* respect the wishes of sy
óhajt *i*, wish (to do sg), desire (to do sg), be desirous of sg, be after sg, yearn for sg, crave for sg ‖ *ha ~od:* if you wish

|| **nem ~ megtenni vmit:** have no desire to do sg, do not wish to do sg
óhajtandó *mn,* desirable, to be desired
óhajtó mód *fn,* optative
óhajtott *mn,* desired, wished for, wanted, yearnt
óhatatlan *mn,* inevitable, unavoidable
óhéber duma *fn, szl halandzsa, mellébeszélés* deceptive talk, baloney, boloney, blah-blah, hot air, waffle, yarn
óhitű *mn,* orthodox
ohm *fn,* ohm
ojtás *fn,* 1. *tűzé* putting out, extinguishing 2. *virágé* grafting || **hasítékba ~:** side grafting
ok *fn,* 1. reason, cause 2. *indíték, magyarázat* motive 3. *alap* ground || **Mi ~ból?** for what reason? why? what ... for?
okapi *fn,* okapi
okarina *fn,* ocarina, globular flute
okád *i,* 1. vomit, throw up, puke 2. *tüzet, füstöt* belch (forth)
oké *hat,* OK, okay, okay-doke
okéz *i,* OK sg/sy for sg/to do sg, okay sg/sy, give sg/sy the okay to do sg
okfejtés *fn,* reasoning, argumentation
okirat *fn,* document, deed, charter
okirathamisítás *fn,* forgery, falsification / forging / faking of documents
okít *i, ld.* **tanít**
okker *mn/fn, GB* ochre, *US* ocher
okkersárga *mn,* ochre
okkult *mn,* occult
okkultizmus *fn,* the occult, occultism
okleveles *mn,* qualified, chartered, certificated
oklevél *fn,* 1. *tanulmányi* diploma, certificate, degree 2. *tört.* charter, record, document
oklevéltan *fn,* diplomatics *tsz*
okmány *fn,* paper, document, record, certificate || **úti~ok:** travel documents; *törv* deed certificate
okmánybélyeg *fn,* deed stamp
oknyomozó *mn,* pragmatic
okol *i, vkit vmiért* blame sy for sg, put the blame on sy for doing sg
ókor *fn,* antiquity, ancient times *tsz*
ókori *mn,* ancient, classical || **az ~ görögök:** the ancient Greeks || **az ~ak:** the ancients
okos *mn,* 1. intelligent, smart, clever 2. *ésszerű* reasonable, rational 3. *józan* sensible, reasonable 4. *leleményes* adroit, smart, shrewd, witty 5. *szl US* all there, be on the ball, fly, *US* have smarts, have it all upstairs, *US* heads-up, leery, leary, quick on the trigger
okosan *hat,* wisely, sensibly, cleverly, smartly
okoskodás *fn,* arguments *tsz;* érvelés reasoning
okoskodik *i,* argue, reason; *ellenkezik, kötözködik* argue, argufy
okoskodó *fn,* 1. *érvelő, gondolkodó* reasoner 2. *akadékoskodó, mindentudó, nagyokos* arguer, argufier, know-all, know-it-all, wiseacre 3. *szl* wise guy / *US* apple, *US* wisenheimer, *US* bigmouth, clever clogs / dick, clever guts, house genius, *US* smarty, smarty pants / boots, *US* smartmouth, *US* smart-aleck
okosság *fn,* cleverness, intelligence
okoz *i,* bring about/forth, cause sg to

happen || *balesetet* ~: cause an accident || *bajt* ~ *vkinek:* do harm to sy/sg, damage sy/sg, do damage in sy/sg || *gondot* ~ *vkinek:* give trouble

okozat *fn,* effect || *ok és* ~: cause and effect, consequences of sg

okozati *mn,* causal, causative

okság *fn,* causality

okszerű *mn,* rational, reasonable, logical

okszerűség *fn,* rationality, causality

oktaéder *fn,* octahedron

oktalan *mn,* 1. *buta* stupid, foolish 2. *értelmetlen* useless, worthless, without reason 3. *alaptalan* baseless, irrational, groundless

oktalan *fn,* *ember* simpleton, fool

oktat *i,* 1. teach sy sg/to do sg, instruct 2. *magántanárként* tutor 3. *sportban* instruct, train, coach

oktatás *fn,* education, teaching, instruction || *elemi/alapfokú* ~: elementary / primary education

oktató *mn,* 1. didactic, educational 2. *erkölcsileg* edifying 3. *modor, stílus* magisterial

oktató *fn,* teacher, instructor || *sí*~: ski(ing) instructor

oktánszám *fn,* octane number, rating || *95-ös* ~*ú benzin:* 95 octane petrol

oktáv *fn,* perfect octave || *háromvonalas* ~: three-line octave

oktogon *fn,* octagon

oktondi *mn,* simple, stupid, soft in the head, soft-headed

oktondi *fn,* simpleton, fool, simp

október *fn,* October

okul *i,* learn, profit || ~ *vmiből:* learn from/by sg, profit by sg || ~*t a saját hibájából:* he learnt from his own mistake

okulás *fn,* edification, lesson

Okun törvénye *fn,* Okun's Law

okvetetlenkedik *i,* argufy, fuss about sg

okvetlen/-ül *hat,* surely, absolutely, in any case, by all means, for certain

ól *fn,* stall || *disznó*~: *átv. is:* pig sty || *baromfi*~: roost || *kutya*~: kennel

ó-lábú *mn,* bandy-legged, bow-legged

oláh *mn/fn,* Wallachian

olaj *fn,* oil || *étel*~: salad oil || *lámpa*~: lamp oil || *oliva*~: olive oil || *repce*~: rape oil || *ricinus*~: castor oil || *kókusz*~: coconut oil || *napraforgó*~: sunflower oil || *búzacsíra*~: wheat-germ oil || *földimogyoró*~: ground-nut oil || *kő-/nyers*~: mineral oil, crude oil || ~*at tartalmaz:* bear oil || ~*at tartalmazó:* oil-bearing

olajág *fn,* olive branch

olajbarna *mn,* olive, olive-coloured, olive brown || ~ *bőr:* olive skin, olive complexion

olajbányász *fn,* oilman (*tsz* oilmen)

olajbogyó *fn,* olive berry

olajfa *fn,* olive (tree)

olajfesték *fn,* oils *tsz,* oil paint(s), oil colour(s) || ~*kel fest:* paint in oils

olajfestmény *fn,* oil painting

olajfinomító *fn,* oil refinery

olajfolt *fn,* 1. *szennyezés* oil spill, oil slick 2. *pecsét* oil stain

olajfúrás *fn,* oil drilling, oil boring

olajfúró torony *fn,* 1. oil platform, derrick 2. *tengeren* oil rig

olajfűtés *fn,* oil-burning, oil-fired heating

olajfűtéses *mn,* oil-fired

olajipar *fn*, oil industry
olajkanna *fn*, oil can
olajkút *fn*, oil well
olajlámpa *fn*, oil lamp
olajmag *fn*, olive, oil seed, castor bean
olajmező *fn*, oil field
olajmécses *fn*, oil lamp
olajnemű *mn*, oily, oileous
olajnyomat *fn*, oleograph
olajos *mn*, 1. oily, oileous 2. *zsíros* greasy
olajoz *i*, oil, lubricate, grease ‖ *meg~za a zárat:* oil the lock
olajpecsét *fn*, oil stain
olajsav *fn*, oleic acid
olajszállító *fn*, *hajó* oil tanker
olajszint *fn*, oil level ‖ *ellenőrzi az ~et a kocsiban:* check the oil (level) in/of the car
olajszintjelző *fn*, oil gauge / *US* gage
olajszűrő *fn*, oil filter
olajtartály *fn*, 1. oil tank 2. *kocsiban US* oil pan, *GB* oil sump
olajtermelés *fn*, oil production
olajtermékek *fn*, oil products
olajvezeték *fn*, oil pipeline
ólálkodik *i*, 1. *gyanút keltve* lurk about, sneak about sg 2. *tétlenül* hang about
ólálkodás *fn*, lurking
olasz *mn/fn*, Italian
Olaszország *fn*, Italy
olcsó *mn*, 1. cheap, inexpensive, low-price(d) 2. *silány* cheap, mean
olcsón *hat*, cheap, cheaply, at a low price, at little cost
old *i*, 1. *kötelet* undo, untie, loosen 2. *problémát* solve 3. *vegyszer* dissolve
oldal *fn*, side ‖ *az én ~amon:* by my side
oldalági *mn*, collateral

oldalajtó *fn*, side door
oldalas *fn*, *állaté* flank
oldalaz *i*, 1. sidle 2. *géppel* equip with sides
oldalbejárat *fn*, side entrance
oldalgyökér *fn*, secondary root
oldalhajó *fn*, aisle
oldalhajtás *fn*, prostrate stem
oldalkocsi *fn*, sidecar (body)
oldalkocsis motor *fn*, sidecar machine
oldallámpa *fn*, sidelight, *US* sidemarker lamp
oldalszakáll *fn*, 1. whiskers *tsz* 2. *pajesz, barkó* sideburns *tsz*
oldalszalonna *fn*, flitch of bacon
oldalszám *fn*, page number
oldalvonal *fn*, *partvonal* touch line
oldalvonalbíró *fn*, linesman (*tsz* linesmen), sideline judge
oldat *fn*, solution
oldatlan *mn*, undissolved
oldhatatlan *mn*, insoluble
oldható *mn*, soluble, dissolvable, solvent
oldódik *i*, *vegyészet* dissolve, melt
oldószer *fn*, 1. dissolvent, dissolver 2. *hígító* thinner
oleander *fn*, *leander* oleander, rosebay, rose laurel
oligarchia *fn*, oligarchy
olimpia *fn*, Olympiad, the Olympics, the Olympic Games *tsz*
olimpiai *mn*, Olympic ‖ *~ zászló:* Olympic flag
oliva *fn*, *fa* olive tree
olivaolaj *fn*, olive oil
olívzöld *mn*, olive drab
olló *fn*, 1. scissors *tsz*, *nagyobb* shears *tsz* 2. *ráké* claw, chelicer 3. *statisztikában* gap ‖ *metsző~:* pruning scissors

ollóz *i, vág* scissor sg (out), cut sg with scissors, cut out; *plagizál, összeollóz* paste, crib from sy, plagiarize

ollózás *fn, futballban* bicycle kick, overhead bicycle kick; *magasugrásban* scissors, scissor jump

ólmos eső *fn*, sleet ‖ **~ esik:** it is sleeting

ólmoz *i*, lead

ólmozott *mn*, leaded

ólom *fn/mn*, lead ‖ *mn, ólomból való* lead, leaden

ólombánya *fn*, lead mine

ólombot *fn*, life preserver

ólomcső *fn*, lead pipe

ólomecet *fn*, lead acetate

ólomfehér *mn*, white lead

ólomgolyó *fn*, leaden ball, lead bullet

ólomkatona *fn*, tin soldier

ólomkristály *mn*, lead glass, crystal

ólomlábú *mn, lassú járású, lomha ember GB* slowcoach, *US* slowpoke ‖ **~on jár:** drag on

ólomlap, ólomlemez *fn*, sheet / plate of lead

ólommentes *mn*, lead-free, unleaded ‖ **~ üzemanyag:** unleaded petrol / fuel / gas

ólommérgezés *fn*, lead poisoning ‖ **~e van:** *szitává lőtték* filled full of lead

ólomnehezék *fn*, lead, lead weight

ólomöntés *fn*, 1. *ipari* lead-work 2. *népszokás* casting of lead

ólomsúly *fn, nehezék* lead weight

ólomsúlyú *mn*, 1. *bokszoló* heavy-weight 2. *átv* oppressive, very heavy

ólomüveg *fn*, 1. lead glass 2. *festett* stained glass

olt *i*, 1. *tüzet* extinguish, put out 2. *szomjat* quench 3. *védőoltást* bead vaccinate, inoculate 4. *fát, hajtást* graft

oltalmaz *i*, protect sy from/against sg, guard, shelter sy from sg

oltalom *fn*, protection, guarding, safeguarding, shelter from sg

oltár *fn*, altar; *reform. úrasztala* communion table, Lord's table, holy table

Oltáriszentség *fn*, the Blessed Sacrament

oltárkereszt *fn*, altar crucifix / cross

oltárkép *fn*, altarpiece

oltárlépcső *fn*, altar steps

oltárszőnyeg *fn*, altar carpet

oltárterítő *fn*, altar cloth

oltártér *fn*, chancel

oltás *fn, orv.* vaccination, inoculation; *tűzé* extinguishing

oltóág *fn*, scion shoot

oltógyakorlat *fn, tűzoltási* fire drill, fire-service drill, (fire) extinguishing drill

oltóhab *fn*, foam

Olümposz *fn*, Olympos

olvad *i*, 1. melt, dissolve 2. *fém* fuse 3. *jég* thaw

olvadás *fn*, melting, dissolution, thawing, fusion

olvadóbiztosíték *fn*, safety fuse

olvas *i*, 1. read 2. *pénzt* count ‖ **szájról ~:** lip-read

olvasás *fn*, reading

olvasat *fn, értelmezés* reading, interpretation

olvasatlan *mn*, unread

olvashatatlan *mn, kisilabizálhatatlan* illegible; *rossz olvasmány* unreadable

olvasható *mn*, 1. *kibetűzhető* legible 2. *olvasmányos* readable

olvasmány *fn*, 1. reading, reader 2. *fejezet* unit, lesson

olvasnivaló *fn*, sg to read

olvasó *fn, rózsafüzér* rosary
olvasó *fn*, **1.** reader **2.** *könyvtárban* user
olvasó *mn*, reading
olvasójegy *fn*, borrower's ticket, library ticket
olvasólámpa *fn*, reading lamp
olvasópróba *fn*, run-through
olvasóterem *fn*, reading room
olvasott *mn*, **1.** *könyv* read **2.** *művelt* literate, erudite
olvaszt *i*, **1.** *fémet* melt, fuse **2.** *havat, jeget* thaw **3.** *mirelitet* defrost
olvasztár *fn*, melter
olvasztókemence *fn*, melting furnace
olvasztott *mn*, molten, melted
olvasztómű *fn*, melting plant
olvasztótégely *fn*, melting pot
olyan *névm*, such ‖ **~, mint:** such as, just like ‖ **annyira:** so ‖ **~ szép!** so nice!
olykor *hat*, sometimes, now and then, at times, occasionally
omdudsman *fn*, ombudsman (*tsz* ombudsmen)
omega *fn*, omega
ómen *fn*, omen ‖ **a lehető legrosszabb ~:** the worst of bad omens ‖ **baljós/rossz ~ű:** ill-omened
omladék *fn*, talus, rubble, scree
omlás *fn*, collapse, crumbling, mouldering ‖ **hegy~:** landslide, landslip
omlett *fn*, omelette, *US* omelet
omlik *i*, collapse, fall to pieces, crumble, moulder
omnibusz *fn*, omnibus
omnipotencia *fn*, omnipotence
omnipotens *mn*, omnipotent
ón *fn/mn*, tin
ondó *fn*, sperm

ondolál *i*, wave ‖ **tartós ~ás:** permanent waving
ondószám *fn*, sperm count
onkológia *fn*, oncology
onkológiai *mn*, oncological
onkológus *fn*, oncologist
ónlap, -lemez *fn*, tin plate
ónműves *fn*, tin smith
onnan, onnét *hat*, from there, from that place, therefrom ‖ **innen-~:** from here and there
onomatopoézis *fn, hangutánzás* onomatopoeia
ónoz *i*, tin
ónozott *mn*, tinned
ónix *fn*, onyx
ont *i*, **1.** pour, belch **2.** *vért, könnyeket* shed **3.** *ont magából vmit* pour forth sg, vomit sg, belch sg ‖ **vér~ás:** bloodshed
ontológia *fn*, ontology
ontológiai *mn*, ontological
opál *fn*, opal
opálos, opálfényű *mn*, opalescent, opalesque
opció *fn*, option, pre-emptive, first refusal
opciós ügylet *fn, jogszerzési ügylet* option
OPEC *fn, röv* = the Organisation of Petroleum Exporting Countries Kőolajexportáló Országok Szervezete
opera *fn*, opera
operáció *fn*, operation, op ‖ **~t végez vkin:** operate sy (on sg), perform an operation on sy
operaház *fn*, opera house
operál *i, vkit vmivel* operate sy on sg ‖ **meg~ták a térdével:** she had an operation on her knee, she was operated on her knee

operálhatatlan *mn,* inoperable
operálható *mn,* operable
operátor *fn,* operator
operatőr *fn,* cameraman (*tsz* cameramen)
operett *fn,* operetta, light opera
ópium *fn,* **1.** opium **2.** *kábítószerként, származékként* opiate(s)
oposszum *fn,* ópossum, possum
opponál *i,* **1.** *vmi ellen, vmit* oppose sg **2.** *védésen* examine, act as an examiner
opponens *fn,* opponent (of sy/sg)
opportunista *mn,* opportunistic
opportunista *fn,* opportunist
opportunizmus *fn,* opportunism
oppozíció *fn,* opposition (to sg) || *~ban vmivel:* in opposition to sg
optika *fn,* **1.** *tudomány* optics *tsz* **2.** *rendszer* optical system **3.** *lencse* lens
optikai *mn,* optical || *~ csalódás:* optical illusion
optikus *fn,* optician
optimális *mn,* optimal, optimum || *~ hőmérsékleten tart vmit:* keep sg at the optimum temperature || *~ választás:* optimal choice
optimista *mn,* optimistic (about sg) || *túlzottan ~:* over-optimistic
optimista *fn,* optimist || *született ~:* a born optimist
optimistán *hat,* optimistically
optimizmus *fn,* optimism
optimum *fn,* the optimum
opusz *fn,* opus, mű || *nagy~:* magnum opus
óra *fn, falon, toronyban* clock || *zseb~:* watch || *álló ~:* timepiece || *ébresztő ~:* alarm clock || *rádiós ébresztő~:* clock-radio || *inga~:* pendulum clock || *homok~:* hour glass || *kakukkos ~:* cuckoo clock || *biológiai ~:* biological clock, body clock || *megállt az ~ám:* my watch has stopped || *~át felhúz:* wind up one's watch/clock || *beállítja az ~át vmire:* set the clock for sg || *5 percet késik/siet az ~:* the clock is five minutes slow / late || *az én ~ám szerint:* by my watch / clock
óra *fn, időegység* hour || *időpont* clock || *fogadó~:* reception hours, *orv* official hours || *hivatali ~:* official hours, office hours, opening hours || *~áról ~ára:* hour by hour || *egy ~ időtartamra:* for an hour || *öt ~kor:* at five (o'clock) || *~ák hosszat:* for hours || *egy ~ múlva/egy ~án belül:* in an hour, in an hour's time
óra *fn, lecke, tanítási óra* lesson || *45 perces egység* lesson, period || *autóvezetési ~ákat vesz:* take driving lessons, take lessons in driving || *magán~ákat ad:* give private lessons, tutor, teach privately || *matematika ~:* Maths lesson, period of Maths
óraadás *fn,* teaching; *magán* tutoring
órabér, óradíj *fn,* hourly pay, hourly earnings / fees
órainga *fn,* **1.** swing wheel, pendulum **2.** *zsebóráé* fly wheel
óraköz *fn, szünet* break, break time, interval, space, free period
orákulum *fn,* oracle
óralap *fn,* face (of the clock)
óralánc *fn,* watch chain
óralátogatás *fn, hospitálás* classroom observation
orális *mn, szájon át történő* oral

óramutató *fn, kismutató* hour hand ‖ *az ~ járásával megegyezően:* clockwise ‖ *az ~ járásával ellentétesen: GB* anticlockwise, *US* counter-clockwise

óramű *fn,* clock-work ‖ *~ pontossággal:* like clockwork, as regular as clockwork, with clockwork precision / accuracy

óraműves *fn,* watchmaker

orangután *fn,* orangutang, orangutan

óránként *hat,* hourly, every hour

óránkénti *mn,* hourly ‖ *~ hírek:* hourly news broadcast

órányi *mn,* ‖ *egy ~ várakozás:* an hour's wait ‖ *három ~ munka:* three hours' work

órarend *fn,* timetable, schedule ‖ *beilleszt vmit az ~jébe vmikorra:* timetable sg for ... ‖ *~i / ~ szerinti:* scheduled

órarugó *fn,* mainspring

órás *fn,* watchmaker, clockmaker

óraszámra *hat, sokáig, órákon át* for hours (and hours); *óránként, órában mérve* per hour, by the hour ‖ *~ fizet:* pay by the hour

óraszerkezet *fn,* clock-work

óraszíj *fn,* watch strap, *US* watch band

óratartó, óratok *fn,* watch case

oratórium *fn,* oratorio

óraütés *fn,* 1. strike 2. *zenélő óráé* chime, chiming

óraüveg *fn,* glass (of a watch/clock)

Orbán *fn,* Urban

orbánc *fn,* 1. erysipelas 2. *köznyelvi* Anthony's fire

orca *fn,* 1. cheeks *tsz* 2. *arc* face

orcátlan *mn,* cheeky, impudent, insolent

orcátlanság *fn,* cheek, impudence

ordas *fn, farkas* wolf

ordenáré *mn,* vulgar, indecent

ordinális hasznosság *fn,* ordinal utility

ordináta *fn,* ordinate

ordinátatengely *fn,* axis of ordinates, y-axis

ordít *i,* howl, shout; *oroszlán* roar; *szamár* bray ‖ *~ vkivel/vkire ráordít:* shout at sy

ordítás *fn,* shout(ing), howl(ing), roar(ing), bray(ing)

oregano *fn,* oregano

orfeum *fn,* variety theatre, music-hall

organikus *mn,* organic

organizál *i, US* organize, *GB* organise

organizált *mn, GB* organised, *US* organized

organizmus *fn,* organism ‖ *az emberi ~:* the human organism ‖ *mikroszkopikus ~:* microscopic organism

orgánum *fn,* 1. *szerv* organ 2. *hang* voice 3. *közeg, médium* organ, medium, media *tsz*

orgazda *fn,* receiver, fence

orgazmus *fn,* orgasm, climax

orgia *fn,* orgy

orgona *fn, növény* lilas; *hangszer* organ ‖ *~án játszik:* play the organ

orgonabillentyű *fn,* organ stop / key

orgonál *i,* play the organ

orgonasíp *fn,* organ pipe

orgonaszó *fn,* organ music, peal of the organ

orgonista *fn,* organist, organ-player ‖ *templomi ~:* church organist

orgyilkos *fn,* assassin, murderer, killer

orgyilkosság *fn,* assassination

óriás *fn,* giant

óriás csúszda *fn,* toboggan slide / chute

óriási *mn,* 1. giant, gigantic, huge, enormous, colossal, large 2. *szl remek, csodás,* first class, hot, *GB* smashing ‖ *~ fej: szl szórakoztató figura GB* a one, *GB* caution, *US* card, character, *GB*

good skin, hoot, *US* riot, scream || ~ **szám:** *GB* ace, hot number, hot stuff, humdinger, lulu, *GB* smasher, *US* winner, *US* wow
óriási! *ind.szó,* great! super(b)! groovy! wow! yahoo! fabulous! fantastic! gee! marvie! superduper!
óriáskerék *fn,* big wheel, Ferris wheel
óriáskígyó *fn,* boa (constrictor), python
óriás méretű *mn,* giant, gigantic, giant-sized, giant size
óriáspanda *fn,* giant panda
orientalista *fn,* orientalist
orientáció *fn,* orientation
orientálódik *i,* orient, orientate || ~ *vmilyen irányba/vmi felé:* orientate / orient oneself towards sg
orientálódás *fn,* orientation
origami *fn,* origami
origó *fn,* origin of ordinates
Orion *fn,* Orion, the Hunter
orkán *fn,* hurricane, tornado
ormány *fn,* trunk, proboscis (*tsz* proboscises)
ormótlan *mn,* clumsy, awkward, deformed
ornamentika *fn,* decoration, ornamentation, ornaments *tsz*
ornitológia *fn,* 1. ornithology 2. *tréf hétköznapi ért* bird-watching
ornitológiai *mn,* ornithological
ornitológus *fn,* ornithologist
orom *fn,* 1. *házé* top, ridge 2. *hegyé* top, peak, summit, crest, pinnacle
orosz *mn/fn,* Russian
oroszlán *fn,* lion || *nőstény~:* lioness || *bátor, mint az ~:* as brave as a lion || *az ~ok elé vet vmit/vkit: átv is* throw / toss sg/sy to the lions

oroszlánbarlang *fn,* lion's den || *az ~ban: átv is* in the lion's den
oroszlánkölyök *fn,* lion's whelp / cub, lionet
oroszlánrész *fn,* lion's share, the greatest part of sg || *övé az ~ vmiből:* he takes the lion's share of sg **oroszlánszívű** *mn,* lion-hearted, lion-heart || *O~ Richárd:* Richard the Lionheart
oroszlánüvöltés *fn,* the lion's roar
oroszlánvadász *fn,* lion hunter
oroszlánvadászat *fn,* lion hunting
Oroszország *fn,* Russia || *a cári ~:* Tsarist Russia, the Russia of the Tsars
oroz *i,* steal, filch, pinch
orozva *hat,* 1. on the sly, by stealth 2. *árulóként, áruló módon* treacherously
orr *fn,* 1. nose 2. *disznóé* snout 3. *hajóé* bow 4. *cipőé* point || *turcsi ~:* turned-up nose || *fitos ~:* snubnose || *sas~:* crooked nose || *uborka~/krumpli~:* beak, proboscic || *emberi ~: szl* beezer, bill, boko, bracket, bugle, conk, sniffer, snitch, snoz, snozzle, *US* schnozzie, smeller, pecker, nozzle, horn, hooter
orrcimpa *fn,* wing of the nose, side of the nose
orrcsíptető *fn,* pince-nez, nipper
orrfacsaró *mn,* pungent, penetrating
orrhang *fn,* nasal (sound) || *~on beszél:* nasalize, snuffle, twang, talk with a twang
orrhangú *mn,* nasal
orrhegy *fn,* point of nose
orrhosszal *hat,* || *~ győz:* win by a nose, win by a short head
orrlyuk *fn,* 1. nostril 2. *orv* naris
orrol *i, vmi miatt* resent sg, sulk for sg, take sg amiss
orrszarvú *fn,* rhinoceros, rhino

orrüreg *fn*, nasal cavity
orrvérzés *fn*, nose-bleeding, bleeding of the nose
orsó *fn*, spindle, trundle; *cérna, fonal* reel, spool
Orsolya *fn*, Ursula ‖ *O~-rend:* Ursuline Order
orsóz *i*, reel, wind
ország *fn*, country, land
országcímer *fn*, coat of arms, national arms
országgyűlés *fn*, parliament, national / general assembly
országgyűlési képviselő *fn*, Member of Parliament = MP (*tsz* Members of Parliament, Mps)
Országház *fn*, the Houses of Parliament *tsz*
országos *mn*, 1. national, nationwide, cross-country 2. *általános, köz-* general, public, accepted ‖ *O~ Levéltár:* National Archives *tsz*
országrész *fn*, county, region
országszerte *hat*, all over the country, throughout the country
országút *fn*, highway, high road
ország-világ *fn*, all the world, the whole world, everybody, everyone
ortodox *mn*, orthodox; *átv.* backward, old-fashioned
ortográfia *fn*, orthography
ortográfiai *mn*, orthographic(al)
ortopéd *mn*, orthopaedic ‖ *~ cipő:* orthopaedic shoes / boots
ortopédsebész *fn*, orthopaedic surgeon
orvos *fn*, 1. doctor, physician 2. *sebész* surgeon ‖ *katona~:* army surgeon ‖ *tiszti~:* medical / health officer ‖ *gyakorló/praktizáló ~:* medical practitioner ‖ *általános ~:* general practitioner, GP ‖ *házi~:* medical adviser ‖ *állat~:* veterinary doctor, vet
orvosdoktor *fn*, doctor of medicine, MD
orvos(tan)hallgató *fn*, medical student
orvosi *mn*, medical ‖ *~ bizonyítvány/igazolás/látlelet:* doctor's certicificate ‖ *~ jelentés:* medical bulletin ‖ *~ kar/fakultás:* medical faculty ‖ *~ kezelés:* medical treatment ‖ *~ vizsgálat:* medical examination
orvoslás *fn*, 1. *orv* medication, cure, healing 2. *bajoké, panaszoké* remedy, redress(ing)
orvosnő *fn*, lady-doctor, doctoress
orvosnövendék *fn*, medical student
orvosol *i*, *átv* remedy, redress
orvosolható *mn*, remediable, redressable
orvosság *fn*, 1. medicine, drug 2. *átv* remedy, cure ‖ *~ot felír:* prescribe some medicine
orvostanár *fn*, professor of medicine
orvostudomány *fn*, medicine
orvostudományi *mn*, medical ‖ *~ egyetem:* medical university ‖ *~ kar:* medical faculty, medical school, school of medicine
orvtámadás *fn*, stab in the back, attack from ambush
orvul *hat*, slyly, on the sly, by stealth, treacherously
orvvadász *fn*, poacher
orvvadászat *fn*, poaching
Oscar-díj *fn*, Oscar
ósdi *mn*, old, oldie, oldish, old-fashioned, out-of-date, out of fashion, outdated, old hat, conservative ‖ *~ nézetek:* old-fashioned views, out-of-date theories, out-dated notions

ósdi *fn, ember, elavult nézetekkel* old fogey
ósdiság *fn,* conservatism
oson *i,* sneak, slip by, scurry
ostábla *fn, játék* draughts *tsz,* chequerboard
ostoba *mn,* **1.** silly, stupid, senseless **2.** *ember* dull, idiotic, unintelligent, dumb, stupid **3.** *ötlet* foolish, stupid **4.** *szl emberről* dim, dingy, dopey, sappy, puddled, not all there, nobody home, *US* dizzy, *US* goofy ‖ **~ beszéd:** nonsense, rubbish
ostoba *fn, szl* ace, balloonhead, bananahead, block-head, cabbage, duffer, hunky, jackass, *US* lunchbox, meatball, melonhead, nerd, nut, prat, scatterbrain, thick-head, softy, whimp
ostobaság *fn,* **1.** *tulajdonság* stupidity, silliness **2.** *szöveg* nonsense, rubbish **3.** *szl ostoba beszéd* bullshit, hot air, jazz, mush, pop, guff, fudge
ostor *fn,* **1.** whip, lash **2.** *átv* scourge
ostorcsapás *fn,* lash / cut of the whip
ostornyél *fn,* whip-handle
ostoroz *i,* **1.** whip, lash **2.** *átv* scourge
ostrom *fn,* **1.** siege, assault **2.** *átv* importunity
ostromállapot *fn,* state of siege, state of martial law
ostromárok *fn,* trench, circumvallation
ostromló *fn,* besieger
ostromló *mn,* besieging
ostromol *i,* **1.** besiege, assault **2.** *átv* besiege, importune, pester, bombard
ostromzár *fn,* blockade
ostya *fn,* **1.** wafer **2.** *egyh* host
oszcillál *i,* oscillate
oszcillátor *fn,* oscillator

őszeres *fn,* **1.** junk-dealer, *GB* pedlar, *US* peddler, second-hand dealer **2.** *üzlet, bolt* second-hand shop
Oszkár *fn,* Oscar
oszladozik *i,* **1.** *felhőzet* disperse, decompose, dissipate **2.** *tömeg* disperse, break up
oszlás *fn,* dispersion, decomposition ‖ **~nak indul:** rot, decay, decompose
oszlik *i,* **1.** *tömeg* disperse, break up **2.** *vmire* be divided into sg, divide into sg, break into sg
oszlop *fn,* **1.** column **2.** *épület* pillar **3.** *híd* pier
oszlopcsarnok *fn,* colonnade, portico
oszlopfolyosó *fn,* colonnade, portico
oszlopfő *fn,* capital
oszlopos *mn,* columned ‖ **~ tagja vminek:** pillar of sg
oszloppárkány *fn,* cornice
oszlopsor *fn,* arcade, colonnade
oszlopzat *fn,* columniation, columns *tsz*
oszmán *mn,* Osmanli, Ottoman
Ószövetség *fn,* the Old Testament
oszt *i,* **1.** *mat* divide **2.** *kategorizál, csoportosít* classify **3.** *kioszt* deal out, allot, distribute, pass out **4.** *kézbead* hand out ‖ **~om a véleményét:** I share his opinion
osztag *fn,* squad, detail, detachment ‖ **kivégző ~:** firing squad
osztalék *fn,* dividend
osztály *fn* **1.** *iskolai* class, form, grade **2.** *társadalmi* class **3.** *részleg* department, section **4.** *kórházban* ward **5.** *kategória* class **6.** *bajnokságban* league, division
osztályfőnök/-nő *fn,* form master / mistress
osztályharc *fn,* class struggle

osztályoz *i*, **1.** *csoportosít* classify, range, rate, rank, sort **2.** *jeggyel értékel* mark, grade
osztálytárs *fn*, class mate
osztályterem *fn*, classroom
osztályzat *fn*, grade, mark
osztás *fn*, **1.** *mat* division **2.** *szétosztás* distribution, dealing out
osztatlan *mn*, **1.** *egységes, fel nem osztott* undivided, united, joint **2.** *egyöntetű* unanimous, general, whole / hearted
oszteopata *fn*, osteopath
oszteopátia *fn*, osteopathy
osztódás *fn*, ‖ *sejt~:* cell division, mitosis, cleavage
osztódik *i*, divide, be divided
osztozik *i*, **1.** *vkivel vmin* share sg with sy, divide sg among one another **2.** *szl* divvy, cut up ‖ *osztoznak a zsákmányon:* cut up the melon / *US* pie, cut up touches
osztrák *fn/mn*, Austrian
Osztrák-Magyar Monarchia *fn*, Austria-Hungary, the Austro-Hungarian Monarchy
osztriga *fn*, oyster
óta *névutó*, **1.** *vmettől fogva* since **2.** *vmennyi ideje folyamatosan for* ‖ **gyermekkorom ~:** since my childhood, since I was a child ‖ **1976 ~:** since 1976 ‖ **órák ~:** for hours ‖ **rég~:** for a long time, for ages
OTC-kereskedelem *fn*, over-the-counter market
Ótestamentum *fn*, the Old Testament
otromba *mn*, **1.** *ügyetlen* clumsy **2.** *durva* rough, rude, tough **3.** *tréfa* drastic, practical
otrombaság *fn*, clumsiness, roughness, rudeness, toughness
ott *hat*, there, in that place ‖ **~ fent:** up there ‖ **~ lent:** down there

ottani *mn*, there, of that place
otthagy *i*, **1.** *vkit/vmit* leave sy/sg swhere / behind **2.** *helyet* desert, abandon **3.** *szerelmest, kedvest* walk out on sy
otthon *hat*, home, at home ‖ **~ van:** he is at home, he is home ‖ *elindul ~ról:* leave home ‖ *érezd magad ~!:* make yourself at home!
otthon *fn*, home
otthoni *mn*, **1.** home **2.** *házi* domestic
otthoni *mn*, ‖ *az ~ak:* my family, my folks, my people
otthonka *fn*, dressing gown, housecoat
otthonos *mn*, **1.** *családias* homely, familiar **2.** *kényelmes* comfortable, cosy ‖ *~ vmiben/vhol:* be familiar with sg, be at home in sg
otthonról *hat*, from home
otthonülő *mn*, stay-home
ottlét *fn*, presence swhere, stay swhere ‖ *~em alatt:* during my stay there
ótvar *fn*, **1.** eczema **2.** *fejen* tinea, scalp disease **3.** *fán* scurf
ótvaros *mn*, **1.** eczematous, having tinea **2.** *fa* scurfy
ouzo *fn*, ouzo
óv *i*, **1.** *vkit vmitől/vkitől, vmi/vki ellen* protect sy against/from sg/sy, guard, shield **2.** *megőriz* keep **3.** *figyelmeztet vkit vmire/vmi ellen* warn sy against sg, give sy a warning of sg
ováció *fn*, ovation, cheering
óvadék *fn*, **1.** *jog* guaranty, bail **2.** *szerződésnél* security ‖ *~ ellenében szabadlábra helyez vkit:* release sy on bail, grant sy bail ‖ *kifizeti vkiért az ~ot:* stand bail for sy, put up bail for sy
ovális *mn*, oval

óvatlan *mn*, **1.** *elővigyázatlan, figyelmetlen* careless, reckless **2.** *szándékolatlan, véletlen* careless || **~ *mozdulat:*** a careless gesture / move / motion

óvatlanul *hat,* carelessly, recklessly

óvatos *mn,* careful (with sg/sy), cautious || **~ *gépkocsivezető:*** careful driver || *légy ~!* be careful! watch out! look out! take care! || *az ember nem lehet elég ~:* you can't be too careful

óvatosan *hat,* with care, carefully || *vezess ~!* drive carefully!

óvatosság *fn,* **1.** care, carefulness **2.** elővigyázatosság, körültekintés precaution

óvás *fn, figyelmeztetés* warning (to sy against sg) || *~t emel vmi ellen:* protest against sg

overall *fn,* **1.** overall, overalls *tsz,* bib and brace **2.** *kezeslábas* boiler suit **3.** *kisgyermeké GB* dungarees *tsz*

óvintézkedés *fn,* precaution(s) against sg/to avoid sg, precautionary measure(s)/step(s) to avoid sg; *biztonsági* security measures; *tűzrendészeti* fire precautions || *~eket tesz:* take the precaution (of doing sg), take / make measurements || *figyelmen kívül hagyja az ~eket:* neglect the precautions || *~ként:* as a precautionary measure

óvoda *fn,* **1.** kindergarten, nursery, infant school, nursery school **2.** *napköziotthonos GB* créche, *GB* day nursery, day care centre / *US* center

óvodás *fn,* nursery child

óvodáskorú *mn,* of nursery school age

óvodai nevelés *fn,* pre-school education

óvóhely *fn,* **1.** refuge (from sg) **2.** *légópince* air-raid shelter, civilian bomb-shelter

óvónő *fn,* kindergarten / nursery teacher, infant teacher

óvszer *fn,* **1.** contraceptive, contraceptive device **2.** *gumióvszer* condom **3.** *szl* bag, *GB* durex, *GB* mack, *GB* packet of three, French letter, Frenchy, Frenchie, *US* rubber, skin, Trojan, *US tabu* scumbag

ovuláció *fn,* ovulation

ovulál *i,* ovulate

Oxbridge *fn,* <*Oxford és Cambridge egyetemeinek közös elnevezése*> Oxbridge

oxid *fn,* oxide || *vas~:* iron oxide

oxidáció *fn,* oxidation, oxidizing, oxidization

oxidál *i, GB* oxidise, *US* oxidize

oxigenizáció *fn,* oxygenation

oxigenizál *i,* oxygenate

oxigén *fn,* oxygen

oxigénmaszk *fn,* oxygen mask

oxigénpalack *fn,* oxygen bottle / flask / tank

oxigénsátor *fn,* oxygen tent

ozmotikus *mn,* osmotic

ozmózis *fn,* osmosis

ózon *fn,* ozone

ózonbarát *mn,* ozone-friendly || **~ *spré:*** ozone-friendly aerosol

ózoncsökkenés *fn,* ozone depletion, thinning of the ozone-layer, diminution in the ozone-layer

ózondús *mn,* rich in ozone

ózonlyuk *fn,* ozone hole, hole in the ozone layer

ózonmentes *mn,* ozone-free, free of ozone

ózonpajzs *fn,* ozone layer

ózonréteg *fn,* ozone layer

Ö, Ő

ő *névm, férfi* he, *nő* she ~ *maga:* he ... himself, she ... herself *az* ~ *könyve:* his/her book *az* ~ *könyvük:* their book *ez* ~: it's him/her, that's him/her

öblít *i,* rinse sg out/through, scour, swill, give sg a rinse *szájat* ~: rinse one's mouth, wash out, gargle, *vécét* flush

öblítés *fn,* rinse, flush, laundering, swilling

öblítő *mn,* flushing, laundering, rinsing ~ *tál:* slop basin *mosogatáshoz* ~*víz:* dishwater, washwater

öblöget *i,* rinse, flush, gargle

öblös *mn,* 1. *üreges* cavernous, hollow 2. *hang* bass, deep, full-bodied 3. *kidomborodó* rounded, bulging, bulgy

öblösödik *i,* 1. hollow out, enlarge, splay 2. bulge out

öböl *fn,* gulf, bay, creek, cove, harbour

öcs *fn, öccse vkinek* younger/little brother of sy

öcsi *fn, megszólításban* boy, lad, chum, bud, buddy, dude

ödéma *fn,* oedema, *US* edema

Ödön *fn,* Edmund

ődöng *i,* roam, ramble, prowl about, wander

őfelsége *fn,* His/Her Majesty / Highness

őgyeleg *i,* loaf about, lounge, saunter along, hang around, dally, stand about

ők *névm,* they ~ *maguk:* they... themselves ~*et:* them

öklel *i,* 1. thrust, spear, lance 2. *állat* butt, *US* hook

öklendezik *i,* retch, keck, regurgitate, vomit

öklömnyi *mn,* 1. *parányi* tiny, wee, fistful, minute 2. *ököl nagyságú* as big as one's fist, a fistful of sg

öklöz *i,* pound, thump, pummel, punch with the fist, *sportban* box

öklözés *fn,* 1. punching, fisting, pummeling 2. *sportban, hárítás* save with the fists

ökológia *fn,* ecology

ökológus *fn,* ecologist

ökoszisztéma *fn,* ecosystem

ököl *fn,* fist ~*be szorítja a kezét:* clench / double one's fists ~*re megy:* come to blows / grips with sy

ökölcsapás *fn,* cuff, buffet, biff, blow with the fist, fistblow

ökölharc *fn,* fisticuffs, boxing, boxing match, *hivatásos bokszolóké* prize fight

ököljog *fn,* club law, fist law
ökölvívás *fn,* boxing, *hivatásos* prize fighting
ökölvívó *fn,* boxer, *hivatásos* prize fighter **~mérkőzés:** boxing match / contest
ökölvívó-kesztyű *fn,* boxing gloves *tsz*
ökör *fn,* **1.** ox *(tsz* oxen), bullock, steer, bovine **2.** *emberről* blockhead, thickhead, twit, nitwit, idiot, dolt
ökörfarkkóró *fn,* mullein, Aaron's rod, shepherd's club
ökörfogat *fn,* team / yoke of oxen, ox-team
ökörhajcsár *fn,* cattle drover, cattleman, herdsman, oxherd
ökörjárom *fn,* yoke, ox-bow
ökörködik *i, bolondozik* fool around, mess about / around
ökörnyál *fn,* gossamer, airthreads *tsz*
ökörség *fn, badarság* nonsense, rubbish, foolishness, stupidity, *hiba* mistake, error, fault
ökörszem *fn, madár* wren
ökumenikus *mn,* ecumenical
öl *fn,* **1.** *emberé* lap **2.** *hosszmértékegység* fathom **3.** *fa űrmérték* cord **~ben tart:** hold sy/sg in the lap **~be vesz vkit:** take sy on one's lap **~re megy vkivel:** come to grips with sy
öl *i,* kill, murder, slay, slaughter, liquidate, massacre, put sy to death, *orvul* assassinate, *állatot* slaughter, butcher, put down to sleep *vízbe* **~:** drown sy *szl kinyír, hidegre tesz* account for sy, cool, make cold meat of sy, wipe out
öldöklés *fn,* massacre, butchery, bloodbath, slaughter
öldöklő *mn,* murderous, killing, slaughterous, slaughtering
öldököl *i,* kill off, massacre, slaughter, butcher
öleb *fn,* lap-dog, pet-dog, tov dog
ölel *i,* embrace, hug, caress, put one's arms round sy *át~ vkit:* encircle / enfold sy in one's arms *levél végén záróformula* with love
ölelés *fn,* hug, embrace, cuddle
ölelgetés, ölelkezés *fn,* embrace, embracing, embracement, cuddling, hugging, snogging
ölelkezik *i,* cuddle, hug sy, embrace sy, *szl* have a snog, smooch
öles *mn, egy ölnyi* one fathom long / deep / broad, *nagy* tall, big **~termetű ember:** a six-footer
ölt *i, varr* stitch, make stitches **ki~i a nyelvét vkire:** stick / put out one's tongue at sy *magára* **~t:** put on sg *álruhát* **~:** mask, disguise *vmilyen alakot* **~:** assume / take a shape **hogy egyik szavamat a másikba ne ~sem:** to cut a long story short, in short
öltés *fn,* **1.** stitch, tack **2.** *orv* suture
öltöny *fn,* suit *egysoros* **~:** single-breasted suit **farmer~:** denim suit
öltönynadrág *fn,* suit trousers
öltönyszövet *fn,* suiting
öltözék, öltözet *fn,* clothes, garment, attire, dress, gown, robe, clothe *civil* **~:** plain clothes
öltözés, öltözködés *fn,* **1.** getting dressed **2.** dressing, clothing
öltözik *i,* dress oneself, put on one's clothes, *vmibe* attire oneself in sg, *felöltözik, öltözködik* get dressed, put on one's clothes, *magára kap vmit* roll on, throw on, *kiöltözködik* attire oneself in sg *jól* **~:** be well-dressed, smart

öltözködik *i*, get dressed, roll on, put on one's clothes

öltöző *fn*, dressing / changing room, *színházban* dressing room, green room, *kabin* changing cubicle, cabin, *próbafülke* fitting room, *ruhatár* cloakroom

öltözött *mn*, dressed *jól ~:* well-dressed, smart, neat *rosszul ~:* shabbily dressed, scruffy, scruffily dressed, *mintha a kutyák szájából szedték volna ki* look like sg the cat has brought / dragged in

öltöztet *i*, dress sy, get sy dressed, clothe, clothe, attire sy *egyenruhába ~ vkit:* uniform sy

öltöztetőnő *fn*, dresser, tire-woman

ölyv *fn*, hawk, buzzard

ömleng *i*, gush, be effusive, pour out

ömleszt *i*, pour, dump

ömlesztett áru *fn*, bulk goods / freight / cargo, goods in bulk *tsz*

ömlesztett sajt *fn*, processed cheese

ömlesztve *hat*, in bulk

ömlik *i*, **1.** *folyik* flow, pour **2.** *vmibe ömlik* pour, run **3.** *erősen* stream, gush *~ az eső:* it's raining cats and dogs *a folyó a tengerbe ~:* the river flows into the sea

ön *névm*, you *~ök:* you *az ~ könyve:* your book *az ~ök könyve:* your book *~é, ~öké:* yours *csak ~ után:* after you

ön- *előtag*, self-

önálló *mn*, independent, *pl. ország* self-supporting, self-sufficing / sufficient

önállóság *fn*, independence, autonomy, self reliance

önállósít *i*, make sy/sg independent, set sy up in *~ja magát:* make oneself independent, stand on one's own two feet

önámítás *fn*, self-deception / delusion

önarckép *fn*, self-portrait

önbecsülés *fn*, self-respect, self-esteem, proper pride

önbírálat *fn*, self-criticism

önbizalom *fn*, self-esteem / confidence / reliance

öncélú *mn*, self-contained, autotelic, wanton, with / having an end in itself

öncsonkítás *fn*, self-mutilation, self-inflicted injury, autotomy

önelégült *mn*, complacent, self-satisfied / contended, smug self-righteous

önéletrajz *fn*, **1.** *pályázathoz* curriculum vitae, CV, resume **2.** *irodalmi* autobiography

önellátás *fn*, **1.** self-sufficiency / catering/supply **2.** *gazdaság* autarchy

önellátó *mn*, self-supporting, self-supplying

önellentmondás *fn*, self-contradiction, contradiction in terms *~ba keveredik:* contradict oneself

önérzet *fn*, self-respect / esteem

önérzetes *mn*, self-respecting, self-confident, proud

önetető *fn*, self- / mechanical feeder

önfegyelem *fn*, self-discipline / control / command

önfejű *mn*, self-willed, hardheaded, headstrong

önfeláldozás *fn*, self-sacrifice, self-denial, devotion, unselfishness, staunchness

önfeláldozó *mn*, self-sacrificing, self-denying, unselfish, staunch

önfeledt *mn*, self-forgetting, enraptured

önfenntartás *fn*, **1.** subsistence, self-supporting, **2.** *áll* self-preservation *~i ösztön:* the instinct of self-preservation

öngól *fn*, self-goal, own goal
öngyilkos *fn*, suicider, self-destroyer
öngyilkosság *fn*, suicide, self-destruction **~ot elkövet:** commit suicide, take one's own life **~i kísérlet:** attempted suicide, suicide attempt
öngyújtó *fn*, (cigarette-) lighter
önhatalmúlag *hat*, arbitrarily, despotically
önhiba *fn*, one's own fault / mistake **~áján kívül:** through no fault of his/her own
önhitt *mn*, conceited, haughty, arrogant, self important,
önimádat *fn*, egotism, self-adoration, self-admiration, narcissism
önimádó *mn*, self-adoring, conceited, haughty, egotist, narcist
önindító *fn*, starting gear, automotive starter, starter
önismeret *fn*, self-knowledge, autognosis
önként *hat*, willingly, of one's own free will / own motion **~ jelentkezik/vállalkozik vmire:** volunteer to do sg
önkéntelen *mn*, involuntary, spontaneous, accidental, unplanned, unintended
önkéntes *mn*, voluntary, uncompelled, noncompulsory, free-will, volunteer
önkéntes *fn*, volunteer, noncompulsory
önkény *fn*, despotism, absolutism
önkényes *mn*, arbitrary, overbearing, autocratic, high-handed,
önkényuralom *fn*, autocracy, absolutism, dictatorship, despotism, totalitarianism
önkényesség *fn*, arbitrariness, tyranny
önkényuralom *fn*, despotism, autocracy
önképzés *fn*, self-education
önkielégítés *fn*, masturbation, *szl* hand-job **~t végez:** masturbate, *szl* bring oneself off, get it off, *férfi* beat off, *US* pull off, rub off, *nő* finger oneself, finger one's clit, play with oneself
önkioldó *fn*, delayed-action / automatic release, auto- / self-timer
önkiszolgálás *fn*, self-service
önkiszolgáló *mn/fn*, self-service, *US* self-serve, supermarket, groceteria **~ étterem:** self-service restaurant **~ élelmiszerbolt:** supermarket
önkívület *fn*, *eszméletlen állapot* unconsciousness, *átv* ecstasy, trance, delirium
önkormányzat *fn*, self-government, autonomy, local government
önköltség *fn*, cost-price, cost of production, overhead expenses
önköltségi áron *hat*, at cost price
önkritika *fn*, self-criticism **~át gyakorol:** exercise self-criticism
önmaga *nm*, himself, herself, itself **~ában:** in / by itself **~ától:** by itself
önmegtagadás *fn*, self-denial, abnegation, self sacrifice
önmegtartóztatás *fn*, self-restrain, abstinence
önmérséklet *fn*, self-restraint, self-control
önműködő *mn*, automatic, self-service
önpusztító *mn*, self-destroying, self-destructive
önrendelkezési jog *fn*, autonomy, right to free self-determination / to self-goverment,
önsúly *fn*, net weight, unladen weight, dead load
önszántából *hat*, of one's own free will, voluntarily, willingly
önt *i*, pour, *véletlenül kiönt* spill, *ércet*,

fémet cast, found, *formába* mould, *átv* infuse, inspire *bátorságot ~ vkibe:* encourage sy, breathe courage into sy *szavakba ~:* put sg into words
öntapadó(s) *mn,* self-adhesive, stick-on, self-sticker
öntelt *mn,* conceited, self-important / satisfied, swollen-headed
öntés *fn,* pouring, spilling, moulding
öntevékenység *fn,* spontaneous activity
öntisztító *mn,* self-purifying
öntő *fn,* foundryman *(tsz* foundrymen), metal caster / founder, moulder
öntöde *fn,* 1. foundry, smeltery 2. casting house
öntött *mn,* cast, moulded *~ vas:* cast iron, foundry iron
öntöz *i,* water sg, sprinkle, hose, *könnyekkel* wet, spatter sg with tears, *mesterségesen, pl. földet* irrigate
öntözés *fn,* watering, wetting, irrigation, sprinkling, hosing
öntözőcsatorna *fn,* irrigation canal
öntözőkanna *fn,* watering-can, *US* sprinkling can
öntözőkocsi *fn,* watering- / sprinkling car, streetsprinkler
öntudat *fn,* 1. *eszmélet* consciousness, senses 2. *öntudatosság* self-assurance, self-respect, self-awareness
öntudatlan *mn,* 1. unconscious, senseless 2. *cselekedet* unintentional, spontaneous, accidental, unpremeditated, instinctive
öntudatos *mn,* self-confident, self-concious, confident
öntvény *fn,* 1. moulding *(US* mol-) 2. *ötvözet* alloy, amalgam

öntvényez *i,* alloy, amalgamate
önuralom *fn,* self-command / control, composure, self-
önvád *fn,* self-accusation / reproach
önvallomás *fn,* confession, disclosure, avowal, admission
önvédelem *fn,* self-defence *(US* –se), self preservation *~ből* in / out of self-defence, by way of self-defence
önzés *fn,* selfishness, egotism, self-interest, self-love
önzetlen *mn,* altruistic, unselfish, selfless, generous
önzetlenség *fn,* altruism, unselfishness, selflessness
önző *mn,* selfish, egoistic, egotistic, self-centred *(US* -centered)
önző *fn,* egoist, selfish, self-seeker, egocentric, egotist, self-centered
őr *fn,* 1. guard, guardian 2. *katona* sentry, sentinel 3. *múzeumban* keeper, custodian 4. *börtönben* warder, guard 5. *átv vminek az őre* the guardian / custodian of sg *éjjeli ~:* night watchman *biztonsági ~:* security guard *~t áll:* be on guard, be on watch, keep / stand guard over sg
őrangyal *fn,* guardian angel
őrbódé *fn,* sentry box
ördög *fn,* the Devil, Satan, Lucifer *rossz szellem* fiend, *rég* Old Nick *~öt űz:* exorcise, *(US* –cize) *az ~be is!:* damn it! confound it! hell! *~e van:* strike it lucky, strike gold, hit luck
ördögfajzat *fn,* infernal brood, son of a bitch, a devil of a fellow
ördögi *mn,* 1. devilish, satanic, demoniac, diabolical 2. *gonosz* evil, malevolent,

ördögmotolla wicked, cruel, vicious **3.** *pokoli* infernal **~ kacaj:** satanic laughter

ördögmotolla *fn*, round about, *US* merry-go-round

ördögűzés *fn*, casting out of devils, exorcism, conjuration **~t végez:** exorcise (*US* –cize)

ördögűző *fn*, exorcist, witch-doctor, devil-caster

ördöngős *mn*, **1.** *megszállott* possessed, obsessed, cacodaemon **2.** *furfangos* devilish, fiendish **~ fickó:** a devil of a man / fellow

ördöngősség *fn*, witchcraft, devilment, black magic, devilry

öreg *mn/fn*, **1.** old, aged, advanced in years **2.** *korosodó* ageing, elderly *az ~ek:* the elderly, elderly people, the old (parents) *~em!:* old chap! old boy! old man! *az ~em (férjem):* my old man *az ~em (az apám):* my pop, dad, daddy, *megszólításban* man, matey

öregasszony *fn*, old woman

öregebb *mn*, older, *családban* elder *az ~ik bátyám:* my elder brother *ő két évvel ~ nálam:* he is two years older than me, he is two years my senior

öregedő *mn*, ageing, elderly

öregek otthona *fn*, old people's home, *kórházszerű* nursing home

öregember *fn*, old man, *szl* old guy / bloke

öreges *mn*, elderly, oldish, of old age, aged

öregfiú *fn*, *megszólításban* bud, dude, buddy, old chap, old boy, old lad, old man

öregfiúk *fn*, old boys

öreg harcos *fn*, *szl tapasztalt, sokat látott* old-timer, old stager, old war-horse

öregít *i*, make sy look older, age sy, make sy older

öregkor *fn*, old age **~ára/ ~ában:** in her/his old age, in one's declining years

öreglány *fn*, old girl / woman, *szl* old battle-ax, old bat / cow, *vkinek a felesége* one's old lady, the old woman, *vénlány, aggszűz* old maid, spinster, *megszólításban* mother, old bag, old hag, *vkinek az anyja* mom, mum

öregség *fn*, old age, agedness **~ére:** in her/his old age

öregségi nyugdíj *fn*; old-age pension

öregszik *i*, get / grow older, get in on / advance in years

őrhajó *fn*, guard / vedette ship / boat

őrház *fn*, **1.** guard house, watchman's hut / house **2.** *bódé* sentry-box **3.** *vasúti* signal-box / cabin, *US* switch tower **4.** *US* signal tower

őrhely *fn*, post, watchpost *az ~én:* at one's post

őriz *i*, **1.** watch, guard, take care of **2.** *nyájat tend* **3.** *szemmel tart* watch, keep an eye on sy/sg, keep watch **4.** *megtart* keep, preserve **Isten ~z!:** God forbid!

őrizet *fn*, **1.** *megőrzés* safe, care, charge, protection **2.** *rendőri* arrest, custody **~be vesz vkit:** arrest sy, put sy under arrest, take sy under custody **~ben van:** be under arrest

őrizetlen *mn*, unguarded, unprotected

őrizkedik *i*, **1.** be on guard against sg, beware of sg **2.** *távoltartja magát* refrain from sg, abstain from sg, guard against sg

őrjárat *fn*, patrol, picket **~ot tart az utcákon:** patrol the streets, carry out patrols of the streets

őrjítő *mn*, madding, enraging, raging

őrjöng *i*, rave, rage, rave and storm / with fury

őrjöngő *mn*, raving, raging, furious, frenzied, frantic

őrködik *i*, 1. be on guard, guard sg, keep guard over, keep watch 2. *vigyáz vmire* take care of sg, keep an eye on sg, watch over sg, guard over sg 3. *falaz vkinek, vmihez* keep a look-out

örmény *mn/fn*, Armenian

Örményország *fn*, Armenia

őrmester *fn*, sergeant, mess sergeant, *szl* sarge

őrnagy *fn*, major

örök *mn*, eternal, ceaseless, endless, everlasting, perpetual **~ időkre:** for ever, in perpetuity **~ időktől fogva:** from / since time immemorial **~ élet:** eternal life, life everlasting **~ igazságok:** eternal truths

örökbe fogad *i*, adopt / affiliate sy

örökbefogadás *fn*, adoption, affiliation

örökbefogadott *fn/mn*, adoptee, adopted, adoptive

örökébe lép *i*, *vkinek* succeed sy to sg, in doing sg as sg

örökké *hat*, forever, permanently, eternally, everlastingly **~ hálás vkinek vmiért:** eternally grateful to sy for sg **örökkön- ~:** for ever and ever

örökkévalóság *fn*, eternity, perpetuality, infinity *egy ~nak tűnt:* it seemed like an eternity *az ~ számára/mindörökre:* for all eternity

öröklakás *fn*, freehold /privately owned / owner occupied flat, *US* condominium

öröklés *fn*, 1. succession, destent, inheritance 2. *genetikai* heredity **~ útján:** by way / right of succession

örökletes *mn*, 1. *orv* hereditary 2. *ált* heritable, inheritable

öröklődik *i*, *genetikailag* be hereditary, run in the family / blood, *vagyon* be handed down from sy

öröklött *mn*, *genetikailag* hereditary, inborn, innate, *vagyon* inherited

örökmécses *fn*, sanctuary lamp

örököl *i*, *vmit vkitől* inherit sg from sy, be heir to sg, come into a legacy

örökölhető *mn*, hereditary, heritable, inheritable

örökös *fn*, 1. *jogutód* successor, hereditary, heir 2. *vminek az örököse* inheritor of sg, *nő* heiress **trón~:** the heir to the throne **kizárólagos/egyedüli ~e vminek:** the sole heir to sg **kinevez vkit ~évé:** appoint sy as one's heir

örökös *mn*, állandó, folytonos perpetual, ceaseless, continuous, unending, continual, constant, eternal, endless **~ panaszkodás:** eternal complaining, perpetual moaning *örökléssel kapcsolatos* hereditary

örökösödés *fn*, succession, inheritance, heritage

örökösödési adó *fn*, inheritance tax, legacy duties

örökre *hat*, 1. for ever, in perpetuity, perpetually, everlastingly, for always 2. *szl* till the cows come home, *szl* till / until hell freezes over

örökség *fn*, *pénz, ingatlan* inheritance,

örökzöld

bequest, heritage, *US* estate, *családi örökség, tárgy* heirloom, *végrendeletben* legacy from sy, bequest, *átv értelemben, szellemi* inheritance, legacy *kizár vkit az ~ből:* disinherit sy, deprive of succession, disposess sy *örök(ség)ül hagy vmit vkinek:* bequeath sy sg, bequeath sg to sy

örökzöld *fn/mn*, evergreen

őröl *i*, **1.** *darál* grind, mill **2.** *húst* mince

őrölt *mn*, ground, milled, minced

öröm *fn*, joy, gladness, felicity, delight *~et szerez vkinek:* please sy, delight sy, give sy pleasure *~ét leli vmiben, élvez vmit:* find / take pleasure in sg, enjoy sg / doing sg, *szl* get a kick / thrill out of sg

örömhír *fn*, good news, glad tidings *pl*

örömittas *mn*, overjoyed, crazy / mad with joy

örömkönny *fn*, tears of joy

örömmámor *fn*, ecstasy / thrill of joy

örömmel *hat*, gladly, with pleasure, joyfully *kész ~:* with pleasure, gladly, most willingly / readily

örömrivalgás *fn*, shouts of joy, cheers

örömszülők *fn*, parents of the bride and bidegroom

örömtelen *mn*, joyless, cheerless

örömteli *mn*, joyful, joyous, cheerful, gladsome

örömtűz *fn*, bonfire

örömünnep *fn*, festival, feast, jubilee, high day, celebration

őrparancsnok *fn*, commander of the guard

örs *fn*, **1.** sentry, patrol **2.** *hely* station *rendőr~* police station / headquarters, guardroom

őrség *fn*, **1.** guard, sentry **2.** *vár* garrison

őrségváltás *fn*, **1.** changing of the guard **2.** *átv* take-over, change-over

őrszem *fn*, **1.** watchman, sentry, sentinel **2.** *lovas* vedette

őrszoba *fn*, **1.** police station, *szl GB* copshop **2.** *katonaság* guard room, post

őrszolgálat *fn*, duty, guard, sentry *~ot teljesít:* be on duty / guard / watch / look-out

őrtorony *fn*, watch tower, look-out

őrtűz *fn*, watch fire

örül *i*, *vminek* rejoice over sg, be glad of sg / to do sg, be pleased with sg *~ök, hogy megismerhetem:* nice / pleased / glad / delighted to meet you *~, mint majom a farkának:* be over the moon, be pleased as / like a dog with two tails, walk on air

őrület *fn*, **1.** madness, insanity, frenzy, craze, distraction **2.** *tud* dementia

őrületes *mn*, mad, crazy, sensational, splendid, superb, wonderful, fantastic

őrült *mn*, mad, crazy, lunatic, insane, demented, nuts *szl* moonstruck *~ sok:* lots / heaps of sg *meg~:* be out of one's mind / wits, mad as a hatter / March hare

őrült *fn*, **1.** fool, crazy, madman, loony, insane, lunatic **2.** *szl* coot, crackpot, cuckoo, nut **3.** *megszállott* fan, -crazy, -hound, nut, -fiend *foci~:* he is a soccer buff / bug / -fiend, he is soccer-crazy

őrültekháza *fn*, **1.** lunatic asylum, mental hospital **2.** *átv* madhouse, circus, Grand Central Station **3.** *szl* nuthouse, happy farm

örv *fn*, **1.** whorl **2.** *kutyáé* collar **3.** *madártollazat* ring

örvend *i,* be happy to do / pleased with sg, rejoyce at / over sg, be delighted to do sg/glad of sg, *élvez vmit* enjoy sg / doing sg *~ek a szerencsének:* nice / glad / pleased to meet you *jó egészségnek ~:* enjoy a good health, be in good health

örvendetes *mn,* happy, rejoycing, pleasing, joyful, *hír* good, welcome, heartening, joyful

örvendezik *i,* rejoice, be delighted, jubilate

örvény *fn,* **1.** whirlpool, maelstrom, swirl **2.** *átv* whirl, bustle, turmoil

örvénylik *i,* whirl, swirl, bustle

őrvezető *fn,* lance corporal

őrző-védő *mn,* watch and guide

Örzse, Örzsi *fn,* Betty, Liz, Lizzy

ős *fn,* ancestor, forefather, forebear, progenitor, *előd* predecessor

ős *mn,* ancient, ancestral, aboriginal

ősbemutató *fn,* world premiére, first night

ősember *fn,* **1.** primitive / prehistoric man **2.** *barlangban* caveman

őserdő *fn,* jungle, tropical forest, virgin forest

őshaza *fn,* original home, country of origin

őshonos *mn,* native, indigenous, endemic

ősi *mn,* ancient, ancestral, primeval, primordial

ősidők *fn, tsz* bygone days, ancient times *~ óta, ~től fogva:* from time immemorial, for ages

őskor *fn,* **1.** *történelem előtti idők* prehistory **2.** *ált* prehistoric / primitive age

őskori *mn,* prehistoric, ancient, primitive

őskőkor *fn,* Old Stone Age, paleolithic age

ősközösség *fn,* primitive society

őslakó *fn,* native, aborigines, original inhabitant

őslakos *mn,* aboriginal, native

őslakosság *fn,* aborigines *tsz,* original inhabitants *tsz,* natives *tsz*

őslénytan *fn,* palaeontology (*US* -paleon)

ősrégi *mn,* ancient, ancestral, antique, of antiquity

őstermelő *fn,* primary producer, farmer

őstörténet *fn,* prehistory

ösvény *fn,* footpath, trail, track

ősz *fn,* **1.** autumn, fall, **2.** *US* Indian summer *~szel:* in autumn / fall

ősz *mn,* **1.** grey, *US* gray **2.** *hajú* grey-haired, white-haired, *US* gray-haired, silver-haired hoary

őszes *mn,* **1.** greyish, *US* grayish **2.** getting / turning / touched with grey / *US* gray

őszi *mn,* autumnal, of autumn, fall *~ táj:* autumnal landscape / scene *~ búza:* winter / autumn wheat

őszibarack *fn,* peach

őszike *fn,* saffron, upstart

őszinte *mn,* honest, free-spoken, hearty, outright, plain, frank, sincere *levélben ~ híve:* yours sincerely / faithfully

őszintén *hat,* **1.** frankly, sincerely, honestly, truthfully, open-heartedly, plainly **2.** *szl* straight from the shoulders *~ szólva:* to tell you the truth, to say the truth, to be frank, as a matter of fact, frankly speaking

őszinteség *fn,* frankness, openness, sincerity, honesty, outspokenness

őszirózsa *fn,* aster, Michaelmas daisy

össz- *elölj,* total, pan-, global, general

összbenyomás *fn,* general / overall impression

összbevétel *fn*, total income / earning, takings *tsz*

össze- *elölj/hat*, together

összead *i*, **1.** *matematika* add up / together figures, sum up figures, *biz* tot up, tot up a column of figures, totalize, summate **2.** *esket* marry, wed

összeadás *fn*, addition, adding, sum *elvégez egy ~t:* add up a sum, do a sum

összeáll *i*, **1.** *csoport* assemble, get together, gather, gang up, club together **2.** *vkivel* take up with sy, team up with sy **3.** *folyékony anyag besűrűsödik* thicken, congeal, coagulate

összeállít *i*, **1.** *ált* compile, make up **2.** *listát* draw up, set up **3.** *eszközt* put together, fit together, piece together, assemble

összeállítás *fn*, **1.** *részekből* assembling, assemblage, set-up **2.** *csapaté* selection of a team, selecting a team, set-up **3.** *műsor* organizing a programme, arrangement **4.** *kínálat* assortment, list, choice, variety

összebalhézik *i*, *szl vkivel* quarrel with sy, have a row with sy, go at each other

összebarátkozik *i*, *vkivel* make / become friends with sy, chum / pal up with sy, get matey with sy

összebeszél *i*, be in concert with sy, conspire with sy, connive with sy, make mutual arrangements

összeboronál *i*, **1.** match / make sys **2.** *vkit vkivel* fix sy up with sy, get sy off with sy

összeborzol *i*, rumple, muss up, dishevel, ruffle

összebújik *i*, press close together, nestle up to sy, huddle together

összecsap *i*, **1.** *kezet* clap **2.** *gyorsan elvégez vmit* knock together, knock up **3.** *ellenféllel* join battle with sy, clash with sy *~tak a feje fölött a hullámok:* the waves dashed / broke over his head

összecsapás *fn*, fencing / bout engagement, collision, clash

összecsavar *i*, screw up, roll up, wind, twist, interwind

összecsavarodik *i*, twist up, roll / wind / coil itself up

összecserél *i*, *vmit vmivel* mix up sg with sg, confuse sg with sg, *vkit vkivel* mistake sy for sy

összecsókolózik *i*, **1.** kiss sy **2.** *autóval* collide with sy, smash a car

összecsomagol *i*, pack up, do one's packing, make sg up in a parcel

összecsődít *i*, gather / mob together, assemble, crowd

összecsődül *i*, assemble, get together, gather, flock together

összecsuk *i*, close, shut, fold up

összecsukható *mn*, folding, collapsible, close-up

összedob *i*, pool, whomp sg up, knock sg off / out, tear sg off

összedől *i*, **1.** collapse, tumble down, crumble **2.** *átv* break down, get ruined

összeegyeztet *i*, **1.** accommodate, tone in with, unite **2.** *vmit vmivel* compare, collate, reconcile sg with sg **3.** *nézeteket, embereket* reconcile, conciliate

összeegyeztethetetlen *mn*, incompatible with sg, inconsistent with sg

összeegyeztethető *mn*, compatible with sg, reconcilable, be in keeping with sg

összcenged *i,* **1.** let come together, let mix **2.** *ellenségeket* bring together/face to face

összeér *i,* meet, touch, abut on

összeesik *i,* **1.** *eszméletlenül* fall into / go off in a swoon, *rosszul lesz vmitől* collapse, fall down with sg, drop, *elájul* faint **2.** *egybeesik időben vmivel* coincide with sg, concur **3.** *belapul* deflate, go flat, collaps

összeesket *i,* wed / marry sy

összeesküvés *fn,* conspiracy, plot against sy *~t sző vki ellen:* plot / conspire against sy, weave a plot against sy

összeesküvő *fn,* conspirator, plotter

összefér *i, vkivel jól kijön* get on with sy, get along with sy, get on well with sy, harmonize with sy, *vmivel* assort with sy, be compatible / consistent with sg

összefércel *i,* stitch / tack together

összeférhetetlen *mn/fn,* incompatible, inconsistent, *személy fn,* unsociable, insociable, bad-tempered

összefog *i,* hold together, hold up, gather up, *rögzít* fix, fasten, *egyesít* coordinate, organise

összefoglal *i,* summarize, sum up

összefoglalás *fn,* summary, summing up, sum-up, recapitulation, resume

összefoglaló *mn,* comprehensive, summary

összefon *i,* interlace, interweave, splice, *kart* fold, cross, lock, *hajat* plait, braid

összefonódik *i,* interweave, be interwoven with, interlock

összeforr *i,* weld, *törés* knit, set, join, *seb, var* heal, heal up, be closed by scar

összeforraszt *i, fémet* weld, braze, solder together

összefut *i,* **1.** converge, run against, *vkivel véletlenül* come across sy, bump into sy, run into, *emberek* get together, assemble / flock together, run together **2.** *tej* turn, curdle, turn sour

összefügg *i,* hang together, cohere, relate, *vmivel* be connected with sg, cohere, have a bearing upon sy, bear upon sg

összefüggés *fn,* connection, relation, coherence, coherency, context, inherency *~ben van vmivel:* be connected with sg, have sg to do with sg, be related to sg, have a bearing upon sg, correlate to / with sg, bear a relation to sg

összefüggéstelen *mn,* incoherent, disconnected, *beszéd* meandering, rambling, disjointed

összefüggő *mn,* connected, coherent, cohesive

összefűz *i,* bind, stitch, sew, tack, staple, *áty* unite, join, tie, link

összeg *fn,* summation, aggregate, *pénzösszeg, summa* sum, amount, *eredmény* total, tot **valamekkora *~re rúg/~et kitesz:*** amount to sg, run to sg *egy~ben fizet:* pay prompt / cash

összsegabalyít *i,* tangle up, mix up, mess up

összegabalyodik *i,* get tangled up, get mixed up

összegez *i,* foot up, *összead* add up, sum up, total, *összefoglal* sum up, *US* summarize, *GB* summerise

összegezve *hat,* in summary, in sum, to sum up, summarily, *mindent* first and last

összegömbölyödik *i,* roll into a ball, roll up, curl up

összegöngyöl *i,* roll up, coil up, wrap up, furl, interwind, take up
összegszerű *mn, számszerű* numerical
összegszerűen *hat,* numerically
összegzés *fn,* **1.** adding up, addition, summing-up, sum-up **2.** *összefoglalás* recapitulation
összegyűjt *i,* collect, gather, accumulate, assemble, congregate, aggregate, get together, rally
összegyűlik *i,* **1.** *tömeg* assemble, get / flock / gather together, gather **2.** *felhalmozódik* pile up, accummulate
összegyűr *i,* crumple, crease, crinkle, squash
összegyűrődik *i,* become / get crumpled / creased / crinkled / squashed
összehajlít *i,* fold up, bend
összehajt *i,* **1.** fold up, double up, roll up **2.** *állatokat* drive together, round up
összehajtható *mn,* folding, collapsible
összehangol *i,* **1.** *nézeteket* coordinate, harmonize, reconcile **2.** *zene* bring into accord, tune, accord
összehasonlít *i,* **1.** compare, collate **2.** *vmit/vkit vkivel/vmivel* compare sg/sy to / with sg/sy, make a comparison between sg and sg, set sg against sg
összehasonlítás *fn,* comparison, colletion, parallel *az ~ kedvéért:* for comparison
összehasonlíthatatlan *mn,* **1.** unique, inimitable, unparalleled, unmatched, incomparable **2.** *mindent felülmúló* beyond / without compare / comparison
összehasonlítható *mn,* comparable with / to sg/sy, paralellable, imitable
összehasonlíthatóság *fn,* comparability
összehasonlító *mn,* comparative

összehasonlító viszonyszám *fn,* ratio of comparison
összehasonlítva *hat,* **1.** as compared to / with sg/sy, by comparison, in comparison with / to sg/sy **2.** *viszonylag* comparatively, relatively
összeházasodik *i, vkivel* marry sy, get married to sy, mate with sy
összehív *i,* call together, summon, convene, convoke
összehord *i, vmit* collect, bring/back together, pile up, get together **hetet-havat ~:** talk rubbish / nonsense, talk through one's hat
összehoz *i,* **1.** bring together **2.** *vkit vkivel* put sy in touch with sy, introduce to one another
összehúz *i,* pull / draw together, close, contract **~za magát:** double / hunch up, *átv* curtail / retrench / cut down one's expenses
összehúzódik *i,* **1.** knit **2.** *izom* contract **3.** *anyag* shrink
összeilleszt *i, részeket* put together, assemble, match, piece together, fit together, join up / together
összeillik *i,* fit, suit, match, be suitable, tally, tone in with
összeillő *mn,* fitting, matching, well-matched, suitable
összeír *i,* **1.** *listáz* draw up, compile **2.** *egybe* write in one word, write together **3.** *lakosságot, népességet* take the / a census of sy
összeírás *fn,* **1.** register, list **2.** *munka* registration, listing **3.** *népességé* census
összejár *i,* **1.** mix **2.** *vkivel* associate / socialize with sy

összejátszik *i,* **1.** *vkivel* collude with sy, conspire with sy, collaborate with sy, team up with sy, **2.** *átv* coincide with sg, *vki ellen* be against sy, be in league against sy
összejön *i,* **1.** assemble, gather, meet, **2.** *sikerül* be successful, succeed in doing sg
összejövetel *fn,* **1.** party, meeting, assembly, get-together, reunion **2.** *buli US szl* bash-up, knees-up, rave *szl,* housewarming *~t rendez:* give / throw a party, have a knees-up
összekap *i,* **1.** snatch up, bundle up / together **2.** *vkivel* quarrel with sy, have a row with sy
összekapcsol *i,* **1.** connect, join, link **2.** *telefonon* put sy through to sy, connect **3.** *kapoccsal* clip together, clamp, fasten, clasp **4.** *átv* associate sy/sg with sy/sg
összekarmol *i,* scratch, claw, scrape
összeken *i,* besmear, smudge, bedaub
összekerül *i, vkivel* meet sy, come across sy
összekever *i,* **1.** mix up, mingle, confound, confuse **2.** *kártyát* shuffle **3.** *vkit vkivel* mistake sy for sy, confuse sg with sg
összekeveredik *i,* **1.** *vmivel* be / get mixed up with sg **2.** *véletlenül* jumble, get confused, get mixed / jumbled up
összekovácsol *i,* weld / forge together
összeköltözik *i, vkivel* set up house together, move in with sy, go to live with sy
összeköt *i,* **1.** tie up, fasten, bind **2.** *átv* unite, combine, link, connect, join up *~i a kellemeset a hasznossal:* combine the useful with the agreeable
összekötő *mn,* joining, connecting, linking *~ kapocs:* joining / connecting link *~*

szöveg: connecting / linking text, running commentary
összekötő *fn, sportban* side, inside, back *jobb~:* inside right, *referens* contact person, co-ordinator
összeköttetés *fn,* **1.** connection, contact, relation **2.** *protekció* connections *tsz,* nexus **3.** *közlekedésben* connection **4.** *telefon* connection, line, telephone service *közvetlen ~:* through connection / train *üzleti ~ek:* business relations *jó ~ei vannak:* have good connections, be well connected, have influential friends *~be lép vkivel:* get in touch with sy, *szl protekció* ropes and chains, strings, drag, wires *szl jó ~ei vannak vkivel:* have a big drag with sy, have juice with sy *megmozgatja az ~eit vminek az érdekében:* pull wires / ropes and chains, pull a few strings to do sg, use influence
összemegy *i,* **1.** *autó* crush **2.** *kisebb lesz* shrink **3.** *tej* curlde, get sour
összenéz *i, vkivel* exchange glances with sy, catch each other's eye
összenő *i,* grow together, join, heal up
összeomlik *i,* **1.** collapse, *épület* tumble down, fall down **2.** *átv* get ruined
összerak *i,* put /fit / join / piece together
összeredmény *fn,* overall result, total
összeroppan *i,* **1.** crack up, break down **2.** *összedől* collapse **3.** *idegileg* break down, go all to pieces, messed up
összeroppanás *fn,* breakdown, collapse
összérték *fn,* total value
összeroppant *i,* **1.** *vkit idegileg* cause sy to break down, crush, crunch **2.** *szl. kikészít US* crack sy up, drive one off one's nut

összes *mn,* 1. all the ..., total, whole 2. minden egyes every, each **Shakespeare ~ művei:** the complete works of Shakespeare
összesen *hat,* all, altogether, together, in all, in sum, in total
összesereglik *i,* flock, flock together, get together, throng, congregate
összesít *i,* 1. add / sum up, totalize 2. *összefoglal* sum up, summarize
összesítés *fn,* 1. adding up, summing up, sum-up, totalizing 2. *összegzés* summary
összesített *mn,* total, global
összesöpör *i,* sweep, sweep together
összespórol *i,* save up, scrape together, put money aside
összesség *fn,* whole, complex, entity, complex entirety, totality, *önálló egész* entity
összesúg *i,* 1. talk secretly, put one's heads together 2. concentrate
összesűrít *i,* thicken, condense, densify
összeszámol *i,* count / reckon up
összeszed *i,* 1. gather, rally, rake up, collect 2. *összespórol* scrape together **~i magát:** pull / get oneself together, collect / recover oneself, *szl* **összekapja magát** gather oneself together, pick oneself up, brace oneself up
összeszerel *i,* assemble, mount, fit together, put together, set up
összeterel *i,* drive together, herd, round up
összetétel *fn,* 1. joining, combining 2. *kész* composition, make-up, compound, content
összetett *mn,* 1. combined, complex, joined 2. folded, clasped
összetéveszt *i, vkit vkivel* mistake / take sy for sy, confuse sg and /with sg, mix sg up with sg

összetör *i,* break up, break into pieces, smash up, crush, crush up
összetűz *i,* 1. staple, tack, *tűvel* pin / stitch / fasten / clip together 2. *rögzít* fix, fasten 3. *átv* clash with sy, pick a quarrel with sy
összeütközik *i,* 1. bump, clash, collide, conflict 2. *vkivel/vmivel* collide with sy/sg, clash against sy/sg, have a conflict with
összevissza *hat,* 1. in a mess, jumbled, shuffled, disarranged, scrambled, upside 2. *önkényesen* at random
összevisszaság *fn,* confusion, chaos, mess, jumble, disorder
összezavar *i,* 1. unsettle, pertube 2. *vkit* upset, confuse, perplex, bewilder, baffle, entangle, mix up 3. *dolgokat* mess up, muddle up, jumble, scramble, make a mess of sg
összezördül *i,* altercate, quarrel, pick a quarrel, be at loggerheads
összfogyasztás *fn,* total / general consumption
összhang *fn,* 1. harmony, accord, consonancy, unison 2. *egyezmény* agreement, unity, conformity **~ba hoz:** bring into harmony, tune **~ban van vmivel:** be in harmony / line / tune with sg, fit in with sg, chime in with sg, correspond with sg
összhangzat *fn,* harmony, accord, tune, consonance
összhaszon *fn,* total utility
összhatás *fn,* general / overall impression, total effect
összjáték *fn,* 1. *munka* teamwork 2. *műsz* interplay
összjövedelem *fn,* total income
összkép *fn,* general aspect, overall impression / picture / view of sg, image

összkomfort *fn*, all modern conveniences / amenities *tsz, biz* mod cons *tsz*
összkomfortos *mn*, with / having all modern conveniences
összköltség *fn*, total costs, total expenditure
összpontosít *i, vmire* concentrate / focus on sg / doing sg *~ja a figyelmét vmire:* focus one's attention on sg, concentrate one's mind / attention on sg
összpontosul *i,* become concentrated / focussed / centred on sg, focus
összsúly *fn*, total weight, gross weight
össz-szövetségi *mn*, all-union, Federal
összteljesítmény *fn*, total output / power
össztermék *fn*, total product, overall yield
össztermelés *fn*, total output / production, gross output
össztermés *fn*, gross yield
ösztökél *i*, urge sy to do sg, stimulate sy to do sg, spur sy to do sg
ösztökélés *fn*, stimulation, incitement, excitation, prompting, spur
ösztön *fn*, 1. instinct for sg to do sg 2. *késztetés* impulse to do sg, impulsion
ösztöndíj *fn*, scholarship, bursary, exhibition, stipend, sizarship, fellowship
ösztöndíjas *fn*, scholar, holder of a scholarship, sizar
ösztöndíjas *mn*, stipendiary, with scholarship
ösztönös *mn*, 1. impulsive, instinctive, intuitive, spontaneous 2. *meggondolatlan* spur-of-the-moment
ösztönösen *hat*, instinctively, by instinct, on impulse, impulsively, intuitively
ösztönösség *fn*, spontaneity, impulsiveness, intuition
ösztönöz *i*, urge sy to do sg, incite sy to do sg, stimulate / encourage sy to do sg

ösztönzés *fn*, urge, urging, impetus, incitement, stimulation, impulse, incentive, fomentation, spur, stimulus, fillip
ösztönző *mn*, 1. stimulating, stimulative, actuating, inciting, 2. *anyagilag* incentive
őszül *i*, US gray, grey, turn / go / become gray *a halántéknál ~:* grey at the temples *bele~ vmibe:* get white hairs from sg
öszvér *fn*, mule *csökönyös, mint az ~:* as stubborn as a mule, mulish
öt *számn*, five
őt *névm*, him, her
ötágú csillag *fn*, five-pointed star, pentagon
ötcsillagos *mn*, five-star(red)
ötéves *mn*, five-year-old, five years of age, five years old *~ terv:* five-year plan
ötlet *fn*, 1. idea, brainchild, ingenious thought 2. *hirtelen ötlet US* brainstorm, *GB* brainwave *vmilyen ~e támad:* have a sudden idea, get an idea, come up with an idea *remek ~e támad:* have a brainstorm / brainwave *még csak ~em sincs róla:* I have no idea about it, have not the faintest notion of sg *fontolgat egy ~et:* entertain an idea, entertain the idea of doing sg *eljátszadozik egy ~tel:* toy with the idea of doing sg *pej. butaság, baromság fantasztikus egy ~:* bright idea, crotchet, crank, brain-wave, brain-storm
ötletbörze *fn*, brainstorming
ötletes *mn*, 1. *szellemes* witty, clever, full of ideas, brainy 2. *találékony* inventive, rich in ideas, creative, constructive
ötletszerűen *hat*, at random, randomly, unmethodically, haphazardly
ötlik *i, eszébe ~ vmi:* it occurs to sy, it flashes through one's mind

ötórai tea *fn*, 1. five-o'-clock tea 2. *táncos rendezvény* dansant, tea dance
ötöd *számn*, fifth part
ötödik *számn*, fifth *~én:* on the fifth *az ~ osztályba jár:* he is in / attend the fifth class / form *US* grade
ötöl-hatol *i*, beat about / around the bush, hum *US* hem and haw
ötös *fn, szám* number five, figure five *~ számú:* number five, *bankjegy* fiver, *US* five-spot
ötszáz *számn* five hundred *~as bankjegy:* monkey
öttusa *fn*, modern pentathlon
öttusázó *fn*, modern pentathlete
ötujjas kesztyű *fn*, gloves
ötven *számn*, fifty *~ egynéhány éves:* be in one's fifties
ötvenes *mn*, fifty, of fifty, *bankjegy* fifty *az ~ években:* in the fifties, in the 50s
ötvös *fn*, goldsmith, silversmith
ötvöz *i*, alloy sg with sg, mix, amalgamate
ötvözet *fn*, alloy, amalgam
öv *fn*, 1. girdle, sash, belt, waistband 2. *éghajlati* zone *forró ~:* torrid zone *mérsékelt ~:* temperate zone *hideg ~:* frigid zone *biztonsági ~:* safety belt, seat belt *zöld~(ezet):* green belt *~ön aluli ütés:* a hit below the belt, *sportban* punch below the belt, foul punch / blow
övé *névm*, his, hers, its *ez az ~:* this is hers/his/its, it belongs to her/him/it
öves *mn*, banded, belted *kilenc~ tatu:* nine-banded armadillo
övez *i*, encircle, surround, belt, circle
övezet *fn*, sphere, sector, circle, belt, zone, area

övsömör *fn*, shingles, *orv* herpes zoster, zona
őz *fn*, fallow deer, roe-deer / buck / doe
őzbak *fn*, roebuck
őzborjú *fn*, fawn, kid, roe-doe
őzbőr *fn*, deerskin, buckskin, doeskin
őzcomb *fn*, haunch of venison
őzgerinc *fn*, saddle / back of venison
őzhús *fn*, venison
őzike *fn*, fawn
őzlábgomba *fn*, lepiota, parasol mushroom
özön *fn*, 1. flux, rain, stream 2. *vízözön* flood, torrent, stream, deluge 3. *árvíz* flood 4. *átv* abundance, a flow of sg, a deluge of sg, a torrent of sg *~ével:* in abundance, abundantly, in crowds, superabundantly
özönlés *fn*, discharge, overflow, rush, crowding, flood
özönlik *i*, 1. *víz* stream, flow, pour, flood 2. *tömeg* rush to a place, throng a place, flood into a place, stream swhere
özönvíz *fn*, deluge, cataclysm, *bibliai* the Flood *~ előtti:* antediluvian, old-fashioned, out-dated
őzsíp *fn*, roe call
őzsuta *fn*, roe-doe
özvegy *fn, asszony* widow, *férfi* widower *szalma~:* grass widow
özvegy *mn*, widowed
özvegyi *mn*, widow's *~ nyugdíj:* widow's pension *~ haszonélvezet:* jointure *~ fátyol:* widow's veil, mourning veil
özvegység *fn*, widowhood, *férfié* widowerhood *~re jut:* become a widow/widower
özvegyül *i*, get / become / be widowed

P

P C *röv* = **personal computer** személyi számítógép
P.E. *röv* = **physical education** testnevelés (óra)
p.m. *röv* **1.** = **post meridian** dél után **2.** = **post mortem** halál után(i)
p.s. *röv* = **post scriptum** utóirat
pác *fn, élelmiszeré* pickle, *bőripari* steep ‖ **benne van a ~ban:** be in trouble, be in a mess, be in the soup
paca *fn,* ink blot / *pacás* inky
pacal *fn,* tripe, lights, chitterlings
pacáz *i,* smudge, let a stain on it, stain it
packázik *i,* mess, trifle with sy, treat off-hand
pácol *i, élelmiszert* pickle, *bőrt* steep, tan, *mariníroz* marinade, marinate
pácolódik *i,* **1.** *húsféle* be pickling, be brined/cured **2.** *dohány* be sauced
pacsirta *fn,* skylark, lark
pad *fn,* bench, *iskolában* desk
padlás *fn,* attic, garret, loft
padlásszoba *fn,* attic, garret-(room)
padlizsán *fn, US* eggplant, *GB* aubergine
padló *fn,* floor ‖ *felmossa a ~t vmivel:* wipe the floor with

Pádova *fn,* Padova
padsor *fn,* **1.** *isk* row of seats **2.** *szính.* tier **3.** *templomi* pews
páfrány *fn,* fern
páholy *fn,* **1.** *szính* box **2.** *szabadkőműves* ~ masonic lodge **3.** *átv ~ból nézi a dolgokat* remain aloof
pajesz *fn,* earlock, sidelock, corkscrew curl
pajkos *mn,* playful, merry, frolicsome; elfish, impish
pajtás *fn,* fellow, companion, friend, mate, *biz US* buddy, pal ‖ *~kodó természet:* outgoing, friendly
pajtáskodik *i,* be pally with sy
pajzán *mn, sikamlós, illetlen* risqué, naughty, brazen
pajzánkodik *i,* frolic, play pranks, gambol about, frisk about
pajzs *i,* shield ‖ *védő~:* protecting shield
pajzsmirigy *fn,* thyroid gland ‖ *~túltengés* hyper-thyroidism
Pakisztán *fn,* Pakistan
pakisztáni *fn/mn,* Pakistani
pakli *fn, csomag* pack, package ‖ *kártya ~:* a pack of cards, *US* a deck of cards

pakol *i, csomagol* pack, wrap || *be~:* pack up || *meg~ja a zsákját:* pack one's bag || *be~ja a bőröndjét:* back one's suitcase || *ki~:* unpack

pala *fn,* slate, scale, schist || *tető~* roofing slate

palack *fn,* bottle, *lapos* flask

palacknyi *fn,* a bottle / flask of sg

palacsinta *fn,* pancake, *US* crepe, *GB* flapjack || *lekváros ~:* jam / jelly pancake

palacsintasütő *fn, serpenyő* frying pan, griddle; *US* skillet, *US* pancake pan

palánk *fn,* fence, garden fence, *kerté* picket fence

palánkol *i, körülkerít* fence around, *bekerít* fence in, *elkerít* fence off

palást *fn,* 1. cloak, mantle 2. *papi* pall, cloak 3. *átv* cloak 4. *mat* nappe

palástol *i,* 1. *ált* disguise, cloak with sg 2. *álcáz* camouflage, cover with sg 3. *érzelmeket* dissemble, conceal, veil, mask || *~ja a hibáit* glaze over sy's faults || *~ja az érzelmeit* veil one's feelings

palatábla *fn,* writing slate

pálca *fn,* stick, rod, *varázspálca* wand, *sétálópálca* staff *(tsz* staves), *karmesteré* baton, *sétapálca* walking-cane

paleolitikus *mn,* Paleolithic || *~ időszak:* Paleolithic period

paleontológia *fn,* paleontology

palesztin *fn/mn,* Palestinian

Palesztina *fn,* Palestine

paletta *fn,* palette

pálinka *fn,* brandy, spirit, *ír whiskey* poteen

pallér *fn,* foreman

palló *fn,* 1. *ált* plank, board 2. *pocsolya fölött* duck-boards

pallos *fn,* sword, glaive

pálmafa *fn,* palm, palm tree

palota *fn,* palace, mansion

pálya *fn, ált* course, path, 1. *égitesté, űrhajóé* orbit 2. *lövedéké* path, course, trajectory 3. *vasúti* railway track / line, *US* railroad line 4. *sp* sports ground / field, *futó* track, *tenisz* court, course, *sí* run 5. *életpálya* career, profession || *-át választ:* choose a career / profession

pályadíj *fn,* award, reward, prize || *~at nyer* win the prize || *~at kitűz* offer a prize

pályafutás *fn,* career

pályakezdet *fn,* beginning of one's career

pályakezdő *fn,* beginner, out on a career

pályamunka *fn,* comptetition essay, competition work || *nyertes ~* prize work

pályázat *fn, vmi elnyerésére* application || *~i felhívás:* application announcement / notice || *~ot ad be:* make and application for / submit an application for

pályázó *fn,* applicant, candidate, aspirant

Panama-csatorna *fn,* Panama Canal

panama *fn, csalás* swindle, *US* racket

panasz *fn,* complaint, *jogi* accusation, charge || *~ nyújt be:* lodge / make a complaint against sy

panaszkodás *fn, ált* complaint, wail, *morgás* grumble, *sirám* jeremiad, lament, whine

panaszkodik *i, vmiért* complain about sth, *vkinek* complain to sy || *~ vmire: egészségi állapotra* complain of sg

panaszos *mn,* complaining, plaintive, wailing, sorrowful, mournful

páncél *fn, lovagé* armour (*US* armor), *rovaré* carapace, shell
páncélkesztyű *fn,* armoured gloves
páncélos *mn,* armoured ‖ *~ autó:* armoured car, tank ‖ *~ egység:* armoured division ‖ *~os katona* trooper
páncéloz *i,* armour, cover/coat with armour
páncélököl *fn,* bazooka, tank destroyer
pancs *fn,* stew, wish-wash
pancser *fn,* bungler, muddle-head, botcher
panda *fn,* panda (bear)
panel *fn,* panel
pangás *fn,* stagnation, slump, sleakness, depression, standstill
paníroz *i,* fry in breadcrumbs, egg and crumb, cover with breadcrumbs
pánt *fn,* band, hold-fast, *ruhán* strap
panzió *fn,* boarding house, pension
pányva *fn,* tether, rope; *hajító* lariat, lasso
pányváz *i,* tether, hitch with a rope; *kifog* lasso
pap *fn, ált. katolikus, anglikán, ortodox* priest, *református* minister, *protestáns* clergyman
papa *fn,* daddy, dad, pop, *US* pa
pápa *fn,* pope
papagáj *fn,* parrot
papi *fn, gyerm* pap, pimp ‖ *mn,* ecclesiastical, clerical, sacerdotal
papír *fn,* paper ‖ *~ra vet:* write / note down ‖ *~cetli:* piece of paper ‖ *kockás ~:* squared paper ‖ *érték~:* securities, shares, bonds ‖ *~ok: személyi okmányok* identity papers / documents
papirusz *fn,* papyrus
papírvágó *fn,* paper-knife
papírzsebkendő *fn,* paper handkerchief, paper hankie / hanky, paper tissue

paplan *fn,* duvet, *GB* continental quilt, counterpane, *pehely* eiderdown, eider duck
paprika *fn, zöldpaprika* green paprika, *fűszer* paprika, Hungarian sweet pepper
paprikajancsi *fn,* Punchinello
papság *fn,* clergy, priesthood
papucs *fn, tsz* slippers
papucs *fn,* slippers, *US* loafer
papucs *mn,* ‖ *~férj:* house husband
pár *fn,* **1.** *kettő vmiből* pair (of) **2.** *néhány* a couple of, some, a few ‖ *~ban:* in pairs ‖ *egy ~ zokni:* a pair of socks ‖ *vminek a ~ja:* the pair / match of sg ‖ *házas~:* married couple
pára *fn, gőz* steam, vapour
parabola *fn,* parabola
parabolikus *mn,* parabolic
paradicsom *fn,* **1.** *zöldség* tomato **2.** *Éden* Paradise
paradicsommadár *fn,* bird of paradise
paradicsomszósz *fn,* tomato sauce
paradigma *fn,* paradigm
parafa *fn,* cork oak
parafadugó *fn,* cork
Paraguay *fn,* Paraguay
paraguayi *mn/fn,* Paraguayan
parancs *fn,* order, command ‖ *~a alatt tart vmit:* keep / hold under the command of ‖ *~ot ad:* give order to ‖ *~ra cselekszik:* do sg under order
parancsnok *fn,* commander ‖ *fő ~:* commander in chief
parancsol *i,* order sy sg ‖ *~ vkinek vmit:* command, ordain sy sg
parancsoló *mn,* commanding, authoritative
parányi *mn,* tiny

parapszichológia *fn,* parapsychology
párás *mn,* steamy, *pl. ablak* vaporous, *idő* misty
paraszt *fn,* 1. peasant 2. *sakkban* pawn
paraszt *fn/mn,* peasant, farmer
parasztság *fn,* peasantry
páratlan *mn, egyedi* unique, unmatched, unparalleled
páratlan *mn, szám* odd, not even || *~ szék:* odd seat || *~ szám:* odd number || *~ hónapok:* odd months || *~ cipő:* an odd shoe
paráználkodik *i,* sin
parázs *fn,* ember, live coal
párbeszéd *fn,* conversation, dialogue
párduc *fn,* panther, leopard, *US* cougar
parfé *fn,* parfait
párhuzamos *fn/mn,* parallel || *~t állít közéjük:* draw a parallel between || *~ kapcsolás:* in parallel || *~ szélesség:* parallel of latitude
paritás *fn,* parity
Párizs *fn,* Paris
párizsi *mn/fn,* Parisian
parketta *fn,* parquet
parkol *i,* park || *~ vhol az autóval:* park the car swhere
parkolás *fn,* parking || *Tilos a ~!:* No parking || *~i díj:* parking fee
parkoló *fn,* parking lot, *US* car park || *~óra:* parking meter || *~hely:* parking lot || *~őr:* park guard
parlag *fn,* wasteland
parlagon *hat,* || *~ fekszik:* lie on fallow
párlat *fn,* distillate || *vminek a ~a:* distillation of sg
párna *fn,* pillow, *US* cushion || *~át tesz a feje alá:* put a pillow under one's head || *toll~:* feather pillow || *~háború:* pillow fight
párnaciha *fn,* pillowcase, pillow slip
párnázott *mn,* cushioned
párolog *i,* evaporate, steam away
páros *mn,* 1. *kettős* pair, paired, *sp* double, pair 2. *oldal* side of even numbers
párosít *i,* pair, match, couple, combine || *össze~:* arrange in pairs, match
part *fn,* shore || *folyó~:* bank of the river || *tenger~:* sea coast || *patak~:* bank of the stream || *tó~:* bank of the lake
párt *fn,* party || *Munkás~:* Labour Party
pártatlan *mn,* objective, impartial
pártatlanság *fn,* objectivity, impartiality
pártfogás *fn,* patronage, support
pártfogó *fn,* patron, supporter
pártfogol *i,* patronize, support
pártfogás *fn, védelem* protection, patronage, *támogatás* support, backing
pártfogó *fn,* patron, protector, supporter
pártfogol *i, segít* patronize, support, *anyagiakkal* sponsor, *védelmez* protect, give backing for
partközel *fn, tengeré* onshore, *folyóé* riverside || *a ~ben:* onshore
partmenti *mn,* along the shore / coast
partra *hat,* onshore, ashore
partvonal *fn, földr* shoreline, coastline, *sp* touch-line
pasas *fn,* fellow, chap, *GB* bloke, *US* guy
passzív *mn,* passive, inactive || *~ dohányzás:* passive smoking || *~ mód:* passive voice
pasztell *mn,* pastel || *~ színek:* pastel colours (*US* colors)
pásztor *fn, birkáké* shepherd, *marháké* herdsman

pásztori *mn*, pastoral ‖ **~ gondozás:** pastoral care ‖ **~ levél:** pastoral letter
pasztőrözött *mn*, pasteurized
pata *fn*, hoof
patak *fn*, brook, brooklet, stream, *US* creek, *US* run
patikus *fn*, pharmacist, *US* druggist
patkol *i*, shoe (a horse)
patkolókovács *fn*, farrier
pátriárka *fn*, patriarch
patrióta *fn/mn*, patriot
pattan *i*, 1. *üveg* crack 2. *húr* stb. snap, break 3. *ugrik* bounce, jump, spring
pattanás *fn*, *bőrön* spot, pimple, acne
pattint *i*, 1. *ujjal* fillip, snap one's fingers 2. *követ* knap, chip off, flake 3. *ostort* smack, crack
patkó *fn*, 1. *lovon* horseshoe; *más állaté* shoe 2. *cipőn* hel-piece, heel iron
pattog *i*, 1. *tűz* crackle, sparkle 2. *zsír* sputter 3. *ostor* crack 4. *átv vki* rail, fume
pattogzik *i*, 1. *festék* scale, peel on, flake off 2. *bőr* fissure
páva *fn*, *ált és hím* peacock, *nőstény* peahen ‖ **büszke mint a ~:** as proud as a peacock
páváskodik *i*, boast
pavilon *fn*, *kiállító* pavilion, *bódé* kiosk
PAYE *röv GB* = **pay as you earn** jövedelemadó egyik fajtája Nagy Britanniában
pazar *mn*, 1. *fényűző* luxurious 2. *pazarló* lavish, prodigal 3. *lakoma* slap-up, lavish, sumptuous 4. *átv* capital, gorgeous
pazarol *i*, waste, lavish, squander
pázsit *fn*, 1. *fű* grass, sward 2. *hely* lawn, greensward, green

pecázik *i*, go angling, fish
pecek *fn*, pin, peg
peches *mn*, hapless, luckless, out of luck
peckes *mn*, 1. *száj* pinned, pegged, toggled 2. *átv* haughty, stiff, formal
pecsenye *fn*, roast ‖ **sütögeti a ~jét:** roast one's beef
pecsét *fn*, 1. *viasz* seal 2. *hiv* signet 3. *levélen* stamp 4. *folt* stain, spot
pecsétel *i*, 1. *sigilate*, put a seal on, seal 2. *lebélyegez* stamp 3. *bélyeget* cancel
pedál *fn*, pedal ‖ **gáz~:** accelerator pedal ‖ **zongorán hangfogó ~:** damper
pedikűrös *fn*, chiropodist, pedicurist, *US* podiatrist
pehely *fn*, *hó* flake, *toll* eider, fluff ‖ **hó~:** snowflake
pehelysúly *fn*, *sp* featherweight
pék *fn*, baker ‖ **~áru:** baker's ware ‖ **~műhely:** bakery
pékség *fn*, bakery, baker('s shop)
péksütemény *fn*, baker's ware
példa *fn*, 1. example 2. *matematikai* problem ‖ **~ vmire:** as an example ‖ **~ként felhoz:** give sg as an example ‖ **~t szolgáltat:** give an example ‖ **~képe vkinek:** role model for sy ‖ **követi ~ját:** follow sy's example ‖ **~ul:** for example, for instance ‖ **mint ~ul:** such as, as, for example
példáz *i*, 1. *magyaráz* exemplify 2. *ábrázol* mean, represent
példázat *fn*, *bibliai* parable
pelenka *fn*, nappy, *US* diaper ‖ **~át vált:** change the baby's nappy / diaper, change the baby
pelikán *fn*, pelican
pellengér *fn*, pillory

penge *fn*, blade
penicillin *fn*, penicillin
péntek *fn*, Friday
pénz *fn*, *ált* money, *US szl* bucks, *érme* coin, *papírpénz tsz* banknotes, *US* bills, *fizetési eszköz* currency
pénzes *mn*, moneyed, wealthy, rich
penzió *fn*, pension, boarding-house, guesthouse
pénzjutalom *fn*, reward, bonus
pénznem *fn*, currency ‖ *hivatalos ~:* official currency
pénztár *fn*, cashier
pénztárgép *fn*, cash register
pénztáros *fn*, cashier
pénztelen *mn*, broke, in short of money, penniless
pénzügy *fn*, finance
pénzügyi *mn*, financial ‖ *~ helyzet:* financial situation / condition ‖ *~ hivatalnok:* financial clerk ‖ *~ osztály:* department of finance
pénzváltás *fn*, money-exchange
pénzváltó *fn*, changer, exchanger
penny *fn*, brit váltópénz penny
pép *fn*, pulp, püré purée
pepecsel *i*, putter, tinker/potter away
pepita *mn*, squared, checked, checkered
per *fn*, trial, (law)suit, legal action
perbefogás *fn*, legal proceedings against sy
perel *i*, 1. *jog* take action, bring an action 2. *veszekszik* quarrel, bicker, wangle
perem *fn*, 1. *ált* border, edge, margin 2. *kalap* rim, brim 3. *szakadéké* verge, shelf, brink 4. *épület* border, brow
pereputty *fn*, one's kith and kin
perérték *fn*, litigation value

perforál *i*, perforate
pergamen *fn*, parchment
periódusos *mn*, periodic ‖ *~ rendszer:* periodic system ‖ *~ táblázat:* periodic table
periszkóp *fn*, periscope
perlekedő *mn*, quarreling, rowing
perlés *fn*, lagal action against sy
permetez *i*, 1. *ált* mizzle, drizzle 2. *növényt* sprinkle, dabble, atomize, vaporize, spray
pernye *fn*, flying ashes, ash, flue-ash
perparvar *fn*, quarrel, squabble, altercation
persely *fn*, 1. *saját* savings-box 2. *templomi* collecting-bag/box, *misén* bell-purse
persze *hat*, of course, certainly, naturally
pertu *fn*, theeing and thouing ‖ *~t isznak kb.* chum up
perverz *mn*, perverted
perzsa *mn/fn*, Persian
perzsabunda *fn*, astrakhan furcoat
perzsel *i*, 1. *napfény* parch, scorch, broil 2. *disznót* singe (a pig)
perzselő *mn*, broiling, torrid ‖ *~ hőség* flaming sun ‖ *~ szenvedély* hot passion
Perzsia *fn*, Persia
petárda *fn*, petard
petrezselyem *fn*, parsley
petyhüdt *mn*, *bőr* loose, slack, *izomzat* flabby, saggy
pezsgő *mn*, champagne, sparkling wine
piac *fn*, market
pihe *fn*, fluff, floss, flock
pihegés *fn*, gasp, pant
pihegve *hat*, gasping
pikáns *mn*, piquant

pikkely *fn*, scale
pikkelyes *mn*, scaly
piknik *fn*, picnic ‖ **~et szervez:** have a picnic ‖ **~re megy:** go to a picnic
pillanat *fn*, moment, instant, second ‖ **várj egy ~ra:** wait a moment / a second ‖ **minden ~ban várom:** he/she should be here any minute (now)
pillangó *fn*, butterfly
pillant *i*, glance (at) ‖ **vkire rá~:** take / cast a glance at sy ‖ **körül~ a szobában:** throw a (quick) glance about the room
pillantás *fn*, glimpse, (quick) look, glance ‖ **első ~ra:** at first glance / glimpse ‖ **éles ~t vet vkire:** give an angry look
pilledt *mn*, tired, exhausted
pillér *fn*, pillar, column, post, *hídé* pier
pilóta *fn*, pilot
pimasz *mn*, insolent, impertinent, disrespectful, impudent
pimaszság *fn*, impertinence, impudence
PIN *röv* = **Personal Identification Number** személyi azonosító szám
pince *fn*, cellar
pincér/pincérnő *fn*, waiter / waitress
ping-pong *fn*, table tennis
pingvin *fn*, penguin
pint *fn*, mértékegység pint (0.4732 l)
pióca *fn*, leech, blood-sucker
pipa *fn*, dohányzáshoz pipe, *pl.* helyes válasz kiválasztásához tick, US check(mark) ‖ **~t szív:** smoke pipe ‖ **~dohány** pipe tobacco
pipacs *fn*, (red / corn) poppy
pír *fn*, blush, flush, gleam, glow
piramis *fn*, pyramid
piros *mn*, **1.** *vörös* red **2.** *karmazsin* crimson **3.** *bíbor* scarlet **4.** *kártyában* of heart **5.** *arc/bőr* pink, rosy ‖ **~ száj** cherry lips ‖ **~ arc** ruddy face ‖ **~paprika** red pepper/paprika‖ **~ betűs ünnep** red-letter day
piroslik *i*, look/show red/pink
pirul *i*, *elpirul* blush, flush (with, at sth), *ált.* pirosodik turn / become red, redden, *hús* turn brown
pirula *fn*, pill, pastille ‖ **keserű ~:** swallow a bitter pill ‖ **beveszi a ~t:** take the pill ‖ **fogamzásgátló ~:** (birth control) pill ‖ **megédesíti a keserű ~át:** sugar the pill
pisi *fn*, *szl tabu* piss, *vizelet* urine
pisil *i*, *szl tabu* piss, have / take a piss
piskóta *fn/mn*, sponge cake ‖ **~tekercs:** sponge roll
pislog *i*, blink, *kacsint* wink
piszkavas *fn*, poker
piszkos *mn*, dirty, *koszos, mocskos* filthy, *erkölcsileg* foul ‖ **~ játék:** foul play ‖ **~ beszéd:** foul language, dirty talk ‖ **elvégzi a ~ munkát:** do the dirty work
piszkosszájú *mn*, foul-mouthed
piszmog *i*, *vmivel* dawdle over sg
piszok *fn*, dirt, filth ‖ **~ul olcsó:** damn cheap
pisztoly *fn*, pistol, (hand) gun, revolver, US *szl stukker* rod, forty-four ‖ **~t szorít vki fejéhez:** poin / hold a gun to sy's head
pisztolytáska *fn*, holster
pisztrángsügér *fn*, trout
pite *fn*, tie, tart, ‖ **almás ~** apple tart
pitizik *i*, *kutya* sit up, beg
pityereg *i*, whine, whimper, blubber, snivel

pityke *fn*, metal button
pitymallat *fn*, daybreak, break of dawn
pitypang *fn*, dandelion
pizza *fn*, pizza
pizzéria *fn*, Italian restaurant
pizsama *fn, tsz* pyjamas, *US* pajamas, *US szl* peejays
pl. *röv* többes szám <Plural>
plagizál *i*, plagiarize
plagizálás *fn*, plagiarism
plakát *fn*, poster, placard, (advertising) bill
plátói *mn*, platonic ‖ ~ *szerelem:* platonic love
plazma *fn*, plasma
plébánia *fn*, parish ‖ *~tanács:* the parochial church council ‖ *~templom:* parsonage ‖ *~os:* parson, vicar
pletyka *fn*, gossip, *biz rosszindulatú* backbiting ‖ ~ *vmiről:* gossip about sg ‖ *van egy jó kis ~ája:* have a good piece of gossip ‖ *~rovat:* gossip column
pletykál *i*, gossip, talk behind sone's back
pletykás *mn*, gossipy
pletykázik *fn*, gossip ‖ *vmiről ~:* gossip about sg ‖ *vkivel ~:* gossip with sy
plexiüveg *fn*, Plexiglas
plüss *mn*, plush
pocak *fn*, potbelly, paunch
pocsolya *fn*, puddle
pódium *fn*, stage, platform ‖ *koncert~:* concert stage
pofa *fn, ált* cheek, jowl ‖ *van ~ája:* have the cheek to say / do sg
pofacsont *fn*, cheekbone
pogány *fn/mn, istentelen* pagan, atheist, *nem keresztény* heathen
pogányok *fn*, pagans

pogrom *fn*, pogrom
poggyász *fn*, luggage *tsz, US* baggage ‖ *~kocsi:* luggage van, *US* baggage car ‖ *~ellenőrzés:* luggage / baggage check ‖ *~szoba:* left-luggage, *US* baggage room, checkroom
poggyászmegőrző-automata *fn*, left-luggage / baggage locker
pohárszék *fn*, dresser
póker *fn*, poker
pókháló *fn*, spiderweb, cobweb
pokol *fn*, hell ‖ *~ba!* Damn! Hell!
pokoli *mn*, hellish
polc *fn*, shelf ‖ *könyves~:* bookshelf
polgár *fn, ált* citizen, *civil* civilian ‖ *a város ~ai:* citizens of the town
polgár- *mn*, ‖ *~jogok:* civil rights ‖ *~háború:* civil war
polgári *mn*, civil ‖ ~ *szolgálat:* civil service ‖ ~ *disobedience:* polgári engedetlenség
polgárság *fn, tsz* citizens (of a state)
polip *fn, állat* octopus, *orv* polyp
politika *fn, tudomány* politics *tsz, eljárási mód, elv* policy ‖ *közgazdaság-~:* economic policy ‖ *a be-nem-avatkozás ~ája:* non-interference policy
politikai *mn*, political
politikamentes *mn*, free of politics
politikus *fn*, politician
poloska *fn, állat* bedbug, *lehallgató készülék* bug
pompa *fn*, pomp, pageantry
pompás *mn*, splendid, magnificent, excellent, fantastic, glorious
poncsó *fn*, poncho
pongyola *fn*, dressing gown, *US* bathrobe
póniló *fn*, pony

pont *fn, térben* point, *mondat végén* full stop, *US* period, *pötty* dot, *ékezet* dot, *rész, szakasz* point, paragraph ‖ *állás~:* standpoint ‖ *ráteszi az i- re a ~ot:* put a period ‖ *~osan: minőségben* exactly, *időben* punctually
pontatlan *mn, nem precíz* inaccurate, inexact, *időben* unpunctual, late
pontatlanság *fn, időben* unpunctuality, *precízség* inaccuracy
pontonhíd *fn,* pontoon bridge
pontos *mn, időben* punctual, exact, *precíz* accurate, precise
pontosan *hat, időben* punctually, *precízen* exactly, precisely
pontosít *i,* specify
pontosság *fn, időben* punctuality, *precízség* precision, accuracy
pontoz *i,* score, *ponttal megjelöl* dot
ponty *fn,* carp
ponyva *fn, anyag* canvas, *regény* pulp (fiction)
popsi *fn,* bum, bottom
por *fn,* dust, *hintő* powder ‖ *be~oz:* powder ‖ *fölveri a ~t:* raise the dust ‖ *nagy ~t ver fel:* cause sensation
porcelán *fn/mn,* porcelain, china ‖ *~tányér:* china plates
porcelánedény *fn,* china
porcogó *fn,* gristle
póréhagyma *fn,* leek
porít *i,* powder, triturate, reduce to dust
porított *mn,* pulverized ‖ *~ tej:* powered (milk)
porlad *i,* pulverize
porlaszt *i,* pulverize
porlasztó *fn,* pulverizer
pornográfia *fn,* pornography
pornográf *mn,* pornographic
poroltó *fn,* fire extinguisher
poros *mn,* dusty
poroszkál *i,* dawdle, toddle, pad; *ló* pace, hack, amble
poroszkálás *fn,* pace
portugál *fn/mn,* Portuguese
Portugália *fn,* Portugal
portyázik *i,* foray
pórus *fn,* pore
posta *fn,* post ‖ *~án:* by post ‖ *~fordultával:* by return of post
postagalamb *fn,* carrier pigeon
postahivatal *fn,* postal office
postai *mn,* postal ‖ *belföldi ~ díjak:* domestic postal fees ‖ *~ megbízás:* postal commission
postaláda *fn,* letter box, *US* mailbox
postás *fn,* postman
postáz *i,* post ‖ *~ vmit vkinek:* post sg to sy
posztgraduális *mn,* postgraduate ‖ *~ képzés az egyetemen:* postgraduate training
pót *mn,* spare ‖ *~ díj:* extra charge ‖ *~lólagos költségek:* extra expenses
potyázik *i, ételt* freeload, *utazik* steal a ride
potty *fn,* plop, flop (into) ‖ *bele~an a vízbe:* plop into the water
POW *röv US* = **Prisoner of War** hadifogoly
póz *fn,* pose, *magatartás* attitude ‖ *~ol:* strike a pose ‖ *vmilyen ~t vesz fel:* strike a pose
pörköl *i,* singe, roast
pörkölt *fn,* Hungarian stew
Prága *fn,* Prague

préda *fn*, prey
prédikál *i*, preach, give a sermon
prédikátor *fn*, preacher
premier *fn*, premiere, opening night ‖ *vkinek ~je van:* have a premiere
préselt *mn*, *ált* compressed, *virág* dried flower
presszókávé *fn*, espresso ‖ *~t iszik:* have a cup of espresso
próba-reggeli *fn*, test meal
probléma *fn*, problem ‖ *~ája van:* have problems ‖ *~ás dolog:* problematic issue ‖ *megold egy ~át:* solve a problem
professzor *fn*, professor
profi *fn*, professional, pro ‖ *~ bokszoló:* professional fighter
profil *fn*, profile, contour, outline ‖ *~ból látszik:* to be seen in profile
program *fn*, programme, *US* program
propeller *fn*, propeller
protestáns *fn/mn*, protestant
proton *fn*, proton
provokál *i*, provoke ‖ *~ vkit:* provoke sy ‖ *verekedést ~:* provoke a fight
próza *fn*, prose
pszichiáter *fn*, psychiatrist
pszichiátria *fn*, psychiatry
pszichológia *fn*, psychology
pszichológiai *mn*, psychological
pszichológus *fn*, psychologist

PTO *röv* = **Please Turn Over** Kérem lapozzon / fordítson
puccs *fn*, coup
pudding *fn*, pudding ‖ *vese~:* steak and kidney pudding ‖ *a ~ próbája, hogy megeszik:* the proof of the pudding is in the eating ‖ *~ por:* pudding powder
puha *mn*, soft, mild
pukedli *fn*, curtsy, curtsey
pulóver *fn*, sweater, pullover
pult *fn*, counter, bar counter ‖ *a ~nál fizet:* pay at the counter
pumpol *i*, tap sy for money
puska *fn*, *fegyver* rifle, gun, shotgun, *iskolában* crib, *US* pony ‖ *~t elsüt:* fire the gun
puskalövés *fn*, gunshot
puskapor *fn*, gunpowder
puszta *mn*, *kopár* bare (land), *elhagyott* deserted, abandoned ‖ *~ tények:* bare facts ‖ *~ kézzel:* with bare hands
pusztítás *fn*, destruction, devastation, ravage
pusztító *mn*, destructive, devastating, ravaging
pusztulás *fn*, destruction
Pünkösd *fn*, Pentecost, Whitsunday
püspök *fn*, bishop
püspöki *mn*, Episcopal

Q

q *fn*, q, the letter q/Q
quadráns *mn*, quadrant
quaestor *fn*, **1.** *jog* questor **2.** *ált* registrar, treasurer
quaker *mn/fn*, Quaker ‖ *ffi* Quaker, *nő* Quakeress
quantum *fn*, quantity ‖ *~-elmélet:* quantum-theory
quart *fn*, **1.** *zene* quart, fourth **2.** *sp* quarte, cart **3.** *kártya* quart, sequence four
quint *fn*, **1.** *zene* quint **2.** *kártya* kvint **3.** *sp* quinte
quisling *fn*, quisling
quotiens *fn*, *mat* quotient

R

-ra, -re *rag*, **1.** to **2.** on **3.** onto **4.** by **5.** at **6.** for ‖ *tedd az asztal~!:* put it on the table! ‖ *kimegy az utcá~:* go to the street ‖ *ránéz vmi~:* glance at sg ‖ *fél szemé~ vak:* be blind in one eye

ráad *i*, **1.** *ruhát* put sg on sy, help in with sg ‖ *semmit sem ad a vki szavára:* doesn't give a damn for sy's word ‖ ‖ *~ja a fejét vmire:* give oneself up to, set one's mind to, devote oneself to

ráadás *fn*, **1.** addition, plus, extra **2.** *zene* extra, encore ‖ *két ~t énekel:* sing two encores ‖ *~ul:* moreover

ráadásként *hat*, **1.** *konkrét* into the bargain, over and above **2.** *átv* additionally, what's more, more over, on the top of it

ráakad *i*, **1.** find, catch, discover, meet, strike **2.** *vmi vmire* get lodged on

ráakaszt *i*, hang on, hook, append, attach ‖ *~ vmire:* hand on sg

rab *fn*, **1.** prisoner, convict, captive **2.** *átv* slave, addict ‖ *a kábítószer ~ja:* drugaddict ‖ *vminek ~jává lesz:* get into slavery ‖ *az alkohol ~ja:* alcoholist ‖ *a szokás ~ja:* slave of habit

rab *mn*, imprisoned ‖ *~ul ejtett állatok:* captived animals ‖ *~ul ejt: i,* imprison; *átv* enslave

rabbi *fn*, rabbi ‖ *~képző:* rabbinical school

rábeszél *i*, talk sy into sg, persuade sy to do sg, prevail sy to do sg

rábeszélés *fn*, persuasing, reasoning

rábíz *i*, entrust sg to sy ‖ *~za magát:* trust oneself to sy ‖ *~ vkit vkire:* entrust sy to sy

rábizonyít *i*, prove guilty of, convict sy of

rablás *fn*, robbery, pillage, plunder, rapine ‖ *bank~:* bankrobbery ‖ *szabad ~:* looting

rabló *fn*, **1.** robber, burglar, gangster, gamler, pillagr, freebooter **2.** *átv* grabber, plucker ‖ *bank~:* bankrobber

rabol *i*, **1.** rob, *fosztogat* plunder, pillage, maraud, loot **2.** *embert* kidnap ‖ *időt ~* take up much time

rabság *fn*, **1.** captivity, slavery, imprisonment, custody **2.** *átv* bondage, servitude, subjection

rabszolga *fn*, slave, bondslave, helot, thrail, drudge

rabszolgafelszabadítás *fn*, abolition, freeing of slaves
rabszolgaság *fn*, slavery, drudgery
rács *fn*, lattice, screen, bars, banisfere, grill, grid, grate
rácsoz *i*, **1.** grate, bar, rail **2.** *díszként* lattice **3.** *házat* brace, truss
radar *fn*, radar, sonar
rádió *fn*, radio, wireless ‖ *~hullámok:* radiowaves ‖ *be/kikapcsolja a ~t:* switch on/off the radio ‖ *beállítja a ~t:* tune in the radio ‖ *vmit hall a ~ban:* hear sg on the radio
radioaktív *mn*, radioactive
radiológus *fn*, radiologist
radír *fn*, rubber, eraser
rádium *fn*, radium
rádöbben *i*, realize / note / see with dismay
ráfekszik *i*, lay oneself dow on, lie down on
ráerőszakol *i*, force / push / press to sy
ráfordít *i*, turn onto, *szót* turn to, *gondot/energiát* devote / dedicate to, *figyelmet* pay attention
ráfordítás *fn*, input, investment, expenses, outgoings / givings
ráförmed *i*, bawl at / against / out
rág *i*, **1.** chew, crunch **2.** *áll* champ, gnaw, nibble **3.** *átv* eat, pit, corrode ‖ *~d meg óvatosan lenyelés előtt:* chew it right before swallowing
ragacs *fn*, mastic, goo
ragacsos *mn*, sticky, gluey, *tészta* clammy, gummy
ragacsosság *fn*, *cukor* stickiness, pastiness, *tészta* doughness
ragad *i*, **1.** *hozzá* stick, cling, adhere, inhere **2.** *vmit megragad* seize, grasp, grab, clutch ‖ *a TV elé ~:* be stuck to the TV ‖ *vmihez ~:* adhere to sg ‖ *galléron ~:* collar sy
ragadós *mn*, sticky, gluey, slimy, limy, tacky
ragadozó *fn*, carnivore, predator, beast
ragadozó *mn*, carnivorous, predatory, predacious, rapacious
rágalmaz *i*, slander, calumniate, defame; *írásban* libel
rágalmazás *fn*, slander, calumny, traduction, libelling
ragaszkodás *fn*, devotion, affection, clinging adherence to, insistence to
ragaszkodik *i*, cling, stick, affect, insist ‖ *~ vmihez:* insist to sg
ragaszt *i*, stick, paste, glue; attach, cement, post ‖ *fel~:* stick sg up
ragasztás *fn*, sticking, gluing, splicing
ragasztó *hatlfn*, adhesive, glue, paste ‖ *~szalag:* scotch / adhesive tape ‖ *~címke:* sticking label
rágcsál *i*, chew, gnaw, crunch, munch
rágógumi *fn*, *felfújható* bubble gum, *nem felfújható* chewing gum
ragu *fn*, ragout, stew
ragyog *i*, shine, glitter, gleam, glimmer, sparkle, flash, scintillate
ragyogás *fn*, **1.** brilliance, glimmering, glittering, lustre, shine, glow, flash, sparkle **2.** *átv* pomp, splendour, radiance, magnificence, glory, grandeur
ragyogó *mn*, **1.** brilliant, glimmery, glittery, glowing, flashy, luminous, sparkling **2.** pompous, splendid, magnificent, glorious, excellent
ragyogóan *hat* brilliantly, excellently, magnificently

ráilleszt *i*, fit / put on, adapt on, apply to
ráilleszthető *mn*, fitable, adaptable, applicable
raj *fn*, **1.** *áll* flock, swarm, legion, cloud, shoal **2.** *kat* squad, section
rajong *i*, fan, adore, anthuse, rave for, be fond of
rajongás *fn*, enthusiasm, adoration, passion
rajongó *fn*, fan, adorer, admirer, fanatic, devotee, fiend ‖ *foci~:* football-fan ‖ *csapat/klub ~:* fan of a team/club
rajongó *mn*, enthusiast, fanatical, devoted, passionate, rapturous ‖ *vmiért ~:* fan of sg
rajtaüt *i*, take sy by surprise, spring a surprise on sy
rajz *fn*, drawing ‖ *önélet~:* curriculum vitae, CV
rajzfilm *fn*, cartoon ‖ *Mickey-egér ~:* Mickey Mouse cartoon
rajzfilm-készítő *fn*, cartoonist, animator
rajzik *i*, swarm, teem
rajzkréta *fn*, crayon
rajzol *i*, **1.** draw, make a drawing, sketch, outline **2.** *átv* describe, portray, represent
rajzpapír *fn*, drawing / crayon paper
rajztábla *fn*, drawing / sketching board
rajzszeg *fn*, tin-tack, push-pin
rák *fn*, *konkr/átv* cancer ‖ *~beteg:* have a cancer ‖ *~szűrés:* cancer examination
rakás *fn*, **1.** *tett* putting, laying, placement **2.** *halom* pile, stack, heap
rakéta *fn*, rocket, petard, flare, missile ‖ *űr~:* spaceship
rákkeltő *mn*, carcinogenic
rakodás *fn*, = **rakás**

rakodik *i*, load, lade, ship
rakodó *mn*, loading, putting, setting
rakodó *fn*, docker, longshoreman, loader
rakomány *i*, consignment, shipment, load, freight, cargo
rakoncátlan *mn*, naughty, unruly, prankish
rákos *mn*, cancerous, cancered
rakpart *fn*, rampart, *hely* quay, dock, *folyó mellett* embankment
rakparti *mn*, quayage
raktár *fn*, **1.** storehouse, depository, *ker* warehouse **2.** *áru* stock, stockpile ‖ *~on van:* to be on stock ‖ *nő a ~állomány:* stock is increasing ‖ *nincs ~on:* out of stock
raktár- *mn*, depository
raktáráruház *fn*, warehouse
raktárkészlet *fn*, stock goods
raktároz *i*, store, stock ‖ *be~:* store in
raktárszoba *fn*, lumber room, glory-hole
Ramadán *fn*, the Ramadan
rámenős *mn*, assertive, pushful, pushing, go-getting
rámutat *i*, point at / to sg/sy; *átv* show, point to sg, indicate
ránc *fn*, wrinkle, face-line, furrow; *apró* pucker; *ruha* fold; *ruha* crinkle, pleat, crimp, frounce
ráncol *i*, knit, wrinkle; pleat, plucker, drape, ruck, tuck
ráncos *mn*, wrinkled, lined, furrowy; *ruha* pelated, rucked, crinkled; *gyűrött* creasy
randevú *fn*, rendez-vous, date, appointment, meeting
rándulás *fn*, twitch, spasm, convulsion, strain, wrick

rang *fn*, rank, grade, degree, status, position, dignity, estate

rángat *i, konkr* pull sg, tug away; *átv* pull / order about ‖ *el~:* pull away ‖ *ki~:* pull out

rángatózik *i*, wriggle, jerk, twitch, squirm

rángatózó *mn*, twitching, jerking, squirming

rangidősség *fn*, seniority

ránt *i*, 1. pluck, tear, jerk, wrench 2. *csirkét* broil

rántás *fn*, 1. *tett* pluck, pull, taer, jerking 2. *konyh* roux, thickening

rányom *i*, push on, print, press ‖ *~ ja bélyegét:* stamp on

rapszódia *fn*, rhapsody

rárak *i*, put on, place on, lay on

ráró *i*, prescribe, impose sg on sy ‖ *~ vmit vkire:* entail sg on sy ‖ *terhet ~ vkire:* lay a burden to sy ‖ *vámot ~ vmire:* lay duty ‖ *büntetést ~ vkire:* inflict a punishment

rásóz *i*, 1. palm off on sy, fob sy off with sg 2. *üt* give a blow

rászokik *i*, become/get accustomed, get used to sg, take to, it becomes a habit with sy ‖ *~ a drogra* become addicted to drugs

rászoktat *i*, habituate, accustom, get sy accustomed ‖ *~vkit vmire:* rain sy to sg ‖ *~ja magát, hogy:* get used to sg

rátermett *mn*, suitable, efficient, fit

rátermettség *fn*, suitableness, fitness, efficiency

ravasz *fn*, trigger

ravasz *mn*, sly, cunning, crafty, wily, tricky, foxy

ravaszkodik *i*, finesse, play foxy, dodge, manoeuvre, play the fox

ravaszság *fn*, slyness, trickishness, finese, craftiness; trick, ruse, wile, dodge, artifice

ráz *i*, shake, wave, vibrate, *kissé* jog, *nagyon* rock; ring ‖ *le~:* get rid of ‖ *meg~za a fejét:* shake one's head ‖ *ki~za a hideg:* shiver with cold ‖ *fel~:* shake up

rázás *fn*, shaking, jig, vibration

reaktor *fn*, reactor

rebarbara *fn*, rhubarb, pieplant

recept *fn, orv* prescription, *konyh* recipe, receipt; *átv* dodge, way of sg ‖ *kiváltja a ~et:* take out a presciption

reccsenés *fn*, crack, creak

recseg *i*, crack, creak, rap, crunch

recsegés *fn*, crack, creaking, squeaking, crunching; *rádióban* atmospherics

recsegő *mn*, cracking, squeking, creaking, rattling, rasping

reccsen *i*, crack, crackle

redő *fn*, 1. *arc* = **ránc** 2. *ruha* = **ránc**

redőny *fn*, shade, shutter, Venetian-blind

redőz *i*, = **ráncol**

reff *fn*, reef

reffelő *fn*, reefer

reflektorfény *fn*, spotlight, flood-light, lime-light ‖ *~ben áll:* stand in the lime-light ‖ *~be lép:* step into spotlight

reflex *fn*, reflex

reform- *mn*, reformative

reformer *fn*, reformer

refrén *fn*, refraine

rég *hat*, long time ago, formerly, in days of yore

rege *fn*, saga, myth, legend

régebben *hat*, formerly, in the old times

régens *fn*, regent

regény *fn,* novel
regény- *mn,* novelized
regényíró *fn,* novelist, novel-writer
regényirodalom *fn,* fiction
régész *fn/mn,* archeologist
régészet *fn,* archeology
régészeti *mn,* archological
reggel *fn,* morning ‖ *holnap/tegnap ~:* tomorrow / yesterday morning ‖ *ma ~:* today morning ‖ *kora ~:* early (in the) morning
reggeli *fn,* breakfast ‖ *~zik:* eat breakfast, have a breakfast
reggeli *mn,* morning ‖ *~ kávé:* morning coffee ‖ *~ öltözködés:* morning dressing
régi *mn,* old; *ősi* ancient, early, past, of yore
régimódi *mn,* old-fashioned, out-of-date
régiség *fn/mn* 1. antiquity, antique ‖ *~kereskedő:* antiquarian ‖ *~bolt:* antique shop
régóta *hat,* long ago / since, for ages ‖ *~ nem tett meg vmit:* didnot do sg for ages
regös *fn,* minstrel, bard
rehabilitál *i,* rehabilitate
rejteget *i,* hide from, shelter, harbour sy, give a refuge to
rejtegetés *fn,* concealment, hiding, sheltering
rejtek *fn,* hide, bolt-hole, recess; *vadles* ambush ‖ *nincs ~hely:* no place to hide
rejtelem *fn,* secret, mistery, enigma
rejtelmes *mn,* secret, misterious, enigmatic
rejtély *fn,* = **rejtelem**
rejtett *mn,* hidden, concealed, secret ‖ *előre lát egy ~ problémát:* foresee a hidden problem

rejtjelez *i,* code, cipher, encrypt
rejtvény *fn,* puzzle, riddle, enigma, charade, quiz ‖ *~játék:* quiz-show ‖ *~újság:* puzzle paper ‖ *kereszt~:* crosswords ‖ *tökéletes ~:* perfect mistery
rekamié *fn,* sofa bed, couch
rekedt *mn, hang* horase, harsh, raucous ‖ *ott~:* helyben blocked
rekesz *fn,* partition, compartment, case, cell, box, stall, drawer
rekeszizom *fn,* diaphragm
reklám *fn/mn,* advertising, propaganda, boost, promotion, campaign ‖ *rádió/TV ~:* plug
reklám- *mn,* advertising, promoting ‖ *~ügynökség:* publicity agency ‖ *~ kampány:* advertising campaign ‖ *~igazgató:* marketing manager
reklamáció *fn,* claim, complaint
reklamál *i,* make a claim, complain
reklámszöveg *fn,* advert, advertisement, ad
rektor *fn,* 1. Rector of the University 2. headmaster ‖ *~i javadalom:* rectory
rekviem *fn,* requiem
relativitás *fn,* relativity
remeg *i,* shiver, shimmer, shake, tremble, quake, falter
remegés *fn,* trembling, tremble, shivering, shaking
remegő *mn,* trembling, tremble, shivering, shaking
remek *mn,* superb, magnificent, splendid, grand, masterous; *szl* top, ripping, swell, number one, hit, smashing
remekmű *fn,* masterpiece / work
remél *i,* hope, expect
remélt *mn,* hoped (-for), expected, anticipated

remény *fn,* hope, expectation, faith || *feltámad a ~:* hope is rising
reménykedik *i,* = remél
reménytelen *mn,* hopeless
remete *fn,* hermit, eremite, solitary
rémhírterjesztő *fn,* alarmist, panic-monger
rémkép *fn,* nightmare, bogey, phantasm
rémület *fn,* terror, horror, dismay, scare, fright, dread
rend *fn,* **1.** *ált* order, discipline, tidiness **2.** line, row **3.** *pl széna* swathe, mowing **4.** *kat* rank, order || *~ben:* in order; all right || *napi~:* daily order || *~et tart:* keep in order || *kor szerinti sor~ben:* in order of age || *ábécé sor~ben:* in alphabetical order || *a törvény és a ~:* law and order || *~szertelen:* out of order || *~be tesz:* put sg in order
rend- *mn,* order
rendbehoz *i,* set / put in order
rendbehozás *fn,* setting / putting in order, ordering, reparation, refitting || *a károk ~a:* reparation of harms
rendberak *i,* = rendbehoz
rendel *i,* **1.** order sg, book **2.** *orvos* have surgery **3.** summon, intend for, destine || *~kezik vmiről:* dispose || *~ vkinek vmit:* order sg for sy
rendelés *fn,* **1.** *árut* order, indent **2.** *orvosi* surgery hours **3.** *átv* prescription, doctor's order; *vall* predestination
rendelésre készült *mn,* custom-made || *a sors rendelése:* destiny, fate
rendelet *fn,* order, decree, statute, *jog* decision, *pol* edict || *~re:* to order, to the order of
rendelkezés *fn,* command, disposal, disposition, decree, order, will

rendelkezik *i,* order, give sy orders, decree, dispose || *csinos összeggel ~* he has a pretty sum in his own right || *vagyonával szabadon ~* be free to dispose one's own property
rendellenes *mn,* abnormal, atypical, irregular
rendellenesség *fn,* anomaly, aberrance
rendeltetés *fn,* destination (*hely*), purpose, object, designation
rendes *mn,* **1.** usual, ordinary, right, regular **2.** *ember* tidy, orderly, cleanly, natty **3.** normal, standard
rendesen *hat,* normally, ordinarily, usually
rendesség *fn,* **1.** *szokás* tidiness, orderliness **2.** normality, regularity
rendetlen *mn,* untidy, disarranged, disorderly, careless, negligent
rendetlenség *fn,* untidiness, carelessness, negligence
rendetlenül *hat,* carelessly, untidily
rendez *fn,* **1.** *elrendez* arrange, order, adjust, *irat/levél* docket, file, make up **2.** put / set to rights, put into order, organize, arrange **3.** *szính* direct / stage a play || *~zék el egymás között:* arrange it between each other || *zenekarra ~:* direct to orchestra || *színpadra ~:* stage a play
rendezés *fn,* **1.** *megoldás* arrangement, ordering **2.** *rendszerezés* classification, sorting **3.** *szính* staging, inscenation, production, direction **4.** *ügyé* settlement **5.** *számláé* closing, paying **6.** *szervezés* organizing
rendezetlen *mn,* unarranged, disorderly; *átv* unregulated, unsettled || *átmenetileg ~:* temporarily unsettled

rendező *fn*, **1.** *eseményé* organizer, steward **2.** *szính* director, stage manager, *film* director **3.** *királyi* Master of Ceremonies (M.C.) **4.** *kirándulásé* arranger ‖ *mn*, organizing, arranging, settling
rendfenntartás *fn*, policing
rendfőnök *fn*, superior
rendíthetetlen *mn*, solid, firm, immoveable
rendkívüli *mn*, extraordinary, superb, unusual, extreme, special, remarkable
rendőr *fn*, policeman / woman ‖ *a ~ség:* the police ‖ *köz~:* police officer ‖ *~őrs:* police station
rendőrbíró *fn*, police magistrate / jury
rendőrkocsi *fn*, police-car
rendőrnő *fn*, police woman
rendreutasít *i*, reprove, reprimand, call to order
rendszer *fn*, method, system, order ‖ *~be foglal:* systematize
rendszeres *mn*, usual, orderly, regular, systematic
rendszeresen *hat*, usually, systematically, constantly, permanently
rendszeresít *i*, **1.** systematize, normalize **2.** *szokássá tesz* establish, make permanent
rendszeresség *fn*, regularity, orderliness
rendszerető *mn*, = rendes
rendszertelen *mn*, unorderly, untidy, unusual, chaotic, random
rendszertelenül *hat*, erratically, fitfully, without system
rendületlen *mn*, solid, firm, steadfast, unshaken
reneszánsz *fn*, renascence, renaissance
reng *i*, quake, shake, rock, ring, tremle
rengés *fn*, quake, shaking, trembling
rengeteg *mn*, vast, countless, huge, enormous, immense, no end of ‖ *~ erdő:* vast trackless forest
rénszarvas *fn*, rheindeer
répacukor *fn*, beet sugar
repedés *fn*, **1.** gap, split, tear, crack, cleft, fissure **2.** bursting, splitting, cracking ‖ *~vmiben:* crack in sg
repertoár *fn*, repertoire
repeszt *i*, crack, split, cleave, slit, burst, rend, rip
repít *i*, fly, throw, cast ‖ *sárkányt ~:* let fly a kite ‖ *repülőgépet ~:* fly a plane
repkény *fn*, ivy
replika *fn*, reply, retort, remark; *zene* replication
republikánus *fn*, republican
repül *i*, fly, soar, glide ‖ *első osztályon ~:* fly on the first class
repülés *fn*, **1.** flight, flying **2.** *műsz* aviation
repüléstan *fn*, aeronautics
repülésügyi *mn*, aeronautical
repülő *mn*, flight-, flying, aero- ‖ *~út:* flight ‖ *~ csészealj:* flying saucepan
repülőgép *fn*, aircraft, airplane ‖ *~ gyártás:* aircraft production ‖ *~-anyahajó:* cruiser-carrier ‖ *~en utazik:* travel by plane
repülőműszerész *fn*, aircraft mechanic
repülős *mn*, flying, flight-, aero- ‖ *~ deszant csapatok:* flying squadron
repülőtér *fn*, airport
rés *fn*, gap, hole, rift, slit, slot, cut ‖ *~t nyit:* cut a hole ‖ *feltölti a ~t:* fill a breach
restaurátor *fn*, instaurator, restorer

rész *fn*, part, piece, portion, share, segment || *~t vesz:* take part, participate || *~emről:* for my part || *~ben:* partly || *~éről:* for one's part || *egy~t:* on one's hand

részarányos *mn*, proportionate, symmetrical

részaránytalan *mn*, disproportional, irregular, unequal

részaránytalanság *fn*, irregularity, asymmetry, disproportion

részben *hat*, partly, partially || *~ igaz:* partly right || *~ terhelt:* partially disabled || *~ mozgáskárosult:* partially incapacitated

részecske *fn*, particle, fragment, shred

részeg *mn*, drunk, drunken, tip, screwed

reszel *i*, shred, grate, grind, file

reszelék *fn*, grating, scraping, paring

reszelő *fn*, grater, shredder, file, rasper, riffler

reszelős *mn*, *felület* grating, scabrous, rough; *hang* harsh, scraping

részes *fn*, **1.** participant, partaker in sg, sharer in sg **2.** *ker* privy, partner || *~e valaminek* (bűnnek) accessory to sg || *mn*, **1.** *vmiben* participant, sharing in, partaking of **2.** *igével* be concerned in/a sharer in/a party in, have a finger in the pie

részesedés *fn*, share, quota, part, allotment, partion

részfoglalkozás *fn*, part time job

reszket *i*, shiver, tremble, chill, thrill || *egész testében ~:* have the dither

reszketés *fn*, tremble, shivering, dither, vibration, shake

reszkető *mn*, trembling, shivering, quaking, vibrating, shaky

részlet *fn*, **1.** detail **2.** *darab* segment, part, portion, share, point, selection **3.** *fizetési* instalment || *6 havi ~re vette:* bought it for a six-months instalment

részletes *mn*, detailed, exact, accurate, circumstantial

részletesen *hat*, detailedly

részletez *i*, detail, particularize, set out in detail

részletfizetés *fn*, part-payment, instalment

részletkérdés *fn*, matter of detail

részletvásárlás *fn*, = **részletfizetés**

részmunkaidő *fn*, part-time job

részmunkaidős *fn*, part-time worker

részrehajlás *fn*, favour, partiality for

részrehajló *mn*, partial towards sy, biassed against, one-sided || *~ esküdtszék:* partial jury || *~ vkivel:* partial against sy

részt vesz *i*, take part, participate

résztulajdonos *fn*, part-owner

résztvevő *fn*, participant, participator, entrant, *keresk* sharer, co-partner

részvény *fn*, share, stock

részvényes *fn*, share / stock-holder, inventor

részvényjegyző *fn*, subscriber for stocks

részvénytársaság *fn*, share company, corporation

részvétel *fn*, partition, share, part, co-operation || *~i díj:* participation fee

rét *fn*, meadow, field, hay-field

réteg *fn*, **1.** *konkr* layer, coat, film **2.** *átv* level, layer

réteges *mn*, layered, coated, levelled

rétegez *i*, layer, laminate; *átv* superpose

rétegezés *fn*, **1.** lamination; *lég* stratification **2.** *átv* superposition

retek *fn*, radish

retesz *fn,* bolt, fastener
rettegés *fn,* dismay, horror, terror, fright, fear
rettenthetetlen *mn,* dauntless, fearless, intrepid
rettentő *mn,* terrible, horrible, awful
retusál *i,* retouch
reuma *fn,* rheuma
reumás *mn,* rheumatic
reumatikus *mn,* = **reumás**
rév *fn,* ferry, haven; *átv* haven, refuge
reveláció *fn,* revelation
reverenda *fn,* cassock, cowl
révész *fn,* ferryman
revü *fn,* revue, variety show, vaudeville; *újság* review
révület *fn,* raving, trance, ecstasy
révült *mn,* raving, ecstatic
réz *fn/mn,* copper
rézbőrű *fn,* redskin, coppery
rezegtet *i,* vibrate, quiver
rezgés *fn,* vibration, quiver, quaje, shake
rezgéstágasság *fn,* amplitude
rezgésszám *fn,* frequency ǁ ~ *moduláció:* frequency modulation
rezgő *mn,* vibrant, shaking, jarring, tremulous
réztábla *fn,* brass-plate
rézsút *fn,* aslant, aslope, askew, slantwise
rézsűvágó *fn,* beveller
riadalom *fn,* panic, fright, commotion ǁ *~at kelt:* rise a panic ǁ *~ fogja el:* have a fright
riadó *fn,* alarm, alert ǁ *légi~:* air-raid alarm ǁ *rendőrségi ~:* police alert
riaszt *i,* alarm, startle; disquiet ǁ *~ják:* be alarmed
riasztás *fn,* = **riadó** ǁ *téves ~:* false alarm ǁ *bekapcsolja a ~t:* switch on alert

riasztó *mn,* alarming, startling, fearful, frightening
ribiszke *fn,* currant, ribes
ricinusolaj *fn,* castor oil
rideg *mn,* 1. rigid, cold, dry, forbidding 2. *anyag* bribble; *állteny* nomadic
rigó *fn,* thrush, ousel, dipper
rikácsol *i,* scream, shriek, cry
rikácsolás *fn,* screaming, shrieking, crying
rikító *mn,* eye-hitting, gaudy, showy, glary
rikkancs *fn,* newsvendor / -seller
rikolt *i,* shout, shriek, scream
rikoltás *fn,* squawk, screech
rímel *i,* rhyme, rime, versify ǁ *~ vmivel:* rhyme with sg
ringat *i,* ring, rock, swing, dance ǁ *álomba ~:* swing to sleeping
ringó *mn,* ringing, swinging, dancing
ringyó *fn,* whore, strumpet, harlot, bitch
ripacs *mn,* 1. *szính* buffoon, busker, comedian 2. *pattanás* spot, pock-pit
ripacskodás *fn,* busking, playing the clown
ripacskodik *i,* busk
riport *fn,* report, interview
riporter *fn,* reporter, pressman, correspondent
riposzt *fn,* return, repartee
ritka *mn,* rare; extraordinary, singular ǁ *~, mint a fehér holló:* it is a rare bird ǁ *~ haj:* thin hair
ritkán *hat,* rarely
ritkaság *fn,* rarity; curiosity
ritmus *fn,* rhythm, pulse, lilt
ritmusos *mn,* rhytmic
rizs *fn,* rise ǁ *~föld:* risefield

ró *i,* **1.** *fába* grave, cut, notch **2.** *díjat* impose, levy, charge ‖ *~ja az utcát:* walk the streets ‖ *le~ja tiszteletét:* pay one's respects

robbanás *fn,* explosion, detonation, blowing up ‖ *bomba~:* bomb explosion ‖ *ős~:* big bang

robbanékony *mn,* **1.** *konkrét* explosive **2.** *átv* irritable, vehement, fiery

robbanófej *fn,* torpedo head

robbanólövedék *fn,* explosive bullet

robbanószer *fn,* explosive

robbant *i,* explode, fire, blast, burst

robog *i,* rumble; rush

robogó *fn,* scooter, cyclette

robotember *fn,* robot

robot *fn,* **1.** *tört* socage, villeinage, corvée **2.** = robotember **3.** hard work, plod, drudgery

robotol *i,* **1.** *tört* do socage-service **2.** drudge, slave, work hard

rohad *i,* rot, decay, go bad ‖ *meg~:* go bad ‖ *el~:* ret

rohadt *mn,* rotten, stinky ‖ *~ul érzi magát:* feel bad ‖ *velejéig ~:* rotten to the core

roham *fn,* **1.** *kat* attack ‖ *~ot indít:* launch an attack **2.** *betegség* spasm, fit, attack, outburst

rohanás *fn,* running, rush, race, hurry ‖ *~ban:* in a hurry

róka *fn,* fox

rókaszerű *mn,* fox-like, foxy

rokkant *fn,* diabled / invalid person, cripple

rokkant *mn,* disabled, incapable, crippled ‖ *~ katona:* disabled soldier ‖ *~ szállítás:* transportation of cripples

rokon *fn,* relative, kin, family member ‖ *~ság:* relationship, connection

rokon *mn,* related, akin to, kindred

rokonértelmű *mn,* synonime

rokoni *mn,* relational, family

rokonság *fn,* = rokon

rokonszenv *fn,* sympathy; affection

rokonszenves *mn,* sympathic

rokonszenvez *i,* feel sympathy

rokonszenvező *mn,* sympathizing, responsive

-ról, -ről *rag,* about, on, of; from, by ‖ *felül~:* from above ‖ *messzi~:* from far ‖ *külföld~:* from abroad

rom *fn,* ruin, remains ‖ *~okban:* in remains

Róma *fn,* Rome ‖ *minden út ~ba vezet:* all ways lead to Rome

római *mn,* Roman

romantika *fn,* romantics

romantikus *mn,* romantic, fanciful

rombolás *fn,* ruining, destruction, destroying, demolition, ravage

rombusz *fn,* rhombus, lozenge

rombuszhal *fn,* turbot

romhalmaz *fn,* **1.** = rom **2.** smables, ruins

romlandó *mn,* perishable, putrefiable, taintable

romlás *fn,* perishing, putrefying, decay, impairing

romlatlan *mn,* untainted, upright, pure, innocent, naive; *anyag* undeteriorated

romlik *i,* **1.** *étel stb.* go bad, rot, spoil **2.** *műsz* to be repaired **3.** worsen, change for the worse, decline

romlott *mn,* **1.** *étel* rotten, spoiled, gone bad, tainted **2.** *személy* vicious, perverse, wicked, immoral ‖ *~ alak:* full of vices ‖ *~ étel:* rotten food

romlottan *hat*, viciously, perversely
romlottság *fn*, viciousness, wickedness, immorality
romos *mn*, ruinous, in ruins
roncs *fn*, fragment, debris, wreckage; *személy* wreck
roncskutató *fn*, wreck-searcher
ronda *mn*, ugly, disgusting; foul, horrible, wretched
rondaság *fn*, foulness, ugliness, filthiness
rongy *fn/mn*, rag, tatter, shred || *~okban:* in tatters || *ünnepi ~:* evening-frock || *~októl a selyemig:* from tatters to silk || *~ népség:* rotten people
rongybaba *fn*, ragdoll
rongyos *mn*, tattered, ragged, shabby, shreddy
rongyoszsák *fn*, rag-sack
rongyszedő *fn*, ragman
ropog *i*, crack, crisp, crunch, rattle, grit
ropogós *mn*, cracking, crispy, gritty || *~ bankjegy:* cracking note
ropogtat *i*, crackle, rattle, crisp || *almát ~:* munch an apple || *~ a hó a lábam alatt:* I tread on the crunching snow
roppan *i*, snap, crack, go snap/crack
roppant *mn, nagy* vast, enormous, gigant, huge
roppantul *hat*, vastly, hugely, immensely, stupendously
rósejbni *fn*, chips, potato-crisps
roskad *i*, fall down, tumble down
roskadozik *i*, dilapidate; sink under; *átv* groan with / under
roskadozó *mn*, dilapidated, tumble-down, ricket, broken down
rosta *fn*, jig, riddle, sifter
rostély *fn*, grate, grille, fire-grate, lattice

rostonsüt *i*, grill, roast
rostos *mn*, fibrous, filamentary
rostszál *fn*, fiber || *mű ~:* artistic fiber
rossz *mn*, bad, wrong, ill, evil, wicked; *gép* out or order || *~ útra tér:* go astray || *~ul bánik a pénzzel:* treat the money badly || *ez ~ dolog volt vkitől:* it was nasty of sy || *~ul lesz:* go sick || *~ lapra tesz:* make a losing bargain || *az órám ~ul jár:* my watch has gone wrong || *~ irányba haladnak a dolgok:* things are going ot the ill way || *~ az egészsége:* be in poor health || *~ bánásmód:* maltreatment || *~ul irányított:* conducted / lead badly
rosszabb *mn*, worse || *~ra fordul:* turn worse
rosszabbodik *i*, worsen, grow worse
rosszall *i*, disapprove, disfavour, condemn
rosszallás *fn*, disapproval, condemnation, frown
rosszindulat *fn*, malice, malignancy, nastiness, spite
rosszindulatú *mn*, spiteful, malicious, nasty
rosszkedv *fn*, bad tember, bad mood, peevish, gloomy || *~e van:* to be in a bad mood
rosszmájú *mn*, malicious, sarcastic, ill-tongued
rosszmájúság *fn*, spitefulness, sarcasm, malice
rosszmodorú *mn*, ill-tongued, evil-speaking
rosszul *hat*, badly, wrongly, in a bad / wrong way || *~ érzi magát:* feel ill || *~esett neki:* feel sorry about sg
rosszul táplált *mn*, ill-nourished

rosszulöltözött *mn*, badly dressed
rovar *fn*, insect, bug || **~ irtás:** insecticide
rovarirtószer *fn*, bug-expelling
rovartalanít *i*, insecticide
rovás *fn*, grave, cut, notching, nicking, account, expense || **sok van a ~án:** he has much to answer for
rovatbeállító *fn*, tabulator
rovátka *fn*, cut, notch, graving, score, groove
rovátkolt *mn*, grooved, notched, nicked, scored
rozmár *fn*, walrus
rozoga *mn*, shaky, tottering, ramshackle
rozs *fn*, rye || **anya~:** ergot
rózsa *fn*, rose || **~csokor:** bouquet of roses
rózsaszín *mn*, rosy, pink || **~ szemüvegen kersztül:** through rose-coloured spectacles
rozsda *fn*, 1. corrosion, rust 2. *növ* rust, mildew
rozsdabarna *fn*, rusty, russet, rubiginous
rozsdás *mn*, rusty, rusten; *növ* rusty, mildewy
rög- *mn*, fixed, soil || **~eszme:** fixed idea
rögbi *fn*, rugby || **~labda:** rugby-ball || **~t játszik:** play rugby
rögtön *hat*, immediately, at once, instantly
rögzít *i*, fix, fasten, secure, stabilize || **oda~ vmit:** fasten sg there || **~i az időt:** fix the time || **szalagra ~:** tape sg
rögzítés *fn*, fastening, fixation, blocking, setting
rögzített *mn*, fixed, fastened, set, stabilized
rögzítő *fn*, fastener, fixer, fixative (*fénykép*)

rögzítőelem *fn*, fixing element
rögzítőléc *fn*, batten
röhög *i*, guffaw, haw-haw, shriek / split with laughter; *ló* snicker
röhögés *fn*, guffaw, sneer
rönk *fn*, log, lumber, billet
röntgen- *mn*, X-ray- || **~készülék:** X-ray-apparatus || **~sugár:** X-ray || **~vezérlő:** roentgenometry || **~ vizsgálat:** X-ray control || **~ cső:** X-ray tube || **~felvétel:** radiogram
röpirat *fn*, brochure, leaflet, pamphlet
röpiratíró *fn*, pamphleter, pamphletwriter
röpke *mn*, brief, flying, fleeting, passing
röplabda *fn*, volley-ball || **~zik:** play the volley-ball
röplap *fn*, = röpirat
röppálya *fn*, flight
rövid *mn*, brief, short, concise, terse || **~re nyírt:** cut short || **~ül:** shorten || **~en:** briefly || **~ital:** short drink
rövidáru-kereskedés *fn*, haberdasher's, small-ware shop, mercery
rövidáru-kereskedő *fn*, haberdasher, outfitter, mercer
röviden *hat*, briefly, shortly
rövidít *i*, shorten, curtail
rövidítés *fn*, 1. *tett* shortening, abbreviation 2. phonogram, abbreviation
rövidlátás *fn*, *konkr/átv* short-sightedness, *orv* myopia
rövidlátó *mn*, short-sighted
rövidnadrág *fn*, short-trousers
rövidség *fn*, briefness, shortness, brevity
rövidül *i*, shorten, grow/become shorter, foreshorten
rubin *fn*, ruby, *órában* jewel
rúd *fn*, bar, rod, batten, pole

rúdugrás *fn,* pole-jumping
rúdugró *fn,* pole-jumper
rúg *i,* kick ‖ *vmennyire ~: összeg* come to sg
rugalmas *mn,* flexible, whippy, elastic, springy ‖ *~ időbeosztása van:* have a flexible timetable ‖ *~ munkaidő:* flexible worktime
rugalmasság *fn,* flexibility, resilience; bounce; *átv* buoyancy
rugó *fn,* **1.** *konkr* spring **2.** *átv* motive, incentive, spur, force
rugózik *i,* be elastic/springy, bounce, recoil
ruha *fn,* dress, clothe(s) ‖ *felveszi a ~ját:* dress up ‖ *leveszi a ~ját:* take off one's clothes
ruhakasztó *fn,* clothes-pin
ruhafolt *fn,* clothes-patch
ruhaszárító-kötél *fn,* clothes-rope
ruhásszekrény *fn,* garderobe, wardrobe
ruhatár *fn,* **1.** clothes-depit **2.** *megőrző* cloakroom
ruhátlan *mn,* undressed, nude, naked
ruházat *fn,* clothing, garments, apparel, gear, habit ‖ *hivatali ~:* official clothing
rum *fn,* rum
rút *mn, ld.* **csúnya**
ruta *fn,* **1.** *növ* herb of grace **2.** *cím* lozenge
rutin *fn,* routine, routinism, groove ‖ *~vizsgálat* routine examination ‖ *~munka* daily round of business
rúzs *fn,* lipstick, rouge
rügy *fn,* bud, eye
rüh *fn,* itch, scab
rühatka *fn,* itch-mite
rühell *i, ld.* **utál**
rühes *mn,* scabby, itchy
rühösség *fn,* itchiness, scabbiness
rüszt *fn,* instep

S

s. a. e. *röv* = **stamped addressed envelope** felbélyegzett, megcímzett válaszboríték
sablon *fn*, **1.** *műsz* model, mould, pattern **2.** *átv* commonplace, pattern, stereotype
sablonos *mn*, **1.** made after the same pattern **2.** *átv* stereotyped, hackneyed, commonplace, trite, cut-and-dried
saccol *i*, *ld.* **becsül 2.**
sáfárkodik *i*, *átv* manage, administer
sáfrány *fn*, *növ* crocus, saffron
-ság, -ség *képző*, -ty, -ity
sah *fn*, shah
saját *mn*, own, proper, private, personal
saját kezű *mn*, autographic ‖ *~ aláírás* autograph, signature
sajátos *mn*, particular, peculiar, specific, characteristic, original ‖ *~an jellemző:* be peculiar to sy
sajátosság *fn*, characteristic, particularity, feature, specialty, nature, *vkiről* trick
sajnál *i*, **1.** *vkit* be sorry for, pity, sympathize with **2.** *vmit* be sorry for, deplore, regret **3.** *kímél* spare, grudge ‖ *meg~ vkit:* compassionate sy

sajnálatos *mn*, sad, pitiable, deplorable, regrettable
sajnálkozás *fn*, regret, apology, repentance, pity
sajnos *hat*, I am sorry, unfortunately, sorry (to say), alas, sad to say, unhappily
sajog *i*, smart, ache, throb, shoot, rankle
sajt *fn*, cheese ‖ *~kukac* cheese-hopper ‖ *olyan, mint a ~kukac* he is constantly fidgeting
sajtó *fn*, **1.** *konkr* press, presser, *bor* press machine **2.** *nyomd* printing machine **3.** *átv* the press, *újság* press work ‖ *mindennapi ~:* daily press ‖ *szak~:* professional press
sajtó *mn*, press-, newspaper- ‖ *~nyelv:* press-language ‖ *~ iroda:* press agency
sajtóhiba *fn*, misprint, error, erratum
sakál *fn*, jackal ‖ *üvölt, mint a ~* howl like the damned
sakk *fn*, chess ‖ *~ozik i*, play chess
sakkfigura *fn*, chessman, piece
sakkozó *fn*, chessplayer
sakktábla *fn*, chess-board
sál *fn*, scarf, comforter, *váll* shawl

salak *fn*, 1. *ált* slag, dross, scoria, cinders 2. *átv* scum, refuse, trash ‖ *vhonnan kiszedi a ~ot:* rake out the cinder

salakosít *i*, scorify

saláta *fn*, 1. *növ* lettuce 2. *étel* salad

salátaöntet *fn*, salad-dressing

salétromsav *fn*, nitric / saltpetre acid

sallang *fn*, 1. *szegély* fringe 2. *átv* irrelevant matter, flourish, frill ‖ *~mentesen:* unfringedly

sámán *fn*, shaman, medicine-man

sampon *fn*, shampoo

sánc *fn*, rampart, mound, dug-out, entrenchment

sanda *mn*, 1. *személy* squint- / cross-eyed, squinting 2. *átv* envious, jealous, ill-willed

sánta *mn*, lame, limping, game-legged, cripple ‖ *~ a bal lábára:* be lame in the left leg ‖ *~ kifogás:* cripple excuse

sántán *hat*, lamely, limpingly

sántít *i*, 1. limp, have a limp, hobble, walk lamely 2. *átv* hobble, halt

sanyarú *mn*, wretched, miserable, destitute

sanyargat *i*, torment, torture, crucify ‖ *~ja a népet* scourge people

sáp *fn*, sop, rake-off, palm-oil kickback ‖ *leszedi a ~ot* accept bribes

sápadt *mn*, pale, pasty- / sallow- / whey-faced, white-faced, pallid, sallow, *beteg* anaemic

sápadtság *fn*, paleness, pallor, sickliness, whiteness

sapka *fn*, 1. *fej* cap, *búbon* skull-cap, *füles* bonnet, *tiszti* hat 2. *műsz* cap, hood, bonnet

sár *fn*, 1. mud, mire, *átv* dirt 2. *agyag* clay, loam ‖ *~os vki:* be all over mud

sarc *fn*, levy, contribution, ransom

sárga *mn*, yellow ‖ *megsárgul:* get yellow ‖ *okker~:* ocre / pewter yellow ‖ *tojás~:* yolk ‖ *~lap:* yellow card ‖ *~láz:* yellow fever ‖ *sárgás:* yellowish

sárgabarack *fn*, apricot ‖ *~lekvár:* apricot jam

sárgaborsó *fn*, split/dried peas

sárgarépa *fn*, carrot

sárgaréz *fn*, brass

sárgás *mn*, yellowish, yellowy

sárgaság *fn*, 1. *szín* yellowness 2. *betegség* icterus, jaundice ‖ *~a van* be jaundiced

sárkány *fn*, 1. *áll* dragon, basisisk, earth-drake 2. *címerben* wyvern 3. *papír* kite 4. *nő* virago, dragon, termagant, vixen, shrew

Sárga-tenger *fn*, Yellow Sea

sárgaviola *fn*, wall-flower

sárgul *i*, yellow, whither, sallow

sárhányó *fn*, mudguard, fender, splasher

sarj *fn*, 1. young / rudimentary shoot, sprout, offset 2. *vkié* offspring, descendant

sarjad *i*, 1. bud, shoot, sprout, spring, germinate 2. *átv* originate, proceed, take origin

sarkalatos *mn*, cardinal, fundamental, essential ‖ *~ pont:* cardinal point

sarkall *i*, stimulate, encourage, prod, prompt, impel, urge to, provoke sy to do sg

sarkantyú *fn*, 1. spur 2. *áll* spur, spine

sarki *mn*, 1. *földr* polar, *északi* arctic, *déli* antarctic 2. *utca* at the corner ‖ *~ medve:* polar bear

sarkít *i*, polarize

sarkkutató *fn*, antarctic explorer ‖ ~ *felfedezőút* polar expedition
sarkú *mn*, heeled
sarkvidéki *fn*, = sarki ‖ ~ *hideg öv:* frigid zone
sarló *fn*, sickle, reaping hook
sarok *fn*, 1. *cipő, láb* heel 2. *szoba* corner, nook, 3. *mért* angle 4. *ajtó* hinge 5. *fiz* pole 6. *átv* cardinal point ‖ *~ról ~ra:* from corner to corner ‖ *az Északi ~:* Nothern Pole ‖ *mágneses ~:* magnetic pole ‖ *Achilles-~:* Achilles-heel ‖ *a ~ában van:* dog the heel of sy ‖ *a ~ára áll:* put one's foot down ‖ *a szoba ~ában:* in the corner of the room ‖ *az utca~on:* at the corner of the street ‖ *~i közért:* grocer's ‖ *~ülés:* corner-seat
sáros *mn*, muddy, miry, splashy, slushy, greasy, slopy
sárszalonka *fn*, snipe
sárvédő *fn*, mud-guard, splasher
sas *fn*, 1. *áll* eagle, Jove's bird, king of birds 2. *műsz* bolt, fastening pin, peg 3. *patkón* calkin, rough
sáska *fn*, grasshopper, locus
sasszélépés *fn*, chassé, side-step
sasszemű *mn*, eagle- / hawk- / gimlet- / lynx- / sharp-eyed, sharp-sighted
sátán *fn*, Satan, Lucifer, arch-enemy, Evil-One, prince of darkness
sátánhit *fn*, satanic faith
sátáni *mn*, satanic, diabolical, devilish, infernal, hellish
satíroz *i*, *rajzot* hatch, *térképen* hachure
satírozás *fn*, hatch(ing), *térképen* hachures
satnya *mn*, stunted, backward, puny, retrograde, slicky, lean
sátor *fn*, 1. tent, *nagy* pavilion, *átsz* marquee, big top, tilt, *indián* tepee, wigwam 2. *vásári* booth, stall 3. *mozdony* cab, cabin 4. *növ* corymb
sátortemplom *fn*, tabernacle
satu *fn*, vice, vise, hand- /screw-vice
sav *fn*, acid
saválló *mn*, acid-resistant, incorrodible ‖ ~ *festék* acid-proof paint
savanyít *i*, make sour, sour, *kém* acidify
savanyított *mn*, pickled, sauer- ‖ ~ *káposzta:* pickled cabbage, sauer-kraut
savanykás *mn*, sourish, acidulous, acidulent, *gyüm* sour-sweet
savanyú *mn*, 1. sour, acidic, acerb, *fanyar* tart, *íz* acrid, vinegarish 2. *átv* sour, dour, bitter ‖ ~ *a szőlő:* sour grapes
savanyúkáposzta *fn*, sauerkraut, pickled cabbage
savó *fn*, 1. *vér* blood-serum 2. *tej* whey
savós *mn*, watery, *orv* serous
sávos *mn*, striped, streaked, *geol* banded
savtartalom *fn*, acidity, *kém* proportion / percentage / admixture of acid
se *hat*, neither ‖ ~ *nem hall,* ~ *nem lát* he neither hears nor sees ‖ *azért ~!* I just won't! ‖ *szóba* ~ *állj vele!* Cut him/her cold!
seb *fn*, 1. wound, sore, injury, hurt, *orv* trauma, lesion, *ég* burn, *harapás* bite 2. *átv* wound
sebes *mn*, 1. *gyors* quick, swift, speedy, rapid 2. *seb van rajta* wounded, hurt, sore
sebesen *hat*, 1. quickly, swiftly 2. wounded
sebesség *fn*, 1. speed, quickness, swiftness, rapidity 2. *gépkocsinál sebváltó* gear, speed-gear ‖ *~et vált:* change gear

∥ *a legnagyobb* ~gel: at top speed ∥ *alap*~: initial speed **sebességmérő** *fn,* speedometer, velocimeter, tachometer
sebességszabályozó *fn,* speed-control
sebész *fn,* surgeon, operator, *iron* sawbones
sebészet *fn,* 1. *tud* surgery 2. *kórh* surgical department
sebészeti *mn,* surgical, operative
sebhely *fn,* cicatrice, scar, mark, seam, sore, scratch
sebhelyes *mn,* scarred, scarry
sebtapasz *fn,* surgical plaster
sebtében *hat,* in haste, hurriedly, hastily, quickly, fleetingly
sebtisztító *fn,* detergent
sebzett *mn,* wounded, injured
segéd *fn,* 1. *ált* aid, help(er), assistant, famulus 2. *párbaj* second, witness 3. *bűn* accomplice 4. *összetett szóban* auxiliary, subsidiary ∥ *tanár*~: demonstrator, professor's assistant ∥ ~*orvos:* assistant doctor
segéderő *fn,* assistance, hand, assitant, aid
segédeszköz *fn,* help, aid, resource, expedient, device, *orv* appliance
segédkezik *i,* help, assist, aid, further ∥ *a szülésnél* ~: assist at childbirth ∥ ~ *vkinek vmiben:* lend sy a helping hand
segédkönyv *fn,* handbook, manual
segédlelkész *fn,* assistant minister; *anglikán* curate
segédmunkás *fn,* hand, helper, assistant labourer
segédváltozó *fn,* parameter, auxiliary service
segédvonal *fn,* 1. auxiliary line 2. ledger
segély *fn,* help, aid, support, relief, *pénz* grant, subsidy ∥ ~*ből él:* live on help ∥ ~*t ad:* give aid to sy
segély- *mn,* help-, aid-, charity- ∥ ~*koncert:* aid-concert
segélykérés *fn,* 1. supplication 2. *koldusé* begging
segélykiáltás *fn,* cry for help, SOS
segélynyújtás *fn,* 1. *alkalom* rendering of help, succour, assistance 2. *pénzbeli* grant, subvention
segít *i,* 1. help, aid, assist, support 2. *vmihez* help sy to get sg 3. *vkinek* help, aid, assist sy ∥ ~ *magán:* help oneself
segítő *fn,* helper, aider, assister, backer
segítő *mn,* helping, assisting, supporting, aiding
segítőkész *mn,* furthersome, ready to help
segítség *fn,* 1. help, aid, assistance, support 2. *személy* = *segítő fn,* ∥ ~*ére van vkinek:* be of help ∥ ~*ül hív:* call sy to help
sehol *hat,* nowhere
sejk *fn,* sheikh
selypít *i,* lisp
sejt *fn,* 1. *biol* cell, alveoulus 2. *pol* cell ∥ *méh*~: alveoulus
sejt *i,* guess, surmise, have a presentiment, suspect, conjecture
sejtés *fn,* presentiment, anticipation, divination, augury, surmise, hunch ∥ *futó* ~: dim conceive
sejtet *i,* suggest, make sy think sg, indicate, forecast
sejtmag *fn,* nucleus, cytoblast
sekély *mn,* 1. *víz* shallow, shoaly, depthless, flat 2. *átv* shallow, flat, poor, insipid
sekrestye *fn,* sacristy, vestry (-room)

sekrestyés *fn,* sacristan, sexton, vesturer
selejt *fn,* trash, rubbish, refuse, wastage, scrap
selejtes *mn,* inferior, substandard, rejected, sleazy, *értéktelen* shoddy, trashy
sellő *fn,* **1.** *hableány* nix, nixy, nereid, mermaid, water-nymph **2.** *folyón* rapids, race
selyem *fn,* silk
selyemfonál *fn,* silk yarn
selyemhernyó *fn,* silkworm
selyemöv *fn,* silk belt
selyempapír *fn,* silk/tissue-paper
sem *kötőszó,* **1.** neither, noteither, nor ‖ *~ ez, ~ az:* neither this, nor that **2.** *még ~:* not even **3.** *nyomatékos* not **4.** *úgy~:* notanyhow ‖ *~ itt, ~ ott:* neither here, nor there ‖ *egyikük ~:* none of them
séma *fn,* pattern, design, model, stereotyped form, schema, scheme
sematikus *mn,* schematic, diagrammatic
semennyi *hat,* nothing at all, nothing whatever
sémi *mn,* Semitic
semleges *mn,* neutral, non-committal, indifferent, impartial
semlegesít *i,* neutralize, inactivate, frustrate
semleges nem *fn,* neuter (gender)
semlegesség *fn,* **1.** neutrality **2.** *fiz* inertness **3.** *kém* inactivity
semmi *fn,* nothing, nile, none, nought, naught, zero, *teniszben* love
semmi *névm,* no, nothing, none ‖ *~ sem lesz belőle:* nothing will come of it ‖ *~ köze:* have nothing to do with ‖ *~vé tesz:* reduce to nothing ‖ *~ választása nincs:* have no chance ‖ *a ~nél is*
kevesebb: less than nothing ‖ *nincs benne ~:* there is nothing in it
semmirekellő *fn,* idler, good-for-nothing
semmiség *fn,* nothingness, nullidity, nothing, rifle, frivolity, fribble, small matter
semmitmondó *mn,* meaningless, unmeaning, ineffectual, of no weight, insipid, inane ‖ *~ szavak:* meaningless words ‖ *~ tekintet:* vacant look
senki *névm,* nobody ‖ *nem láttam ~t sem:* I did not see anybody ‖ *ez egy ~!:* he is a nobody!
seprű *fn,* **1.** *eszk* broom, besom, wisp **2.** *bor* lees, dregs, sediment
serceg *i,* **1.** sputter, fizzle, fizz, crackle **2.** *toll* scrape, splutter **3.** *étel* frizzle, frizz **4.** *zsír* spit, crepitate **5.** *rádió* sizzle, sizz ‖ *~ a zsír* the fat is spitting
serdül *i,* grow up, mature, reach puberty
serdülő *mn,* adolescent, pubescent, teenage, growing-up
serdülőkor *fn,* puberty, adolescence, teenage, teens
serdülőkorú *mn,* juvenile, teen-age
sereg *fn,* **1.** army **2.** *ember* lot, crowd, host, multitude, mass, flock **3.** *madár* flock, flight, covey, *hal* shoal, school, *kutya* pack, *ló* herd, *farkas* pack, rout, *majom* tribe **4.** *dolog* heap, pile, lot
seregély *fn,* starling
sereghajtó *fn,* lagman, file-closer, straggler, laggard
sérelem *fn,* **1.** *erkölcsi* affront, grief, injury, offence, mortification, complaint **2.** *anyagi* disadvantage, damage
sérelmez *i,* find sg deleterious, criminate, have a grievance
serény *mn,* **1.** active, busy, filigent,

strenuous, zealous 2. *fürge* brisk, nimble

serényen *hat,* actively, busily, diligently, assiduously, strenuously

serke *fn,* nit

serkent *i,* 1. urge / spur on, encourage, quicken, animate, stimulate, stir up, inspire 2. *áll* goad, prod

serkentés *fn,* urging, spurring, encouragement, quickening, stirring, promotion

serkentő *mn,* urging, spurring, stimulating, rousing, stirring

serleg *fn,* 1. cup, goblet, beaker, *vall* chalice 2. *műsz* bucket

serpenyő *fn,* (frying) pan, fryer, skillet, saucepan, casserole

sért *i,* 1. *testileg* injure, damage, hurt, harm 2. *érzékszervet* jar, displease, offend 3. *lelket* offend, affront, outrage, insult 4. *jogot* infringe, contravene, violate, trespass ‖ *~i a fülemet* grates upon my ear ‖ *~i vki érzéseit* jar on sy's feelings ‖ *vérig ~ vkit* outrage sy ‖ *~i a büszkeségét* be hit one's pride ‖ *~i a becsületét* reflect sy's honour ‖ *~i vki jogait* infringe upon one's rights

serte *fn,* bristle, awn, beard

sérteget *i,* call sy names, sy offend, abusse sy

sertés *fn,* hog, swine, pig, porker, grunter ‖ *~tenyésztő:* hog raiser

sértés *fn,* 1. *érz* offence, insult, affront, injury, defamation 2. *törv* transgression, contravention of law ‖ *~nek vesz:* take sg amiss ‖ *testi ~:* bodily harm / injury ‖ *szabály~:* contravention of rule ‖ *határ~:* frontier incident ‖ *törvény~:* contravention of law ‖ *semlegesség* *meg~e:* transgression of neutrality ‖ *terület~:* trespassing ‖ *törvény~t követ el:* commit a contravention ‖ *nem jelent ~t:* does not intent to insult

sertés *fn,* swine, hog, pig, porker ‖ *~hizlalda* pig/hogy-farm ‖ *~csorda* herd of swine

sertéscsorda *fn,* herd

sertéspörkölt *fn,* porkstew with paprika, swine-porkolt

sértetlen *mn,* unhurt, uninjured, unharmed, unwounded

sértett *mn, testi* hurt, injured, wounded, *erkölcsi* harmed, wounded ‖ *~nek érzi magát:* feel hurt ‖ *megsértődik:* feel offended

sérthetetlen *mn,* inviolable, invulnerable

sérthetetlenség *fn,* inviolability, invulnerability, sanctity, *fil* immunity, intangibility

sértő *fn,* offender, insulter, affronter, provoker, *jogi* infringer, violator

sértő *mn,* offending, offensive, injurious, insulting, affronting, *megalázó* humiliatory, humbling, slighting

sértődékeny *mn,* easily offended, very sensitive, touchy

sértődött *mn,* offended, huffed, huffy

sérül *i,* be hurt/wounded/injured

sérülés *fn,* hurt, wound, *orv* injury, lesion, trauma, sore, *baleseti* casualty, *lelki* trauma ‖ *~eket szenved az arcán:* suffer injuries on the face

sérült *fn,* injured / wounded (person) ‖ *két súlyos ~je van a balesetnek:* the accident has two injured

sérült *mn,* hurt, injured, wounded, traumatic

sérv *fn*, breach, rupture, hernia || *~et kap* contract a rupture || *nem kap ~et a munkától* he won't break his back doing his job
séta *fn*, walk, promenade, stroll, airing
sétakocsikázás *fn*, drive, joy-ride
sétál *i*, walk, take a walk, promenade, take the air, stroll, ramble || *haza~:* walk home || *~tatja a kutyát:* take the dog for a walk || *bele~ a csapdába:* walk into the trap || *körül~:* walk round || *le~:* walk down || *~ a folyó mentén:* walk along the river
sétáló *mn*, walking
sétány *fn*, promenade, esplanade, walk, prom
sétatér *fn*, esplanade, parade
settenkedik *i*, hang around, sneak, prowl
sí *fn*, ski, *sp* skiing
síbot *fn*, ski-stick
sicc *ind.szó* shoo!, boo!, scat!
sícipő *fn*, skiing boots
síel *i*, ski, go skiing
síelés *fn*, skiing
síelő *fn*, skier, ski-runner
siet *i*, 1. hurry, hasten, speed, be quick, make speed / haste, nip along 2. *vhová* hasten to, hurry to, *után* hurry after, *fenyegetően* bear down on sy 3. *óra* be fast, gain
sietős *mn*, 1. urgent, pressing, hasty 2. *léptek* hurried
sietős *mn*, 1. *lépés* hurried 2. *ügy* pressing, urgent, hasty 3. *távozás* hasty || *~ ebéd* quick luncheon
sietség *fn*, hurry, haste, dispatch, bustle, hustle, flurry, precipitaion || *nagy ~ben:* in big hurry

siettet *i*, 1. hasten, hurry on/up, press forward, push / urge on, rush, bustle 2. *növényt* force, forward
sífelvonó *fn*, ski-lift
siheder *fn*, youngster, lad, stripling
sík *mn*, even, flat, level, plain, smooth
sikál *i*, 1. scrub, swab 2. *fényesít* polish, burnish, furish 3. *edényt* scour
sikamlós *mn*, 1. *csúszós* slippery, lubricous 2. *átv* indecent, improper, scabrous, lascivious, lewd, eely || *~ vicc:* naughty joke
sikátor *fn*, alley, lane, passage, mews
siker *fn*, success, result, éclat, *szính* hit, fortune, piece of luck
sikeres *mn*, successful, fortunate, effectual
sikertelen *mn*, unsuccessful, unfortunate, futile, abortive
sikerül *i*, 1. succeed, be a success, come off 2. *vmilyen lesz* prove (to be), turn out (to be) || *~ vmit megtenni:* succeed to do sg
sikít *i*, scream, shriek, screech, squeal, yell
síkos *mn*, 1. *csúszós* slippery, skiddy 2. *zsíros* greasy, lubricous || *~ útszakasz* greasy road
sikkaszt *i*, embezzle, defalcate, defraud, speculate
sikkasztás *fn*, embezzlement, defalcation, speculation
sikkasztó *fn*, embezzler, defaulter, defrauder
sikkes *mn*, chic, stylish, dashing || *~en beszél:* talk dashly
siklás *fn*, gliding, glide, sliding, slide, slip(ing), crawl, *víz* taxiing
siklik *i*, glide, slide, slip, crawl || *vékony*

sikló

jégen ~: slide on thin ice ‖ **át~:** slip through

sikló *fn,* **1.** *jármű* funicular, wire / cable railway, **2.** *lejtő* ramp, slope **3.** *áll* ringe-snake, grass-snake

siklórepülőgép *fn,* sail-plane

siklóvasút *fn,* wire / cable railway

sikoltó *mn,* screaming, shrieking

sikoly *fn,* scream, shriek, screech

síkpor *fn,* talcum powder, French chalk

síkság *fn,* **1.** plain, lowlands, flatland, champaign **2.** *tul* evenness, flatness, levelness

siló *fn,* silo, storage bin, store-pit

sima *mn,* **1.** smooth, flat, sleek, lank, straight, level, even, plain **2.** *nem díszes* plain **3.** *kötés* plain **4.** *modor* smooth, polished, suave ‖ **~ megegyezés:** easy agreement ‖ **~ kötés:** plain knitting

simán *hat,* **1.** smoothly, evenly, flatly **2.** *átv* easily, without any problem, straight ‖

simít *i,* **1.** *ált* smooth, even, level, flatten, smoothen **2.** *fényeset* burnish, polish **3.** *fémet* polish **4.** *ruhát* smooth out **5.** *papírt* enamel, satin, magle, roil **6.** *smirglivel* sandpaper **7.** *átv* smooth over, palliate, ease

simul *i,* **1.** become smooth, become sleek **2.** *vmi vkihez* fit tight to **3.** *átv* comply with, conform to, accommodate oneself to, adapt oneself to ‖ **egymáshoz ~nak** cling to one another

simulékony *mn,* pliant, pliable, accommodating, flexible

sín *fn,* **1.** rail, metals, track **2.** *szerk* rail, bar, band, guide, splint **3.** *orv* splint, cradle, solen

sincs *i,* is not either, isn't even ‖ **sehol ~** there is no trace of it ‖ **szó ~ róla** by no means ‖ **itt ~** it's not here either

sínrakó munkás *fn,* rail-layer

sínylődik *i,* languish, suffer, pine away ‖ *átv* **rabságban ~** groan under the yoke of sg ‖ **nyomorban ~** be in want

síp *fn,* whistle, pipe, reed, fife, blow-pipe

sípol *i,* **1.** whistle, pipe, hoot, scream **2.** *mell* wheeze

sípcsont *fn,* shin-bone, tibia

sír *fn,* grave, tomb, sepulchre ‖ **a bölcsőtől a ~ig:** from the cradle till the grave ‖ **~bolt:** crypt ‖ **féllábbal már a ~ban van:** have one leg in the grave ‖ **a ~ba visz:** be the death of sy ‖ **megássa a saját ~ját:** dig a grave

sír *i,* **1.** cry, weep, shed tears **2.** *nyúl* squeak, *malac* squeal **3.** *átv* complain, groan, whine ‖ **~ vmiért:** cry for sg

siralmas *mn,* deplorable, lamentable, pitiful, sorrowful

sirály *fn,* gull, mew

siránkozás *fn,* lamentation, complaint, wailing, whimpering

siránkozik *i,* moan, lament, wail, whimper, whine

siránkozó *mn,* lamenting, wailing, snivelling, whining

sírás *fn,* **1.** crying, weeping, shedding of tears **2.** *nyúlé* squeak

sírásó *fn,* grave digger

sirat *i,* bewail, mourn for/over sy

síremlék *fn,* tomb, sepulchre, *ép* mausoleum

sírfelirat *fn,* epitaph, inscription

síri *mn,* **1.** sepulchral, funereal **2.** *átv* lugubrious, gloomy, dead

síri *mn*, funereal, sepulchral ‖ ~ *csend* dead silence ‖ ~ *hang* funereal voice
sírkő *fn*, grave- / burial-stone, headstone
sirokkó *fn*, s(c)irocco
sír-rí *i*, weep, wail, *pejor* snivel, mewl
sisak *fn*, 1. *tört* helmet, helm, casque 2. helmet, battle bowler 3. *sp* steel-cap, scrum-cap ‖ *felveszi a ~ot:* put the helmet on
sistereg *i*, hiss, fizzle, crackle
sistergés *fn*, hiss, crackling, crepitation
sitt *fn*, 1. *ált* debris, rubble 2. *átv* jug, coop, san, clink
síugrás *fn*, ski-jumping
sivalkodik *i*, scream, screech, cry
sivár *mn*, bleak, dismal, dingy, dreary
sivárság *fn*, bleakness, dismalness, dreariness
sivatag *fn*, desert, waste(land), wilderness ‖ *Kalahári ~:* desert Kalahári
skála *fn*, 1. *zene* scale, gamut 2. *átv* range, gamut, scope 3. *műsz* graduation, division 4. *fiz* scale ‖ *végigszalad a ~án:* run through the scale
skálázik *i*, practise the scales
skalpvadász *fn*, scalp-hunter, scalpel
skandál *i*, *verset* scan; *zenét* mark, stress
skandináv *mn/fn*, Scandinavian
Skandinávia *fn*, Scandinavia
skarlát *fn*, crimson
skarlátkiütés *fn*, anginose, scarlet-fever
skarlát- *mn*, crimson-, vermillion
skarlátvörös *fn*, crimson-red
skatulya *fn*, *ld.* **doboz**
skicc *fn*, sketch, outline ‖ *terv~* rough draft
skiccel *i*, make a sketch of, sketch, make a rough draft of

Skócia *fn*, Scotland
skolasztika *fn*, scholasticism
skolasztikus *mn*, scholastic
skorbut *fn*, scurvy, scorbutus, scorbute
skorbutos *fn*, scurvied, scorbutic
skorpió *fn*, Scorpion
skót *mn/fn*, 1. Scottish, *nyelv, törv stb* Scots, *whiskey, szövet, lány stb* Scotch 2. *tréf* niggardly, stingy
slampos *mn*, sluttish, baggy, dowdy, slovenly ‖ ~ *munka* careless/slipshod job ‖ ~ *ember* sloven
slemil *fn*, muff, slad rack
slicc *fn*, slit, fly (of trousers)
slingelés *fn*, festoon, scallop
slukk *fn*, 1. *ital* gulp, nip, pull, godown 2. *dohány* pull ‖ *adj egy ~ot!* let me have a nip/pull! ‖ *egy ~ra megitta* he drank it at one gulp
slusszkulcs *fn*, ignition key, switch key
smaragd *fn*, emerald
smirglipapír *fn*, emery-paper, sandpaper
só *fn*, salt ‖ *humor az élet ~ja:* humour is the salt of life ‖ *a föld ~ja:* salt of the ground ‖ *egy csipet ~:* a pinch of salt
só *fn*, salt ‖ *~t hint vmire* salt sg ‖ *~tlan* saltless
só- *mn*, salt-
sóakna *fn*, salt-pit
sóbánya *fn*, salt-mine
sóbányász *fn*, salter
sóder *fn*, sand and gravel, gravel, riversand
sodor *i*, *fonalat* twist, twine, throw, roll, twirl ‖ ~ *egy cigarettát:* roll a cigarette
sodrás *fn*, 1. twisting, swining, twirling, rolling 2. *eredmény* twist 3. *folyó* current, backwash

sodró *mn,* rolling, twisting
sodródik *i,* **1.** be twisted/twined **2.** *vízben* be carred off **3.** *vki vmiben* be dragged itno sg ‖ *háborúba* ~ drift into war
sodrony *fn,* wire, cable
sógor *fn,* brother-in-law
sógornő *fn,* sister-in-law
soha *hat,* never ‖ *~se bántson!:* never mind!
soha többé *hat,* never more
sóhaj *fn,* sigh, moan, groan ‖ *fájdalmas ~:* painful sigh
sóhajt *i,* sigh, utter a sigh, moan, suspire
sok *számn* much, many, plenty of, a great deal of, numerous, a lot of, lots of ‖ *nagyon ~:* very much ‖ *~kal jobb:* much better ‖ *nem ~:* not too much ‖ *~szor:* many times ‖ *jó ~:* a great deal of ‖ *túl ~:* too much
sok- *mn,* uni-, multi-~
sokadik *mn,* umpteenth
sokall *i,* **1.** *ált* find too much **2.** *árat* find sg too high/dear/expensive **3.** *elun* get tired of, be fed up with sg
sokan *hat,* many people, many of, many a man/one
sokára *hat,* much later, long afterwards
sokaság *fn,* crowd, host, multitude, numbers, masses
sokatmondó *mn,* significant, meaningful, suggestive
sokatmondóan *hat,* significantly, meaningful, suggestively
sokféle *mn,* many kinds of, variety of, all sorts of
sokféleség *fn,* variety, diversity, manyfoldness, multifariousness
sokk *fn,* shock, trauma

sokkötetes *mn,* many-/multi-volumed, voluminous
sokoldalú *mn,* **1.** many-sided, versatile, comprehensive, extensive **2.** *mért* multilateral, polyhedral
sokoldalúság *fn,* many-sidedness, versatility, comprehensiveness, extensiveness
sokszínű *mn,* many-coloured / -hued, variegated, polychromatic
sokszínűség *fn,* multi-colouredness
sokszoroz *i,* multiply
sokszorosítógép *fn,* duplicator, polygraph, multiplier
sokszorozás *fn,* multiplying, multiplication
sokszög *fn, mat* polygon
sólyapálya *fn,* ship-way, slip-way, launching way
solymászik *i,* hunt with falcons, hawk, falcon
sólyom *fn,* falcon, *hím* tiercel
somfa *fn,* **1.** *növ* bunch-berry **2.** *fajta* dogwood
sompolyog *i,* sneak, prowl, steal slink ‖ *az ajtó felé* ~ edge towards the door
sonka *fn,* ham, *füstölt/pácolt* gammon
sonkás *mn,* ham-, made with ham ‖ *~szendvics:* sandwich with ham ‖ *~ rántotta:* ham and eggs
sopánkodik *i, ld.* siránkozik
sor *fn,* **1.** row, line, rank, file, queue, string, tier, row **2.** *írott* line, slug, *verse* line **3.** *menny* progression, *egymásutániság* series
sorakoztat, fel *i,* range, align, line / draw up
sorbaáll *i,* **1.** *személy* align, rally, line up, fall in, rank **2.** *tárgy* be set / put in order, be arranged

sorbaállítás *fn,* lining up, assembling, gathering, muster
sorfal *fn,* line, row, range, hedge, barrage
sorkatona *fn,* private, conscript, regular
sorozat *fn,* series, sequence, succession, round, run ‖ *~ban gyárt:* mass-produce
sorozat- *mn,* serial, mass-
sorozatos *mn,* serial, cyclical ‖ *~ támadások érik* he was repeatedly attacked
sorrend *fn,* order, succession, sequence, course
sorrendi *mn,* in order, ordinal, of order
sors *fn,* fate, lot, portion, destiny, *trag* doom ‖ *szembesül a ~ával:* face one's destiny ‖ *a halálnál is rosszabb ~:* fate worse than death ‖ *a ~ iróniája:* irony of fate
sorscsapás *fn,* stroke of fate, blow of fortune
sorshúzás *fn,* drawing of lots, cutting lots
sorsolás *fn,* = sorshúzás
sorsú *mn,* fated, of fate
sortűz *fn,* volley-firing, salvo, fire-lining, discharge ‖ *~et ad le:* fire a volley
sorvadás *fn,* consumption, atrophy, decline, decay
sorvadó *mn,* emaciating, wasting
sós *mn,* salted, salty, pickled
sósvíz *fn,* saltwater
sószóró *fn,* shaker, salt-shaker
sótalanodás *fn,* flattening
sótartalmú *mn,* briny, pickled, saline, saliferous
sótlan *mn,* 1. unsalted, saltless 2. *átv* insipid, flat, saltless
sovány *mn,* thin, lean, scrawny, lank, skinny, spare, haggard, fleshless, peaky, scraggy, gaunt

soványan *hat,* leanly, thinly
soványság *fn,* 1. *tul* thinness, leanness, gauntness 2. *tréf* bag of bones, rattle-bones 3. *hús* leanness, meagreness 4. *talaj* barrenness
sóvár *mn,* desirous, eager for, longing for, yearning for, wishful for, keen of
sóvárgó *mn,* = sóvár
sóvárog *i,* covet, crave for, long for, yearn for, be mad on/for, starve for, hunger, languish after
soviniszta *fn,* chauvinist
soviniszta *mn,* chauvinist
sóz *i,* 1. salt, dust / powder with salt 2. *ykire* palm / work sg off on sy, fob off sg 3. *üt* give sy a smacker ‖ *el~:* put too much salt in sg
sóz *i,* put salt into sg, salt sg ‖ *oda~* he packs a punch there
sózás *fn,* salting, pickling, sousing, curing
söntés *fn,* tap-room, bar, saloon
söpör *i,* sweep, broom, scavenge, clean, dust, whisk ‖ *le~ a lábáról:* weep off one's legs ‖ *fel~i a konyhát:* sweep the kitchen
söprés *fn,* sweeping, brooming
söpredék *fn,* 1. *átv* riff-raff, mob, rabble, dregs, sum 2. *szemét* offscourings, sweepings
sör *fn,* beer, *erős* tout, *gyenge* ale
sörét *fn,* small/hail-shot; *nagy* swan-shot; *kicsi* dust shot
sörény *fn,* mane
söröskorsó *fn,* beermug
söröshordó *fn,* keg, beer barrel
sörény *fn,* mane
sörfőzde *fn,* beer-brewing
söröző *fn,* brasserie, beer-house, porterhouse

sörte *fn,* bristle, awn, beard
sőt *hat,* nay (more), and indeed, in fact, moreover, actually, even, on the contrary
sötét *mn,* **1.** dark, sombre, tenebrous, swarthy, unlit **2.** *átv* evil-minded, murky, dark, dismal, fatal, hopeless || *~szemüveg:* dark glasses || *a ~ben:* in the dark || *lövés a ~ben:* shot in the dark || *fél a ~ben:* be scared in the dark || *~edik:* get dark || *~kék:* dark blue
sötéten *hat,* darkly
sötétkamra *fn,* dark-room
sötétlila *fn,* dark purple
sötétít *i,* dim, darken
sötétség *fn,* darkness
sövény *fn,* **1.** *élő* hedgerow, fence, fencing, picket-fence **2.** *boncl* septum
spaletta *fn,* window-shutter/blind, folding shutters
spanyol *mn,* Spanish || *fn,* Spanishman / -woman, Spaniard
Spanyolország *fn,* Spain
speciális *mn,* particular, especial, peculiar
specializál *i,* specialize || *vmire ~ja magát* specialize in sg
spékel *i,* **1.** *húst* lard **2.** *átv* interlard, needle || *idézetekkel ~i beszédét* sprinkle one's speech with quotations
sperma *fn,* sperm, semen
spirális *mn,* spiral, whirled, *tér* helical, *ép* wreathed, whorled
spiráltekercs *fn,* spiral, whorl
spiritusz *fn,* spirits of wine, ethyl alcohol || *van benne ~* he is very brave, he has big balls
sport *fn,* **1.** sport, sports, game, sporting events **2.** *átv csak sportból* out of sheer fun

sportcsarnok *fn,* sports hall, covered stadium
sportember *fn,* sportsman
sportkocsi *fn,* sportscar, roader, hiker, *kicsi* two-seater, *csukott* sports coupé
sportos *mn,* sport-loving
sportpálya *fn,* playing field, sports/playground
sportszerű *mn,* sportsmanlike, fair
sporttáska *fn,* duffel-bag
srác *fn,* dude, guy, kid, scamp, urchin, shaver, youngster
ss! *ind.szó,* ssh! hussh!
stadion *fn,* stadium, *US* bowl
staféta *fn,* **1.** futár courier, estafette, *lovas* estafet(te) **2.** *sp* relay (race) || *~futás:* relay (race)
stagnál *i,* be stagnant, stagnate
stagnálás *fn,* stagnation, stagnancy
statisztaszerep *fn,* mute, super(numerary), extra, walking gentleman/lady, walker-on, crowd-artist
statisztikai *mn,* statistical
statisztikus *fn,* statistician
stb. *röv* etc.
steppelt *mn,* quilted, stitched
steril *mn,* **1.** *orv* sterile, sterilized **2.** sterile, barren, unfruitful **3.** *átv* sterile
stigma *fn,* stigma
stílus *fn,* **1.** style, diction, language, idiom, manner, touch, stroke, pencil, wording **2.** *eszköz* style, stylus **3.** *összetételben mn,* stylistic
stílusú *mn,* of s certain style, in style, -style || *barokk ~* in baroque style
stóla *fn, egyh/kendő* stole
stopperóra *fn,* stop-watch, cronograph
stoppol *i,* **1.** *lyukat* darn, mend **2.** *autót* hitch-hike **3.** *időt* clock, minute

stoppos *fn*, hitch-hiker
storníroz *i*, **1.** cancel, annul, revoke, withdraw **2.** *követelést* write off **3.** *könyvelésben* write back, transfer
stornó *fn*, set-off, annulment
strand *fn*, beach, sands, lido, open-air bath / pool
strandol *i*, bathe, be on the beach
strandruha *fn*, sun-dress, play-suit, beach-suit
strázsál *i*, *ld.* őrködik
stréber *fn*, **1.** climber, pusher **2.** *isk* teacher's pet **3.** *talpnyaló* toady, tufthunter
strici *fn*, **1.** *kerítő* pander, pimp **2.** *selyemfiú* tancyman **3.** *átv* cad, rotter, rogue, scoundrel
strófa *fn*, strophe, stanze, *versé* verse
stróman *fn*, dummy, coverer, noman
strucc *fn*, ostrich
stukkó *fn*, stucco, plaster, stuck moulding
súg *i*, whisper, buzz, breathe sg in sy's ear ‖ **oda~ egy szót:** whisper a word ‖ **~va:** whispering
sugalmaz *i*, suggest, prompt sy sg
sugár *fn*, **1.** ray, beam, *víz* jet, spirt, stream **2.** *mértan* radius ‖ **nap~:** sunbeam ‖ **remény~:** ray of hope ‖ **a nap első ~ai:** first rays of the sun
sugaras *mn*, radiating, radiated, *mat* radial, radiant
sugároz *i*, **1.** *fényt, hőt stb* radiate, beam, shoot rays of **2.** *rádió* transmit, broadcast, beam **3.** *átv* radiate, diffuse ‖ **szomorúságot ~:** be radiating with sadness
sugárút *fn*, boulevard, avenue
sugárzás *fn*, **1.** *fiz* radiation, radiance, radiancy **2.** *átv* beaming, radiance ‖ **~i betegség:** radiation sickness
sugárzik *i*, radiate, beam, shine ‖ **~ az örömtől:** be beaming with joy
sugárzó *mn*, radiating, beaming
suhan *i*, glide, fleet, slie, swish, zip
suhog *i*, swish, whirr, *ruha* rustle, *selyem* rustle, scroop, *ostor* whizz, *szél* whistle
suhogás *fn*, swish(ing), whirr, *ruha* rustle, *selyem* rustle, scroop, *ostor* whizz(ing), *szél* whistle(ing)
sújt, le *i*, **1.** strike, hit, smite **2.** *átv* afflict, come upon sy
súly *fn*, **1.** weight, heaviness, *fiz* gravity, *teher* load, burden, charge, *hal* sinker, *inga* bob **2.** *átv* weight, burden, onus, load, emphasis, stress, momentum ‖ **~t felszed:** put on / gain weight ‖ **~t lead:** lose weight ‖ **túl~os:** overweighter
súlyemelés *fn*, weightlifting
súlyhiány *fn*, loss of weight
sulykol *i*, **1.** beat (with a beetle/mallet), beetle, mall, paddle, buck **2.** *leckét* hammer in, cram, *kat* drill
sulykoló *fn*, beater, beetle, mall(et), ram, stamp, *gép* monkey
súlylökés *fn*, shot-put
súlyos *mn*, **1.** heavy, weighty, ponderous, massive **2.** *átv* heavy, onerous, serious, grave, severe, terrible
súlyosbít *i*, aggravate, exacerbate, increase, sharpen, worsen
súlyosbodás *fn*, worsening, *orv* exacerbation
súlyosbodik *i*, worsen, grow worse
súlyoz *i*, **1.** *konkr* weightlift, do weihtlifting **2.** *átv* give prominence, accentuate
súlytalan *mn*, **1.** weightless, imponderable

súlytalanság 458

2. *átv* insignificant, of no weight / account
súlytalanság *fn,* weightlessness
súrlódás *fn,* **1.** *tárgy* friction, trailing **2.** *átv* disagreement ‖ *határ~:* border-friction
súrol *i,* **1.** *edény* scour, clean, scrub **2.** *érint* rub against, brush against, skim **3.** *átv* come very near, touch
súrolás *fn,* scouring, cleaning, scrub(bing)
suta *mn,* left-handed, awkward, clumsy, unhandy, ungainly
suttog *i,* whisper, murmur
suttogás *fn,* whisper(ing), undertone
süket *mn,* **1.** deaf **2.** *hang* hollow **3.** *telefon* the phone has gone dead **4.** *ostoba* dumb, idiotic ‖ *~, mint az ágyú:* deaf as the door-post ‖ *~ fülekre talál:* a deaf ear was turned to sy's talk ‖ *meg~ül:* go deaf
süketnéma *fn,* deaf and dumb ‖ *~ ábécé:* deaf and dumb alphabet
süketség *fn,* deafness
sül *i,* **1.** *tészta* bake **2.** *zsírban* fry **3.** *grillen* be grilled **4.** *roston* broil **5.** *egészben* barbecue **6.** *pecsenye* brown, roast
sületlen *mn,* **1.** *konkr* underbaken, underdone **2.** *átv* silly, stupid, foolish, half-baked ‖ *~ tréfa* bad joke
sületlenség *fn,* rubbish, sillyness, bosh, nonsense
sült *fn,* roast, fried meat, fry, joint ‖ *marha~:* roastbeef
sült *mn, tészta, gyüm, kenyér* baked, roast, *zsírban* fried ‖ *~ csirke:* roast chicken ‖ *~ krumpli:* fried potatoes ‖ *liba~:* gooseroast

süllyed *i,* sink, subside, dive, plunge, ebb, *erkölcsileg* sink ‖ *el~ a mocsárban:* sink in the mud
süllyedő *mn,* sinking, subsiding, *hő* falling
süllyeszt *i,* sink, submerge, lower, *fúrás* scuttle, *szegecs* countersink
süllyesztett *mn,* sunk, countersunk, recessed, pocketed, flush, set-in, concealed
süllyesztőszekrény *fn,* (box) caisson, cofferdam, coffer
sündisznó *fn,* hedgehog
sürgés-forgás *fn,* bustle, hurry, mustle, commotion, stir and movement
sürgős *mn,* urgent, pressing, importunate, immediate, express ‖ *~ választ vár:* waiting for an urgent reply ‖ *van néhány ~ dolga:* have some importunate things to do
sűrít *i,* thicken, condense, compact, compress, solidify, concentrate
sűrített *mn,* concentrated, condensed, condensated, compressed, compacted ‖ *~ tej édes, tubusos* condensed milk; *sűrű, cukrozatlan* evaporated milk ‖ *~ levegő* compressed air ‖ *~ paradicsom* tomato purée ‖ *~ gyümölcslé* dry juice
sürög *i,* stir/buzz about, hustle, run about, hurry
sűrű *mn,* thick, dense, compact, consistent
sűrűn *hat,* **1.** thick, densely **2.** *gyakran* frequently ‖ *~ lakott:* densely populated
sűrűség *fn,* **1.** thickness, denseness, density, fullnes, intensity **2.** *bozót* thicket **3.** *gyakoriság* frequency
sűrűsödik *i,* condense, thicken, clot, curdle, congeal
süt *i,* **1.** *kenyeret, gyümölcsöt stb* bake,

szárazon húst roast, broil *zsírban* fry **2.** *hajat* curl, crisp, frizz

sütemény *fn,* **1.** *tészta* cake, pastry, fancy cake(s), confectionery, comfit, sweetmeat, **2.** *pék* baker's ware

sütés *fn,* **1.** *tészta* baking **2.** *roston* broiling, grilling **3.** *hús* roasting **4.** *zsírban* frying **5.** *nap* shining, tanning **6.** *haj* curling, crisping

sütkérezik *i,* bask, sun, sun-bathe ‖ *a napon ~:* bask in the sun

sütő *fn,* **1.** *ember* baker **2.** *gép* oven

sütőpor *fn,* yeast / baking powder, baking soda

sütővas *fn,* curling irons

süvít *i, szél* howl, roar, whistle, whine, *lövedék* whizz, whirr, ping, zip, shrill

süvítés *fn,* whistle, whizz, ping, zip

svábbogár *fn,* cockroach

Svájc *fn,* Switzerland

svájci *fn/mn,* Swiss

svéd *fn/mn,* Swedish

Svédország *fn,* Sweden

svindler *fn,* swindler, humbug, cheat, rogue, fraud, charlatan

svindli *fn,* swindle, fraud, ramp, spoof, dupery

Sz

szab *i*, **1.** *ruhát* cut out, tailor **2.** *árat* charge, fix **3.** *büntetést* inflict, impose **4.** *határt* keep sg in bounds
szabad *mn*, clear, open, unobstructed, unattached, free, vacant, permitted, allowed, disengaged, voluntary, independent ‖ *~kéz:* free hand ‖ *~verseny:* free contest ‖ *~ fogás: sp* catch-as-catch-can ‖ *~ fordítás:* free translation ‖ *meg~ít vmitől:* free from ‖ *ki~ít:* liberate
szabadalom *fn*, patent, licence, *jog* letters patent
szabadalmas *fn*, patented
szabadalmaztat *i*, patent, take out a patent for, have sg patented
szabadalmi *mn*, patent ‖ *~ díjak:* royalty
szabadban *hat*, outside
szabadelvű *mn*, liberal, catholic, broad-minded ‖ *~ párt GB* whigg
szabadfogás *fn*, all-in wrestling, catch-as-catch-can
szabadgondolkodás *fn*, freethinking
szabadgondolkodó *fn/mn*, freethinker
szabadít *i*, liberate, free
szabadító *fn*, liberator, deliverer, rescuer
szábadkéz *fn*, free-hand
szabadkézi *mn*, free-hand
szabadkőműves *fn*, freemason
szabadkőművesség *fn*, freemasonry, Masonry
szabadnap *fn*, day off, free day, red letter day, off day, holiday
szabadon *hat*, openly, frankly, unreservedly, unimpeded, freely, with impunity
szabados *fn*, **1.** licentious, loose, libidinous **2.** *vkivel* make free with sy
szabadrúgás *fn*, free kick, penalty-kick / shot
szabadság *fn*, **1.** liberty, kivívott freedom, freeness, *pol* independence **2.** *vakáció* holiday, leave, *kat* furlough, leave of abscence ‖ *fizetés nélküli ~:* non-paid holiday ‖ *~ra megy:* take one's holidays ‖ *vallás~:* freedom of faith ‖ *szólás~:* freedom of speech ‖ *sajtó~:* freedom of the press ‖ *~ot ad vkinek vmiben:* give sy a free hand in sg ‖ *vmi ~a:* freedom of sg ‖ *gondolat ~a:* freedom of thought
szabadságjog *i*, human rights, rights of man

szabadságol *i*, give leave, give sy a holiday

szabadszájú *mn*, free-spoken

szabadtéri *mn*, open-air, outdoor || **~sport:** open-air sports || **~úszómedence:** open-air pool

szabadul *i*, 1. *börtönből* set free, be released, *munka* get off 2. *vki/vmitől* get rid of, shake sy/sg off

szabadulóművész *fn*, escaping artist

szabadúszó *fn*, 1. *vízben* swimmer 2. *átv* freelancer

szabadúszó *mn*, freelancing || **~ újságíró:** freelancing journalist

szabály *fn*, rule, ruling, law, precent, maxim, formula, theorem || **~ként:** as a rule || **arany~:** golden rule || **közlekedési ~:** traffic rule || **gyakorlati ~:** practical rule || **~ok és előírások:** rules and prescriptions || *a brit ~ok szerint:* by the British rules

szabályos *mn*, 1. regular, symmetrical 2. *állandó* orderly, regular, steady, methodical || **~ sebességgel:** with regular speed || **~an teszi:** do it regularly

szabályosan *hat*, regularly, orderly

szabályosság *fn*, regularity

szabályoz *i*, 1. *intézkedés* regulate, order, make rules for sg 2. *szerk* control, regulate, adjust, set, rate

szabályozás *fn*, regulating, regulation, ordering || **~ vmire nézve:** regulation for sg

szabályozható *mn*, adjustable, regulable, variable || **~ ülés:** adjustable seat

szabályozó *mn*, regulating, ordering

szabálysértés *fn*, 1. *jog* contravention, transgression 2. *sp* breaking of law, irregularity

szabályszerű *mn*, regular, normal, formal, properly constituted, standard, legitimate

szabályszerűség *fn*, regularity, *átv* normality, propriety, conformity to rules

szabálytalan *mn*, 1. irregular, abnormal, anomalous, erratic, random, asymmetrical 2. *sp* kick-and-rush

szabálytalanság *fn*, 1. irregularity, anomaly, asymmetry, abnormality 2. *jog* contravention, malpractice

szabálytalanul *hat*, irregularly

szabályzat *fn*, regulations, statutes, rules || **KRESZ:** Highway Code

szabályzó *fn*, *műsz* regulator, controller, adjuster

szabás *fn*, 1. *kiszab* cutting (out), making (up), tailoring 2. *fazon* cut, fashion, style

szabászati *mn*, sartorial

szabatos *mn*, precise, exact, correct, accurate, distinct, strict, explicit

szabatosan *hat*, precisely, exactly, correctly

szabadúszik *i*, be a freelancer

Szabin-cseppek *fn*, Sabin-drops

szabó *fn*, tailor, sewer

szabó- *mn*, tailor's, tailoring

szabotál *i*, sabotage, *rombol* wreck (machinery), go slow

szabotáló *fn*, saboteur, wrecker, obstructionist

szabotázs *fn*, sabotage, wrecking, obstruction

szabott *mn*, 1. cut, tailored 2. *ár* fixed, set

szabvány *fn*, standard, norm, *idom* gauge

szadista *fn*, sadist

szadista *mn*, sadistic

szadizmus *fn*, sadism

szadomazochista *fn,* sadomazochist
szafaládé *fn,* saveloy, knackwurst
szafari *fn,* safari ‖ **~ park:** safari-park
szag *fn,* **1.** smell, odour, scent **2.** = **illat**
szaggat *i,* **1.** tear, rend, rip, shred, magle **2.** *fület* pierce, *szívet* rend **3.** *pogácsát* cut out **4.** *fájdalom* shoot, *tud* lancinate
szaggatott *mn,* **1.** *alvás stb* interrupted, broken **2.** indented, jagged, rugged **3.** *zene* staccato
szaglás *fn,* smell, smelling, *tud* olfaction, scent, nose
szaglász *i,* **1.** *áll* scent, smell out, sniff **2.** *ember pejor* snoop, nose around/about, *vmi után* nose for sg
szaglik *i,* smell, have smell, give out/off smell, emit smell, *bűz* reek, stink
szagol *i,* **1.** *érez* smell **2.** *szipog* sniff **3.** *kutya* scent, smell **4.** *átv* suspect, surmise
szágópálma *fn,* sago
szagos *mn,* smelling, odorous, fragrant, aromatic
szagtalan *mn,* odourless, scentless, smell-less, savourless, unscented
szagtalanító *fn,* deodorant, deodorizer, antibromic
száguld *i,* move at full speed, tear / scorch / dash along, run at top speed, race, shoot, hot-rod
száguldás *fn,* tearing / rushing along, dash, *ló* galloping, *vonat* rush
Szahara *fn,* Sahara
szaharid *fn,* sacharid
szaharin *fn,* sacharin
szaharóz *fn,* sacharose
száj *fn,* mouth, *áll* muzzle, *oroszlán* maw, *növ* ringent ‖ **nagy ~ú:** free-spoken ‖

befogja a ~át: shut one's mouth ‖ *tartja a ~át:* keep one's mouth shut ‖ *köz~on forog:* it is talked about ‖ *fogd be a ~d!:* shut your mouth!
szajha *fn,* strumpet, whore, drag, harlot, bitch, trollop, trull, slut, doxy
szájharmonika *fn,* mouth-organ, harmonica, harmonicon
szájhős *fn,* braggart, broaster, swaggerer, talker, swashbuckler, tall / big talk, boast, braggadoccio
szájmenés *fn,* rattle, word spewing, *finomkodó* verbosity, garrulity ‖ **~e van:** have a logorrhea
szájpadlás *fn,* palate
szájpenész *fn, orv* thrush, stomatomycosis
szajré *fn,* loot, swag, hot-goods
szak *fn,* **1.** *idő* period, age, era **2.** *vminek része* section, part, division, class **3.** *vers* verse, stanza, strophe **4.** *kép* profession, branch, line
szak- *mn,* professional
szakács *fn,* cook, chef
szakácskönyv *fn,* cookery- / receipt-book, US cook-book
szakácsnő *fn,* cook, lady chef ‖ **jó ~:** she is a good cook
szakad *i,* **1.** tear, get torn **2.** *cipő* wear out **3.** *gumírozott* snap, break **4.** *idegenbe* come from swhere ‖ **ha törik, ha ~** by hook or by crook ‖ **magva ~** die out ‖ **~ az eső** it is raining cats and dogs ‖ **vége ~** come to an end
szakadár *fn,* heretic, schismatic, seceder, dissident, sectary
szakadatlan *mn,* unceasing, ceaseless, endless, incessant, continuous, eternal, steady

szakadatlanul *hat*, endlessly, continuously, around the clock

szakadék *fn*, precipice, abyss, chasm, *árok* pit, *gleccser* crevasse, *sziklán* cleft, *víz* gully, revine

szakadó *mn*, 1. rendible 2. *eső* pouring, torrential, soaking

szakáll *fn*, 1. beard, *áll* barb, *madár* jowl, gill 2. *kulcs* key-bit, *nyíl* feather(ing) 3. *növ* barb, egret ‖ *~as vicc:* the joke has whiskers, Joe Miller, bewhiskered joke

szakállas *mn*, 1. bearded, barbated, unshaven 2. *növ* comate, awned

szakasz *fn*, 1. *rész* section, part, portion, sector, stretch, department, *folyó* reach 2. *foly* period, phase, stage 3. *tört* epoch, era 4. *könyv* paragraph, passage, division, stanza, verse 5. *vasút* compartment 6. *mat* repetend 7. *nyomda* break, section 8. *műsz* quadrant 9. *orv* stadium ‖ *~on átmegy:* get through a period ‖ *a szerződés ~a:* clause of the contract

szakértelem *fn*, expertness, expertise, skill, competence

szakértő *fn*, expert, specialist, technician ‖ *~i tanácsot ad vmire:* give a professional advice for sg

szakít *i*, 1. tear, rend, rip, split, snap 2. *vkivel* break with sy, cut oneself adrift from sy 3. *súlyemelés* wrench, snatch

szakma *fn*, trade, line, province, branch, department, craft, profession, occupation, specialty

szakmai *mn*, professional, trade, of profession / trade ‖ *~ képzés:* vocational training

szakmunkás *fn*, skilled worker / labourer

szakmunkásképző *fn*, vocational training

szaknévsor *fn*, classified list / directory

szaknyelv *fn*, professional language, technical jargon, cant, lingo

szakszervezet *fn*, trade union

szakszerű *mn*, expert, technical, businesslike, workmanlike, knowing, specialistic, professional

szakszerűség *fn*, experience, competence, skill, technicalness

szakszervezeti tag *fn*, trade unionist

szaktudás *fn*, special / professional knowledge / attainments / learning / skill, expertness

szaküzlet *fn*, specialist's shop

szakvélemény *fn*, advisory opinion, expert's opinion, expertise, appraisal, valuation

szakvizsga *fn*, special examination

szál *fn*, 1. thread 2. *tex* fibre, fiber 3. *izzó* filament 4. *cím* fillet 5. *átv* attachments, threads ‖ *egy haj~on függ:* hang by a hair ‖ *elveszti a ~at:* loose the thread ‖ *összeszedi az elbeszélés ~ait:* get the threads of the story together

szalag *fn*, 1. ribbon, band, strap, tape, strip 2. *keskeny* silk, *ruhán* sash, *kalap* lappet, vitta, braid, webbing 3. *polgármesteré* shoulder sash, *kitüntetésé* ribbon 4. *rajzon* bandelore, balloon

szalamander *fn*, salamander

szalámi *fn*, salami, salame

száll *i*, 1. *repül* fly, rise (into the air), soar, drift 2. *madár fára* alight / settle on a tree 3. *átv* rise 4. *örökség* devolve 5. *kocsiba* get into a car ‖ *~ taxiból:* get out from a taxi / cab

szállás *fn*, 1. accommodation, housing,

quarters, lodgings, dig, abode, shelter, berth 2. *tört* dwelling ‖ *~díj:* accommodation cost ‖ *szabad ~hely:* vacant room ‖ *ifjúsági ~:* hostel

szállásadás *fn,* lodging, housing, accommodation

szállásfoglaló-iroda *fn,* booking-office

szállímányozó *fn,* shipper, shipping agent, carrier, sender, forwarder

szállít *i,* 1. carry, transport, convey, transfer, forward, dispatch, ship 2. *ker* deliver, supply, furnish, provide 3. *átv* deliver, produce

szállítás *fn,* 1. transportation, conveyance, carriage, shipping 2. delivery 3. *bány* drawing, tramming, *csövön* piping, *áram* supply ‖ *előre~:* shipping forward ‖*~ kifizetve:* paid shipment ‖ *hajó~:* shipment ‖ *légi~:* air-shipment

szállítási *mn,* of transport, delivery ‖ *~ügynök:* freight broker

szállítható *mn,* 1. transportable, removeable 2. *ker* deliverable 3. *száll kész* ready for shipment

szállítmány *fn,* consignment, batch, parcel, delivery, shipment ‖ *narancs~:* orange shipment

szállító *fn,* 1. *fogl* carrier, deliverer, transporter, forwarder, shipper, *bútor* remover 2. *ellátó* supplier, caterer, porvider, contractor, purveyor

szállító *mn,* carrying, forwarding, transporting ‖ *~rakéta:* transport rocket

szállítókocsi *fn,* utility car

szálló *fn,* hotel, inn, *diák* hostel

szálloda-tulajdonos *fn,* hotel-keeper

szalma *fn,* 1. straw, thatch, haulm 2. *fémben* cleft ‖ *~krumpli:* chips ‖ *az utolsó ~szálba kapaszkodik:* clutch at every straw ‖ *~szálon szívja a limonádét:* suck the lemonade with a stick ‖ *~báb:* jack-straw

szalmakazal *fn,* straw-stack

szalmazsák *fn,* straw mattress

szalmonella *fn,* salmonella

szalon *fn,* drawing / sitting-room, saloon, parlour, showroom

szalon *mn,* drawing, show-, saloon ‖ *~kocsi:* saloon car ‖ *~trükk:* drawing-room trick

szalonna *fn,* lard, bacon, lardoon ‖ *~ás rántotta:* ham and eggs ‖ *zsír~:* lard ‖ *sózott ~:* salted bacon

szalonspicc *fn,* tipsiness

szaltó *fn,* somersault ‖ *~t ugrik* turn somersaults

szalvéta *fn,* table-napkin, serviette, handcloth

szám *fn,* number, *műsor* hit, *méret* size ‖ *első ~ú:* number one ‖ *a nagy ~ok törvénye:* rule of the big numbers

számadás *fn,* account, statement ‖ *~i kötelezettség* responsibility ‖ *~om van vele* l shall settle accounts with her/him

szamár *fn,* donkey, ass, burro, *hím* jackass, *nőstény* she-ass 2. *átv* jackass, dunce, dufter, duffer, dolt ‖ *~on lovagol:* ride a donkey ‖ *~hajcsár:* donkey-man / -boy ‖ *~ságot követ el:* drop a bick

számára *hat. ért. névutó,* for her/him

szamárfüles *mn,* dog-eared

szamaritánus *fn,* Samaritan

szamárköhögés *fn,* whooping cough

szamárság *fn,* stupidity, foolish act, folly, silliness ‖ *~okat beszél:* talk nonsense

szamártetű *fn*, sucking / horse louse
szamba *fn*, samba
szambázik *i*, dance the samba
számfejt *i*, calculate, audit, check, verify
számfejtés *fn*, audit, accountancy, calculation
számít *i*, 1. count up, calculate, reckon, compute 2. *vkik közé* number / count sy among 3. *vmi* count, matter, be of importance 4. *vkire* reckon / count / depend upon, back on ‖ *ki~ vmit:* calculate sg ‖ *szerencsésnek ~ja magát:* count oneself lucky ‖ *árat ~:* calculate a price ‖ *~: vmire* reckon upon sg
számítás *fn*, *számt* arithmetic, ciphering, counting, account, reckoning, calculation ‖ *~ba vesz:* take sg into account ‖ *minden ~ szerint:* according to every account ‖ *saját ~a szerint:* by one's own account ‖ *vkit kihagy a ~ból:* disregard sy ‖ *~ban tart/számontart:* take sg/sy into account ‖ *~a szerint:* according to one's account ‖ *beválik a ~a:* get sg out
számítógép *fn*, computer
szamizdat *fn*, samizhdat
számjegy *fn*, figure, numeral, number, cipher, digit
számla *fn*, 1. *áru* bill, invoice, reckoning, check, receipt 2. *könyv* account 3. *átv* account, hook ‖ *jelenlegi ~:* current account ‖ *~ára:* by order and for account of ‖ *kifizetendő ~:* invoice to be paid ‖ *van egy kiegyenlítendő ~ája vkinél:* have an invoice to be paid swhere ‖ *~t nyit egy bankban:* open an account in a bank ‖ *kifizeti a ~t:* pay the bill ‖ *~t kiállít:* make out a bill

számlál *i*, ld. számol
számlálatlan *mn*, 1. uncounted, unnumbered 2. *igen sok* innumerable, numberless
számláló *fn*, 1. counter, reckoner 2. *mat* numerator 3. computer
számlap *fn*, dial-plate, clock-face
szamojéd *mn*, Samoyedic ‖ *fn*, Samoyede
számol *i*, reckon, calculate, compute, count, figure, do sums
számológép *fn*, computer, calculator, adder, abacus ‖ *zseb~:* pocket-calculator
szamovár *fn*, samovar, tea urn
számoz *i*, number, mark with a number, *oldalt* paginate
számozás *fn*, 1. numeration, numbering, 2. *könyvé* paging, pagination 3. *cipőé* size mark(ing)
számszerinti *mn*, numerical
számtan *fn*, arithmetics, algebra, mathematics, figures arithmetic
számtani *mn*, arithmetical, mathematical ‖ *~ középarányos:* arithetical mean ‖ *~ sor:* arithmetical series
szamuráj *fn*, samurai
száműz *i*, exile, banish ‖ *~ vkit vmiért:* banish sy for sg
száműzetés *fn*, exile, banishment, relegation, expatriation ‖ *~ben él:* live in exile ‖ *politikai ~:* political exile
száműzött *fn*, exile, fugitive, outcast, castaway, expellee, *tört* proscript
számvevő *fn*, accountant, auditor, controller, comptroller
szán *i*, 1. *sajnál* pity, be sorry for, feel sorrow for 2. *vkinek* intend / mean / reserve sg for sy, destine / design for 3. *összeget vmire* allot / assign / appropri-

ate a sum to **4.** *vkit/vmit vmire* mark sy/sg out for sg ‖ *orvosnak ~ták:* he was marked out for a doctor

szánalmas *mn,* **1.** pitiable, pitiful, pathetic, lamentable, piteous **2.** *pejor* miserable, sorry, wretched, poor

szánalmasan *hat,* **1.** pitiably, pitifully, lamentably **2.** wretchedly, poorly

szanatórium *fn,* sanatorium, health-resort, private asylum

szandál *fn,* sandals

szándék *fn,* **1.** intention, purpose, purport, design, resolution **2.** *jog* intent ‖ *rossz ~kal:* with criminal intent ‖ *minden rossz ~ nélkül:* without any bad intention ‖ *tele jó ~kal:* full of good intentions

szándékos *mn,* intentional, wilful, deliberate, intended, conscious

szándékosan *hat,* intentionally, wilfully, deliberately, designedly, with malice

szándékosság *fn,* intension, deliberateness, wilfulness, aforethought

szándékozik *i,* plan, mean, purpose, intend, aspire, design, presume

szánkó *fn,* small seligh/sled, luge, bobsled, *kicsi* toboggan

szánkózás *fn,* sledging, sleighing, sleighride, sledding

szánkózik *i,* sledge, sleigh, toboggan, bob

szánt *i,* plough, till, furrow, plow ‖ *fel~:* plough ‖ *barázdát ~:* drive the plough

szánt *mn,* destined / intended for, doomed to

szantálfa *fn,* **1.** sandal-wood, sanderswood **2.** *élő* sandal-tree

szapora *mn,* **1.** prolific, fruitful, fecund, copious, fertile, progenitive, progenital **2.** *gyors* quick, rapid, hasty

szaporáz *i,* quicken, accelerate ‖ *~za a lépteit* quicken steps

szaporít *i,* **1.** increase, augment, multiply, add to, swell **2.** *szót* be loquacious, gabble

szaporító *mn,* increasing, multiplying, swelling

szaporodik *i,* **1.** be propagated, multiply, breed, reproduce oneself, pullulate **2.** *menny* increase, grow

szaporulat *fn,* **1.** *állat* progeny **2.** *nép* increase, growth **3.** *érték* augmentation, increment, accretion

szappan *fn,* soap

szappanhab *fn,* lather of soap

szappanos *mn,* soapy

szappantartó *fn,* soap-box, soap-dish

szápul *i,* **1.** *konkr* buck, boil, steep **2.** *átv* slander, backbite, run sy down

szar *fn,* shit

szár *fn,* **1.** *növény* stem, stalk, fige; *fű* blade, spear **2.** *csizma* leg, upper **3.** *harisnya* leg, shank; *nadrág* leg **4.** *toll* holder, barrel **5.** *olló* shank **6.** *pipa* tube, stem **7.** *szemüveg* bow, temple

száraz *mn,* dry, dessiccated, juiceless, arid, droughty, *átv* dead, dry, dull, prosaic, prosy

szárazföld *fn,* mainland, continent ‖ *az európai ~:* the European continent

szárazföldi *mn,* continental, overland, terrestial, inland

szárazföldön *hat,* on the mainland

szárazság *fn,* **1.** dryness, aridity, aridness, drought, barrenness **2.** *átv* prosasim, jejunity

szardella *fn,* anchovy ‖ *~ gyűrű:* anchovy ring

szardinia *fn*, **1.** pilchard, sardine **2.** *konzerv* sardine

szarik *i*, make shit, shit

szárít *i*, **1.** dry, air **2.** *dohányt* fire, *gyüm* dehydrate, exsiccate **3.** *műsz* torrefy, *kemencében* kiln

szárítás *fn*, **1.** drying, airing **2.** dehidration, draining, exsiccation **3.** torrefaction

szárított *mn*, dried, desiccated, dehydrated

származás *fn*, **1.** *személy* descent, extraction, origin, birth, parentage, pedigree **2.** *dolog* origin, genesis, derivation, source **3.** *szó* etimology, pedigree **4.** *rég emlék* provenience || *magyar ~ú:* originated in Hungary

származék *fn*, **1.** *személy* offspring, descendant, scion, issue **2.** *kém* by-product, derivative

származék- *mn*, derivative

származik *i*, **1.** *ember* descend, issue, originate **2.** *vmi* derive, spring, proceed, come **3.** *kifejezés* stem, derive || *ebből nagy baj ~* it can cause big trouble || *a szokás az ókorból ~* the custom dates back Antiquity || *Oroszországból ~* she hails from Russia

származó *mn*, descending, originating, issuing from, arising from, resulting from

származtat *i*, **1.** originate, derive, trace froms g **2.** *szót* etymologize

származtatás *fn*, **1.** derivation, tracing, deduction **2.** *nyelvt* derivation, etymology, origination

szárny *fn*, **1.** *madár* wing, pinion **2.** *ablak* leaf, *ép* wing, flank, tail, lappet **3.** *kat* wing, flat || *~át szegi:* clip sy's wings ||

kitárja a ~át: spread one's wings || *~ai alá vesz:* take sy under one's wings || *~it próbálgatja:* try one's wings

szárnyal *i*, be on the wing, soar, wing the air, winnow

szárnyalás *fn*, **1.** soaring, wing **2.** *átv* flight, luxuriance

szárnyaló *mn*, **1.** soaring **2.** lofty, winged, dithyrambic

szárnyas *mn*, winged, pinioned

szarukeretes *mn*, horn-rimmed

szarv *fn*, **1.** horn, feeler, mandible **2.** *eke* handle, stilt **3.** *hold* horn || *ivó~:* drinking horn

szarvas *fn*, deer, stag, hart, buck, hind

szarvas *mn*, horned, horny

szarvasborjú *fn*, fawn

szarvasbőr *fn*, deerskin, buckskin, suéde

szarvasgomba *fn*, truffle, swine-bread, tuber, club-top mushroom

szarvashiba *fn*, howling mistake, howler, blunder

szarvashús *fn*, deer-meat

szarvasmarha *fn*, cattle, neat || *van egy ~farmja:* have a cattle farm

szarvastehén *fn*, hind

szarvasvadász *fn*, deer hunter, deerstalker

szatén *fn*, satin

szatén *mn*, of satin

szatír *fn*, satyr, *rég* goat-foot

szatíra *fn*, satire, lampoonery

szatíraíró *fn*, satirist

szatirikus *mn*, satirical

Szaturnusz *fn*, Saturn

Szaturnusz-gyűrű *fn*, ring of Saturn

szaturnuszi *mn*, saturnial

szatyor *fn*, shopping bag, satchel, carrier-bag

Szaúd-Arábia *fn,* Saudi-Arabia
szaúdi *fn/mn,* Saudi-Arabian
szaval *i,* 1. recite, declaim, rehearse 2. *pejor* spout, rant, harangue, cant
szavalat *fn,* recitation, recital
szavanna *fn,* savannah
szavatol *i,* guarantee, warrant, vouch, back, underwrite
szavaz *i,* vote, give one's vote, poll, go to the polls ‖ *meg~ták:* it is voted for ‖ *le~/vki ellen ~:* vote against ‖ *vkire ~:* vote for
szavazás *fn,* vote, votation, voting, balloting, suffrage, poll ‖ *közfelkiáltásos ~:* vote by acclamation ‖ *név szerinti~:* vote by names ‖ *titkos ~:* vote by ballot ‖ *kézfeltartásos ~:* vote by show of hands ‖ *~ra bocsát:* take sg to vote ‖ *bizalmassági ~:* vote of confidence
szavazat *fn,* vote, voice, suffrage, ballot ‖ *~át leadja vkire:* give sy the vote ‖ *~számláló:* vote-counter
szavazatszedő *fn,* scrutineer
szavazó *fn,* voter, poller, elector ‖ *mn,* voting, electing, balloting ‖ *~körzet* ward ‖ *~lap* vote ‖ *~fülke* polling-booth
szavazócédula *fn,* voting-paper
szavazófülke *fn,* polling-booth
szavazójog *fn,* right to vote
szavazójog nélküli *mn,* voteless
szavazóurna *fn,* ballot-box
szavojai *mn/fn,* Savoyard
szaxofon *fn,* saxophone
szaxofonos *fn,* saxophonist
század *fn,* 1. century 2. *kat* company, squadron 3. *mat* hundredth ‖ *a 20. ~ban:* in the 20th century
századfokos *mn,* centesimal

százados *fn,* 1. secular, centenarian, hundred year old 2. *katona* captain, company/squadron commander ‖ *~ beosztás* centigrade scale ‖ *~sá léptetik elő* be promoted to captain
százalék *fn,* percent, percentage
százalékarány *fn,* percentage ‖ *a lakosság milyen ~a?:* what percent of the population?
százéves *mn,* centenarian, centennial, of a hundred years, secular
százlábú *fn,* centipede
százszorszép *fn,* daisy, moon-flower
szedán *fn,* sedan
szed *i,* 1. gather, collect, cull 2. *nyomda* set up, compose 3. *vámot* collect, levy 4. *átv* receive, take up 5. *lábát* step out brisky
szedés *fn,* 1. *burg* digging-up, *kalász* gleaning, culling, collecting 2. *adó* collecting, gathering, levying 3. *nyomda* setting
szedési *mn,* typographical
szedet *fn,* 1. composition, matter 2. *szöveg* type
szédít *i,* 1. stun, daze, make giddy / dizzy / reel 2. *átv* bluff, swindle, cheat, humbug, hoodwink
szédítő *mn,* giddy, dizzy, vertiginous
szedőgép *fn,* 1. *nyomda* typesetting-machine, type-setter 2. *mg* grubber
szédül *i,* be / feel giddy / dizzy, feel faint
szédülés *fn,* giddiness, dizziness
szédült *mn,* giddy, dizzy, faint
szeg *i,* 1. border, hem, fringe, bound, edge 2. *kenyeret* cut 3. *nyakát/szavát* break ‖ *kenyeret meg~:* cut the bread ‖ *meg~i a törvényt:* break the law

szegecs *fn,* rivet, pin, clinch, stud, *fej nélküli* brad
szegecsel *i,* (drive a) rivet, clinch
szegély *fn,* **1.** border, edge, ledge, lace, welt, trim, hem **2.** *ép* moulding, skirting, lip, listel **3.** *kert* fringe, skirts, verge, *sövény* hedge ‖ *~nél kiszakad:* tear at the hem ‖ *felfeslik a ~nél:* come unstitched at the border
szegélyez *i,* **1.** border, edge **2.** *élesen* rim **3.** *keretszerűen* margin **4.** *ruhát* trim, hem **5.** *arany/ezüst* lace **6.** *paszománnyal* braid; *dísszel* fringe, trim
szegény *mn,* poor, needy, in want, miserable, *átv* wretched, impecunious, penniless, broke, shirtless, indigent
szegényes *mn,* poorish, penurious, beggarly ‖ *~esek a kilátásai:* one's prospects are poorish ‖ *~ kifogás:* bad excuse
szegényesség *fn,* poorness, scantiness, miserliness
szegénység *fn,* poverty, indigence, want, penury, beggary, pauperism
szegfű *fn,* pink
szégyell *i,* be / feel ashamed of, shame
szégyellős *mn,* bashful, shy, diffident, shame-/ sheepfaced
szégyen *fn,* **1.** *érz* shame **2.** *való* disgrace, dishonour, ignominy, discredit ‖ *pirul a ~től:* one's face is burning with shame ‖ *~t hoz vkire:* bring shame on sy ‖ *micsoda ~!:* what a shame!
szégyenbélyeg *fn,* brand, stigma, infamy
szégyenkezik *i,* feel/be ashamed, feel cheap at sg ‖ *~ nem kellett miatta* I had to feel ashamed of him
szégyenkező *mn,* ashamed, embarrassed, confused, abashed, shamefaced ‖ *vmi miatt ~:* ashamed of sg
szégyenletes *mn,* shameful, disgraceful, infamous, ignominious
szégyenlősen *hat,* shyly
szégyenlősség *fn,* shyness
szégyentelen *mn,* shameless, impudent, never-blushing
szégyenteljes *mn,* = szégyenletes
szék *fn,* chair
székel *i,* **1.** *fővárosban* reside in, have the headoffice, sit, hold one's set **2.** *ürít* defecate, have a motion
szekér *fn,* waggon, cart, wain, dray, caravan ‖ *lovas~:* waggon
szekerce *fn,* adze, hatchet, chopper, axe
szekérrakomány *fn,* cartful, load
székesegyház *fn,* cathedral, minster
székhely *fn,* seat, centre, residence
szekrény *fn,* **1.** *ruhás* wardrobe, *étel* cupboard, *fali* closet, *kabin* locker **2.** *műsz* boot, seat-box, caisson
szekreter *fn,* davenport, secretaire, writing-cabinet, bureau, escritoire
szél *fn,* wind, breeze, *gyenge* bale ‖ *merről fúj a ~:* which way the wind blows ‖ *kifogja a ~et a vitorlájából:* take the wind out of one's sails ‖ *~ ellen:* against the wind
szélcsendes *mn,* calm, windless
szeleburdi *mn,* harum-scarum, rattle-brained, feather-brained, fly-away, flighty
szelel *i,* **1.** *kémény* draw **2.** *szellőzik* ventillate, air **3.** *magot* winnow, fan
szelep *fn,* valve
szélerősség *fn,* strength / force / velocity of the wind

szeles *mn*, windy
széles *mn*, broad, wide, vast, spacious ||
~**re tárt:** spread wide || ~ **nagyvilág:**
whole wide world
szélesedik *i*, 1. widen/broaden out 2. *ruha*
flare out 3. *átv* increase, extend, grow
szélesen *hat*, widely
szélesít *i*, widen
széleskörű *mn*, expansive, wide, comprehensive
szélesség *fn*, 1. breadth, width 2. *látókör*
breadth 3. *földr* latitude
szelet *fn*, 1. slice, piece, cut, *vékony* sliver,
cutlet 2. *mértan* segment, section, layer
|| *egy ~ sertéshús:* a veal cutlet
szélfogó *fn*, break-wind, wind-shield
szélfútta *mn*, windy, breezy, draughy
szélhámos *fn*, swindler, impostor, cheat,
fraud, humbug, *szl* windbag
szélhámosság *fn*, swindling, imposture,
fraud, charlatanism, quackery
szelíd *mn*, 1. *ember* meek, quiet, kind,
sweet, calm, gentle, *érzést* soft, gentle,
tender 2. *áll* tame, gentle, domesticated
3. *átv* gentle, sweet, soft
szelidít *i*, tame, domesticate
szelidített *mn*, tamed, domesticated
szelidítő *fn*, tamer
szelídség *fn*, 1. *áll* tameness 2. *tul* gentleness, kindness, sweetness, placidity
szellem *fn*, 1. spirit, mentality, morale 2.
kísértet spirit, ghost, spectre, phantom,
wraith, shade 3. *átv* mind, wit, intellect
4. *személy* genius, 5. *felfogás* turn of
mind, attitude || *magas~ű:* highly-spirited || *e helyes ~ben gondolkodik:* think
in this spirit || *a törvény ~e:* spirit of
the law || *kor~:* spirit of the age

szellemes *mn*, witty, full of wit
szellemesen *hat*, wittyly
szellemeskedés *fn*, wit, sparkle, wittiness,
witty remark
szellemeskedik *i*, crack jokes; *szójátékkal*
pun, quibble
szellemi *mn*, mental, intellectual, rational,
spiritual || ~ *színvonal:* intellectual level
|| ~ *tulajdon:* intellectual property ||
~*fogyatékosság:* mental deficiency || ~
munka: intellectual work
szellemidéző *fn*, conjurer, conjurator, invoker, evocator, necromancer
szellent *i*, break wind, toot
szellentés *fn*, toot
szellő *fn*, *rég* gentle breeze
széllökés *fn*, squall, blast of wind, gust,
whole gale
szellős *mn*, breezy, airy, draughty
szellőztet *i*, ventilate, air, aerate, let fresh
air in || *meg~i a hírt:* air / ventilate the
news
szellőztetés *fn*, ventilation, airing, aeration
szellőztető *fn*, ventilating, airing, aering
szélmalom *fn*, windmill || ~*harc:*
quixotism, figthing windmills
széloldali *mn*, windward, weather-
szélső *fn*, 1. outside, outmost, furthermost,
extreme 2. *menny* extreme
szélsőség *fn*, extreme, extremity || ~*be
hajlik:* run to an extreme || *átesik a
másik ~be:* break out to the other
extreme || *egyik ~ből a másikba esik*
fall from one extreme to another
szélsőséges *mn*, extreme, inordinate, exorbirant, immoderate
szélsőségesen *hat*, extremely, immoderately, exorbitantly

széltében *hat,* 1. *szélességben* broadwise, crosswise, breadthwise 2. *átv* everywhere || *~ csíkos* cross-striped || *~ azt mondják* there is a rumour about sg

szélvédett *mn,* windless, sheltered from the wind

szélvédő *fn,* windscreen, wind-shield, screen-glass

szelvény *fn,* 1. segment 2. *papír* coupon, ticket, check 3. *műsz* profile, section || *bérlet~:* season ticket

szelvényes *mn,* segmental, segmentary

szélvihar *fn,* wind-storm, gale, tempest, squall

szem *fn,* 1. *szerv* eye 2. *mag* grain, corn, eye, bud, graft 3. *kevés* touch 4. *homok/por* grain, speck, particle 5. *kötés* stitch, *lánc* link, *háló* mesh || *egy ~ernyi igazság:* a touch of truth || *gyöngy~:* pearl || *mindkét ~em:* both of my eyes || *~em fénye:* the apple of my eye || *kiszúrja a ~ét:* jump to the eye || *jó ~e van vmihez:* have a good sight || *~mértékre:* at a first glance || *~et huny vmi fölött:* shut one's eyes to sg || *szabad ~mel:* to the naked eye

szem- *mn,* optic, optical

szembeállít *i,* turn sg against sy

szembehelyezkedik *i,* stand against, set oneself against, antagonize || *~ a többséggel* defy majority || *~ vki akaratával* act adversely to sy

szembejön *i,* come from the opposite direction, come to meet

szembejövő *mn,* from the opposite direction || *~ forgalom:* cars from the opposite direction

szemben *névutó,* 1. *tér* opposite to, facing, in front of, against 2. as to/opposed, as against, contrarily || *vele ~:* in front of sy || *akaratommal ~:* against my will || *kék háttérrel ~:* against a blue background || *~állítva vkivel:* put against sy

szembenálló *mn,* opposing

szembenéz *i,* look in the eye, face sy, cope with, bear up against || *nézzünk szembe a tényekkel!:* let's face the facts!

szembeni *mn,* 1. opposite, facing 2. concerning, towards || *a ~ lakásban lakik:* lives in the flat opposite

szembesít *i,* confront sy with, bring sy face to face with sy

szembesül *i,* be confronted with sg

szembeszáll *i,* brave, oppose, square up to, fight, face up to

szembetűn||ik *i,* stick out, draw the eye || *azonnal ~t* it hit me right in the eye

szembetűnő *mn,* visible, apparent, conspicuous, striking, flagrant || *~ hiba:* flagrant mistake

szemceruza *fn,* kohl, eyeliner

szemcse *fn,* little grain, granule, speck, button, globule|| *só~:* granule of salt

szemcsés *mn,* granular, granulous

szemcsésített *mn,* granulated

személy *fn,* person, personage, individual, character, persona

személyes *mn,* personal, individual || *~esen jelenik meg:* appears personally || *~kedő megjegyzést tesz:* make personal remarks

személyesen *hat,* personally || *~ veszi át:* be handed personally

személyiség *fn,* personality, character ||

erős ~e van: have a strong character ‖ **közismert ~:** prominent personality
személytelen *mn,* impersonal
személyzet *fn,* personnel, staff, employees ‖ **~is:** personnel man ‖ **~i osztály:** personnel /human resource division ‖ **túl nagy ~:** be overstaffed ‖ **kevés a ~:** be understaffed
szemérem *fn,* pudery, modesty, bashfulness
szemérmes *mn,* chaste, bashful, shy, coy
szemérmetlen *mn,* impudent, shameless, unchaste, unabashed, indecent ‖ **~ szavakat használ:** use impudent words
szemernyi *fn,* grainful
szemész *fn,* oculist, eye-specialist, eye-doctor
szemét *fn,* 1. rubbish, dirt, filth, muck, litter, refuse, garbage 2. *áruról* junk, trash 3. *átv ember* rascal ‖ **~es ember:** dustman ‖ **~es kocsi:** dust- / rubbish-cart
szemét- *mn,* dust-, rubbish-, litter-‖ **~kosár:** dustbin
szemétdomb *fn,* refuse dumps
szemetel *i,* 1. make a mess, litter up 2. *eső* drizzle 3. *elvisz* remove rubbish
szemetes *fn,* dustman
szemez *i,* 1. inoculate, bud, slip 2. *átv* ogle, exchange glances with sy, look at sy coquettishly
szemfedél *fn,* shroud, pall, cere- /face-cloth, cerement
szemfényvesztés *fn, átv* deception, delusion, trickery
szemhunyás *fn,* ‖ **egy ~nyit sem aludtam:** I did not sleep a wink
szeminarista *fn,* seminarist

szeminárium *fn,* seminary
szemita *mn,* Semitic ‖ *fn,* Semite
szemle *fn,* 1. review, inspection, examination 2. *kat* review, muster, parade 3. *folyóirat* review ‖ **helyszíni ~:** visit to the scene ‖ **újság~:** press review ‖ **hatósági ~:** public review ‖ **sereg~:** parade
szemlél *i,* 1. view, behold at sg, 2. *vizsgál* examine, survey, inspect 3. *kat* muster, review troops
szemlélet *fn,* 1. attitude, view, contemplation 2. *átv* observation, intuition
szemléltet *i,* demonstrate, exemplify, illustrate, give a clear idea of sg
szemléltető *mn,* demonstrating, exemplifying
szemlész *fn,* examiner, custom-house officer
szemölcs *fn,* 1. wart, *tud* verruca 2. *nyelven stb* papilla
szemöldök *fn,* eyebrow, *tud* cilla
szemöldökfa *fn,* lintel, transom, yoke
szempont *fn,* point of view, standpoint
szemrebbenés *fn,* wink, twinkling, blinking, flutter ‖ **~ nélkül:** flutterlessly
szemrehányás *fn,* reproach, reproof, censure, rebuke
szemrehányó *mn,* reproachful, accusing
szemrevaló *mn,* good-looking, attractive, sightly, pleasing the eye
szemrevétel *fn,* survey, inspection, autopsy
szemszög *fn, ld.* **szempont, szemlélet**
szemtanú *fn,* eye-witness
szemtelen *mn,* impudent, impertinent, insolent, arrogant, pert, perky
szemtelenség *fn,* impudency, impertinence

szemtelenül *hat,* impudently
szemtermés *fn,* cereals, grain- / breadcrops
szemüveg *fn,* (pair of) glasses || *~et visel:* wear glasses
szén *fn,* 1. coal, *rajz* charcoal 2. *kém* carbon
széna *fn,* hay || *~t kaszál:* make hay
szénakazal *fn,* haystack, hay-mow
szenátor *fn,* senator
szenátus *fn,* senate, the conscript fathers
szénbányász *fn,* coal-miner
szénbányászat *fn,* coal-mining
szendvics *fn,* sandwich, *kisebb, pirított* canapé
szenesláda *fn,* hod, coal-box
szénhidrát *fn,* carbonhydrate
szénsavas *mn,* carbonic || *~ ital:* carbonic drink
szent- *előtag,* saint-, holy-, sanctified, sainted
szent *fn,* saint
szent *mn,* holy, sacred, hallowed, consecrated, sactified, sainted, solemn, saintly || *~igaz:* gospel-truth || *annyi ~!:* that is a certainty!
szentbeszéd *fn,* 1. *egyh* sermon, preaching, predication, homily 2. *isk* pi-jaw
szentel *i,* 1. consecrate, dedicate, ordain, bless 2. *átv* devote, assign
szentelés *fn,* consecration, ordination, ordaining, benediction
szentelt *mn,* 1. blessed, consecrated 2. sacred, devoted to || *~víz:* consecrated water || *vminek ~:* devoted to
szentély *fn,* 1. *egyh* sanctuary, shrine, tabernacle 2. *átv* sanctum
szentesít *i,* sanctify, hallow, consecrate, canonize

szenteskedés *fn,* sanctimony, sanctimoniousness, hypocrisy
szenteskedő *mn,* sanctimonious, goody-goody; hypocritical
Szentírás *fn,* the Holy Scripture / Writ, the Bible, the Good Book
szentírásbeli *mn,* scriptural
szentivánéj *fn,* midsummer night || *~i mulatság:* midsummer night's party || *~i álom:* midsummer night's dream
szentség *fn,* 1. sanctity, holiness, sainthood, sacredness 2. *egyh* sacrament
szentségtörés *fn,* sacrilege, desecration, profanation
szentül *hat,* firmly, for gospel
szenved *i,* suffer, anguish, be in pain || *betegségben ~:* suffer from illness
szenvedély *fn,* 1. passion, fire, ardour, flame 2. *szórakozás* hobby || *~t érez vki iránt:* be aflamed for sy
szenvedélyes *mn,* passionate, ardent, vehement, fervid, fierce
szenvedélyesen *hat,* passionately
szenvedés *fn,* suffering, torment, anguish, agony, pain, sorrow, grief, woe
szenvedő *fn,* suffering, afflicted, ailing
szenvelgés *fn,* affectation, affectedness, gush
szenvtelen *mn,* detached, dispassionate, impassive, unemphatic, passionless, emotionless
szennyes *fn,* 1. dirty, filthy, grubby, unclean 2. *átv* foul, sordid, smutty, filthy, obscene
szennyez *i,* 1. soil, dirt, stain 2. *átv* sully, defile, besmirch || *~ vmit vmivel:* soil sg with sg
szennyezés *fn,* pollution || *levegő~:* air pollution

szennyezett *mn,* polluted, impure, defiled, contaminated
szennysajtó *fn,* gutter press, gutter papers
szennyvíz *fn,* slop / outlet water, sewerage, drainage
szép *mn,* beautiful, bonny, nice- /fine-looking, lovely, pretty
szeparatista *fn,* separatist, seccessionist
szépen *hat,* beautifully, nicely, prettily
szépírás *fn,* calligraphy
szépírás-tudomány *fn,* calligraphy
szépirodalom *fn,* fiction, belles-lettres, polite-learning
szépít *i,* **1.** *díszít* embellish, adorn, *tesz* beautify, set off **2.** *átv* palliate, extenuate, whitewash, smooth over **3.** *elbeszélést* embroider, touch up, embellish
szépítés *fn,* **1.** *dísz* embellishment, embellishing, prettification **2.** *átv* palliation, embroidery
szépítő *mn,* **1.** embellishing, beautifying, adorning **2.** *átv* extenuating, palliating
szeplő *fn,* **1.** freckle, sun-spot, lentigo, ephelis **2.** *átv* blot, blemish, stain, flaw
szeplős *mn,* **1.** freckled, freckly **2.** *átv* stained
szépség *fn,* beauty, fairness, prettiness, handsomeness || *~ápolás:* beauty care || *~ipar:* beauty industry || *~verseny:* beauty contest || *~flastrom:* beauty-spot || *nem vmi ~, de kedves:* not really beautiful but nice || *~szalon:* beauty saloon
szépül *i,* get prettier, improve in looks, look better
szerb *fn/mn,* Serb(ian)
Szerbia *fn,* Serbia

szerecsen *mn,* Moorish, Saracenic, Negro || *fn,* Moor, Saracen, blackamoor, Negro
szerecsendió *fn,* nutmeg, mace
szerel *i,* **1.** *gépet össze* mount, assemble, set up, erect, fit together **2.** *sp* tackle, take off ball, break up sy's dribble
szerelem *fn,* **1.** *érzés* love **2.** beloved, loved one, sweetheart || *~mes vkibe:* be in love with sy || *~mem:* my love
szerelmes *fn,* **1.** sweetheart, lover, admirer, suitor, wooer, *durva* swain, *nő* mistress, *durva* paramour **2.** *szính* leading man
szerelmeskedik *i,* **1.** *enyeleg* make love, have a love affair, flirt, dally, *turbékol* coo, spoon **2.** *közösül* make love, have sexual intercourse
szerelmespár *fn,* amorous / loving pair / couple, lovers
szerelő *fn,* mechanic, fitter, technician, assembler, mounter, engine-man, trimmer
szerelőasztal *fn,* (assembly) desk
szerencse *fn,* luck, fortune, chance, *átv* pleasure, honour || *megcsinálja a ~jét:* be master of one's own luck || *~t mond:* tell fortune || *~je van:* have luck || *nincs ~je:* have no luck || *ez aztán a ~!:* what a mercy!
szerencséltet *i,* honour, favour
szerencsére *hat,* fortunately || *vki ~jére:* to one's luck
szerencsés *mn,* **1.** lucky, fortunate, successful, favoured **2.** *kedvező* happy, propitious, providential, felicitous
szerencsétlen *mn,* unlucky, unfortunate, unhappy, luckless, disastrous || *~ dolog, hogy nem tettük meg:* it was unfortunate not to do it

szerencsétlenség *fn,* **1.** misfortune, bad / ill luck, unhappiness, calamity, distress, mischance, mishap **2.** *baleset* accident, catastrophe

szerencsevadász *fn,* fortune hunter, adventurer, soldier of fortune

szerény *mn,* modest, humble, demure, blushing, meek, mousy

szerényen *hat,* modestly

szerénykedik *i,* belittle oneself, behave modestly, keep in the background

szerénység *fn,* modesty, self-affacement, moderation

szerep *fn,* part, role, *dráma* character, personage, *feladat* mission, function

szerepel *i,* **1.** *passzívan* figure, appear as, occur, have a role **2.** *aktívan* perform, appear as, act a character, play a role **3.** *vmiként* act as, pose as ‖ *rádióban* ~ be on the air ‖ *tévében* ~ appear on the television ‖ *gyengén* ~ he cut poor figure

szerepjátszás *fn,* **1.** impersonation, interpretation **2.** *átv* play-acting, make-believe, pretence

szereplő *fn,* **1.** person **2.** *színész* performer, actor, player, character ‖ *egy film ~je:* a character in a movie

szereposztás *fn,* cast, casting

szeret *i,* love, like, be fond of, care for, be in love with

szeretet *fn,* affection, love, fondness, attachment, charity ‖ *~et érez vki iránt:* feel love for sy

szeretett *mn,* beloved, cherished, darling, favourite

szeretettel *hat,* with love ‖ *~ öné:* yours with love

szerető *mn,* loving, affectionate, fond

szerető *fn,* lover, sweetheart, paramour, valentine

szerez *i,* **1.** obtain, get, acquire, gain, get hold of, come by **2.** *zenét* compose **3.** *átv* produce, win ‖ *~ vkinek vmit:* get sg for sy ‖ *meg~i a megélhetését:* make a living

szerint *hat,* according to, accordingly, in accordance with, conforming to, as per, pursuant to ‖ *vmi ~/értelmében:* accordingly

szerkentyű *fn,* gadget

szerkeszt *i,* **1.** combine, construe, devise **2.** write, word, compose, set down in writing

szerkesztő *fn,* **1.** *gép* constructor, builder, designer **2.** *lapé* editor, redactor, **3.** *irat* writer, drafter, compiler, editor

szerkesztőség *fn,* **1.** editorial office **2.** *szem* editorial staff, editors **3.** *állás* editorship

szerkesztőségi *mn,* editorial

szerkezet *fn,* **1.** *vmié* structure, construction, lay-out, fabric, texture, system, build-up, **2.** machinery, mechanism, make-up **3.** *irod* composition, construction, structure, contexture, collocation **4.** *geol* structure ‖ *a társadalom ~e:* structure of society ‖ *lakat~:* the works of the lock

szerkezeti *mn,* mechanical, constructional, constructive, tectonic

szerkezetű *mn,* structured

szerpap *fn,* deacon

szerszám *fn,* **1.** tool, implement, instrument, gear, utensil **2.** *ló* harness, trappings

szerszámkamra *fn*, tool-house / shed, hovel
szerszámkészítő *fn*, toolmaker, tool designer
szertartás *fn*, 1. *ált* ceremony, formalities, observance 2. *vall* rite, service, liturgy, ritual || **~ nélkül:** without ceremony || **esküvői ~:** wedding ceremony
szertartásos *mn*, 1. *egyh* ritual, liturgical 2. *átv* ceremonial, formal, solemn, punctilious
szertartásoskodó *mn*, ritualist, ceremonialist
szérum *fn*, serum
szerv *fn*, 1. organ, tract 2. *kormány* instrument, organ, body
szervadó *fn*, donor
szerver *fn*, server
szerves *mn*, organic, organismic || **~ kémia:** organic chemistry || **vmi ~ része:** integral part of sg
szervetlen *mn*, unorganized, inorganic || **~ kémia** inorganic chemistry
szervez *i*, organize, create, set up, found
szervezet *fn*, 1. *ember/áll* organism, structure, physique, frame, system 2. *lét* organization, corporation, federation, association, machinery || **csatlakozik egy ~hez:** join an organization
szervezett *mn*, organized, constituted, organic || **jól ~:** well-organized
szervi *mn*, organic, constitutional
szerviz *fn*, 1. *pl. autó* service, servicing 2. *készlet* set; *tea/kávé* server 3. *felszolgálás* waiting at the table
szervizállomás *fn*, service station
szervókormány *fn*, servo-gear
szerzemény *fn*, 1. earning, acquisition, purchase, attainment, windfall, godsend 2. *mű* composition, work
szerzetes *fn*, monk, friar, regular, monastic, frater, frate, *női* nun
szerzetesrend *fn*, monastic order
szerzett *mn*, acquired, *pénz* earned || **~ betegség:** acquired illness
szerző *fn*, author, maker, originator, founder, contriver, perpetrator || **~i példány:** author's copy
szerződés *fn*, 1. contracting, concluding 2. contract, convention, treaty, compact, covenant || **~re lép vkivel:** conclude a contract || **~t ír alá vkivel:** become a party to an agreement
szerződésszegő *fn*, violator / infringer of a contract
szerződő *fn*, signatory
szerződő *mn*, signatory, contracting || **~ fél:** signatory
szesz *fn*, spirits, alcohol
szeszély *fn*, caprice, whimsy, fancy, freak, fad, crochet, kink, humour, eccentricity, extravagance, maggot || **ahogy a ~e diktálja:** as the fancy takes sy || **futó ~:** passing whim || **az időjárás ~ei:** extremities of the weather
szeszélyes *mn*, capricious, whimsical, fanciful
szeszes *mn*, alcoholic, spirituous || **~ italok:** liquor, spirits
szeszesital *fn*, liquor, spirits
szétáradó *mn*, flowing, pouring, diffusing
szétbont *i*, 1. decompose, disintegrate 2. *telefont* disconnect, interrupt, cut off 3. *vmit* unpick, unfold, untie 4. *húst* cut / split off, cut into pieces
szétesik *i*, 1. disintegrate, collapse, come

apart 2. *átv* break up, decompose, rot, decay
szétesés *fn,* disintegration, decomposition, collapse, decay, rotting, dislocation, disruption
szétforgácsol *i,* 1. scatter, shiver, disperse 2. *átv* dissipate, fritter away
széthelyez *i,* disperse, place apart, put in different places
széthúz *i,* pull / draw asunder/apart
szétkapcsol *i,* switch off, dislink, unhook, unfasten
szétoszt *i,* 1. *ketté* divide, part 2. *között* distribute, divide, apportion
szétosztás *fn,* 1. *ketté* division, 2. *vkik között* distribution, allotment, partition
szétreped *i,* burst, split, crack
szétszaggat *i,* tear apart, cut up, pull apart
szétszakad *i,* burst, be rent into pieces, split
szétszed *i,* 1. take apart, take to pieces, disjoint, dismember, undo 2. *kapcsol* dislink, unlink 3. *kritizál* cut to pieces
szétszerel *i,* disjoin, decompose, dismount
szétszerelhető *mn,* dismountable
szétszór *i,* 1. disperse, strew/spread about, diffuse, spread far and wide 2. *fiz* disperse, disfract 3. *átv* diffuse, break up, rout; *pénzt* squander 4. *embereket* disperse, break up
szétszóródik *i,* 1. be dispersed, dissolve, scatter, melt away 2. *fény* diffuse, disperse 3. *kat* disband, disperse, scatter
szétszóródó *fn,* heterocentric
szétszórt *mn,* sporadic, scattered, outspread, diffused
szétterjed *i,* 1. spread, extend 2. *hír* spread

szétválaszt *i,* 1. *több részre* separate, part, take apart, sunder, sort 2. *megkülönböztet* distinguish, tell apart, dissociate from, differentiate ǁ *-ja a búzát a korpától:* winnow wheat from bran
szex *fn,* sexuality, sex
szexis *mn,* sexy
szexológia *fn,* sexology
szexológus *fn,* sexologist
szexuális *mn.* sexual, sexy ǁ ~ *energia* libido
szezám *fn,* sesame, til
szezon *fn,* season ǁ *egy ~ra:* for a season ǁ *~t zár:* close the season ǁ *~beli és ~on kívüli:* seasonal and offseasonal ǁ *holt~:* dead season
szezonmunkás *fn,* seasonal worker
szféra *fn,* sphere ǁ *~ák zenéje* music of the spheres
Sziám *fn,* Siam
sziámi *mn,* Siamese
Szibéria *nm,* Siberia
Szicília *fn* Sicily
szid *i,* chide, scold, reprimand, reprove ǁ *~ja, mint a bokrot:* haul sy over the coals
szidalmazó *mn,* scolding, reviling, abusing
szidás *fn,* invective, abuse, reviling, fulmination, opprobrium
szifon *fn,* 1. *műsz* siphon 2. *szódás* soda-water siphon
sziget *fn,* island, isle ǁ *járda~:* traffic isle
szigetcsoport *fn,* archipelago
szigetel *i,* isolate, deafen, insulate, braid, proof
szigetelés *fn,* isolation, lining, insulation, proofing

szignál *i*, **1.** *aláír* sign, initial, OK a document **2.** *tanú* witness a document **3.** *árut* stamp, mark, hallmark
szigony *fn,* harpoon, eel-prong, crampiron
szigonyoz *i,* harpoon, spear
szigorlat *fn,* university examination
szigorlatozik *i,* sit for a university examination, pass a university examination
szigorú *mn,* rigorous, strict, severe, stern, harsh
szigorúan *hat,* rigorously, strictly, severely ‖ ~ **magára hagy:** leave strictly alone
szigorúság *fn,* severity, strictness, austerity
szíj *fn,* strap, thong, strop, belt
szíjaz *i,* strap up, fasten with a strap
szíjhajtás *fn,* belt, belt-transmission, pulley gear
szikár *mn,* lanky, gaunt, lean, wiry, skinny, haggard
szike *fn,* scalpel, lance, bistoury
szikes *mn,* **1.** sodic, saliferous, saline **2.** cotyledonous
szikkad *i,* dry, go dry, dry out, desiccate
szikkadt *mn,* arid, dry, desiccated
szikla *fn,* rock, crag ‖ *a* ~ **szélére sétál:** walk to the edge of the rock
sziklacsúcs *fn,* peak, summit, tor, nab
sziklás *mn,* rocky, stony, craggy, cragged
Sziklás-hegység *fn,* the Rocky Mountains
sziklaszilárd *mn,* rocky, firm as a rock ‖ ~ **alap** granite basis ‖ ~ **meggyőződés** steadfast belief
sziklatömb *fn,* rock mass, boulder
sziklazátony *fn,* reef of rock, bottomrock, ridge, bank

szikra *fn,* **1.** spark, flake **2.** *átv* atom, gleam, glimmer, bit, morsel
szikrázás *fn,* sparkling, scintillation, flashing, glittering
szikrázik *i,* scintillate, spark, glitter, gleam, flash, glint
szilaj *mn,* violent, unruly, fiery, turbulent, vehement, hotheaded
szilánk *fn,* splinter, chip, shiver, flinders
szilárd *mn,* **1.** firm, solid, compact, massive, rigid, secure, strong **2.** *átv* firm, steadfast, resolute, faithful ‖ ~ **válasz:** firm answer
szilárdság *fn,* **1.** stability, stableness, rigidity, immobility **2.** *átv* constancy, firmness, steadfastness, steadiness, resolution
szilfa *fn,* **1.** elmtree **2.** *anyag* elm(wood)
sziluett *fn,* silhouette, profile, outline, shape
szilva *fn,* plum, prune
szilveszter *fn,* New Year's Eve, *skót* Hogmanay ‖ ~*ezik* ring out the old year, see the New Year in
szimfónia *fn,* symphony
szimfonikus *mn,* symphonic
szimmetria *fn,* symmetry
szimmetrikus *mn,* symmetrical
szimpatikus *mn,* **1.** kind, nice **2.** *orv* sympathetic
szimpatizáns *fn,* symphatizer, fan, supporter
szín *fn,* **1.** colour, tint, hue, tinge, shade, tone **2.** *kártya* suit, flush **3.** *arc* complexion, face, look **4.** *fészer* shed, barn, hovel **5.** *szính* stage, scene, setting ‖ *a* ~**falak mögött:** behind the scenes ‖ **megváltoztatja a** ~**helyet:** change the

scene || *bejön a ~re:* come into the scene || *~re visz:* adapt for the stage || *nincs ~e:* pale || *milyen ~ű?:* what colour is it? || *rossz ~ben van:* look ill / shady
szín- *mn,* stage || *~művészet:* dramatic art
színárnyalat *fn,* shade of colour, hue, tinct, tincture
színdús *mn,* colourful, coloury
színe-java *fn,* the very best of
színes *mn,* coloured, colourful, motley, pied, laced || *~ TV:* coloured TV || *~ film:* coloured film || *~ levelezőlap:* postcard || *~ emberek:* coloured people || *~ fantázia:* colourful fantasy
színész *fn,* actor, player, performer
színésznő *fn,* actress
színez *i,* 1. colour, paint, tinge, stain, tint, tincture 2. *átv* colour, gloss over || *rajzot ~:* colour a drawing
színezet *fn,* 1. colouring, colours, shade, tone 2. *átv* appearance, semblance, look, show
színezett *mn,* coloured, tinged, tinted, dyed, hued
színezőanyag *fn,* dye, pigment, paint
színház *fn,* theatre
színházi *mn,* theatrical, of the stage, stagy, stage-like || *~ rovat* theatrical column
színhely *fn,* scene, spot, seat, theatre, locus, stage
színhús *fn,* boneless meat
színi *mn,* 1. theatrical, dramatic, scenic 2. *színben ~ eltérés:* cromatism
színigazgató *fn,* theatre-manager, producer, managing director
színjáték *fn,* drama, play, show || *Isteni ~* The Divine Comedy

színjátszás *fn,* 1. the theatre, theatrical/dramatic art 2. *tevékenység* acting, playing 3. *pej* sham, acting a part 4. *tex* chatoyant effect
szinkron- *mn,* synchronous, synchronic
szinkronizál *i,* 1. *filmet* dubsynchronize 2. *más* synchronize 3. *dinamót* parallel 4. *átv* bring into step, synchronize
szinkronizálás *fn,* synchronization, locking, *film* dubbing, post-scoring
színlel *i,* feign, simulate, affect, sham
színlelés *fn,* pretence, simulation, sham
színlelt *mn,* shammed, feigned, pretended
színmű *fn,* drama, play
színműíró *fn,* dramatist, playwright
szinonima *fn,* synonym
szinoptikus *mn,* synoptical
színpad *fn,* stage, scene, floor, apron, fore-stage, proscenium
színpadi *mn,* scenic, theatrical, of play || *~ fogás* stage trick || *~ utasítás* stage-direction || *~ világítás* stage lights
színpadias *mn,* 1. *ált* stagelike, theatrical 2. *pej* stagy, histrionical
színpadkép *fn,* stage-setting, scenery
színpompás *mn,* richly / highly coloured, brilliant
szint *fn,* 1. *ép* level, storey, stage, floor 2. *átv* plane, level, rate || *a föld~en:* on the ground floor || *magas ~ű munkát végez:* do a good job, work well || *megüti a ~et:* reach the level
színtársulat *fn,* company, troupe, troop
szinte *hat,* nearly, almost, next to
színtelen *mn,* 1. colourless, tintless, hueles 2. *átv* drab, monotonous, humdrum
szintetizátor *fn,* synthetiser
szintez *i,* level, even (out), complanate

szintező *mn,* levelling ‖ *fn,* leveller
színtiszta *mn,* pure ‖ ~ *gyapjú:* pure wool ‖ ~ *gondolkodású:* pure thinker ‖ ~ *marhaság!:* pure nonsense ‖ *igazi és* ~: true and pure
szintmagasság *fn,* level height ‖ *tengerszint feletti* ~: height above the sea level
szintmérő *fn,* = szintező
színvak *mn,* colourblind
színvakság *fn,* colourblindness, daltonism
színvonal *fn,* 1. level, plane 2. *átv* level, standard ‖ *minőségi* ~ level of quality ‖ *magasabb* ~*ra emel* raise to a higher level
szipirtyó *fn,* old hag, crone, old vixen
szipka *fn,* cigarette-holder
szipoly *fn,* tree-beetle
szipolyoz *i,* bleed sy, suck dry sy, sponge on sy
szippant *i,* sniff, inhale, breathe in
szippantás *fn,* breath, inhale, sniff, puff, whiff
szirén *fn,* siren, mermaid
Szíria *fn,* Syria
szíriai *fn/mn,* Syrian
szirom *fn,* petal, corolla
szirt *fn,* rock, cliff, reef, *teteje* peak ‖ *meredek* ~ bluff
szirup *fn,* syrup, treacle
sziszeg *i,* hiss, sing, whirr, whizz
sziszegés *fn,* hissing, *nyelvt* sibilation
sziszszen *i,* wince
szít *i,* 1. *tüzet* kindle the fire, poke / stir / fan up the flame, *műsz* stoke the fire 2. *átv* fan, inflame, beed, excite, incite, stir up
szita *fn,* sieve, sifter, riddle, *durva* cribble
szitál *i,* 1. sift, bolt, screen, sieve, riddle, *ércet* jig 2. *eső* drizzle

szitálás *fn,* 1. sifting, screening, bolting 2. *eső* drizzling
szittyó *fn,* rush, brent-grass
szív *fn,* heart ‖ ~*e szerint:* after one's heart ‖ *a* ~*e mélyén:* in one's heart ‖ *arany*~*e van:* have a golden heart ‖ *ami a* ~*én, az a száján:* outspoken ‖ *a torkában dobog a* ~*e:* have one's heart in one's mouth ‖ *a* ~*e vérzik:* it makes one's heart bleed ‖ *elnyeri a* ~*ét:* win one's heart
szív- *mn,* cardiac
szivacs *fn,* 1. sponge 2. *áll* spongilla, sponges, porifera
szivacsos *mn,* 1. spongy, bibulous, spongoid, *öntvény* foamy 2. *ütő* soft
szivar *fn,* 1. cigar, *nyitott* cheroot 2. *szl öreg* ~: old mutt / geezer / top ‖ *rágyújt egy* ~*ra:* smoke a cigar
szivárgás *fn,* 1. *ált* oozing, infiltration, percolation, seepage 2. *forgalom* filtering through
szivárgó *mn,* 1. oozing, dripping, seeping 2. *átv* filtering through
szivárog *i,* 1. *átv* ooze through, infiltrate, percolate, seep, trickle 2. filter through ‖ *be~ vmibe:* transfuse into ‖ *ki~:* drip out
szivárvány *fn,* rainbow, *hiányos* sundog, *vízesésnél* sun- / torrent-bow
szivárványhártya *fn,* iris
szívátültetés *fn,* heart-transplantation
szivattyú *fn,* pump ‖ *benzin~:* gas pump
szivattyúz *i,* pump, suck
szívbőljövő *mn,* heartfelt, heart-whole, of the heart
szívdobogás *fn,* heart-beat, throb, flutter
szívélyes *mn,* hearty, cordial, obliging, warmhearted

szíverősítő *fn,* **1.** *gyógyszer* cordial tonic, cardiac restorative **2.** *itóka* pick-me-up, short drink

szíves *mn,* kind, amiable, gracious, obliging, engaging, civil ‖ *~ elnézését kérem* beg your kind permition ‖ *~ örömest* most gallantly ‖ *~ vendéglátás* kind hospitality ‖

szívesen *hat,* pleasantly, kindly, heartily, cordially **2.** *készségesen* with pleasure, gladly, readily, willingly ‖ *~ látott* welcome ‖ *~ látjuk vacsorára* we request the pleasure of your company at dinner ‖ *~ meginnék egy sört* I wouldn't say no to a beer ‖ *~ megtesz* do sg with pleasure

szívesség *fn,* **1.** cordiality, heartiness, affability, willingness **2.** *szolg* favour, kindness, service ‖ *~et kér:* ask sy a favour ‖ *~et tesz:* do sy a favour ‖ *~ből rászavaz:* vote sy as a favour

szívfacsaró *mn,* heartbreaking, poignant, harrowing

szívizom *fn,* heart muscle

szívizomgyulladás *fn,* myocarditis

szívmelengető *mn,* heart warming

szívós *mn,* **1.** *anyag* tough, leathery, durable, tenacious **2.** *átv* stubborn, enduring, strong, stout

szívszaggató *mn,* = **szívfacsaró**

szívtelen *mn,* heartless, stony-hearted, callous

szkarabeusz *fn,* scarabeus

szkúner *fn,* schooner

szláv *mn/fn,* Slave, Slavonian; *nyelv* Slavic

szmog *fn,* smog, peasoup

szmoking *fn,* dinner jacket, *US* tuxedo

sznob *fn,* snob ‖ *mn,* snobbish, snobby, snobbistic

sznobizmus *fn,* snobbery, snobbism, snobbishness

szó *fn,* word, *hang* sound, chime, peal, *madár* singing, *szavazat* vote, voice ‖ *szavakkal nem lehet jóllakni:* fine words butter no parsnips ‖ *~ról ~ra:* word by word ‖ *mindenkihez van egy jó szava:* have a good word for everyone ‖ *szavakba önt:* put into words ‖ *kiveszi a szavakat a szájából:* take the words out of sy's mouth ‖ *néhány ~ban:* in a few words ‖ *szavamra!:* upon my word ‖ *becsület~:* word of honour ‖ *a szavak is elhagynak:* words fail me ‖ *élő~ban:* by word of mouth ‖ *nem talál szavakat rá:* cannot find words ‖ *volna önhöz néhány szavam:* I want (to have) a word with you ‖ *megtartja a szavát:* keep one's word ‖ *~ nélkül:* without any word ‖ *más~val:* in another words ‖ *~ban vagy gondolatban:* in words or in thoughts

szó szerint *hat,* word for word

szoba *fn,* room, chamber, apartment, closet ‖ *legény~:* batchelor's room ‖ *~társ:* roommate ‖ *lakó~:* sitting / living room ‖ *dolgozó~:* study

szobadísz *fn,* decoration

szobalány *fn,* **1.** housemaid, parlourmaid **2.** *szállodai* chambermaid **3.** *hajón* stewardess

szóban *hat,* orally

szóbeli *mn,* oral ‖ *~ becsületsértés:* oral defamation ‖ *~ vizsga:* oral, viva

szóbeszéd *fn,* talk, gossip, rumour, tittle-tattle, hearsay

szobor *fn,* statue, sculpture, monument, image
szóbőség *fn,* volubility, verbosity, prolixity
szobrász *fn,* sculptor
szobrászat *fn,* art of statuary, plastic art, sculpture
szobrászati *mn,* sculptural, statuary
szociális *mn,* social, welfare
szocialista *fn/mn,* socialist
szócsata *fn,* verbal sparring, wrangle, logomachy
szócső *fn,* **1.** *tölcsér* speaking-tube **2.** *átv* mouth-piece, spokesman
szódabikarbóna *fn,* sodium bicarbonate
szódavíz *fn,* soda-water, aerated water
szófejtés *fn,* etymology
szoftver *fn,* software
szójáték *fn,* pun, quibble, paronomasia
szójegyzék *fn,* glossary, vocabulary, index / list of words
szokás *fn,* habit, habitude, wont, custom, use, practice || *~ból:* regularly || **megvan a ~a:** he got used to || *a ~ hatalma:* power of habits || *leveti a rossz ~t:* overcome a bad habit || *egy ország ~ai:* customs of a country || *~a szerint:* according to one's customs || *nép~ok:* folk customs
szokatlan *mn,* unusual, unwonted || *~ ember:* strange man || *~ munka:* odd job
szókép *fn,* trope, metaphor, figure of speech
szókimondás *fn,* outspokenness, plain speaking, frankness
szókimondó *mn,* outspoken, free-spoken, blunt in speech
szókimondóan *hat,* free-spoken
szókincs *fn,* vocabulary, word-stock, lexicon, word-hoard
szoknya *fn,* skirt, petticoat, *skót* kilt
szoknyanadrág *fn,* divided skirt
szoknyavadász *fn,* womanizer, gay dog, lady-killer, woman-chaser
szokott *mn,* **1.** *vmihez* used, accustomed, inured to **2.** *szokásos* usual, habitual, customary, regular || *vmihez ~:* be used to sg || *vmihez hozzászokik:* get used to sg || *nem ~ vmihez:* did not get used to sg
szól *i,* **1.** speak, say, talk **2.** *vkihez* speak to sy, tell, inform **3.** *írás* be addressed **4.** *vmiről* deal with, discuss, handle **5.** *készülék* sound, ring, peal **6.** *érvényes* be valid, be good for
szólam *fn,* **1.** *frázis* phrase, catchword **2.** *zene* voice, part
szólásmondás *fn,* common saying, proverb, dictum
szolga *fn,* servant, attendant, domestic, *inas* valet
szolgai *mn,* servile, obsequious
szolgál *i,* **1.** serve, be in service **2.** *vmivel* serve with, supply with, be of service with || *célt ~:* further one's object || *jól ~ a szerencséje:* have a streak of luck || *két urat ~:* serve two lords || *haditengerészként ~:* serve in the navy
szolgálat *fn,* service, duty, office, function, employment, situation || *~ában áll:* be in service
szolgálati *mn,* official, of service, service || *~ úton* through official channels || *~ eskü* oath of office
szolgálati út *fn,* official journey

szolgálatkész *mn*, willing to help, eager, obliging
szolgáló *mn*, serving
szolgáltatás *fn*, **1.** *juttatás* supply, presentation, furnishing **2.** *jog* delivery, performance ‖ *~t nyújt:* supply
szolgáltató *fn*, *~ ipar* services
szolgaság *fn*, servitude, servility, slavery
szóló *fn*, **1.** *zene* solo **2.** *kártya* single ‖ *~ban* alone ‖ *bemutatóra ~* payable to bearer ‖ *névre ~ meghívó* personal invitation ‖ *az előttem ~* the preceeding speaker
szólóest *fn*, solo concert, recital
szombat *fn*, Saturday, *zsidó* Sabbath
szombati *mn*, of Saturday
szombatos *mn/fn*, Sabbatarian, sabbatical
szomjas *mn*, **1.** thirsty, thirsting **2.** *vmire* thirst for, be eager to
szomjazik *i*, **1.** thirst **2.** *vmire* be thirsty, be dry, parch **3.** *átv* long, yearn, crave for ‖ *dicsőségre ~* thirst for glory ‖ *bosszúra ~* yearn for revenge
szomjúság *fn*, thirst
szomorú *mn*, sad, woeful, sorrowful, down-hearted
szomorúan *hat*, sadly
szomorújáték *fn*, tragedy
szomszéd *fn*, neighbour
szomszédi viszony *fn*, neighbourly contact
szomszédos *mn*, neighbouring, next-door, bordering on, adjacent to
szomszédság *fn*, neighbourhood ‖ *~ban:* in the neighbourhood
szonda *fn*, bougie, sound, probe
szondál *i*, **1.** sound, probe into **2.** *hajó* fathom

szónok *fn*, speaker, orator, rhetor
szónoki *mn*, rhetoric(al), oratorical
szónokias *mn*, rhetoric(al), oratorical, *pejor* ranting, declamatory, grandiloquent
szónokiasság *fn*, grandiloquence, rant, bombast, rhetoric
szónoklat *fn*, speech, oration, address, *röv* allocution
szónoklattan *fn*, rhetoric, oratory
szónokol *i*, speak in public, hold a discourse, give an address
szopik *i*, suck
szopóka *fn*, **1.** tip, mouthpiece **2.** *cumis* nipple
szoptat *i*, suckle, nurse, breast-feed
szór *i*, **1.** sprinkle, strew, scatter, spread **2.** *pénzt* squander, *átkot* cast
szórakozás *fn*, entertainment, amusement, diversion ‖ *~ára tesz vmit:* do sg for fun
szórakozási *mn*, entertainment
szórakozik *i*, enjoy / amuse oneself, have fun, have a good time
szórakozott *mn*, absent-minded, abstracted, wool-gathering
szórakoztat *i*, amuse, entertain, divert
szórakoztatás *fn*, amusement, entertainment, entertaining
szórakoztató *mn*, amusing, entertaining, diverting
szórakoztatóipar *fn*, show-business
szórás *fn*, **1.** spreading, scattering, dispersion **2.** *lövés* dispersion, killing circle, *növ* standard deviation
szordínó *fn*, sordine, sordino, mute ‖ *felteszi a ~t:* put the mute on
szorgalmas *mn*, diligent, studious, industrious, hard-working, sedulous

szorgalom *fn*, diligence, industry, zeal, assiduity
szorít *i*, **1.** press, grasp, grip, hold, clasp **2.** *munkára* urge, drive, force
szorítás *fn*, pressure, *kézi* grip, grasp, clutch, clamp
szorító *mn*, pressing, gripping, grasping
szóró *fn*, sifter, dredger, sprinkler, duster, castor
szóró *mn*, spreading, scattering, sprinkling
szóródás *fn*, dissemination, dispersion, dispersal
szórófej *fn*, sprinkler, spray head
szórólap *fn*, throwaway, handbill
szorong *i*, **1.** *nem fér* throng, crowd, press, cram **2.** *átv* be anxious, worry, be uneasy
szorongás *fn*, **1.** *hely* throng, press, congestion **2.** *átv* anguish, agony, anxiety
szorongat *i*, **1.** press, squeeze, keep clasping **2.** *átv* harass, press, worry
szorongó *mn*, **1.** thronging, crowded, congested **2.** *átv* filled with anguish
szoros *fn*, pass, defile, *tenger* strait
szoros *mn*, **1.** *konkr* tight, close, *hely* confined **2.** *átv* close, harrow, strait, strict ‖ ~ *küzdelem:* close fight ‖ *~ra préselt száj:* tight pressed mouth
szorosan *hat*, close(ly), tight(ly)
szorosság *fn*, **1.** tightness, tautness **2.** *átv* narrowness, closeness
szórt *mn*, stray/scattred/diffused ‖ ~ *fény* scattered light
szorul *i*, **1.** *konkr* be squeezed/forced into, be confined/driven to, *vmiben* jam, get wedged in **2.** *vmire* be in need of, want, depend on, be dependent on, require ‖ ~ *a hurok* be in a tight squeeze ‖ *segítségre* ~ need sy's help ‖ *most ~sz!* I'll give you what for!

szorult *mn*, ‖ ~ *helyzetben:* in a fix / scrape
szorultság *fn*, difficulty, embarrasment, distress, fix, scrape
szorzó *mn*, multiplicator, multiplying ‖ *~tábla:* multiplication table
szósz *fn*, sauce
szószaporítás *fn*, verbiage, verbosity, wordiness
szószátyár *mn*, verbose, wordy, long-winded, garrulous, multiloquent
szószátyárság *fn*, verbosity, garrulity, loquacity
szószerkezet *fn*, word-group, collocation, construction, phrase
szótag *fn*, syllable ‖ *egy~ú szavak:* one-syllable words
szótár *fn*, vocabulary, dictionary
szótári *mn*, of dictionary, lexical
szótlan *mn*, wordless, silent, tongue-tied
szótő *fn*, root of word, etymon
szóvivő *fn*, spokesman, mouthpiece
sző *i*, **1.** weave, loom **2.** *pók* spin **3.** *cselekményt* spin, plot
szöcske *fn*, grasshopper
szög *fn*, **1.** nail **2.** *mat* angle ‖ *a földre ~ezi a szemét:* seal one's eyes seal on the floor ‖ *~et üt a fejébe:* set one thinking ‖ *koporsó~:* coffin nail
szögesdrót *fn*, barbed wire
szögez *i*, **1.** nail, spike, tack, stud **2.** *átv* fix, rivet ‖ *le~:* point out ‖ *fel~:* nail to ‖ *oda~:* nail there ‖ *össze~:* nail together ‖ *hirdetményt ~ a falra:* nail a poster on the wall
szögletes *mn*, **1.** angular, angled, cornered **2.** *modor* awkward, clumsy, gawky

szögmérő *fn*, protractor, goniometer, graphometer
szökdécsel *i*, skip, hop, caper, gambol
szökdel *i*, = szökdécsel
szökdelés *fn*, skip(ping), hop(ping), gambol, bounce
szőke *mn*, blond, fair-haired
szökell *i*, bob up and down
szökellő *mn*, skipping, hopping, gambling
szökés *fn*, 1. *ugrás* jump, leap, bound 2. flight, escape, desertion
szökevény *fn*, fugitive, runaway, absconder
szökik *i*, 1. *ugrik* leap, jump, bounce, bound, vault 2. *vhonnét* escape, flee, run away || *börtönből* ~ break gaol/prison || *szerelmesével* ~ she elopes with her lover || *a vér az arcába* ~ blood springs into her face || *könnyek szöktek a szemébe* tears came into her eyes
szökőév *fn*, leap-year, bissextile
szökőkút *fn*, fountain
szökött rabszolga *fn*, escaped slave
szöktetés *fn*, abduction
szőlő *fn*, grape || *savanyú a ~:* sour grapes
szőlőcukor *fn*, grape sugar, dextrose
szőlőművelés *fn*, wine- / viniculture
szőlőskert *fn*, vineyard, grapery
szőlőtő *fn*, vine-root / -plant
szőlővenyige *fn*, vine-branch / -shoot
szőnyeg *fn*, 1. carpet, rug 2. *birkózó* mat || ~ *alá söpör vmit:* sweep under the carpet || *perzsa~:* Persian carpet
szőnyegez *i*, carpet
szőnyegezett *mn*, carpeted
szőr *fn*, 1. hair, bristles 2. *növ* down, beard, nap

szőrén *hat*, || ~ *üli meg a lovat:* ride barebacked
szörfözés *fn*, surfing
szőrme *fn*, fur || *mű~:* fake fur || *~áru:* furs, skins
szőrmefóka *fn*, furseal
szőrmekabát *fn*, fur coat
szörny *fn*, monster, monstrosity
szörnyen *mn*, horribly, awfully, dreadfully, terribly || ~ *meleg volt:* it was terribly hot there || ~ *sajnálom!:* awfully sorry!
szörnyű *mn*, awful, terrible, horrible
szörnyűség *fn*, horror, monstrosity, enormity
szőrös *mn*, 1. hairy, *áll* shaggy, hirsute 2. *anyag* nappy, bristly
szőröstől-bőröstől *hat*, lock, stock and barel, root and branch
szőrözés *fn*, *szl* fussing, cavilling, captiousness
szőrszálhasogatás *fn*, hair- /word-splitting, captiousnes, logic-chopping
szőrszálhasogató *mn*, captious, finicky, pernickety
szőrtelenítőszer *fn*, depilatory, hair remover
szöszi *fn/mn*, blondie
szövedék *fn*, web, fabric, tissue, network
szöveg *fn*, 1. text, wording 2. *dal* words, lyrics, scenario 3. *érmén* legend 4. *könyv* letter-press
szövegel *i*, = szól
szövegez *i*, pen, draw up, word, *jog* formulate
szövegezési *mn*, penning, drafting, wording
szövegíró *fn*, librettist, scenarist, scripter

szövegkönyv *fn,* libretto, scenario, script
szövegkönyvíró *fn,* librettist
szövegmagyarázat *fn,* annotation, textual commentary
szövegmondás *fn,* delivery of text
szövegváltozat *fn,* variant reading
szövet *fn,* **1.** cloth, textile, fabric, material, weave **2.** *anyaga vminek* texture, structure **3.** *biol* tissue
szövetkezet *fn,* co-operative society ‖ *mezőgazdasági* ~ agricultural co-operative society
szövetkezeti *mn,* co-operative
szövetkezik *i,* **1.** make / form an alliance **2.** ally / unite with, become allies
szövetség *fn,* alliance, confederation, association ‖ *~re lép vkivel:* become allies
szövetséges *fn,* ally, *állam* confederate
szövetséges *mn,* **1.** allied, (con)federate **2.** *forma* federal ‖ *a ~ haderők:* the allied forces
szövetségi *mn,* federal, confederate, federative ‖ *~ Nyomozó Iroda:* Federal Bureau of Investigation
szövődik *i,* **1.** weave, be woven, intermingle/weave **2.** *átv* be hatched ‖ *barátság ~ köztük* they became intimate
szövődmény *fn,* complication, intergrowth ‖ *operáció utáni ~:* complication after the operation, post-operative complication
szövődményes *mn,* intergrown, with complications
szövőszék *fn,* loom, power-loom, frame
szövött *mn,* woven
sztereoszkóp *fn,* stereoscope
sztrájk *fn,* strike ‖ *~ol:* be on a strike, walk on

sztrájkol *i,* be on strike, strike ‖ *a munkások ~nak* workmen are out ‖ *~ vmi miatt* strike for sg
sztrájkoló *fn,* striker
sztrájktörő *fn,* black-leg, strike-breaker, scab, rat
sztratoszféra *fn,* stratosphere
stewardess *fn,* stewardess
szú *fn,* woodworm
szulfát *fn,* sulphate
szultán *fn,* sultan
szúnyog *fn,* gnat, mosquito
szunyókál *i,* doze, slumber, nod, have a nap
szunyókálás *fn,* doze, nap, slumber
szúr *i,* **1.** *tüske* prick, *rovar* sting, bite, *tűre* pin, *lyukat* pierce **2.** *fegyverrel* stab, thrust, lunge, pass, **3.** *fájás* twinge, shoot ‖ *hátba ~:* stab in the back
szúrás *fn,* **1.** pricking, sting **2.** stab, thrust, lunge puncture **3.** stabbing / lancinating pain ‖ *éles ~t érez:* have a twinge of pain
szurkál *i,* prickle, prod ‖ *~ódik vkivel:* make nasty remarks ‖ *~ja a tüzet:* poke at the fire with a stick
szurony *fn,* bayonet
szúrós *mn,* **1.** stinging, pricking **2.** *áll* bristly, stubbly, stinging, prickly, thorny **3.** *szag* pungent **4.** *megjegyzés* biting, caustic, stingy, piercing
szuvas *mn,* **1.** *fa* worm-eaten, decayed **2.** *fog* decayed, carious
szuvasodik *i,* **1.** *fa* rot, decay **2.** *fog* decay, grow carious
szuvasodás *fn,* decay
szűk *mn,* **1.** *út* narrow, strait, close **2.** *ruha* tight **3.** *elhelyezés* confined, scanty,

limited ‖ **~ kisebbség:** small minority ‖ **~ margó:** narrow margin
szűkében *hat,* ‖ **~ van:** be ill provided
szűken *hat,* narrowly, scantily
szűkít *i,* 1. *ált* tighten, narrow down 2. *ruhát* take in
szűkítés *fn,* 1. tightening, narrowing 2. *ruháé* taking in
szűklátókörű *mn,* parochial, narrow-minded
szűklátókörűség *fn,* narrow-mindedness
szűkmarkú *mn,* niggardly, tight-fisted, parsimonious
szűkmarkúan *hat,* niggardly
szűkölködő *fn/mn,* needy, indigent, poor, necessitous
szűkös *mn,* 1. narrow, needy 2. *áru* scanty 3. *ritk hely* tight, close, cramped
szűkösen *hat,* narrowly, neededly
szükség *fn,* 1. *vmire* need, necessity, requirement 2. *hiány* necessity, need, want ‖ *az igazi barát a ~ben is az:* a friend in need is a friend indeed ‖ **nincs ~ vmire:** there is no need for sg **szükséges** *mn,* necessary, needful, required, imperative
szükségképpen *hat,* necessarily, perforce, inevitably
szükséges *mn,* needful, needed, required, necessary ‖ *ha ~* if needed ‖ **nem ~ mondanom** needless to say ‖ **~nek látom** I tought it necessary to
szükséglet *fn,* need, necessity, want, demand
szükségtelen *mn,* unnecessary, needless, superfluous ‖ **~ mondanom:** needless to say
szűkszavú *mn,* close-mouthed / -tongued,

short-spoken / -mouthed, taciturn, laconic
szűkület *fn,* neck, constriction, narrowing, *orv* stricture
szül *i,* 1. bear, be confined, give birth to 2. *átv* beget, be father of, produce, engender ‖ **~etik:** be born
szülés *fn,* childbirth, confinement, delivery, lying in
szülész *fn,* obstetrist, obstetrician
szülészet *fn,* 1. midwifery, obstetrics 2. *kórház* maternity centre, lying-in hospital
szülésznő *fn,* midwife, *orv* obstetrics
születés *fn,* birth
születési dátum *fn,* date of birth
születésnap *fn,* birthday
születésszabályozás *fn,* birth-control
született *mn,* born
születik *i,* 1. be born 2. *átv* spring up, arise, originate from, be born ‖ *1967-ben születtem* I was born in 1967 ‖ *erre születni kell* one must be born to this ‖ *új város született* a new town mushroomed ‖ *csillag ~* a star is born
szülő *fn,* parent
szülőföld *fn,* motherland
szülőhely *fn,* place of birth, native land
szülői *mn,* parental
szünet *fn,* 1. pause, stop, break, interval 2. *fegyver* truce, armistrice, respite, lull 3. *zene* pause, rest 4. *isk* vacation, holiday ‖ **kétórás ~ekkel:** with two-hour intervals ‖ **~et tart/~et ad:** give a break ‖ **húsvéti ~:** Easter holiday / vacation
szüntelen *mn,* unceasing, unbroken, continuous, never-ending, endless
szüntet *i,* abate, stop, cease, interrupt, halt

‖ *be~ vmit:* abate sg ‖ *tüzet szüntess!:* stop firing

szűr *i,* **1.** *folyadékot* strain, filter, tammy, leach **2.** *átv* screen ‖ *át~:* filter through

szűrés *fn,* filtering, screening, straining

szüret *fn, szőlő* vintage, grape harvest, *gyüm* gathering, picking

szüretel *i,* **1.** *konkr* vintage, gather the vintage **2.** *átv* make illicit profit

szüretelő *fn,* vintager, wine-harvester, grape gatherer

szürke *mn,* **1.** *konkr* grey, gray **2.** *átv* grey, ordinary, commonplace, colourless ‖ *el~ül/meg~ül:* turn grey

szürkül *i,* **1.** *konkr* turn/go grey **2.** *átv* it is growing dusk ‖ *a haja meg~t* his hair is touched with grey

szürkület *fn,* twilight, half-light, sunrise; *reggeli* dawn, morning twilight; *esti* dusk gloaming, nightfall,

szűrő *fn,* **1.** filter, strainer, percolator **2.** screen ‖ *füst~s cigarettát szív:* smoke filtered cigarettes

szürrealizmus *fn,* surrealism

szűz *fn,* virgin, maid(en) ‖ *~beszéd:* maiden speech ‖ *~talaj:* virgin soil area ‖ *S~:* Virgo

szüzesség *fn,* virginity, maidenhood, innocence

szűzies *mn,* chaste, virginal, pure, innocent, vestal

szvetter *fn,* sweater, jersey, woolly

szvit *fn, zene* suite

T

tábla *fn,* 1. tabling, board, sheet, panel, plate 2. blackboard, pane 3. *mezőgazd* field, patch 4. *kicsi,* cake, bare, slab ‖ *üveg~:* pane of glass ‖ *bírói ~:* judiciary plate ‖ *be~áz:* mortgage ‖ *név~:* name-plate, door-plate ‖ *országgyűlési ~:* parliamentary plate ‖ *egy ~ csokoládé:* a bar of chocolate

táblás *mn,* 1. tabular, laminated 2. *burkolat* wainscoted, panelled ‖ *~ ház* full house, capacity audience

táblázat *fn,* 1. tabulation, table, chart 2. panelling, wainscot

tabletta *fn,* tablet, lozenge, pill

tabló *fn,* tableau, group photograph

tábor *fn,* 1. camp, encampment 2. *átv* camp, side, table ‖ *~ban van:* be / stay in a camp ‖ *nyári ~:* summer camp ‖ *munka~:* labour camp

tábor- *mn,* ‖ *~felszerelés:* camping kit ‖ *~lehetőség:* opportunity for camping ‖ *~hely:* encampment ‖ *~terület:* camping area / territory

tábori *mn,* field, army ‖ *~ ágy:* trestle-bed, field-bed ‖ *~ szék:* camp / folding chair / stool

tábornok *fn,* general

táborozik *i,* camp ‖ *le~:* pitch / set up one's tent ‖ *a folyó mentén ~:* camp along the river

tábortűz *fn,* camp-fire

tabu *fn,* taboo, juju

tacskó *fn,* 1. dachshund, basset-hund 2. *átv* callow youth, minx

tag *fn,* 1. *ált* associate, member 2. *pol* commoner 3. *test* limb, part 4. *szl* chap, mate

tág *mn,* 1. wide, ample, spacious, roomy, capacious 2. *szellem/érdeklődés* loose, broad, wide 3. *fogalom* ambiguous, vague 4. *ruha* wide, flowing, loosely-fitting 5. *erkölcs* unscrupulous, elastic ‖ *~abb értelemben* in a wider sense ‖ *csodálkozástól ~ra nyílt szemmel* with eyes round in astonishment ‖ *~ra nyílt szemek* eyes wide open

tagad *i,* deny, contradict, disclaim, negate, gainsay, reject

tagadás *fn,* denial, contradiction, rejection, negation

tagadhatatlan *mn,* undeniable, indisputable, evident, obvious ‖ *~, hogy* it must be admitted

tagadó *mn,* rejecting, refusing, negatory, objecting, denying
tágas *mn,* spacious, wide, capacious, roomy, large
tagbaszakadt *mn,* thickset, robust, chunky, husky
tágít *i,* **1.** *ált* widen, enlarge, **2.** *cipőt* stretch **3.** *nyílást* dilate, expand **4.** *ruhát* let out **5.** *átv* **nem ~ one won't give up one's point, one sticks to one's opinion**
taglal *i,* analyse, dissect, comment upon || *~ja a dolog fontosságát* he enlarges the importance of the thing
taglejtés *fn,* gesticulation, gesture
tagló *fn,* cleaver, axe, pole-ax(e)
tagol *i,* **1.** dismember, proportion **2.** *nyelvt* articulate, pronunciate clearly
tagolódik *i,* fall into
tagolt *mn,* jointed; articulated
tagság *fn,* **1.** *fogalom* membership, fellowship **2.** *csoport* the members
tágul *i,* **1.** *ált* enlarge, become widen **2.** *hosszában* extend, expand **3.** *cipő* stretch **4.** *rugalmas* relax, become loose **5.** *test* dilate **6.** *átv* widen, broaden
tahó *fn,* dump, asshole
táj *fn,* **1.** *helység* region, country, land **2.** *konkr* environment, vicinity, surroundings, outskirts **3.** *látvány* landscape, scenery **4.** *test* region **5.** *idő dél~ban* round about midday || *a századforduló ~án* towards the end of the century
tájegység *fn,* area, region
tájékozódás *fn,* orientation; gathering informations
tájékozódik *i,* **1.** orientate, find one's bearings **2.** *tengeren* find one's latitude **3.** *átv* inquire about, gather information, get a line on
tájékoztat *i,* **1.** inform sy, brief, guide **2.** *utasít* advise, instruct || *~ vkit vmiről:* inform sy of sg, make sy aware of sg || *~nak vkit:* put sy in the picture
tájékoztató *fn,* guide, brochure, prospectus, informant, handout
tájékozott *mn,* well-informed, well up, aware of, conversant with sg || *jól ~* well-informed, *rosszul ~* ill-informed
tájkép *fn,* landscape, view, prospect, scenery, panorama || *~ festő:* landscape painter || *~tervező /tájkertész:* landscape gardener / architect
tájkertesítés *fn,* landscape gardening
tájnyelv *fn,* dialect, idiom
tájnyelvi *mn,* dialectical, idiomatical || *~ angolt beszél:* speak English with a dialect
tájszólás *fn,* dialect, patois, idiom
tajték *fn,* spray, spume, foam, scum, froth
tajtékzik *i,* **1.** scum, spume, froth, foam **2.** *átv* storm, boil out of rage
takács *fn,* weaver
takarékos *mn,* **1.** saving, sparing, economical **2.** *dolog* economical
takarékoskodik *i,* **1.** save, spare, economize **2.** save up || *~ vmivel:* save / economize on sg
takarékosság *fn,* parsimony, self-denial, economy, thriftiness, thrift
takarékpénztár *fn,* savings-bank
takarít *i,* **1.** clean up, tidy up **2.** *fogl* char || *le~ja az asztalt:* clean the table || *el~:* clear away || *ki~:* clean up, clear up, tidy up || *fel~:* make tidy, remove

(garbage) ‖ *ki~ja a szobát:* clean up the room

takarítónő *fn,* cleaner, charwoman / lady, cleaning lady / woman

takaró *fn,* coat, cover, blanket

takarodó *fn,* retreat, curfew, tattoo, sack time

takaros *mn,* smart, dainty, chic, neat, spruce, tidy, trim

tákol *i,* scamp, tinker, cobble, fabricate

tál *fn,* dish, bowl, basin

talaj *fn,* earth, soil, ground, land ‖ *kicsúszik a ~ a lába alól:* be left no legs to stand on ‖ *szűz ~t tör fel:* break new / fresh ground

talajgyalu *fn,* buck-scraper, grader, bulldozer

talál *i,* 1. find, discover, glean 2. *golyó* hit 3. *vminek* consider, feel ‖ *vmit/vkit ~:* find sg/sy ‖ *nem ~ vmit:* do not find sg ‖ *bonyolultnak ~:* find sg difficult ‖ *~ja magát:* find oneself ‖ *bűnösnek ~:* find guilty ‖ *magára ~:* find one's legs ‖ *könnyűnek ~:* find sg easy

találékony *mn,* creative, ingenious, inventive, imaginative, resourceful

találgat *i,* guess at sg, conjecture

találgatás *fn,* guess, conjecture

találkozó *fn,* appointment, meeting, date

találmány *fn,* contrivance, invention ‖ *saját ~:* own invention

találó *mn,* apt, apposite, appropriate

talán *hat,* perhaps, probably, conceivably, maybe, possibly

talányos *mn,* enigmatical, mysterious, puzzling, confounding, bewildering

talapzat *fn,* 1. pedestal, base, plinth 2. *ép* mounting, footing

talicska *fn,* (wheel) barrow

tallóz *i,* glean ‖ *~ vhonnét:* glean sg from sg

talponálló *fn,* buffet, bar

talpraesett *mn,* apt, promtp, adroit, neat, ready, snappy, spirited ‖ *~ vmiben:* be snappy in doing sg ‖ *~ válasz:* snappy answer, smart answer, fitting answer

talpszeg *fn,* hobnail

támad *i,* 1. *rohamoz* attack, bombard, charge 2. *felmerül* arise, crop up, spring up

támadás *fn,* offensive, attack, charge, raid, onset ‖ *~t intéz:* take the offensive, launch an attack, mount an offensive ‖ *~t vezet vki ellen:* take the offensive against, launch an attack on

támadó *fn,* offender, attacker, aggressor, offensive

támadó *mn,* 1. *harcos* offensive, assaultive, raider 2. *felmerülő* arising ‖ *~ viselkedés:* offensive behaviour ‖ *~ nyelvezet:* offensive language

támasz *fn,* 1. *konkr* base, support, strut, pillar, prop 2. *átv* stay, mainstay, pillar, supporter

támaszkodik *i,* recline, lean / prop against / on

támaszt *i,* lean / prop sg against, prop up, support, stay

támasztó *fn,* supporting, propping, backing, buttressing

támla *fn,* back (of chair)

támogat *i,* support, prop up, aid, assist, back up, bolster up, give assistance to, espouse, patronize, sponsor, second, subsidize ‖ *elvet ~:* support a principle

támogató *fn,* supporting, sustaining, proponent || *vminek ~ja:* the supporter of sg

tan *fn,* doctrine, dogma, theroem, thesis, precept

tanács *fn,* advice, piece of advice, tip, recommendation, suggestion, instruction

tanács *fn,* council, board || *jogi ~ot kér:* ask for / take legal advice || *jó~ot ad:* give good advice to sy, give sy a good piece of advice || *vki ~ára:* on sy's advice || *megfogadja vki ~át:* take / listen to sy's advice || *miniszter~:* cabinet council || *biztonsági ~:* security council

tanácsadás *fn,* (giving of) advice, advising, consultation, guidance, counsel, counselling

tanácsadó *fn,* adviser, advisor, counsellor, consultant || *vmiben ~ vkinél:* advisor in at sy || *~ szolgáltatás:* advisory service

tanácskozás *fn,* conference, council, deliberation, discussion, consultation

tanácsol *i,* advise, suggest, recommend || *nem ~ vmit:* advise not to || *~ vmit:* advise to || *nem ~om, hogy megtedd!:* I do not advise you to do it || *azt ~om, tedd meg!:* I advise you to do it

tanácsos *fn,* adviser, mentor, counsellor, advisor, consultant

tanácsos *mn,* advisable, advisory, expedient, recommendable

tánc *fn,* dance; *szl* hop || *~mulatság:* ball, shinding, dance || *~ba visz vkit:* take sy out dancing

táncol *i,* dance, shake a leg / foot || *zenére ~:* dance to music

táncoló *mn,* dancing, prancing

táncos *fn,* dancer

tanfolyam *fn,* course, class || *nyelv~:* language course || *~ot tart vmiből:* keep a course on

tanító *mn,* educational, instructional, instructive, didactic

tank *fn,* 1. tank 2. *tartály* tank

tankol *i,* fuel up, refuel || *fel~:* fill up, tank up

tanterv *fn,* syllabus / programme (*US* –ram) (of a course), curriculum

tantétel *fn,* thesis (*tsz* theses), doctrine, tenet

tantételszerű *mn,* doctrinal, propositional

tanú *fn,* witness, test || *szem~:* eye-witness || *korona~:* chief / principal / crown / star witness || *fül~:* ear-witness, auricular witness

tanul *i,* learn, study || *~ vmiből:* learn from sg || *vmit meg~:* learn sg

tanulmányoz *i,* study, make a study of

tanulmányozás *fn,* investigation, examination, studying

tanuló *fn,* school child, pupil, student, learner

tanult *mn,* educated, cultured, learned, lettered, literate

tanúskodik *i,* 1. bear evidence/witness, attest, deposit 2. *vmiről* certify, warrant, vouch for

tanúvallomás *fn,* statement, testimony, evidence

tanya *fn,* grange, farm, *US* ranch, den, homestead

tanyaudvar *fn,* barn-yard

tányér *fn,* plate, saucer || *vki ~ján:* on sy's plate || *~on ad át:* hand sg on plate

tányérnyi *mn,* plateful
táp- *mn,* nutritive, aliment ‖ *~érték:* nutritive value, sustenance
tapad *i,* stick, cling, hold fast, attach, adhere ‖ *vmi vmihez ~:* stick / attach / adhere to
tapadás *fn,* sticking, clinging, adhesion, adherence
tapasz *fn,* (sticking) plaster, *US* adhesive tape ‖ *rag~:* sticking plaster, *GB* Elastoplast, *US* band-aid, adhesive plaster / tape, medical tape
tapasztalat *fn,* experience, observation ‖ *ötéves vezetési ~om van:* I have a five year driving experience
tapasztalati *mn,* experiential, observational, practical
tapasztalatlanság *fn,* inexperience, lack of experience, naivety, rawness
tapasztalt *mn,* experienced, skilled, veteran ‖ *~ tanár:* experienced teacher
tapétázott *mn,* wallpapered
tapintatlanság *fn,* indiscretion, tactlessness, impropriety
tapintatos *mn,* discreet, delicate, tactful
tapintatosan *hat,* discreetly, tactfully
tapintatosság *fn,* tactfulness, delicacy, discretion
táplál *i,* feed, nourish, nurture ‖ *vkit vmivel ~:* feed sy with sg ‖ *fel ~:* feed up
táplálék *fn,* food, nurishment, nutriment, feed
tápláló *mn,* feeding, nurishing, nutritious, nutrient
tapogat *i,* paw, feel finger, handle; *ügyetlenül* fumble
tapogatózik *i,* grope for sg, poke about for

tapos *i,* tread on sg, trample, step on
taps *fn,* applause, clap ‖ *~vihar:* thunderous applause, burst of applause
tapsol *i,* clap, applaud ‖ *meg~ vkit:* applaud / clap sy
tar *mn,* bald, bare
tárcsa *fn,* disc, dial
tarfejű *mn,* bald-headed
tárgy *fn,* 1. object, article, thing 2. object, matter, subject, theme, topic ‖ *~ra tér:* come / get to the point, get down to facts ‖ *vmi ~a:* sg is its subject ‖ *nevetség ~a:* the subject / object / theme of laugh
tárgyal *i,* talk over, negotiate, palaver, confer, discuss ‖ *~ vkivel:* have discussion / talks with sy, negotiate / confer with sy
tárgyalás *fn,* discussion, palaver, negotiation, parley, talk ‖ *~t kezdeményez vkivel:* enter into negotiations with sy ‖ *munka ~a van:* have a job discussion ‖ *vkivel ~a van:* have a discussion with sy
tárgyalófél *fn,* negotiator, negotiating party
tárgyalóterem *fn,* courtroom, chamber
tárgyas *fn, nyelvt* transitive, active, accusative
tárgyatlan *mn,* intransitive ‖ *~ ige:* intransitive verb
tárgyi *mn,* material, objective
tarkabarka *mn,* brightly coloured (*US* -or), motley
tarka *mn,* brightly coloured (*US* -or), mottled, variegated, colourful, multicoloured
tároló *fn,* storage tank, container

társ *fn,* companion, mate, associate, colleague, partner, *szl* Dutch || *bűn~:* accessory, accomplice, party to crime || *csendes~:* sleeping / silent / dormant partner, moneylender || *munka~:* colleague, co-worker, fellow-worker || *baj~:* comrade, mate, fellow

társ- *mn,* co || *~szerző:* co-author || *~hitelező:* co-creditor || *~bérlő:* co-tenant

társas *mn,* social, joint

társaság *fn,* society, company, association, companionship || *jó ~:* good company || *~ban:* in company || *nincs ~a:* he / she does not have company || *közlekedési ~:* transport company

társít *i,* 1. join with, associate, unite, ally 2. *dolgokat* match, pair || *gondolatot ~ vmihez* associate ideas

társítás *fn,* association || *gondolat~:* association

társtulajdonos *fn,* co-owner / proprietor

társul *i,* join, unite, associate, partner || *~ vkivel:* associate with sy

tart *i,* hold, keep || *előre~:* advance || *hátrafelé ~:* back, retrograde || *fel~:* hold up, retard || *össze~:* hold / keep together, stick together, converge || *ki~:* hold out / on, stand / hold to, last out, stick by, persist in, hold firm to || *drágának ~:* consider sg to be expensive || *olcsón ~:* keep sg cheep || *vmire ~ja:* keep it for sg

tart *i,* last, hold, *US biz* latch, support, continue, sustain || *előrébb ~:* hold in advance || *vissza~:* keep / hold back || *~ja a hátát:* face the music, hold the baby || *meg~:* keep, hold on to || *észben ~:* keep sg in mind, keep sg on one's mind || *fel~:* hold up, raise, retard

tartalék *fn,* spare, stockpile, reserve, reserves *tsz,* standby

tartalékol *i,* reserve, keep hold

tartalékos *fn,* reservist

tartalmaz *i,* contain, purport, comprise, include || *vmit ~:* contain sg || *a lista ~za a nevét:* the list contains sy's name

tartalmazó *mn,* containing, including, constituting || *vmit ~:* containing sg || *~ ár:* price containing

tartalom *fn,* content, plot, subject-matter, contents *tsz* || *magas a zsírtartalma:* have a high fat contant || *kiüríti a tartalmát:* empty its content

tartály *fn,* container, receptacle, tank, reservoir, bunker, bin

tartó *fn,* support, bracket, rack, case, prop, corbel, bracket

tartós *mn,* lasting, fast, enduring, durable, persistent, permanent

tartósan *hat,* lastingly, durative

tartósság *fn,* durability, permanence, permanency

tartozás *fn,* 1. debt, liability, belonging to 2. *pénzügy* debit 3. *becsületbeli* obligation, tribute

tartozások *fn,* liabilities

tartozék *fn,* accessories, belongings, *hozzávaló sütéshez* ingredient || *konyhai ~ok:* kitchen accessories

tartozik *i,* 1. *adós* owe, be indebted, be in the red 2. *vhova* belong, appertain || *~ vkinek:* owe sy sg || *~ magának:* owe to oneself || *~ vkihez:* belong to someone || *vhová ~:* belong somewhere

tartózkodás *fn,* 1. *vhol* dwelling, stay,

residency 2. *vmtől* abstention, reserve, stand-off, restraint
tartózkodik *i,* **1.** *vhol* stay, live, lodge, make a stay, dwell, reside **2.** *vmtől* hold back, abstain from, refrain ‖ *~ a szavazástól:* abstain from voting ‖ *~ vmitől:* refrain / abstain from sg, keep / stay clear of sg, keep from
tartozó *mn,* **1.** *adós* owning **2.** *vhova* belonging
táska *fn,* bag, handbag, *US* purse, briefcase, case
tátong *i,* gape, gawp
tavacska *fn,* pond, lakelet, pool
tavaly *fn,* last year, a year ago, yesteryear ‖ *~i év:* the last year, yesteryear
távbeszélőrendszer *fn,* telephone system ‖ *~en beszél:* speak on / over the telephone
távirányító *fn,* remote control (handset / panel), remote controler
távirat *fn,* telegram, *US* wire, cable
távlat *fn,* prospect, perspective, distance ‖ *a helyes/helytelen ~ban:* in right / wrong perspective ‖ *~okban lát:* see in perspectives
távol *hat,* far away / afield, away, far ‖ *a lehető leg~abb:* the outermost ‖ *közel s ~:* close and far ‖ *~ álljon tőlem:* it is far from me to say that ‖ *a ~ban:* in the distance ‖ *vmitől ~:* far away from
távolabbi *mn,* more remote / distant
távoleső *mn,* be far
távoli *mn,* far, distant, remote, off the beaten track, off ‖ *~ kiáltás:* distant shout
Távol-Kelet *fn,* the Far East
távollátó *mn,* long- / farsighted
távollét *fn,* absence, non-attendance, non-appearance, absenteeism ‖ *~ében:* in the absence of sy
távolság *fn,* **1.** distance, interval, space **2.** gap, span ‖ *megtartja a ~ot:* keep one's distance from
távoltart *i,* keep away, avoid, keep clear of sg ‖ *~ja magát:* keep away from sy / sg, avoid sy / sg, keep aloof
távozó *mn,* outgoing, leaving, departing, withdrawing ‖ *~ igazgató:* leaving boss
taxi *fn,* cab, taxi-cab, taxi-car, taxi
taxiállomás *fn,* cab-rank / stand, taxi rank / *US* stand
taxisofőr *fn,* taxi / cab driver, cabman, taximan
te *névm,* you ‖ *téged:* you ‖ *neked:* to you ‖ *nektek:* to you
téboly *fn,* psychosis, insanity, mania, frenzy
technikum *fn,* technical school
tégla *fn,* **1.** brick, stoolie **2.** *átv* mole, plant
téglahordó *fn,* **1.** *eszk* hod **2.** *munkás* hodman, mason's help
tegnap *fn,* yesterday
tehén *fn,* cow
teher *fn,* burden, charge, load, cargo ‖ *terhet rak a vállára:* put a burden on sy's shoulders
tenger *fn,* sea, ocean, the big blue ‖ *~ sok* as sea of, ocean of ‖ *~zöld* sea-green
terhes *mn,* **1.** *vknek vmi* burdensome, onerous, bothersome, irksome **2.** *gyermeket vár* pregnant, be with child ‖ *~ lesz:* become pregnant ‖ *~ csend:* burdensome / irksome silence
tehermentes *mn,* unencumbered, free of all charges

tehetetlen *mn,* inefficient, helpless, impotent, powerless
tehetség *fn,* talent, vein, gift, endowment, ability || *~-teszt:* talent test || *~et mutat vmiben:* show talent in sg
tehetséges *mn,* talented, gifted, promising, capable
tej- *mn,* milk, dairy || *~gazdaság:* dairy (farm) || *~termék:* dairy produce, dairy products *tsz*
tejfölköd *fn,* smug
tejkaramella *fn,* caramel
tejsodó *fn,* custard, milk cream / whip
Tejút *fn,* Milky Way, the Galaxy
tejúti *mn,* galactical
teke *fn,* ball, bowl, sphere, bowling
teker *i,* 1. reel, slew, wind, twist 2. *biciklin* pedal away || *fel~-:* wind up, coil up || *körbe~:* wrap / wind round
tekercs *fn,* 1. roll, coil, convolution, reel 2. spool, bobbin
tekercsel *i,* wind, reel, roll
tekés *fn,* bowler, skittle-player
tekint *i,* 1. *néz* look / glance at, take a glance at 2. *vél, gondol* consider, regard
tekintély *fn,* prestige, authority, reputation || *nagy ~lyel bír:* have great influence, be highly respected
tekintélyelvi *mn,* dictatorial, authoritarian, disciplinarian
tekintélyes *mn,* influential, respected, prestigious || *~ összeget elkölt vmire:* spend a considerable amount of money on something, spend a round sum of money on sg
tekintet *fn,* 1. *nézés* look, eye, glance 2. *szemlélet, szempont* respect, aspect, regard, consideration, point of view || *~be*

vesz: take into consideration / account, consider || *~tel van vmire:* out of consideration for sg, in consideration of sg || *lesüti a ~ét:* fall one's look
tekintettel *hat,* considering, with regards to || *~ a tényekre:* considering the facts
teknő *fn,* 1. trough, hutch 2. *áll* shell, carapace, shield
teknősbéka *fn,* tortoise, turtle || *mocsári ~* pond tortoise
tele *mn,* packed, full, filled, replete, thick with, loaded with || *~ van vmivel:* be full with sg, thick with sg
telefax *fn,* fax, facsimile, telephotograph
telefaxol *i,* telephotography, fax
telefon *fn,* telephone, phone || *~fülke:* phone booth / box || *~kártya:* telephone-card || *~hívás:* call, buzz
telefonál *i,* telephone, phone, call, ring sy up || *~ vkinek:* give sy a call / ring, make a call to sy, phone up sy, ring sy up, telephone sy || *vissza~:* call back
telefonfülke *fn,* telephone booth / box
telefonkagyló *fn,* receiver
telek *fn,* allotment, parcel, curtilage, building plot / site || *~ ügynök:* estate agent
telep *fn,* 1. settlement, colony, habitation 2. battery || *lakó~en lakik:* live in a building / council / housing estate || *ipar~:* factory, industrial establishment / plant
telepít *i,* 1. settle, colonize 2. deploy, route
település *fn,* colony, strata, settlement
telihold *fn,* full moon
telitalálat *fn,* hit, direct / smash hit, bull's eye hit

teljes *mn,* global, total, whole, absolute, entire, sheer, full, utter ‖ **~ készlet:** complete stock ‖ **~ sebességgel:** with all speed, at full / top speed, in full sail ‖ **~ gőzzel előre!:** ahead with full lick ‖ **~ alak:** full figure ‖ **~hosszában:** fore and aft ‖ **erő~:** robustious, hearty, robustful, robust ‖ **~ penzió:** full board ‖ **~ név:** full name ‖ **~ munkaidő:** full time work

teljesen *hat,* wholly, utterly, fully, totally, thoroughly, sheer, completely, entirely, absolutely ‖ **~ egyetért:** completely agree ‖ **~ rossz:** completely bad ‖ **~ tudatában van** be fully aware of sg ‖ **~ kifejlődött:** completely developed

teljesít *i,* execute, perform, effectuate, comply with, carry out, accomplish ‖ **~ vmit:** accomplish / execute sg ‖ **~i kötelességét:** deliver the goods, fulfil one's obligations, meet one's obligation ‖ **sokat ~ett:** performed / carried out a lot

teljesítés *fn,* achievement, accomplishment, execution, fulfilment

teljesített *mn,* performed, executed, finished, accomplished, completed

teljesítmény *fn,* performance, efficiency, accomplishment, output, achievement, output ‖ **jó ~t mutat:** show good performance ‖ **ez komoly ~ volt:** this was a considerable achievement

teljesség *fn,* wholeness, completeness, entirety, fullness ‖ **a maga ~ében:** in its completeness

teljhatalmú *mn,* omnipotent, all-powerful

telt *mn,* 1. fleshy, plump 2. *vmivel* full of sg

temetés *fn,* funeral, burial, interment ‖ **~i vállalkozó:** undertaker, funeral director ‖ **~i menet:** funeral procession, cortege ‖ **~i szertartás:** funeral, funeral service

temetési *mn,* funeral, sepulchral, burial

temető *fn,* cemetary, graveyard, necropolis

temperál *i,* anneal, moderate, temper

templom *fn,* church, temple, tabernacle ‖ **~ba jár:** go to church regularly

tengely *fn,* axle, arbor, shaft

tengelycsapágy *fn,* cod, pillow

tenger felőli *mn,* seaside

tengeren túl *hat,* overseas, beyond / over / across the sea

tengerentúli *mn,* overseas, transatlantic

tengerész *fn,* sailor, seaman, mariner, navigator, seafarer ‖ **~ kék:** navy / sea blue

tengeri *mn,* sea-, naval, maritime, marine, thalassic ‖ **~ mérföld:** sea / nautical mile ‖ **~ csata:** naval / sea battle

tengeribetegség *fn,* seasickness

tengerimalac *fn,* guinea-pig

tengernagy *fn,* admiral, flag-captain

tengernyi *mn,* a sea of, oceans of

tengerpart *fn,* beach, coast, shore, seaside ‖ **a ~on:** on the coast ‖ **a tiszta ~:** the clean seaside / coast

tennivaló *fn,* task, duty, something to do ‖ **~t ad vkinek:** give sy work to do ‖ **semmi ~ja:** have nothing to do

tény *fn,* fact, act, deed ‖ **az élet ~ei:** the facts of life ‖ **~állás:** facts *tsz,* state of affairs, statement of facts

tenyérjós *fn,* palmist

tenyérjóslás *fn,* palmistry

tenyészik *i,* breed, grow, vegetate

tényező *fn,* factor, consideration, determinant
ténykedik *i,* function, officiate, do, act
tényleg *hat,* really, truly, indeed, in fact, in reality
tényleges *mn,* real, positive, effective, actual, factual || **~ tudás:** real knowledge || **~ érték:** actual value
ténylegesen *hat,* effectively, actually, in fact, indeed, in reality || **~ megtörtént eset:** case happened in reality, case occured in reality
tép *i,* tear, rive, rip || **ketté~i a szívét:** break sy's heart || **fel~ vmit:** tear / rip sg open
tépés *fn,* lint, charpie
térd *fn,* knee || **~kalács:** knee cap, patella || **~ig érő:** knee-deep / high || **~hajlítás:** curtsy, knee-bending, knees bend || **~zokni:** knee socks
térdel *i,* kneel, be on one's knees
térdnadrág *fn, tsz* plus fours, knickerbockers, breeches
terefere *fn,* small-talk, chin-wag, chit-chat
tereget *i,* spread out, hang up
terelőút *fn,* bypass, *US* detour
terem *i,* **1.** *növ* bear, grow, yield, produce, originate **2.** *átv* appear suddenly, turn up || **vmit ~:** bear sg
teremt *i,* create, make, produce, originate || **~ vmit:** create / make / produce sg || **érdeklődést ~:** create interest
teremtés *fn,* creation, creature, procreation
teremtmény *fn,* creature, individual || **szegény ~:** poor creature
teremtő *mn,* creative, creating
terepjáró *fn,* jeep, landrover
terepmunka *fn,* field-work || **~át végez vhol:** do field-work somewhere

terhel *i,* burden, load with, apply, lade, encumber || **~i a lelkiismeretét:** burden one's conscience || **túl sokat ~ vkire:** overburden sy || **meg~ vmivel:** weigh / load down with sg, trouble / burden sy with sg, encumber with sg
terhel *i,* **1.** *vmivel* burden, lade, load **2.** *járművet* freight, load **3.** *anyagilag* charge, dbit, tax **4.** *adóssággal* indebt, encumber **5.** *vkit idegileg* incommode, inconvenience
terhesség *fn,* pregnancy, childbearing || **veszélyeztetett ~e volt:** had a high-risk pregnancy
terhességi *mn,* pregnancy, ante/prenatal, childbearing || **~ gondozás:** antenatal care, pre-natal care || **~ klinika:** antenatal clinic
teringettét! *indszó,* crikey! bags! dammit! rabbit it!
terít *i,* **1.** extend, spread swhere **2.** *ruhát* hang/put/lay out **3.** *kártyát* lay down **4.** *asztalt* lay, set the table
terjedelem *fn,* extent, spread, dimensions *tsz,* expanse, size
terjedelmes *mn,* extensive, spacious, bulky, voluminous
terjeszt *i,* spread, propagate, disseminate, distribute, circulate || **pletykát ~:** spread gossip
térkép *fn,* map, chart
térképész *fn,* cartographer, map-maker
térképészet *fn,* cartography, map-making
termék *fn,* product, merchandise (*tsz ua*) || **leszállítja a ~et:** deliver the goods
termékeny *mn,* productive, fertile, fruitful, prolifical || **~ föld:** fertile land || **~ képzelőerő:** rich power of conception

termékenység *fn,* productivity, fruitfulness, fertility, fecundity, prolification

terméketlen *mn,* barren, infertile, unproductive, sterile

termelés *fn,* production, growth

termelő *fn,* agriculturist, grower, farmer, producer, manufacturer || *olaj~:* oil-producer

termés *fn,* crop, yield, growth, product || *az idén jó a ~:* this year we have a good harvest

természet *fn,* 1. *ált* nature 2. *emberi* character, disposition || *a dolgok ~e szerint:* by the nature of things || *~ szerint:* by nature || *~védelmi terület:* nature reservation || *komisz ~e van:* he / she is difficult to get on with

természetellenesség *fn,* perversity, preposterousness, unnaturalness

természetes *mn,* natural, artless, unconventional || *~ viselkedés:* natural behaviour

természetesen *hat,* 1. *szóbeli* naturally, of course, certainly, for sure 2. *vmilyen módon* unconventionally, artlessly

természeti *mn,* natural || *~kincsek:* natural resources || *~ jelenségek:* the phenomena of nature

terpeszállás *fn,* straddle position, straddle-stand

terpeszkedik *i,* stretch, sprawl, spread out legs

terület *fn,* territory, area, land, ground, field, domain, province, space, sphere, tract, region || *kör ~e:* the surface of the circle || *katasztrófa sújtotta ~:* catastrophy struck area || *munka~:* sphere / area / field of work || *kutató~:* search area

terv *fn,* plan, scheme, intention, purpose, strategy || *~ szerint:* according to the plan || *~ei vannak vmire:* have plans for sg || *~en dolgozik:* work on a plan || *ház ~e:* the plan of the house || *az a ~e, hogy megteszi:* his / her plans are to do sg || *nyári ~im:* my plans for the summer || *ház~et rajzol:* draw a house plan || *~ szerint halad:* be advancing / going according to the plan

tervez *i,* design, plan; *számokban* calculate, scheme || *~ vmit:* make the plans of / for sg, think about || *előre ~:* plan in advance

tervezés *fn,* planning, design, scheming

tervező *fn,* planner, technical / designing engineer, designer

tesped *i,* 1. *konkr* stagnate, be slack, vegetate 2. *átv* languish, become torpid

tespedt *mn,* lethargical

tespedtség *fn,* torpor, torpidity

test *fn,* body, hull || *ép ~ben ép lélek:* a sound mind in a sound body || *~őr:* bodyguard || *~építés* body-building || *~ápoló tej:* skin-body lotion

testes *mn,* 1. *ember* stout, corpulent, heavy, portly 2. *könyv* large, bulky || *~ bor* full-bodied wine

testetlen *mn,* bodiless, incorporeal, disembodied

testi *mn,* bodily, physical, corporeal, somatic, carnal || *jó ~ kondícióban van:* be in good shape

testnevelés *fn,* physical training / education

testtartás *fn,* bearing, posture, gait, carriage

testület *fn,* association, corporation, corps || *diplomáciai ~:* diplomatic corps

testületi *mn*, corporative, associative, corporate

testvér *fn*, brother, sister, sibling

testvéri *mn*, sisterly, brotherly, fraternal

testvériség *fn*, sisterhood, brotherhood, fraternity

tesz *i*, 1. do, make, commit 2. *vhová* put, place, lay, set || *~ vagy meghal:* do or die || *jót ~:* do good || *meg~i:* do sg || *nem ~ sokat:* do not make much || *ennyit ~:* it makes / amounts || *az összesen t ~:* it totally makes ...|| *oda~:* put / place sg somewhere || *mindent egy lapra ~ fel:* put all one's eggs in one basket || *le~:* put sg down || *félre~:* put away || *ki~i magát vminek:* expose oneself to sg

tészta *fn*, 1. pasta, vermicelli 2. *sütemény* cake, pastry, pie, paste

tésztafélék *fn*, pastry, farinaceous products

tétel *fn*, 1. *áru* item, article 2. *zene* theorem, theme

tetem *fn*, carcass, dead body, cadaver, corpse, remains

tetemes *mn*, large, extensive, substancial, considerable

tetemesen *hat*, considerably, largely, significantly, substantially

tétovázás *fn*, hesitation, irresolution, indecision

tétovázik *i*, hesitate, vacillate, waver, demur

tető *fn*, 1. *konkr* summit, top 2. *hegy* peak, pinnacle, crest 3. *ház* roof, gable 4. *fej* crown 5. edény lid, cover || *~ alá hoz* make final || *ez mindennek a teteje!* that is the limit || *ennek semmi teteje sincs* there is no sense in it

tetőpont *fn*, culmination, top, peak, apex, climax

tetszésnyilvánítás *fn*, applause, acclamation

tetszik *i*, 1. like, relish, please, be taken with || *ahogy ~* as you like it || *ez a fickó ~ nekem* I like this guy || *ez a dolog nem ~ nekem* I am not quite happy about this thing

tett *fn*, action, deed, act, feat || *gaz~:* outrage, outragous deed, villainy || *jó~:* good deed, benefaction

tettenér *i*, catch sy in the act, surprise

tetterős *mn*, active, dynamic, energetic

tetű *fn*, louse

tetves *mn*, lousy

tetvetlenít *i*, delouse

teve *fn*, camel, dromedary

téved *i*, fault, fail, blunder, be in error, be mistaken / wrong, err, slip, miscalculate, make a mistake || *~ni emberi dolog:* to err is human || *a jobboldalra ~:* get unawares / accidentally / erroneously on the right side, get by chance on the right side, get on the right side by mistake, stray on the right side

tévedés *fn*, failure, fault, error, mistake, slip

tevékeny *mn*, actie, busy, efficient, industrious, agile

tevékenykedik *i*, be on the go, be active / busy, be up and doing

tevékenység *fn*, activity, function, deed, work

téves *mn*, wrong, false, incorrect, erroneous, mistaken || *~ lépés:* wrong move || *~ riasztás:* wrong alert

tévhit *fn*, 1. misbelief, delusion, misapprehension 2. *vall* heresy, heterodoxy

ti *névm* you
tied *névm,* yours
tiétek *névm,* yours
tilos *mn,* forbidden, prohibited, banned, interdicted
tilt *i,* prohibit, forbid, ban, interdict ‖ *el~ vkit vmitől:* forbid sy to do sg ‖ *tüntetést be~:* prohibit the demonstration ‖ *be~ja a használatát:* ban the use of sg
tiltakozás *fn,* objection, protest, protestation, veto ‖ *~ nélkül:* without protest ‖ *~ul:* as a protest ‖ *~ vmi ellen:* protest against sg
tiltakozik *i,* protest, exclaim, cry out, make/rais objections, object to ‖ *~ a döntés ellen* appeal against the decision
tiltás *fn,* prohibition, disallowance, ban, forbiddance
tiltott *mn,* prohibited, banned, illicit, illegal, forbidden
tinta *fn,* ink ‖ *~ával ír:* write in ink ‖ *~paca:* blotch ‖ *~hal:* cuttlefish, squid
tiszt *fn,* officer ‖ *ügyeletes ~:* officer on duty ‖ *napos~:* orderly officer, officer of the day
tiszta *mn,* clean, blank, clear, pure, unstained, sheer ‖ *egy ~ papírdarab:* a clean piece of paper
tisztán *hat,* cleanly, clearly, sheerly ‖ *~ beszél:* speak clearly / distinctly ‖ *~ és egyszerűen:* clearly and plainly
tisztánlátás *fn,* perspicacy, penetration, discernment
tisztánlátó *mn,* clairvoyant, shrewd, acument
tisztaság *fn,* purity, cleanliness, neatness, clarity
tisztaságszeretet *fn,* love of cleanliness, cleanliness

tisztáz *i,* **1.** clear, make sg clear, clarify, elucidate **2.** *vkit* justify, exculpate
tisztel *i,* **1.** respect, honour, esteem, have regards/respect for, venerate **2.** *köszönésben* give one's regards ‖ *~tetem az édesanyját* my respects to your mother
tisztelet *fn,* respect, tribute, esteem ‖ *~tel adózik vkinek vmiért:* pay tribute / homage to sy for sg
tisztelet- *mn,* complimentary, honorary ‖ *~jegy:* complimentary ticket
tiszteletbeli *mn,* honorary, honorific, complimentary
tisztelettel *hat,* with respect
tiszteletteljes *mn,* respectful, deferential, regardful, reverential
tisztesség *fn,* honesty, tribute, righteousness, respectability
tisztességes *mn,* decent, honourable, fair, righteous, honest
tisztiszolga *fn,* orderly, striker, batman
tisztít *i,* clean, puritfy, do, cleanse, clear ‖ *~ja a fogát:* brush one's teeth ‖ *ki~ja a cipőt:* brush / clean one's shoes
tisztítás *fn,* cleaning, purification, purify, cleansing
tisztító *fn,* cleaner
tisztviselő *fn,* clerk, functionary, civil servant, official
titkol *i,* hide, conceal ‖ *~ vmit:* hide / conceal sg ‖ *~ja a valódi nevét:* conceal one's real name
titkos *mn,* secret, concealed, surreptitious, stealthy, hidden, sneaking, clandestine
titkosrendőr *fn,* detective, secret policeman
titok *fn,* **1.** *ált* secret **2.** *bűvész* trick **3.** *vall*

mystery ‖ **nagy ~ban** in stricktest confidence ‖ **nem csinál belőle ~ot** he doesn't conceal that ‖ **beavat a ~ba** let sy into the secret
titokzatos *mn*, mysterious, enigmatic, secret
tivornya *fn*, carousal, revelry
tíz-, tizes *számn* ten
tizenegy *számn* eleven ‖ **a ~edik osztály:** the eleventh class
tizenéves *fn/mn*, teenage, teenager
tizenhárom *szn*, thirteen
tizenhat *szn*, sixteen
tizenhét *szn*, seventeen
tizenkét- *számn* twelve
tizenkilenc *számn* nineteen
tizenöt *számn* fifteen
tizennyolc *számn* eighteen
tízes *fn/mn*, ten
tízórai *fn*, morning coffee, snack
tízparancsolat *fn*, Ten Commandments *tsz*
tízpróba *fn*, decathlon
tízpróbázó *fn*, decathlonist
tó *fn*, lake, mere, loch, lough, pool ‖ **a Velencei T~:** the Venetian Lake
toboroz *i*, recruit, enlist, raise, enroll, crimp
toboz *fn*, cone, strobile
tócsa *fn*, pool, plash, pond, sump ‖ **vér~:** pool of blood
tojás *fn*, egg, stone ‖ **arany~t tojó tyúk:** goose with the golden eggs ‖ **kemény~t főz:** boil a hard boiled egg
tojásdad *mn/fn*, egg-shaped, ovoid(al)
tojásfehérje *fn*, egg white, white of egg
tojásgyümölcs *fn*, aubergine, brinjal, US egg-plant

tojáshéj *fn*, egg-shell
tojássárgája *fn*, (egg) yolk
tojástartó *fn*, egg-cup
toka *fn*, double chin, chops *tsz*
-tól, -től *rag* from
tolakodik *i*, **1.** *tömegben* push one's way, elbow oneself, force/shove one's way **2.** *átv* intrude, put oneself forward **3.** *tömeg* hustle, jostle, throng, crowd, press
tolakodó *mn*, intruder, pushy, pushing, obtrusive, self-assertive, intrusive
told *i*, **1.** *konkr* lengthen, eke/piece out **2.** *átv* improve
toldalék *fn*, suffix
toll *fn*, pen ‖ **golyós~:** ballpoint-pen, ballpen, biro ‖ **töltő~:** fountain-pen ‖ **filc~:** felt-tip pen, marker
toll *fn*, feather ‖ **madarat ~ról:** a bird is known by its feathers, birds of a feather flock together ‖ **~párna:** feather-pillow / cushion
tollaslabda *fn*, badminton, shuttlecock
tollazat *fn*, feather, plumage
tollkés *fn*, pen-knife
tolltartó *fn*, pencil-case, pencilbox
tolmács *fn*, interpreter
tolmácsol *i*, **1.** *átv* is interpret **2.** *művet* render ‖ **részvétét ~ja** express one's sympathy
tolmácsolás *fn*, rendering
tolong *i*, squash, crowd, rush, crush
tolvaj *fn*, thief, pilferer, sticky fingers, pickpocket
tolvajkulcs *fn*, skeleton / master key
tombol *i*, **1.** *ált* storm, rage **2.** *vihar* rage, howl furiously **3.** *bolond* rave; *dühös* rage, be frantic **4.** *állat* prance, paw the ground

tomboló *mn,* raging, raving, storming, rampageous || ~ *aggódás:* raging anxiety || ~ *düh:* raving fury
tompa *mn,* blunt, dim, edgeless, flat || *~szög:* obtuse angle
tompít *i,* blunt, dim, subdue, dull, soften || *le~:* blunt, tone down, mute
tompul *i,* 1. become blunt 2. *átv* become blunt, lose edge; *hang* grow fainter; *szín* grow dull; *fény* dim; *fájás* grow less, calm down 3. *elme* become dull
tor *fn,* 1. *evés* meal, feast, banquet 2. *áll* thorax, corselet || *halotti* ~ funeral east
torlasz *fn,* lock, barricade
torlódás *fn,* congestion, jam, obstruction
torlódik *i,* 1. *ált* pile up, jam, gather 2. *forgalom* become congested 3. *hó* drift
torma *fn,* horseradish
torna *mn,* gym, gymnastics, physical exercises / education || *~óra:* games, gym class, physical education / training || *~terem:* gym(nasium) || *~mutatvány:* gym performance
tornacipő *fn,* gym shoes *tsz,* tennis shoes *tsz,* sneakers *tsz*
tornász- *mn,* gymnast
tornázik *i,* do physical exercises/gymnastics
torok *fn,* throat, gorge
torokgyulladás *fn,* sore throat
torony *fn,* 1. tower, turret, pinnacle 2. *hegyes* spire 3. *templomi* steeple, bell tower 4. *hajón* conning tower 5. *vas* pylon
toronyház *fn,* high rise, tower block, block of flats, sky-scraper
torta *fn,* fancy / layer cake, tart || *alma~:* apple tart

tortadiagram *fn,* cake-diagram
torz *mn,* misshapen, disshaped, deformed, disfigured
torzít *i,* distort, misshape, disfigure, dismember
torzítás *fn,* distortion, deformation
torzításmentes *mn,* without distortion || ~ *lejátszó:* high-fidelity sound reproduction
totó *fn,* pools, football pool, the pools || *pénzt nyer a ~n:* win money on the pools || *~zik:* bet on / do the (football) pools
tovább *mn/hat,* forward, further on, forth, on and on || *~megy:* proceed, go on
továbbá *hat,* additionally, furthermore, in addition, item, moreover
további *mn,* further, additional, supplementary, extra, more || ~ *részletek:* further details || ~ *rendelkezésig:* until further orders || ~ *képzés:* further training
több- *mn,* plus, several, some, more
többes szám *fn,* plural number
többlet- *előtag,* extra, plus || *~fizetés:* extra money
többlet *fn,* excess, surplus, residue, increase, plus
többször *hat,* several times, repeatedly, on several occasions, more than once || *engem ~ nem látsz* we won't meet again
többszörös *mn,* multiple, manifold, numerous
többszöröz *i,* multiply
tök *fn,* marrow, gourd, pumpkin
tőke *fn,* capital, fund, stock, principal
tőkeemelés *fn,* increase of capital stock

tökéletes *mn,* perfect, absolute || *~ férj lenne belőle:* he would be a perfect husband || *~en idegen:* absolutely strange || *vmire ~:* be perfect for || *~ meglepetés:* perfect surprise

tökéletesen *hat,* perfectly, absolutely

tökéletesít *i,* improve, perfect, better, finish, reform || *~i ismereteit:* perfect one's knowledge || *az angoltudásom ~ésre szorul:* my English knowledge needs improvement

tökéletesítés *fn,* improvement, perfection, bettering

tökéletesített *mn,* improved, reformed

tökéletlen *mn,* imperfect, defective, unsatisfactory

tökély *fn,* perfection, accomplishment, excellence, flawlessness

tőkésít *i,* capitalize, fund

tökfej *fn,* blockhead, nitwit, twit, noddy, numskull

tölcsér *fn,* 1. cone, funnel, filler 2. horn, bell, *papír* cornet || *fagylalt~:* cone

tölgyfa *fn,* oak

tölt *i,* 1. *ált* pour, decant 2. *ételt* stuff, fill 3. *rést* charge || *fel~i a rést:* fill in the crack || *be~ tisztséget:* be in office, occupy a post / job || *be~i kollégája helyét:* occupy his / her colleagues' place || *ki~i az űrlapot:* fill in the form || *az egész szobát ki~i:* fill out the whole room

töltény *fn,* cartridge, pellet, *US* shell || *~öv:* bandoleer || *~táska:* cartridge box / pouch

töltés *fn,* 1. *ált* filling 2. *part* embankment, bank, charge, dam

töltőtoll *fn,* fountain-pen

töltött *mn,* stuffed, filled

töm *i,* 1. *ált* pad, stuff 2. *libát stb.* wad, cram, fill || *be~:* bung up, fill in || *~ött:* compact, crowded, packed, thick with

tömb *fn,* chump, block, dollop

tömeg *fn,* 1. *ált* crowd, mass 2. *fiz* bulk, quantity 3. *szl* mob, throng || *ember~:* drove / herd of people

tömegszerencsétlenség *fn,* serious / bad accident, mass-accident

tömegverekedés *fn,* scuffle, massfight, fight, tussle

tömény *mn,* concentrated, pure || *~ narancslé:* pure orange juice

tömés *fn,* 1. *ált. tev* filling, pad, stuffing 2. *fog* filling

tömgyűrű *fn,* washer, gasket

tömítés *fn,* caulk, gasket, pad

tömör *mn,* brief, compact, concise, terse || *~en:* briefly, concisely, tersely

tömött *mn,* compact, padded, crowded, packed, thick with || *vmivel ~:* stuffed with sg || *vmibe ~:* packed into sg

tönkretesz *i,* vandalize, ravage, ruin, wreck

tőr *fn,* knife, daggert || *kivont ~rel:* dagger at the carry

tör *i,* refract, break || *be~:* break in, beat in, burgle || *meg~:* refract, faul

tőrbecsal *i,* ensnare, set a trap for

töredék *fn,* fragment, snippet, snatch, fraction

töredékes *mn,* broken, fragmentary, fractional, incomplete, snatchy

törékeny *mn,* fragile, frail, breakable, delicate

törékenység *fn,* fragility, frailty, delicacy

törekszik *i,* endeavour (*US* -or), make an

/ every effort, aspire, strive ‖ ~ *vmire:* strive for / after sg / to do sg, apire to / after sg, endeavour to do sg, lay oneself out to, strain after sg

törekvés *fn,* ambition, endeavour (*US* -or), pursuit, aspiration

törés *fn,* 1. breaking, pounding, smashing 2. break, fracture, breakage, breach, rupture

törik *i,* break, get broken

törlés *fn,* 1. wiping, drying 2. rubbing out, crossing out, deletion, cancellation, erasure

törleszt *i,* 1. pay off, pay by instalments, redeem, sink a debt 2. *kölcsönt* amortize 3. *átv* bay bak, repay

törlesztés *fn,* instalment, payment by instalments, amortization ‖ *éves ~:* annuity

törmelék *fn,* rubble, debris *tsz,* broken fragments

töröl *i,* 1. *ált* wipe out, rub out, 2. erase, delete, blot out ‖ *vmit ~:* rub out sg, erase sg, delete sg ‖ *megrendelést ~:* cancel the order ‖ *a járatot ~ték:* the flight has been cancelled (*US* -l-) ‖ *ki~* wipe out, erase

törölt *mn,* cancelled, deleted, erased, annuled

törpe *fn,* dwarf (*tsz* dwarfs), midget, elf (*tsz* elves), pigmy, sprite

törpeharcsa *fn,* cat-fish

törpepapagáj *fn,* lovebird, budgerigar, budgie

történelem *fn,* history, past

történelmi *mn,* historical, historic

történész *fn,* historian

történetesen *hat,* it so happened that, I happened to, as it happens

történeti *mn,* historical

történik *i,* happen, occur, befall, take place ‖ *~jen aminek történnie kell:* happen what has to happen ‖ *vmi ~t vele:* sg happened to him / her ‖ *így ~t:* that / this is how it happened ‖ *az ~t, hogy:* it happened that

törtető *fn,* careerist, climber, thruster

törtfehér *mn,* beige

törülköző *fn,* towel

törvény *fn,* law, act, rule, statute ‖ *~re megy:* go to law ‖ *~t ül:* dit in judgement ‖ *megszegi a ~t:* break / violate the law ‖ *ez ~ellenes:* this in illegal ‖ *a tömegvonzás ~e:* the gravitational law

törvényes *mn,* legal, lawful, authorized, legitimate

törvényesen *hat,* legally, lawfully, legitimly

törvényesít *i,* legalize, legitimate, enact, ratify

törvényesség *fn,* legality, legitimacy, authenticity, authority

törvényhozás *fn,* legislation, legislature, law

törvényhozó *fn,* law-maker / giver, legislator

törvényhozó *mn,* legislative, authentical

törvénykezés *fn,* administration of justice, jurisdiction

törvényszegő *fn,* law-breaker

törvényszék *fn,* court of law / justice, lawcourt, courthouse

törvénytelen *mn,* illegal, unlawful, wrongful ‖ *~ tett:* illegal / unlawful action ‖ *~ gyermek:* illegitimate child

törvénytelenség *fn,* illegality, unlawfulness, illegitimacy

törvénytelenül *hat*, illegally, illegitimately

törzs *fn*, **1.** *vminek a törzse* trunk, hull, hulk, stem, body, fuselage **2.** *nép* tribe

törzsőrmester *fn*, sergeant-major, *US* master sergeant ‖ *rendőr~:* police sergeant

tőzeg *fn*, peat, bog-coal, turf

tőzsde *fn*, exchange, money-market, change ‖ *~ügynök:* broker, stock-broker ‖ *~ügylet:* deal on the Stock Exchange, Stock Exchange transaction / operation ‖ *~üzérkedés:* Stock Exchange speculation

tragacs *fn*, clinker, bone-shaker, old tin can

trágár *mn*, obscene, filthy, indecent, lewd, swinish, foul, foul-spoken

tragédia *fn*, tragedy

tragikus *mn*, tragical ‖ *~ színész/nő* tragedian/tragedienne ‖ *~ hirtelenséggel elhunyt* the tragic death of

trágya *fn*, manure, dung, excrement, muck, dressing

trágyáz *i*, manure, fertilize

trapéz *fn*, **1.** *torna* trapeze **2.** *mat* trapezium, trapeziod ‖ *~nadrág:* bell-bottom, flared trousers

trécsel *i*, swap stories, chit-chat, tittle-tattle

tréfa *fn*, joke, fun, jest, lark ‖ *meg~ál:* play a joke on sy, play tricks on sy ‖ *jó ~:* good joke ‖ *a ~ kedvéért:* for the sake of fun

tréfálkozik *i*, joke, jest, crack jokes

tréfás *mn*, amusing, comic, humorous, funny ‖ *~ rajzsorozat:* funny cartoon series

tréfásan *hat*, jocularly, funnily, comically

tucat *fn*, dozen ‖ *tizenkettő egy ~ belőle:* a dozen of it

tud *i*, know sg / about / of sg, be aware of sg, have heard of sg

tud(om)ás *fn*, knowledge ‖ *legjobb ~om szerint:* to my knowledge, as far as I know ‖ *nincs róla ~a:* be unaware / ignorant of sg

tudás *fn*, **1.** *szellemi* knowledge, learning, attainment, science **2.** *jártasság* skill **3.** *bölcsesség* wisdom

tudatlan *mn*, ignorant, know-nothing, untaught, illiterate, uneducated, unlearned, unaware, uninformed, unknowing ‖ *~ vmiből:* be ignorant in sg

tudatlanság *fn*, ignorance, illiteracy, obliviousness, unawareness ‖ *~ ból:* from / through ignorance

tudatos *mn*, conscious, deliberate, intentional, wilful, intented

tudatosság *fn*, consciousness, awareness, wakefulness, sensibility

tudomás *fn*, knowledge, notice, cognizance ‖ *~a van róla:* have knowledge of sg, be aware / informed of sg, know of sg ‖ *~t szerez:* get / come to know of, become aware of sg

tudós *mn*, scholarly, pundit, scholar, erudite, learned

tudott *mn*, understood, known

túl *névutó*, over, beyond, past ‖ *mindenen ~:* over everything ‖ *essünk ~ rajta:* have done with it

túl *mn/hat*, beyond, over, across ‖ *a tengeren~:* overseas, transatlantic ‖ *~ sok:* too much / many, excess, too much by half ‖ *nem teszi ~ magát:* do not disregard sg, bother oneself about sg, do not get over sg ‖ ~ *van rajta:* be over sg ‖ ~ *van az ötvenen:* he / she is past / has turned fifty ‖ ~ *van a veszélyen:* be beyond danger, be out of danger, past all danger

tulaj *fn, szl* boss, *US* gaffer, guv, guvnor

tulajdon *fn,* property, propriety, ownership, own ‖ *magán~:* private property

tulajdonít *i,* attribute, ascribe, impute ‖ ~ *vkinek vmit:* attribute / ascribe sg to sy / sg, credit sy with sg ‖ *~ható vkinek:* attributable / imputable / ascribable / chargeable / referable to sy

tulajdonjog *fn,* proprietary rights *tsz,* ownership, proprietorship, right

tulajdonképpen *hat,* in fact, actually, as a matter of fact, properly / practically speaking, in point of fact

tulajdonos *fn,* owner, proprietor, possessor, master

túlalszik *i,* oversleep

túlbecsül *i,* overestimate, overvalue, overstate

túlél *i,* survive, outlast, outlive

túlérzékeny *mn,* supersensitive, hypersensitive, oversensitive ‖ ~ *vmire:* oversensitive to sg

túlérzékenység *fn,* hypersensitivity, supersensitivity

túlfűtött *mn,* overheated, superheated, exalted

túllicitál *i,* overbid, outbid, bid higher ‖ ~ *vkit:* overbid sg / sy, overbid sy

túllő *i,* over/outshoot ‖ ~ *a célon:* overshoot the mark, draw the long bow

túlóra *fn,* overtime, over-hours ‖ *~ázik:* work overtime, work long hours ‖ *kifizeti a ~t:* pay the overtime

túloz *i,* exaggerate, overact, overdraw, overstate ‖ *el~za a fontosságát:* exaggerate its importance

túlsó *mn,* opposite, far side, on the other side ‖ ~ *oldal:* across / over the street / road, far side

túlsúly *fn,* **1.** excess-weight, overweight **2.** *átv* dominance

túlsúlyos *mn,* overweight, outweight, fatty

túlterhel *i,* overload / burden / charge, strain ‖ ~ *vkit vmivel:* overload / overburden sy with sg

túlzás *fn,* exaggeration, extravagance, overstatement

túlzó *mn,* excessive, extreme, exorbitrant, exaggerated, extravagant

túlzott *mn,* exaggerated, excessive, overstated

túlzsúfol *i,* cram, pack, overcrowd

túlzsúfolt *mn,* overcrowded, crammed, jammed

turkál *i,* **1.** *ált* search, rummage, ransack, forage, ferret, grope, pick one's nose **2.** *átv* poke, rake ‖ ~ *vki múltjában* rake up one's past ‖ ~ *az ételben* pick at one's food ‖ ~ *a zsebeiben* rummage in one's pockets

turkáló *fn,* rummage sale

tuskó *fn,* stump, stub, block

túsz *fn,* hostage, captive, prisoner

tű *fn,* needle, pin ‖ *~hegyes:* needle-sharp ‖ ~ *a szénakazalban:* look for needle in a haystack

tücsök *fn,* cricket

tüdő *fn,* lung *(tsz* lungs), lights *tsz*

tüdőgyulladás *fn,* pneumonia

tüdőszűrés *fn,* X-ray screening

tűhegy *fn,* needle / pin-point

tükörüveg *fn,* looking glass
tülköl *i,* **1.** *ált* wind/blow a horn **2.** *autó* hoot, toot, honk
tülkölés *fn,* hooting, sounding one's horn
tündér *fn,* elf, fairy, pixy, fay, sprite, goblin ‖ *~ mese* fairy tale
tündér- *mn,* fairy ‖ *~mese:* fairy tale ‖ *~fény:* fairy-light
tűnődő *mn,* meditative, musing, speculative
tüntetés *fn,* demonstration, protest, ostentation
tűpárna *fn,* pincushion
tűpénz *fn,* pin money
tűr *i,* have patience, bear, suffer, tolerate / endure sg ‖ *nem ~:* do not tolerate / endure
türelem *fn,* patience, tolerance ‖ *türelmetlen vkivel:* impatient with sy ‖ *elveszti a ~mét:* loose one's patience ‖ *próbára teszi vki ~ét:* try sy's patience ‖ *van ~e hozzá:* have patience for sg
türelmes *mn,* patient, enduring, tolerant, forbearing
türelmesen *hat,* patiently
türelmetlen *mn,* impatient, restive, intolerant, restless ‖ *~ül viselkedik:* be intolerant, behave intolerantly ‖ *~ vkivel:* be intolerant with sy
türelmetlenkedik *i,* lose control/patience, grow impationet/fretful/fidgety
türelmetlenség *fn,* impatience, intolerance
tűrhető *mn,* passable, tolerable, bearable, endurable
tüske *fn,* thorn
tüskés *fn,* thorny, prickly, pricking

tűz *fn,* fire ‖ *tüzet lehel:* breathe fire ‖ *~et fog:* catch fire ‖ *~et rak:* make / light fire ‖ *nyílt ~:* naked fire ‖ *játszik a ~zel:* play with fire ‖ *~ön-vízen átmegy:* through fire and water, through thick and thin ‖ *felszítja a ~et:* stir fire ‖ *~ alatt:* under fire
tűz- *mn,* fire ‖ *~ piros:* fiery / flaming red, flame-coloured (*US* -or-)
tűzálló *mn,* fire-proof, fire resistant, non-inflammable, refractory ‖ *~ anyag* fire-clay ‖ *~ üveg* pyrex glass
tűzállótál *fn,* casserole
tűzcsiholás *fn,* fire drill
tüzel *i,* burn, stoke, be burning hot, fire, shoot, be on, *US in* heat ‖ *ágyúval ~:* fire a cannon / gun ‖ *puskával ~:* fire a gun ‖ *~ valakire:* shoot sy
tüzelés *fn,* firing, fire, heat, shooting
tüzér *fn,* artilleryman, gunner, canooner
tüzérség *fn,* artillery, gunnery
tüzes *mn,* **1.** passionate, ardent **2.** fiery, fierce, heated
tűzhely *fn,* cooker, hearth, *US* stove ‖ *gáz~:* gas cooker ‖ *elektromos ~:* electric cooker
tüzifa *fn,* firewood
tüzijáték *fn,* fireworks *tsz* ‖ *ma ~ lesz:* today there is going to be fireworks
tűzjelző *fn,* fire-alarm
tűzoltó-állomás *fn,* fire-station, *US* fire-house
tűzoltó-fecskendő *fn,* (fire-)hose
tűzoltókocsi *fn,* fire-engine
tűzoltóság *fn,* fire brigade, *US* fire department
tűzszünet *fn,* ceasefire, suspension of arms

Ty

tyúk *fn,* **1.** chicken; *henjérce* hen **2.** *szl* ,,nő" bird, babe, chick, hen, bird ‖ *hízott/hízlalt ~:* poulard, fattened hen ‖ *kotlós ~:* brood hen ‖ *gyöngy~:* guinea fowl ‖ *annyit ért hozzá, mint ~ az ábécéhez:* s/he does not know a hawk from a handsaw; s/he does not know her/his right hand from her/his left.

tyúkalakúak *fn,* gallinaceous birds

tyúkeszű *mn,* stupid, dull, soft in the head, soft-headed, blockheaded, boneheaded, clueless, dim

tyúkfarm *fn,* poultry farm, hen farm

tyúkhús *fn,* fowl, chicken; *ált.* baromfi poultry

tyúkketrec *fn,* hen-coop /-roost

tyúkleves *fn,* chicken broth

tyúkmell *fn,* chicken breast, *orv* pigeon-breast

tyúkmellű *mn, orv* pigeon-breasted /-chested

tyúkól *fn,* hen-house, poultry house, hennery, *US* chicken coop

tyúkparti *fn,* hen-party

tyúkpör *fn,* petty cause / suit

tyúkszem *fn,* **1.** *lábon* corn **2.** *kézen is* callus, callosity (on šg) ‖ *vkinek a ~ére lép:* tread / step on someone's corns ‖ *~et kivág/eltávolít:* remove / cut a corn

tyúkszemtapasz *fn,* corn plaster, corn-cure

tyúkszemvágó *fn,* **1.** *eszköz* corn-cutter **2.** *tréf* ,,*pedikűrös*" pedicuriste, chiropodoist

tyúktojás *fn,* hen's egg

tyúktolvaj *fn,* petty criminal, petty thief

tyúktolvajlás *fn,* petty larceny, petty crime, petty theft

tyúkvész *fn,* chicken cholera

tyűha! *ind.szó,* phew! oh well! by Jove! good graciou! goodness! wow!

uborka *fn,* cucumber, *kicsi* gherkin ‖ *ecetes ~:* pickled cucumber / gherkin, cucumber / gherkin preserved in vinegar ‖ *kovászos ~:* leavened cucumber / gherkin

uborkagyalu, -szeletelő *fn,* grater, cucumber-slicer

uborkaorr *fn,* beak, proboscis

uborkasaláta *fn,* cucumber salad

u, ú

uborkaszezon *fn,* **1.** *ált* off-season **2.** *sajtóban GB* the silly season **3.** lay-off
udvar *fn,* yard, courtyard ‖ *királyi ~:* royal court ‖ *iskola~:* school yard ‖ *börtön~:* prison yard ‖ *gazdasági ~:* farmyard ‖ *vár~:* inner ward / bailey ‖ *hold~:* halo
udvarhölgy *fn,* lady-in-waiting, lady-in-attendance, court lady, lady of honour
udvari *mn,* **1.** *ház* back- **2.** *ép* court, aulic **3.** *tört* courl-, courtly ‖ *~ őrség:* guard ‖ *~ szállító:* surveyor (to the court) ‖ *~ festő:* court painter ‖ *~ hoppmester:* court jester ‖ *~ tanácsos:* court adviser
udvarias *mn,* **1.** courteous, polite **2.** *figyelmes* attentive **3.** *jólnevelt, jómodorú* good-mannered
udvariasan *hat,* politely, courteously
udvariasság *fn,* **1.** *tiszteletadó viselkedés* courtesy, courteousness, politeness **2.** *figyelmesség* attentiveness ‖ *pusztán/merő ~ból:* just / only being polite
udvariatlan *mn,* **1.** impolite, rude, discourteous **2.** *figyelmetlen* inattentive
udvariatlanság *fn,* **1.** impoliteness, rudeness, discourteousness, discourtesy **2.** *figyelmetlenség* inattentiveness
udvariatlanul *hat,* **1.** impolitely, rudely, discourteously **2.** *figyelmetlenül* inattentively, carelessly
udvarlás *fn,* courting, wooing, courtship
udvarló *fn,* courter, wooer
udvarmester *fn,* court steward
udvarnagy *fn,* **1.** chamberlain, court marshal **2.** *ang. kir.* Lord Chamberlain
udvarnép *fn,* court, suite, members of the court
udvarol *i,* **1.** *vkinek átv is* court sy, pay court, woo sy **2.** *teszi a szépet/csapja a szelet vkinek* sweetheart, *US* escort, make / pay court to sy, *US* romance, *US* spark **3.** *jár vkivel* go out with sy ‖ *~ni kezd vkinek:* start a relationship with sy ‖ *erőszakosan/rámenősen ~ vkinek:* come on strong on sy, *US* rush sy
udvaronc *fn,* **1.** courtier, courtling **2.** equerry
udvartartás *fn,* household ‖ *királyi ~:* royal household
UFO, ufó *fn,* **1.** UFO (*tsz* UFO's), uniden-

tified flying object **2.** *repülő csészealj* flying saucer
ugar *fn, parlagföld* fallow, fallow field / ground, lay-land, wasteland || *~nak meghagy/parlagon hagy vmit:* let sg lie fallow
ugat *i,* **1.** *vkire/vmire* bark at sy, snarl at sy **2.** *vonyít* bay; *dühösen ugat, csahol* snarl **3.** *ember* bark out, snarl **4.** *fecseg* gab, gabble, jaw **5.** *átv nem ért vmit* be a dummy at sg, be a duffer / clown at sg || *~ja a holdat:* bark at the moon
ugatás *fn,* bark(ing), baying
ugrabugrál *i,* jum/skip/hop about, frisk about, gambol, rollick, cavort *US*
ugrál *i,* jump about; *féllábon* hop about
ugrás, ugrálás *fn,* **1.** jump(ing) **2.** *féllábon* hop(ping) **3.** *szökellés* leap(ing) || *hármas~: sp* triple jump; hop, step, and jump || *magas~:* high jump || *távol~:* long jump
ugrásnemek, -fajták *fn, vízisportban* diving
ugraszt *i, vkit/vmit* make sy/sg jump
ugrat *i,* **1.** banter, guy, jape, jest, tease, jolly, chaff, have a go at sy, nag, play sy up, quiz, rile **2.** *szl heccel, húz vkit* pull sy's leg, kid sy, take the mickey out of sy, tease sy, wind sy up, sound, play sy up, put sy on, ride, sound, *US* josh, fool around, hack around, *US* jive
ugratás *fn, tréfálkozás* kidding, jesting, practical joke || *Ez nem valami ~?* No kidding?
ugrató kerékpár *fn,* chopper, high-riser
ugrató ló *fn,* jumper
ugratófal, -sövény *fn,* mound, wall
ugrik *i,* **1.** spring; *föl- ,át-* jump; *szökell* leap **2.** *madár* hop **3.** *vízbe* dive **4.** *féllábon* hop, *váltott lábbal* skip || *ki~ a bőréből:* jump out of one's skin || *ugorjunk!: ezt hagyjuk ki!* let's skip it! skip it!
ugró *fn,* jumper || *magas~:* high jumper || *távol~:* long jumper || *rúd~:* vaulter
ugróasztal *fn, gumiasztal* trampoline
ugródeszka *fn,* **1.** *trambulin* springboard, diving board, trampoline **2.** *dobbantó* Reuther board, springboard || *~ként használ vmit:átv* use sg as a springboard (for doing sg)
ugróiskola *fn,* hopscotch
ugróiskolázik *i,* hop, play the hopscotch
ugrókötél *fn, GB* skipping rope, skip rope, *US* jump(ing) rope
ugrókötelezik *i,* skip the rope; *két ugrókötéllel* double-dutch
ugróláb *fn,* hind leg, leaping hind leg
ugrórúd *fn,* jumping pole, vaulting pole
ugrósánc *fn,* ski-jump
ugrószekrény, -zsámoly *fn,* box, small box
ugrótorony *fn,* **1.** *uszodában* diving platform **2.** *trambulin* highboard, springboard
úgy *hat,* so, thus || *~!:* so much, that much || *~ van:* that's right || *~ ahogy:* so-so || *~mint:* namely
ugyan *kötőszó/ind.szó,* **1.** *megengedő kötőszó* though **2.** *felkiáltás* don't (you)say!
ugyanakkor *hat,* at the same time, simultaneously
ugyanaz *névm,* **1.** the same, the very same, identical **2.** *felsorolás* idem, ditto, selfsame

ugyanazért *hat,* for the (very) same reason, by the same token
ugyanígy *hat,* likewise, similarly, in the same way, this way
ugyanilyen *mn,* similar, like this, identical, unchanged
ugyanis *kötőszó,* namely, that is to say, to wit, scilicet
ugyanitt *hat,* in the same place just here
ugyanolyan *mn,* similar, like that, similarly
ugyanott *hat.* 1. in the same place 2. ibidem
úgyhogy *kötőszó,* so that
úgynevezett *mn,* so-called, so termed
úgyse, úgysem *hat,* by no means; not ... by any means; not ... in any case
úgyszólván *kötőszó,* practically; actually; so to speak; so to say
uhu *fn, nagy fülesbagoly* eagle-owl, great horned owl
új *mn,* new, fresh, recent, modern ǁ *nagyon ~, vadonat~:* brand new ǁ *leg~abb:* latest, newestǁ *a leg~abb divat:* the latest fashion
újabb *mn,* newer ǁ *~ kőkor:* New Stone Age, Neolithic period
újabban *hat,* lately, recently ǁ *mostanában* these days, nowadays
újból *hat, ismét* again, once again, once more
újdivatú *mn,* 1. up-to-date, modern, trendy 2. *szl* all the go
újdonság *fn,* 1. novelty; *termékek közül* new lines, new products, the latest 2. *hír* news
újév *fn,* New Year ǁ *köszönteni az ~et:* see in the new year

újévi *mn,* ǁ *~ fogadalmak:* New Year's resolutions ǁ *~ fogadalmat tenni:* make new year resolutions
újfundlandi *fn, kutya* Newfoundland dog
újhold *fn, GB* new moon, *US* quarter moon
újít *i,* renew, reform ǁ *meg~ja a jogosítványát:* renew one's driving licence
újítás *fn,* reform, renewal
újító *fn,* reformer, reformatory
újíttat *i, vmit* have / get sg renewed
ujj *fn,* 1. *kéz* finger; *láb* toe 2. *állati, karom* claw 3. *kabátujj, ingujj* sleeve 4. *mértékegység* inch ǁ *hüvelyk~:* thumb ǁ *kis~:* little finger ǁ *középső ~:* middle finger ǁ *mutató~:* index finger, *GB* forefinger ǁ *gyűrűs ~:* ring finger, *GB* third finger ǁ*nagyláb~:* big toe
újjáalakít *i,* 1. *ruhát, frizurát* remodel, restyle, recut, reshape 2. *ált* transform, reform 3. *épületet* reconstruct, renovate, rebuild, revamp
újjáalakítás *fn,* restyling, remodelling, reconstruction, transformation, reformation
újjáalkot *i,* restore, recreate, remake
újjáalkotás *fn,* restoration, recreation, regeneration
újjáébred *i,* reawake, revive
újjáéled *i,* revive
újjáéledés *fn,* revival, reawakening
újjáépít *i,* rebuild, restore, renovate
újjáépítés *fn,* rebuilding, restoration, renovation
ujjas *fn,* sleeved ǁ *hosszú ~:* long-sleeved ǁ *rövid ~:* short-sleeved
újjászervez *i,* reorganize, reform

újjászervezés *fn,* reorganisation, reform, reformation
újjászületik *i,* be born again, be reborn, regenerate
újjászületés *fn,* rebirth, renaissance, regeneration
újjáteremt *i,* remake, recreate
újjáteremtés *fn,* remaking, recreation
ujjatlan *mn,* sleeveless
ujjhegy *fn,* tip, fingertip ‖ *láb~en:* on tiptoe, tiptoeing
ujjízület *fn,* knuckle
ujjköröm *fn,* fingernail
ujjlenyomat *fn,* fingerprint ‖ *~azonosítás:* fingerprint identification ‖ *~ot vesz vkitől:* take one's fingerprints
ujjlenyomattan *fn,* dactyloscopy
ujjnyi *mn/fn,* an inch ‖ *~ hosszú:* an inch long ‖ *~vastag, széles:* an inch thick
ujjong *i,* exult, rejoice, shout with joy, crow oveer sg, triumph, jubilate, woop
ujjongás *fn,* exultation, rejoicing, triumph, jubilation
ujjongó *mn,* triumphing, wooping, jubilating
ujjperc *fn,* finger-joint, knuckle, phalanx
Újonnan Iparosodott Országok *fn,* Newly Industrialized Countries (NICs)
újra *hat,* again, once more, once again ‖ *~ kitölteni vmit:* fill sg in again ‖ *~ meg ~:* over and over again ‖ *~olvas vmit:* reread sg
újraéleszt *i,* 1. reanimate sy, resuscitate sy, give sy artificial respiration 2. give sy the kiss of life
újraélesztés *fn,* 1. reanimating, artificial, respiration, resuscitation 2. *szájon át* mouth-to-mouth resuscitation

újraélesztő *mn,* respiratory, reviving ‖ *~ készülék:* resuscitator, respiratory apparatus, respirator
újrakezd *i,* begin sg over again, recommence sg
újratermelés *fn,* reproduction
újráz *i, ráadást kér/követel* encore; demand an encore
újság *fn,* 1. *sajtótermék* newspaper, paper 2. *hír, újdonság* news *tsz,* novelty ‖ *mi van a mai ~ban?* What's in today's paper? ‖ *mi a legfrissebb ~ felőle/róla?* What's the latest news about him?
újságárus-bódé/stand *fn,* newspaper stall, news stall, paper stall, *US* news agency, *US* newsstand, newspaper kiosk / kiosque
újságcikk *fn,* article (on/about sg/sy), newspaper article, *rövid* paragraph
újságíró *fn,* journalist, newsman, pressman
újságkihordó *fn,* paper boy, paper-girl
újságol *i,* 1. report sg to sy, tell sy the news, give sy an account of sg 2. *vkinek vmilyen hírt elújságol* break the news to sy
újságos *fn, árus GB* newsagent, *US* newsdealer, newsvendor
újságpapír *fn,* 1. newspaper 2. *nyomda* newsprint ‖ *~ba csomagol vmit:* wrap sg in newspaper
újszülött *fn,* new-born (baby)
Újvidék *fn,* Novi Sad
Újvilág *fn, Amerika* the New World
Új Zéland *fn,* New Zealand
új-zélandi *mn/fn,* New Zealand ‖ *ember* New Zealander
ukáz *fn,* ukase, order, decree

Ukrajna *fn,* the Ukraine
ukrajnai *mn,* Ukrainian
ukrán *mn/fn,* Ukrainian
Ulászló *fn,* Wladislas
ulti *fn,* last trick
ultimátum *fn,* ultimatum (*tsz* ultimatums or ultimata) ‖ *~ot ad vkinek:* give sy an ultimatum
ultra- *előtag,* ultra-, super-
ultrahang *fn,* ultrasound, ultrasonic waves
ultrahangos *mn,* ultrasonic ‖ *~ vizsgálat:* ultrasound scan, ultrasonography
ultraibolya *mn,* ultraviolet (UV) ‖ *~ sugarak:* ultraviolet rays
ultrapasztőrözött *mn,* ultra-pasteurized
ultrarövidhullám *fn,* (**URH**) ultra-short wave
umbulda *fn,* wangling, wangle, adroit manipulation
un *i, vmit/vkit* be bored by sg/sy, be weary of sg, be tired of sg ‖ *halálosan ~:* be bored stiff, be bored out of one's mind, be bored to death / to tears ‖ *~ja a banánt:* be fed up (with sg), have a bellyful of sg, have had it, have had enough of it
unalmas *mn,* **1.** dull, tedious, boring **2.** *egyhangú* monotonous, flat **3.** *ember* humdrum, wahs, vapid, insipid, bore, stodgy ‖ *dög~:* be a drag, be a killer, *US* be a sleeper, be deadly, draggy, yawny, *GB* be as dull as ditchwater / *US* dishwater
unalmasság *fn,* tediousness, dullness, monotony
unalom *fn,* boredness, tedium, ennui
unaloműzés *fn,* pastime
unatkozik *i,* be bored, feel bored by, feel dull ‖ *halálra unatkozza magát:* be bored stiff / rigid / silly, be bored to death / tears
uncsi *mn, unalmas* yawny dull, draggy
undok *mn,* nasty, disgusting, hideous; *látvány* loathsome
undor *fn,* disgust, nausea
undorít *i,* disgust sy, put sy off (sg), fill sy with disgust, nauseate sy
undorító *mn,* **1.** disgusting, loathsome **2.** *szl* gross, *GB* grotty, off-putting, *US* pitty ‖ *~ dolog:* disgusting thing / stuff, *szl* gross thing / stuff, icky thing / *US* stuff
undorodik *i, vmitől* be disgusted by sg/sy, loathe sg/sy, be disgusted with sg; *szl* be grossed out by sg/sy
uniformis *fn,* uniform
unikornis *fn, egyszarvú* unicorn
unikum *fn,* unique thing / copy
unió *fn,* union, agreement, alliance, harmony
unitárius *mn/fn,* unitarian ‖ *az ~ egyház:* the Unitarian church
univerzális *mn,* universal, general
univerzum *fn,* the universe
unoka *fn,* grandchild (*tsz* grandchildren) ‖ *fiú~:* grandson ‖ *lány~:* grand-daughter
unokabáty/-fivér *fn,* nephew
unokahúg/-nővér *fn,* niece
unokaöccs *fn,* nephew
unokahúg *fn,* niece
unokatestvér *fn,* cousin
unott *mn,* dull, apathetic, listless, blasé
untat *i, vkit* bore sy ‖ *halálra ~ vkit:* bore sy out of one's mind, bore sy rigid / stiff / to death / to tears
untig *hat,* excessively, exceedingly ‖ *~*

elég: plenty, enough and to spare, more than enough
úr *fn,* **1.** gentleman **2.** *cím* Mr; *uram* sir **3.** *az Úr* the Lord ‖ **hölgyeim és uraim:** ladies and gentlemen ‖ **földes~:** landowner, estate owner ‖ **házi~:** landlord
uradalmi *mn,* estate, manorial ‖ **~ intéző:** bailiff
uradalom *fn,* estate, domain, demesne
ural *i,* **1.** rule, command, control, dominate **2.** *magasról* tower above, overloook ‖ **~ja a helyzetet** be master of the situation ‖ **~ja a mezőnyt** dominate
Urál *fn,* Ural
urál-altáji *mn,* Ural-Altaic
uralkodik *i,* **1.** *vmi felett* reign over sg, rule sg, govern sg, *alávet* subdue **2.** *átv* have control of sg, control sg, be a master over sg, restrain sg
uralkodás *fn,* **1.** reign, rule **2.** *átv* control ‖ **~ra vágyó:** imperious
uralkodási *mn,* ‖ **~ vágy:** lust of power, ambition
uralkodó *fn,* ruler, monarch, sovereign
uralkodó *mn,* **1.** ruling, main, chief **2.** *király* reigning **3.** *széljárás* prevailing
uralkodóház *fn,* dynasty, royal family
uralkodói *mn,* royal, monarchial, regal, sovereign ‖ **~ pálca:** sceptre
uralom *fn,* rule, power ‖ **uralmon van:** be in power ‖ **egyed~:** hegemony, lordship
urán, uránium *fn,* uranium
Uranus, Uránusz *fn,* Uranus
uraság *fn,* lord, landlord
urasági *mn,* manorial, seignorial, belonging to the lord ‖ **~ inas:** footman
uraskodik *i,* swagger, live in a great style
uraskodás *fn,* swagger(ing)

úrbér *fn,* socage
úrbéri *mn,* relating to the socage ‖ **~ birtok:** fee-estate
úrfelmutatás *fn, egyh* consecration
úrfi *fn,* young gentleman, master
URH *fn,röv* = *ultrarövid hullám GB* VHF = very high frequency, *US* FM = frequency modulation
URH- kocsi *fn, járőrkocsi* patrol/-squad/-radio car
URH-rádió *fn, adó-vevő* two-wave radio, walkie-talkie
úrhatnám *mn,* swaggering, snobbish, presuming
úrhölgy *fn,* lady
úri, úrias *mn,* gentlemen-alike, elegant, distinguished
úriasszony *fn,* lady
úritök *fn,* gourd, summer squash, vegetable marrow
úrlovas *fn,* gentleman-rider
úrnapja *fn,* Corpus Christi Day
úrnő *fn,*lady ‖ **a ház ~je:** milady, mylady, m'ladyess
urológia *fn,* urology
urológiai *mn,* urological
urológus *fn,* urologist
urna *fn,* urn; *szavazathoz* ballot box
Uruguay *fn,* Uruguay
uruguayi *mn,* Uruguayan
úrvacsora *fn, katolikusoknál áldozás* Holy Communion
USA *fn, röv* = the United States of America, the US, the USA
usanka *fn,* cap with earflaps
uszály *fn,* **1.** *ruha* train **2.** *hajó* barge, freight / cargo barge, lighter
úszás *fn,* **1.** swimming **2.** *víz színén, tárgy*

floating, floatage ‖ *hát~:* the backstroke ‖ *pillangó~:* the butterfly stroke ‖ *mell~:* the breaststroke ‖ *gyors~:* the crawl ‖ *vegyes~:* medley
úszásnem *fn,* stroke, swimming style
úszásoktató *fn,* swimming instructor / teacher
úszik *i,* swim; *víz felszínen, tárgy* float
uszít *i,* 1. *ráuszít vkit vkire* set sy on sy, egg sy on 2. *tömeget vminek a megtételére* incite sy to do sg
uszítás *fn, pol.* incitement, egging on, instigation
úszkál *i,* swim about, float about
uszkár *fn,* poodle
úszó *fn,* 1. swimmer 2. *halászatban, horgászatban* float
úszóbajnok *fn,* swimming champion, champion swimmer
uszoda *fn,* 1. swim(ming) pool, swimming bath(s) 2. *fedett* indoor pool 3. *strandfürdő* lido swimming baths *tsz*
úszógumi *fn, GB* life saver, *GB* life belt, *US* life preserver; *karon* water wings *tsz*
úszóhártya *fn,* web, palmations ‖ *~ás láb:* palmate foot, webbed foot, web foot
úszóláb *fn,* flipper
úszómedence *fn,* swimming pool, bathing pool
úszómellény *fn, mentőmellény* life jacket, *GB* life saver, *US* life preserver
úszómester *fn, oktató* swimming instructor; *felügyelő* pool attendant
úszónadrág *fn,* swimming trunks *tsz, US* bathing suit, *US* swimsuit
úszóöv *fn, GB* life belt, water wings, air-belt

uszony *fn,* 1. fin, paddle, flipper 2. *békaláb* fin flipper
úszóruha *fn,* swimming costume
úszósapka *fn,* bathing cap
úszószemüveg *fn,* (swim) goggles
úszótempó *fn,* stroke
úsztat *fn,* 1. swim sg/sy 2. *fát* float, drift
úsztató *fn, tó* horsepond
út *fn,* 1. way; *utca* street; *út* road 2. *ösvény, kerti út* path ‖ *gyalog~:* footpath ‖ *kocsi~:* cartway, road ‖ *mű~:* causeway ‖ *~nak indul:* set out, start, leave (for), hit the road ‖ *egyengeti az ~ját vkinek:* pave the way for sy ‖ *~ban van: gátol* be in the way, be in one's way ‖ *egyirányú ~:* one-way road / street ‖ *~ba esik:* be on the way ‖ *~on van vhová:* be on the way to a place ‖ *fél~on vhová:* half way to sg ‖ *járt ~:* beaten track ‖ *kiadni az ~ját vkinek:* sack sy, dismiss sy
utal *i,* 1. *vmire hivatkozik* refer to 2. *ker. pénzt* remit, transfer
utál *i,* 1. hate, abhor, loathe, detest 2. *rühell* hate sy's guts, hate sy/sg like hell
utalás *fn,* 1. reference 2. *pénz* transfer, remittance
utálat *fn,* hatrede, loathing, disgust, abhorrence
utálatos *mn,* disgusting, horrible, loathsome
utalva *hat,* 1. *vkire ráutalva lenni, függeni vkitől* be dependent on sy 2. *szóban, írásban hivatozva* referring to sy/sg, with reference to sg/sy
utalvány *fn,* 1. *ker* draft, assignment, warrant 2. *postai pénzes* money order

utalványoz *i,* remit, transfer
utalványozás *fn,* remittance, transfer
utalványozó *fn,* remitter, sender, transferer
utalványozott *fn,* drawee, remittance
után *névutó* 1. after, following, past 2. *térben* after, behind 3. *alapján* based on, by 4. *szerint* by, from, according to ‖ *mérték ~ készült* made to measure ‖ *természet ~ fest* paint from nature ‖ *ezek ~* now then ‖ *búsul ~a* she eats her heart out for him ‖ *a dolga ~ jár* attend to one's business ‖ *~a* after it ‖ *~a küld* send sy after sone
utána *hat,* 1. afterwards, after 2. *időben* afterwards, then, thereafter
utánafut *i,* run after sg/sy
utánajár *i,* 1. *vminek* make enquiries about sg 2. *fáradozik* take pains to do sg
utánanéz *i,* 1. see to sg, see about sg, check sg, check on sg 2. *vminek* look sg up in a book, consult a book
utánaszámol *i,* count sg over again, check
utánatölt *i,* refill
utánfutó *fn,* 1. trailer 2. *teherautón* rear bed, rear bunk
utánkeltez *i,* postdate
utánküldés *fn,* forwarding
utánoz *i,* 1. *ált.* imitate; *szokást* ape, copy; *mozdulatsort* mime 2. *írást, bankjegyet, okiratot hamisít* forge, fake 3. *majmol* mimic, mock, take off, *US* me-too 4. *parodizál* parody, send sy-sg up, take off 5. *szajkóz* parrot 6. *verseng, felülmúlni akar vkit* emulate, follow suit, take a leaf / *US* page of sy's book, climb / jump on the bandwagon

utánozhatatlan *mn,* inimitable, unique, matchless
utánozható *mn,* imitable
utánozhatatlan *fn,* inimitable, unique
utánozóművész *fn,* 1. imitator 2. *pantomimes* mime artist
utánpótlás *fn,* supply; *újratöltés* refill ‖ *rendszeres ~:* regular supply ‖ *víz~:* water supply
utántölthető *mn,* refillable
utánvét *fn,* cash on delivery, C.O.D. ‖ *~tel küld vmit:* mail / post sg C.O.D.
utánzás *fn,* imitation, aping, copy(ing), pantomime, miming
utánzat *fn,* 1. imitation 2. *kézirat*é facsimile, copy 3. *pénzé* counterfeit 4. *másolat* copy 5. *hamisítvány* fake, forged ‖ *ócska/gyenge ~a vminek:* a pale / cheap / poor imitation of sg ‖ *elfogadható ~:* a passable imitation ‖ *bőr~:* imitation leather
utánzó *fn,* imitator
utánzó *mn,* imitating, imitative, mimetical
utas *fn,* travel(l)er, passenger, tourist
utasfelvétel *fn,* check(ing)-in ‖ *~i pult:* check-in counter / desk
utasellátás *fn,* catering
utashíd *fn, utascsáp reptéren* passenger loading bridge, *GB* airjetty, *US* mobile ramp
utasít *i,* 1. *vkit vmire* instruct sy to do sg, give orders to sy 2. *vhová irányít vkit* direct sy to 3. *rendre utasít* call sy to order 4. *megró, megfedd vkit* reprove sy, reproach sy
utasítás *fn,* instructions *tsz,* order; *tanács* advice ‖ *használati ~:* instructions *tsz*
utaskísérő *fn,* host, hostess; *légi* steward, stewardess, air- host, air-hostess

utaslépcső *fn*, *reptéren* passenger loading stairs
utaslista *fn*, passenger list
utasszállítás *fn*, passenger transport
utasszállító *fn*, *repülőgép* airliner, passenger plane
utastér *fn*, cabin
utazás *fn*, 1. travel, travelling, journey, voyage 2. *vmivel* travel by sg; *repülővel* travel by plane, by air; *hajóval* travel by ship; *tengeren* travel by sea; *szárazföldön* travel by land; *országúton* travel by road; *autóval* travel / go by car
utazási iroda *fn*, travel office, travel agency
utazási kedvezmény *fn*, reduction
utazik *i* 1. *vhová* travel to, journey (to), make a journey (to) 2. *vmivel* travel by sg, go by sg 3. *kábítószer hatása alatt van* have a trip, be high, *US* have a buzz on
utazó *fn*, traveller, voyager
utazóbőrönd *fn*, suitcase, *láda* trunk
útba igazít *i*, show sy the way (to a place), give sy directions (to a place)
útbaigazítás *fn*, directions *tsz*, instructions *tsz* ‖ *útba tudna igazítani engem?:* Can you tell me directions?
útbiztos,/-felügyelő *fn*, load inspector
útburkolat *fn*, *US* pavement, *GB* road surface
utca *fn*, street; *kis* lane ‖ *zsák~:* blind alley, dead-end street, cul-de-sac ‖ *az utcán:* in/-on the street
utcaburkolat *fn*, pavement
utcácska *fn*, alley, *US* alley-way, lane
utcagyerek *fn*, street urchin, guttersnipe, mud-lark, city-arab

utcahossz *fn*, ‖ *~szal győz vki ellen:* US blow sy away, *GB* beat sy hollow, beat sy into fits
utcai ablak *fn*, front window
utcai pavilon *fn*, stand, kiosk, stall
utcai rablótámadás *fn*, street mugging
utcai rablótámadó *fn*, street mugger
utcai vízelnyelő *fn*, *kanális GB* drain, *US* sewer
utcajegyzék *fn*, street index, index to streets
utcalámpa *fn*, *GB* street lamp, street light
utcanévtábla *fn*, street name sign
utcasarok *fn*, street corner ‖ *az ~on:* on/at the corner ‖ *az ~on túl(i):* (a)round the corner ‖ *befordulni az ~on:* round the corner ‖ *~i:* round the corner
utcaseprő *fn*, *US* street sweeper, street cleaner, *GB* road sweeper
utcasor *fn*, row of houses
útépítés *fn*, roadworks *tsz*, roadmaking, road construction, road building ‖ *~t és -karbantartást jelző táblák:* construction and maintenance signs
útépítő *fn*, road maker, road builder
úthálózat *fn*, road system, road network
úthasználati díj *fn*, toll ‖ *~ fizetőhely:* toll gate
úthenger *n*, road roller
úthenger *fn*, steam-roller, road-roller
útilapu *fn*, ‖ *~t kap: elveszíti az állását* get kicked out, get one's cards, get one's marching / walking orders, get the sack, *GB* get the slinger ‖ *~t köt vkinek a talpára: kirúg vkit az állásából* fire sy, give sy the sack, sack sy, give sy one's marching / walking orders, throw sy out, kick sy out

úti táska *fn*, bag; *bőrönd* trunk, suitcase
útiokmányok *fn*, travel documents
úti poggyász *fn*, GB luggage, US baggage || **kézi~:** hand luggage
útirány *fn*, direction; *célállomás* destination || *vmilyen ~ba tart*: be destined for a place
útitárs *fn*, travelling companion, fellow passenger / traveller
útjavítás *fn*, roadwork(s), road repairs *tsz*
útjelző *mn*, || **~ tábla:** road sign, signpost, guide post, buoy || **~ kő/mérföldkő:** *átv is* milestone
útkaparó *fn*, roadman
útkereszteződés *fn*, crossing
útkereszteződés *fn*, junction, GB (a) crossroads *tsz*, US intersection; *átv 'válaszút'* crossroads
útközben *hat*, on the way (to), en route || **megáll ~:** stop en route, *repülőgép* touch down
útlevél *fn*, *átv is* passport (to) || **érvényes ~:** valid passport || **lejárt az ~em:** my passport has expired || **meghosszabbíttatni az ~et:** renew a passport, have / get a passport renewed
útlevélellenőrzés, -vizsgálat *fn*, passport control
útlezárás *fn*, **1.** *folyamat* closure of a road **2.** *lezárt sáv* closed lane
útmenti *mn*, roadside, by the road || **~ kávézó:** roadside cafe
útmutatás *fn*, **1.** instructions (to do sg) *tsz* **2.** *útbaigazítás* directions *tsz* **3.** *hivatalos előírások* guidelines **4.** *tanács* advice || **követi az ~t:** follow the instructions
útmutató *fn*, **1.** *könyv* guide (to), guidebook (to) **2.** *tábla* index **3.** *felirat* sign || **mosási ~:** washing instructions
úttest *fn*, road, road surface, pavement
utó *fn*, *vminek az ~ja:* the end of sg
utóbb *hat*, later, later on, subsequently
utóbbi *mn*, || **az ~:** the latter; *későbbi* later || **az ~ időben:** lately, recently
utóbeszéd *fn*, **1.** *irod* epilogue, US epilog **2.** *beszédben* afterthought
utócsapat *fn*, rear-guard
utócsengés *fn*, echo
utód *fn*, **1.** successor **2.** *leszármazott* descendant **3.** *állatoknál is* off-spring (*tsz* off-springs) || **egyenesági ~:** a direct descendant (of sy) || **számos ~a közül egy:** one of his/her numerous off-springs
utódlás *fn*, *trónon* succession (to the throne)
utóétel *fn*, dessert, GB pudding|| **Mi lesz az ~?:** What's for dessert/pudding?
utógondolat *fn*, afterthought
utóhang *fn*, *költ* epilogue, US epilog
utóhatás *fn*, || **egy betegség ~ai:** after-effects of an illness; post-effect
utóirat *fn*, P.S., PS, postscript || **~ot fűz vmihez:** add a PS (to a letter)
utóíz *fn*, aftertaste; *mellékíz* by-taste || **erős ~ marad utána:** it leaves a strong after-taste
utókezelés *fn*, after-care, follow-up (care/treatment)
utókor *fn*, posterity || **megőriz vmit az ~ számára:** preserve sg for posterity
utókúra *fn*, *kiegészítő* supplementary cure, after-care
utólag *hat*, later on, subsequently
utólagos *mn*, subsequent; *pótlólagos* supplementary

utolér *i,* catch up with sy/sg, catch sy up; *megelőz* overtake, make up on sy, run sy down
utolérhetetlen *mn, páratlan* matchless, unique, peerles, unique, unequalled
utoljára *hat, utolsó alkalommal* for the last time, last; *utolsóként, végül, végre* last, at last, finally, at long last
utolsó *mn,* **1.** last **2.** *végső* final **3.** *legutóbbi* latest ‖ *~ ítélet:* (the) Last Judgment ‖ *az ~ ítélet napja:* Judgment Day ‖ *~ kenet:* extreme unction ‖ *~nak érkezik:* arrive last, be (the) last (to arrive)
utómunkálatok *fn,* supplementary work, additional work
útonállás *fn,* highway robbery, waylaying
útonálló *fn,* highwayman, gangster, footpad, brigand, waylayer
útonálló *fn,* highwayman, footpad, brigand, ruffian, bandit, hold-up man,
utópia *fn,* utopia
utópista *fn,* utopist
utópista *mn,* utopian, utopistic
utórendelés *fn,* supplementary order
utószinkronizálás *fn,* (post-)dubbing, post-syncing, post-synchronization
utószó *fn, költ* epilogue, *US* epilog; *beszédben, kiegészítés* afterthought
utóvégre *hat,* after all
utóvizsga *fn,* repeat examination
útsáv *fn,* lane ‖ *előzési ~:* gyorsítósáv fast lane
útszabályozás *fn,* road improvement
útszéli *mn,* roadside, by the road, (by the) roadside; next to a road ‖ *~ szálloda:* roadside hotel, motel ‖ *~ pihenőhely:* rest area

útszűkület *fn,* **1.** bottle neck **2.** *feliratként* road narrows
úttalan *mn,* pathless, trackless
útterelés *fn, terelőút is GB* diversion
úttest *fn, a forgalom, járművek számára* roadway ‖ *átmegy/áthalad az ~-en:* cross the road, go across the road
úttöltés *fn,* embankment
úttörés *fn, átv* pioneering
úttörő *fn, vmiben, vmilyen téren* pioneer (of/in sg), *US* pathfinder, trailblazer (in sg)
úttörő *mn,* pioneering ‖ *~ felfedezések:* pioneering discoveries
útvám *fn,* toll ‖ *~ot szed:* take tolls ‖ *~mentes:* toll-free ‖ *~olt út:* toll road, turnpike (road)
útvámkapu, útvámhíd *fn,* toll-gate, toll-bridge
útvesztő *fn,* labyrinth, maze ‖ *utcák ~je:* a maze of streets ‖ *hosszú folyosók ~je:* a labyrinth of long corridors ‖ *eltéved az ~ben:* get lost in the maze
útvonal *fn,* **1.** route, course, line **2.** *több állomásból álló, útiterv* itineiraery ‖ *a legrövidebb ~ vhová:* the best / shortest way / route to (a place) ‖ *vmilyen ~at követ/~on halad vhová:* take / follow a route (to a place) ‖ *kereskedelmi ~:* trade route ‖ *a London-Amsterdam ~:* the London-Amsterdam route
uzsonna *fn, ötórai tea* tea, tea-party, *GB* high tea
uzsonnástáska *fn,* lunch bag, *doboz* lunch box
uzsonnázik *i,* have tea, have sg for tea
uzsora *fn,* usury

uzsora- *mn,* usurious
uzsorakamat *fn,* usurious / exorbitant interest
uzsorás *fn,* usurer, extortioner, sharker
uzsoráskodik *i,* practise usury
uzsoráskodó *mn, átv is* usurping
uzsoratörvény *fn,* Usury Act
uzsorázni *i, vkit átv* usurp sy

Ü, Ű

üde *mn*, fresh, *arc* blooming, *egészséges* healthy, youthful
üdeség *fn*, freshness, bloom, health
üdít *i*, 1. refresh (sy with sg), revive (sy with), *hűsít* cool, brace sy up 2. *szellemileg* cheer, divert, amuse
üdítés *fn*, refreshing, refreshment, cooling; diversion, amusement
üdítő *mn*, 1. refreshing, reviving, cooling 2. *levegő, szél* cool, bracing
üdítő *fn*, refreshment(s) *tsz*
üdítőital *fn*, soft drink ‖ **rostos ~:** squash, squeeze ‖ **szénsavas ~:** fizzy drink, US soda ‖ **~italok:** refreshments, soft drinks, US sodas
üdül *i*, recreate, rest, have / take a rest, repose
üdülés *fn*, recreation, rest, holiday
üdülő *fn*, 1. visitor, holiday-maker 2. *szanatóriumban* convalescent
üdülőhely *fn*, resort summer resort, *fürdőhely* spa ‖ **tengerparti ~:** seaside resort
üdv *fn*, 1. bliss 2. salvation
üdvhadsereg *fn*, the Salvation Army
üdvkiáltás *fn*, shout of welcome, acclamation, cheering

üdvlövés *fn*, salute (a 21-gun salute), salve
üdvös *mn*, 1. salutary 2. *egészséges* wholesome
üdvöz légy *fn*, *egyh* Ave ‖ **~ itthon:** welcome hometo!
üdvözlés *fn*, *levélben* salutation
üdvözít *i*, redeem (sy from one's sins), save (sy from sg), beatify, make blessed
üdvözítés *fn*, salvation, redemption, saving
üdvözítő *fn*, the Saviour, the Redeemer
üdvözítő *mn*, redeeming, *átv.* salutary
üdvözlégy *fn*, Ave Maria
üdvözlés *fn*, greeting, salute, salutation, welcome, welcoming ‖ **viszonozni vkinek az ~ét:** return one's greeting
üdvözlet *fn*, greetings; *írásban* regards, wishes ‖ **add át ~emet a családodnak:** remember me to your family ‖ **ünnepi ~tel:** seasons greetings ‖ **születésnapi ~/jókívánságok:** birthday greetings
üdvözlő *mn*, greeting, complimentary, congratulating ‖ **~ beszéd:** complimentary speech ‖ **~/ gratuláló levél:** letter of

üdvözlőlap 526

congratulation, *ünnepi üdvözlet (karácsonyi, húsvéti stb.)* seasons greetings ‖ ~ *bizottság/fogadóbizottság:* welcoming committee
üdvözlőlap *fn,* greetings card
üdvözöl *i,* 1. *köszönt* greet sy 2. *tiszteleg* salute 3. *meghajolva* bow to sy, *vendéget* welcome sy to a place ‖ *~/felköszönt vkit vmilyen alkalomból:* congratulate sy on an occasion
üdvözül *i,* be saved, obtain salvation
üdvözülés *fn,* salvation
üdvözült *mn,* blessed, saved
üget *i,* trot, trot along, lope, canter
ügetés *fn,* trotting, lope, canter
ügetőló *fn,* trotter, trotting mare
ügetőpálya *fn,* harness racing track, trotting course
ügetőverseny *fn,* harness race, harness horse racing, trotting race
ügy *fn,* 1. affair, thing, matter, *probléma, téma* issue 2. *szl.* ball game, *US* beeswax 3. concern, pigeon, *US* show ‖ *egészen más ~:* a whole new ballgame / scene 4. *üzleti* business, matter 5. *eset* case ‖ *peres ~:* law-case, cause, suit ‖ *köz~:* public affair ‖ *nemzeti ~:* national affair ‖ *kül~ ek:* foreign affairs *tsz* ‖ *bel~ ek:* internal affairs *tsz* ‖ *nagy jelentőségű ~:* a matter / issue of great iimportance ‖ *~et sem vet vmire:* take no notice of sg
ügybuzgó *mn,* fanatic(al), ardent, zealous
ügybuzgóság *fn,* fanaticism, zeal, zelousness
ügydöntő *mn,* decisive
ügyefogyott *mn,* helpless, stupid

ügyel *i, vmire/vkire* watch sg/sy, keep an eye on sg/sy, take care of sy/sg
ügyelet *fn,* duty ‖ *éjszakai ~:* all-night service /-duty, *orvosi* night duty
ügyeletes *mn,* be on duty
ügyelő *fn, színházban* stage-manager, stage director
ügyes *mn,* 1. *okos* clever, smart 2. *-kezű* skilful 3. *rátermett* adept, cut out for sg
ügyes-bajos *mn,* difficult, hard
ügyeskedés *fn,* 1. *ált.* cleverness, skill 2. *pejor* adroit manipulation
ügyeskedik *fn,* 1. *ált.* be clever, show skills 2. *pejor* engage an adroit manipulation 3. *szl GB* be on the fiddle, wangle, *US* wheel and deal
ügyeskedő *fn, ember GB* fiddler, *US* big operato, *US* smooth operator, strokepuller, wangler, wheeler-dealer
ügyész *fn, US* attorney, crown lawyer ‖ *állam~:* public prosecutor ‖ *fő~:* Prosecutor General
ügyészség *fn,* attorney's office, the Prosecution
ügyetlen *mn,* 1. clumsy, spastic, awkward 2. *kézzel* be all thumbs, spastic, muffish, ten-thumbed, thumbless, unhandy 3. *lábbal* clod-hopping, clumping, flatfooted, have two left feet 4. *tehetetlen* resourceless
ügyetlen *fn,* 1. *ügyetlen ember* clumsy / incompetent person / fellow / guy 2. *szl US* blunderhead, bonehead, dead loss, spastic 3. *kézügyességben* buster, butterfingers 4. *mozgású* bull in a china shop
ügyetlenkedik *i,* be clumsy, be spastic, be all thumbs, be all fingers and thumbs, *mozgásban* arge around, bull around

ügyetlenség *fn,* clumsiness, awkwardness, unhandiness, maladroitness, blunder
ügyetlenül *hat,* **1.** clumsily, *GB* cackhanded **2.** *tabu US* assbackwards, *US* backasswards; ass
ügyfél *fn,* client, customer, buyer
ügyfélfogadás *fn,* customer service, *idő* office hours
ügyintéző *fn,* clerk
ügyirat *fn,* file, document, paper
ügykör *fn,* sphere of activity, province, scope, competence
ügylet *fn, ker* transaction, business
ügymenet *fn,* proceedings *tsz,* procedure, *folyamat* course
ügynök *fn, ker* agent, factor ‖ *tőzsdei ~:* stockbroker, exchange broker ‖ *ingatlan~:* real-estate agent
ügynöki *fn,* ‖ *~ díj/díjazás:* commission
ügynökség *fn,* agency, *pol* consulate ‖ *hír~:* new agency ‖ *állás- /munkaközvetítő ~:* employment agency ‖ *~ segítségével/közvetítésével:* through an agency
ügyosztály *fn,* department, section
ügyvéd *fn,* **1.** *ált* lawyer, attorney, barrister, solicitor, advocate **2.** counsel(l)or **3.** *törvényszéki képviselő GB* barrister, counsellor-at-law *tsz, US* councellors-at-law **4.** solicitor, advocate ‖ *védő~:* counsel for the defence; *magasabb* barrister
ügyvédi *mn,* solicitor's, advocat's ‖ *~ iroda:* lawyer's / solicitor's office ‖ *~ kamara:* Chamber of Advocates
ügyvédjelölt *fn,* articled clerk, trainee lawyer
ügyvesztes *mn,* defeated ‖ *fn,* loser

ügyvitel *fn, ker* administration
ügyvivő, ügyvezető *fn,* **1.** manager **2.** *pol.* chargé d'affaires
ül *i,* sit ‖ *le~:* sit down, take a seat ‖ *lóra/biciklire ~:* mount on horseback ‖ *vonatra ~:* take a train ‖ *törvényt ~:* sit in judgment ‖ *ünnepet ~:* celebrate a feast ‖ *sitten ~ vmiért:* be inside, be behind bars, *GB* be banged up, do time (for sg)
üldögél *i,* sit about, *madár* roost
üldöz *i,* **1.** pursue, run after sy, persecute, molest **2.** *törv* prosecute **3.** *zaklat* harass, pester, importune
üldözés *fn,* **1.** chase, pursuit, persecution, molestation **2.** *törv* prosecution **3.** *zaklatás* harassing, importunity
üldözési *mn,* ‖ *~ mánia:* fear of persecution complex
üldöző *fn,* pursuer, persecutor, importuner
üledék *fn, geol* sediment, alluvium, settlings *tsz,* silt, *folyadékban* dregs, *kávéban* grouninds *pl, borban* lees *tsz*
üledékes *mn,* sedimentar, dreggy, crusted ‖ *~ kőzet:* sedimentary rock/deposits
üledékképződés *fn,* sedimentation, sedimentary process
ülep *fn,* bottom, seat, buttock(s), backside
ülés *fn,* **1.** *ülőhely, szék* seat **2.** *megbeszélés* meeting **3.** *parlamenti* session, sitting
ülésezik *i,* hold a meeting, be in/at a meeting, attend a meeting, *parlament* be in session
ülésszak *fn,* session, term, sitting
ülésterem *fn,* counciel room, *parlament* chamber room
üllő *fn, anat. is* anvil, incus

ülnök *n* 1. *törv* assessor 2. *árvaszéki* president of the orphans court

ülőgumó *fn,* buttock(s), butt, rear end, buns

ülőhely *fn,* seat || *Szabad ez az ~?* Is this seat free?

ülőkád *fn,* hip-bath

ülőmunka *fn,* sedentary job/work

ülőpárna *fn,* seat cushion

ülősztrájk *fn,* sit-down strike / protest || *~ot folytat:* go on a sit-down strike

ültet *i,* 1. *vkit vhová* seat sy to a place, *növényt* plant 2. *lesittel vkit* bolt sy up, can sy, clap sy in jail, lock sy up

ültetés *fn,* 1. seating 2. *növényé* planting, plantation || *az ~ rendje:* order of sitting, seating plan / arrangement

ültetvény *fn,* plantation, plant

ültetvényes *fn,* planter || *tea~:* tea planter

ünnep *fn,* 1. feast, *egyh, nemzeti* holiday, festival, fest 2. celebration, proceedings, ceremony || *állandó ~:* immovable feast || *változó ~:* movable feast || *munkaszüneti ~/nap:* bank holiday

ünnepel *i,* celebrate, *egyh* solemnize, *emlékét vminek/vkinek* commemorate

ünepély *fn,* festival, commemoration

ünnepélyes *mn,* solemn, formal, ceremonious

ünnepélyesség *fn,* solemnity, solemness, ceremoniousness

ünnepi *mn,* festive, festal || *~ beszéd:* official speech || *~ ebéd/vacsora:* banquet || *~ év:* jubilee year || *~ körmenet:* carnival procession

ünneplés *fn,* celebration, solemnisation, commmemoration

ünneplő *mn,* celebrating, *éljenző* cheering || *~ ruha:* holiday / formal attire, one's best clothes, *szl* one's best bib and tucker

ünnepnap *fn,* holiday, red-letter day

ünneprontó *fn,* killjoy profaner, mar-feast

űr *fn,* 1. *világűr* space 2. *hiány* void, empty, gap, blank || *~t hagy vmiben:* leave a void in sg || *betölteni az ~t:* to fill a void (in sg) || *~állomás:* space station, orbital satellite || *~csizma:* space boots *tsz* || *~komp:* space || *~központ:* space centre shuttle || *~labor:* service module || *~lap:* form, questionnaire, data sheet || *~mérték:* liquid measure

üreg *fn,* hollow, cavity, *barlang* cave, hole; *testben, pl. szívüreg* ventricle

üreges *mn,* hollow, cavernous

üres *mn,* 1. empty, 2. vacant 3. *fa* hollow 4. *beszéd* vain, idle 5. *órák* leisure 6. *idő* free 7. *gépkocsiban* N, neutral || *~ kézzel:* empty-handed

üresedés *fn,* vacancy

üresedik *i,* become vacant

ürge *fn,* 1. hamster 2. *stl férfi* feller, fella, bloke, dude, guy

űrhajó *fn,* spaceship, spacecraft (*tsz* spacecraft)

űrhajós *fn,* spaceman, spacewoman

űrhajózás *fn,* space travel

ürít *i,* 1. *ált. vmit* empty sg, make sg empty 2. *helyet* evacuate || *fenékig ~i a poharat:* drain a glass, drink sg up

ürmös *fn,* vermouth

üröm *fn,* 1. *növény* wormwood 2. *átv* gall

űrpálya *fn,* orbit

űrrakéta *fn*, space rocket
űrrandevú *fn*, space rendezvous
űrrepülés *fn*, space flight
űrrepülőgép *fn*, space shuttle
űrrepülőtér *fn*, space centre
űrruha *fn*, spacesuit
űrsisak *fn*, space helmet
űrszonda *fn*, space probe
űrtartalom *fn*, volume, *geom.* cubic capacity / contents
űrutazás *fn*, space travel / flight
ürü *fn*, sheep, mouton
ürücomb *fn*, leg of mutton
ürühús *fn*, mutton
ürügy *fn*, 1. pretext 2. *tettetés* pretence, US pretense 3. *mentség* plea, excuse ‖ **~ként használni vmit/vkit vmire:** use sy/sg as a pretext for sg ‖ **vmilyen ~gyel:** under the pretext / pretence of doing sg ‖ **~et talál vmire:** find / have an excuse for doing sg
ürül *i*, 1. become empty, evacuate 2. *állás stb.* become vacant 3. *áll* be easy, mute
ürülék *fn*, excrement, excreta, faecal matter
üst *fn*, boiler, cauldron, caldron, kettle, copper
üstdob *fn*, kettle-drum
üstkészítő *fn*, tinker, brazier, tinman
üstök *fn*, forelock, *madáré* crest, plume, *csillagé* tail, *állaté* forelock
üstökös *fn*, *csill.* comet
üszkös *mn*, 1. *gabona* blighted, blasted, 2. *égett* burn, branded 3. *orv* mortified, gangrenous
üszkösödés *fn*, 1. blight 2. *orv* gangrene
üsző *fn*, heifer
üszög *gabona* blight, blast, *orv* gangrene

üszök *fn*, 1. *konkr* cinder, pire-brand, hot ember, live coals 2. *orv* gangrene, mortification
üt *i*, 1. *elüt* hit, knock sy over/down 2. *pofon vág* slap sy (in the face), *óra* strike
üteg *fn*, *kat* battery
ütem *fn*, 1. *zenei* time, beat 2. *vers* rhythm
ütemes *mn*, accented, rhythmic
ütemez *i*, 1. *zene* beat, 2. *időben tervez* time, schedule
ütemezés *fn*, 1. *tervezés időben* timing, schedule, schedulling 2. *zene* cadencing, rythming
ütés *fn*, 1. hit, beat 2. *csattanás* bang 3. *pofon* blow, slap, backhander, lefthander, righthander, bang, bash, belt, slap in the kisser 4. *óra* stroke, *szív* beat, *kártyában* trick, *harangé* toll ‖ **pofon ~ vkit:** slap sy (in the face) ‖ **lovaggá ~ vkit:** knight sy
ütésálló *mn*, crush-proof
ütközés *fn*, collision, crash ‖ **frontális ~:** a head-on crash / collision
ütközet *fn*, 1. *csata* battle 2. *harc* action, fight
ütközik *i*, ‖ **bele~ vkibe/vmibe:** bump into sy, knock against sg, run against sg ‖ **össze~ vmivel: balesetben** collide with sg ‖ **nehézségekbe ~:** meet with difficulties
ütköző *fn*, *vasúti kocsin ütközőbak* buffer, *autón* bumper, fender
ütleg *fn*, hit, blow, cuff, stroke
ütlegel *i*, *vkit* beat sy, slap sy, thrash sy
ütlegelés *fn*, hitting, cuffing, beating, thrashing
ütő *mn*, beating, striking, hitting

ütő *fn*, **1.** *sp* racket **2.** *baseball*, *krikett* bat **3.** *golf* club **4.** *jégkorong* stick **5.** *pingpong* GB racket, US paddle ‖ *dob~:* drum stick(s)
ütődött *mn*, *bolond* nut, nutter, psycho, US cuckoo, weird
ütőhangszer *fn*, percussion instrument ‖ *az ~ek:* the percussion, percussion instruments
ütőhangszerjátékos *fn*, percussionist, percussion player
ütőér *fn*, artery
ütőjátékos *fn*, batter, batsman
ütőkártya *fn*, **1.** trump, ace **2.** chance
ütött *mn*, struck, beaten, strick
ütött-kopott *mn*, shabby, worn-out
ütődés *fn*, shock, *orv* contusion, *techn* impact
ütődik *i*, knock / strike / bump against sg
ütődő *mn*, knocking, bumping, striking
ütődött *mn*, *ember* stupid, dull
üveg *mn/fn*, **1.** *anyag* glass **2.** *palack* bottle, flask **3.** *asztali borosüveg* decanter ‖ *egy ~ bor:* a bottle of wine ‖ *~et tesz vmibe:* put glass in sg
üvegáru *fn*, glassware
üvegbúra *fn*, glass-case, bell glass / jar
üvegcse *fn*, **1.** little bottle **2.** *orv* phial, vial
üvegcső *fn*, glasstube/pipe
üvegdugó *fn*, glass stopper
üvegedény *fn*, glass vessel, specie jar
üveges *fn*, glazier, glass worker
üvegez *i*, glaze, set glass in
üvegfal *fn*, glass partition / screen
üvegfúvás *fn*, glass-blowing
üvegfúvó *fn*, glass-maker, glass-blower
üveggolyó *fn*, marble(s), glass ball
üveggyapot *fn*, glass fibre, fibre glass, GB glass wool
üveggyár *fn*, glass-works *tsz*
üveggyöngy *fn*, beads, glass pearls *tsz*
üveghang *zenei* harmonics, flageolet tones
üvegház *fn*, green-house, GB glass-house, *fűtött* hothouse
üvegházhatás *fn*, green-house effect
üvegházi *mn*, ‖ *~ növény:* hothouse plant
üvegkereskedés *fn*, glass-shop
üvegköszörűs *fn*, glass-cutter
üveglemez *fn*, glass-plate
üveglencse *fn*, lens (*tsz* lens or lenses)
üvegnemű *fn*, glassware
üvegnyitó *fn*, bottle opener
üvegpalack *fn*, glass-bottle
üvegszál *fn*, glass fibre
üvegszekrény vitrine, glasscase, shopcase
üvegszem *fn*, glass eye
üvegszilánk *fn*, glass splinter, a chip of glass, a shard of glass
üvegtábla *fn*, pane (of glass), sheet-glass
üvölt *i*, howl, roar, *vkire* yell at sy, shout at sy
üvöltő *mn*, howling, roaring, screaming ‖ *~ szelek:* wuthering heights
űz *i*, *foglalkozást* pursue, *lovat* drive, *vadat* chase, *ipart* practise
üzekedés *fn*, **1.** *időszak* courtship **2.** *nőstényé* heat, oestrus; *híméé* the rut, rutting season
üzekedik *i*, **1.** *ált* court **2.** *nőstény* be in heat, be on heat
üzekedő *mn*, ruttish, in heat
üzelmek *fn*, practices *tsz*, machinations *tsz*, doings *tsz*

üzem, üzemegység *fn,* works *tsz,* establishment, plant, factory
üzemág *fn,* branch, production line
üzemanyag *fn,* fuel, carburant
üzemanyagtartály *fn,* fuel tank, petrol tank
üzemanyagtöltő állomás *fn,* filling station, petrol station, *US* gas station
üzemel *i,* work, run, operate
üzemi *mn,* working, operating ‖ *~ baleset:* industrial accident / injury ‖ *~ étkezde:* (works) canteen ‖ *~ költségek:* working expenses *tsz*
üzemvezető *fn,* overseer, managing director
üzemzavar *fn,* breakdown, malfunction
üzen *i,* send sy a message, send word ‖ *~et hagy vki számára:* leave sy a message, leave a message for sy ‖ *hadat ~ vkinek:* declare war on sy
üzenet *fn,* message, *írott* note ‖ *megkapja/veszi az ~et:* get the message ‖ *had~:* declaration of war
üzenetrögzítő *fn,* answering machine /-equipment, answerphone
üzér *fn,* speculator, profiteer, trafficker
üzérkedés *fn,* speculation, jobbing, profiteering
üzérkedő *mn,* speculative, speculating

űzés *fn,* 1. pursuit, *foglalkozást, ipart* practice 2. *vadat* chase, *lovat* drive
üzlet *fn,* 1. *bolt GB* shop, *US* store 2. *kereskedelem* business, deal ‖ *~et köt:* make a bargain, deal with sy, make a deal with sy, do business (with sy) ‖ *megkötöttük az ~et/áll az alku:* OK, it's a deal
üzletág *fn,* branch of business
üzletel *i,* trade, do business, midle, monger
üzletember *fn,* businessman *(tsz* businessmen)
üzletfél *fn,* customer, partner
üzlethelyiség *fn,* sales premises *tsz*
üzleti forgalom *fn,* turn-over ‖ *éves ~:* annual turn-over
üzletkezelés *fn,* management
üzletközpont *fn,* 1. *üzleti negyed* shopping centre, shopping area, shopping district 2. *áruház* department store
üzletrész *fn,* share
üzletszerű *mn,* business-like, *hivatásos* professional
üzlettárs *fn,* partner
üzlettulajdonos *fn,* proprietor, owner; *bolté* shopkeeper
üzletvezető *fn,* manager
űző *mn,* hunting, chasing, pursuing
űzött *mn,* hunted, chased, pursued

V

vacak *mn,* worthless, of no accout / small value; *szl* rotten, mangy, trashy, lousy

vacak *fn,* rubbish, trash; tripe, trumpery, kitsch

vacakol *i,* tinker / potter about / around; fuss, trifle, toy

vacog *i, hidegtől/félelemtől* shiver / tremble / shake with cold / fear ‖ *~ a foga a hidegtől:* sy's teeth are chattering with cold

vacsora *fn,* supper, evening meal, dinner ‖ *az Utolsó ~:* the Last Supper, the Lord's Supper

vacsoraidő *fn,* suppertime, dinnertime, supper hour

vacsorázik *i,* have / take supper / dinner ‖ *~ vmit:* have sg for supper / dinner

vad *mn, állat* wild, undomesticated; *ember* savage, uncultivated, untamed, barbarous; *kegyetlen* ferocious, cruel; *erős, erőszakos* violent, wild, infuriated, turbulent; *viselkedés* rough, rude

vad *fn,* 1. *állat, erdei* game 2. *ember* savage

vád *fn,* 1. charge, accusation 2. *jog* arrangement 3. *pol* impeachment ‖ *~at emel vki ellen:* bring an accusation against sy ‖ *~ alá helyez vkit vmiért:* charge sy with sg

vadak *fn, erdei ~:* game; wild animals ‖ *~at beszél:* talk wildly

vadállat *fn,* 1. wild animal, game 2. *átv* beast, brute, bastard

vadállati/-as *mn,* brutal, bestial, brutish

vadállomány *fn,* stock of game

vadalma *fn,* crab apple

vadas *fn, hús* venison ‖ *~an:* in Austrian style ‖ *~ mártás:* brown / Espignole sauce

vadaskert *fn,* deer park, preserve, deer-forest, forest-range

vádaskodás *fn,* backbiting, acusations, *szl* mud-slinging

vádaskodik *i, vki ellen* make repeated accusations against sy; inform against sy

vádaskodó *fn,* backbiter, accuser, charger, impeaser

vádaskodó *mn,* backbiting, tell-tale, accusatory, backbiting

vadász *fn,* 1. hunter, huntsman (*tsz* huntsmen) 2. *kat* rifleman 3. *apró vadra* shooter

vadászat *fn,* hunting, chase, hunt, fowling; *apró vadra* shooting ‖ **hajtó~:** battue
vadászati engedély *fn,* shooting licence, licence to shoot
vadászati tilalom *fn,* close season / time
vadászgép *fn,* fighter-plane, fighter aircraft, fighting machine
vadászház *fn,* hunting lodge / seat / box, shooting box, gamekeeper's lodge
vadászidény *fn,* hunting / shooting season
vadászik *i,* 1. hunt *sg; apró vadra* shoot *sg; űzni a vadat* chase *sg* 2. ~ *vmire/vkire: átv* hunt for *sg*
vadászkutya *fn,* hound, fox hound, gun dog, retriever, beagle, pointer
vadászkürt *fn,* hunting horn, bugle horn
vadászlak *fn,* hunting seat; *vadőré* keeper's lodge
vadászruha *fn,* hunting dress / suit
vadászsíp *fn,* decoy whistle
vadászsólyom *fn,* gyrfalcon ‖ **hím~:** sakeret, lanneret ‖ **nőstény~:** saker, lanner
vadásztarisznya *fn,* game bag, game pouch
vadásztársaság *fn,* 1. the hunt, the hunters, the field, shooting party 2. *klub* rifle club, association of huntsmen
vadászterület *fn,* hunting ground; *elzárt* preserve
vadásztőr *fn,* trap, bowie / boloknife
vadászzsákmány *fn,* the kill, the bag, killed game, hunting spoils
vádbeszéd *fn,* speech for the prosecution, charge, indictment
vaddisznó *fn,* 1. wild boar / hog, warthog, peccary 2. *átv* brute
vádeljárás *fn,* prosecution, impeachment

vádemelés *fn,* act of accusing, accusation
vadgalamb *fn,* turtle dove, wild / wood pigeon
vadgesztenye *fn,* horse chestnut, conker, buckeye
vadházasság *fn,* concubinage, cohabitation
vadhús *fn,* venison, game; *orv* proud flesh
vadidegen *fn,* perfect stranger, complete stranger
vádirat *fn,* indictment, bill of indictment; *pol* bill of impeachment
vadít *i,* make *sy* wild, madden, infuriate
vadkacsa *fn,* wild duck, mallard
vadkan *fn,* wild boar / hog
vadkecske *fn,* ibex, wild goat
vadkempingezés *fn,* illicit camping
vadliba *fn,* wild goose (*tsz* geese)
vádló *fn,* accuser, indicter, plaintiff
vádló *mn,* accusing, accusatory; incriminating, indictive
vádlott *fn,* ‖ *a* ~: the accused, the defendant ‖ *a ~ak padja:* prisoner's box / dock
vadmacska *fn,* wild cat
vadnyom *fn,* track of a game, spoor
vadnyúl *fn,* brown / grey hare
vádol *i,* 1. *vkit vmivel* accuse *sy* of *sg,* charge *sy* with *sg* 2. *pol* impeach 3. *törv* indict *sy* of *sg*
vádolható *mn,* accusable, chargeable, indictable, impeachable
vadon *fn,* wilderness, desert
vadon *hat,* 1. wildly 2. wild 3. in state of nature
vadonatúj *mn,* brand new, spick and span
vadorzó *fn,* poacher
vádpont *fn,* count of indictment

vadregényes *mn,* romantic
vadrózsa *fn,* wild rose, dogrose, sweet briar
vadság *fn,* wildness, fierceness, ferocity, savagery
vadszőlő *fn,* wild vine, wild grapes *pl,* woodbine, ampelopsis
vadul *i,***1.** become wild / savage, lose one's temper **2.** grow wild, see red
vadvédelem *fn,* wild life protection, game-preserving
vadvilág *fn,* wild life
vadvirág *fn,* wild flower
vág *i,* cut; *húst* carve, *körmöt* pare; *apróra* chop, mince; *öl* slaughter; *dob* throw ‖ *ajtót ~ a falba:* make a door in the wall ‖ *jó képet ~ vmihez:* put a good face on sg ‖ *nem ~ a szakmájába:* that does not fall within his providence / competence, it's not his cup of tea ‖ *becsületébe ~:* it reflects on his honour ‖ *szavába ~ vkinek:* interrupt sy, cut in on sy ‖ *eret ~:* open a vein ‖ *keresztül-ja magát vhol/vhová:* cut one's way through to a place, edge one's way to a place ‖ *zsebre ~ vmit:* pocket sg ‖ *földhöz ~ vkit:* throw sy down ‖ *elébe~ vminek:* obviate sg **vagány** *mn,* tough, hoodlum, sharp, crooked
vágány *fn,* railtrack, rails, lines; *állomáson* platform ‖ *más ~ra tereli a beszélgetést:* change the subject
vágás *fn, nyoma, testrészen* cut, slash, cutting; *erdőben* forest section; *tisztás* clearing ‖ *jó~ú:* handsome, smart
vagdal *i,* chop sg up, carve, mince
vagdalkozik *i,* scuffle; *karddal* flourish the sword, brandish, hit out, strike here and there

vagdalt hús *fn,* minced meat, mincemeat, hamburger, force-meat, hash
vagina *fn,* vagina; *szl* cunt, basket, beaver, box, bush, *GB* fanny, pussy
vágódeszka *fn,* chopping board, trencher
vágódik *i,* **1.** cut **2.** throw oneself ‖ *hanyatt ~:* fall back ‖ *átv is hasra ~:* prostrate
vágóhíd *fn,* slaughterhouse, abatoir, butchery
vágómarha *fn,* beef cattle, cattle for slaughter, slaughter cattle
vagon *fn, utasoknak* carriage, coach; *tehernek* wagon, truck, freightcar ‖ *~ba rak vmit:* load sg in a wagon ‖ *~ból kirakodni:* unload a wagon ‖ *~rakomány:* carload, waggonload
vágta *fn, lósportban* gallop; *ált. sportban* dash, sprint
vágtat *i,* gallop
vágtatva *hat,* at a gallop, gallopping
vagy *kötőszó,* or ‖ *~ pedig:* por else ‖ *~... ~...:* either... or... *tagadásban* neither... nor... ‖ *így ~ úgy:* one way or the other ‖ *~ úgy!* I see ‖ *kb. ~ egy tucat:* about a dozen
vágy *fn,* desire, wish, longing, yearning, aspiration ‖ *érzéki ~:* sensual lust ‖ *mohó ~:* greediness, greed ‖ *hon~:* homesickness
vágyik / vágyódik *i, vmire* desire sg, wish for sg, have a desire for sg, aspire to sg/sy, yearn for sg ‖ *~ vmi/vki után:* long / yearn for sg/sy; *szl* be dying for sg, have an itch for sg/to do sg, have a yen for sg; *szexuálisan* be warm for sy, have eyes for sy, have hot pants for sy, have the hots for sy, letch / -lech after/-for sy

vagyis *kötőszó* namely, that is *röv* i.e., that is to say

vagylagos *mn*, alternative, facultative

vagylagosan *hat*, alternatively, facultatively

vágyódás *fn*, longing, yearning, aspiration, itching

vágyó /-dó *mn*, desirous of sg ‖ *haza~:* homesick ‖ *nagyra~:* ambitious

vagyon *fn*, fortune, wealth; *ingatlan* property, landed property, real estate, immovables *tsz* ‖ *~a van:* be a man of property, be well off

vagyonadó *fn*, property tax, capital levy

vagyonbevallás *fn*, declaration of property

vagyonbiztonság *fn*, security of property, material security

vagyoni *mn*, financial; *anyagi* material ‖ *~ helyzet:* financial condition / situation ‖ *~ csőd:* bankruption

vagyonos *mn*, well-to-do, wealthy, moneyed, propertied, in easy circumstances ‖ *a ~ osztályok:* the moneyed classes *tsz*, the rich *tsz*

vagyonosodás *fn*, enrichment

vagyonosság *fn*, richness, wealthiness, wealth

vagyontalan *mn*, propertiless, poor, indigent

vagyontalanság *fn*, poverty, indigence

vagyontárgy *fn*, property, asset

vaj *fn*, butter ‖ *akinek ~ van a fején, ne menjen a napra:* those who live in glass houses should not throw stones

váj *i*, hollow sg out, carve, gauge; *földet* scoop

vajaskenyér *fn*, bread and butter

vájat *fn*, groove; *bányászati* stall

vajon *kötőszó*, if, whether; *kérdésként* I wonder... ‖ *~ igaz- e:* I wonder whether or not it is true

vajúdik *i*, labour, be in labour / parturiency

vak *mn/fn*, blind, sightless, visionless, unseeing; *orv* amaurotic ‖ *fn*, blind man / woman ‖ *a ~ok:* the blind **vakablak** *fn*, dummy window ‖ *világos, mint a ~:* as clear as mud

vakáció *fn*, holidays *tsz*, vacation, vac

vakációzik *i*, be on holiday / vacation / vac, spend one's holiday

vakar *i*, scratch, scrape; *dörzsölget* rub

vakarózik *i*, scratch, scrape

vakbél *fn*, *féregnyúlvány* appendix (*tsz* appendices, appendixes)

vakbélgyulladás *fn*, appendicitis

vakbuzgó *mn*, fanatical, bigoted

vakít *i*, **1.** blind, dazzle, galre **2.** *látását veszi* blind sy, put sy's eyes out

vakító *mn*, blinding, glaring, dazzling

vakkant *i*, yelp, bark

vaklárma *fn*, false alarm

vakmerő *mn*, daring, reckless, fearless, audacious ‖ *~ sofőr:* wreckless driver

vakmerő *fn*, *ember* daredevil, rash person

vakmerően *hat*, recklessly, carelessly ‖ *~en vezet:* drive wrecklessly

vakmerősködik *i*, behave recklessly; *szl* act / play the daredevil

vakol *i*, **1.** *durván* roughcast, mortar **2.** *finoman* plaster

vakolat *fn*, plasterwork, plaster, roughcast; *anyaga* mortar

vakolatlan *mn*, bare, unplastered

vakondok *fn*, mole

vakondtúrás *fn,* molehill
vakon *hat,* blindly, implicitly ‖ ~ **hisz/bízik vkiben:** trust sy implicitly
vakrepülés *fn,* blind flight
vakság *n,* blindness ‖ *szín~:* colour blindness
vaktában *fn,* blindly, at random, haphazardly
vaktöltény *fn,* blank charge / shell / ammunition
vaku *fn,* flash, flashlight
vakulás *fn,* 1. going blind 2. *tükör* tarnishing ‖ *látástól ~ig:* from daybreak till nightfall
vakuzik *i,* take a photo with a flashlight / flashbulb, flashgun
vakvágány *fn,* dead end, trail-track
váladék *fn,* secretion; *orr* mucus of the nose, *fika* bog, bogey, *GB* bogie, *US* boogie, *US* bugger *durva* snot
valaha *hat, múltban* once ‖ *itt ~ egy ház állott:* there used to be a house here ‖ *~ jövőben:* ever ‖ *inkább mint ~:* more than ever
valahányszor *hat,* whenever
valahára *hat,* at long last
valahogyan *hat,* somehow, in some way or other, anyhow ‖ **hogy vagy? hát csak úgy ~ :** how are you? so so ‖ *~ majd csak megleszünk:* we shall manage somehow
valahol *hat, ha biztos* somewhere, *kétely esetén* anywhere
valahonnnan *hat,* from somewhere
valahova *hat, biztosan* somewhere, *bizonytalan* anywhere
valaki *nm, állításban* somebody, someone ‖ *~ más:* somebody else, someone else ‖ *kérdés- tagadás* anybody, anyone

valameddig *hat, idő* for a time, for some time, *távolság* some distance
valamelyik *nm,* one, one or other ‖ ~ *közülünk:* one of us
valamennyi *számn,* 1. all *utána tsz* 2. every *utána esz* 3. kevés a little 4. *akármennyi* however much
valami *nm,* something ‖ ~ *izé:* doings, doins, whatsit, whatyacallit, whatyemcallit
válasz *fn,* 1. answer, reply, response 2. *visszavágás* rejoinder, replication ‖ *kitérő* ~ evasive reply ‖ *tagadó* ~ negative answer ‖ *igenlő* ~ affirmative answer ‖ *~át várva* waiting for your reply ‖ *~ul* in reply to sg
válaszol *i,* answer sy, make a reply to sy, reply to sy, respond to sy
választ *i,* 1. *szét* divide, separate, part 2. *ált* make a choice, choose, select, pick out 3. *házasokat* divorce 4. *pol* elect, return
választás *fn,* 1. *ált* choice, choosing, selection 2. *pol* election, voting 3. *átv* division, separation
választó *fn,* chooser, elector, electress, voter ‖ *mn,* choosing, electing, selecting
vall *i,* confess, come clean, sing, talk, *erőszak hatására US* crack wide open
válik *i,* 1. *vkitől* part, divorce, separate 2. *vmivé* become, turn, get
váll *fn, emberé/ruháé* shoulder
vállal *i,* 1. *feladatot* shoulder, tackle, take upon oneself 2. *adósságot* incure, *elvégzést* undertake, take it upon oneself
vállalat *fn,* enterprise, business establishment, company, firm, partnership ‖

külkereskedelmi ~: foreign trade company || **~ot alapít:** float a company

vállalkozás *fn,* undertaking, venture, enterprise

vállalkozó *fn/mn,* entreprising, venturesome, go-ahead || **contractor, entrepreneur**

vállalkozói *mn,* enterpreneurial

vallás *fn,* 1. religion, faith 2. *megvallás* confession

vállas *mn,* broad-shouldered, broad in the shoulder, hefty, husky

vallási *mn,* religious, of religion / faith

vallásos *mn,* religious, pious, godly, fanatic

vallásszabadság *fn,* freedom of religion

vallat *i,* interrogate, cross quiestion, examine, grill, question || **veréssel ~:** give sy the third degree

vallomás *fn,* 1. evidence, statement, confession 2. *lelki* declaration of feelings, confesson of love 3. *ir* confessions

vallon *mn,* Walloon

vállrész *fn,* shoulder-trap

vállú *mn,* shouldered, with shoulders

vállvonogatás *fn,* shrug, shrugging of the shoulders

vállvonogatva *hat,* shrugging one's shoulders, with a shrug of the shoulders

való *fn,* reality, truth

való *mn,* 1. *igaz* true, real 2. *vmire* fitted, suited 3. *illő* befitting, suitable, proper, becoming 4. *vmiből* made of

valóban *hat,* really, indeed, truly, actually, positively

valódi *mn,* real, true, genuine, authentic

válogat *i,* 1. *egyet* choose, cult, make a selection 2. *osztályoz* sort out, sample, *terményt* pick 3. be dainty, pick and choose

válogatás *fn,* 1. selection, choice 2. sort out 3. fastidiousness

válogatós *mn,* dainty, fastidious, picksome, faddy, finicky, choosy

válogatott *mn,* chosen, picked, selected, sorted || **~ játékos:** international player || **~ csapat:** chosen national team

valójában *hat,* as a matter of fact, really, in reality, actually, practically

válóok *fn,* ground / reason for divorce

válóper *fn,* divorse case

valós *mn,* real, positive, concrete, true

valóság *fn,* reality, truth, verity, fact || **nyers ~:** the blunt fact, the rude / naked truth

valószínű *mn,* probable, likely, versimilar, presumable, plausible

valószínűség *fn,* probability, likelihood, versimilitude, plausibility

valószínűtlen *mn,* unlikely, implausible, beyond all probability

valószínűtlenség *fn,* improbability, unlikelihood, unlikeliness,

válság *fn,* crisis, critical period, turning point

válságos *mn,* critical, crucial, dangerous

vált *i,* 1. change 2. *pénzt* change 3. *jegyet* book / buy a seat

váltás *fn,* 1. change, changing, exchange 2. *őrség* changing of the guard, *sp* relay

váltakozik *i,* alternate, happen by turns, interchange, intermit, revolve

váltakozás *fn,* alternation, alternate occurence, rotation, interchange

váltó *fn/mn,* 1. bill of exchange, letter of exchange, draft 2. money-changer 3.

vonat points, switch ‖ **~forgatás:** negotation of a bill ‖ **~ adós:** drawee ‖ **~jog:** law of exchange, exchange law
váltott *mn*, **1.** changed, relay **2.** jegy taken, booked
változás *fn*, change, changing, alteration
változatos *mn*, varied, diversified, miscellanious, multifarious, manifold
változatosság *mn*, variety, diversity, diversification, variedness
változik *i*, **1.** alter, change, break, vary, shift, fluctuate **2.** turn / change into
változó *mn/fn*, changing, varying, mutable, altering ‖ *fn*, variable
változtat *i*, change, alter, modify, amend
váltságdíj *fn*, ransom
valuta *fn*, currency, monetary standard ‖ **~ árfolyam:** rate of exchange ‖ **~csempész:** currency smuggler ‖ **~rendszer:** currency system
vám *fn*, customs, duty, duty tax, impost ‖ **~köteles:** customable ‖ **~tiszt:** customs officer, tollman ‖ **~cédula:** customs certificate ‖ **~díj:** customs dues/fees
van *i*, be, exist ‖ **meleg ~:** it is hot ‖ **jobban ~:** feels better ‖ **mi ~ a reggelimmel?:** what about my breakfast?
vándor *fn*, wanderer, wayfareer, floater, vagrant, tramp, roamer
vándorlás *fn*, wanderings, travels, peregrination, migration, vagabondage
vándorol *i*, wander, travel, peregrinate, itinerate, migrate, roam
vanília *fn*, vanilla
vaníliás *mn*, with vanilla, vanillic
ványadt *mn*, sickly, weakly, flabby, flaccid
var *fn*, scur, scab, crust

vár, várakozik *i*, wait for sy/sg to happen; *szl szobrozik, dekkol* cool ones heels, kick one s heels, hang around
varr *i*, **1.** sew, do needlework, stitch **2.** *szabó* make clothes **3.** *orv* suture
vécé *fn*, toilet, W.C., lavatory, lav, loo *nyilvános, utcai GB* cottage
vécépapír *fn*, toilet paper, loo paper, *GB* bogpaper
végbélnyílás *fn*, anus, *GB* arsehole, *US* asshole
vég *fn*, end, finish, stop
végösszeg *fn*, total sum, tote, the damage ‖ **Mi a ~?:** What's the damage? How much does it tote?
végzetes *mn*, **1.** fatal, baleful, ominous, ruinous, catastrophic **2.** *halálos* mortal, deadly ‖ **~ kór** fell disease ‖ **~ tévedés** fatal error ‖ **~sé válik vkire nézve** become fatal
vendég *fn*, *üzletben* customer, client, *magán* guest
vendégeskedik *i*, stay as a guest at sy's
ver *i*, beat sy up, belt sy, clobber sy, smash sy about
verekedés *fn*, *harc* fight, aggro, *GB* bovver, punch-up, rough-up, scrap, scrapping, *US* slugfest
verekedik, verekszik *i*, fight, *GB* have a bovver, have a bundle, -punch out,- punch up, mix it, scrap
verés *fn*, belting, clobbering, hiding, larruping, licking, thumping, walloping, whacking ‖ **~t kap:** get beaten up, get a belting / clobbering / larruping, get the works, get a hiding
verekedő *fn*, fighter ‖ **utcai ~:** street fighter; *GB* bundler, *GB* scrapper

vereség *fn,* defeat, bashing, caning, clobbering, hammering, hiding, licking, pasting || *~et szenvedt:* be defeated, lose, get a bashing / caning / clobbering / hammering / hiding
veszekedés *fn,* quarrel, *GB* argy-bargy, *GB* barney, *US* hassle, row
veszekedik *i,* quarrel, *GB* argufy, bust up, go at each other, have a row with sy over sg, pick a quarrel with sy over sg
veszély *fn,* danger, peril, jeopardy, risk, hazard || *~ esetén* if in danger || *~ben forog* be in danger || *nincs túl a ~en* be not out of danger yet || *számol a ~lyel* reckon with the danger of || *~be sodor* involve sy into danger
veszélyes dangerous, risky, *szl* dicey, *GB* dodgy, heavy, *US* hairy, sticky
veszít *i, pénzt* lose money, be cleaned out, drop sg, be tapped out, *GB* drop one's lot-load, lose one's shirt, *US* tap out
vesződik *i,* **1.** *vmivel* struggle with, bother about, take pains with sg **2.** *nehéz munkán* plod, drudge
vesződséges *mn,* be a bother, *macerás* be a hassle, sweat || *ne vesződj vele:* no sweat
vetekedik *i,* **1.** *ált* rival sy in sg, be a match for sy, vie with sy in sg || *a legjobbakkal ~* to be among the best
vétel *fn,* || *rossz ~:* bad buy, *US* lemon, *GB* pup, rip-off || *jó/alkalmi ~:* a real bargain, *US* giveaway, good buy, *GB* snip, *GB* soft cop, *US* steal
vezérel *i,* **1.** guide, conduct, lead, command, direct **2.** *műsz* steer, control, govern

vezérlés *fn,* **1.** control, steering, governing **2.** *átv* guidance, direction, command
vezető, vezetőség *fn,* superiors, the big boss, the big chief, the governor, the top dog, guv, *GB* guvnor || *a vezérkar* the highups
viaskodik *i,* grapple with, wrestle with, struggle, contend/fight/compete with, tussle || *~ önmagával* struggle with oneself
viasz *fn,* wax, waxen || *~szobor* waxwork
vibrál *i,* vibrate
vicc *fn,* || *~et mond:* tell a joke || *elsüt egy ~et:* crack a joke || *~ből:* for fun, *GB* for a giggle, for gas, just for the heck of it, for kicks
viccelődik *i, tréfálkozik* be joking with sy, *GB* have sy on, *US* josh sy, *ugrat* pull sy s leg, kid sy, *US* put sy on
vidék *fn,* the country, the countryside, rural area; *szl* the sticks, *US* the bushes || *~i város: pej US* hick town
vidéki *mn,* **1.** provincial, country, rural, from the countryside **2.** regional, regionary || *fn,* man from the country, provincial, rustic
video *mn,*|| *~kamera* video camera || *~magnó* video-cassette recorder || *~klip* videoclip
viharos *mn,* stormy || *~ taps:* thunderous applause
viharzik *i,* **1.** storm **2.** *vki* dash about, rush about
világhírű *mn,* world-famous, world-famed, know all over the world
világszerte *hat,* all over the world, throughout the world
világtalan *mn,* blind, sighless, without

sight, eyeless, unseeing ‖ *vak vezet ~t* blind leading a blind

villámgyors *mn,* quick as thought/lightning, lightning-fast

villámlás *fn,* lightning, thunder, sheet-lightning

villamos *fn,* tram, tramcar, *US* streetcar

villong *i,* bicker, quarrel, contend, be a variance

villongás *fn,* quarreling,s trife, bickering, contention, dissension; *családi* feud

vinnyog *i,* whine, whimper

viola *fn.* **1.** *térd* viol, viola, tenor/bass violin **2.** *növ* stock ‖ *térd~* viola da gamba tenor/bass violin ‖ *sárga* ~ wall-flower

vipera *fn,* **1.** *áll* viper, adder **2.** *átv* vixen, viper ‖ *pufogó* ~ puff-adder

virágárus *fn,* florist, flower-seller

virágzat *fn,* inflorescence

virágzik *i,* **1.** bloom, flower, blow, blossom **2.** *átv* flourish, thrive, prosper

virgács *fn,* **1.** *konkr* rod, birch **2.** *átv szl* walking sticks

virgonc *mn,* lively, active, agile, nimble, full of pep, spry

virradat *fn,* daybreak, dawn, break of day

virraszt *i,* keep awake, stay up for sy watch, keep vigil ‖ *beteg mellett* ~ sit up with a sick person

virul *i,* **1.** *növ* bloom, flower, blow, blossom **2.** *átv* be in good health/in the pink of health **3.** *működik* flourish, prosper ‖ *él és* ~ enjoy the best of health

viselet *fn,* **1.** *ruha~* wearing **2.** *maga~* behaviour, conduct **3.** *ruházat* dress, attire, costume, garb

viselős *mn,* big with child, pregnant, in the family way

viselt *mn, használt* worn, old ‖ *~ dolgai* sy's deeds/past ‖ *~ holmik* cast-offs

viseltes *mn,* well-worn, shabby, threadbare, left off, seedy

visít *i,* shreak, shrill, scream, squeal, squeak, squawk

viskó *fn,* hut, shack, shed, poor cottage

visz *i,* **1.** *szállít* carry, transport, take **2.** *gyorsan* rush **3.** *terhet* bear **4.** *járművet* lead, conduct **5.** *vkit rá~* induce/incline sy to do sg **6.** *irányít* direct, manage ‖ *a puska messzire* ~ rifle carries far ‖ *az út a faluba* ~ this road leads to the village ‖ *nem ~i semmire* one will never progress in life

viszonyít *i,* make/draw a comparison, compare sg with sg

viszonoz *i,* **1.** return, requite, compensate **2.** *felel* reply ‖ *nem ~za szerelmét* he doesn't return her love ‖ *szívességet* ~ repay a kindness ‖ *~za vki köszönését* return one's greeting ‖ *a jót rosszal ~za* repay a kindness

viszont *hat,* **1.** on the other hand, in turn, again, nevertheless **2.** *kölcsönösen* mutually **3.** *kölcsönt* on exchange/return ‖ *~!* the same to you!

viszontagság *fn,* adventure, hardship, vicissitude, adversity

viszonzás *fn,* **1.** requital, reciprocation **2.** *szívességet* return, returning **3.** *kölcsönt* recompense **4.** *bosszú* tit for tat

vita *fn,* dispute, discussion, debate, polemic, quarrel ‖ *a ~ tárgya* question under debate ‖ *~ folyik* it is under debate ‖ *a ~ hevében* in the heat of the debate

vitaest *fn,* debate

vitat *i*, **1.** dispute, challenge **2.** *véleményt* controverse **3.** *kérdést* argue, discuss debate **4.** *tényt* maintain, assert, contend ‖ *bűnösségét ~ja* plead quilty

vitatkozik *i*, quarrel, debate, discuss, argue, dispute

vizel *i*, urinate, go for a splash, go for a pee, piss

vizelés *fn*, urination, pissing, splashing, *ált szépítő* pee, wee-wee

vizes *mn*, watery, wet, moist, damp, humid

vízi *mn*, water-, of the water, aquatic

vízszintes *mn*, horizontal, level, across

vízvezeték *fn*, water-conduit, aqueduct, watermains, water-supply; *lefolyó* sink

vizsga *fn*, examination, exam, test, probe ‖ *szóbeli ~:* oral exam ‖ *írásbeli ~át tesz:* take a written examination ‖ *megbukik a ~án:* fail the test ‖ *átmegy a ~án:* pass the exam ‖ *gépkocsi ~:* driving test

vizsgálat *fn*, 1. examination 2. inquiry, investigation, inspection 3. *belső* study, consideration 4. *kutatás* research

vizsgázik *i*, take an examination

vizsgáztat *i*, examine, test, quiz

volna *segédige*, would, should

von *i*, 1. *konkr* draw, pull 2. extract

vonal *fn*, 1. line, hatch, stroke, dash, staff 2. *sor* row, rank, range 3. *tel* line 4. *rajz* contour, figure

vonat *fn*, train

vonós *fn/mn*, stringed ‖ *fn*, the strings *tsz*

vonszol *i*, drag, lug, pull, trail, haul

vonul *i*, 1. proceed, go, pass, move 2. *kat* march

vonz *i*, 1. *ált* attract, draw, interest, appeal 2. *átv* entice, tempt

vonzalom *fn*, attraction, affection, sympathy

vödör *fn*, pail, bucket

völgy *fn*, valley, vale, hollow, groove, glen

vörös *mn*, 1. red, ruddy, flushed 2. *égő* scarlet, crimson, ruby ‖ *~ödik:* get / turn red / ruby ‖ *~réz:* red copper

vulkán *fn*, volcano ‖ *~koffer:* fibre trunk

vulkanizál *i*, vulcanize, metallize

W

Wales *fn*, Wales, Cymru

walesi *mn/fn*, Welsh; *ember* Welsh, Welshman (*tsz* Welshmen), Welshwoman (*tsz* Welshwomen) ‖ *a ~ek:* the Welsh *tsz* ‖ *a ~ herceg:* the Prince of Wales

walkie-talkie *fn*, walkie-talkie (*tsz* walkie-talkies)

walkman *fn*, walkman, Walkman (*tsz* walkmans), personal stereo (cassette-player)

Walrasi egyensúly *fn*, Walrasian equilibrium

Washington *fn*, Washington, DC (District of Columbia)

washingtoni *mn/fn*, Washingtonian, in/of/from Washington

watt *fn*, watt ‖ *150 ~ot fogyaszt:* it consumes 150 watts (of power)

wattfogyasztás *fn*, wattage ‖ *alacsony ~ú:* (run on) low wattage

wattóra *fn,(mérő* watt meter / metre; *mértékegység* watt hour;

wattos *mn*, ‖ *100 ~ égő:* a 100-watt (light-)bulb ‖ *kis/alacsony ~ körte:* a low-wattage bulb

WC *fn*, WC (*tsz* WCs), water closet, lavatory, toilet, the loo, flush toilet; *helyiségként, illemhely, mosdó* toilet, washroom, restroom, public convenience(s); *szl* the plumbing, *US* flusher, lavvy, lavy, the excuse me, West Central, where the queen goes on foot, *US* john, *US* craphouse ‖ *női ~:* the ladies' (cloakroom / room) ‖ *férfi ~:* the gentlemen's room, the gents' room, men's room ‖ *~-re megy:* go to the toilet / loo

WC-csésze *fn*, toilet pan / bowl

WC-fedél *fn*, toilet lid

WC-kagyló *fn*, toilet pan / bowl

WC-öblítőtartály *fn*, cistern

WC-papír *fn*, toilet paper / roll, *US* bathroom tissue, loo paper ‖ *egy guriga ~:* a roll of toilet paper / crepe paper / bathroom tissue

WC-papírtartó *fn*, toilet roll holder, *US* bathroom tissue holder

WC-ülőke *fn*, toilet seat

Wembley stadion *fn*, Wembley Stadium

westernfilm *fn*, western; *szl* horse opera / *US* opry, oats opera, oater, *US* oateater,

US sagebrusher; *olasz gyártmányú* spaghetti western
westernregény *fn*, western
whisky *fn, skót, GB* whisky (*tsz* whiskies), *Ire, US* whiskey (*tsz.* whiskeys) ‖ ~ **jéggel:** whisk(e)y on the rocks ‖ ~ **simán:** whisky straigth
whiskyspohár *fn*, whisky / whiskey glass
whiskysüveg *fn*, whisky / whiskey bottle

WHO *fn,* = *az ENSZ Egészségügyi Világszervezete* WHO (World Health Organization)
wigwam *fn*, wigwam, teepee, tepee
windsori *mn, a* ~ **kastély:** Windsor Castle ‖ *A* ~ *víg nők/asszonyok:* The Merry Wives of Windsor
wurlitzer *fn*, jukebox

X

x alakú *mn*, X shaped ‖ *~ra elrendezett:* arranged in X-configuration
xenon *fn*, xenon
xenonlámpa *fn*, xenon lamp
xerox *fn*, xerox
xeroxgép *fn*, Xerox machine, photocopier, xerographic copier
xeroxmásolat *fn*, xerox, xerox(ed) copy (of sg)
xeroxoz *i*, xerox
xilofon *fn*, xylophone
xilofonos *fn*, xylophonist

X-kromoszóma *fn*, X chromosome
x-lábú *mn, ember* knock-kneed ‖ *~ asztal:* trestle table
X-sugarak *fn*, X-rays ‖ *ld még:* **röntgensugarak**
X-sugaraz *i*, X-ray
X számú *mn*, X number of sg
x tengely *fn*, x-axis, axis of abscissae
X-Y tengely *fn*, graticule
X. Y. *ismeretlen nevű ember monogramja* so-and-so, So-and-so *(tsz* so-and-sos), Mr/Mrs So-and-so, Mr/Mrs X

Y

Y alakú *fn*, Y shaped ‖ *~ra elrendezett:* arranged in Y-configuration
yacht *fn*, yacht
yankee *fn*, Yankee, Yank
yard *fn*, yard = *0,9144 m (rövidítve* yd) ‖ *~ban megadott méret:* yardage ‖ *~rúd: mérőrúd* yard stick

Y elágazás *fn*, Y junction
Y-kromoszóma *fn*, Y chromosome
y tengely *fn*, *koordinátatengely* y-axis, axis of ordinates
yuppie *fn*, yup (= young urban professional), yuppy, yuppie

Z

zab *fn*, *növ* oat; *gabona* oats *tsz* ‖ *fekete~:* wild oat

zaba *fn*, *étel* chow, *US* eats *tsz*, *GB* nosh, *US* hash, *US* peck

zabagép *fn*, *ld:* **zabálógép**

zabál *i*, eat, fedd, devour, gorge, gobble, wolf food, bolt (down), have a feed, cram one's face ‖ *~, mint egy disznó:* eat like a horse / pig, eat one's head off, make a pig of oneself ‖ *fel~ vmit:* eat sg up, pig oneself on sg, pig sg in, shovel sg down ‖ *~ja a benzint: autó sokat fogyaszt* burns / consumes / drinks / guzzles petrol / gas

zabálás *fn*, gorging, gobbling, feed, food-fest, tuck-in

zabálógép *fn*, *falánk ember* greedy guts *tsz*, hog, pig; *sokat fogyasztó autó* gas guzzler

zabkása *fn*, (oatmeal) porridge

zabkenyér *fn*, oat(en)-bread, oatcake, brownbread

zabla *fn*, **1.** bridle; *fémrész* bit; *kétrészes* snaffle, bar-bit **2.** *átv* curb, bridle, check

zabliszt *fn*, oatmeal

zabola *fn*, *ld:* **zabla**

zabolátlan *mn*, *átv* unbridled, unrestrained; *természet*, *egyéniség* unruly, wild, incontrollable

zabolátlanság *fn*, unruliness, wildness, lack of restraint, forwardness

zaboláz *i*, bridle; *átv pl. indulatokat* curb, restrain, chasten

zabos *mn*, *dühös vkire* be all steamed up (about sy), *US* be teed off, *US* be ticked off, *GB* stroppy (with sy)

zabpehely *fn*, rolled oats, porridge oats, oats, oatflakes *tsz*

zabszem *fn*, grain of oats, oat-grain ‖ *egy ~ sem férne a fenekébe:* *GB* be in a blue funk, be scared stiff

zacc *fn*, coffee grounds *tsz*, dregs *tsz*, lees

zaci *fn*, spout, pop-shop, hock ‖ *~ba tesz/csap:* hock sg, pop sg, put sg in hock

zacskó *fn*, bag; *tasak* sachet; *bőrből, dohánynak* pouch ‖ *papír~:* paperbag

zacskós *mn*, bag- / sack-like, baggy, scrotiform ‖ *~/filteres tea:* tea bag / packet ‖ *~ tej:* plastic milk bag

zafír *mn/fn*, sapphire

Zágráb *fn,* Zagreb
zagyva *mn,* ötlet confused; *utasítások* confusing; *gondolkodásmód* muddled, muddy, jumbled; *összefüggéstelen* incoherent, nonsensical
zagyvalék *fn,* 1. *US* hodge-podge, *GB* hotch-potch; *beszédben* mish-mash, mish-mosh, hash, hooey 2. *egyveleg* farrago 3. *káosz, zavar, forgatag* jumble, medley
Zaire *fn,* Zaire
zairei *mn/fn,* Zairean, of Zaire
zaj *fn,* noise, din, racket, sound, clang, clang, clamour ‖ *csökkenteni a ~t:* reduce the noise ‖ *fülsiketítő ~:* ear-splitting noise
zajártalom *fn,* noise pollution
zajcsökkentő *mn,* soundproof ‖ *~ burkolat:* blimp, soundproof housing / cover / blimp
zajlás *fn, folyóé* ice drift, drifting of ice, breaking up (of ice)
zajlik *i, jég* break (up), drift; *esemény* happen, go on, take place
zajló *mn,* moving, drifting; *eseménydús, pl. kor* turbulent; *esemény* on-going, happening ‖ *~ jég:* drift ice
zajong *i,* make a noise / sound, be noisy; *zúgolódni* riot, be turbulent
zajongás *fn,* noise, riot, tumult
zajongó *mn,* noisy; *tömeg* rioting, milling, turbulent, tumultuous, riotous
zajos *mn,* noisy, loud ‖ *~ tetszésnyilvánítás:* loud applause / cheers
zajszigetelt *mn, hangszigetelt* soundproof
zajszint *fn,* noise level
zajtalan *mn,* noiseless, quiet, silent
zajtalanul *hat,* noiselessly, quietly, silently, without making a noise

zajtompítás *fn,* noise abatement / reduction
Zakariás *fn,* Zachariah, Zachary
zakatol *i,* clatter, rattle, clack; *szív* throb / thump ‖ *~ a vonat:* the train is rattling / clattering
zakatolás *fn,* clatter(ing), rattle, rattling; *szívé* thump(ing), throb(bing)
zaklat *i,* nag sy for sg/to do sg, harass sy, molest sy, worry, pester (sy for sg/to do sg), plague sy with sg, *szl GB* be on at sy about sg, get at sy, hassle sy, needle sy about sg, pick at/on sy ‖ *kéréssel ~:* importune sy (for/with sg)
zaklatás *fn,* nagging, harassment, worrying, molestation, pestering, plaguing, importuning ‖ *szexuális/faji ~:* sexual / racial harassment; *szl* hassle, needling, *US* riding
zakó *fn, kiskabát* jacket, jacket coat, lounge jacket; *szl verés, vereség* belting, clobbering, hiding, *GB* larruping, licking, thumping, walloping, whacking ‖ *~t kap: sportban* get a clobbering
zálog *fn, átv is* pawn; *biztosíték* pledge; *játékban* forfeit; *jog, ker.* kaució, óvadék security ‖ *~ba ad:* pawn sg, pledge sg, leave sg as a pledge
zálogcédula *fn,* pawn ticket
zálogház *fn,* pawnshop, pawnbroker's, pawn-office; *szl* hockshop, pop, *GB* popshop, *GB* (my) uncle's, ‖ *~ba ad/tesz:* put sg in pawn, *szl* hock sg, pop sg, put sg in hock ‖ *~ban van:* be pawned, be in pawn, *szl GB* be at one's uncle's, be in hock, be in pop, be up the spout
zálogház-tulajdonos *fn,* pawnbroker

zálogkölcsön *fn*, mortgage loan
zálogosdi *fn*, *játék* forfeits ‖ *~t játszik:* play at forfeits
zamat *fn*, flavour, *US* flavor, aroma, spice; *bor* bouquet
zamatos *mn*, *finom* delicious, tasty, aromatic, fruity; *bor* spicy
Zambia *fn*, Zambia
zambiai *mn/fn*, Zambian
záp *mn*, *tojás* addled, rotten, bad
zápfog *fn*, molar tooth (*tsz* teeth), grinder ‖ *~ak:* premolar bicuspid, molar teeth ‖ *elő- és utó~ak:* premolars and molars
zápor *fn*, shower, downpour
záporeső *fn*, shower
záporzik *i*, shower; ‖ *kérdéseket záporozni vkire:* shower sy with questions
záptojás *fn*, addled / rotten / bad egg
zápul *i*, addle
zár *fn*, lock; *törv* „*elkoboz*" sequestration, confiscation; *ker és kat.* Blockade ‖ *~ alatt tartani vkit/vmit:* keep sg/sy under lock
zár *i*, 1. *ajtót, levelet, áramkört* close; *becsuk vmit* shut; 2. *kulccsal, lakattal* lock, secure; 3. *börtönbe* imprison sy, put sy in prison, lock sy up 4. *végleg bezárni, pl. gyárat, üzletet* close down 5. *katonaság, rendőrség lezár* cordon sg off, put up a cordon around sg; 6. *korláttal, sorompóval* bar; *torlaszol* block, obstruct 7. *reteszel* bolt 8. *átv befejez, bevégez* terminate, finish, put an end to sg, conclude, end
záradék *fn*, 1. *ép*„*zárókő*" keystone 2. *szerződésben* clause, stipulation
zarándok *fn*, pilgrim ‖ *~csapat:* a party / troop / host of pilgrims

zarándokhely *fn*, a place / destination of pilgrimage(s)
zarándoklat, zarándoklás *fn*, pilgrimage
zarándokol *i*, *vhová* go on (a) pilgrimage (to a place), make a pilgrimage swhere
zarándokút *fn*, pilgrimage
zárás *fn*, 1. locking, closing 2. *börtönbe* imprisonment, confinement 3. *üzleté* closing
zárda *fn*, 1. cloister 2. *női, apáca~* convent, nunnery 3. *férfi, monostor* monastery
zárdafőnök *fn*, *férfi* abbot; *nő* abbess
zárfeltörés *fn*, ‖ *~es lopás/betörés:* housebreaking, break-in, breaking and entering
zárjegy *fn*, revenue stamp
zárka *fn*, cell, station-house
zárkészítő *fn*, *kulcsos és lakatos* metalworker, fitter, locksmith
zárkózik *i*, ‖ *be ~: vhová* shut oneself up (in)
zárkózott *mn*, 1. *távolságtartó* reserved 2. *hallgatag* reticent 3. *életforma* secluded 4. *emberkerülő* unsociable
zárkózottság *fn*, reservedness, reserve, reticence, seclusion, unsociability
zárlat *fn*, 1. *ker* closing, balance 2. *fogalmazványban* clausure; *kat, ker* blockade 3. *törv* sequestration ‖ *rövid ~: műszaki* short circuit
zárlatos *mn*, *műszaki* short-circuit(ed)
záródik *i*, 1. shut, close 2. *végződik* end, finish, come to an end
zárójel *fn*, parentheses *tsz*, brackets *tsz*, round brackets *tsz* ‖ *szögletes ~:* square brackets *tsz* ‖ *~es:* in parentheses / brackets, bracketed ‖ *~be tesz:* bracket

zárójelentés sg, parenthesize sg, put sg in brackets / parentheses
zárójelentés *fn,* hivatalos final communiqué / report / bulletin || **kórházi ~:** final hospital / medical bulletin
záróra *fn,* closing time / hours
záróvizsga *fn,* final exam(ination)
záróvonal *fn,* **1.** *közlekedésben, kettős* GB double white line, US dividing line **2.** *sima, folytonos* solid / continuous white line
zárszámadás *fn,* final accounts *tsz,* balance
zárt *mn, csukott* closed, shut || **~ erkély:** balcony || **~ kisteherautó:** medium van || **~ teherkocsi:** covered goods van / wagon, US boxcar || **~ veranda:** sun lounge / parlour
zárt gazdaság *fn,* autarky
zártkörű *mn,* exclusive
zártláncú *mn,* closed circuit
zárt piac *fn,* negotiated market
zárul *i, ld:* **záródik**
zárvonal *fn, kat* cordon
zászló *fn,* **1.** flag; *katonai* standard, ensign **2.** *templomi, egyházi, intézményé* banner, standard; *sportban* flagstick; *zenében, kottában* hook || **nemzeti ~:** national flag / colours || **brit ~:** Union Jack || **francia ~:** the Tricolour || **az USA ~ja:** the Stars and Stripes *tsz* || **elnöki ~:** standard / ensign of head of state
zászlóalj *fn,* battalion
zászlóavatás, -szentelés *fn,* dedication / consecration / presentation of the flag / colours
zászlóhordó, zászlóvivő *fn,* standard / flag / colour-bearer
zászlónyél, -rúd *fn,* flagpole, flagstaff
zászlós *fn, katona* ensign, cornet
zászlószemle *fn,* trooping of the colours
zátony *fn,* **1.** shelf **2.** *homok* bank, shoal **3.** *sekély vízben* shoals, shallows, shallow water, US flats, ground **4.** *szikla* reef || **~ra fut:** strand, run ashore / aground || **~ra futott hajó:** ship run aground, damaged vessel, stranded ship / vessel
zavar *i,* disturb; *beszédben,* „közbevág" interrupt; *kéréssel* molest; *kerget* drive; *adást* jam
zavar *fn,* trouble, confusion, mess, muddle || **~ba ejt:** embarrass sy || **anyagi ~ok:** financial troubles, financial difficulties || **genetikai ~:** genetic disorder || **emésztési ~:** stomach disorder || **működési ~:** functional disorders(s)
zavarás *fn,* interruption, disturbance, troubling, molestation; *adásé* jamming
zavarelhárítás *fn, ált* interference, maintenance, *távk* static prevention / suppression
zavargás *fn, utcai* riot; *pol* disturbances *tsz,* turmoil, stir-up
zavargó *fn,* rioter
zavargó *mn,* rioting, riotous, turbulent
zavaró *mn,* disturbing; *bosszantó* embarrassing, troublesome, annoying || **~ körülmények:** perplexing / disturbing circumstances
zavarodott *mn,* **1.** *konkrét* troubled, muddy **2.** *átvitt* disturbed, embarrassed, confused, perplexed, disconcerted || **elméjében ~:** mentally disordered
zavarodottság *fn,* troubledness, muddiness, disturbance, embarrassment, confusion, perplexity, *elmebeli* distraction

zavarog *i, tömeg* riot, be turbulent
zavaros *mn,* **1.** *átvitt* confused, muddled, chaotic **2.** troubled ‖ *a ~ban halászik:* fish in troubled waters ‖ *~ víz:* troubled water
zavart *mn,* **1.** troubled, perplexed **2.** *összezavart* confused, muddled, puzzled ‖ *pszichésen ~:* mentally disordered
zavartalan *mn,* undisturbed, untroubled, uninterrupted
zavartalanul *hat,* undisturbed, uninterrupted(ly)
závárzat *fn, fegyveren* lock(s); *ált* bolt
zebra *fn,* **1.** *áll* zebra **2.** *kijelölt gyalogosátkelőhely, útburkolati jel* zebra crossing, pedestrian crossing, *US* crosswalk
zegzugos *mn,* in zigzags, zigzagged, zigzagging
zeke *fn,* doublet
zeller *fn,* celery, celeriac
zendül *i,* **1.** *zene* sound, ring, resound **2.** *kat,* revolt, rise, riot, rebel, mutiny
zendülés *fn,* riot, rebellion, revolt; *kat* mutiny
zendülő *mn,* rioting, riotous, rebelling, rebellious, mutinous
zendülő *fn,* rioter, rebel, mutineer
zene *fn,* music ‖ *~ét szerezni:* compose / write music
zeneakadémia *fn,* academy of music
zenebarát *fn,* music lover, music fan
zenebohóc *fn,* (musical) clown
zenebona *fn,* row, racket, din
zenedarab *fn,* a piece of music
zeneértő *mn,* musical
zenegép *fn,* jukebox
zenei *mn,* musical, of music ‖ *~ tehetség:* musical gift / talent

zeneiskola *fn,* school / college of music, conservatory
zenei stúdió *fn,* music recording studio, music recording theatre / theater
zenekar *fn,* orchestra; *kat* band
zenekari árok *fn,* (orchestra) pit
zenekari kíséret *fn,* orchestral accompaniment
zenekedvelő *fn,* lover of music
zenekíséret *fn,* musical accompaniment
zenél *i,* play music
zenélő *mn,* ‖ *~ óra:* chiming / musical clock
zenemű *fn,* musical composition
zeneműkereskedés *fn,* music shop
zeneművész *fn,* musician
zeneművészet *fn,* musical art, the art of music
zenerajongó *fn,* fan of music, music lover
zenés *mn,* musical, music; *megzenésített* set to music
zenész *fn,* musician
zeneszám *fn,* musical piece, a piece of music
zeneszerző *fn,* composer
zenetanár *fn,* music master, teacher of music ‖ *~nő:* music mistress ‖ *akadémiai ~:* professor of music
zeng *i,* sound, ring; resound, echo; *átv* sing, intone ‖ *az ég ~:* it is thundering
zengés *fn,* ‖ *ég~:* thunder
zengő *mn,* sounding, resounding, sonorous; *hang, harang* ringing
zengzetes *mn,* sonorous, melodious, sounding
zenit *fn,* zenith
zerge *fn,* chamois, ibex (*tsz* ibexes, ibex) ‖ *~bőr:* chamois leather

zéró, zérus *fn,* zero (cipher) (*tsz* zeros, zeroes) *semmi* nought, O (*ejtsd* ou) ‖ *~infláció:* zero inflation ‖ *~n van:* it is at zero

zéruspont *fn, fagypont* freezing point ‖ *~alatti hőmérséklet:* subzero temperature ‖ *öt fokkal van ~ alatt/fölött*: it is five degrees below/above zero

ziccer *fn, esély* look-in, chance, score ‖ *~helyzet: foci* open goal ‖ *kihagy egy ~t:* miss an open goal ‖ *~t ad/teremt vkinek, ~be hoz vkit:* give sy a look-in ‖ *~ben van:* have / get a look-in

zihál *i,* pant, be out of breath, gasp for breath

zihálás *fn,* panting, breathlessness

ziháló *mn,* panting, gasping, breathless

ziher *mn/fn, biztos* dead certain, dead sure; *biztos dolog* sure bag, sure thing ‖ *~re fogad:* bet on a sure thing

zikkurat *fn, lépcsős torony/piramis* ziggurat, temple tower, stepped / terraced tower

zilált *mn,* dishevel(l)ed; *zavart* deranged; *rendetlen, koszos, ápolatlan* messy, tangled, disorderly; *átv* unsettled, chaotic‖ *~an érkezett:* arrived dishevelled ‖ *~kor:* unsettled times

ziláltság *fn,* disorder, confusion; *átv* chaos

zima, zimankó *fn, hideg időjárás* parky weather, breass monkey weather

zimankós *mn, időjárás* rough, parky

Zimbabwe *fn,* Zimbabwe

zimbabwei *mn/fn,* Zimbabwean

zivatar *fn,* storm; *mennydörgéssel* thunderstorm ‖ *kitört a ~:* the storm broke

zivatarfelhő *fn,* thundercloud, cumulonimbus (cloud)

zivatarfront *fn,* storm front

zivataros *mn,* stormy, thundery; *átv* stormy

zizeg *i, papír, avar* rustle ‖ *ne ~j az újsággal!* stop rustling that newspaper

zizegés *fn,* rustle, rustling

zizegő, zizgő *mn,* rustling

zodiákus *fn, állatöv* zodiac ‖ *a ~ jegyei:* the signs of the zodiac ‖ *Milyen ~ban születtél?* Which sign of the zodiac were you born under?

zokni *fn,* socks *tsz* ‖ *egy pár ~:* a pair of socks ‖ *férfi ~k:* men's socks ‖ *térd~:* knee-length socks ‖ *hosszú ~:* long socks

zoknipatent *fn, gumírozás* elasticated top

zokog *i,* sob ‖ *el~ vkinek vmit:* sob out sg to sy ‖ *~va:* sobbing, sobbingly

zokogás *fn,* sob(bing)

zokogó *mn,* sobbing

zokon vesz *i,* take sg amiss, take offence at sg, feel upset about sg, feel offended about sg

zokszó *fn,* ‖ *~val illet vkit vmiért:* reproach sy for sg ‖ *~ nélkül:* without a word / murmur, without (a word of) complaint, without making a complaint

zománc *fn, fogé is* enamel

zománcfesték *fn,* enamel colour / paint

zománc(ozó)kemence *fn,* enamelling stove

zománcoz *i,* enamel sg, cover sg with enamel

zománcozás, zománcmunka *fn,* enamel(ling)

zománcozott *mn,* enamelled

zóna *fn,* zone, belt, *légköri* layer; *sport* area ‖ *idő~:* time zone ‖ *~idő:* zone / standard time ‖ *veszély~:* danger zone

zongora *fn*, piano (*tsz* pianos), pianoforte; *kis* pianino; *nagy* grand piano ‖ *gyakorol a ~án:* practise the piano
zongorázás *fn*, piano playing
zongorázik *i*, play the piano ‖ *vmit el~:* play sg on the piano
zongorabillentyű *fn*, piano key
zongorabillentyűzet *fn*, piano keys, piano keyboard
zongorakíséret *fn*, piano accompaniment ‖ *~tel:* with a piano accompaniment, to the accompaniment of a piano
zongorakísérő *fn*, accompanist
zongoramű *fn*, piece for the piano
zongoraművész *fn*, pianist, piano player
zongoraóra *fn*, piano lesson
zongoratanár *fn*, piano teacher
zongoraverseny *fn*, piano concerto
zoológus *fn*, zoologist
zoomobjektív *fn*, zoom lens
zord *mn*, 1. *szigorú* rough, rigorous, severe 2. *puritán* austere 3. *hang, körülmények* harsh 4. *időszak* hard 5. *időjárás* harsh, inclement, rough, raw
zordság *fn*, roughness, austerity, harshness, gruffness, inclemencyrigo(u)r
zökken *i*, jolt, jerk, bump
zökkenés *fn*, jolt(ing), bump(ing), jerk(ing)
zökkenő *fn*, ‖ *~ nélkül:* smoothly
zökkenőmentes *mn*, smooth ‖ *~en hat*, smoothly, in a smooth way
zökkent *i, helyre ~* vmit shove/push/jolt/jerk sg into its place
zöld *mn*, 1. green 2. *éretlen* unripe 3. *tapasztalatlan* inexperienced ‖ *~ utat ad vminek:* greenlight sg;
zöld *fn, kártyában* leaves ‖ *amikor a lámpa ~et jelez:* when the (traffic) lights are green ‖ *a ~ek:* the Greens ‖ *~fülűek:* green recruits, greenhorns, green, rookie ‖ *a ~ben:* in the open (air)
zöldbab *fn*, green beans, French beans *tsz*
zöldbéka *fn*, water frog; tree frog / toad
zöldborsó *fn*, green peas *tsz*
zöldell *i*, be green, be verdant ‖ *ki~:* turn / grow green
zöldellő *mn*, green, verdant ‖ *~ mezők:* verdant fields
zöldes *mn*, greenish, sort of green, slightly green, green-like
zöldhasú *fn, dollár, bankó* greenback
zöldkártya *fn, közlekedésben és munkaengedélyhez is* green card
zöldmoszatok *fn*, green algae
zöldségágy *fn*, vegetable patch/plot
zöldségek *fn*, vegetables; *szl* greens, veggies ‖ *~et beszél:* talk rubbish / nonsense
zöldség- és gyümölcsrészleg *fn*, fruit and vegetable counter
zöldségfélék *fn*, vegetables; *főzeléknövények* vegetable plants *tsz* ‖ *fagyasztott ~:* frozen vegetables
zöldséges *fn*, 1. *árus* GB greengrocer, GB fruiterer, US fruitseller, US fruit vendor 2. *üzletként* greengrocer's
zöldségeskert *fn*, vegetable / kitchen garden
zöldségkertész *fn, bolgárkertész* market gardener, *US* truck farmer / gardener, *US* trucker
zöldségkertészet *fn, piacra termelő ún. bolgárkertészet, konyhakert* market-garden, *US* truck garden, truck farm
zöldségkonzerv *fn*, canned vegetables

zöldövezet *fn,* green belt, green fields
zöldül *i,* become / turn / grow green
zöm, zöme *fn,* the bulk (of sg), the greater part (of sg), the majority (of sg) ‖ *a hadsereg ~:* the main body / the bulk of the army
zömök *mn,* stocky, stubby, thickset
zöng *i, ld.* **zeng**
zöngés *mn, hangtan* voiced ‖ *~ mássalhangzók:* voiced consonants
zöngétlen *mn, hangtan* voiceless, unvoiced ‖ *~ mássalhangzók:* voiceless consonants
zörej *fn,* 1. *felbolydulás* stir 2. *súlyos, tompa* thud, thump 3. *éles, csattanás* clatter
zörgés *fn,* 1. *fémé* clank, clattering 2. *száraz tárgyé* rustling 3. *ajtón* rap(ping), knock(ing) 4. *járműé, fegyveré* rumbling
zörget *i,* clank, clatter, rustle ‖ *ajtón be~:* rap / knock at the door
zörög *i, száraz tárgy* rustle ‖ *Nem ~ a haraszt, ha nem fúj a szél kb* There is no smoke without fire.
zötykölődik *i,* bump along, be tossed along, be bumped along, jolt
zötyög *i,* shake, bump, shake about, toss about, jolt
zötyögős *mn,* ‖ *~ út:* bumpy / rough road
zubbony *fn,* 1. jacket 2. *katonai* tunic, fatigue coat, top
zúdít *i,* 1. dash, shower, pour 2. *anyagot* dump 3. *nehezet* cast, hurl, throw ‖ *kőzáport ~ vkire* pelt sy with stones ‖ *bajt ~ vkik fejére* bring trouble on sy ‖ *szidást ~* shower reproaches on sy
zúdul *i,* rush, gush, dash headlong, swoop down upon ‖ *baj ~ a nyakába* trouble is brought on her/him ‖ *sok munka ~ a nyakába* she was snowed under with work

zug *fn, szeglet, sarok* corner, angle, nook, recess
zugíró *fn,* scribbler, hack
zugügyvéd *fn, US* shyster
zúg *i,* 1. *zivatar* roar; *szél* blow 2. *bogár* buzz ‖ *a fülem ~:* my ears are tingling
zúgás *fn,* 1. roar, buzz(ing), blow(ing) 2. *harangzúgá:* peal, toll 3. *tömegé* hum(ming) 4. *vízé:* murmur
zúgó *fn, folyóé* rapids *tsz*
zúgó *mn,* rumbling, buzzing, humming, roaring, murmuring
zúgolódás *fn,* grumbling, murmuring; *panaszkodás* complaint
zúgolódik *i,* grumble, murmur ‖ *~ vmi ellen:* grumble about sg, complain about sg, kick at sg
zúgolódó *mn,* grumbling, murmuring
zuhan *i,* fall, tumble, crash ‖ *le~ a lépcsőn:* fall down the stairs ‖ *le~t az ára vminek:* the price of ... has dropped ‖ *álomba ~:* fall asleep
zuhanás *fn,* 1. fall, tumble; *repülőé* crash 2. *szabadesés* free-fall
zuhanó *mn,* falling, tumbling, crashing
zuhany *fn,* 1. *tus* shower, douche 2. *helyiség* shower bath ‖ *~ozni:* take / have a shower, douche
zuhanyátkapcsoló *fn,* diverter, valve
zuhanyozó *fn,* shower, shower bath; *fülke* shower cubicle/stall; *feliratként)* showers
zuhanyozófüggöny *fn,* shower curtain
zuhanyozótál *fn,* shower base
zuhanyrózsa *fn,* shower-head, shower

nozzle || *állítható* ~: adjustable shower head

zuhatag *fn, vízesés* waterfall, falls, cataract, cascade

zuhog *i,* pour down (with rain), pelt (down), bucket (down), come pouring down, fall in torrents, stream, rain in torrents / sheets, shower || ~ *az eső:* it is coming down in buckets / bucketsful, it is raining cats and dogs, it is pouring with rain; *szl* tipple, rain stairrods / pitchforks, *US* rain kangaroos, rain darning needles / hammer *US* handles, *US* rain Coke bottles and bananas, *US* rain chicken coops

zuhogó *mn,* || ~ *eső:* pouring rain, heavy rain / rainfall

zulu *mn/fn,* Zulu

zúz *i,* crush; *porrá* pulverize, pound, smash, grind; *sérül* bruise, crush || *össze~ta a térdét:* she has bruised her knee; *techn* contuse

zúza *fn,* gizzard

zúzás *fn,* pulverization, pounding, crushing, grinding, pulverizing

zúzmara *fn, jégvirág* frost, hoarfrost, *US* rime, *US* frostwork

zúzmarás *mn,* frosty, rimy

zuzmó *fn,* lichen

zúzódás *fn,* 1. *orv* bruise, bruising 2. *techn* contusion || *súlyos ~ az arcon:* severe bruising to the face

zúzógép *fn,* crusher, pulverizer

zúzott *mn, ált* pounded, pulverized, crushed, smashed || ~ *térd:* bruised knee || *apróra ~:* crushed

zúzottkő *fn,* stone chippings *tsz*

züllés *fn,* 1. downfall, depravation 2. *kicsapongás* spree, bender, binge, blinder, *US* blowut, *US* bustup, fling

züllik *i,* become depraved, decline, be/go on a bender / binge / blinder / bustup

züllött *mn, erkölcsileg* corrupt, debauched, profligate, rotten; *elhanyagolt* raffish; *érzéki* abandoned, dissolute, immoral, lewd, licentious, perverted, wanton || ~ *alak:* a wreck, a depraved fellow / guy

zümmög *i,* hum, buzz

zümmögés *fn,* hum(ming), buzz(ing)

zümmögő *mn,* humming, buzzing

Zürich *fn,* Zurich

zűr *fn,* trouble, mess, mess-up, muddle

zűrös *mn,* 1. chaotic, confused, muddled 2. *kellemetlen* awkward, embarrassing 3. ticklish

zűrzavar *fn,* chaos, confusion, disorder, mess, mess-up, mix-up, muddle; *riadalom, fejetlenség* panic, anarchy || *~t okoz:* create / lead to confusion || *teljes ~:* complete / utter / absolute chaos || *~ban talál vmit:* find sg in chaos

zűrzavaros *mn,* chaotic, confused, disordered, messy, messed-up || *~ közlekedési állapotok:* chaotic traffic conditions || *~ helyzet:* confusing / messy situation

Zs

zsába *fn, orv* neuralgia, lumbago, sciatica
zsabó *fn,* frill, jabot, ruff, ruffle
zsák *fn,* sack, *kisebb* bag; pound ‖ **~ban futás:** sack race ‖ *egy* **~nyi vmiből:** a sackful (of sg) ‖ **~ *a foltját:*** every Jack will get his Jill
zsákbamacska *fn, vásárban* bran-tub, lucky bag, surprise packet, *átv is* pig in a poke ‖ **~át vesz:** buy a pig in a poke
zsakett *fn,* morning coat, US cutaway
zsákmány *fn,* 1. plunder, haul *állaté* prey 2. *hadi* booty, pillage, loot 3. *lopott holmi* loot, stolen goods *vadászaton* „teríték" kill 4. *szl.* „lopott cucc", „szajré" haul, hot goods / stuff, the take ‖ *könnyű* **~:** *átv is* an easy prey ‖ **~ul ejt vmit:** carry off, take sg as booty, *szl* make a pull / haul / touch ‖ **~ul esik:** *vminek/vkinek* be / fall (a) prey (to sy/sg) ‖ **~nyal megrakodva:** loaded with booty, laden with booty
zsákmányol *i,* take, capture, loot, pillage, seize, maraud ‖ **~t kincsek/ javak:** plundered treasures
zsákmányolás *fn,* plunder, prey, pillage, seizure, capture, seizing
zsáknyi *mn/fn,* bagful (*tsz* bagfuls), sackful (*tsz* sackfuls)
zsákol *i, zsákba rak* sack sg, put sg in sacks ‖ *zsákban visz (vmit)* carry sacks / sackfuls (of sg)
zsákutca *fn, átv is* blind alley, blind path, dead-end (street), cul-de-sac, stand-off alley; *átv* impasse; KRESZ-ben dead end; *feliratként:* no through road; *csak átv* deadlock ‖ **~ába jut:** *átv* come to a deadlock / dead end, reach a deadlock / dead end, get stuck (in sg) ‖ **~ába visz/vezet:** *vkit/vmit* lead (sy/sg) into a cul-de-sac ‖ **~ába futott tárgyalások:** deadlocked negotiations / talks
zsákvászon *fn,* sack-cloth, sacking, burlap, gunny-cloth, hessian, coarse linen
zsalu, zsalugáter *fn,* (window) shutters *tsz; spaletta* folding shutter(s) *tsz,* louvre boards, lattice blind
zsaluzás, zsaluzat *fn,* formwork, shuttering, boardings, sheeting, cribbing
zsálya *fn,* sage
zsámoly *fn,* (foot-)stool, tabouret, hassock; *tornateremben* small box
zsandár *fn, francia rendőr* gendarme

zsanér *fn, vasalás* hinge
zsáner *fn,* genre, kind, style ‖ *nem a ~em:* he is not my type
zsánerfestő *fn,* genre painter
zsánerkép *fn,* genre picture, genre painting
zsarátnok *fn,* embers *tsz,* firebrand; little coals
zsargon *fn,* jargon, cant, lingo
zsarnok *fn,* 1. tyrant, despot, autocrat 2. *hétköznapi értelemben* bully, bossy-boots *tsz*
zsarnoki *mn,* 1. tyrannic(al), despotic 2. *hétköznapi értelemben* bossing, bossy
zsarnokoskodik *i, vki/vmi felett* tyrannize / tyrannise (over sy), be a tyrant / despot; *rettegésben tart, terrorizál* bully
zsarnokság *fn,* tyranny, despotism, autocracy, absolutism
zsarol *i,* blackmail; extort, exact ‖ *~va rávesz vkit vmire:* blackmail sy into doing sg
zsarolás *fn,* blackmail(ing), extortion ‖ *érzelmi ~:* emotional blackmail ‖ *~i kísérlet:* attempted blackmail
zsaroló *fn,* blackmailer, extorter, extracter
zsaroló *mn,* blackmailing, extortive, exacting
zsaru *fn,* cop, copper, fuzz, plod, wooden top; *nő* lady cop; *közlekedési* speed cop
zsávoly *fn,* drill, twill ‖ *~nadrág* ducks ‖ *~ruha* duck suit
zsázsa *fn,* cress
zseb *fn,* pocket, pouch ‖ *az ő ~ére megy:* he pays the piper ‖ *~re vág: átv is* pocket sg ‖ *sértést ~re vág, ~ lenyel:* swallow ‖ *~ben elférő:* pocket-size(d) ‖ *kiüríti a ~eit:* empty one's pockets, turn out one's pockets ‖ *előhalászik vmit a ~éből:* fish sg out of one's pocket ‖ *~re dugott kézzel:* with one's hands in the / one's pocket ‖ *saját ~éből fizet vmiért:* pay for sg out of one's own pocket ‖ *mélyen/alaposan a ~ébe nyúl: sokat fizet vmiért* put one's hand deep in one's pocket
zsebdiktafon *fn,* micro cassette-recorder
zsebel *i,* 1. *beszed* line one's pockets 2. *kifoszt* fleece, bleed
zsebes *fn, ld.* **zsebtolvaj, zsebmetsző** dip, moll-buzzer
zsebkendő *fn,* handkerchief, hankie, hanky; *szl* bugle duster, clout, nose-rag, nose-wipe, nose-wiper ‖ *papír~:* tissue
zsebkés *fn,* penknife (*tsz* penknives), pocket-knife (*tsz* pocket-knives)
zsebkönyv *fn,* pocketbook, *kézikönyv* manual, hand-book; *évi* almanac
zseblámpa *fn,* (electric) torch, pocket torch, *US* flashlight
zsebmagnó *fn,* walkman (*tsz* walkmans)
zsebmetszés *fn,* pick-pocketing, purse-snatching / cutting
zsebmetsző *fn,* pickpocket (thief, *tsz* thieves), purse-snatcher, filer, cutpurse
zsebnaptár *fn,* pocket diary
zsebóra *fn,* watch
zsebpénz *fn,* pocket money, allowance, spending money
zsebpisztoly *fn,* revolver, pocket-pistol
zsebszámológép *fn,* (electronic) pocket calculator
zsebszótár *fn,* pocket dictionary
zsebtévé *fn,* watchman (*tsz* watchmen)
zsebtolvaj *fn,* pickpocket, purse-snatcher, filer, cutpurse

zsebtolvajlás *fn,* pickpocketing, purse-snatching / cutting, pickpocketry
zsebtükör *fn,* pocket mirror
zselatin *fn,* gelatine, isinglass; *étkezési* aspic; *hajra „pomádé"* grease
zselé *fn,* jelly, *US* jello, *hajra* grease
zsémbel *i, vkivel vmi miatt* grumble about sg, nag sy for sg/sy/to do sg, quarrel with sy over/about sg, pick a quarrel with sy over/about sg
zsémbes *mn,* quarrelsome
zsemle, zsemlye *fn,* roll (of bread); *nagyobb* bun
zsemlemorzsa *fn,* breadcrumbs *tsz* ‖ ~**ába paníroz és kisüt (kiránt)** *vmit*: coat sg with breadcrumbs and fry in oil
zsendül *i, növény* sprout, *átv* spring up
zsenge *mn,* immature, tender, delicate, young ‖ *költői* ~: first poetic efforts
zseni *fn,* genius (*tsz* geniuses, genii) ‖ ~ *vmiben/vmilyen téren:* be a genius at sg, have a genius for doing sg ‖ **nem valami** ~: he is no genius
zseniális *mn, dolog* brilliant, splendid ‖ ~ **ember**: man of genius, man of remarkable talent ‖ ~ **találmány/ terv/ötlet:** ingenious invention / plan / idea;
zseton *fn, szerencsejátékban, műanyag* chip, *fém* token, token money, *társasjátékban* counter
zsibáru *fn, használt áru* second-hand goods *tsz,* jumble goods *tsz,* frippery
zsibárus *fn,* rag-and-bone man (*tsz* rag-and-bone men), second-hand dealer, junk-dealer, garbage-dealer
zsibbad *i,* become stiff / numb, go stiff / numb, go to sleep ‖ **el~t a lábam**: my foot has gone to sleep

zsibbadás *fn,* stiffness, numbness
zsibbadt *mn,* stiff, numbed
zsibbadtság *fn,* stiffness, numbness
zsibong *i,* swarm, teem, buzz, hum, mill ‖ **turistáktól** ~: it swarms / teems with tourists
zsibvásár *fn,* **1.** junk stalls *tsz,* rag fair, second-hand market / stalls *tsz* **2.** *bolhapiac* fleamarket **3.** *átv* hubbub
zsidó *mn/fn,* Jew(ish), Hebrew, Israelite; *szl* Jewi, Jewy, hebe, hebe, yid, yiddle, yit; *nő:* Jewess; *szl* Sarah Soo, kosher cutie
zsidóellenes *mn/fn,* anti-Semite
zsidónegyed *fn,* ghetto, Jewish quarter
zsidóság *fn,* the Jews, Jewry, the Jewish people
zsidóüldözés *fn,* persecution of Jews *zsidóverés/-gyilkolás:* pogrom
zsiger *fn,* ‖ ~**ek/ belső szervek:** internal organs, guts *tsz,* ententrails *tsz*
zsigerel *i, ált* disembowel, *állatot* gut, *orv* eviscerate
Zsigmond *fn,* Sigismund
zsilett *fn,* safety razor
zsilettpenge *fn,* (safety) razor blade
zsilip *fn,* sluice (gate), *GB* sluice valve, dyke, dike(-lock), flood / lock-gate
zsilipel *i,* lock, furnish with locks
zsilipgát *fn, védőgát* dike, dyke
zsilipkamra *fn, hajózsilip* lock, lock chamber, sluice chamber
zsilipkapu *fn,* lockgate, sliding gate; *felemelhető* vertical gate
zsinagóga *fn,* synagogue
zsinat *fn, protestáns* synod, convocation; *r. kat.* council ‖ ~**ot tart/zsinatol:** hold a synod
zsindely *fn,* shingle, tile ‖ ~**es:** shingled,

zsindelyez

covered with shingles || *-tető:* shingle roof
zsindelyez *i,* shingle sg, cover sg with shingles.
zsineg *fn,* string, twine, cord || *cipő~:* shoe-lace
zsinór *fn,* 1. reed, string, twine 2. *széles* tape, cord 3. *díszítés* lace
zsinórban *hat, egymás után* one after the other, *US* in a row, *GB* on the trot || *~ háromszor lett bajnok:* he won the championship three times in a row / on the trot
zsinórozás *fn,* lacing, braiding, piping, frogging
zsinórpadlás *fn,* the flies *tsz,* stage loft, gridiron, the flies
zsír *fn, ált.* fat, *disznó* lard, *pecsenyéé* drippings *tsz* || *kenő~:* grease || *~ban sült:* fried || *~ban süt vmit:* fry sg
zsiradék *fn,* fats *tsz,* grease, *növényi* (vegetable) oil
zsiráf *fn,* giraffe
zsirardi *fn, kalap* boater, straw-hat
zsírfolt *fn,* fat stain, grease stain / mark || *~ot kiszed/eltávolít vmiből:* remove / get a fat-stain out of sg || *~ot hagy vmin:* leave a fat / grease stain in/on sg
zsírkréta *fn,* (wax) crayon(s)
zsíros *mn,* 1. fat, fatty, greasy, *kövér* corpulent 2. *átv* rich, fat 3. *bőr, haj* oily || *~ állás:* lucrative post / job || *~ falat:* fat(ty) bit || *~ föld:* rich / fertile soil
zsíroz *i,* 1. *gépet* grease, oil, lubricate 2. *pecsenyét* baste, *serpenyőt* grease
zsírpapír *fn,* grease-proof paper
zsírtalan *mn,* fatless
zsivaj *fn, ált* noise, *kellemetlen* din, uproar, racket

zsivajog *i,* make (a) noise, be in an uproar, racket
zsivány *fn,* bandit, gangster, brigand; *szl 'bűnöző' US* heavy, *GB* villain, *US* lowlife, *GB* rogue; *tréfásan* rascal, rogue || *~banda:* gang
zsiványkodik *i, bandában* be connected up, *US* be mobbed up
zsizsik *fn, ált.* weevil || *gabona~:* granary / grain weevil
Zsófia *fn,* Sophia, Sophy, Sophie
zsoké *fn,* jockey
zsokésapka *fn,* jockey cap, linen cap, riding cap
zsold *fn,* (soldier's) pay; *szl „fizetés" GB* coppers, screw, chicken feed
zsoldos *fn, katona* mercenary (soldier); *átv* hireling
zsoldoshadsereg *fn,* mercenary troops *tsz,* mercenary army
zsolozsma *fn,* anthem, hymn, chant, lauds *tsz*
zsoltár *fn,* psalm || *Z~ok könyve:* (the) Book of Psalms
zsoltároskönyv *fn,* book of psalms, hymn book, psalm-book, psalter
zsombék *fn,* clump (in a marsh), bog, peat, tussock
zsombékos *mn,* boggy, swampy, marshy
zsong *i,* hum, murmur, boom, buzz
zsongás *fn,* hum(ming), buzz(ing)
zsongító *mn,* soothing, softening; *altató, zene* lulling; *gyógyszer* sedative
zsonglőr *fn,* juggler
zsonglőrködik *i, átv is, vmivel* juggle (with sg)
zsozsó *fn, szl pénz US* beans *tsz, GB* brass *tsz,* bread
zsöllye *fn, mozi, színház földszintje GB* the

stall(s), *US* orchestra ‖ *1. emeleti ~sor/páholysor:* dress circle, *US* balcony

zsörtölődik *i, vmi miatt* grumble about sg, be grumpy about sg

zsúfol *i,* cram, stuff, press, crowd, squeeze ‖ *be~ vkit/vmit vhová:* cram sy/sg into sg

zsúfolt *mn, vkikkel/vmivel* packed (with), jam-packed (with), crammed (with), crowded; *színház* packed / full (house) ‖ *zsúfolásig megtelt:* be filled to capacity, be crammed full of sg, be packed full of sg, be tightly packed with sg

zsúfoltság *fn,* crowdedness, *szl „tömegnyomor":* mobs of people, tons of people, squash

zsuga *fn, kártya* a deck, pack of cards; flats, broads *tsz*

zsugázik *i,* play cards

zsugorgat *i,* hoard (up), scrimp, save up, *kuporgat* scrimp and save

zsugori *mn,* miserly, stingy, niggardly, tight-fisted, mean, *szl* close-fisted, mingy, penny-pinching, tight

zsugori *fn,* miser, niggard, *szl* cheap John / Jane, meanie, meany, penny-pincher

zsugoriság *fn,* niggardliness, miserliness, stinginess, close-fistedness

zsugorít *i,* shrink, shrivel

zsugorított *mn,* shrunk, shrivelled, *szövet* preshrunk

zsugorodás *fn, folyamat* shrinking, *mértéke* shrinkage

zsugorodik *i, kiszáradás miatt* shrivel; *fém* contract; *hő, víz miatt* shrink

zsúp *fn,* thatch, reeds *tsz* ‖ *~pal fed vmit:* thatch sg

zsúpfedél *fn,* thatched roof

zsúpfedő *fn,* thatcher

zsuppkocsi *fn, rendőrautó, rabszállító* black maria, meat waggon, *GB* panda car, *US* paddy waggon

zsuppol *i, deportál vkit vhová* deport /. transport sy (under compulsion / duress) to a place

zsupsz *ind.szó,* oops! whoops! flop! plop! thump! bump! crash!

zsúr *fn,* tea party ‖ *~t rendez:* give / throw a tea-party

zsúrkenyér *fn,* milk loaf (*tsz* milk loaves)

zsúrkocsi *fn,* dinner-trolley, *GB* tea-trolley, *US* tea-cart, dumb-waiter, *US* teawagon; *kerekes tálalóasztal* serving trolley

zsurló *fn, mezei* common horsetail

zsurnalisztika *fn,* journalism, publicism, newspaper-writing

zsurnaliszta *fn,* journalist

Zsuzsanna *fn,* Susan, Susanna(h)

Zsuzsi *fn,* Sue, Susie

zsüri *fn,* jury

zsüritag *fn,* jury-member, juryman (*tsz* jurymen), jurywoman (*tsz* jurywomen)

zsürizni *i, értékelni* judge; *ált* sit on a / the jury

Táblázatok

Személyes névmások
Alanyesetben

Szám	Személy	Névmás	Magyar megfelelője
Egyes	1.	*I*	én
Egyes	2.	*you*	te, ön, maga
Egyes	3.	*he* / *she* / *it*	ő (hímnemű) / ő (nőnemű) / ő, az (semleges nemű)
Többes	1.	*we*	mi
Többes	2.	*you*	ti, önök, maguk
Többes	3.	*they*	ők, azok

Tárgyesetben

Szám	Személy	Névmás	Magyar megfelelője
Egyes	1.	*me*	engem
Egyes	2.	*you*	téged, önt, magát
Egyes	3.	*him* / *her* / *it*	őt (hímnemű) / őt (nőnemű) / őt, azt (semleges nemű)
Többes	1.	*us*	minket
Többes	2.	*you*	titeket, önöket, magukat
Többes	3.	*them*	őket, azokat

Birtokos névmások

Szám	Személy	Névmás	Magyar megfelelője
Egyes	1.	my	az én .... – m
	2.	your	a te ... -d az ön ....-a/-e/-ja/-je a maga ...-a/-e/-ja/-je
	3.	his her its	az ő ...-a/-e/-ja/-je
Többes	1.	our	a mi ..... -nk
	2.	your	a ti .....-tok/-tek/-tök az önök/a maguk... -a/-e/-ja/-je
	3.	their	az ő .....-uk/-ük/-juk/-jük

Kérdő névmások

Kérdőszó	Vonatkozása	Magyar jelentése	Példa
who?	személy	ki, kik?	Who are they?
whom?	személy	kit, kiket?	Whom did you invite?
whose?	személy/tárgy	kinek/minek a...? kié? mié?	Whose is that?
what? what kind of...? what sort of...? what ... like?	tárgy tárgy/ személy	mit? miket? miféle, mifélék? mifajta? milyen, milyenek?	What did he want? What kind/sort of place is it? What is it like?
where?	hely	hol? hová?	Where did you go?
when?	idő	mikor?	When was he here?
which?	választás	melyik?	Which is better?
why?	ok, cél	miért?	Why did he leave?
how?	mód	hogyan?	How are you?
	távolság	milyen messze? milyen messzire?	How far is it?
	gyakoriság	milyen gyakran?	How often do you meet?
	fok, mérték	mennyire?	How wide is it?
	mennyiség	hány, mennyi?	How many do you need? How much is it?

Főnévi igenév

	Active/Aktív	Passive/Passzív
Present Jelen	(to) write	(to) be written
Continuous Folyamatos	(to) be writing	(to) be being written
Perfect Befejezett	(to) have written	(to) have been written
Continuous Folyamatos	(to) have been writing	(to) have been being written

Gerund

A Gerund igéből -ING képző segítségével képzett főnév.

	AKTÍV	PASSZÍV
PRESENT	writing	being written
PERFECT	having written	having been written

MELLÉKNÉVI ÉS HATÁROZÓI IGENÉV

A Participle igéből képzett melléknév.

	AKTÍV	PASSZÍV
PRESENT	writing	being written
PERFECT	having written	having been written
PAST	—	written

Passzív alakokat csak tárgyas igékből hozhatunk létre.

AZ ANGOL MŰVELTETŐ MONDATOK SZERKEZETE

Segédige	Mondatséma	Példamondat
MAKE	make sy do sg	*She always makes us laugh.*
HAVE 1	have sg done (by sy)	*I'll get the TV repaired (by my uncle).*
HAVE 2	have sy do sg	*I've had my husband iron his shirts.*
GET 1	get sg done (by sy)	*I'd like to get my car mended (by them).*
GET 2	get sy to do sg	*He couldn't get me to translate the poem.*

Tagadás

		Állítmányi rész		Alanyi rész	Helyhatározó
Egyes szám	There	isn't	a	lemon	in the fridge
			any	milk	
		is	no	lemon	
				milk	
Többes szám	There	aren't	any	eggs	
		are	no		

Szám		Logikai minőség	Állítmányi rész	Alanyi rész	Helyhatározó
Egyes		állító	Is there	a lemon	in the fridge?
		tagadó	Isn't there	any milk	
			Is there	no lemon no milk	
Többes		állító	Are there		
		tagadó	Aren't there	any eggs	
			Are there	no eggs	

Rendhagyó igék

1. szótári alak (jelen idejű főnévi igenév) Base form (Present Infinitive)	2. szótári alak (múlt idő) Past Tense	3. szótári alak (múlt idejű melléknévi igenév) Past Participle
A		
abide	abided/abode	abided/abode
arise	arose	arisen
awake	awoke	awaked/awoke/awoken
B		
backbite	backbitten	backbitten
backslide	backslid	backslid
be (am/is/are)	was/were	been
bear	bore	borne/born
beat	beat	beaten
become	became	become
befall	befell	befallen
beget	begot/begat	begotten
begin	began	begun
behold	beheld	beheld
bend	bent	bent
bereave	bereft	bereft
beseech	besought	besought
beset	beset	beset
bespeak	bespoke	bespoken
bestride	bestrode	bestridden
bet	bet/betted	bet/betted
bind	bound	bound
bid	bade/bid	bidden/bid
bite	bit	bitten/bit
bleed	bled	bled
bless	blessed	blessed/blest

blow	blew	blown
break	broke	broken
breed	bred	bred
bring	brought	brought
broadcast	broadcast	broadcast
browbeat	browbeat	browbeat
build	built	built
burn	burnt	burnt
	burned	burned
burst	burst	burst
bust	bust/busted	bust/busted
buy	bought	bought

C

can	could	been able to
	was/were able to	
cast	cast	cast
catch	caught	caught
chide	chided	chided
	chid	chid/chidden
choose	chose	chosen
cleave	cleaved	cleaved
	clove/cleft	cloven/cleft
cleave	cleaved/clave	cleaved
cling	clung	clung
come	came	come
cost	cost	cost
countersink	countersank	countersunk
creep	crept	crept
crow	crowed/crew	crowed
cut	cut	cut

D

deal [i:]	dealt [e]	dealt [e]
dig	dug	dug
dive	dived/dove	dived
do (does [dʌz])	did	done
draw	drew	drawn
dream [i:]	dreamed [i:]	dreamed [i:]
	dreamt [e]	dreamt [e]
drink	drank	drunk
drive	drove	driven
dwell	dwelt	dwelt

E

eat [i:]   ate [et, eit]   eaten [i:tn]

F

fall	fell	fallen
feed	fed	fed
feel	felt	felt
fight	fought	fought
find	found	found
flee	fled	fled
fling	flung	flung
floodlight	floodlighted	floodlighted
	floodlit	floodlit
fly	flew	flown
forbear	forbore	forborne
forbid	forbade/forbad	forbidden
forecast	forecast/-ed	forecast/-ed
foresee	foresaw	foreseen
foretell	foretold	foretold
forget	forgot	forgotten
forgive	forgave	forgiven
forsake	forsook	forsaken
forswear	forswore	forsworn
freeze	froze	frozen

G

gainsay	gainsaid	gainsaid
get	got	got/gotten
gild	gilded/gilt	gilded/gilt
gird	girded/girt	girded/girt
give	gave	given
go (goes)	went	gone
grind	ground	ground
grow	grew	grown

H

hamstring	hamstringed	hamstringed
	hamstrung	hamstrung
hang	hung	hung
	hanged	hanged

have (has)	had	had
hear [hıə(r)]	heard [hɜ:d]	heard [hɜ:d]
heave	heaved/hove	heaved/hove
hew	hewed	hewed/hewn
hide	hid	hidden
hit	hit	hit
hold	held	held
hurt	hurt	hurt

I

inlay	inlaid	inlaid
input	input/-ted	input/-ted
inset	inset	inset
interweave	interwove	interwoven

K

keep	kept	kept
ken	kenned/kent	kenned
kneel	knelt/kneeled	knelt/kneeled
knit	knitted/knit	knitted/knit
know	knew	known

L

lay	laid	laid
lead	led	led
lean	leant	leant
	leaned	leaned
leap	leapt	leapt
learn	learnt	learnt
	learned	learned
leave	left	left
lend	lent	lent
let	let	let
lie	lay	lain
light	lighted	lighted
	lit	lit
lose	lost	lost

M

make	made	made
mean [i:]	meant [e]	meant [e]

meet	met	met
miscast	miscast	miscast
misdeal	misdealt	misdealt
mishear	misheard	misheard
mishit	mishit	mishit
mislay	mislaid	mislaid
mislead	misled	misled
misread	misread	misread
misspell	misspelt	misspelt
	misspelled	misspelled
misspend	misspent	misspent
mistake	mistook	mistaken
misunderstand	misunderstood	misunderstood
mow	mowed	mown/mowed

O

outbid	outbid	outbid
outdo	outdid	outdone
outfight	outfought	outfought
outgrow	outgrew	outgrown
output	output	output
	outputted	outputted
outrun	outran	outrun
outsell	outsold	outsold
outshine	outshone	outshone
overbid	overbid	overbid
overcome	overcame	overcome
overdo	overdid	overdone
overdraw	overdrew	overdrawn
overeat	overate	overeaten
overfly	overflew	overflown
overhang	overhung	overhung
overhear	overheard	overheard
overlay	overlaid	overlaid
overpay	overpaid	overpaid
override	overrode	overridden
overrun	overran	overrun
oversee	oversaw	overseen
overshoot	overshot	overshot
oversleep	overslept	overslept
overtake	overtook	overtaken
overthrow	overthrew	overthrown

P

partake	partook	partaken
pay	paid	paid
plead	pleaded/pled	pleaded/pled
prepay	prepaid	prepaid
prove	proved	proved/proven
put	put	put

Q

quit	quit/quitted	quit/quitted

R

read [i:]	read [e]	read [e]
rebind	rebound	rebound
rebuild	rebuilt	rebuilt
recast	recast	recast
redo	redid	redone
reeve	rove	rove
rehear	reheard	reheard
remake	remade	remade
rend	rent	rent
repay	repaid	repaid
rerun	reran	rerun
resell	resold	resold
reset	reset	reset
resit	resat	resat
retake	retook	retaken
retell	retold	retold
rewrite	rewrote	rewritten
rid	rid	rid
ride	rode	ridden
ring	rang/rung	rung
rise	rose	risen
run	ran	run

S

saw	sawed	sawn/sawed
say (says [e])	said [e]	said [e]
see	saw	seen
seek	sought	sought
sell	sold	sold

send	sent	sent
set	set	set
sew	sewed	sewn/sewed
shake	shook	shaken
shear	sheared	shorn/sheared
shed	shed	shed
shine [ai]	shone [ʃɔn]	shone [ʃɔn]
shit	shitted/shat	shitted/shat
shoe	shod	shod
shoot	shot	shot
show	showed	showed/shown
shrink	shrank/shrunk	shrunk
shut	shut	shut
sing	sang/sung	sung
sink	sank/sunk	sunk
sit	sat	sat
slay	slew	slain
sleep	slept	slept
slide	slid	slid
sling	slung	slung
slink	slunk	slunk
slit	slit	slit
smell	smelt	smelt
	smelled	smelled
smite	smote	smitten
sow	sowed	sown/sowed
speak	spoke	spoken
speed	sped	sped
	speeded	speeded
spell	spelt	spelt
	spelled	spelled
spend	spent	spent
spill	spilt	spilt
	spilled	spilled
spin	spun/span	spun
spit	spat	spat
	spit	spit
split	split	split
spoil	spoilt	spoilt
	spoiled	spoiled
spotlight	spotlit	spotlit
	spotlighted	spotlighted
spread	spread	spread
spring	sprang	sprung
stand	stood	stood

stave	staved	staved
	stove	stove
steal	stole	stolen
stick	stuck	stuck
sting	stung	stung
stink	stank/stunk	stunk
strew	strewed	strewed/strewn
stride	strode	stridden
strike	struck	struck
string	strung	strung
strive	strove	striven
sublet	sublet	sublet
swear	swore	sworn
sweat	sweated	sweated
	sweat	sweat
sweep	swept	swept
swell	swelled	swollen/swelled
swim	swam/swum	swum
swing	swung	swung

T

take	took	taken
teach	taught	taught
tear	tore	torn
tell	told	told
think	thought	thought
thrive	thrived	thrived
	throve	thriven
throw	threw	thrown
thrust	thrust	thrust
tread	trod	trodden/trod

U

unbend	unbent	unbent
underbid	underbid	underbid
undercut	undercut	undercut
undergo	underwent	undergone
underlie	underlay	underlain
underpay	underpaid	underpaid
undersell	undersold	undersold
understand	understood	understood
undertake	undertook	undertaken
underwrite	underwrote	underwritten
undo	undid	undone
unfreeze	unfroze	unfrozen

unsay	unsaid	unsaid
unwind	unwound	unwound
uphold	upheld	upheld
upset	upset	upset

W

wake	woke	woken
	waked	waked
waylay	waylaid	waylaid
wear	wore	worn
weave	wove	woven
	weaved	weaved
wed	wedded	wedded
	wed	wed
weep	wept	wept
wet	wet	wet
	wetted	wetted
win	won	won
wind	wound	wound
withdraw	withdrew	withdrawn
withhold	withheld	withheld
withstand	withstood	withstood
work	worked	worked
	wrought	wrought
wring	wrung	wrung
write	wrote	written

Megjegyzés:

1. Azokat az igéket, amelyeknek két második illetve harmadik alakja van (pl. *burn, learn, spell, spoil*), a brit angol inkább *t*-s, az amerikai angol pedig *d*-s változatban használja (pl. brit: *burnt, learnt, spelt, spoilt*; amerikai: *burned, learned, spelled, spoiled*).

2. Azokat az igéket, melyeknek alapalakjában *i*, második alakjában *a*, harmadik alakjában pedig *u* van, az amerikaiban második alakban is gyakran *u*-val használják *(ring, rung, rung; sink, sunk, sunk)*.

G & G Kft.
Felelős vezető: dr. Gárván János ügyvezető igazgató